Dr. Kuckertz, Perschke, Rottenbacher, Ziska (Hrsg.)

Finanzanlagenfachmann/-frau IHK

Dr. Kuckertz, Perschke, Rottenbacher, Ziska (Hrsg.)
unter Mitarbeit von
D. Goerz und V. Grabis

Finanzanlagenfachmann/-frau IHK

Zur Vorbereitung auf die IHK-Sachkundeprüfung für die Finanzanlagenvermittlung nach § 34f Gewerbeordnung

3. Auflage

Impressum

© 2013
Wolters Kluwer Deutschland GmbH
Feldstiege 100
48161 Münster/Westfalen

Geschäftsführer:
Dr. Ulrich Hermann (Vorsitz), Michael Gloss, Christian Lindemann, Frank Schellmann
Die Gesellschaft ist eine GmbH mit Hauptsitz in Köln. Handelsregister beim
Amtsgericht Köln: HRB 58843; Umsatzsteuer-ID-Nummer: DE 18883680

Art.-Nr. 77786004

Redaktion: Yvonne Becker, Olivia Lüken, Ilka Döring
Druck: Williams Lea & tag GmbH, München
Bildnachweis: © Fotolia, Rido

Rechtsstand: Oktober 2013

Hinweis:
Die in dem Werk enthaltenen Informationen wurden sorgfältig recherchiert und geprüft.
Für die Richtigkeit der Angaben sowie die Befolgung von Ratschlägen und Empfehlun-
gen kann der Verlag dennoch keine Haftung übernehmen.

ISBN 978-3-89699-441-7

Vorwort

Seit dem 01.01.2013 ist die Vermittlung von Kapitalanlagen wie Investmentfonds, geschlossene Fonds und sonstige Vermögensanlagen (wie Genossenschaftsanteile, stille Beteiligungen, Genussrechte usw.) erlaubnispflichtig. Um diese Erlaubnis zu erhalten, müssen Berater und Vermittler unter anderem ihre Sachkunde nachweisen. Hierfür wurde vom Gesetzgeber die Prüfung „Geprüfter Finanzanlagenfachmann/Geprüfte Finanzanlagenfachfrau IHK" geschaffen. Auf diese Prüfung bereitet Sie dieses Buch intensiv vor.

Wer seine Kunden im Bereich Kapitalanlagen berät bzw. ihnen Produkte vermittelt, übernimmt eine große Verantwortung. Daher ist es nur konsequent und begrüßenswert, dass es eine Mindestqualifikation für diese Art von Tätigkeiten gibt.

Reines Produktwissen reicht für eine gute Kundenberatung nicht aus. Daher gehen die Inhalte dieses Buches auch darüber hinaus und behandeln – wie sie auch im Rahmenstoffplan des DIHK vorgesehen sind – Bereiche, die aus einer reinen „Produktschau" eine Beratung machen: Rechtliche und steuerliche Rahmenbedingungen, wirtschaftliches Grundlagen-Know-how sowie Formen der Gesprächsführung mit Beratungsgrundlagen. Praxisbeispiele begleiten Sie als Leser durch alle Kapitel und stellen den Bezug zu Ihrer täglichen Beratungs- oder Vermittlungstätigkeit her.

Aber auch nach dem Lehrgang soll Ihnen dieses Buch als Nachschlagewerk ein Begleiter sein. Dafür haben wir auf ein ausführliches Stichwortregister geachtet.

Mit dem Wissen, was Sie mit diesem Buch erwerben können, erhalten Sie sozusagen die Eintrittskarte in die anspruchs- und verantwortungsvolle Welt der Kapitalanlagenberatung und -vermittlung. Sie können damit starten und werden merken, je tiefer Sie in die Materie eintauchen, desto mehr werden Sie an zusätzlichem Wissen und Know-how erwerben wollen. Dafür stehen Ihnen anschließend die Studiengänge zur/-m Fachwirt/-in für Finanzberatung (IHK) sowie die ebenfalls bei Wolters Kluwer erschienenen Bücher „Praxiswissen Finanzdienstleistungen" (Band 1 und 2) sowie „Finanzberatung für gewerbliche Kunden" bereit.

Die Autoren und Herausgeber können aufgrund ihrer Tätigkeit für die GOING PUBLIC! Akademie für Finanzberatung AG eine jahrelange und große Erfahrung in das vorliegende Buch einfließen lassen. So haben sich bereits über 6.000 Finanzdienstleister mit dem vergleichbaren Buch „Versicherungsfachmann/-frau IHK" auf die Sachkundeprüfung für die Vermittlung von Versicherungen vorbereitet. Die für den Bereich Kapitalanlagen notwendige Kompetenz nehmen die Autoren aus jahrelangen Schulungen für Banken und Sparkassen sowie der Tatsache, dass GOING PUBLIC! Akademie für Finanzberatung AG bereits seit 1996 Intensiv-Studiengänge zu der Allfinanzqualifikation „Fachwirt für Finanzberatung IHK" anbietet.

Berlin, Oktober 2013   Die Herausgeber

Dietmar Goerz

Dietmar Goerz studierte nach seinem Abitur Französisch und Rechtswissenschaften. Im Anschluss an sein erstes juristisches Staatsexamen arbeitete er in verschiedenen Anwaltskanzleien. Durch Fachanwaltskurse und Fortbildungen hat sich Herr Goerz zunächst im Bereich Steuerrecht spezialisiert. Im Anschluss an seine Tätigkeit als Rechtsanwalt für einen Arbeitgeberverband ließ sich Herr Goerz als selbstständiger Rechtsanwalt in Berlin nieder. Seit 2004 berät er in Kooperation mit der GPC Tax Unternehmerberatung AG Steuerberatungsgesellschaft vornehmlich Finanzdienstleistungsunternehmen in wirtschafts- und steuerrechtlichen Fragen. In diesem Rahmen hat er sich umfassend mit den neuen beruflichen Anforderungen für Finanzdienstleister befasst. Seit 2009 ist Dietmar Goerz Geschäftsführer der GPC Law Rechtsanwaltsgesellschaft mbH (www.gpc-law.de). Seit 2005 arbeitet Herr Goerz mit dem Weiterbildungsunternehmen GOING PUBLIC! Akademie für Finanzberatung AG zusammen und hält Seminare im Bereich Recht für Finanzdienstleister.

Volker Grabis

Volker Grabis ist ausgebildeter Bankkaufmann und Fachwirt für Finanzberatung (IHK). Seit 1980 war Herr Grabis in diversen Kreditinstituten tätig, bevor er sich 1988 dazu entschloss als selbstständiger Finanzberater tätig zu werden. Seit 1996 ist er außerdem als selbstständiger Trainer und Dozent aktiv. Für die GOING PUBLIC! Akademie für Finanzberatung ist Herr Grabis seit April 2009 im Einsatz und leitet seit dem 01.01.2012 den Fachbereich Geld- und Vermögensanlagen.

Daniel Ziska

Daniel Ziska ist Steuerberater und Vorstand der GPC Tax Unternehmerberatung AG Steuerberatungsgesellschaft in Berlin (www.gpc-tax.de). Die Steuerberatungsgesellschaft ist auf Unternehmer aus den Branchen Finanzdienstleistungen und Immobilien spezialisiert. Er ist als Mitglied verschiedener Prüfungsausschüsse der Industrie- und Handelskammern in Berlin und Potsdam berufen und Autor sowie Mitherausgeber verschiedener Bücher aus dem Bereich Finanzdienstleistung. Er studierte Betriebswirtschaft mit Schwerpunkt Steuern an der heutigen Hochschule für Wirtschaft und Recht (HWR) Berlin und schloss dieses mit dem Grad Diplom-Kaufmann (FH) ab. Während seiner beruflichen Laufbahn war er in der Steuerberatung tätig, kaufmännischer Leiter in einem Industrieunternehmen und Geschäftsführer des auf Finanzdienstleister spezialisierten Personalentwicklers GOING PUBLIC! Akademie für Finanzberatung AG.

Inhaltsverzeichnis

Teil A Kapitalanlagen

1 Kapitalverkehr als Voraussetzung des Wohlstands

„Jede kleine Ehrlichkeit ist besser als eine große Lüge."

Leonardo da Vinci

Wir als Berater sind für den Wohlstand unserer Kunden mitverantwortlich. Gelingt es uns, vielen Kunden mehr Wohlstand zu vermitteln, dann stellt sich auch für uns der Wohlstand ein. Doch woher wissen wir, was unsere Kunden unter Wohlstand verstehen?

Der **Begriff des Wohlstands** hat sich in den letzten Jahrhunderten immer wieder stark verändert und wird sich weiterhin verändern. Früher war der Begriff Wohlstand stark durch ethische und religiöse Normen (immaterielle Aspekte) bestimmt, während heute mehr materielle Aspekte zur Wahrnehmung von Wohlstand dienen. Der materielle Aspekt wird oft umgangssprachlich so definiert, dass jemand mehr Geld als „normal" zur Verfügung hat. Unser Ziel als Berater ist es, dass unsere Kunden „mehr Geld" als „normal" zur Verfügung haben. Dafür benötigen wir nicht nur profunde Produktkenntnisse, sondern müssen auch die wirtschaftlichen Gesamtzusammenhänge erkennen, um ggf. darauf reagieren zu können. Auf unserem Wege diese Gesamtzusammenhänge besser zu begreifen, wird uns in diesem Buch ein Kunde helfen. Herr Martin Michel wird uns in seinen unterschiedlichsten Lebensphasen begegnen und somit in jedem Kapitel die Einleitung zum nachfolgenden Thema darstellen.

1.1 Geldgeschichte

Vor tausenden von Jahren lebten die Menschen als Sammler und Jäger von dem, was sie durch die Jagd erlegten oder von den Bäumen und Sträuchern ernten konnten. Jede Familie, jeder Stamm sorgte selbst für die eigenen **Grundbedürfnisse** der Mitglieder dieser Gemeinschaft. Ob es das **Essen** oder **Trinken** war, die **Unterkunft** oder die **Kleidung**. Jedes Mitglied der Familie half mit, diese Grundbedürfnisse zu befriedigen. Im Winter war es schwieriger, für genügend Nahrung zu sorgen, und auch die Kleidung musste in den kalten Wintertagen mehr Schutz vor Kälte bieten – ebenso die Unterkunft. Das Bestreben der Familie war es, auch in dieser Jahreszeit, alle Familienmitglieder mit den Grundbedürfnissen nach Nahrung, Unterkunft und Kleidung zu versorgen. Schon in diesen Zeiten entwickelte sich so etwas wie eine Notwendigkeit, mit den zur Verfügung stehenden Mitteln zu haushalten oder – wie wir heute sagen würden – zu wirtschaften.

> Unter „Wirtschaften" verstehen wir die planmäßige Tätigkeit des Menschen zur Deckung seines Bedarfs an Gütern.

Bedürfnisse

Bedürfnisse sind unbegrenzt, hat man sich einen Wunsch erfüllt, ist ein anderer schon neu entstanden.

Güter

Die Befriedigung der Bedürfnisse durch die entsprechenden Güter kostet i. d. Regel Geld.

Im Laufe der Jahre kam es zu einer immer weiterführenden Spezialisierung zur Beschaffung oder Herstellung dieser unterschiedlichen Bedürfnisse. Der Bauer lieferte Milch und Getreide, der Müller nahm das Korn und mahlte es, um Mehl zu gewinnen und der Bäcker verarbeitete das Mehl zu Brot. Ein Anderer hütete Schafe und schor diese, um Wolle zu gewinnen. Da die Wolle so nicht zu Kleidungsstücken verarbeitet werden konnte, musste diese erst gesponnen werden. Dann entstanden daraus Kleidungsstücke. Zu dieser Zeit tauschten die Menschen ihre Waren oft untereinander. Der Müller bekam vom Bäcker Brot, der Bäcker tauschte sein Brot gegen Kleidungsstücke und so versorgte sich der Schneider mit Nahrung. Auch in dieser Zeit stellte man fest, dass der Tausch von Waren gegen andere Waren (**Warengeld**) nicht immer den gewünschten Nutzen brachte. Also versuchte man, den direkten Tausch von Waren gegen Waren durch andere **gleichwertige Gegenstände** zu ersetzen.

Diese Gegenstände mussten von allen anerkannt werden und durften in nicht allzu großer Menge vorhanden sein. Da es zu dieser Zeit noch keine Kühlschränke gab und Fleisch und Fisch durch das Einlegen in Salz haltbar gemacht wurde, hatte Salz einen hohen Stellenwert. Auch Nahrungsmittel wie der Stockfisch hatten einen besonderen Wert und dienten als Tauschmittel. Stockfische waren getrocknete Fische, die oft von Schiffen zur Verpflegung ihrer Mannschaften dienten. Diese sogenannten „Stockfische" waren über einen längeren Zeitraum ein vielfach verwendetes Tauschmittel (**Naturalgeld**). Aber auch Muscheln, Gewürze und später auch Schmuck (**Schmuckgeld**) und Edelmetalle sowie Felle und Vieh dienten je nach Region und Land als Tauschmittel.

Am vorhandenen Eigentum, und damit am Vermögen, konnte und kann der Reichtum eines Menschen gemessen werden. Aus dem Lateinischen stammt das Wort **Pecunia** für Eigentum und Vermögen. Als später die ersten Münzen zum Handel verwendet wurden, weitete man die Bezeichnung Pecunia auch auf Geld aus. Das Wort **Geld** wurde ursprünglich vom indogermanischen Wort **Gold** abgeleitet, aber es gibt auch die Herleitung aus dem althochdeutschen „Gelt", das für **Vergütung**, **Einkommen** oder **Wert** steht. Mit der Einführung dieses Geldes in Form von Münzen konnten die Menschen Vermögenswerte leichter sammeln und sparen. Das **Münzgeld**, welches zu der Zeit den Wert an Gold oder Silber besaß, welcher auch im Gegenwert darauf stand, erweiterte und erleichterte den Handel mit Waren erheblich. Man spricht in diesem Zusammenhang von **Kurantmünzen**, weil sie dem Wert der Prägung entsprachen. Im Gegensatz zu den heute meist verwendeten Scheidemünzen, die nur einen Bruchteil dessen an Materialwert besitzen, den sie verkörpern.

Da es aber heute wie damals sehr gefährlich war, mit großen Summen von Geld herum zu reisen, konnte man z. B. bei den Tempelrittern in London Gold hinterlegen. Der Reisende erhielt dann von dem Templer, der das Geld in Empfang nahm, ein Stück Papier, auf dem sein Name ausgestellt war und die Anzahl z. B. an Goldmünzen, Ort und Datum mit Unterschrift standen. Heute würde man ein solches Schriftstück juristisch zumindest als **Urkunde** bezeichnen. Da es als Dokument eine rechtliche Tatsache zum Ausdruck brachte.

Eine Urkunde ist ein Dokument, auf dem eine rechtliche Tatsache durch Schriftzeichen zum Ausdruck gebracht worden ist.

Am Zielort konnte dann der Reisende diese auf seinen Namen ausgestellte Urkunde bei den ortsansässigen Templern vorlegen und erhielt daraufhin die in der Urkunde genannte Anzahl an z. B. Goldmünzen wieder ausgezahlt. Da zur Auszahlung der Goldmünzen die Vorlage der Urkunde notwendig war, würden wir heute diese Urkunde sogar als **Wertpapier** bezeichnen, denn zur Wahrnehmung der Rechte, hier die Auszahlung der hinterlegten Goldmünzen, war die Vorlage der Urkunde zwingend erforderlich.

> Eine Sonderform der Urkunde stellen die Wertpapiere dar. Bei Wertpapieren bilden Papier und Recht eine Einheit.

Damit aber nicht jeder Räuber sich diese Urkunde schnappen und damit zur Templerburg gehen konnte, um die Goldmünzen in Empfang zu nehmen, war dieses Papier auf den Namen des Reisenden ausgestellt. Doch damals gab es noch keine Papiere mit Lichtbild, durch die sich die einzelne Person ausweisen konnte. Stattdessen gab es ein Codewort, welches ihn zur Einlösung dieser Urkunde berechtigte. Der Templerorden schuldete mit der Einzahlung der Goldmünzen dem Reisenden diese bestimmte Anzahl an Goldmünzen. Damit lieh der Reisende den Templern Geld in Form von Goldmünzen, bis zum Zeitpunkt der Einlösung dieser Urkunde. Die Templer schufen damit den ersten **Kreditbrief** und den Vorläufer der heutigen Reiseschecks. Denn auch bei den heutigen **Reiseschecks** ist der Gegenwert dieser Schecks voll eingezahlt und kann an jedem Bankschalter weltweit eingelöst werden.

So konnte der Reisende damals am Zielort Einkäufe für seinen Aufenthalt oder seine Rückkehr tätigen. Die Goldmünzen tauschte er dann vielleicht vor Ort in neue Kleider, Ausrüstungen oder Pferde, bevor er seine Rückreise antrat.

1.2 Kapitalformen und die volkswirtschaftliche Bedeutung

Beispiel:

Herr Michel überlegt nach seinem Studium, wie es mit ihm beruflich weitergehen soll. Mit seinen beiden Freunden Klaus Boldt und Fred Lust möchte er sich selbstständig machen. Jeder dieser drei Freunde bringt unterschiedliche Voraussetzungen für einen Start in das gemeinsame Projekt mit. Als Idee schwebt den drei Männern vor, eine Kartbahn zu eröffnen. Neben den **kaufmännischen Fähigkeiten**, einen solchen Betrieb zu leiten, brauchen sie ein entsprechendes **Grundstück**, **Kartfahrzeuge** und eine **finanzielle Rücklage**. Die finanzielle Rücklage kann Fred einbringen, der vor Kurzem eine kleine Erbschaft gemacht hat und über ein kleines Vermögen verfügt. Klaus besitzt ein Grundstück in einem Gewerbegebiet, welches ihm sein Vater vor Jahren übertragen hat und Herr Michel hat durch sein kaufmännisches Studium und als Hobbybastler die fachliche Qualifikation zur Führung des Unternehmens. Fred und Klaus stehen schon im Berufsleben und verfügen über eigene Einnahmen, sie interessiert daher nur der Ertrag aus dem laufenden Geschäft der Kartbahn. Herr Michel hingegen muss von seiner Tätigkeit im Unternehmen seine Lebenshaltungskosten tragen.

Wie lassen sich die unterschiedlichen Kapitalformen der drei Freunde definieren?

1.2.1   Kapitalformen

Im Mittelalter und in der Antike hatten wir im Vergleich zur heutigen Zeit schon die glei-chen **Formen von Produktionsfaktoren**. Als erstes haben wir den **Boden**, der uns die Möglichkeit gibt, Nahrung zu finden oder anzubauen, eine Schlafstelle bietet oder auch Rohstoffe und Edelsteine hervorbringt. Früher wie heute müssen die Rohstoffe, Nahrungsmittel oder der Boden selbst vor der eigentlichen Nutzung bearbeitet werden. Daher stellt auch die **Arbeit** einen der Produktionsfaktoren dar. Der dritte Produktionsfak-tor sind Güter, die selbst zur Herstellung von Produktionsgütern benötigt werden – also Maschinen und Werkzeuge. Diese Güter sind das **Kapital**. Man erkennt also:

> Kapital im eigentlichen Sinne ist kein Geld, sondern es sind Gegenstände, die dazu dienen, Güter und Dienstleistungen herzustellen.

In der Neuzeit erkannte man, dass eine gut ausgebildete Belegschaft vom wirtschaft-lichen Wert den Maschinen in der Fabrikhalle in nichts nachsteht – man spricht hier vom **Humankapital (human capital)**. Wirtschaftlich lässt sich das „Humankapital" sogar in Euro ausdrücken – ethisch-menschlich steht eine Belegschaft natürlich jenseits jeder ökonomischen Bewertung.

1.2.2   Volkswirtschaftliche Bedeutung

Seit der industriellen Revolution haben die meisten Menschen keinen direkten Zugang mehr zu den Gütern des täglichen Bedarfs. Um diese Güter zu erhalten, ist der Mensch heute gezwungen, eine Gegenleistung zu liefern. Oft besteht diese Gegenleistung in Form von Geld. Das Geld erhält er, indem er seine **Arbeit**skraft den Betrieben als Mittel der Produktion zur Verfügung stellt. Jetzt kann der Betrieb die Güter herstellen, sofern er über die Rohstoffe für die Fertigung der Güter verfügt. Die Rohstoffe stehen dem zur Verfügung, dem der **Boden** gehört, in oder auf dem die Rohstoffe vorkommen. Aus den Gewinnen kann der Produzent neue Maschinen, Werkzeuge oder Anlagen erwerben und seinen **Kapital**stock ausbauen.

Diese sogenannten **Produktionsfaktoren**, die im Produktionsprozess eingesetzt wer-den, sind begrenzt und damit ist auch die Produktion von Gütern und Dienstleistungen begrenzt. Die begrenzten Güter werden daher auch als **knappe Güter** bezeichnet, wäh-rend es in der Volkswirtschaftstheorie auch sogenannte „freie" Güter gibt. **Freie Güter** stehen den Menschen in unbegrenzter Menge kostenlos zur Verfügung. Die letzten Jahre haben aber gezeigt, dass selbst diese „freien" Güter wie z.B. Wasser oder saubere Luft knapp werden können und dann werden auch diese ehemals freien Güter etwas kosten.

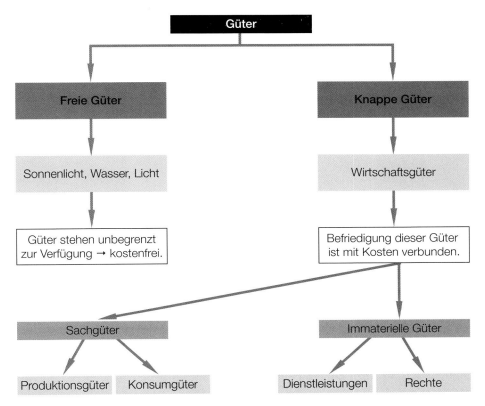

Für uns als Berater sind die möglichen Entwicklungen dieser Produktionsfaktoren zur Herstellung von Gütern wichtig, denn je knapper ein dringend und nicht ersetzbarer Produktionsfaktor (Boden, Arbeit oder Kapital) ist, desto höher wird die Gegenleistung für die Bereitstellung sein. Anders ausgedrückt:

> Je knapper ein Gut ist und je stärker es nachgefragt wird, desto mehr Geld kann man mit dem Gut verdienen.

Die Nachfrage nach einem Gut ist über größere Zeitperioden nicht konstant, sondern unterliegt wie das gesamte Leben gewissen Zyklen. Diese Zyklen werden im Wirtschaftsleben mit den Begriffen

- Aufschwung,
- Boom,
- Abschwung und
- Depression

bezeichnet.

Die **Aufschwungphase** wird durch steigende Auftragsbestände und Produktion gekennzeichnet. Dadurch reduziert sich die Arbeitslosigkeit und es beginnt eine leichte Verteuerung der Waren (**Inflation**). Die Zinsen befinden sich auf einem niedrigen Niveau und die Prognosen für die wirtschaftliche Entwicklung sind sehr optimistisch. Daher erwägen die Zentralbanken in solchen Phasen die Zinsen etwas zu erhöhen, um eine zu schnelle Überhitzung des Marktes zu vermeiden.

Sind die Kapazitäten der Wirtschaft voll ausgelastet, weil die Nachfrage nicht abzureißen scheint, spricht man vom **Boom** oder **Hochkonjunktur**. Die Preise steigen, weil auch die Löhne gestiegen sind, denn der Arbeitsmarkt hat in dieser Phase alle vorhandenen Arbeitskräfte gebunden (Vollbeschäftigung). Selbst das weitere Steigen der Zinsen kann eine Überhitzung nicht mehr verhindern. Investitionen werden aus Euphorie und nicht aus wirtschaftlichen rationalen Aspekten heraus getätigt und die Kreditnachfrage steigt weiter. Doch jeder Markt erfährt irgendwann eine Sättigung und diese Umkehr bereitet den zu optimistischen Unternehmen einige Probleme. Die Wirtschaft wächst nicht mehr.

Die ersten Unternehmen bekommen aufgrund der zu optimistischen Einschätzung und Investitionen Probleme, allen Verbindlichkeiten nachzukommen. Sie müssen erkennen, dass die erwarteten Steigerungen nicht mehr eintreten und fangen an, diesen Fehler durch Sparmaßnahmen zu korrigieren. Die zuletzt eingestellten Arbeitskräfte werden freigestellt und es macht sich eine pessimistische Stimmung bei der Beurteilung der Wirtschaftslage breit. Dadurch reduziert sich die Nachfrage, die Lager bleiben gefüllt, die Produktion wird gedrosselt, Investitionen werden auf Eis gelegt. Diese Phase wird als **Abschwung** oder **Rezession** bezeichnet.

Kann der Abschwung nicht aufgehalten werden, dann rutscht die Wirtschaft in die Phase des **Konjunkturtiefs** (Depression). Die **Depression** stellt den Tiefstand des Abschwungs dar. Jetzt glaubt keiner mehr an eine Rettung und alle fangen an für noch schlechtere Tage zu sparen, was die Produktion weiter drosselt. In dieser Phase versuchen die Zentralbanken, durch ganz niedrige Zinsen die Wirtschaft zu Investitionen zu verleiten. Doch wer will in dieser pessimistischen Zeit schon investieren? Jetzt hilft nur der normale Verschleiß von Gütern. Kunden werden durch Prämien (Abwrackprämie oder steuerliche Vergünstigungen z. B. degressive Abschreibungen) zum Kauf animiert.

Greifen diese Maßnahmen, bleibt die Produktion stabil und die Wirtschaft erholt sich sogar langsam. Jetzt beginnt alles wieder von vorn, bis zur nächsten Rezession.

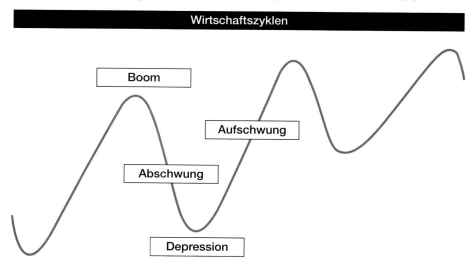

Wirtschaftszyklen

Boom

Aufschwung

Abschwung

Depression

1.2.3   Boden

Alle **natürlichen Ressourcen** werden in der Volkswirtschaftslehre unter dem Begriff „Boden" zusammengefasst.

Im engeren Sinne gehören dazu:

- alle land- und forstwirtschaftlichen **Nutzflächen**,
- alle **Standorte** für Betriebe in der Industrie, im Handel, im Dienstleistungssektor und als Verkehrswege,
- alle Fundorte von **Rohstoffen**.

Im weiteren Sinne gehören auch alle Energieformen aus z. B. **Wind**, **Sonne**, **Wasser** dazu.

Die Bedeutung des Bodens wird an den vielfältigen Funktionen, die er für den Menschen erfüllt, deutlich:

- Anbaufläche für die Erzeugung von Nahrungs- und Futtermitteln sowie pflanzlichen Rohstoffen,
- Lagerstätte für Bodenschätze und Energiequellen,
- Fläche für Siedlung, Produktion und Verkehr,
- Fläche für Ablagerungen,
- Filter für Schadstoffe,
- Grundwasserspeicher,
- Erholungsraum,
- Archiv der Natur- und Kulturgeschichte.

Welche Erträge können aus Investitionen in Grundstücken und Immobilien erzielt werden?

Betrachten wir die Bodenfläche, die einem Einwohner in Deutschland und anderen Ländern rechnerisch für die o. g. Funktionen zur Verfügung stehen würden.

Land	Gesamtfläche km²	Einwohner	Einwohner pro km²
Deutschland	357.121	81.746.000	229
USA	9.809.555	311.592.000	32
China	9.572.419	1.351.757.000	141
Frankreich	543.965	65.437.000	120
Japan	377.837	127.817.000	338
EU	4.324.782	502.500.000	116

Quelle: Weltalmanach 2013

Welche Aussagekraft haben diese Daten jetzt? Keine!

„Für mich ist Statistik das Informationsmittel der Mündigen. Wer mit ihr umgehen kann, kann weniger leicht manipuliert werden. Der Satz „Mit Statistik kann man alles beweisen" gilt nur für die Bequemen, die keine Lust haben, genau hinzusehen."

Elisabeth Noelle-Neumann (*1916, †2010), dt. Marktforscherin

Jede Zahl alleine betrachtet hat keine Aussagekraft, sondern muss immer in Bezug gesetzt werden. Doch welchen Bezug wollen Sie herstellen? Vielleicht, wie wenig Platz jedem Einwohner heute in den einzelnen Ländern zur Verfügung steht, um das Argument der Knappheit des Gutes Boden zu untermauern? Dann könnten Sie auch noch anführen, dass in den o. g. Flächen auch Wüsten, Seen, Flüsse, Gebirge oder Strände mit eingerechnet sind.

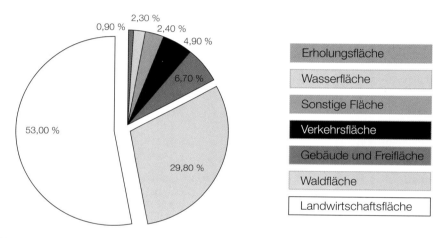

Bodennutzung in Deutschland

- 0,90 %
- 2,30 %
- 2,40 %
- 4,90 %
- 6,70 %
- 29,80 %
- 53,00 %

Erholungsfläche
Wasserfläche
Sonstige Fläche
Verkehrsfläche
Gebäude und Freifläche
Waldfläche
Landwirtschaftsfläche

Wenn nur 6,7 % der gesamten bundesdeutschen Fläche für Gebäude und Freiflächen genutzt werden, dann könnte man annehmen, dass die Investition in Immobilien immer ein lohnendes Geschäft ist, weil dieses Gut sehr knapp ist. Doch war das in der Vergangenheit immer so?

Kaufwerte EUR/m² für baureifes Land in den Bundesländern:

Bundesland	1998	2001	2005	2008	2011
Baden-Württemberg	146	156	189	175	196
Bayern	117	129	222	227	207
Berlin	528	237	402	276	336
Brandenburg	51	47	53	50	46
Bremen	133	126	138	151	145
Hamburg*	-	-	393	582	530
Hessen	106	114	126	127	194

Mecklenburg-Vorpommern	49	52	53	66	57
Niedersachsen	52	58	67	72	72
Nordrhein-Westfalen	91	110	125	143	147
Rheinland-Pfalz	74	79	97	103	117
Saarland	60	53	72	77	83
Sachsen	41	57	52	46	34
Sachsen-Anhalt	30	32	35	29	30
Schleswig-Holstein	72	82	101	111	108
Thüringen	33	39	42	32	40

* Für Hamburg lagen bis 2004 keine Werte vor.

Quelle: ifs Institut für Städtebau, Wohnungswirtschaft und Bausparwesen e.V./Statistisches Bundesamt, Fachserie 17 Reihe 5/2011

Der Boden dient aber auch als Quelle für Nahrungsmittel, Rohstoffe und Energie.

Rohstoffe sind unbearbeitete Grundstoffe, welche sich nach den unterschiedlichsten Kriterien unterteilen lassen. Konzentrieren wir uns auf die **Agrar-** und **Industrierohstoffe**.

Zu den Agrarrohstoffen zählen z.B. **Getreide**, **Fleisch** und **Fisch**. Bei einer ständig wachsenden Weltbevölkerung ist für die nächsten Jahrzehnte ein zentraler Aspekt die ausreichende Versorgung aller Menschen mit Lebensmitteln. Heute stellt die Hungersnot in den **Entwicklungsländern** eine Bedrohung der dortigen Bevölkerung dar, doch oft fehlen den Ärmsten der Armen die finanziellen Mittel, sich Nahrung zu kaufen. Es gilt, dass diese Menschen auf Hilfe von außen angewiesen sind. Anders die auf der Schwelle vom Entwicklungsland zur **Industrienation** stehenden Länder wie z.B. die BRICS-Staaten

- **B**rasilien,
- **R**ussland,
- **I**ndien,
- **C**hina und
- **S**üdafrika.

Die Bevölkerung dieser „**Schwellenländer**" verdient zunehmend mehr Geld und dadurch kann sie sich auf dem großen Weltmarkt als Nachfrager auch für Nahrungsmittel betätigen. Durch die Vielzahl dieser Nachfrager aus diesen Staaten nach den Agrarrohstoffen wie Getreide, Fleisch und Fisch könnte es, obwohl diese Rohstoffe bisher eigentlich immer wieder nachwuchsen und damit als **regenerative Rohstoffe** galten, zu erheblichen Versorgungsengpässen kommen. Die Verflechtung aller Bereiche des Zusammenlebens (**Globalisierung**) und der damit verbundene Austausch auch von Lebensgewohnheiten, also die Anpassung dieser Schwellenländer an den heutigen westlichen Standard, wird die Verteilung nicht nur dieser Rohstoffe stark beeinflussen. Die Verteilung der Rohstoffe und deren Reserven werden zu einem wesentlichen Indikator für ein friedliches künftiges Zusammenleben sein.

Als **industrielle pflanzliche Rohstoffe** bezeichnet man **Holz**, **Kautschuk**, **Baumwolle**, **Industrieobst**, **Heilpflanzen** oder **Raps**, weil sie technischen Verwertungszwecken dienen.

Bodenschätze, welche als Industrierohstoffe aus anorganischen und fossilen Ressourcen im Bergbau gefördert werden wie z. B. **Kalk** und **Salz** werden in der chemischen Industrie verarbeitet und daher als **chemische Rohstoffe** bezeichnet. Aus Erzen werden die **Metallrohstoffe** gewonnen, welche für den Maschinen-, Schiff- und Automobilbau benötigt werden. Hier sind die Grundrohstoffe Eisen, Aluminium und Stahl zu nennen.

Edelmetalle sind nicht nur für die Schmuckindustrie entscheidend, sondern insbesondere Kupfer, Zinn und Halbleiter bilden auch die Basis für die Elektroindustrie und Elektronik. In der Bauindustrie werden die sogenannten **Bau-** und **Keramikrohstoffe** benötigt. Sie werden aus Gesteinen und Sedimenten gewonnen. Wir kennen sie als Baustoffe wie z. B. **Sand**, **Kies**, **Tonmineral** und **Werksteine**.

Alle Rohstoffe, die zur Erzeugung von Energie verwendet werden, gehören zu den **Energierohstoffen**. Hierzu zählen fossile Rohstoffe wie **Kohle**, **Erdöl** und **Erdgas**. Aber auch **Luft**, **Wasser** und **Sonne** als Grundlage **erneuerbarer Energie** sind Energierohstoffe. **Uran** ist als Rohstoff für die **Kernenergie** wichtig und gehört ebenfalls zu dieser Gruppe.

Werden Investitionsentscheidungen getroffen, so ist auch die Verteilung der Rohstoffe in der Welt entscheidend. Veränderungen bei der Gewinnung und Verteilung von Rohstoffen sind insbesondere für Deutschland, das selbst kaum über Rohstoffe verfügt, von entscheidender Bedeutung.

1.2.4   Arbeit

Nicht jede Beschäftigung wird als Arbeit definiert. Von Arbeit spricht man im volkswirtschaftlichen Sinne, wenn

- damit die Erzielung eines wirtschaftlichen Nutzens verbunden ist,
- die Absicht besteht, eine gewisse Leistung zu erbringen,
- vertragliche Vereinbarungen über Dauer, Art und Entgelt für die Arbeit bestehen,
- Güter oder Dienstleistungen hergestellt bzw. erbracht werden – allerdings muss der Nutzen für den Einzelnen oder die Gemeinschaft anerkannt sein.

Durch die Umstrukturierung der Gesellschaft übernehmen immer mehr Dienstleister Arbeiten, welche früher innerhalb der Familie erledigt wurden. Hier entstehen ganz neue Dienstleistungsbereiche, die damit auch in die volkswirtschaftlichen Berechnungen einfließen. Während die unentgeltlichen Arbeiten von z. B. Hausfrauen oder Hobby-Heimwerkern schwer einzuordnen waren.

Arbeit kann im volkswirtschaftlichen Sinne **manuell** oder **geistig** erbracht werden. Solange sie der **regulären Einkommenserzielung** und damit zur **Befriedigung von Bedürfnissen anderer Personen** dient, wird sie volkswirtschaftlich erfasst. Hausarbeit oder ehrenamtliche Tätigkeiten, aber auch Schwarzarbeit werden und können nicht erfasst werden. Der Preis des Produktionsfaktors Arbeit wird von dem **Arbeitskräftepotenzial** bestimmt. Insofern ist für uns bei der Betrachtung einer Volkswirtschaft wichtig, welches Arbeitskräftepotenzial es in dem Wirtschaftsraum heute und in der Zukunft gibt und für welche Tätigkeiten.

In Deutschland lebten nach Angaben des Statistischen Bundesamtes zum 30.11.2012 ca. **80,538 Mio.** Menschen.

Zur Wohnbevölkerung gehören alle
- *Deutsche, die ihren Hauptwohnsitz im Inland haben,*
- *Ausländer mit Wohnsitz in Deutschland, die somit statistisch als Inländer gezählt werden.*

Erwerbspersonen sind alle Personen, die zwischen 15 und 74 Jahre alt sind und ihren Wohnsitz im Bundesgebiet haben (Inländerkonzept). Sie müssen eine unmittelbar oder mittelbar auf Erwerb gerichtete Tätigkeit ausüben oder suchen (abhängig Beschäftigte, Selbstständige, mithelfende Familienangehörige), unabhängig von der Bedeutung des Ertrags dieser Tätigkeit für ihren Lebensunterhalt und ohne Rücksicht auf die von ihnen tatsächlich geleistete oder vertragsmäßig zu leistende Arbeitszeit (Erwerbskonzept). Die Erwerbspersonen setzen sich zusammen aus den Erwerbstätigen und den Erwerbslosen.

Hinweis:

Die Agentur für Arbeit teilte auf ihrer Internetseite (www.statistik.arbeitsagentur.de) mit, dass im Februar 2013 etwa 6.118.447 leistungsberechtigte Personen in der Grundsicherung verzeichnet waren. Davon sind 4,422 Mio. erwerbsfähige Leistungsberechtigte, wovon 3,156 Mio. Arbeitslose sind. 1,692 Mio. Menschen gelten als nicht erwerbsfähige Leistungsberechtigte.

Wenn wir Deutschlands Potenzial an Arbeitskräften betrachten, können wir feststellen, dass von den heute knapp 41,40 Mio. Erwerbstätigen ca. 29,14 Mio. in einem sozialversicherungspflichtigen Beschäftigungsverhältnis arbeiten (Stand 01.01.2013).

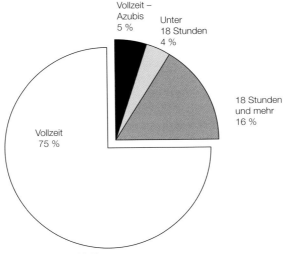

Insgesamt 29,14 Mio. sozialversicherungspflichtig Beschäftigte

Vollzeit – Azubis 5 %

Unter 18 Stunden 4 %

18 Stunden und mehr 16 %

Vollzeit 75 %

Quelle: Bundesagentur für Arbeit, 2013

Das Statistische Bundesamt hat für 2013 die Zahl der Selbstständigen und die der mitarbeitenden Familienangehörigen mit ca. 4,546 Mio. angegeben. Die Zahl der Arbeitslosen wurde mit 3,156 Mio. beziffert.

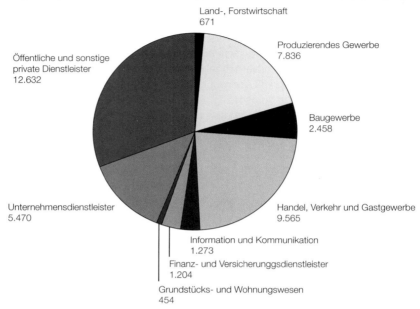

Anzahl Erwerbstätiger nach Branchen (1.000 Personen)

Land-, Forstwirtschaft
671

Produzierendes Gewerbe
7.836

Öffentliche und sonstige
private Dienstleister
12.632

Baugewerbe
2.458

Unternehmensdienstleister
5.470

Handel, Verkehr und Gastgewerbe
9.565

Information und Kommunikation
1.273

Finanz- und Versicherunggsdienstleister
1.204

Grundstücks- und Wohnungswesen
454

Quelle: Statistisches Bundesamt 2013

Bei der Investitionsentscheidung für oder gegen einen Wirtschaftsstandort sind der Bestand und die weitere Entwicklung der Erwerbspersonen von entscheidender Bedeutung. Hohe Arbeitslosigkeit bedeutet, dass das Potenzial der Erwerbspersonen nicht ausgeschöpft wird. Somit wird die Konsumnachfrage in diesen Regionen auch geringer ausfallen. Auch kann es sein, dass das politische oder gesellschaftliche System diese Ausschöpfung der Erwerbspersonen erschwert (durch z. B. Mindestlöhne oder andere ungünstige Rahmenbedingungen). Vollbeschäftigung verspricht ein gutes Konsumklima, führt aber auch zu einem größeren Wettbewerb nach guten Arbeitskräften. Auch das Lohnniveau wird bei Vollbeschäftigung eher überproportional steigen. Je nach Investitionsziel ist also die regionale Arbeitssituation zu analysieren.

Wir können den Faktor Arbeit wie folgt weiter untergliedern:

```
                    ┌─────────────────────┐
                    │       Arbeit        │
                    └─────────────────────┘
            ┌──────────────┴──────────────┐
  ┌───────────────────┐        ┌───────────────────┐
  │ Dispositive Arbeit │        │  Exekutive Arbeit │
  │     (leitend)      │        │    (ausführend)   │
  └───────────────────┘        └───────────────────┘
          ┌──────────────────┬──────────────────┐
┌───────────────────┐ ┌───────────────────┐ ┌───────────────────┐
│  Gelernte Arbeit  │ │ Ungelernte Arbeit │ │ Angelernte Arbeit │
│    (Fachkraft)    │ │    (Hilfskraft)   │ │                   │
└───────────────────┘ └───────────────────┘ └───────────────────┘
```

Außerdem lassen sich noch **geistige** und **körperliche Tätigkeiten** unterscheiden.

In Deutschland besteht der Arbeitskräftemangel insbesondere im qualifizierten Bereich. Insbesondere in den MIT-Berufen (Mathematik, Informationstechnologie, Technik) besteht jetzt und für die Zukunft ein Arbeitskräftemangel.

Die Bezieher von Geldern nach SGB II + III erhalten Leistungen, welche von den anderen Erwerbstätigen in Form von Steuern oder Sozialversicherungsbeiträgen aufzubringen sind. Aber auch die Kinder, Schüler und Studenten sowie alle Rentner gehören zu den Bevölkerungsteilen, welche von den tatsächlichen Erwerbstätigen auf unterschiedliche Art finanziert werden müssen. Da das Umlageverfahren der Sozialversicherungen zur Finanzierung nicht mehr ausreicht, werden diese Bevölkerungsgruppen inzwischen teilweise zur Finanzierung ihrer eigenen Leistungen mit herangezogen. Die Besteuerung der Renteneinkünfte nach dem Alterseinkünftegesetz, die Energiesteuer (Ökosteuer) auf Kraftstoff oder die Erhöhung der Umsatzsteuer gehören zu diesen Finanzierungsformen.

Entwicklung der Umsatzsteuersätze in Deutschland

Jahr	Regelsatz	Ermäßigter Steuersatz
1968	10 %	5 %
7/1968 – 12/1977	11 %	5,50 %
12/1978 - 6/1979	12 %	6 %
7/1979 - 6/1983	13 %	6,50 %
7/1983 - 12/1992	14 %	7 %
1/1993 - 3/1998	15 %	7 %
4/1998 - 12/2006	16 %	7 %
seit 01/2007	19 %	7 %
2013	?	?

Denn schon heute müssen ca. 40 Mio. Erwerbstätige für die anderen ca. 40 Mio. Bürger aufkommen.

Was passiert, wenn erst die Babyboomerjahre ins Rentenalter kommen?

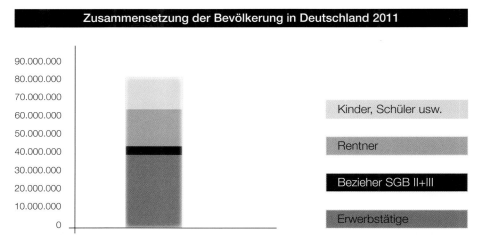

Als Bundeskanzler Konrad Adenauer 1957 das Umlageverfahren entsprechend dem „Schreiber-Plan" als Solidarvertrag einführte und das bis dahin kapitalgedeckte Verfahren der Altersversorgung ablöste, wurde auch der später noch gültige Begriff des „**Generationenvertrages**" geprägt. Adenauer selber meinte, dass „Kinder immer geboren werden". Er wusste damals aber noch nicht, wie wenige Kinder künftig nur noch geboren werden sollten. Damals schien diese Variante für die Kriegsgeneration die gerechteste Möglichkeit der Altersversorgung. In einer Phase der schwächer werdenden Nachfolgegenerationen ist aber gerade der Gerechtigkeitsaspekt infrage zu stellen. Die derzeit älteren Generationen haben durchschnittlich weniger Kinder groß gezogen und dafür weniger Lasten getragen, erhalten aber aktuell noch relativ großzügige Renten. Die jüngeren Generationen, die diese hohen Renten erwirtschaften, müssen gleichzeitig für die eigene Altersversorgung ergänzend selbst vorsorgen.

1.2.5   Kapital

Alle bei der Erzeugung beteiligten Güter versteht man im volkswirtschaftlichen Sinne als Kapital. Dieser Kapitalstock (**Realkapital**) besteht aus Gütern wie **Werkzeugen**, **Maschinen**, **Anlagen** usw., aber auch aus finanziellen Mitteln (**Geldkapital**). Wie bereits erwähnt kann nach neueren Einsichten auch die gut ausgebildete Belegschaft als „Humankapital" bezeichnet werden. Mitarbeiter sind also letztendlich Kapital im weitesten Sinne der Volkswirtschaftslehre. Kapital steht einer Wirtschaft nur begrenzt zur Verfügung. Erst diese Knappheit schafft die Möglichkeit, einen Kapitalzins als Nutzungsentgelt des zur Verfügung gestellten Kapitals zu erzielen. Legt ein Investor also Geld an, so ist der Zins eine Entschädigung für den zeitlich befristeten Konsumverzicht.

Hinweis:

Kapital besteht also prinzipiell in Form von Gegenständen und ideellen Werten und nicht in Form von Geld, Wertpapieren oder Kontoguthaben. Stellt ein Investor einem Unternehmen

Geld als Darlehn zur Verfügung, so werden von diesem Geld in der Regel Wirtschaftsgüter erworben. Die Investition dient also dem Güterkauf und die Güter sind es, die Zinszahlungen und Rückzahlungen gegenüber dem Investor möglich machen.

Deutlich wird dieser Sachverhalt, wenn man sich überlegt, dass eine Addition aller Forderungen und Verbindlichkeiten einer Wirtschaft grundsätzlich 0 ergibt. Denn das, was der eine als Forderung hat, hat ein anderer als Schulden. Die Aussage, dass Geld oder Wertpapiere Kapital wären, ist also eigentlich falsch. Da wir in unserer modernen Volkswirtschaft aber die Güter in Geldwerten ausdrücken, verkürzen wir dennoch die weiteren Betrachtungen auf eben dieses Geld- und Kapitalvermögen in Euro.

Wie entsteht aber dieses Geldkapital?

In der **volkswirtschaftlichen Gesamtrechnung** (VGR) finden wir den Begriff von Vermögen, anstatt den des Kapitals. Als Vermögen könnte man das von allen Wirtschaftssubjekten vorhandene **Nettogeldvermögen** bezeichnen. Das Nettovermögen setzt sich aus den Forderungen abzüglich der Verbindlichkeiten der jeweiligen Wirtschaftssubjekte zusammen. Forderungen der Wirtschaftssubjekte sind u. a. Anleihen, Bankguthaben u. Ä., während als Verbindlichkeiten alle Formen von Darlehn gezählt werden können.

Wir konzentrieren uns auf das Geldvermögen, welches von der Deutschen Bundesbank als „Geldvermögen privater Haushalte und privater Organisationen ohne Erwerbszweck" bezeichnet wird. Dieser Sektor betrug Anfang 1980 ca. 991 Mrd. EUR (bzw. 1.938 Mrd. DM) und wuchs bis 2012 auf 4.811 Mrd. EUR. Im Jahr 2011 betrug das Geldvermögen noch 4.715 Mrd. EUR, wobei sich im Bezug auf die Vermögensaufteilung folgendes Bild ergab:

Das Privatvermögen in Deutschland 2011 (in Mrd.)

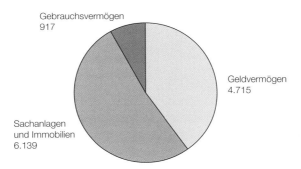

Gebrauchsvermögen
917

Geldvermögen
4.715

Sachanlagen
und Immobilien
6.139

1.3   Geld- und Güterkreislauf

Nach dem 2. Weltkrieg und der Verunsicherung der Bevölkerung über die wirtschaftliche und politische Zukunft des Landes, kamen die Menschen wieder zurück zum Tausch von Waren. Beliebtestes Tauschmittel waren damals nicht das Salz, Gewürze oder Edelsteine, sondern Zigaretten. Alles was man auf den nicht regulären Märkten (Schwarzmärkten) kaufen konnte, wurde in Zigaretten umgerechnet. Die Bürger hatten ihr eigenes Zahlungssystem entwickelt, das an allen staatlichen Institutionen vorbei florierte. Der Haken dabei war nur, dass dem Staat so das nötige Geld fehlte, um die Infrastruktur (Straßen, Schulen, Krankenhäuser usw.) des Gemeinwesens zu finanzieren. In dieser Phase ging es hauptsächlich um die Befriedigung der Grundbedürfnisse.

Mit der Einführung einer neuen Währung (Deutsche Mark) und dem damit verbundenen Ende der alten Währung (Reichsmark) durch die Währungsreform von 1948 kehrte mit der Zeit wieder Normalität in den Alltag ein. Die Menschen gingen zur Arbeit und stellten ihre Arbeitskraft als Produktionsfaktor den Unternehmen zur Verfügung. Das Unternehmen entlohnte die Arbeiter für ihre Arbeit mit Geld. Von diesem Geld konnten die Menschen jetzt ihre Wohnungen, die Nahrung und benötigte Kleidung bezahlen. Damit stieg die Nachfrage nach den Verbrauchs- und Konsumgütern, sodass die Unternehmen weitere Mitarbeiter einstellen mussten, um die Bedürfnisse der Bevölkerung befriedigen zu können. Dadurch, dass mehr Menschen Arbeit hatten, wurden noch mehr Güter nachgefragt und das „Wirtschaftswunder" nahm seinen Anfang.

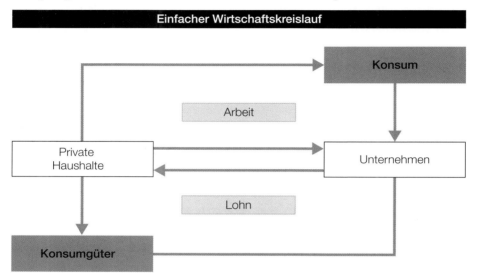

Die Menschen vertrauten wieder den alten Mechanismen und der neuen Währung. Sie bekamen ihren Lohn, damals noch in der Lohntüte wöchentlich bar ausgezahlt, und weil die Preise stabil blieben, musste das Geld nicht gleich wieder in Waren getauscht werden. Das Geld, welches jetzt schon seit Jahrhunderten nicht mehr nur aus Münzen bestand, sondern sich auch weiterentwickelt hatte, wurde durch bedrucktes Papier, die sogenannten Banknoten, ergänzt. Das bedruckte Papier hatte den großen Vorteil, dass es ohne großen Kostenaufwand hergestellt werden konnte und leichter transportierbar war als Münzen. Das alte Geld – die Reichsmark – hatte das Vertrauen verloren und die „Übergangswährung Zigaretten" war auf Dauer nicht tragbar. Das machte die neue Währung notwendig.

Aus der Nachkriegszeit können wir somit folgende Lehren ziehen: Immer wenn die Menschen das Vertrauen in den alten Tauschwert verlieren, wird dieser durch einen neuen Tauschwert ersetzt. Meistens kehren die Menschen dann wieder zum ursprünglichen Handel „Waren gegen Waren" zurück. Die Menschen vertrauten der neuen D-Mark. Geld war nicht nur Tauschmittel, sondern erhielt auch wieder die Aufgaben als:

- Wertmaßstab,
- Wertübertragungsmittel,
- Wertaufbewahrungsmittel.

1.4 Golddeckung des Bargeldes

Ausgelöst durch die Weltwirtschaftskrise 1929 und die nachfolgenden Turbulenzen hatten die Menschen auf der ganzen Welt das Vertrauen ins reine Papiergeld verloren. Denn im schlimmsten anzunehmenden Fall, dem **Worst Case**, hätte der Besitzer nur das bedruckte Papier in seinen Händen und diesen Worst Case bekamen die Menschen durch die Hyperinflation schmerzlich zu spüren. Geld, das am Tage verdient wurde, war schon abends deutlich weniger wert. Also versuchte man stets, dem Papiergeld einen Gegenwert zur Seite zu stellen. Oft wurde Gold genommen und es gab eine Einlösungsgarantie Papiergeld gegen Gold.

Aber auch andere stabile Währungen eignen sich, um das Vertrauen der Bürger in die eigene Währung zu festigen. Die Amerikaner stabilisierten am Anfang des 20. Jahrhunderts ihren US-$ durch die Verbürgung, jeden in Umlauf befindlichen US-$ gegen Gold einzutauschen. Dieses Versprechen stand auf jeder US-Banknote. Auch damit verschaffte sich der US-$ in den Jahren nach 1944 den Ruf einer Weltwährung. 44 Staaten richteten ihre Währung nach dem US-$ aus. Diese Vereinbarung der 44 Finanzminister der an diesem System beteiligten Staaten, ging als **Bretton-Woods-System** in die Geschichte ein. Feste Wechselkurse zum US-$ und diese „**Hartwährung**" waren durch das in Fort Knox gelagerte Gold gedeckt.

Allerdings stieg die Nachfrage in den Nachkriegsjahren nach dem US-$ immer weiter an, insbesondere, weil der Rohstoff Öl weltweit nur in US-$ ge- und verkauft werden konnte. Als der damalige französische Präsident Charles de Gaulle 1965 ankündigte, wie im Abkommen von Bretton-Woods vorgesehen, die US-$ Reserven von Frankreich in Gold einzutauschen und eigene Goldreserven aufzubauen, folgten ihm auch andere Länder. Frankreich ließ aber das Gold nicht in Amerika in den Tresoren der dortigen Zentralbank (**Federal Reserve System** kurz „**FED**"), sondern verlangte die Aushändigung des Goldes. Das war für den damaligen US-Präsidenten Nixon der Grund, den Goldstandard aufzuheben.

Das Vertrauen in die amerikanische Vormachtstellung in der Welt und als Wirtschaftsmotor machten es dennoch möglich, dass der US-$ weiterhin als eine Art „Weltwährung" fungierte. Solange dieses Vertrauen weltweit vorherrscht, wird der US-$ diese Funktion behalten.

1.5 Anlage in Sachwerten

Sachwerte sind Güter wie z. B. Immobilien, Maschinen oder Schmuck, deren Gebrauchswert unabhängig von den Geldwertschwankungen bestehen bleibt. Sachwerte waren auch die ersten Tauschmittel in der Geschichte, weil sie ihren Eigenwert offensichtlich behielten. Menschen greifen in unsicheren Zeiten immer wieder zu solchen Sachwerten, weil sie wissen, dass diese Güter auch im „Worst Case" ihren Eigenwert behalten. Wie die Menschen die zukünftige wirtschaftliche, aber auch politische Entwicklung einschätzen, kann man wunderbar an der Entwicklung der Preise für Sachwerte erkennen. In wirtschaftlichen Krisensituationen werden Sachwerte wie Immobilien stärker nachgefragt, aber auch Schmuck oder Gold könnten Indikatoren für die Einschätzung der Bevölkerung über die wirtschaftliche Zukunft darstellen.

Eine Goldmünze bleibt eine Goldmünze – egal, wie sich die Wirtschaft entwickelt. Somit besteht bei Sachwerten stets ein **Inflationsschutz**. Tatsächlich sind solche Güter allerdings auch immer nur so viel wert, wie Anleger der „Sache" an Wert beimessen. So verliert in einer Hungersnot auch die Goldmünze an Wert im Verhältnis zu Lebensmitteln. Inflationsschutz heißt also nicht, dass es zu einem garantierten Werterhalt kommt. Die starke Schwankung des Goldwertes ist den Preisentwicklungen des Goldes der letzten Jahre zu entnehmen.

Auch Produktionsfaktoren wie z. B. Maschinen sind Sachwerte. Auch diese können in einer wirtschaftlichen Krise deutlich an Wert verlieren. Nach der Krise allerdings kann man mit der Maschine wieder Güter produzieren, während die Kaufkraft von einmal entwertetem Geld nicht mehr zurückkommt.

1.6   Anlage in Geldwerten

Wenn ein Unternehmer, eine Privatperson oder ein Staat mehr Geld benötigt, als er aus eigenen Mittel aufbringen kann, muss er sich den Rest des benötigten Kapitals von anderen Personen leihen. Die Personen, die ihr Geld diesen Schuldnern geben, verzichten vorübergehend darauf, das Geld selbst auszugeben (zeitlich befristeter **Konsumverzicht**). Gleichzeitig gehen sie mit der Verleihung des Geldes das Risiko ein, dass der Schuldner seine Verbindlichkeiten niemals begleichen wird (**Ausfallrisiko**). Für den Konsumverzicht und das Ausfallrisiko erhalten die Anleger einen Preis bzw. eine Entschädigung. Diese Entschädigung wird seit Urzeiten als **Zins** bezeichnet (aus dem lateinischen **Census** = Vermögensschätzung).

Leiht sich ein Unternehmen, eine Privatperson oder ein Staat auf diese Weise Geld, muss er nicht nur den geliehenen Geldbetrag zurückbezahlen, sondern auch noch diesen Zins.

Welche Motivation könnte jetzt jemand haben, sich heute schon etwas zu leisten, was er mit Geld kauft, welches ihm nicht gehört und in Zukunft mit Zinsen zurückbezahlt werden muss?

Eine Motivation könnte sein, dass er sich erhofft, dass er mit dem geliehenen Geld mehr Ertrag erwirtschaftet, als er an Zinsen bezahlen muss. Oder er ist bereit, um sich ein Bedürfnis nach einem bestimmten Gut heute schon zu befriedigen, einen Zuschlag auf den Einkaufspreis in Form des Zinses zu akzeptieren. Da wir gelernt haben, dass Bedürfnisse nie befriedigt sind, sondern nach der Befriedigung schon ein neues Bedürfnis vorhanden ist, kann sich die Befriedigung von Bedürfnissen nach Gütern in eine aufsteigende nie endende Spiralbewegung entwickeln. Wenn jetzt für jedes neues Bedürfnis neue Schulden gemacht werden, sind irgendwann die zu zahlenden Zinsen so hoch, dass es nicht mehr gelingt, noch eine Tilgung der Schulden vorzunehmen. An diesen Punkt sind in den letzten Jahrhunderten immer wieder Fürsten, Könige und Kaiser gekommen, die oft als einzigen Ausweg eine kriegerische Auseinandersetzung sahen. Durch die Erweiterung des Territoriums (Lat. Terra = Land) erhoffte man sich eventuell kostbare Beute und/oder höhere Steuereinnahmen im Nachgang, durch die dann der Schuldendienst möglich werden sollte. Doch konnten die Schuldner damit wirklich die Schulden tilgen? In der Regel hatten sie nach einem solchen Krieg noch mehr Schulden als vorher und die Schulden wurden auf eine andere Art beglichen.

So erhielten 1694 Kaufleute schon zur Vorbereitung eines Krieges vom damaligen englischen König William III. das Privileg, eine Notenbank gründen zu dürfen. Der König benötigte das Geld für einen Krieg gegen seinen Erzfeind Frankreich. Die Kaufleute durften mit der Erlaubnis des Königs Banknoten ohne Golddeckung herausgeben und Bankgeschäfte betreiben. Bei weiterer Nichteinlösung der Schulden wurden die Privilegien der Gläubiger erweitert. Ab und zu wurde auch ein Teil der Schulden erlassen, um die restlichen Schulden nicht zu gefährden. Ein Banker sagte dazu einmal: „Obstbäume müssen im Herbst auch beschnitten werden, damit sie dann im nächsten Jahr wieder mehr Früchte tragen können."

Die Zinsen sind für den einen ein schöner Ertrag und für den anderen eine immer größer werdende Last. Das System hat so lange Bestand, wie der Schuldner seinen Verpflichtungen nachkommt. Kann der Schuldner die Zinsen oder gar die Schuld nicht zurückzahlen, bricht das System zusammen, um kurz danach wieder von vorne zu beginnen. Wenn es sich bei dem Schuldner um einen Staat handelte, dann ging der Staatsbankrott mit einer Erneuerung der Tauschwerte (Währungsreform) einher. Dann wurden die bestehenden Geldvermögen umgerechnet in die neue Währung und die Schulden halbierten oder viertelten sich, während sogenannte Sachgüter i. d. R. ihren Wert für die Menschen behielten.

Geld in Form von Banknoten und den sogenannten Scheidemünzen bilden in unserer heutigen Zeit nur noch einen kleinen Teil des eigentlichen und in Umlauf befindlichen Geldes. Heute gibt es sehr viel mehr Geld, welches sich ausschließlich in den Büchern der Banken befindet. Diese Bücher werden für jeden einzelnen Kunden geführt und wir kennen diese Form als **Konto**. Der Name dieses Geldes ist daher auch **Buchgeld**, weil es nicht in stoffwertiger Form vorkommt, sondern ausschließlich in den Büchern zu finden ist.

Mit dem „Wirtschaftswunder" und dem technischen Fortschritt in Deutschland, verschwand in den 70er-Jahren auch die Bezahlung der Mitarbeiter mit Bargeld. Immer mehr Firmen baten ihre Mitarbeiter, sich bei den örtlichen Sparkassen und Banken ein Konto zu eröffnen, damit die Zahlung des Entgelts durch Überweisung erfolgen konnte.

Der Mitarbeiter hatte jetzt am Monatsende keine Banknoten in seiner Tasche, sondern auf seinem Konto wurde der Betrag des Nettolohns als Eingang verbucht. Seit dieser Zeit wuchs der bargeldlose Verkehr immer stärker und das Bargeld erhielt eine untergeordnete Rolle im Finanzsystem.

Je weniger Bargeld im Umlauf ist, desto geringer ist die Gefahr einer Schattenwirtschaft. Daher ist es manchen Politikern auch so wichtig, den Bargeldumlauf auf ein Minimum zu reduzieren. Alle Zahlungen, die über Konten abgewickelt werden, können anschließend nachvollzogen werden und sind somit kontrollierbar.

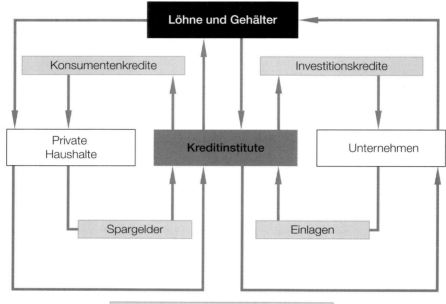

1.7   Aufgaben der Banken und der Zentralbank

Die Notenbank stellt dem Markt Geld zur Verfügung (**Geldmenge** der Notenbank bzw. **M1**). Dieses Geld wird von den Banken als Kredit ausgereicht, mit dem wiederum Dinge gekauft werden. Der Kaufpreis wird dann vom Verkäufer wieder bei der Bank eingezahlt. So entsteht mehr Geld. Man spricht von **Geldschöpfung**.

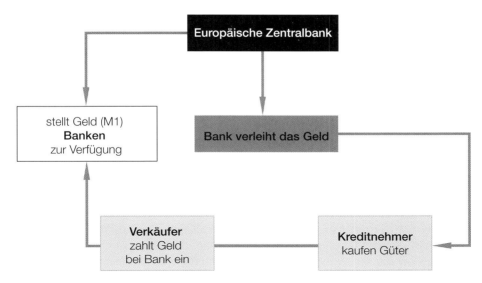

So entsteht aus der **Geldmenge** der Notenbank mehr Geld, das im Rahmen der erweiterten, nachfragewirksamen Geldmenge **M2** und **M3** erfasst wird.

In einer Volkswirtschaft steht immer eine bestimmte Geldmenge einer Menge an gehandelten Gütern und Dienstleistungen gegenüber. Steigt die Menge an Gütern und Dienstleistungen, so sollte die Geldmenge in gleichem Volumen mit steigen.

Tatsächlich steigt aber oft die Geldmenge stärker als die Gütermenge. Da dann mehr Geld für die Nachfrage zur Verfügung steht, als Güter und Dienstleistungen auf der anderen Seite sind, besteht ein Ungleichgewicht. Es ist zu viel Geld vorhanden. Dieses Ungleichgewicht wird durch den Markt ausgeglichen, indem die Preise steigen. Es kommt zur **Inflation**.

Die Notenbank (**Europäische Zentralbank**) reagiert auf diese Inflation, indem sie dem Markt Geld entzieht.

Manchmal kommt es auch vor, dass Banken zögerlich mit der Kreditausreichung sind oder Kreditnehmer das Geld nicht zum Kauf von Waren und Dienstleistungen nutzen. Die Geldschöpfung kommt zum Erliegen und die nachfragewirksame Geldmenge schrumpft. Die Folge ist ein sinkendes Preisniveau – also eine **Deflation**.

Geht die **Deflation** mit einer **fallenden Wirtschaftsleistung** einher, also einer Stagnation, so spricht man auch von **Stagflation**. Bei der Stagflation befindet sich die Wirtschaft in einem Teufelskreis aus Deflation, daraus resultierender Stagnation und daraus wieder resultierender Deflation. Die Stagflation ist der Albtraum jedes Ökonomen, weil es keine erprobten und wirksamen Mittel aus diesem Teufelskreis heraus gibt.

Während in England die Bank of England 1694 gegründet wurde und die damals privaten Eigentümer als Einzige das Recht vom König erhielten, Banknoten herauszugeben, war Deutschland in viele kleine Fürstentümer aufgeteilt. Jedes Fürstentum hatte sein eigenes Geld und damit eigene Münzen. Friedrich II. führte 1750 einen Reichstaler ein. Ein Reichstaler waren damals 24 Groschen und ein Groschen bestand aus 12 Pfennigen.

Diese Münzen waren damals aus Silber. Da Preußen über keine eigenen Silbervorkommen verfügte, wurde 1759 schon das erste Papiergeld eingeführt. Zu der Zeit glaubten die Menschen nicht an das Zettelgeld, sie hielten dieses Geld für einen faulen Zauber und auch Johann Wolfgang von Goethe schrieb in seinem Werk „Faust" von dem „Blendwerk".

„Mephisto also ist es, der böse Schelm, der das Papiergeld schafft. Er hat dem Kaiser während des Mummenschanzes eine Unterschrift abgeluchst und dann flugs in einer Nacht- und Nebelaktion tausende Scheine drucken lassen. Die Sicherheit für das Papiergeld sind die im Boden vergrabenen Schätze. Alles deutet daraufhin, dass Mephistopheles' Projekt ein Koloss auf tönernen Füßen ist. Das Papiergeld also ist Blendwerk, eine Manipulation des Satans."

Erst durch den Krieg 1871 wurde aus den vielen kleinen deutschen Staaten ein Bund deutscher Länder. Dieser Bund entschied sich auch für eine einheitliche Währung. Neben den Goldmünzen wurden auch Silbermünzen, Nickelmünzen und Kupfermünzen eingeführt. 1876 kam dann auch das erste Papiergeld auf den Markt, welches aber keinem Annahmezwang unterlag. Außerdem hatte die damalige Reichsbank erst ab 1936 das alleinige Recht, Banknoten herauszugeben. Vorher musste sie sich dieses Recht mit den anderen Banken teilen.

Mit der Gründung der Rentenbank wurde am 01.11.1923 auch die Interimswährung „Rentenmark" eingeführt. Nachdem die Geldentwertung (**Inflation**) sich in einem immer schnelleren Tempo weiterentwickelte (**galoppierende Inflation**), war den damaligen Verantwortlichen nichts anderes übrig geblieben, als eine neue Währung einzuführen. Eine Rentenmark war der Gegenwert für 1 Billion Mark. Obwohl die Rentenmark kein gesetzliches Zahlungsmittel war, wurde sie von der Bevölkerung sofort akzeptiert und die Inflation des Vorgängers der Papiermark gestoppt.

Nachfolgend sehen Sie eine Übersicht der unterschiedlichen Währungen im Gebiet Deutschlands seit 1871:

1871 - 1923 Mark inkl. Goldmark
1923 - 1924 Rentenmark
1924 - 1948 Reichsmark
1944 - 1948 Militärmark
1948 - 2001 Deutsche Mark
1948 - 1990 Mark der DDR
seit 1999/2002 Euro

Papiermark	Reichsmark	Mark der DDR	
Goldmark	Rentenmark	Deutsche Mark	Euro

| 1871 | | 1923 | 1924 | 1948 | 1999/2002 |

Wenn wir uns fragen, von wem wir oder unsere Kunden etwas über den Umgang mit Geld gelernt haben, dann lautet die Antwort häufig: „Von meinen Eltern und diese von ihren Eltern….". Betrachten wir die Entwicklung der deutschen Geldgeschichte der letzten 100 Jahre einmal unter diesem Aspekt, stellen wir fest, dass unsere Großeltern und Eltern in den letzten 100 Jahren vielleicht zwischen sechs und sieben Währungen kennenlernten. Das sind dann mindestens drei Währungsreformen und die Einführung des Euros. Der heute uns oft begegnete Wunsch nach absoluter Sicherheit wird aus diesem Blickwinkel verständlicher. Denn Menschen, die schon einmal ihr gesamtes Vermögen durch eine Währungsreform verloren haben, werden nur sehr langsam wieder einem bunt bedruckten Papier ihr Vertrauen schenken.

Das Entgegennehmen von Geldern (Einlagen) und das Verleihen dieser Gelder (Kredit) sollen ihren Ursprung schon vor tausenden von Jahren haben. Selbst im alten Ägypten soll es Aufzeichnungen zufolge schon Bankgeschäfte gegeben haben.

Mit Zunehmen der arbeitsteiligen Volkswirtschaften und dem Austausch der Waren mit Geld wurde die Einschaltung von Banken immer wichtiger. Das älteste und heute noch unabhängig existierende deutsche Bankhaus ist die Privatbank aus Hamburg Joh. Berenberg, Gossler & Co. KG. Ihre Ursprünge reichen bis zum Jahr 1590 zurück. Das aus Frankfurt stammende Bankhaus Metzler wurde 1674 gegründet und wird heute in 11. Generation von Friedrich von Metzler geführt. Oft waren reiche Kaufleute die Gründer von Banken. So auch die heute zum Nürnberger Versicherungskonzern gehörende Fürst Fugger Privatbank, welche schon seit 1486 Bankgeschäfte tätigt und von den Fuggers dazu genutzt wurde, die Herrscher der damaligen Zeit mit Krediten zu versorgen.

Banken hatten und haben eine tragende Rolle in jeder Volkswirtschaft. Ihre Aufgaben und Funktionen lassen sich wie folgt definieren:

1. **Zahlungsverkehrsfunktion**
   Durchführung des Zahlungsverkehrs
2. **Vertrauensfunktion**
   Kunden würden wahrscheinlich nur ungern Geld direkt einem Unternehmen leihen. Erst durch das hohe Vertrauen in die Banken ist eine Kreditfinanzierung für die Unternehmen auch in größerem Volumen möglich.
3. **Finanzierungsfunktion**
   Banken leihen Unternehmen, privaten und öffentlichen Haushalten Geld (Kreditgeschäft).
4. **Informationsfunktion**
   Kunden informieren sich über Geldanlagemöglichkeiten bei Banken, weil diese oft umfangreiche Informationen über die Unternehmen bereithalten.
5. **Transformationsfunktion**
   a. **Fristen**
      Kreditinstitute leihen Gelder länger aus, als sie vom Kunden angelegt werden. Bei Rückzahlung der Kundeneinlagen geht man davon aus, dass die eine Einlage dann durch andere ersetzt werden kann.
   b. **Beträge** (Sammlungs- und Ballungsfunktion)
      Eine große Anzahl von Kunden legt kleinere Beträge an, diese werden gesammelt und meist in Form von größeren Krediten wieder ausgeliehen (Losgrößentransformationsfunktion).

c. **Risiko**

Würde der Anleger einem Unternehmen direkt einen Kredit geben, würde er auch das volle Risiko eines Ausfalls tragen (Ausfallrisiko). Dieses Risiko wird von der Bank übernommen und über die Vielzahl von Krediten letztlich gestreut.

d. **Märkte**

Die Banken sammeln in manchen Regionen vermehrt Geld ein und leiten es dorthin, wo ein größerer Bedarf an Kapital ist. Es gibt Regionen (ländliche), in denen mehr Geld angelegt wird, als an Krediten benötigt wird. Dafür gibt es andere Regionen (Städte), in denen mehr Kredite benötigt werden als ansässige Sparer anlegen.

1.7.1   Universal- und Trennbankensysteme

Es gibt Banken wie die Großbanken, welche alle Bankgeschäfte betreiben. Diese Banken werden als Universalbanken bezeichnet. Das Bankhaus Metzler übt z. B. heute nur das Geschäft der Vermögensverwaltung aus. Es ist ausschließlich im Investmentgeschäft tätig und hat sich vom Kreditgeschäft getrennt. Banken, die sowohl das Einlagengeschäft zur Kreditfinanzierung als auch das Wertpapiergeschäft betreiben, unterliegen einem internen Konkurrenzkampf. Das kann zulasten der Kunden gehen, da die Banken Kundengelder insbesondere dorthin steuern, wo der größere Nutzen für die Bank liegt. Im Trennbankensystem muss sich daher eine Bank entscheiden, ob sie Wertpapierhaus oder Einlagenbank sein möchte. Nachteil des Trennbankensystems ist die Risikokonzentration auf nur den einen oder anderen Geschäftsbereich.

Die Banken betreiben folgende Geschäfte:
- Abwicklung des Zahlungsverkehrs (Dienstleistungsgeschäft)
- inkl. Geld- und Devisenhandel
- Einlagengeschäft (Passivgeschäft)
- Kreditgeschäft (Aktivgeschäft)

= Commercial Banking

- Wertpapiergeschäft (Dienstleistungsgeschäft/Eigengeschäfte)
- Emission von Wertpapieren
- Wertpapierhandel
- Vermögensverwaltung
- Beratungsleistungen

= Investment Banking

Das Trennbankensystem ist in den angelsächsischen Ländern üblich. In den USA wurde nach der Weltwirtschaftskrise von 1929 im Jahre 1933 dieses Trennbankensystem gesetzlich verankert, weil man das Universalbankensystem der Vorjahre für die Krise mit verantwortlich machte. 1999 wurde dieses wieder aufgehoben, also sieben Jahre vor dem Beginn der nächsten, großen weltweiten Finanzkrise.

Universalbanken	
Vorteile	**Nachteile**
• **Verstärkte Position durch Wettbewerbsintensität** Insbesondere durch voranschreitende Globalisierung hat sich das Universalbankensystem (UBS) als robust und erprobt bewiesen. • **Risikoausgleich** Aufgrund von Diversifizierungsmöglichkeiten ist ein effizienter Risiko-, Gewinn- und Verlustausgleich möglich. • **Hohe Anpassungsfähigkeit** insbesondere an veränderte Markter-fordernisse und Kundenwünsche.	• **Immanente Interessenkonflikte** Banken stehen permanent im Konflikt zwischen ihren Interessen und Verpflichtungen als Kreditgeber, als Anteilseigner sowie als Anlageberater und Depotverwalter. • **Erhebliche Einflussnahme auf große Aktiengesellschaften** Ausschüttungsentscheidungen werden nicht aus volkswirtschaftlicher Sicht, sondern eher bankenbetrieblich getroffen, da die meisten Stimmen auf der Hauptversammlung der Hausbank gehören.

Trennbanken	
Vorteile	**Nachteile**
• Risikotrennung = keine Übertragung des Risikos • Vermeidung von Interessenkonflikten (Bank und Gesellschafter) • Vermeidung von Insiderwissen	• Wettbewerbsnachteil, da nur Teilgeschäft möglich • Effizienz der Bankprodukte sinkt, da eine Gegenfinanzierung defizitärer Produkte nicht möglich ist. Zudem ist eine effiziente Verknüpfung von Produkten nicht immer möglich. • kein Auffangen von Risiken möglich

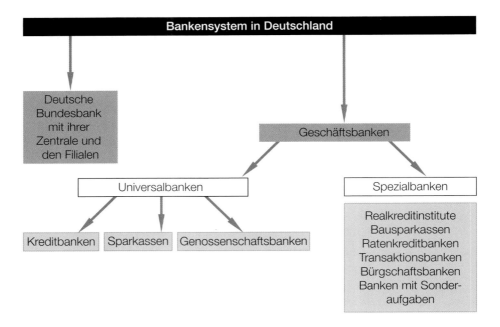

1.7.2   Finanzkrise

Die im Jahre 2006 begonnene Finanzkrise hatte einen großen Vertrauensverlust zur Folge. Nicht nur die Bürger vertrauten dem Bankensystem nicht mehr, sondern auch das Vertrauen der Banken untereinander war vorübergehend verloren gegangen. Dadurch kam der Geldverkehr zum Erliegen und die Bürger waren noch mehr verunsichert. Sie legten ihr Geld nicht mehr bei den Banken an, wodurch den Banken die Liquidität fehlte, weitere und dringend benötigte Kredite herauszugeben.

Die Politik begründete ihre Hilfspakte für die Banken mit der Systemrelevanz der Banken. Brechen Banken zusammen, so bricht das moderne Wirtschaftssystem insgesamt zusammen, weil die wichtigen Funktionen der Banken nicht mehr übernommen werden. Unser heutiges Wirtschaftssystem ist ohne die Banken und deren Dienstleistungen nicht mehr durchführbar. Ein Zusammenbruch der Banken hätte uns einen weitaus größeren Schaden zugefügt, als durch die Rettungspakte ausgegeben wurde. Letztlich hätte bei einer Nicht-Rettung die Zeche auch der „kleine Sparer" durch Verlust seiner Einlagen zahlen müssen.

1.7.3   Zentralbanken

Heute haben die Zentralbanken die Aufgabe der Geld- und Währungspolitik eines Staates oder eines Währungsraumes, dazu gehören insbesondere die Stabilisierung des Preisniveaus und damit die Geldwertstabilität zu wahren.

Europa wächst weiter zusammen. Die **Europäische Union** umfasst derzeit 27 Mitgliedsländer mit ca. 500 Millionen Bürgern und dem größten gemeinsamen Markt der Welt gemessen am **Bruttoinlandsprodukt**. Die EU will auch die Voraussetzungen einer gemeinsamen Geld- und Währungspolitik schaffen, hierzu entstand das **Europäische**

System der Zentralbanken (ESZB). Als 3. Stufe zur Einführung des Euros wurde am 1. Juni 1998 die **Europäische Zentralbank (EZB)** von den Nationalen Zentralbanken aller EU-Mitgliedstaaten gegründet, welche gleichzeitig das ESZB bilden.

Seit Einführung des Euro als gemeinsame Währung am 1. Januar 1999 trägt das „Euro-System" die Verantwortung für die einheitliche Geldpolitik im Euro-Währungsgebiet. Als „**Euro-System**" wird die Europäische Zentralbank mit ihrem Sitz in Frankfurt am Main und die rechtlich selbstständigen nationalen Zentralbanken der Mitgliedstaaten, die den Euro als Währung eingeführt haben, bezeichnet.

Die EZB verfolgt als oberstes Ziel die **Preisstabilität** im Euro-Währungsgebiet. Vergleicht man die gesamten produzierten Waren und Dienstleistungen im Euro-Raum mit der sich im Umlauf befindlichen **Geldmenge**, hat man vereinfacht dargestellt den Gegenwert für einen Euro. Die **Geldmenge M3** im Euro-Währungsgebiet wird wie folgt berechnet:

      Bargeldumlauf (ohne Kassenbestände der Banken)
+   täglich fällige Einlagen
+   Einlagen von Nichtbanken mit vereinbarter Laufzeit von bis zu zwei Jahren
+   Einlagen von Nichtbanken mit vereinbarter Laufzeit von bis zu drei Monaten
+   Repogeschäfte (Wertpapierpensionsgeschäfte), Geldmarktfondsanteile
+   Bankschuldverschreibungen mit einer Laufzeit von bis zu zwei Jahren
=   **Geldmenge M3**

Wie wichtig die Sicherung der Preisstabilität den Gründungsvätern der Gemeinschaftswährung war, zeigt die Verankerung dieser Aufgabe im **Vertrag zur Gründung der Europäischen Gemeinschaft** (Art. 105 Abs. 2 EGV). Dieser Vertrag stammt aus dem Jahre 1957 und wurde vor der Einführung des Euros am 02.10.1997 geändert. In Lissabon wurde dieser Vertrag am 01.12.2009 umbenannt und heißt heute „**Vertrag über die Arbeitsweise der Europäischen Union**".

Ohne dieses Ziel zu gefährden, soll die EZB die allgemeine Wirtschaftspolitik der Gemeinschaft unterstützen. Im Art. 2 des Vertrages über die Europäische Union sind die **Ziele der Gemeinschaft** definiert:

- **hohes Beschäftigungsverhältnis,**
- **beständiges, nichtinflationäres Wachstum.**

Im Vergleich zum magischen Sechseck der Volkswirtschaftslehre (VWL) hat sich die EU auf die Preisstabilität konzentriert und die anderen Aspekte als Unterpunkte (ggf. zu vernachlässigen) definiert.

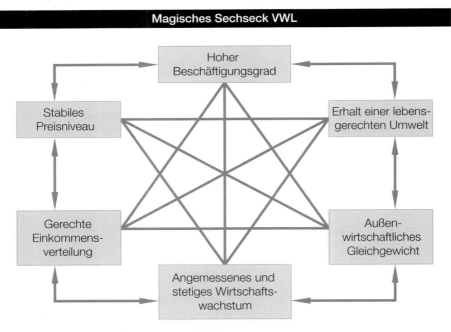

Magisches Sechseck VWL

Hoher Beschäftigungsgrad

Stabiles Preisniveau

Erhalt einer lebensgerechten Umwelt

Gerechte Einkommensverteilung

Außenwirtschaftliches Gleichgewicht

Angemessenes und stetiges Wirtschaftswachstum

Zu den grundlegenden **Aufgaben der EZB** gehört:

- die **Geldpolitik** des Euro-Währungsgebiets festzulegen und auszuführen,
- Devisengeschäfte durchzuführen,
- die offiziellen **Währungsreserven** der Mitgliedstaaten zu halten und zu verwalten (siehe Portfoliomanagement),
- das reibungslose Funktionieren der **Zahlungssysteme** zu fördern.

Zu den weiteren Aufgaben zählen:

- die Versorgung der Gemeinschaft mit Banknoten,
- Führung von Statistiken,
- Aufsicht über die Kreditinstitute und Stabilität des Finanzsystems,
- internationale und europäische Zusammenarbeit.

Das **Direktorium** führt die laufenden Geschäfte der EZB und ist für die Umsetzung der Beschlüsse des EZB-Rates verantwortlich. Der EZB-Rat legt die eigentliche Geldpolitik für den Euro-Raum fest, z. B. auch die **Leitzinsänderungen**, und erlässt die Leitlinien zur Erfüllung der Aufgaben des Euro-Systems. Alle 14 Tage tagt dieses Gremium mit seinen Mitgliedern, bestehend aus den sechs Direktoren und den Präsidenten der nationalen Zentralbanken der Euro-Länder (ab dem 01.01.2014: 18 Präsidenten). Die Beschlüsse werden mit einfacher Mehrheit gefasst. Nur bei Fragen der Kapitalausstattung oder der Gewinnverteilung spielt die Höhe des Kapitalanteils der nationalen Zentralbanken eine Rolle.

Beiträge der NZBen des Euroraums zum Kapital der EZB

Nationale Zentralbanken	Kapitalschlüssel (in %)
Nationale Bank van België/Banque Nationale de Belgique	2,4256
Deutsche Bundesbank	18,9373
Eesti Pank	0,1790
Banc Ceannais na hÉireann/Central Bank of Ireland	1,1107
Bank of Greece	1,9649
Banco de España	8,3040
Banque de France	14,2212
Banca d'Italia	12,4966
Central Bank of Cyprus	0,1369
Banque centrale du Luxembourg	0,1747
Bank Centrali ta' Malta/Central Bank of Malta	0,0632
De Nederlandsche Bank	3,9882
Österreichische Nationalbank	1,9417
Banco de Portugal	1,7504
Banka Slovenije	0,3288
Národná banka Slovenska	0,6934
Suomen Pankki – Finlands Bank	1,2539

Wie Sie aus der Aufteilung der Kapitalausstattung erkennen können, fehlen die EU-Länder, welche den Euro nicht eingeführt haben, aber dennoch an der EZB beteiligt sind. Durch diese Konstellation wird die Koordination der Geld- und Währungspolitik der Euro-Länder und der **nicht** Euro-Länder erschwert.

Jede Institution kann nur so gut sein wie die Instrumente, die ihr zur Umsetzung der Zielerreichung zur Verfügung stehen. Der EZB stehen im Wesentlichen drei Instrumente zur Verfügung:

- Offenmarktgeschäfte,
- ständige Fazilitäten (lat. facilitas = Leichtigkeit),
- Mindestreserven.

Benötigt eine Bank liquide Mittel, um ihren laufenden Verpflichtungen in einer Woche nachkommen zu können, kann sich die Bank bei der EZB Geld leihen. Allerdings muss die Bank mit anderen Banken um die Gunst der EZB buhlen. Dies kann über den Preis (Zins), den sie bereit ist, für den Kredit zu bezahlen oder über den Betrag, den die Bank benötigt geschehen (**Tenderverfahren**). Die EZB legt einen Mindestzinssatz fest, unter dem kein Angebot liegen darf. Dieser Mindestzinssatz wird oft auch als **Leitzinssatz** bezeichnet. Je niedriger dieser Zinssatz ist, desto günstiger können die Banken sich bei der EZB Geld leihen und hoffentlich dann an die Wirtschaft weitergeben. So kann die Konjunktur belebt und das Wirtschaftswachstum positiv beeinflusst werden. Allerdings müssen auch die Banken, wie jeder sonstige Kreditnehmer dem Kreditgeber, der EZB gegenüber **Sicherheiten** stellen. Hierzu werden in erster Linie Staatsanleihen von EU-Ländern genutzt.

Die Bank muss diese Papiere zu einem höheren Kurs nach Ablauf der vereinbarten Frist zurückkaufen (Rückkaufsvereinbarung). Die Frist kann bei den **Hauptrefinanzierungs-geschäften** bis zu zwei Wochen betragen. Die Differenz zwischen dem Verkaufspreis und dem Rückkaufswert entspricht den anfallenden Zinsen für dieses **Pensionsge-schäft**. Die Abwicklung dieser Geschäfte erfolgt über die nationalen Zentralbanken (NZB). Als Zinssatz dient der sogenannte Leitzins.

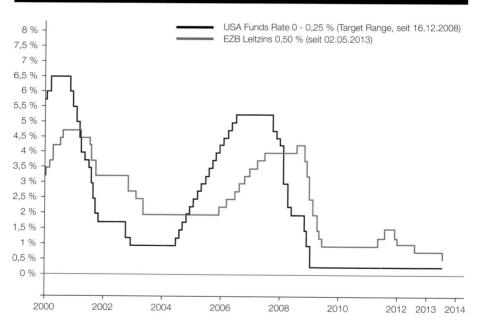

Leitzinsen in den USA und in der Euro-Zone seit Bestehen der EZB

USA Funds Rate 0 - 0,25 % (Target Range, seit 16.12.2008)
EZB Leitzins 0,50 % (seit 02.05.2013)

Zur Amtseinführung von Mario Draghi als Präsident der EZB am 09.11.2011 wurde der Leitzins auf 1,25 % gesenkt. Seit dem 08.05.2013 beträgt der Leitzins nur noch 0,50 %.

Übersicht von EZB-Geschäften und deren Auswirkung auf die Liquidität der Banken

	Liquidität +	Liquidität -	Laufzeit	Rhythmus	Verfahren
Hauptrefinanzierungsgeschäfte	Befristete Transaktion	-	i.d.R. eine Woche	wöchentlich	Standardverfahren
Längerfristige Refinanzierungsgeschäfte	Befristete Transaktion	-	3 Monate		Standardverfahren
Feinsteuerungsoperationen	Befristete Transaktion, Devisenswaps	Befristete Transaktion, Hereinnahme von Termineinlagen, Devisenswaps	nicht standardisiert	monatlich	Schnelltenderverfahren, bilaterale Geschäfte
Strukturelle Operationen	Befristete Transaktion	Emission von Schuldverschreibungen der EZB	standardisiert, nicht standardisiert	regelmäßig und unregelmäßig	Standardtender
Strukturelle Operationen	Endgültige Käufe	Endgültige Verkäufe	-	unregelmäßig	Bilaterale Geschäfte

Als sich die Banken durch die Bankenkrise 2008 untereinander kein Geld mehr liehen, wurde die Liquidität bei den Banken und in der Wirtschaft knapp. Die meisten Banken benötigten aber gerade jetzt Liquidität, um den Forderungen ihrer Gläubiger nachkommen zu können. Die Nachfrage nach kurzfristigen Geldern stieg und damit auch der Preis (Zins) für kurzfristiges Geld. Die Zinsen für kurzfristige Kredite stiegen über die Zinsen für langfristige Kredite. Eine solche Entwicklung wird als **inverse Zinsstruktur** bezeichnet.

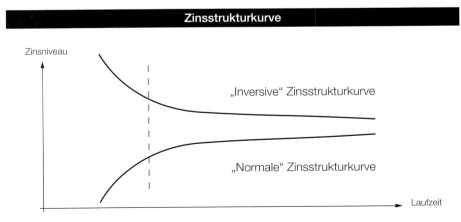

Jedes Kreditinstitut ist durch die EZB verpflichtet worden, bei der zuständigen NZB auf seinem Girokonto eine **Pflichteinlage** zu unterhalten. Diese **Mindestreserve** wird verzinst und die Höhe der Einlage richtet sich nach den hereingenommenen Mitteln der

Bank. Die Mittel stellen für die Bank eine Verbindlichkeit dar und müssen je nach Fälligkeit dem Gläubiger zurückgezahlt werden.

Mit der Höhe dieser Mindestreserve kann die EZB auf die **strukturelle Liquidität** im Bankensystem Einfluss nehmen und im Währungsgebiet die Geldmarktsätze stabilisieren.

Die Höhe kann durch zwei Faktoren beeinflusst werden:
* Mindestreservesatz zurzeit 1 %, max. darf er 10 % betragen,
* Mindestreservebasis sind die Verbindlichkeiten, auf die der Mindestreservesatz Bezug nimmt.

Mindestreservepflichtig sind:
* Buchverbindlichkeiten gegenüber Nichtbanken und gegenüber nicht reservepflichtigen Kreditinstituten mit einer Befristung von weniger als zwei Jahren,
* Verbindlichkeiten aus Inhaber- und Orderschuldverschreibungen mit einer Befristung von weniger als zwei Jahren.

Zu den geldpolitischen Geschäften der EZB sind nur die Geschäftspartner zugelassen, welche auch mindestreservepflichtig sind. Außerdem müssen sie einer nationalen staatlichen Kontrolle unterliegen und finanziell solide sein.

> **Beispiele:**
>
> Die Geldmarktzinsen steigen, weil ein erhöhter Liquiditätsbedarf der Kreditinstitute die Nachfrage steigen lässt. Die EZB rechnet mit einer Verteuerung der Kredite und damit verbunden mit einer Bremswirkung auf die konjunkturelle Entwicklung.
>
> **Offenmarktgeschäfte:**
> * Die EZB verkauft Wertpapiere und bindet damit die Liquidität der Banken (Geldmenge sinkt).
> * Die EZB kauft Wertpapiere und stellt dem Markt zusätzliche Liquidität zur Verfügung (Geldmenge steigt).
>
> **Ständige Fazilitäten:**
> * Durch die weitere Aufnahme kurzfristiger Kredite können die Banken ihre Liquidität erhöhen (Geldmenge steigt).
> * Durch die Anlage von Geld wird Liquidität aus dem Markt genommen (Geldmenge sinkt).
>
> **Mindestreserve:**
> * Die Mindestreserveanforderungen werden gesenkt (Geldmenge steigt).
> * Die Mindestreserveanforderungen werden erhöht (Geldmenge sinkt).
>
> **Maßnahme:**
> Die EZB könnte jetzt auf der 14-tägigen Sitzung beschließen, durch z. B. Offenmarktgeschäfte die Liquidität der Banken (Zuteilungsvolumen erhöhen) und damit den Zinssatz (Zinsen senken) zu beeinflussen.
>
> **Auswirkung:**
> Die Geldmenge wird durch diese Offenmarktpolitik erhöht und führt bei den Banken zu günstigeren Refinanzierungskosten (Zinssenkung). Außerdem können die Banken durch die höheren Zuteilungsvolumina über mehr Liquidität verfügen. Damit würde die Nachfrage auf dem Geldmarkt zurückgehen und der weitere Zinsanstieg wäre gestoppt.

Wenn die Banken jetzt die günstigeren Konditionen und die vorhandene Liquidität an die Wirtschaft (Unternehmen) weitergeben, können sich die Unternehmen unter Umständen auch zu besseren Konditionen finanzieren oder erhalten generell wieder Kredite. Mit diesen Krediten können Investitionen getätigt werden, wodurch die allgemeine Nachfrage nach diesen Investitionsgütern steigt. Dadurch kann es zu einer Verbesserung der Arbeitsmarktlage kommen, weil bei höherer Produktion i. d. R. auch mehr Personal benötigt wird.

So profitieren auch die privaten Haushalte von der Beschäftigungsausweitung und damit steigt auch die Nachfrage nach Konsumgütern. Durch die gute Wirtschaftslage vertrauen die privaten Haushalte der stabilen Einkommenssituation und sind dann auch bereit, sich zu verschulden. Dieses führt zu einer weiteren Nachfrage nach Konsumgütern und feuert den Aufschwung weiter an.

Der wirtschaftliche Aufschwung führt auch beim Staat zu höheren Einnahmen und teilweise auch zu geringeren Ausgaben. Denn gerade im Sozialversicherungsbereich müssen bei höherer Beschäftigungsquote weniger finanzielle Mittel aus Steuergeldern finanziert werden. Die Einkommensteuereinnahmen erhöhen sich ebenso wie die Mehrwertsteuereinnahmen, um nur zwei Steuerpositionen zu benennen. Außerdem kann sich der Staat auch durch die günstigeren Konditionen auf dem Kapitalmarkt besser refinanzieren oder mehr Kreditvolumen bei gleicher Zinsbelastung bedienen.

Ob diese Kausalkette wirklich zum Erfolg führt, hängt dennoch von einigen Faktoren ab:

- Zinssenkungen und erhöhte Liquidität müssen von den Banken weitergegeben werden.
- Die Unternehmen müssen die Erwartung haben, dass durch weitere kreditfinanzierte Investitionen auch ihr Absatz weiter steigt.
- Die Investitionen müssen gleichzeitig einen höheren Arbeitskräftebedarf mit sich bringen (keine Rationalisierungsinvestitionen).
- Die privaten Haushalte müssen optimistisch in die Zukunft schauen und daher das verdiente und zusätzlich finanzierte Geld konsumieren.
- Der Staat darf die höhere Liquidität bei den Unternehmen und privaten Haushalten nicht durch steuer- und haushaltspolitische Entscheidungen bremsen oder aufheben.

Die EZB kann durch ihre Maßnahmen die Zinsen im kurzfristigen Bereich beeinflussen, während sich die Zinsen für langfristige Kredite weiter durch Angebot und Nachfrage bilden. Man spricht dann davon, dass die EZB am **„kurzen Ende"** den Markt beeinflussen kann, das **„lange Ende"** aber vom Markt bestimmt wird.

Durch die Gründung der EZB hat die Deutsche Bundesbank keine eigenständigen geldpolitischen Machtbefugnisse mehr, da sie **integraler Bestandteil** des Europäischen Systems der Zentralbanken ist. Sie hat ein Mitentscheidungsrecht bei der Geldpolitik der EZB und kann über die deutschen Mitglieder in den Gremien der EZB ihren Einfluss geltend machen.

Die Aufgaben der Deutsche Bundesbank sind im Bundesbankgesetz (BBankG) verankert. Die Deutsche Bundesbank beschreibt auf ihrer Internetseite (www.buba.de) ihre Ziele wie folgt:

- stabiles Geld,
- stabiles Finanz- und Währungssystem,
- stabiles Bankensystem,
- sicherer Zahlungsverkehr,
- sicheres Bargeld.

Diese Ziele möchte sie erreichen, indem sie ihren Aufgaben nachkommt. Zu ihren Aufgaben gehören u. a.:

- **Mitwirkung an der Erfüllung der Aufgaben des Eurosystems,**
- **Verwaltung der Währungsreserven,**
- **Sorge für die bankmäßige Abwicklung des Zahlungsverkehrs,**
- **Befugnis zur Notenausgabe,**
- **Mitwirkung bei der Bankenaufsicht.**

Als **juristische Person des öffentlichen Rechts** gehört das Grundkapital von zurzeit 2,5 Mrd. EUR dem Bund. Dennoch ist die Bundesbank von den Weisungen der Bundesregierung unabhängig. Ihren Sitz hat die Deutsche Bundesbank in Frankfurt am Main und wird von ihrem sechsköpfigen Vorstand geleitet. Neben dem Präsidenten und dem Vizepräsidenten gehören vier weitere Mitglieder dem Vorstand an.

Während die Bundesbank und die EZB reine staatliche Organisationen sind, ist die größte und bekannteste Zentralbank der Welt eine Mischung aus staatlicher und privater Organisation. Die **FED** (Federal Reserve) ist eigentlich keine Organisation, sondern ein System zur Erhaltung der Funktion der amerikanischen Bankenwirtschaft. Mit dem **Federal Reserve Act** (Kongressbeschluss) am 23. Dezember 1913 und der Unterschrift des damaligen US-Präsidenten Woodrow Wilson wurde das Federal Reserve System begründet. Das Geld für dieses Geld- und Kreditsystem wurde durch die privaten Anteilseigner zur Verfügung gestellt und mit 6 % p. a. vergütet. Damit sind weitere Ansprüche auf den erwirtschafteten Gewinn erloschen. Diese Anteilseigner sind u. a. die zwölf regionalen Federal Reserve Banken, deren Anteilseigner wiederum die dort ansässigen Banken sind. Die Leitung (**Board of Governors**) wird vom Präsidenten der USA bestimmt und vom Senat ernannt, daher die Mischung aus privater und staatlicher Organisation.

Zur Begrenzung der Finanzkrise 2008 reagierten beide Zentralbanken – die FED und EZB – mit der Zurverfügungstellung hoher liquider Mittel für das Bankensystem. Da sich die Banken untereinander nicht mehr vertrauten, bekamen die Banken mit hohen Mittelabflüssen keine Liquidität zur vollständigen Erfüllung ihrer Verpflichtungen. Damit stieg die Nachfrage nach kurzfristigem Geld stärker als das Angebot von kurzfristigem Geld. Die zu zahlenden Zinsen für kurzfristiges geliehenes Geld stieg über den Zinssatz von langfristigem geliehenem Geld (inverse Zinsstruktur). Entspannung auf dem Geldmarkt gab es erst, als die Zentralbanken den Banken sehr viel Liquidität zur Verfügung stellten. Danach pendelte sich der Zins für kurz- und langfristiges geliehenes Geld wieder auf das normale Niveau ein (normale Zinsstruktur).

Bilanzsumme des Eurosystems und der Fed*

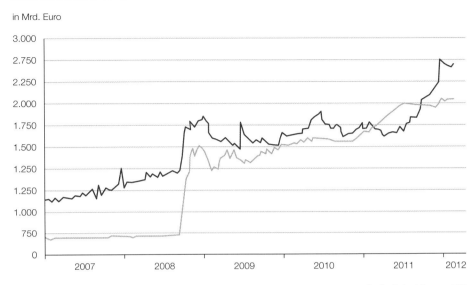

in Mrd. Euro

* Aktiva insgesamt

Quelle: Federal Reserve, EZB

1.8 Steuern und der wirtschaftliche Einfluss

Zur Finanzierung hat der Staat die Möglichkeit, unterschiedliche Arten von Steuern und Abgaben zu erheben. Steuern stellen eine öffentlich-rechtliche Abgabe von Geldleistungen dar, denen keine bestimmten Leistungen vom Staat gegenüberstehen. Sie dienen zur Deckung des allgemeinen Finanzbedarfs des Staates. Da sich in den letzten Jahrhunderten der allgemeine Finanzbedarf immer weiter steigerte, erfanden die Beamten der Steuerbehörden auch immer wieder neue Formen der Besteuerung. Grundsätzlich lassen sich die Steuern auf den **Besitz**, den **Güterverkehr** und den **Verbrauch von Gütern und Kapital** untergliedern.

In Deutschland müssen der Bund, die Bundesländer und die Gemeinden ihren allgemeinen Finanzbedarf aus der Erhebung von Steuern befriedigen. Daher fließen einige Steuern dem Bund, den Ländern und den Gemeinden zu, während andere nur einem von ihnen zustehen. Die **Lohn- und Einkommensteuer** teilen sich der Bund, die Länder und Gemeinden. Der Bund erhält wie die Länder jeweils 42,5 % der Einnahmen und die Gemeinden (Kommunen) liegen bei 15 %.

Verteilung des Steueraufkommens in Deutschland

Gemeinschaftssteuern	Körperschaftsteuer (50 % Bund/50 % Länder) Lohn- und Einkommensteuer (42,5 % Bund/42,5 % Länder/15 % Kommunen) Umsatzsteuer (53,9 % Bund/44,1 % Länder/2 % Kommunen) Abgeltungsteuer auf Zins- und Veräußerungserträge (44 % Bund/44 % Länder/12 % Kommunen)
Bundessteuern	Energiesteuer Stromsteuer Tabaksteuer Kaffeesteuer Branntweinsteuer Versicherungsteuer Kraftfahrzeugsteuer Solidaritätszuschlag
Landessteuern	Erbschaft- und Schenkungsteuer Grunderwerbsteuer Biersteuer Rennwett- und Lotteriesteuer Spielbankabgabe Feuerschutzsteuer
Gemeindesteuern	Gewerbesteuer Grundsteuer Vergnügungssteuer Hundesteuer Zweitwohnsitzsteuer Spielautomatensteuer Getränkesteuer

Nur durch diese Steuerpolitik ist es möglich, dass zwischen den Bürgern der Bundesrepublik Deutschland auch ein finanzieller Ausgleich (**Transferleistungen**) stattfinden kann. Bürger, die über mehr Geld als zum „normalen" Leben benötigt wird verfügen, helfen denen, die weit weniger Geld haben, als sie zum (Über-)Leben brauchen.

Diese Erkenntnis ist für uns als Berater von entscheidender Bedeutung, denn wer zu seinen normalen Ausgaben noch in der Lage ist Geld anzusparen, hat anscheinend mehr Geld zur Verfügung, als zum „normalen" Leben benötigt wird. Daher hat der Staat in den letzten Jahren auch die Besteuerung von Einkünften aus Kapitalvermögen verändert und zielt mit seiner Besteuerungs- und Subventionspolitik darauf ab, dass die Bürger unseres Landes immer mehr Geld als eigene Vorsorge zur Seite legen und damit der Staat langfristig entlastet wird. An dieser Stelle ist die Beratung durch qualifizierte Berater von entscheidender Bedeutung. Risiken richtig einschätzen zu können und wirksame Sicherungsinstrumente zu implementieren, wird die Hauptaufgabe von uns als Berater in Zukunft sein.

Anteil einzelner Steuerarten am Steueraufkommen 2010

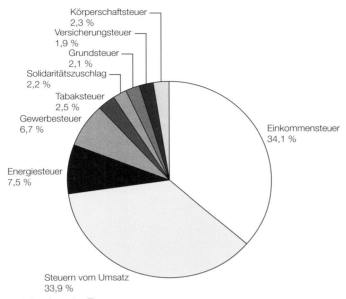

Körperschaftsteuer
2,3 %
Versicherungsteuer
1,9 %
Grundsteuer
2,1 %
Solidaritätszuschlag
2,2 %
Tabaksteuer
2,5 %
Gewerbesteuer
6,7 %
Energiesteuer
7,5 %
Einkommensteuer
34,1 %
Steuern vom Umsatz
33,9 %

Quelle: Bundesministerium der Finanzen

2   Beteiligte des Kapitalverkehrs

Beispiel:

Die drei Freunde haben von einem Unternehmensberater erfahren, dass es wichtig ist, die mit dem Unternehmen gesteckten Ziele, die Philosophie des Unternehmens, ein mögliches Alleinstellungsmerkmal der Firma, die Strategie und Organisation zur Erreichung der Ziele, Marktanalysen, Stärken und Schwächen der Strategie, das Team sowie die finanzielle Planung in einem sogenannten „Businessplan" niederzuschreiben.

Dieser Businessplan kann bei der Suche nach weiteren Finanzierungsmöglichkeiten behilflich sein. Er kann aber auch als Leitfaden für das eigene unternehmerische Handeln dienen. Bei großen Gesellschaften finden wir diese Angaben in den jährlichen Geschäftsberichten (Jahresabschluss).

Die Herren stellen sich nun die Frage, welche Unternehmensform sich für ihr Projekt eignet und welche Möglichkeiten der Kapitalbeschaffung bestehen?

2.1   Unternehmer und Unternehmen

Die Kartbahnbetreiber benötigen zusätzliches Kapital für ihr Projekt. Das Kapital kann jetzt auf unterschiedlichste Art und Weise besorgt werden.

Zunächst müssen sich die Herren über die möglichen Konsequenzen der **Kapitalbeschaffung** im Klaren sein. Wie schon bei den Banken beschrieben, müssen auch sonstige Kaufleute nach dem Handelsgesetzbuch (§ 238 HGB) Bücher führen, aus denen ihre Handelsgeschäfte und die Lage ihres Vermögens nach den Grundsätzen ordnungsgemäßer **Buchführung** ersichtlich ist. Die Darstellung der Buchführung muss so beschaffen sein, dass auch ein sachverständiger Dritter in der Lage ist, sich einen Überblick über die Geschäftsvorfälle und die Lage des Unternehmens machen zu können. Von daher ist es sinnvoll, sich mit allen Beteiligten auf eine einheitliche Kommunikation zu einigen und gewisse Begrifflichkeiten für diese Geschäftsvorfälle zu definieren.

Um einem Dritten Auskunft über die aktuelle Situation geben zu können, benötigen wir die Information, welche Gelder dem Unternehmen aus welchen Quellen zur Verfügung gestellt (**Mittelherkunft**) und wie diese Mittel verwendet (**Mittelverwendung**) wurden. Beide Seiten sollten sich bei korrekter Wiedergabe der Geschäftsvorfälle wie eine Waage ausgleichen. Legt der Kaufmann auf die Seite der Mittelherkunft etwas auf die Waage, muss er zum Ausgleich auch die Mittelverwendung angeben. Im Italienischen wird eine solche Waage als „**bilancia**" und im Lateinischen „**bilanx**" genannt. Der Begriff für diese Gegenüberstellung der Mittelherkunft und Mittelverwendung lautet in der Buchhaltung deshalb **Bilanz**.

Die Bilanz besteht demnach aus zwei Seiten, welche in der Summe immer gleich sein müssen. Die Seite der Mittelverwendung wird als **Aktiva** bezeichnet und steht auf der linken Bilanzseite. Während auf der rechten Seite die Mittelherkunft als **Passiva** bezeichnet wird.

Bilanz

Aktiva	Passiva
Mittel- verwendung	Mittel- herkunft

Woher können jetzt die benötigten Finanzmittel kommen?

Diese Unterscheidung fällt relativ leicht. Denn entweder haben die Eigentümer die finanziellen Mittel und stellen diese Gelder dem Unternehmen unbefristet zur Verfügung, sodass diese Gelder erst an die Eigentümer zurückfließen, wenn die Firma aufgelöst (**liquidiert**) wird und vorher alle Schulden beglichen wurden. Das in dieser Form zur Verfügung gestellte Kapital wird als **Eigenkapital** bezeichnet. Die Gelder, für die die Firma haftet und die nur befristet dem Unternehmen zur Verfügung stehen, kommen demnach von „Fremden". Dieses Geld muss irgendwann an die Personen zurückgezahlt werden, die daran glauben, dass sie ihr Geld wiederbekommen. Man spricht in diesem Fall von **Fremdkapital**. Diejenigen, die dieses Kapital zur Verfügung stellen, sind die „Gläubiger". Aus diesen Begrifflichkeiten wird sehr schnell deutlich, dass beide Kapitalgeber (Eigen- und Fremdkapitalgeber) ein hohes Maß an Vertrauen in das Unternehmen mitbringen müssen, um der Firma das gewünschte Kapital zur Verfügung zu stellen. Um dieses Vertrauen zu gewinnen, ist es für den ordentlichen Kaufmann wichtig, seine Buchhaltung nach den gesetzlichen Bestimmungen ordnungsgemäß zu führen. Die **Gewerbeordnung** (GewO) sieht für Unzuverlässigkeit auch bei der Buchführung die Möglichkeit vor, dem Inhaber der Firma das Gewerbe zu untersagen (§ 35 GewO).

In Deutschland wird in der Buchführung berücksichtigt, wie groß eine Firma ist und welche Bedeutung die Firma für die Allgemeinheit hat. Je kleiner die Firma ist, desto leichter sind die Buchführungsvorschriften, je größer die Firma ist, desto detaillierter und umfangreicher sind die Vorschriften.

So müssen kleinere Firmen keine Bilanzen erstellen, dort reicht es aus, wenn die Geschäftsvorfälle in einer **Einnahmen-Überschuss-Rechnung** aufgelistet werden. Größere Firmen sind nach dem Gesetz verpflichtet, auch die Herkunft sowie die Verwendung der finanziellen Mittel aufzuzeigen.

Grenzwerte für die Bilanzierung

Grenze	alt	neu
Umsatz pro Jahr	bis 350.000 EUR (bis 31.12.2006)	**bis 500.000 EUR** (ab 01.01.2007)
Gewinn pro Jahr	bis 30.000 EUR (bis 31.12.2007)	**bis 50.000 EUR** (ab 01.01.2008)

Keine Regel ohne Ausnahme: **Freiberufler** (Ärzte, Anwälte, Künstler usw.) sind von dieser Regelung ausgenommen. Sie müssen unabhängig von der Höhe des Gewinns oder des Umsatzes nur eine Einnahmen-Überschuss-Rechnung (EÜR) vorlegen.

Überschreitet der Kaufmann nur eine dieser beiden Vorgaben und reicht seine Steuer-erklärung dem Finanzamt ein, wird er vom Finanzamt aufgefordert, in Zukunft (i. d. R. ab dem nächsten Kalenderjahr) eine Bilanzierung vorzunehmen.

Kaufleute können als **natürliche Personen** am Geschäftsleben teilhaben oder als **juristische Personen**.

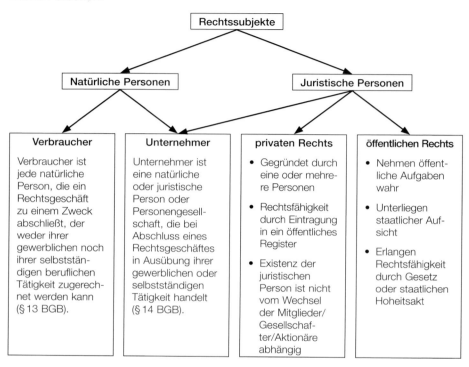

Personengesellschaften wie die **Offene Handelsgesellschaft** (OHG), die **Kommandit-gesellschaft** (KG) oder **eingetragene Partnerschaft** nach dem PartGG werden von einer oder mehreren Personen gegründet. Sie besitzen keine **Rechtsfähigkeit**, können aber unter ihrem Namen Rechte und Eigentum erwerben, Verbindlichkeiten eingehen und vor Gericht klagen oder verklagt werden (§ 124 HGB).

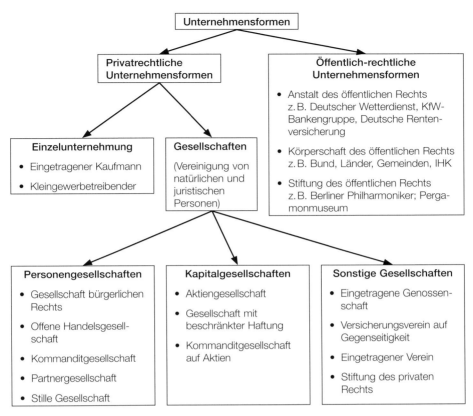

Mit einem Rechtsakt startet die Rechtsfähigkeit bei juristischen Personen und sie endet auch mit einem Rechtsakt. Im Gegensatz zu natürlichen Personen können juristische Personen nicht selber handeln. Sie benötigen sogenannte **gesetzliche Vertreter**, also natürliche Personen, die für sie handeln. Durch die natürlichen Personen sind die juristischen Personen in der Lage, wirksame **Willenserklärungen** abzugeben und damit Rechtsgeschäfte abzuschließen. Als **Geschäftsfähigkeit** bezeichnet man die Fähigkeit, Rechtsgeschäfte durch wirksame Willenserklärungen abzuschließen.

Die Gesellschafter einer stillen Gesellschaft können natürliche oder **juristische Personen** sein. Juristische Personen können wie natürliche Personen selbst Träger von Rechten und Pflichten sein. Wir unterscheiden juristische Personen des privaten und öffentlichen Rechts. Zu den juristischen Personen des privaten Rechts gehören:

- eingetragene Vereine (e. V.),
- rechtsfähige Stiftungen des privaten Rechts,
- **Aktiengesellschaften (AG),**
- **Kommanditgesellschaften auf Aktien (KGaA),**
- **Gesellschaft mit beschränkter Haftung (GmbH),**
- **Unternehmergesellschaft (UG),**
- **eingetragene Genossenschaft (eG),**
- Versicherungsverein auf Gegenseitigkeit (VVaG).

Je nach Gesellschaftsform kann jetzt entschieden werden, ob Kapital in Form von einer Beteiligung (Eigenkapital) oder als Fremdkapital z. B. in Form eines Kredites aufgenommen werden soll.

Die Aufnahme weiterer Gesellschafter kann je nach Gesellschaftsform auch den Verlust von Einfluss auf die Unternehmensleitung bedeuten, dafür steht dieses Kapital dem Unternehmen langfristig (unbefristet) zur Verfügung, ohne einen festen Aufwand zu verursachen. Fremdkapital hat den Vorteil, dass der Einfluss auf die Geschäftsführung nicht beeinträchtigt wird. Dafür muss das aufgenommene Kapital irgendwann zurückbezahlt werden und während dieser Zeitperiode entsteht ein Aufwand auf die zu zahlenden Zinsen für das Fremdkapital.

2.2   Staaten

Staaten kennen diese Unterteilung von Eigen- und Fremdkapital nicht. Der Staat sollte mit den laufenden Einnahmen aus Steuermitteln seine Ausgaben begleichen. Das Steueraufkommen der Bürger stellt im weitesten Sinne das haftende Eigenkapital dar. Je leistungsfähiger eine Volkswirtschaft ist, desto größer ist das Vertrauen in die Rückzahlung der vom Staat aufgenommenen Kredite. Diese Kredite können auf ganz unterschiedliche Art und Weise aufgenommen werden. Das größte Volumen zur Finanzierung von Staaten wird über die Ausgabe von Anleihen abgewickelt, sogenannte Staatsanleihen.

Beispiel:

Während ihrer Überlegungen, welche Rechtsform für ihre Unternehmung die beste sein könnte, kommen die Freunde auch zum Thema, wer und wann soll neben dem Herrn Martin Michel zusätzlich die Firma vertreten. Außerdem kommen auch Überlegungen, welche außergewöhnlichen Umstände eintreten könnten und die sich daraus ergebenden Konsequenzen für die Firma. Zu den Fragen gehören, welche Geschäfte der Freunde künftig zu den schutzbedürftigen eines Verbrauchers und welche zum gewöhnlichen Geschäftsbetrieb gehören und welche Herr Michel allein verantworten darf? Was passiert, wenn Herr Michel aus gesundheitlichen Gründen nicht mehr in der Lage ist, die Firma zu vertreten oder sogar sein Todesfall eintritt?

2.3   Rechtliche Unterscheidung von Anlegern

Wenn wir hier im Allgemeinen vom Anleger sprechen, dann kann das eine **natürliche** oder **juristische Person** sein. Im juristischen Sinne sind natürliche und juristische Personen **Rechtssubjekte**. Rechtssubjekte haben die Fähigkeit, Träger von Rechten und Pflichten sein zu können.

Die **Rechtsfähigkeit** natürlicher Personen beginnt mit ihrer Geburt und endet mit dem Tode (**§1 BGB**). Zu den natürlichen Personen im Kapitalverkehr z. B. bei der Eröffnung von Konten, gehören neben den **Privatpersonen** auch:

- Landwirte,
- nicht eingetragene Personenvereinigungen,
- Kaufleute,
- Handwerker,
- Freiberufler,
- Erbengemeinschaften,

- Gesellschaften bürgerlichen Rechts,
- Einzelhandelskaufleute, die ins Handelsregister eingetragen sind.

Das Bürgerliche Gesetzbuch (BGB) unterscheidet bei natürlichen Personen die uneingeschränkt und beschränkt Geschäftsfähigen sowie die Geschäftsunfähigen.

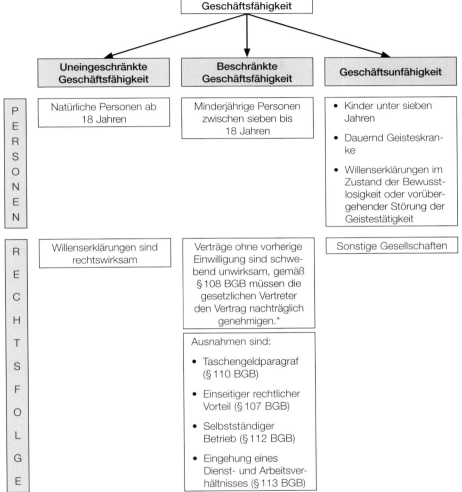

* Bestimmte Rechtsgeschäfte bedürfen der Zustimmung des Familiengerichts gemäß §§ 1821, 1822 BGB.

Minderjährige oder volljährige geschäftsunfähige natürliche Personen haben einen gesetzlichen Vertreter, der für sie rechtswirksame Willenserklärungen abgeben kann. Allerdings hat der Gesetzgeber darauf geachtet, dass die Willenserklärungen nur zum Wohle des Kindes oder der betreuten Person abgegeben werden darf.

	Eltern	**Vormund**	**Betreuer**
Gründe	Beide Eltern (Mutter und Vater) haben das Recht und die Pflicht, für das minderjährige Kind zu sorgen (§ 1626 BGB)	Wird von Amts wegen bei • Tod der Eltern • Entzug der elterlichen Sorge (§§ 1773; 1774 BGB) vom Familiengericht angeordnet.	Volljährige aufgrund • psychischer Krankheit • körperlichen, • geistigen oder • seelischen Behinderung, die ganz oder teilweise ihre Angelegenheiten nicht besorgen können, erhalten auf Antrag oder von Amts wegen einen Betreuer (§ 1896 BGB).
Umfang	Personensorge Vermögenssorge (§ 1626 BGB)	Personensorge Vermögenssorge (§§ 1800, 1803 BGB)	Aufgaben, in denen eine Betreuung notwendig – erforderlich ist
Vertretung	• Gemeinschaftlich durch die Eltern • Sorgerecht berechtigter Elternteil alleine • Mutter bei nicht ehelichen Kindern (§§ 1626a, 1629 BGB)	• Vormund alleine (§ 1793 BGB) • Mehrere Vormünder gemeinsam (§ 1797 BGB)	Gerichtliche und außergerichtliche Vertretung (§ 1902 BGB)

	Eltern	Vormund	Betreuer
Willenserklärungen des Vertretenen	Willenserklärungen von Kindern unter sieben Jahren sind nichtig; Kinder zwischen sieben bis 18 Jahren sind beschränkt geschäftsfähig	Willenserklärungen von Kindern unter sieben Jahren sind nichtig; Kinder zwischen sieben bis 18 Jahren sind beschränkt geschäftsfähig	Geschäftsfähigkeit bleibt erhalten; ggf. Einwilligungsbescheid erforderlich; geringfüge Angelegenheiten des täglichen Lebens und Willenserklärungen, die nur einen rechtlichen Vorteil bringen (§ 1903 BGB)
Geldanlage	Nach den Grundsätzen einer wirtschaftlichen Vermögensverwaltung (§ 1642 BGB)	Verzinsliche Anlagen (§ 1806 BGB) Mündelsichere Anlagen (§ 1807 BGB)	Verzinsliche Anlagen (§ 1806 BGB) Mündelsichere Anlagen (§ 1807 BGB)
Genehmigungspflichtige Geschäfte	• Grundstücksgeschäfte (Kauf, Verkauf, Belastung) • Verfügung über das Vermögen im Ganzen • Kreditaufnahme • Bürgschaften (§§ 1821, 1822, 1643, 1908i BGB)		

Neben den gesetzlichen Vertretern können sich Personen auch durch andere Personen vertreten lassen. Die gesetzlichen Vertreter leiten ihre Vertretungsmacht unmittelbar aus dem Gesetz ab, die rechtsgeschäftlichen Vertreter werden durch eine Vollmacht zum Stellvertreter. Zu unterscheiden sind die Vollmachten nach dem BGB und dem HGB.

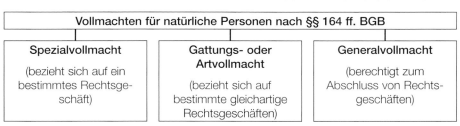

Die Vollmachten erlöschen:

- bei Widerruf,
- mit dem Zeitablauf,
- bei Auftragserledigung,

- mit der Beendigung des Dienstverhältnisses, in dessen Rahmen die Vollmacht erteilt wurde,
- mit dem Tod des Bevollmächtigten.

Was passiert allerdings, wenn der Vollmachtgeber den Weg allen Fleisches geht und verstirbt?

bis zum Todesfall	über den Tod hinaus	für den Todesfall
	Transmortale Vollmacht	Postmortale Vollmacht
Erlöschen mit dem Tod des Vollmachtgebers	Bevollmächtigter kann auch nach dem Tod des Vollmachtgebers z. B. über das Konto weiterverfügen	Bevollmächtigter kann erst mit dem Tod des Vollmachtgebers z. B. über das Konto verfügen
Kommt i. d. R. bei Banken nicht vor	Bei Konten der Regelfall	Tod ist durch Sterbeurkunde nachzuweisen

Nur ein Kaufmann oder dessen gesetzliche Vertreter können gemäß **§§ 48 ff. HGB** jemandem **Prokura** erteilen. Durch die gesetzlichen Regelungen ist der Umfang der Prokura klar geregelt und kann im **Außenverhältnis** nicht eingeschränkt werden. Die Eintragung im **Handelsregister** erfolgt mit **rechtsbekundender Wirkung** (deklaratorische Wirkung). Kreditinstituten muss das Erlöschen der Vertretungs- und Verfügungsberechtigung eines Prokuristen angezeigt werden, ansonsten bleibt diese gemäß den AGB weiter bestehen. Selbst die Löschung der Eintragung im Handelsregister ändert hieran nichts.

Die Prokura erlischt bei Tod des Prokuristen, bei Beendigung seines Arbeitsverhältnisses, bei Insolvenz des Unternehmens oder bei Widerruf.

Außerdem gibt es noch die Handlungsvollmacht im Verkehr mit Kreditinstituten. Dabei wird unterschieden nach Handlungsvollmacht

- mit Befugnis nach § 54 Abs. 2 HGB und
- ohne Befugnis nach § 54 Abs. 2 HGB.

Die **Handlungsvollmacht** entspricht vom Umfang her der Vollmacht für private Personen. Sie kann aber um die Eingehung von Wechselverbindlichkeiten, Krediten, Darlehn, Belastungen und Veräußerungen von Grundstücken sowie Prozessführung erweitert werden.

Die beiden Vollmachten nach dem HBG lassen sich wie folgt unterscheiden:

	Handlungsvollmacht §§ 54 – 58 HGB	Prokura §§ 48 – 53 HGB
Erteilung	Ausdrücklich (schriftlich oder mündlich) oder durch Duldung (stillschweigend)	Nur ausdrücklich (schriftlich oder mündlich)
Registereintragung	Nicht eintragungsfähig	Eintragungspflichtig (rechtsbekundende deklaratorische Wirkung)

Befugnisse ohne Sondervollmacht	Allgemeine Handlungsvollmacht: Alle Geschäfte eines gewöhnlichen Geschäftsbetriebes z. B. Kontenverfügungen, Kauf von Waren (branchenspezifischer Waren)	Für alle Arten von gerichtlichen und außergerichtlichen Geschäften und Rechtshandlungen eines gewöhnlichen Geschäftsbetriebes z. B. Kauf von Waren Erteilung von Handlungsvollmachten, Kreditaufnahme, Kauf von Grundstücken, Prozessführung
Befugnisse mit Sondervollmacht	Veräußerung und Belastungen von Grundstücken Aufnahme von Darlehn Prozessführung	Veräußerung und Belastung von Grundstücken
Beschränkungen des Umfanges	Beliebig möglich	Im Außenverhältnis nicht möglich; im Innenverhältnis beliebig möglich; Filialprokura – nur für die Filiale oder Niederlassung bestimmt
Art der Vertretung	Einzel- und Gesamthandlungsvollmacht	Einzel- und Gesamtprokura
Unterzeichnung	Firma, Unterschrift und Zusatz i. V. (in Vertretung) oder i. A. (im Auftrag)	Firma, Unterschrift und Zusatz pp. oder ppa. (per Prokura)
Erlöschen	Widerruf, Beendigung des Dienstverhältnisses, Fristablauf, Erledigung der Aufgabe bei Spezialvollmacht	Widerruf, Beendigung des Dienstverhältnisses, Erlöschen muss in das Handelsregister eingetragen und bekannt gemacht werden.

2.3.1   Legitimation von Anlegern

Beispiel:

Nachdem sich die Freunde für die Gründung einer GmbH & Co. KG entschieden haben und Herr Michel geschäftsführender Gesellschafter geworden ist, sollen jetzt bei der ortsansässigen Bank die Konten eingerichtet werden. Die beiden Freunde sind lediglich Gesellschafter (Kommanditisten), sollen aber auch Kontenvollmachten erhalten. Welche Papiere benötigen die drei Gesellschafter, um die Konten mit den entsprechenden Vollmachten eröffnen zu können?

Die Kreditinstitute sind nach der Abgabenordnung (§ 154 AO) verpflichtet, zu verhindern, dass Konten auf falsche oder erdichtete Namen eröffnet werden.

	Kontobezeichnung	Legitimation	Vertreter
Natürliche Personen	Vor- und Zuname	Amtlicher Lichtbildausweis, Personalausweis, Reisepass mit Meldebescheinigung	Selbst oder Bevollmächtigte
Eingetragene Vereine	Name des Vereins gemäß Vereinsregister	Beglaubigter Auszug neueren Datums aus dem Vereinsregister + persönliche Legitimation des Vertreters	Vorstand oder Bevollmächtigte
Nicht eingetragene Vereine	Name des Vereins gemäß Satzung	Vorlage der Satzung + persönliche Legitimation des Vertreters	Vorstand oder Bevollmächtigte
Rechtsfähige Stiftungen	Name der Stiftung lt. Urkunde über die staatliche Genehmigung	Genehmigungsurkunde, Bescheinigung des Aufsichtsgremiums + persönliche Legitimation des Vertreters	Vorstand oder Bevollmächtigte
Wohnungseigentümergemeinschaft	Name der WEG	Verwalter der WEG oder Beschluss der WEG; Vorlage der Liste der WEG	Verwalter oder alle Wohnungseigentümer
Einzelunternehmen e. K.	Firmenbezeichnung wie im HR	Beglaubigter Auszug neueren Datums aus dem HR + persönliche Legitimation des Vertreters	Selbst oder Bevollmächtigte
Handwerker, Freiberufler und andere Gewerbetreibende ohne HR-Eintragung	Bürgerliche Namen; Zusätze sind möglich	Persönliche Legitimation	Selbst oder Bevollmächtigte

Partnerschaften	Name gemäß Eintragung im Partnerschaftsregister	Beglaubigter Auszug neueren Datums aus dem Partnerschaftsregister + persönliche Legitimation des Vertreters	Selbst oder Bevollmächtigte
Juristische Personen des öffentlichen Rechts	Möglichst eindeutige Kontobezeichnung gemäß Gesetz usw.	Gesetze, Rechtsverordnungen, Satzungen, Statuten, Verfassungen, Protokolle usw. + persönliche Legitimation des Vertreters	Gesetzlicher Vertreter oder Bevollmächtigte
Offene Handelsgesellschaft	Firma gemäß Eintragung im HR	Beglaubigter Auszug neueren Datums aus dem HR + persönliche Legitimation des Vertreters	Gesellschafter oder Bevollmächtigte
Kommanditgesellschaft	Firma gemäß Eintragung im HR	Beglaubigter Auszug neueren Datums aus dem HR + persönliche Legitimation des Vertreters	Komplementär oder Bevollmächtigte
Aktiengesellschaft	Firma gemäß Eintragung im HR	Beglaubigter Auszug neueren Datums aus dem HR + persönliche Legitimation des Vertreters	Vorstand oder Bevollmächtigte
GmbH	Firma gemäß Eintragung im HR	Beglaubigter Auszug neueren Datums aus dem HR + persönliche Legitimation des Vertreters	Geschäftsführer oder Bevollmächtigte

Eingetragene Genossenschaft	Firma gemäß Eintragung im GenR §3 GenG	Beglaubigter Auszug neueren Datums aus dem HR + persönliche Legitimation des Vertreters	Vorstand oder Bevollmächtigte
KGaA	Firma gemäß Eintragung im HR	Beglaubigter Auszug neueren Datums aus dem HR + persönliche Legitimation des Vertreters	Komplementär oder Bevollmächtigte
BGB-Gesellschaften	Name der GbR	Persönliche Legitimation des Vertreters	Gesellschafter oder Bevollmächtigte

Beispiel:

Unsere Freunde überlegen sich, wann und wieso sie selbst in ein Unternehmen investieren würden. Schnell stellt sich heraus, dass jeder von ihnen aus ganz unterschiedlichen Gründen einem Unternehmen Kapital zur Verfügung stellen würde. Ihre Motive und die Bereitschaft zu sparen sind sehr unterschiedlich.

2.3.2   Motive privater Kapitalanleger

Die Motive von Anlegern können sehr differenziert sein. Während es dem einen Anleger um die Mitgestaltung in einem Unternehmen geht und dieser auch dafür bereit ist, ein unternehmerisches Risiko einzugehen, ist ein anderer Anleger eher sicherheitsorientiert. Er möchte lieber genau wissen, wann er sein Geld zurückbekommt und welchen Ertrag er damit während dieser Zeit erwirtschaftet. Wieder andere Anleger möchten sich Gelder ansparen, um für Zeiten einer Krankheit, Arbeitslosigkeit oder auch für das Alter ein entsprechendes Polster zu haben, hier spielt die Rendite – der Ertrag – eine untergeordnete Rolle. Das Kapital soll erhalten bleiben, damit es für den Notfall zur Verfügung steht. Es soll auch Anleger geben, die nur der Rendite wegen Gelder anlegen und darauf hoffen, so ihre Einnahmen zu mehren.

Die allgemeine Bereitschaft zum Sparen hängt von vielen Faktoren ab, außerdem ist sie auch eine Frage der Erziehung im Umgang mit Geld. Aus der Bibelgeschichte kennen wir Joseph, welcher dem Pharao dessen Träume deutete. So auch den Traum von Weinreben, die erst volle Früchte trugen und dann verdorrten, sowie den Rindern, die gesund waren und dann auf dem Feld verendeten. Joseph deutete den Traum, dass nach sieben Jahren des Überflusses sieben magere Jahre das Land heimsuchen würden. Von daher beschloss der Pharao auf Anraten Josephs, in den sieben Jahren der Fülle für die mageren Jahre Vorsorge zu betreiben. So konnten die Menschen die mageren Jahre überstehen und das Volk liebte seinen weisen Pharao.

Wir leben in einer Zeit, in der in den guten Jahren die Ausgaben weiter erhöht wurden und werden, sodass in den mageren Jahren nicht genügend Kapital vorhanden ist, um die Lücke zwischen bestehenden Ausgaben und Einnahmen zu schließen. So trifft uns ein Abschwung umso mehr, da nicht nur die Ausgaben drastisch reduziert werden müssen, wodurch der Abschwung weiter beschleunigt wird. Wir haben auch keine Reserven, um evtl. notwendige Investitionen vorzunehmen oder Einkommenseinbußen zu schließen.

Volkswirtschaftlich gesehen ist das Sparen von Geld ein Konsumverzicht. Während der Konsum das Wirtschaftswachstum steigert, drosselt das Sparen für spätere Zeiten das Wirtschaftswachstum. Auf der anderen Seite kann das Sparen in allen Bevölkerungsschichten zur breiten Vermögensbildung beitragen, sodass bei Engpässen oder Notsituationen nicht immer sofort nach dem Staat gerufen werden muss. Unternehmen können durch die Bildung von Kapital wichtige Investitionen vornehmen und bleiben somit wettbewerbsfähig.

Sparquoten im Vergleich

	Deutsch-land	Großbritan-nien	Frankreich	USA	Japan
2005	10,5	3,9	14,7	1,4	3,9
2006	10,6	3,4	14,9	2,4	3,8
2007	10,8	2,6	15,4	2,1	2,4
2008	11,7	2,0	15,5	4,1	2,2
2009	11,1	6,0	16,5	5,9	5,0
2010	11,4	5,4	16,0	5,7	k. A.
2011	11,1	k. A.	k. A.	5,8	k. A.
2012	10,7	k. A.	k. A.	4,4	k. A.

Quelle: Deutsche Bundesbank

Im weiteren Vergleich lagen die **Sparquoten** im 3. Quartal 2010 (saisonbereinigt) im Euroraum bei 13,8 % und in der EU bei 11,5 %.

Die Berechnung der Sparquote erfolgt durch das ins Verhältnis zu setzende **verfügbare Einkommen** zur **Sparsumme**. Verdient ein Bürger im Jahr 30.000 EUR und er spart davon im Jahr 4.000 EUR, dann beträgt die Sparquote:

$$\frac{4.000}{30.000} \times 100 = 13,33\,\%$$

Die Sparquote hängt neben den kulturellen Einflüssen auch von den Ängsten der Menschen ab, wie die Zukunft aussehen wird. Ein starkes Ansteigen der Sparquote drückt auch die Angst vor einer bevorstehenden Zeit der Not oder des Abschwungs aus. Vergleichen wir unter diesem Aspekt die o. g. Sparquoten, können wir erkennen, dass sich in den USA die Sparquote von 2005 bis 2010 vervierfachte, während sich die Sparquote in Deutschland nur um 5,3 % erhöhte. Das Verhalten der Bürger lässt sich aber auch durch staatliche Eingriffe beeinflussen. Wenn der Staat den Konsumverzicht fördern und das **Volksvermögen** erhöhen möchte, kann der Staat dieses durch entsprechende **Subventionen** tun. In Deutschland hat die Förderung vom Sparen eine lange Geschichte, denn nach dem 2. Weltkrieg herrschte in Deutschland eine Kapitalknappheit für den Wiederaufbau. Mit der umfangreichen Förderung vom Sparen sollte diese Kapitalknappheit überwunden werden. Den Anfang machte die **Wohnungsbauprämie** 1952, danach folgten das **Sparprämiengesetz** von 1959 und das **Vermögensbildungsgesetz** von 1961.

Heute sind noch die Wohnungsbauprämie und das mittlerweile 5. Vermögensbildungsgesetz geblieben. Mit der Höhe der Subventionen versucht der Staat, den Strom des Kapitals seinen Vorstellungen und Wünschen entsprechend zu steuern.

Beispiel:

Herr Michel, Herr Boldt und Herr Lust überlegen sich, wo sie die Einnahmen aus der GmbH & Co. KG künftig in ihrer Steuererklärung angeben müssen. Kapitalanlagen können zu ganz unterschiedlichen Einnahmen i. S. d. Einkommensteuergesetzes führen.

2.4 Die Einkunftsarten bei Kapitalanlagen

Der Einkommensteuer unterliegen alle Einkünfte:

- aus Land- und Forstwirtschaft (Anlage L),
- aus Gewerbetrieb (Anlage G),
- aus selbstständiger Arbeit (Anlage S),
- aus nicht selbstständiger Arbeit (Anlage N),
- aus Kapitalvermögen (Anlage KAP) = Abgeltungsteuer,
- aus Vermietung und Verpachtung (Anlage V) sowie
- sonstige Einkünfte im Sinne des § 22 EStG = z. B. Renten (Anlage R oder S0).

Einkünfte aus einem Gewerbebetrieb sind alle Einnahmen in Zusammenhang mit einem Gewerbe. Wenn also jemand als Gesellschafter einer OHG oder einer KG Einkünfte bezieht, dann sind dies Einnahmen aus einem Gewerbebetrieb. Im Gegensatz dazu sind **Einkünfte aus Kapitalvermögen** alle Einnahmen aus Kapitalanlagen, die nicht als Gesellschafter von Personengesellschaften erzielt werden. Einnahmen aus Immobiliengeschäften werden unter **Einkünfte aus Vermietung und Verpachtung** angegeben. Der Bezug von z. B. Renten aus Lebensversicherungen gehört zu den **sonstigen Einkünften**. Alle diese Einnahmen müssen mit dem persönlichen Einkommensteuersatz versteuert werden.

Allerdings hatten die Politiker das Gefühl, dass in der Vergangenheit gerade bei Einnahmen aus Kapitalvermögen nicht immer alle Einnahmen von den Bundesbürgern versteuert wurden. Aus diesem Grunde wurde zum **01.01.2009** die **Abgeltungsteuer** eingeführt, welche direkt an der Quelle der Entstehung der Erträge vom Staat abgeschöpft wird. Beim Anleger kommen somit nur die um die Abgeltungsteuer reduzierten Erträge an. Dieser Aspekt ist besonders interessant, wenn wir Kapitalanlagen miteinander vergleichen wollen und bei einer Anlage die Steuer sofort und bei einer anderen Anlage erst am Ende abgezogen wird. Dadurch können die Erträge bei der letztgenannten Anlage weiterhin Erträge erwirtschaften. So entsteht ein **Zinseszinsvorteil**.

Die **Abgeltungsteuer** beträgt **25 %** der Einkünfte aus Kapitalvermögen zuzüglich **5,5 %** **Solidaritätszuschlag** und ggf. **Kirchensteuer** mit **8 %** (Bayern und Baden-Württemberg) oder **9 %** (alle übrigen Bundesländer).

Ist ein Kapitalanleger kirchensteuerpflichtig, dann verringert sich für ihn die Abgeltungsteuer durch die Möglichkeit des Sonderausgabenabzugs der Kirchensteuer. Dieses wird automatisch bei der Berechnung der Gesamtbelastung berücksichtigt, sodass bei Kirchensteuerpflicht die Abgeltungsteuer und der Solidaritätszuschlag geringer ausfallen.

Kirchensteuer	8 %	9 %	Keine
Abgeltungsteuer	24,5098 %	24,4499 %	25,0000 %
Solidaritätszuschlag	1,3480 %	1,3447 %	1,3750 %
Kirchensteuer	1,9608 %	2,2005 %	-
Gesamtbelastung	**27,8186 %**	**27,9951 %**	**26,3750 %**

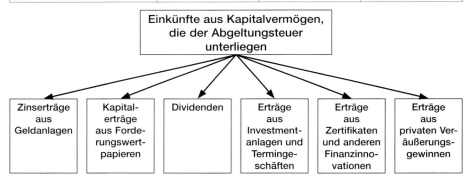

Mit der Einführung der Abgeltungsteuer haben wir eine unterschiedliche Behandlung der Erwerbs- und Kapitaleinkünfte, man spricht hier von einem **dualen Steuersystem**. Grundsätzlich sind alle Einkünfte mit dem individuellen Steuersatz zu versteuern, doch durch die Einführung der Abgeltungsteuer hat der Bürger ggf. die Möglichkeit, die Einkünfte aus Kapitalvermögen mit einem niedrigeren Steuersatz zu versteuern, als sein tatsächlicher persönlicher **Grenzsteuersatz** ausmachen würde. Hier ist insbesondere zu berücksichtigen, dass durch die Einnahmen aus dem Kapitalvermögen das Einkommen gesteigert werden würde, wodurch der Steuerzahler wohlmöglich in eine höhere **Steuerprogression** rutschen würde.

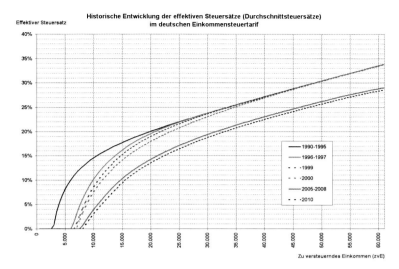

Betrachtet man den **durchschnittlichen Steuersatz** im Jahre 2010, dann fällt einem sofort auf, dass ein Steuerpflichtiger mehr als 47.500 EUR verdienen müsste, um einen durchschnittlichen Steuersatz von 25 % zu erreichen. Da wir in Deutschland aber eine sogenannte **Progressionssteuertabelle** haben, werden die letzten 1.000 EUR immer mit einem höheren Grenzsteuersatz versteuert, sodass ein Steuerpflichtiger bezogen auf die letzten 1.000 EUR nur ca. 15.000 EUR verdienen müsste, um die Grenze des 25 %igen Grenzsteuersatzes zu erreichen. Damit kann festgehalten werden, dass viele Bundesbürger mit der eingeführten Abgeltungsteuer von 25 % besser fahren, als wenn sie die Einkünfte mit ihrem persönlichen Steuersatz versteuern müssten.

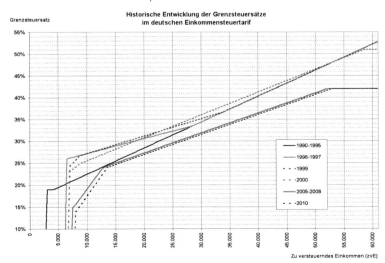

Zu den einzelnen steuerlichen Aspekten gibt es zu jeder Kapitalanlage eine entsprechende Erläuterung.

Beispiel:

Herr Michel überlegt, für die anstehenden Investitionen für die Kartbahn noch zusätzliches Kapital aufzunehmen. Von seinem Banker hörte er, dass bei seiner Hausbank dafür die Investmentbanker zuständig sind, sofern es sich nicht um einen klassischen Kredit handeln würde. Die Investmentbanker bereiten den Weg von einer Emission von Wertpapieren vor und sorgen auch für die Platzierung am Kapitalmarkt. Herr Michel überlegt sich, ob er das nicht auch alleine bewerkstelligen kann oder welche Voraussetzungen dafür notwendig sind, um solche Papiere an Anleger verkaufen zu können?

2.5   Vermittler von Kapitalanlagen

Kapitalanlagen werden von den **Emittenten** herausgegeben (emittiert) und vom Anleger erworben. Der Kauf durch den Anleger kann auf ganz unterschiedliche Art und Weise erfolgen. Der Weg ist abhängig vom Produkt und vom Ort des Erwerbs. Wie bei anderen Produkten und Waren kann der Kauf direkt in der Fabrik erfolgen, dieses wäre bei Finanzprodukten beim Emittenten. Manche Finanzprodukte können aber nur auf bestimmten Märkten erworben werden, diese Marktplätze heißen im Finanzsektor „**Börsen**". Die Börsen haben ganz besondere **Handelsbedingungen**, sodass der Zutritt nur für einen ausgesuchten Besucherkreis bestimmt ist. Andere Produkte gibt es nur bei sogenannten Großhändlern, dies können Banken, Sparkassen oder Finanzdienstleistungsinstitute sein. Wie wir aus der Finanzkrise erkennen durften, ist die Komplexität von Finanzprodukten nicht immer auf Anhieb zu erkennen. Von daher ist die Bewertung von Anlageprodukten nur für Profis möglich.

Der Gesetzgeber reagierte daraufhin und setzte die EU-Richtlinien mit der Einführung der **Finanzanlagenvermittlungsverordnung** (FinVermV) um. Der gesamtwirtschaftliche Schaden einer Fehlberatung kann für den betroffenen Anleger eine Bedrohung seiner Existenz bedeuten, aber auch volkswirtschaftlich sind solche Schäden nicht zu unterschätzen.

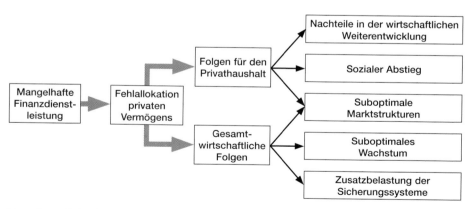

Um diese Schäden zu vermeiden, gibt es die **Bundesanstalt für Finanzdienstleistungsaufsicht** (BaFin). In dieser Behörde ist die Aufsicht für Banken, Versicherungen und Wertpapiere zusammengefasst worden. Durch die stärkere Verzahnung dieser Finanzbereiche schien es sinnvoll, eine solche Mammutbehörde zu schaffen, die über alle Bereiche der Finanzdienstleistung wacht.

Zur Überwachung zählen:

- der internationale Finanzmarkt,
- der Anleger- und Verbraucherschutz,
- die Einlagensicherung und die Geldwäschebekämpfung sowie
- die Verfolgung unerlaubter Finanzgeschäfte.

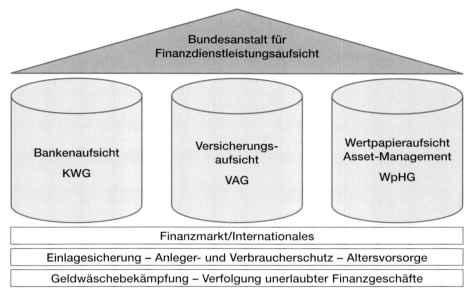

Zu den gesetzlichen Grundlagen im Kapitalanlagebereich gehört auch das **Kreditwesengesetz** (KWG). Denn im **§1 KWG** werden die Banken von den Finanzdienstleistungsinstituten abgegrenzt. Banken betreiben dem Paragrafen entsprechend **gewerbsmäßig Bankgeschäfte**. Dazu gehört das Hereinholen von Geldern als **Einlage** und die Herausgabe dieser Gelder als **Kredite** sowie die Übernahme von **Bürgschaften** und ähnlichen Geschäften. Außerdem gehört zu den Bankgeschäften, Wertpapiere oder – wie es im Gesetz heißt – **Finanzinstrumente** im eigenen Namen und fremder Rechnung zu kaufen und zu verkaufen, die **Verwahrung und Verwaltung** von diesen Finanzinstrumenten und deren Platzierung am Kapitalmarkt. Außerdem zählt zu diesen Geschäften auch die Abwicklung des **Zahlungsverkehrs**.

Im Gegensatz dazu übernehmen Finanzdienstleistungsinstitute die Aufgaben der

- Anlagevermittlung,
- Anlageberatung,
- Abschlussvermittlung,
- Finanzportfolioverwaltung,
- Eigenhandel mit Kunden.

Anlagevermittlung bedeutet die Vermittlung von Geschäften über die Anschaffung und Veräußerung von Finanzinstrumenten. Dieser Bereich bezieht sich ausschließlich auf die Vermittlung. Das Finanzdienstleistungsinstitut leitet z. B. eine Anfrage des Kunden an einen Anbieter weiter, ohne selbst den Abschluss des Geschäftes zu tätigen. Durch die Abgabe von persönlichen Empfehlungen, die sich auf die individuelle Situation des Kunden beziehen, tätigen wir eine **Anlageberatung** nach dem KWG.

Bei der **Abschlussvermittlung** werden die Finanzinstrumente im fremden Namen und für fremde Rechnung angeschafft oder veräußert. Verwaltet ein Finanzdienstleistungsunternehmen Vermögen für andere und hat dabei einen eigenen Entscheidungsspielraum, welche Finanzinstrumente ge- oder verkauft werden, spricht man von der **Finanzportfolioverwaltung**. Betreibt das Institut darüber hinaus den Kauf oder Verkauf von Finanzinstrumenten im eigenen Namen und für eigene Rechnung, dann ist dies nach dem KWG **Eigenhandel**.

Zu den Finanzinstrumenten gehören alle

- Schuldtitel,
- Anteilstitel an Unternehmen und Investmentvermögen,
- Geldmarktpapiere,
- Devisen,
- Derivate und
- sonstige Wertpapiere.

Zu jedem dieser Finanzinstrumente finden sie im Folgenden genaue Definitionen und Erklärungen.

Volkswirtschaftlich haben die Kreditinstitute als Kapitalsammelstelle eine besondere Verantwortung gegenüber ihren Kunden und der Gesellschaft. Frei nach dem Motto, „Vertrauen ist gut, Kontrolle ist besser", hat sich in den letzten Jahren das Bankrecht umfangreich entwickelt.

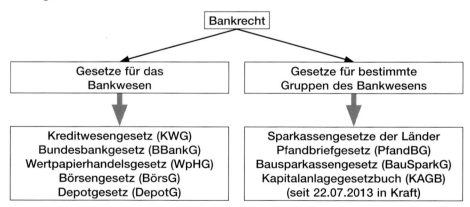

Im § 1 Abs. 1 und 1a KWG werden die Kreditinstitute von den Finanzdienstleistungsunternehmen unterschieden.

Kreditinstitute (§ 1 Abs. 1 KWG) sind Unternehmen, die Bankgeschäfte gewerbsmäßig oder in einem Umfang betreiben, der einen in kaufmännischer Weise eingerichteten Geschäftsbetrieb erfordert.	Finanzdienstleistungsunternehmen (§ 1 Abs. 1a KWG) sind Unternehmen, die Finanzdienstleistungen für andere gewerbsmäßig oder in einem Umfang betreiben, der einen in kaufmännischer Weise eingerichteten Geschäftsbetrieb erfordert und die keine Kreditinstitute sind.
betreiben	erbringen

u. a. Bankgeschäfte	u. a. Finanzdienstleistungen
• Einlagengeschäft • Kreditgeschäft • Pfandbriefgeschäft • Diskontgeschäft • Depotgeschäft • Finanzkommissionsgeschäft • Darlehnspensionsgeschäft • Garantiegeschäft • Scheck- und Wechselinkasso • Ausgabe von Reiseschecks • Emissionsgeschäft • Geldkarten- und Netzgeldgeschäft	• Anlagevermittlung • Anlageberatung • Betrieb eines multilateralen Handelssystems • Platzierungsgeschäft • Abschlussvermittlung • Finanzportfolioverwaltung • Eigenhandel • Sortengeschäft • Veräußerung von Finanzinstrumenten für eigene Rechnung • Factoring • Finanzierungsleasing

Damit kein Vertrauensverlust gegenüber der Finanzwirtschaft eintritt, ist neben den umfangreichen gesetzlichen Vorschriften zur Sicherung der Funktionsfähigkeit des Sektors auch die **Aufsicht für Vermittler** besonders geregelt.

Vermittler können wir nach deren Zugehörigkeit unterscheiden. Sitzt der Vermittler in einem Kredit- oder Finanzdienstleistungsinstitut, dann wird kein **Sachkundenachweis** für die erforderlichen Kenntnisse des Kapitalanlagegeschäftes benötigt. Hier reichen die Abschluss- und Arbeitszeugnisse, Stellenbeschreibungen und Schulungsnachweise des Arbeitgebers aus – insbesondere wenn der Mitarbeiter schon vor dem 01.01.2006 weitestgehend ununterbrochen in der Anlageberatung tätig war. Vermittler, die für ein **Haftungsdach** tätig sind oder werden, müssen dennoch einen Sachkundenachweis erbringen!

Der Finanzanlagenvermittler benötigt einen entsprechenden **Sachkundenachweis** und auch deren Angestellte müssen diesen Nachweis erbringen. Außerdem muss er seinen **§ 34c GewO** innerhalb von sechs Monaten ab dem 01.01.2013 unter Nachweis der Sachkunde beim Gewerbeamt in den dann gültigen **§ 34f GewO** umschreiben lassen.

Um eine Bank in Deutschland gründen zu können, müssen neben den fachlichen Voraussetzungen (bei mindestens einem der Geschäftsführer oder Vorstände) auch mindestens 5 Millionen EUR als Eigenkapital in eine Kapitalgesellschaft eingebracht werden.

Auch bei der Gründung von Finanzdienstleistungsinstituten ist die persönliche Eignung der Geschäftsführer oder verantwortlichen Personen nachzuweisen. Allerdings sind die Mindestkapitalanforderungen je nach Umfang des Geschäftsbetriebes wesentlich geringer, als zur Gründung einer Bank benötigt wird:

- Für Anlagevermittlung, Anlageberatung, Abschlussvermittlung, Anlage- und Finanzportfolioverwaltung werden 50.000 EUR benötigt, sofern sie nicht auf eigene Rechnung handeln.
- Handelt das Finanzdienstleistungsinstitut auf eigene Rechnung, müssen 125.000 EUR als Sicherheit bereitgestellt werden.
- Handelt das Institut auf eigene Rechnung oder als **Wertpapierhandelsbank**, ist eine Einlage in Höhe von 730.000 EUR vorgeschrieben.

Seit dem 01.11.2007 ist die EU-Richtlinie „**Markets in Financial Instruments Directive**" (MiFID) zur Harmonisierung des europäischen Finanzmarktes in Kraft. Die MiFID ist das Fundament des Wertpapierhandels in Europa. Sie soll den Anleger noch besser schützen. Das Kernthema der MiFID ist die bestmögliche Ausführung von Wertpapiergeschäften für den Kunden. Die MiFID erweitert die bis dahin gültigen Anforderungen und konkretisiert diese folgendermaßen:

- jede juristische Person, die im Rahmen ihrer üblichen beruflichen oder gewerblichen Tätigkeit gewerbsmäßig eine oder mehrere Wertpapierdienstleistungen für Dritte erbringt und/oder eine oder mehrere Anlagetätigkeiten ausübt, wird von den Regelungen erfasst;
- Anlageberatung ist seit dieser Zeit keine Nebendienstleistung mehr, sondern gehört zu den Wertpapierdienstleistungen und ist damit dem § 32 KWG entsprechend erlaubnispflichtig;
- **Dokumentationspflichten** gemäß § 34 WpHG, § 14 WpDVerOV;
- das WpHG legt künftig unterschiedliche Standards für den Umgang mit verschiedenen **Kundenklassen** fest – dabei wird zwischen Privatkunden, professionellen Kunden und geeigneten Gegenparteien differenziert;
- allgemeine **Informationspflichten** gemäß § 31 Abs. 3 WpHG, § 5 WpDVerOV;
- umfangreiche **Berichtspflichten** gemäß § 31 Abs. 8 WpHG, §§ 8, 9 WpVerOV;
- **Angaben zu den Risiken** gemäß § 5 WpDVerOV;
- Aufklärungs- und Verhaltenspflichten bei **Termingeschäften** gemäß §§ 37d ff. WpHG.

3   Chancen & Risiken für Kapitalanleger erkennen

Beispiel:

Herr Michel sitzt am Abend mit seiner Frau zusammen und sie diskutieren über die beste Kapitalanlage. Für Frau Michel ist die Sicherheit am wichtigsten, während Herr Michel den größtmöglichen Ertrag erreichen möchte. Beide möchten aber jederzeit über das Kapital in Notfällen verfügen können. Nach einem langen Abend kommen sie zu keinem Ergebnis. Sie entscheiden sich für einen Termin mit ihrem Berater, um die Möglichkeiten einer Kapitalanlage zu diskutieren.

3.1   Magisches Dreieck der Kapitalanlage

Aus der Sicht des Anlegers gibt es drei wesentliche Unterscheidungsmerkmale bei einer Kapitalanlage.

- **Rentabilität** der Kapitalanlage – welchen Ertrag erwirtschafte ich mit der Anlage, auch unter Berücksichtigung der damit entstehenden Kosten, Steuern, Verluste am Nominalwert und der Kaufkraft?
- **Sicherheit** (Risiko) – die Gefahr, das eingesetzte Kapital nicht zu mindestens 100 % wieder zu bekommen, aber auch die Gefahr des **Kaufkraftverlustes** durch diese Kapitalanlage.
- **Liquidität** – wie lange muss ich das Kapital entbehren, um den gewünschten Ertrag zu erzielen und welche Möglichkeiten gibt es, vorzeitig über das Kapital zu verfügen?

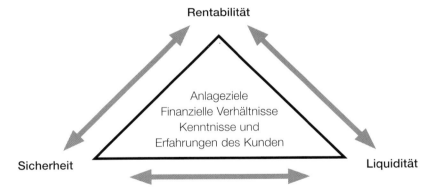

Zwischen diesen drei Merkmalen besteht ein **Spannungsfeld**. Eine Kapitalanlage, die „… möglichst große Sicherheit und Rentabilität bei jederzeitiger Liquidität … unter Wahrung angemessener Mischung und Streuung …" bietet, ist genauso undenkbar, wie die „Eier legende Wollmilchsau" eine Utopie ist.

Das Wort „möglichst" rettet hier den Gesetzgeber, der diesen Wortlaut so im **§ 54 VAG** für die Anlagevorschriften von Versicherungen verwendet.

Nehme ich eine sichere Anlage wie z. B. ein Konto bei einer deutschen Bank, dann hängt die Rendite zwar auch noch von der Verfügbarkeit ab, aber diese Anlage wird im Vergleich zu anderen Anlage nur eine sehr begrenzte Rendite erzielen. Kunden möchten aber gerne genau diese „Eier legende Wollmilchsau" haben. Hohe Rendite plus ein Steuersparmodell bei voller Kapitalsicherheit und jederzeitigen Verfügbarkeit. Hier ist es besonders wichtig, die Kundenziele genau zu erfassen und zu hinterfragen.

Dieses Hinterfragen könnte so aussehen, dass der Kunde sich entscheiden muss z. B. ob die Liquidität, die Rendite oder die Sicherheit für ihn oberste Priorität hat. Allerdings werden wir mit jedem Kapitel mehr zur Überzeugung gelangen, dass es keine absoluten Begrifflichkeiten für Sicherheit, Liquidität und Rendite gibt.

3.1.1   Rentabilität

Unter Rentabilität versteht der Anleger oft nur die erzielte **Bruttorendite**. Er berücksichtigt nicht den Aufwand, den er betreiben musste, um diese Anlage zu erwerben. Zu diesem Aufwand zählen die Kosten, welche durch Bankgebühren, Spesen, Provisionen, Courtagen und Ähnlichem entstehen, aber auch die auf diese Erträge zu entrichtenden Steuern. Es kommt bei Kapitalanlagen auch immer wieder vor, dass die Erträge erst durch die Veräußerung des Wertpapieres erfolgen. Genauso kann es aber bei Veräußerung auch zu einem Verlust kommen. Beides gehört in die Betrachtung der Rentabilität. Der Verlust, der durch die **Inflation** eintritt, ist bei Kapitalanlagen schwer einzuschätzen, muss aber seine Berücksichtigung finden. Denn wenn der Anleger heute für 10.000 EUR einen Kleinwagen bekommt, kann es ohne Weiteres sein, dass er für diese 10.000 EUR in 20 Jahren nur noch einen Motorroller erhält. Fast jeder Anleger unterschätzt aber die Wichtigkeit der Informationsbeschaffung über eine Kapitalanlage. Kümmert er sich selbst um diese Informationen, kommen weitere Kosten auf ihn zu und auch die zu investierende Zeit für die Auswertung der Informationen ist in die Betrachtung der Rendite mit einzubeziehen.

3.1.2   Sicherheit

Hat der Anleger das Geld im Hause, kann es von einem Dieb gestohlen werden. Ist es in einem Schließfach einer Bank, verliert es durch den **Kaufkraftverlust** jedes Jahr an Wert. Vertraut er es jemandem Dritten an und erhält dafür ein Entgelt, besteht immer die Gefahr oder das Restrisiko, dass er sein Geld nicht oder nur zum Teil zurückerhält. Gerade dieser Aspekt ist durch die Finanzkrise ganz neu zu bewerten, weil man festgestellt hat: Eine 100 %ige Sicherheit gibt es nicht.

3.1.3   Liquidität

Die Verfügbarkeit ist bei vielen Kapitalanlagen durch eine **Bindungsfrist** klar definiert. Diese Bindungsfristen können von ganz kurzfristig (täglich) bis ganz langfristig (unbefristet) definiert sein. Hat der Anleger sich bereit erklärt, sein Kapital für eine bestimmte Frist dem anderen Geschäftspartner zur Verfügung zu stellen, dann kann er es grundsätzlich nicht zwischendurch zurückverlangen.

Da der Vertragspartner seine Kalkulation und Planung mit dieser Bindungsfrist vorgenommen hat, könnte der Geschäftserfolg zusammenbrechen, wenn der Anleger vorzeitig sein Geld zurück haben möchte. Dennoch gibt es oft Möglichkeiten, das angelegte Geld vorzeitig zurückzuerhalten – allerdings nicht selten gegen eine „kleine" Entschädigung, damit er das längerfristig ausgeliehene Geld zurückbekommt. Hat der Anleger sich dagegen an einem Unternehmen beteiligt, dann stellt er dem Unternehmen das Kapital **unbefristet** zur Verfügung. Er kann jetzt nur vorzeitig seinen Einsatz zurückbekommen, wenn er einen anderen Käufer für seine unternehmerische Beteiligung findet. Ist seine

Beteiligung durch ein börsennotiertes Wertpapier verbrieft, hat er die Chance, seine Papiere über die Börse zu verkaufen.

Da kein Mensch davor gefeit ist, durch außergewöhnliche Umstände, anders als vielleicht geplant, doch seine Kapitalanlagen liquidieren zu müssen, ist es wichtig, diese Verfügbarkeit klar zu dokumentieren und immer genügend Reserven für Notfälle für den Kunden einzuplanen.

> **Praxistipp:**
>
> Lassen Sie sich vom Kunden erklären, was er unter Rentabilität, Sicherheit oder Liquidität versteht.

3.2 Asset Allocation

In der Finanzdienstleistung haben sich in den letzten Jahren die englischen Begrifflichkeiten für die Definitionen von Vorgängen bezüglich der Anlage von Kapital etabliert. Leider sind diese Begrifflichkeiten inzwischen so „eingedeutscht", dass viele Verwender dieser Begriffe oft den Ursprung und deren Ableitung nicht mehr kennen. Die englischen Begrifflichkeiten können in vielen Fällen auch nicht einfach ins Deutsche übersetzt werden. So ist es genauso schwierig, „Sauerkraut mit Rostbratwürsten" ins Englische zu übersetzen.

Dennoch wagen wir den Versuch, „**Asset Allocation**" einmal mit der deutschen Sprache näherzukommen. Als Asset werden die unterschiedlichen Formen der Vermögensanlage bezeichnet. Diese Formen der Anlagen können sein:

- Girokonto,
- Geldmarktinstrumente,
- Anleihen,
- Aktien,
- Fremdwährungen (Devisen),
- Rohstoffe,
- Edelmetalle,
- Immobilien,
- u. v. m.

Die Herausforderung, aus diesen Anlageklassen einen sicheren „Anlagekorb" zu kreieren, liegt jetzt in der möglichen Überlappung der einzelnen Anlageformen. Betrachten wir diese Anlageformen einmal genauer.

> **Beispiel:**
>
> Ein Unternehmen baut Automobile. Nun kann der Anleger am Erfolg dieses Unternehmens auf unterschiedliche Art und Weise partizipieren.
>
> Der Anleger kann sich direkt als **Miteigentümer** am Unternehmen beteiligen. Wenn das Unternehmen eine Aktiengesellschaft ist, geschieht dies i. d. R. als **Aktionär**.
>
> Die Firma kann sich aber auch Kapital von „Fremden" beschaffen, z. B. in Form von Krediten von einer Bank oder direkt vom Anleger in Form von sogenannten „**Gläubigerpapieren**". Die Aufnahme von **Fremdkapital** ist allerdings begrenzt und hängt von der Höhe des **Eigenkapitals** ab. Denn jeder Gläubiger möchte auch sehen, dass sich die Eigentümer in angemessener Weise an der Finanzierung der geplanten Vorhaben beteiligen. Dies drückt auch das Vertrauen der Eigentümer ins eigene Vorhaben aus. Außerdem muss die Firma

(Schuldner) für das Fremdkapital oft ein **festes Entgelt** (Zins) für das zur Verfügung gestellte Kapital an die Gläubiger bezahlen. Die Eigentümer erhalten nur eine Vergütung, wenn das Unternehmen erfolgreich agierte und Gewinne erwirtschaftete.

Dieses sind zwei sehr direkte Formen, am Erfolg des Unternehmens zu partizipieren. Werden viele Autos nachgefragt, steigt die Produktion der Autos. Jetzt kann der Anleger auch dann von dieser positiven Entwicklung profitieren, wenn er in einen Betrieb investierte, der den Automobilkonzern beliefert. Ein solcher Betrieb ist ein Zulieferer, weil seine Produkte als Bestandteil eines anderen Produktes benötigt werden. Diese Zulieferfirmen sind oft etwas kleinere Unternehmen als die belieferten Unternehmen und sind abhängig vom Erfolg des „größeren" Geschäftspartners. Beide Unternehmen stehen in einer engen wirtschaftlichen Beziehung. Der Zulieferer benötigt bestimmte **Rohstoffe** oder **Edelmetalle** für die Herstellung des eigenen Produktes. Also tritt er bei steigender Nachfrage nach Autos vermehrt als Nachfrager auf diesen Märkten für Rohstoffe oder Edelmetalle auf. Wie wir schon lernten, bedeutet eine steigende Nachfrage, bei gleichem Angebot, einen Anstieg des Preises. Somit könnte der Anleger auch vom erhöhten Automobilumsatz profitieren, wenn er in diese für die Produktion des Automobils notwendigen Rohstoffe oder Edelmetalle investiert. Gleichzeitig muss der Automobilkonzern seine Produktionsfläche ausweiten und kauft weitere Grundstücke oder bestehende Immobilien. Auch die Preise für Immobilien entwickeln sich dank dieser positiven Entwicklung der Automobilindustrie positiv. Wir sehen, dass die Nachfrage nach einem Produkt, in unserem Beispiel das Auto, auch auf andere Anlageformen einen gewissen Einfluss haben kann. Diese Verbindung bezeichnet man als „**Korrelation**" von Anlageklassen. Hat der Anleger seine Auswahl von Anlagen so ausgewählt, dass die einzelnen Anlageklassen untereinander eine ähnliche Entwicklung wie in unserem Beispiel zur Automobilindustrie haben, dann spricht man von einer **positiven „Korrelation"**. In diesem Fall wurden zwar unterschiedliche Anlageklassen gewählt, aber es fand keine wirkliche Streuung des Anlagerisikos statt. Bei der **Asset Allocation** soll genau dieses Risiko durch die Mischung der vielen, möglichen Anlageformen minimiert und damit der langfristige Ertrag gesichert werden.

Asset Allocation kann man somit als die Streuung von Anlageklassen bezeichnen, welche untereinander nicht korrelieren.

Auf der anderen Seite ist es heute oft unmöglich, die gesamten **Zusammenhänge** von Produkten, Herstellern, Zulieferfirmen, Rohstoffen, Edelmetallen und Immobilien im Einzelnen zu durchleuchten. In einer globalisierten Welt fehlt uns dieser Überblick zunehmend. Jeder von uns hat mit Sicherheit schon die **Auswirkungen einer Betriebseröffnung oder -schließung** in seiner unmittelbaren Nachbarschaft miterlebt. Im positiven Bereich wurden durch die Eröffnung einer Produktionsstätte neue Arbeitsplätze direkt im Unternehmen geschaffen, aber auch viele andere Firmen erleben i. d. R. einen deutlichen Aufschwung. Ob es das ortsansässige Hotel, die Gastronomie, der Einzelhandel oder das Taxigewerbe ist, alle partizipieren am Erfolg des neuen Unternehmens. Auch die Gemeinde gehört zu den Gewinnern, durch höhere Einkommens- und/oder Gewerbesteuern. Der vermehrte Wechsel von Immobilien sowie der Bau neuer Immobilien lässt neue Arbeitsplätze (Makler, Finanzierungsberater, Handwerker) und weitere Steuereinnahmen (Grunderwerbsteuer) entstehen.

In der Umkehrfunktion ist bei einer Betriebsschließung die negative Entwicklung festzustellen. Da wir heute keine langfristigen Prognosen für bestimmte Produkte, Branchen oder Regionen treffen können, kann es eine Gefahr sein, in einer heute florierenden Region viele unterschiedliche Assets zu haben. Diese Verdichtung eines ursächlichen Risikos (Automobilhersteller) auf verschiedene Anlageformen, wird auch als **Klumpenrisiko** bezeichnet. Denn entwickeln sich z. B. die Zahlen des Automobilherstellers rückläufig, dann kann dies zum Zusammenbruch der gesamten Region führen.

Beispiele:

Als mahnendes Beispiel ist in Amerika die Region „Detroit" zu benennen. Die Krise der amerikanischen Automobilhersteller hat zum massiven Abbau von Arbeitsplätzen geführt. Diese vielen, oft spezialisierten Arbeiter konnten nicht vom übrigen Arbeitsmarkt aufgenommen werden, sodass heute eine hohe Arbeitslosigkeit in Detroit und Umgebung vorherrscht. Dadurch bedingt konnten viele Menschen ihre Immobilien nicht halten. Die Preise für Immobilien sanken und sinken weiter, sodass eine regelrechte Verarmung in dieser Region stattfindet.

In Deutschland haben wir um 1900 mit der Erfindung des Autos eine blühende Industrie aufgebaut. Ob es die Stahlproduktion (Thyssen/Krupp), die dafür benötigte Kohle (Ruhrkohle heute RAG/ Preussag heute TUI), die Reifen- (Continental), Getriebe- und Kugellager-/ Motorenherstellung (FAG/Fichtel&Sachs) oder die gesamte Autoelektronik (Bosch) ist, alle Bereiche profitierten von dieser positiven Entwicklung dieser Branche. Selbst der Maschinenbau war und ist Nutznießer dieser Entwicklung. Mit der Fließbandproduktion wurden immer neuere Maschinen benötigt, welche mit immer weniger menschlichen Handgriffen immer mehr und schneller Autos bauten. Anfang des 19. Jahrhunderts verloren viele Menschen ihren Beruf, weil das Auto und die Eisenbahn, das bisherige und zuverlässige Transportmittel das Pferd ablösten. Schmiede und Pferdezüchter waren direkt davon betroffen, aber auch Poststationen oder Orte, die mit dem Pferd noch gut zu erreichen waren, verloren durch die neuen Transportmittel zunehmend an Bedeutung. Wer nicht mit dem neuen Trend ging, verlor sukzessive sein gesamtes Vermögen. Das Gleiche kann auch durch eine entsprechende Entwicklung im Transportwesen erneut passieren.

Mit dem Schließen eines Bereiches öffnen sich i. d. R. aber auch viele neue Bereiche. Erst durch eine entsprechende **Diversifikation** seiner Kapitalanlagen, können solche Risiken wettgemacht werden. Allerdings ergeben sich in solchen Phasen oft auch erhebliche soziale Veränderungen und nicht selten verschieben sich auch die politischen Machtverhältnisse. In der Vergangenheit wurden solche Prozesse oft auch durch Kriege begleitet. Diese Kriege finden aber nicht mehr nur auf dem Schlachtfeld statt, heute werden sogenannte **Wirtschaftskriege** ausgefochten. Die Finanzkrise 2008 und auch die aktuelle EURO-Krise sind dafür das beste Beispiel.

Die S-Kurve der Automobilbranche

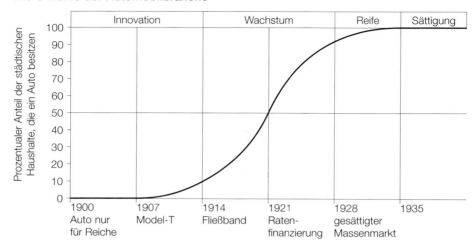

Jedes Investment sollte daher nicht vorschnell entschieden werden, sondern durch einen vordefinierten **Entscheidungsprozess** herbeigeführt werden.

Für diesen Entscheidungsprozess gibt es unterschiedliche Ansätze. Zunächst ist es aber wichtig, das zur Verfügung stehende Kapital genau zu definieren. Es gibt Kapital, welches zu einem bestimmten Zeitpunkt für eine anstehende Investition benötigt wird. Dann gibt es Kapital, welches zur Vermögensbildung dienen soll und keinem bestimmten Zweck zugedacht ist.

Wenn wir zu einem bestimmten Zeitpunkt einen definierbaren Kapitalbetrag benötigen, schränkt dies die Anlagemöglichkeiten ein. Denn am Tag x benötigen wir genau diesen Geldbetrag für unsere Investition. Also müssen wir in der Anlageform darauf achten, dass der Erhalt und die Liquidierbarkeit des gesamten Kapitals zum entsprechenden Zeitpunkt gewährleistet sind.

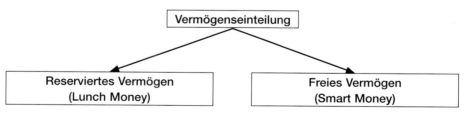

Aus dieser Betrachtung heraus sind zunächst die genauen Ziele und Wünsche des Kunden zu erfassen sowie mögliche Investitionen zu erkennen. Als zweiten Schritt kann man die **Ist-Situation** erfassen, um aus dem angestrebten Ziel und dem vorhandenen Potenzial eine zum Kunden passende Strategie zu entwickeln. Dieser komplexe Entscheidungsprozess bedarf einer fundierten Ausbildung und ist vom Kunden allein nicht mehr zu bewerkstelligen. Erst in Zusammenarbeit mit dem gut ausgebildeten Finanzanlageberater wird sich für den Kunden der gewünschte Erfolg einstellen.

4   Märkte

Beispiel:

Die Freunde überlegen sich, wie hoch der Eintrittspreis bzw. der Preis einer Fahrt auf der Kartbahn sein darf. Neben den betriebswirtschaftlichen Aspekten der Preisbildung erkennen die Gesellschafter der Kartbahn sehr schnell, dass bei einem zu hohen Preis die Kunden wegbleiben könnten und bei einem zu niedrigen Preis die Kalkulation nicht mehr stimmt. Doch wie bestimmt man den richtigen Preis?

4.1   Angebot und Nachfrage

4.1.1   Vom Markt zur Börse

Mit der Entstehung von Handel gab es auch bestimmte Plätze oder Orte, wo die entsprechenden Waren getauscht wurden. Es entwickelten sich geschichtlich verschiedene Handelsplätze für die ganz unterschiedlichen Waren. Oft waren die Handelsplätze Schnittstellen für die Anbieter, welche als Verkäufer und Käufer am Ort auftraten. Die Händler brachten Waren aus ihrer Region mit, um die mitgebrachten Waren gegen andere Waren, welche es bei ihnen nicht gab, einzutauschen. So entwickelten sich sogenannte Handelsstraßen, auf denen die Händler z. B. aus dem Norden Europas bis ans Mittelmeer zogen. Eine der bekanntesten dieser Straße ist die **Bernsteinstraße**, welche von Skandinavien, über die baltischen Staaten, Polen, Tschechien, Österreich/Ungarn, Slowenien bis nach Italien führte. Italienische Städte wie Venedig waren über Jahrhunderte eine solche Schnittstelle und der florierende Handel brachte auch die gesamte Region zum Erblühen. Die Waren aus dem Orient oder Asien wurden mit Schiffen über das Mittelmeer nach Venedig gebracht. Händler verteilten dann die Waren in die anderen Regionen Europas. So entstanden bedeutende Handelsplätze an Orten, die gut auf dem Wasserwege oder zu Lande zu erreichen waren.

> Märkte entstehen durch das Zusammentreffen von Angebot und Nachfrage.

In Deutschland gehörten Städte wie Augsburg, Nürnberg, Magdeburg, Köln, Frankfurt, Regensburg, Worms, Erfurt, Halle, Leipzig und die Hansestädte zu solchen Handelsplätzen. Die dort ansässigen Kaufleute mehrten ihren Reichtum in diesen Zeiten und wurden bald auch zu einflussreichen Beratern und Finanziers von Königen und Kaisern.

Beispiel:

Die Fugger aus Augsburg sind vielen ein Begriff. Die Familie startete als Weber und trat 1466 zur Zunft der Kaufleute über. Die Fugger finanzierten mit dem im Handel verdienten Vermögen u. a. Päpste, die Schweizer Garde und die Habsburger. Die Habsburger legten in Spanien allein drei Staatsbankrotte hin und schädigten somit auch ihre Finanziers, welche insbesondere die Familien der Fugger und Welser waren.

Schauen wir uns die Geschichte an, dann sehen wir immer wieder Parallelen zu unserer heutigen Zeit. Allerdings mussten damals die Finanziers den Verlust ihres ausgeliehenen Geldes selbst verkraften und nicht selten überlebten sie die durch Staatspleiten verursachten Verluste nicht.

Die belgische Stadt Brügge war damals auch ein bedeutender Handelsplatz. Hier trafen sich vornehmlich italienische Kaufleute und verkauften und tauschten ihre Waren.

Angeblich soll dies vornehmlich im Hause der Patrizierfamilie **De Bourse** stattgefunden haben. Von diesem Namen hat sich dann der Name **Börse** abgeleitet. Andere Überlieferungen sprechen davon, dass der lateinische Begriff für „bursa" (Fell, Ledersack) oder das griechische Wort „byrsa" (Geldtasche) als Abstammung für den heutigen Begriff der Börse dienten. Fest steht jedenfalls, dass im Jahr **1409** in Brügge die erste Börse gegründet wurde. Die ersten deutschen Börsen entstanden erst im Jahr **1540** in Augsburg und Nürnberg, den Stammsitzen der Fuggers.

4.1.2   Preisbildung in funktionierenden Märkten

Reisen wir heute in den Süden von Europa, so erleben wir beim Einkaufen oft eine große Überraschung. Die Händler z. B. in der Türkei bieten ihre Ware an und nennen oft einen utopischen Preis, den sie für einen Teppich haben wollen. Zahlt der Kunde den genannten Preis, ohne zuvor verhandelt zu haben, ist die Enttäuschung nicht selten auf beiden Seiten groß. Der Käufer ist enttäuscht, wenn er feststellt, dass er einen völlig überzogenen Preis für den Teppich bezahlt hat und der Händler ist enttäuscht, weil er keine Chance hatte, sein wahres Können (das Handeln) unter Beweis zu stellen.

Das Handeln gehört in diesen Regionen zum guten Ton. Es gibt keinen Einheitspreis, wie wir ihn heute in unseren Läden kennen. Die Preise werden individuell ausgehandelt. Je geringer das Interesse vom Kunden an der Ware ist, desto günstiger kann der Preis werden. In diesem Fall verhandeln nur zwei Parteien über den Preis der Ware. Auf einem Marktplatz gibt es oft ein begrenztes Angebot und die Preise entwickeln sich nach der Nachfrage. Sind die Händler an einem bestimmten Angebot besonders interessiert, dann erhält derjenige den Zuschlag, der den höchsten Preis zu zahlen bereit ist. Da aber keiner gerne bereit ist, immer den Höchstpreis zu bezahlen, ist es wichtig, sich eine entsprechende Taktik zu überlegen. Eine dieser Taktiken ist es, die Ware lautstark schlecht zu machen, um ungeübte Mitbieter zu verunsichern. Diese Form der **Desinformation** hat eine lange Tradition in der Börsengeschichte.

Im 16. Jahrhundert kam der Handel mit Gewürzen aus Asien auf. Für einen Zentner (50 kg) Gewürznelken bezahlte man auf den Molukken nur 4 Dukaten, während man in London bereit war, dafür 400 Dukaten zu bezahlen. Wenn sich jetzt die Nachricht verbreitete, dass ein Schiff mit seiner Ladung untergegangen war, verteuerten sich sofort die Preise für die Güter, welche sich auf diesem Schiff befanden. Da diese Schiffstransporte so gefährlich waren, aber auch einen großen Profit versprachen, suchten die Initiatoren dieser Transporte Geldgeber. Immerhin versprach der Handel mit den Gewürznelken einen Gewinn von 10.000 %, wovon nur noch die Kosten für den Seetransport abgezogen werden mussten. Damit die Geldgeber eine Streuung ihres Risikos hatten, wurde ihnen gleich ein Anteil an der Handelsgesellschaft und damit an vielen Seetransporten angeboten. Die so entstandene Holländisch-Ostindische Kompanie gilt mit ihrer Gründung im Jahr 1602 als erste Aktiengesellschaft der Welt. Kamen die Schiffe an, stieg der Kurs der Gesellschaft, gingen Schiffe verloren, sank der Kurs.

In Antwerpen handelte man auch zu dieser Zeit mit Gewürzen und Zwiebeln. Insbesondere die im 16. Jahrhundert noch seltene Tulpenzwiebel war der Grund für die erste aufgezeichnete **Spekulationsblase** der Welt. Tulpen wuchsen früher vornehmlich in den Gärten des Sultans des Osmanischen Reiches und später dann auch in den Gärten sozial gehobener Schichten des gebildeten Bürgertums, der Gelehrten und Aristokratie in den

Niederlanden. Sie gehörten zu den damaligen Statussymbolen und so wollte jeder diese schönen, begehrten Zwiebeln haben. Das Angebot war sehr übersichtlich und so wurden sehr schnell astronomische Summen für die Tulpenzwiebel bezahlt. In diesen Handel mit den seltenen und kostbaren Tulpenzwiebeln griffen immer stärker auch Spekulanten ein. Es kauften nicht nur Bürger die Zwiebeln, die diese Zwiebeln als Statussymbole in ihren Gärten vergraben wollten, sondern es kauften zum Schluss Bürger aus allen Schichten die Zwiebeln, weil der Handel mit den Tulpenzwiebeln schnelles Geld versprach. Man schätzt den Preis dieser Spekulationsblase kurz vor dem Zusammenbruch im Februar 1637, umgerechnet in heutiger Währung, auf 50.000 EUR für eine Knolle.

Die Knollen wurden damals versteigert und die höchsten Gebote erhielten den Zuschlag. Als im Februar 1637 auf einer Versteigerung nicht die erwarteten Preise erzielt wurden, brach das Kartenhaus zusammen und die Spekulanten zogen sich nicht nur aus dem Geschäft zurück, sondern versuchten ihre schon eingekauften Zwiebeln auf dem Markt loszuwerden. Dieses beschleunigte den Preisverfall und trieb viele Menschen in den damaligen Niederlanden in die Armut, die mit diesem Geschäft eigentlich schnell reich werden wollten. Allein die Gerüchte über schlechte oder sehr gute Ernten, Unglücksfälle u. v. m. ließen die Marktteilnehmer sofort reagieren und nicht selten wurden die Anleger auf eine völlig falsche Fährte gelockt.

Die bekannteste, aber nicht unbedingt wahre Geschichte führt uns nach London zum Sohn von Amschel Mayer **Rothschild** aus Frankfurt am Main, Nathan Mayer Rothschild. Demnach soll Nathan Mayer Rothschild einen eigenen Informationsdienst besessen haben und somit über den Ausgang der Schlacht bei Waterloo eher Bescheid gewusst haben als seine Londoner Kollegen. Er soll seine Aktien verkauft haben, wonach alle anderen Marktteilnehmer annahmen, Nathan Mayer Rothschild kenne den Ausgang der Schlacht schon und würde deshalb seine Aktien verkaufen. Daraufhin verkauften auch alle anderen Marktteilnehmer ihre Aktien. Als die Kurse ihren Tiefststand hatten, fing Rothschild wieder an, Aktien zu kaufen. Als die Nachricht vom Sieg der englischen Truppen London offiziell erreichte, stieg die Nachfrage nach den Aktien wieder und Rothschild soll ein beachtliches Vermögen an nur diesem einen Tag verdient haben. Ob nun Realität oder Märchen, eines macht diese Geschichte deutlich, wer die richtigen Informationen vor seinen Marktteilnehmern hat, konnte und kann damit gute Geschäfte machen.

Heute bezeichnet man ein solches Wissen als Insiderwissen. Wer solches Wissen für seine persönliche Bereicherung nutzt, kann wegen Insiderhandels angeklagt werden.

Damit ist für viele Waren und Wertpapiere neben dem aktuellen Angebot und der Nachfrage vielmehr auch deren künftig zu erwartende Entwicklung von entscheidender Bedeutung. Ob die vorhergesagte künftige Entwicklung richtig ist, kann aber erst in der Zukunft festgestellt werden. Der Preis bestimmt sich demnach oft auch nach der Einschätzung der Marktentwicklung. Für diese Einschätzung sind wiederum Informationen wichtig, d. h., mit der Bekanntgabe von Informationen können auch die Preise bestimmt werden. Der heutige Preis an der Börse ist somit ein Preis von morgen. Die Börse nimmt die Zukunft vorweg.

In den letzten Jahren haben sich viele Verlage darauf spezialisiert, Informationen für die Wertpapiermärkte zu liefern, weil der private Anlegerkreis immer größer und interessanter wurde. Damit aber das eigene Blatt auch vom Anleger gekauft wird, müssen die Informationen entsprechend aufbereitet sein. Heute gibt es Informationsdienste, die sich auf der einen Seite sachlich neutral darstellen und die ihre Informationen teuer verkaufen. Auf der anderen Seite gibt es aber auch die Blätter, die die Gier nach Profit oder die Angst vor Verlusten als Kaufmotivation nutzen. Die Erfahrung zeigt auch hier, eine gute Streuung der Informationsquellen ist wichtig, um nicht einen **Bären** oder **Bullen** aufgebunden zu bekommen. Außerdem ist es immer wichtig, jede Information selbst zu **recherchieren** und auf **Plausibilität** hin zu überprüfen.

> **Beispiel:**
>
> Auf ihrer Gesellschafterversammlung besprechen die drei Gesellschafter die Möglichkeiten, weiteres Kapital aufzunehmen. In einem Fachmagazin haben sie gelesen, dass es einen sogenannten Geld- und einen Kapitalmarkt gibt. Sie fragen sich jetzt, an welchem Markt sie ihren Wunsch nach langfristigem Fremdkapital befriedigen können.

4.1.3   Geld- und Kapitalmarkt

Dort wo sich Angebot und Nachfrage treffen, entstehen Märkte. Diese Märkte müssen sich nicht gezwungenermaßen an einem Ort befinden. In einer digitalen Welt können die Geschäftspartner auf der ganzen Welt verstreut sein, dennoch sprechen wir dann von einem Markt. So ist es u. a. beim **Geldmarkt**. Wenn wir als Anleger Geld anlegen wollen oder anders ausgedrückt, wenn wir einer anderen Person einen Kredit geben, dann könnte man das im Finanzgeschäft als „Einzelhandel" bezeichnen. Das Geld wird in den meisten Fällen von einer Bank entgegengenommen und an die Kreditnehmer weitergeleitet. Diese Weiterleitung kann als Dienstleistung geschehen, dann trägt der private Anleger das volle Risiko der Anlage. Die Bank leitet das Geld nur weiter und händigt dem Anleger ein werthaltiges, vom Schuldner ausgestelltes Papier im Gegenzug aus, aus dem sein Anspruch auf Rückzahlung und ein Entgelt für das zur Verfügungstellen des Geldes dokumentiert ist. Solche werthaltigen Papiere werden als **Wertpapiere** bezeichnet, weil sie einen bestimmten Wert repräsentieren.

In ihrer Funktion als Bank kann sie auch das Geld als Schuldner entgegennehmen und leiht dieses Geld an einen Dritten aus. Dann haftet die Bank in vollem Umfang und muss dem Anleger sein Geld zurückbezahlen, auch wenn sie selbst von ihrem Schuldner kein Geld zurückbekommt. Dafür ist das Entgelt für den Anleger wesentlich geringer, als wenn er selbst ins Risiko geht.

Neben diesem „Einzelhandel" gibt es natürlich auch einen „Großhandel". In einem Großhandel darf nicht jeder einkaufen, dieses erfordert den Nachweis, dass der Käufer ein Gewerbe betreibt. Auch im „Finanzgroßhandel" dürfen nur bestimmte Personen agieren. Zu diesen Personen gehören in Deutschland die **Kreditinstitute**, **Kapitalsammelstellen**, **Großunternehmen**, der **Staat**, die **Bundesbank** und **EZB**.

Wenn die Banken und Kapitalsammelstellen sich untereinander Geld für sehr kurze Zeiträume oder diese beiden Marktteilnehmer bei der Bundesbank bzw. EZB liquide Mittel (Geld) ausleihen, wird dies als **Geldmarkt** bezeichnet. Die **Fristen** für das Ausleihen des Geldes können Stunden (z. B. über Nacht), Tage oder Monate sein. Im ganz **engen Sinne** gelten Ausleihungen nur bis zu **sechs Monaten** als **Geldmarktinstrumente**. Im **weiteren Sinne** können alle kurzfristigen Geschäfte (bis zu **zwölf Monaten**) noch zum Geldmarkt gezählt werden.

Das mittel- und langfristige Ausleihen von Kapital bzw. das Beschaffen von Eigenkapital durch Unternehmen, Kreditinstitute, Kapitalsammelstellen, die öffentliche Hand kann über einen **organisierten** oder **nicht organisierten Markt** erfolgen.

Als organisierten Wertpapiermarkt bezeichnet man die Plätze, an denen

- in aller Öffentlichkeit,
- bestimmte Personen,
- zu bestimmten Zeiten,
- an festen Orten,
- für Wertpapiere, die exakt vergleichbar – vertretbar/fungible – sind,
- nach ganz bestimmten „Usancen",
- ohne Anwesenheit der Tauschwerte (Wertpapiere und Geld)

ein **fairer Preis** ermittelt wird.

Im Gegensatz dazu gibt es für die Aussteller von Wertpapieren (**Emittenten**) auch die Möglichkeit, sich direkt an die Kapitalanleger zu wenden. Dieses Vorgehen wird als **private Placement** bezeichnet und unterliegt keinen gesetzlichen Regelungen. Dennoch ist in Deutschland auch diese Form der Kapitalbeschaffung an gewisse Bedingungen geknüpft:

- hohe Geldsummen (Millionenbereich),
- keine „Kaltakquise" von Kunden – Beziehung zwischen Schuldner und Gläubiger muss schon bestehen,
- qualifizierte Anlageformen,
- Vermögensberatungsverhältnis muss bestehen.

Diese beiden Märkte werden als **Kapitalmarkt** bezeichnet und beziehen sich auf alle Kapitalanlagen oder Kredite mit einer Laufzeit von über einem Jahr.

Das Entgelt für die Anleger richtet sich i.d.R. nach der Laufzeit, also wie lange der Anleger auf sein Kapital verzichtet. Möchte der Anleger sein Geld schnell wieder zurück haben, dann kann der Schuldner nur begrenzt mit dem Kapital arbeiten und damit nur einen geringeren Ertrag erzielen, daher erhält auch der Anleger nur ein niedriges Entgelt. Kann der Schuldner aber mittel- oder sogar langfristig mit dem Kapital arbeiten, sind die Ertragschancen wesentlich höher und somit erhält auch der Anleger ein höheres Entgelt für das Ausleihen seines Kapitals.

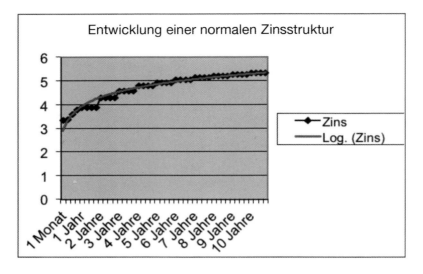

4.2   Die Börse

Beispiel:

Die geschäftliche Entwicklung der Kartbahn verläuft in positiven Bahnen. Als dann der Großvater von Herrn Michel seinem Enkel einen Stapel von Wertpapieren schenkt, überlegt sich
Herr Michel, wie er den Preis dieser Wertpapiere feststellen kann und wo er sie bei Bedarf
verkaufen könnte. Er hat schon einmal gehört, dass es für Wertpapiere ganz spezielle Märkte gibt, an denen man die Papiere kaufen und verkaufen kann.

Muss er jetzt zu einem solchen Markt persönlich hinfahren und sie dort wie ein Marktschrei-
er auf dem Hamburger Fischmarkt anbieten oder gibt es andere Möglichkeiten, einen fairen
Preis zu ermitteln und den Verkauf abzuwickeln?

4.2.1   Börsenfähigkeit von Kapitalwerten

Auf einem Markt können Aussteller und Kunden direkt miteinander kommunizieren. Das
Angebot vom Aussteller und die **Nachfrage** durch den Kunden treffen auf diesen Marktplätzen aufeinander. Auf dem Hamburger Fischmarkt entscheidet der Händler instinktiv
nach der Kaufbereitschaft der Kunden, wie attraktiv sein Angebot sein muss. Dieses
kann von Tag zu Tag, aber auch innerhalb eines Tages sehr unterschiedlich sein. Je näher
das Ende der Öffnungszeit rückt, desto größer ist das Interesse vom Händler, seine fri-
sche Ware noch an den Kunden zu bringen. Denn schon am nächsten Tag ist sie nicht
mehr „frisch". In der Regel purzeln die Preise zum Ende hin gewaltig und der Besucher
kann das eine oder andere Schnäppchen machen. Allerdings sind bei diesem Markt die
Rollen vorgegeben. Die Händler sind die Verkäufer und die Kunden die Käufer. Dass
Händler und Kunden beide Funktionen übernehmen, geschieht nur an **organisierten
Marktplätzen**. Die organisierten Märkte haben **strenge Spielregeln** und die dort tätigen Menschen sind nur neutrale Vermittler zwischen den beiden Vertragsparteien. Man
bezeichnet diese organisierten Marktplätze als **Börsen**. Je nach gehandelten Gütern
unterscheidet man zwischen **Waren-**, **Devisen-** und **Wertpapierbörsen**. Die Märkte,
an denen man ausschließlich **verbriefte Rechte** handelt, werden als Wertpapierbör-

sen bezeichnet. Allerdings können nicht alle Wertpapiere an diesen Märkten gehandelt werden. Die Wertpapiere müssen eine gewisse **Ausstattung** besitzen, damit sie für den Handel an den Wertpapierbörsen zugelassen werden.

Das Kriterium für die Börsenfähigkeit ist die Vertretbarkeit des Wertpapieres.

> **Vertretbarkeit (Fungibilität)**
>
> Bewegliche Sachen, die von gleicher Beschaffenheit sind und im Verkehr nach Zahl, Maß oder Gewicht bestimmt werden können, gelten als fungibel. Bei Wertpapieren der gleichen Art verkörpern diese bei gleichem Nennwert oder Stückelung die gleichen Rechte, sodass die Papiere untereinander ausgetauscht werden können. Der Inhaber des Papieres wird durch einen möglichen Austausch des Papieres nicht besser oder schlechter gestellt.

Diese vertretbaren Wertpapiere werden auch als **Effekten** bezeichnet und die Börsen, an denen sie gehandelt werden, als **Effektenbörsen**.

4.2.2 Rechtliche Grundlagen des Börsengeschäftes

Die Effektenbörsen sind in Deutschland öffentlich-rechtliche Anstalten und bieten für diesen **Sekundärmarkt** (gebrauchte Wertpapiere) den

- organisatorischen,
- technischen,
- rechtlichen

Rahmen als Dienstleister für den Handel mit Effekten. Damit ein reibungsloser Handel mit diesen Effekten erfolgen kann, müssen gewisse Spielregeln eingehalten werden. Zu diesen Spielregeln gehört es,

- dass die Wertpapiere an der Börsen nicht vertreten sind,
- die Handels- und Geschäftsbedingungen standardisiert sind,
- es wenige zum Handel zugelassenen Geschäftspartner (Händler) gibt,
- die Händler nur wenige Angaben zum Vertragsabschluss benötigen,
  - Gattung und Art des Wertpapiers,
  - Nennwert oder Stückzahl (Menge),
  - Preis,
- dass an der Börse nur das schuldrechtliche Verpflichtungsgeschäft (Kaufvertrag § 433 BGB) vollzogen wird und die Erfüllung aus diesem Geschäft später und außerhalb der Börse erfolgt.

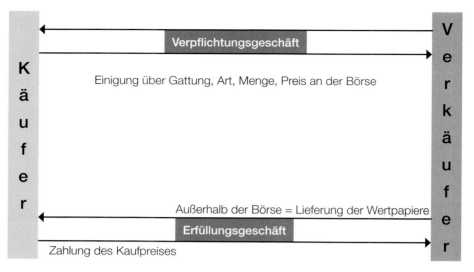

Die Erfüllung des **schuldrechtlichen Verpflichtungsgeschäftes** erfolgt über eine **Wertpapiersammelbank**, die **Clearstream Banking AG**. Für das eigentliche Geschäft schließen Käufer und Verkäufer nur indirekt einen Kaufvertrag. Zwischengeschaltet als **zentraler Kontrahent** (Central Counterparty = CCP) ist die **Eurex Clearing AG**, welcher für den Käufer und Verkäufer als Vertragspartner fungiert. Damit ist die Erfüllung der Geschäfte garantiert (Lieferung der Papiere und Zahlung des Kaufpreises) und das Risiko für den Marktteilnehmer verringert sich. Bei gegenläufigen Geschäften (Kauf und Verkauf durch einen Vertragspartner) können diese saldiert werden, was zur Kostenersparnis führt, weil nur die Abrechnungsspitze tatsächlich erfüllt werden muss. Außerdem ist der Vertragspartner durch die Einschaltung der Eurex Clearing AG nicht bekannt und dies ermöglicht anonyme Geschäfte.

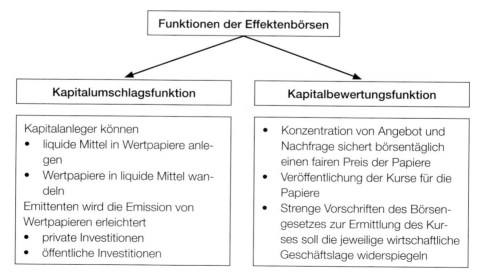

Das **Erfüllungsgeschäft** kann sofort oder in der weiteren Zukunft erfolgen. Die Usancen der deutschen Wertpapierbörsen verstehen unter sofort (**Kassageschäft**), dass die Erfüllung spätestens nach **zwei Börsentagen** erfolgt sein muss. Alle späteren Erfüllungsgeschäfte werden als **Termingeschäfte** bezeichnet (Abschluss heute – Erfüllung liegt in der Zukunft (**Future**)).

Kassahandel
Erfüllung der Börsengeschäfte
zwei Tage nach Abschluss

Terminhandel
Erfüllung der Börsengeschäfte
zu einem späteren Zeitpunkt
als im Kassahandel

Die Globalisierung lässt auch die Finanzmärkte näher zusammenrücken. Deshalb wurde in der Europäischen Union schon zum 27.04.2004 die Richtlinie über die Märkte für Finanzinstrumente durch den Rat der Europäischen Kommission veröffentlicht. Die Europäische Kommission verfolgt mit ihrem **Financial Service Action Plan (FSAP)** das Ziel, die Richtlinien in Europa zu harmonisieren. Der FSAP ersetzt die aus dem Jahre 1993 stammende **Wertpapierdienstleistungsrichtlinie**.

Ein Teil dieses FSAP ist die oben schon erwähnte Richtlinie über die Märkte für Finanzinstrumente (engl. Market in Financial Instruments Directive – kurz **MiFID**). Die MiFID hat einen einheitlichen Rahmen zur Ausführung von Aufträgen zum Handel von Finanzinstrumenten durch Börsen, Banken und Wertpapierfirmen geschaffen. Heute können Banken und Wertpapierfirmen gleichberechtigt mit Börsen konkurrieren. Außerdem wurde ein sogenannter **Europäischer Pass** für grenzüberschreitende Dienstleistungen eingeführt. Damit können die Börsen, Banken und Wertpapierfirmen ihre von ihrem EU-Herkunftsland erteilte Zulassung dazu nutzen, ihre Dienstleistung jetzt innerhalb der Europäischen Union zu erbringen, ohne eine erneute Zulassung im Land, in der die Dienstleistung erbracht wird, zu beantragen. Dass damit auch die Spielregeln in Form von Wohlverhaltensregeln und Organisationsvorschriften erweitert werden mussten, versteht sich von selbst. In deutsches Recht wurde die MiFID durch das Finanzmarktrichtlinie-Umsetzungsgesetz (FRUG) zum 01.11.2007 übertragen.

Die Struktur der deutschen Börsen kann anhand der

- Börsenplätze,
- Börsenaufsicht,
- Börsenorgane,
- Börsenteilnehmer und
- Börsensegmente

am besten verdeutlicht werden.

4.2.3   Nationale Börsen

Historisch bedingt gibt es in Deutschland noch sieben eigenständige Wertpapierbörsen. Auch in Deutschland haben sich neben den Wertpapierbörsen Börsen für andere Waren (Kaffee, Energie, Immobilien, geschlossene Fonds usw.) entwickelt und gehalten.

Sitz	Name	Rechtsform	seit	Homepage	Stärke
Berlin	Börse Berlin	Aktiengesellschaft	1685	www.boerse-berlin.de	US-Titel, ETFs
Düsseldorf	Börse Düsseldorf	Aktiengesellschaft	1853	www.boerse-duesseldorf.de	Kunden Online-Handel
Frankfurt	Frankfurter Wertpapierbörse	Unselbstständige Anstalt des öffentlichen Rechts	1585	www.boerse-frankfurt.com	Wichtigste und größte Wertpapierbörse Deutschlands
Hamburg	Hamburger Börse	Körperschaft des öffentlichen Rechts	1558	www.hamburger-boerse.de	Immobilienmaklerbörse Versicherungsbörse Kaffeebörse Getreidebörse Fondsbörse (offene und geschlossene Fonds)
Hamburg-Hannover	Börsen AG	Aktiengesellschaft	1999	www.boersenag.de	Wertpapierhandel
Leipzig	European Energy Exchange (EEX)	Aktiengesellschaft	2002	www.eex.com	Energiebörse
München	Börse München	Körperschaft des öffentlichen Rechts	1830	www.bayerische-boerse.de	Max-one M:access ETF + ETC CO_2 Handel
Stuttgart	Vereinigung Baden-Württembergische Wertpapierbörse e. V.	Eingetragener Verein	1861	www.boerse-stuttgart.de	Derivate

Die Trägerin der wichtigsten deutschen Börse, der **Frankfurter Wertpapierbörse** (FWB), ist die **Deutsche Börse AG**, die 1993 gegründet wurde. Die Deutsche Börse AG bietet verschiedene Börsendienstleistungen an:

- Handel,
- Informationen,
- Abwicklung.

Unter den Bereich Handel gehören das Betreiben von Börsen sowie elektronischen Handelsplattformen zum Handel von Wertpapieren und Derivaten. Natürlich stellt die Deutsche Börse auch Informationen in Form von Kursdaten, Konzeptionen und Berechnung von **Indizes** zur Verfügung. Durch die 100 %ige Beteiligung an der **Clearstream International S.A.** (Wertpapiersammelbank) mit dem Sitz in Luxemburg kann die Deutsche Börse auch die Wertpapiergeschäfte abwickeln.

4.2.4 Börsenaufsicht in Deutschland

Bei jedem guten Unternehmen oder bei sportlichen Veranstaltungen dient die **Aufsicht** dem Schutz der Einhaltung der Spielregeln. Auch die Börsenaufsicht hat die Funktion, den Marktteilnehmern auf die Finger zu schauen. Es lassen sich die beiden Bereiche Rechtsaufsicht und Marktaufsicht unterscheiden.

Zur **Rechtsaufsicht** gehören die Aufsicht über die Börsen und börsenähnliche Systeme, die Genehmigung der Errichtung einer Börse und der damit verbundenen **Börsen- und Gebührenordnung**. Auch die Beteiligung am Träger der Börse ist genehmigungspflichtig.

Die Überwachung des täglichen Geschäftes mit der Geschäftsabwicklung und der Preisfeststellung unterliegt der **Marktaufsicht**.

Als aufsichtführende Organisationen der Börsen sind zu benennen:

- die **Bundesanstalt für Finanzdienstleistungsaufsicht** (BaFin),
  - Überwachung und Verfolgung von Insidergeschäften,
  - Überwachung der Veröffentlichungspflichten von Emittenten,
  - Kontrolle von Verhaltensregeln im Kundengeschäft,
  - internationale Zusammenarbeit zur Verfolgung dieser Aufgaben,
- die **Börsenaufsichtsbehörden** der Länder,
  - Überwachung der Einhaltung börsenrechtlicher Vorschriften,
  - Überwachung vom Börsenhandel,
  - Überwachung von der Börsenabwicklung,
  - Ermittlung bei Regelverstößen,
- die **Handelsüberwachungsstellen** (eigentliche Marktaufsicht),
  - leisten die Zuarbeit für die o. g. Aufsichtsbehörden indem sie die Daten sammeln und auswerten für die Bereiche:
  - Börsenhandel,
  - Börsenabwicklung,
  - stellen nur Übertretungen fest, verhängen keine Sanktionen.

4.2.5 Börsenorgane

Das Börsengesetz (BörsG) unterscheidet als Organe der Börse im §12 BörsG den **Börsenrat** und nach §15 BörsG die **Börsengeschäftsführung**.

Die Börsengeschäftsführung übernimmt die laufenden Leitungsaufgaben und leitet die Börse in eigener Verantwortung wie ein Geschäftsführer einer GmbH oder Vorstand einer AG. Die Grundsatzentscheidungen werden allerdings vom Börsenrat getroffen. Zu diesen Grundsatzentscheidungen gehören u. a.:

- Börsenordnung,
- Gebührenordnung,
- Geschäftsordnung,
- Geschäftsbedingungen.

Der Börsenrat bestellt und überwacht wie ein Aufsichtsrat bei einer GmbH oder AG die Geschäftsführung. Die 24 Mitglieder des Börsenrates bestehen aus den Börsenteilnehmern sowie Vertretern von Emittenten und Anlegern, welche für drei Jahre gewählt werden. Damit soll ein möglichst breiter Interessenkonsens geschaffen werden.

4.2.6   Börsenteilnehmer

Die Marktteilnehmer gehören zu den Kredit- oder Finanzdienstleistungsinstituten, welche von der Geschäftsführung der jeweiligen Wertpapierbörse zum Handel zugelassen werden müssen. Die Zulassung kann auf Teilbereiche beschränkt werden.

Nach dem **§ 19 BörsG** müssen folgende Zulassungsvoraussetzungen erfüllt werden:

- gewerbsmäßiger Handel mit Wertpapieren oder Vermittlung von Geschäften dieser Art;
- der Geschäftsbetrieb muss in kaufmännischer Art und Weise eingerichtet sein, damit eine ordnungsgemäße Abwicklung der Börsengeschäfte möglich ist;
- die für das Unternehmen tätigen Mitarbeiter müssen über die notwendige Zuverlässigkeit und berufliche Eignung verfügen;
- die Erfüllung der Geschäfte muss gewährleistet sein, ggf. durch Sicherheitenstellung, wenn dies die Börsenordnung vorsieht;
- bei der Teilnahme am **elektronischen Handelssystem XETRA** muss das Unternehmen ein Konto bei der Deutschen Bundesbank und der Clearstream Banking AG unterhalten, die technischen Anforderungen erfüllen und die jederzeitige Erreichbarkeit während des elektronischen Handels sicherstellen.

Am Börsenhandel nehmen Personen teil, die berechtigt sind, für ein zum Börsenhandel zugelassenes Unternehmen Börsengeschäfte abzuschließen. Diese Berechtigung erhalten aber nur Personen, die die erforderliche Prüfung vor der Prüfungskommission der Börse abgelegt und damit ihre fachliche Qualifikation nachgewiesen haben. Die Zulassung erfolgt dann von der Börsengeschäftsführung.

Diese Börsenhändler benötigen jetzt noch eine neutrale Instanz, welche die Kauf- und Verkaufsaufträge entgegennimmt und die Kurse für die Papiere feststellt. Diese neutralen Personen werden auf Antrag von der Börsengeschäftsführung zugelassen und heißen **Skontroführer**. Dem Skontroführer wird ein Wertpapierbereich zugewiesen, für den er die Börsengeschäfte vermitteln und abschließen darf. Die Zuverlässigkeit eines Skontroführers muss sehr hoch sein, weil er weisungsfrei ist und sogar eigene Geschäfte abschließen darf. Allerdings dürfen die eigenen Geschäfte nicht tendenzverstärkend wirken, denn er ist auch verpflichtet, auf einen geordneten Marktverlauf hinzuwirken und alle ihm vorliegenden Aufträge gleich zu behandeln.

Außerdem gibt es an jeder Börse auch Besucher. Die Börsenbesucher dürfen nicht am Handel teilnehmen und sind i. d. R. ehemalige Makler, Händler, Gäste, Hilfskräfte und Medienvertreter.

4.2.7   Börsensegmente

An den Börsen können die Wertpapiere nach ihren Zulassungsbedingungen und den Vorschriften für die Veröffentlichungen von wichtigen Informationen über das Unternehmen (**Publizitätsvorschriften**) unterschiedlich gehandelt werden. Grob kann man den einen Markt gemäß **§ 48 BörsG** als **freien** oder **unregulierten Markt** (**Open Market**) bezeichnen, während der andere Markt (§§ 32 ff. BörsG) als **regulierter Markt** bekannt ist.

Die im **Freiverkehr** gehandelten Wertpapiere haben eine sehr geringe **Transparenz-pflicht**, sodass für den Anleger nur wenige Informationen vorhanden sind, die eine zuverlässige Beurteilung des Wertpapieres ermöglichen. Der Emittent hat durch die redu-zierten Informationspflichten geringere Kosten für die Emission und beschränkt natürlich auch sein Haftungsrisiko. Die Handelsrichtlinien für diese im Freiverkehr gehandelten Papiere werden von der jeweiligen Börsengeschäftsführung erlassen. Alle Papiere, die nicht im regulierten Markt zugelassen oder in diesen Markt einbezogen werden, werden im Freiverkehr gehandelt. Ist der Emittent bereit,

- ein Exposé zu erstellen (**keine Prospekthaftung**),
- eine laufende Betreuung durch einen Listing-Partner zu gewährleisten und
- auf der eigenen Internetseite
- wesentliche Unternehmensnachrichten – die den Börsenkurs beeinflussen können,
- testierte Abschlüsse, Zwischenberichte, Unternehmensprofil und andere wichtige Unternehmensdaten zur Verfügung zu stellen,

so können sich die im Freiverkehr gehandelten Unternehmen durch diese zusätzlichen Pflichten im sogenannten **Entry Standard** hervorheben.

Seit dem 01.11.2007 gibt es den **regulierten Markt** und als **Zulassungsvoraussetzun-gen** für die dort gehandelten Papiere gelten seitdem u. a.:

- Aktien müssen einen Kurswert von mindestens 1,25 Mio. EUR ausmachen,
- bei anderen Wertpapieren muss der Gesamtbetrag mindestens 250.000 EUR betra-gen,
- der Emittent von Aktien muss mindestens drei Jahre existieren,
- die **Streuung** der Aktien muss ausreichend hoch sein, also wenn mindestens 25 % des Gesamtbetrages von Jedermann erworben werden kann,
- die Zulassung muss durch ein Kredit- oder Finanzdienstleistungsinstitut erfolgen, welches am inländischen Wertpapierbörsenhandel zugelassen ist und ein haftendes Eigenkapital von mindestens 750.000 EUR nachweisen kann,
- es ist ein detaillierter Wertpapierprospekt zu erstellen und der BaFin einzureichen, aus dem die rechtlichen und wirtschaftlichen Verhältnisse des Emittenten hervorgehen. Bei falschen Angaben in diesem Prospekt haftet der Emittent gegenüber dem Wert-papierinhaber (Prospekthaftung). Die BaFin billigt den Verkaufsprospekt nach der Vollständigkeit der Angaben, es wird die Wahrheit nicht geprüft.

Nach dem **§ 2 Abs. 5 WpHG** gibt es für die organisierten Kapitalmärkte strenge Publizi-täts- und Transparenzpflichten:

- **Ad-hoc-Publizität** – alle den Kurs wesentlich beeinflussenden Informationen sind zu publizieren,
- Haftung bei unwahrer **Insiderinformationen** oder Unterlassung unverzüglicher Infor-mationspflichten,
- **Directors Dealing** (Geschäfte des Vorstandes/Aufsichtsrates) müssen veröffentlicht und registriert werden (Insiderverzeichnis),
- Beteiligungsverhältnisse sind offenzulegen,

- **Corporate Governance Kodex** muss durch eine entsprechende Erklärung akzeptiert werden,
- bei Übernahmen sind Regelungen für Mindestpreise zu beachten,
- die Rechnungslegung von Konzernen muss nach **IFRS** erfolgen.

An der Frankfurter Wertpapierbörse gibt es eine weitere Untergliederung des regulierten Marktes in den **General Standard** und **Prime Standard**. Durch den General Standard sollen sich auch kleinere und mittlere Unternehmen an der Börse den nationalen Investoren präsentieren können. Der Prime Standard stellt besonders hohe Anforderungen an die Emittenten und ist daher meistens nur für große Unternehmen interessant, die oft auch von internationalen Investoren als Investment gesucht werden.

Damit gehören alle zum regulierten Handel zugelassenen Papiere zum General Standard. Auf Antrag kann die Notierung der Aktie im Prime Standard zugelassen werden. Der Emittent verpflichtet sich, noch strengere Pflichten zu befolgen.

Gliederung der Börse	Prime Standard (Königsklasse)	General Standard
Zulassungsvoraussetzungen	Streng	Gering
Publizitätspflichten	Hoch (Jahres-, Halbjahres- und Quartalsberichte, mindestens eine Analystenkonferenz pro Jahr und ad-hoc-Mitteilungen auch in Englisch)	Gering (Jahres-, Halbjahresberichte und ad-hoc-Mitteilungen)
Jahresabschluss	Hohe Anforderungen (IFRS/US-GAAP)	Gering (Jahresabschluss nach HGB reicht)
Ausrichtung der AG	Große, internationale Gesellschaften	Eher kleinere, regional aktive Gesellschaften
Börsenkapitalisierung	Hoch	Gering

Zu den unterschiedlichen Börsensegmenten gehört seit einigen Jahren auch die Unterscheidung zwischen der **Präsenz- und Computerbörse**. Das Kennzeichen der Präsenzbörse ist der Handel auf dem sogenannten Parkett (**Parketthandel**) im Börsensaal, welcher durch Zuruf zwischen Händler und Skontroführer stattfindet.

Dezentral können die Marktteilnehmer immer häufiger auch durch das Internet miteinander in Verbindung treten, ansonsten durch die Eingabe in einen Börsencomputer. Die Kauf- und Verkaufsaufträge (**Orders**) werden in den Computer eingegeben und zusammengeführt, wodurch sich automatisch der Kurs bildet.

Das bekannteste deutsche Handelssystem ist XETRA (**Exchange Electronic Trading**) von der Deutsche Börse AG. Handelbar sind alle an der FWB notierten Aktien, Bezugsrechte, Optionsscheine, Aktienanleihen, Bundesanleihen, Jumbopfandbriefe und im **Marktsegment XTF (Exchange Traded Funds)** gehandelte Investmentfonds.

5   Kapitalanlagen in Geldwerte

Beispiel:

Aus der Familiengeschichte weiß Frau Michel noch, dass ihre Großeltern berichteten, wie in den „goldenen Zwanzigern" jeden Mittag der Großvater seinen Lohn ausgezahlt bekam und dann die Großmutter zur Arbeitsstelle des Großvaters ging, den Lohn in Form von Geld entgegennahm und sofort dafür Nahrungsmittel kaufte. Vielleicht stammt aus dieser Zeit der Ausspruch: „Zeit ist Geld"? Denn wenn das Geld seinen Besitzer wechselte, war der Wert des Geldes schon wieder gesunken. Aus dieser Zeit hat Frau Michel noch einen Geldschein mit dem Aufdruck „200 Milliarden Mark". Sie stellt sich nun die Frage, wie sich der Wert des heutigen Geldes entwickeln wird?

5.1   Der Wert des Geldes einer Volkswirtschaft

Der Wert des Geldes wird in erster Linie, wie wir schon erfahren haben, durch den Glauben in den Wert des Geldes gemessen. Dieser Glaube bezieht sich in erster Linie auf den Tauschwert des Geldes in Waren. Werden die Waren in den Augen der Menschen wichtiger, steigt deren Preis, man muss also mehr Geld für eine bestimmte Ware zahlen. Geschieht dies bei einem Produkt, wird der Gesamtwert des Geldes weniger beeinflusst, weil der Wert des Geldes ein Spiegelbild des in einer Volkswirtschaft erwirtschafteten Bruttoinlandsproduktes darstellt. Das **Bruttoinlandsprodukt (BIP)** gibt den Gesamtwert aller Waren und Dienstleistungen an, die innerhalb eines Jahres innerhalb der Landesgrenzen einer Volkswirtschaft hergestellt wurden und dem Endverbrauch dienen. Durch die Globalisierung verschieben sich diese Werte immer wieder. Dennoch können sie einen ersten Überblick geben, welche Länder ein gesundes Verhältnis von Waren zu Geld haben, sofern die Menge des Geldes sich nicht überproportional entwickelt.

Das BIP wird in Deutschland über die Entstehungs- und Verwendungsseite berechnet:

Produktionswert

− Vorleistungen

= Bruttowertschöpfung

+ Gütersteuern

− Gütersubventionen

= Bruttoinlandsprodukt

− Primäreinkommen an die übrige Welt

+ Primäreinkommen aus der übrigen Welt

= Bruttonationaleinkommen

− Abschreibungen

= Nettonationaleinkommen

− Produktions- und Importabgaben an den Staat

+ Subventionen vom Staat

= Volkseinkommen

Das Geld wurde eingeführt, weil das Tauschen von Waren seine Schwierigkeiten hatte. So konnte der Tauschgegenstand nicht beliebig geteilt oder unbefristet aufbewahrt werden. Doch kann Geld beliebig lang aufbewahrt werden? Vor ein paar Jahren bezahlte man seine Waren noch mit der „Mark" in der damaligen **Deutschen Demokratischen Republik** oder mit der „**Deutschen Mark**" in der **Bundesrepublik Deutschland**. Welches Geld kann heute noch in Euro getauscht werden? Das damalige Geld der Deutschen Demokratischen Republik kann heute nicht mehr eingetauscht werden, während die „Deutsche Mark" immer noch von der Bundesbank eingetauscht wird. Also ist Geld auch nicht unbefristet haltbar, wenn sich die politischen Systeme verändern. Daraus können wir den folgenden Grundgedanken ableiten: Für die Beständigkeit des Geldes ist auch die **politische Beständigkeit** maßgebend.

> **Beispiel:**
>
> 1960 hat ein Reihenhaus in Hamburg ca. 50.000 Deutsche Mark gekostet. Heute müssten für ein gleichwertiges Haus mindestens 200.000 EUR bezahlt werden. Drehen wir dieses Beispiel einmal um, dann konnte man damals für ca. 25.000 EUR ein Reihenhaus kaufen, heute erhält man für diesen nominellen Betrag nur noch einen Kleinwagen.

Der Gegenwert, den man für den gleichen **Nennwert/nominellen Betrag** erhält, hat sich verändert. Früher konnte man ein Haus dafür kaufen und heute nur noch ein kleines Fahrzeug.

Diese Veränderung wird als **Kaufkraftverlust** bezeichnet. Obwohl der Nennwert gleich geblieben ist, kann man für den gleichen Nennwert wesentlich weniger kaufen. Der Kaufkraftverlust wird durch die **Inflationsrate** zum Ausdruck gebracht. Allerdings wird die Inflationsrate immer wieder den aktuellen Lebensgewohnheiten angepasst, wodurch sich der Vergleich von Inflationsraten über einen längeren Zeitraum eher als schwierig darstellt. Für den Vergleich werden bestimmte Waren unter dem Aspekt betrachtet, wie sich deren Preis in dem zu beobachtenden Zeitraum entwickelt hat. Wie wir aus eigener Erfahrung wissen, haben sich die Preise für bestimmte Produkte in den letzten Jahren für die Verbraucher positiv entwickelt. Eine solche positive Entwicklung kann durch eine größere Absatzmenge eines Produktes und damit verbundenen günstigeren Produktionskosten entstehen. Außerdem gibt es Produkte, die wir für die Deckung des täglichen Bedarfs benötigen und andere, die man vielleicht nur alle paar Jahre benötigt. Aus diesem Grund ist die Zusammensetzung des für diesen Vergleich herangezogenen **Warenkorbes** besonders wichtig oder es ist möglich, durch eine Veränderung des Warenkorbes Einfluss auf die statistische Erhebung der Inflationsrate zu nehmen. In dem Warenkorb, welcher 2003 mit den Basiszahlen von 2000 neu festgelegt wurde, sind 750 Waren enthalten. 2008 wurde der Warenkorb auf das Basisjahr 2005 umgestellt.

Konsumausgaben privater Haushalte im Zeitvergleich – Deutschland

Bestandteil	2004	2007	2010
Nahrungsmittel, Getränke, Tabakwaren	13,7	14,4	14,1
Bekleidung, Schuhe	4,8	4,5	4,6
Wohnung und Nebenkosten	32,4	33,5	34,1
Einrichtungsgegenstände	6,4	5,8	5,4
Gesundheitspflege	4,4	4,0	4,2
Verkehr	14,1	14,1	14,1
Nachrichtenübermittlung	3,0	2,9	2,6
Freizeit, Kultur, Unterhaltung	11,5	11,1	10,9
Bildungswesen	0,6	0,7	0,8
Hotels, Restaurants	5,2	5,3	5,2
Andere Waren und Dienstleistungen	3,9	3,8	4,1

Quelle: Statistisches Bundesamt 2013

Preisindex für die Lebenshaltung (aller privaten Haushalte)*

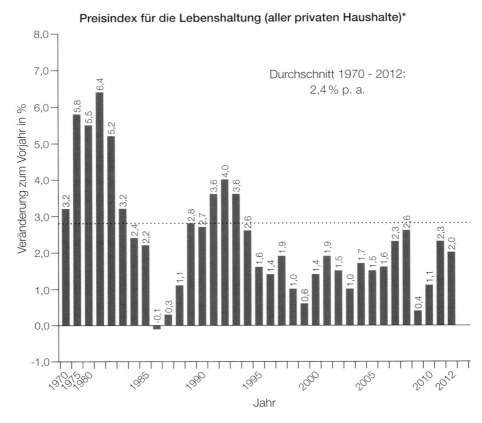

Durchschnitt 1970 - 2012:
2,4 % p. a.

Jahr

Bis 1994: Westdeutschland, ab 2000: Verbraucherpreisindex
Quelle: Deutsche Bundesbank/Statistisches Bundesamt

Möchte ich also den Wert meines Geldes erhalten, muss ich zumindest ein Entgelt (Zins) für meinen Konsumverzicht erhalten, welcher der Inflationsrate entspricht. Haben wir eine Inflationsrate, die bei 0 % liegt, und erzielt die Anlage 1%, kann dies besser sein, als wenn der Anleger 7 % Zins erhält und die Inflationsrate auch bei 7 % liegt.

Land	2009	2010*	2011*	2012*	2013*
Deutschland	0,2	1,2	2,5	2,1	1,9
Eurozone	0,3	1,6	2,7	2,5	1,8
Großbritannien	2,2	3,3	4,5	2,7	2,1
USA	-0,4	1,6	3,2	2,1	2,0
Japan	-1,4	-0,7	-0,3	-0,2	-0,1

*Prognose   Quelle: EU-Kommission, OECD, nationale Statistikämter, Nov. 2012

5.2   Anlage auf Konten

Beispiel:

Die Familie Michel zieht in die Nähe der Kartbahn und muss nun bei dem ortsansässigen Kreditinstitut neue Konten eröffnen. Sein Arbeitgeber, die Kartbahn GmbH & Co. KG, überweist ihm jeweils zum Monatsende sein Gehalt. Von diesem Geld muss Herr Michel die Miete sowie die anfallenden Nebenkosten für die Wohnung an seinen Vermieter bezahlen. Außerdem möchte Herr Michel regelmäßig Geld auf die hohe Kante legen und größere Geldbeträge in Wertpapiere investieren. Herr Michel fragt sich, welche Kontoarten für ihn die Richtigen sind, welche Verpflichtungen er mit einem Kontovertrag gegenüber dem Kreditinstitut eingeht und welche Unterlagen er zum Bankgespräch für die Kontoeröffnungen mitnehmen muss?

Das Konto ist im Allgemeinen eine Aufzählung von Zahlen in zwei Spalten. In die eine Spalte schreibt man alle **Zahlungseingänge**, während man in die andere Spalte alle **Zahlungsausgänge** einträgt. Mit dem Abschluss des Kontos ergibt sich eine Differenz zwischen den Einzahlungen und Auszahlungen, welche normalerweise nicht ins Negative gehen darf, außer bei einem **Kontokorrentkonto**.

5.2.1   Konten und deren Zweck für Anleger und die Wirtschaft

Sparen wird volkswirtschaftlich als Konsumverzicht bezeichnet. Der Sparvorgang ist für die gesamte Wirtschaft von größter Bedeutung. Denn er bildet die Basis für Kredite und damit auch für Investitionen, die wiederum die wirtschaftliche Leistungsfähigkeit erhöhen und dadurch grundsätzlich auch die Arbeitslosigkeit mindern.

Vorsorge z.B. für Einkommenseinbußen bei Krankheit, Arbeitslosigkeit oder im Rentenfall	**Zwecksparen** z.B. das Sparen für bestimmte Ziele wie Urlaub, Auto, Möbel usw.
Warum wird gespart?	
Renditesparen das Sparen zur Erzielung von Erträgen, durch „sichere" Geldanlagen	**Überschusssparen** Sparen ohne konkretes Ziel

In den letzten Jahrzehnten hat sich folgende Regel aus der Betriebswirtschaft auch für die privaten Haushalte als vorteilhaft erwiesen. In der Betriebswirtschaft gibt es in der Finanzplanung eine Position der „sonstigen Kosten". Diese beziffern Ausgaben, welche unterschiedlicher Natur sein können, sich aber in der Höhe in den letzten Jahren immer wieder ergeben haben, z.B. für Reparaturen usw. Bei privaten Haushalten sollten daher für den kurzfristigen Liquiditätsbedarf ca. drei Monatsnettogehälter jederzeit verfügbar sein und für den mittelfristigen Liquiditätsbedarf bis zum Zwölffachen der monatlichen Ausgaben.

Die Eröffnung von Konten bietet beiden Vertragsparteien eine Reihe von Vorteilen. Für den Kunden bedeutet die Kontoeröffnung u. a.

- Die Verminderung von Bargeld und damit die Sicherheit für den Kunden vor Verlust und Diebstahl.
- Die Teilnahme am bargeldlosen Zahlungsverkehr und damit für den Kunden u. a. die Möglichkeit der Warenbestellung auch im Internet.
- Die Kreditinstitute bieten für die unterschiedlichsten Kontoarten auch Guthabenzinsen an und somit können Konten auch als zinsbringende Geldanlage dienen.
- Der Kunde kann i. d. R. mit der Eröffnung auch andere Dienstleistungen des Kreditinstitutes nutzen.

Für das Kreditinstitut stellt der Erhalt von Geldern eine der Finanzierungsmöglichkeiten der Kreditwirtschaft dar. Für das Kreditinstitut sind die erhaltenen Gelder eine **Verbindlichkeit** gegenüber dem Kunden und stehen dementsprechend auf der **Passivseite** der Bankbilanz. Man spricht daher auch vom **Passivgeschäft** der Bank. Oft ist die Eröffnung eines Kontos der erste Schritt für eine umfassende Kundenbindung, welche durch gezieltes **Cross-Selling** schnell erweitert werden kann.

> *Hinweis:*
>
> *Die telefonische Kontaktaufnahme mit einem Bankkunden durch einen autorisierten Bankberater bedarf der vorherigen Genehmigung durch den Kunden. Freie Handelsvertreter der Bank zählen grundsätzlich nicht zu dem autorisierten Personenkreis. Sie müssen zusätzlich vom Bankkunden autorisiert werden.*

Der Sparvorgang hat für die verschiedenen Teilnehmer des Wirtschaftskreislaufes unterschiedliche Bedeutungen. Letztlich gibt die Sparquote Auskunft über den Anteil des Kapitals, der von den privaten Haushalten vom verfügbaren Einkommen zur Reservebildung gespart wird. Man spricht hier auch gerne von einer **durchschnittlichen Sparquote** der privaten Haushalte.

Sparer	Kreditinstitut	Vermittler	Volkswirtschaft
Vorsorge Vermögensbildung Geldanlage	Finanzierungsinstrument Transformationsfunktion	Einstieg für weitere Geschäfte, oft aber kein direktes Entgelt für eine Vermittlung	Sparen ist Konsumverzicht = Konsumgüternachfrage sinkt • Kapitalbildung für Investitionen • Breite Vermögensbildung

Da sowohl bei Unternehmen als auch bei öffentlichen Haushalten mehr Mittel ab- als zufließen, haben diese beiden Bereiche eine „**negative Sparquote**". Dieses Defizit muss dann durch die **Sparfähigkeit** und **Sparwilligkeit** der privaten Haushalte ausgeglichen werden. Nachstehende Abbildung gibt die Faktoren wieder, welche die Sparbereitschaft beeinflussen.

Faktoren des Sparverhaltens

Alter	Persönliches Sparziel
Einkommenshöhe	Staatl. Sparförderung
Staatl. Sparförderung	Inflationsniveau
Planvolles Umgehen mit Geld	Zinsniveau

Sparfähigkeit → Sparleistung ← Sparwilligkeit

5.2.2 Rechte und Pflichten des Anlegers aus dem Kontovertrag

Der Kontovertrag kommt durch gleichgerichtete wechselseitige **Willenserklärungen** zustande. Der Bankkunde gibt einen Antrag auf Eröffnung des Kontos ab, das Kreditinstitut kann diesen Antrag annehmen. In der Regel erfolgt die Annahme des Antrages nicht ausdrücklich, sondern durch stillschweigendes, schlüssiges Handeln der Bank („**konkludentes Handeln**"). Dieses konkludente Handeln besteht entweder in der Entgegennahme von Geld bzw. Aufträgen für den Kunden oder in der Zusendung des ersten Kontoauszugs.

Das Kreditinstitut geht mit der Eröffnung eines Kontos mit dem Kunden einen **Geschäftsbesorgungsvertrag** ein. Die Geschäftsbesorgung besteht in der zweiseitigen Rechnung des Kreditinstitutes über Forderungen und Verbindlichkeiten gegenüber dem Kunden. Damit ist ein Dauerschuldverhältnis zwischen den beiden Vertragsparteien begründet.

Inhalt eines Geschäftsbesorgungsvertrages/Kontovertrages

Bank	Kunde
• Eröffnung eines oder mehrerer Konten für den Kunden • Führen und Abrechnen des Kontos • Verpflichtung des Kreditinstitutes, dieses Konto den Weisungen des Kunden entsprechend zu belasten. • Verpflichtung des Kreditinstitutes, diesem Konto die für den Kunden eingehenden Beträge gutzuschreiben.	• Der Kunde ist verpflichtet, jederzeit für ausreichende Deckung (inkl. Kreditrahmen) zu sorgen. • Der Kunde ist verpflichtet, ein Entgelt für diese Dienstleistung zu entrichten.

Der Kontovertrag ist ein **Geschäftsbesorgungsvertrag** gemäß **§ 675 BGB**. Er regelt für beide Vertragsparteien die sich daraus ergebenden Rechte und Pflichten, die insbesondere durch die laufende Rechtsprechung aufseiten der Kreditinstitute immer enger gefasst wurden:

Pflichten	Rechte
• Interesse des Kunden wahren (Art. 239 EGBGB „Informationspflichten für Kreditinstitute") • Dienstleistungen mit der Sorgfalt eines ordentlichen Kaufmanns auszuführen (§ 238 ff. HGB) • regelmäßige Abrechnung • **Legitimationsprüfung** bei der Kontoeröffnung (§ 154 AO + § 1 GWG)	• Anspruch auf Leistungsentgelt

Möchte ein Kunde ein Konto bei einem Kreditinstitut eröffnen, wird ein Kontoeröffnungsantrag ausgefüllt und unterschrieben. Der Antrag hat folgenden Inhalt:

- Kontoart (z. B. Giro-, Kontokorrent-, Spar- oder Depotkonto),
- Kontobezeichnung,
- Angaben zum Kontoinhaber (z. B. Name bzw. Firma, Anschrift, Geburts- oder Gründungsdatum, Geburtsort, Familien- und Güterstand, Staatsangehörigkeit),
- Angaben nach dem **Geldwäschegesetz** (§ 1 Abs. 6 GWG),
- Hinweis auf die Einbeziehung der **Allgemeinen Geschäftsbedingungen** (AGB) und Sonderbedingungen für bestimmte Geschäfte (§ 305 BGB),
- Unterschrift des Antragstellers bzw. Kontoinhabers (= Unterschriftsprobe)
- Vermerk zur Legitimationsprüfung (§ 154 AO),
- bei Gemeinschaftskonten: Kontoart (**Oder- oder Und-Konto**),
- Kontovollmachten sowie die dazugehörigen Unterschriftsproben der Bevollmächtigten,
- Festlegung des Gerichtsstandes,
- Hinweis auf bestehende **Sicherungseinrichtungen** (§ 23a KWG),
- bei Sichteinlagen ist die Übermittlung der Kontoauszüge/Rechnungsabschluss festzulegen,
- Einwilligung zur Übermittlung von Daten an die **Schufa** auf einem Extraformular geben (Schufa-Klausel).

5.2.3   Kontoarten für Anleger

Die Kreditinstitute kennen verschiedene Kontoarten für die Anlage auf Konten, welche sich nach der Fristigkeit der Einlage oder der zugrunde liegenden Dienstleistung richtet. Wir unterscheiden das

- Kontokorrent-,
- Giro-,
- Spar-,
- Termingeld- und
- Depotkonto.

```
┌──────────────────────────────────────────────────────────────┐
│                           Konten                               │
└──────────────────────────────────────────────────────────────┘
        │              │                │                │
        ▼              ▼                ▼                ▼
┌──────────────┐ ┌──────────────┐ ┌──────────────┐ ┌──────────────┐
│Kontokorrent- │ │  Sparkonten  │ │ Termineinlagen│ │    Depots    │
│   konten     │ │   nach § 21  │ │              │ │(lediglich für│
│nach § 355 HGB│ │  RechKredV   │ │              │ │    die       │
│              │ │              │ │              │ │ Verwahrung von│
│              │ │              │ │              │ │Wertpapieren/keine│
│              │ │              │ │              │ │ Geldguthaben)│
└──────────────┘ └──────────────┘ └──────────────┘ └──────────────┘
```

Abbildung: Kontoarten

5.2.3.1 Kontobezeichnung

Kontoinhaber können natürliche und juristische Personen, aber auch Einzelunternehmen oder sogenannte Personenvereinigungen sein. Daher muss die Kontobezeichnung klar und eindeutig sein, damit der Kontoinhaber zweifelsfrei erkannt werden kann. Bei Firmen ist der Name, unter dem der Kaufmann seine Geschäfte betreibt und mit dem er seine Unterschrift abgibt (**§ 17 HGB**), gleich der Kontobezeichnung.

> *Hinweis:*
> *Handwerker, Kaufleute, Gewerbetreibende und Freiberufler haben i. d. R. keine Firma im Sinne des HGB. Sie werden unter der Bezeichnung geführt, mit der sie im Rechtsverkehr auftreten.*

Kreditinstitute sind gemäß **Abgabenordnung** (AO) dazu verpflichtet, die Legitimation des Kontoinhabers zu prüfen. Laut Geldwäschegesetz muss ebenfalls die Legitimation aller Verfügungsberechtigten über ein Konto kontrolliert werden. Gleichzeitig muss erfragt werden, ob der Kontoinhaber „**für eigene Rechnung**" oder „**für fremde Rechnung**" – also für eine andere Person – das Konto führt.

Bei der **Legitimationsprüfung** ist zwischen Privatpersonen und den unterschiedlichen Formen juristischer Personen zu unterscheiden. Juristische Personen werden stets durch Menschen „aus Fleisch und Blut" (natürliche Personen) vertreten. Bei juristischen Personen muss demnach immer kontrolliert werden, ob die Person, auf die das Konto eröffnet werden soll, existiert und ob die juristische Person durch die jeweilige natürliche Person ausreichend vertreten ist.

5.2.3.2 Verfügungsberechtigte im Sinne des Kontos

Zwischen der eigentlichen Kontoinhaberschaft und der Verfügungsberechtigung über ein Konto muss unterschieden werden. Während der Kontoinhaber rechtlich Gläubiger oder auch Schuldner ist und gegenüber der Bank „**auf eigene Rechnung**" handelt, ist der Vertreter berechtigt, auf Rechnung des eigentlichen Kontoinhabers zu zeichnen, also z. B. Auszahlungen vorzunehmen, Überweisungen zu veranlassen usw. Jedes Konto kann von mehreren Personen geführt werden. Diese Konten werden als **Gemeinschaftskonten** bezeichnet. Kontoinhaber können hierbei z. B. ein Ehepaar, mehrere Unternehmen – gleich welcher Rechtsform – oder eine natürliche Person und ein Unternehmen sein.

Grundsätzlich ist es notwendig, dass alle Kontoinhaber gemeinschaftlich über diese Konten verfügen. Das hieße, dass z. B. für jede einzelne Abhebung oder Überweisung alle Kontoinhaber den Beleg unterschreiben müssten. Diese Regelung ist für alle Inhaber sehr sicher, aber wenig praktikabel. Daher haben die Inhaber die Möglichkeit, sich gegenseitig zur alleinigen Verfügung zu bevollmächtigen. Im Falle der gemeinschaftlichen Verfügung spricht man von „**Und-Konten**" und im Falle der Einzelverfügung von „**Oder-Konten**". Widerspricht einer der Inhaber der Einzelverfügung, wird aus dem Oder-Konto ein Und-Konto. Bei Firmenkonten kann man die Verfügung gesondert regeln. Dabei können mehrere Personen auf einer Unterschriftskarte ihre Unterschriftsprobe abgeben. Jede dieser Personen muss sich selbstverständlich persönlich legitimieren. In der Regel wird den einzelnen Personen dann ein „A" oder ein „B" zugeordnet. Verfügungen können dann immer nur durch zwei A-Bevollmächtigte oder einen A-Bevollmächtigten gemeinsam mit einem B-Bevollmächtigten durchgeführt werden. Jede andere Regelung ist allerdings auch denkbar.

Hinweis:

Bei Gemeinschaftskonten ist die Erteilung eines Freistellungsauftrages nur dann möglich, wenn es sich bei den Kontoinhabern um ein Ehepaar handelt.

Personen	Art der Verfügung	Legitimation
Erben	Verfügungen dürfen nur gemeinschaftlich vorgenommen werden. Informationen über die Kontoverbindung darf jeder der Erben alleine abfragen. Die Erben können sich gegenseitig bevollmächtigen. Kann der Vollmachtgeber nicht persönlich im Kreditinstitut erscheinen, so benötigt das Kreditinstitut eine beglaubigte Vollmacht.	• Erbschein und persönliche Legitimation der Erben. • Bei geringeren Beträgen und einfachem Sachverhalt reicht das Testament mit Eröffnungsprotokoll des Nachlassgerichts und die Legitimation der Erben.
Bevoll-mächtigte	Verfügungen sind im Rahmen der Voll-macht bis zum Widerruf der Vollmacht durch mindestens einen der Erben möglich.	Bevollmächtichtigter ist in den Kontounterlagen ge-nannt und muss sich persön-lich legitimieren.
Testaments-vollstrecker (durch Tes-tament be-stellt)	Verfügungen sind nur durch Testaments-vollstrecker möglich (erlischt, wenn Erb-auseinandersetzung abgeschlossen ist); die Erben verlieren ihr Verfügungsrecht.	• Testamentsvollstrecker-zeugnis (ausgestellt vom Nachlassgericht) oder • beglaubigte Abschrift eines Testaments oder Erbver-trags und Eröffnungsver-handlungen oder • Erbschein In allen Fällen muss sich der Vollstrecker persönlich legiti-mieren.
Nachlass-pfleger oder Nachlass-verwalter (vom Nach-lassgericht bestellt)	Nachlasspfleger oder -verwalter werden eingesetzt, wenn mit der Erbschaft Pro-bleme auftreten. Zum Beispiel sind nicht alle Erben bekannt oder es sind noch Schulden zu begleichen. Verfügungen sind nur durch den Nachlasspfleger bzw. -ver-walter möglich; die Erben verlieren ihr Verfügungsrecht.	Bestallungsurkunde (ausge-stellt vom Nachlassgericht) und persönliche Legitimation.
Jeder	Zum Begleichen der angmessenen Bestattungskosten wird dem Vorleger von Rechnung und Quittung der entsprechen-de Betrag ausgezahlt. Besser: Den Betrag direkt vom Nachlasskonto an das Bestattungsinstitut überweisen lassen.	Vorlegen der Rechnung und der Quittung.
Sonstige Personen	Bei wertmäßig geringen Nachlässen (die betraglichen Grenzen sind extrem unter-schiedlich) verlangt das Kreditinstitut keine urkundliche Legitimation. Es reicht hier eine Garantieübernahme des Zahlungs-empfängers. Dieser verpflichtet sich dabei, das erhaltene Geld zurückzuzahlen, sofern andere Erben Ansprüche anmelden sollten.	Vorlage des Personalaus-weises und Übernahme der Haftungserklärung.

Abbildung: Verfügungsberechtigung im Todesfall

Hinweis:

Viele Kreditinstitute nehmen inzwischen die Auszahlung/Überweisung der Bestattungskos-
ten nur noch auf Anweisung der allgemein Verfügungsberechtigten vor und nicht mehr von
„jedermann". Ursachen sind hier negative Erfahrungen in der Vergangenheit.

5.2.3.3   Vertrag zugunsten Dritter

Bei Banken und Sparkassen wird häufig der Wunsch geäußert, ein – bereits vorhande-
nes oder noch anzusparendes – Guthaben einem Bekannten, einem Freund oder Ver-
wandten, kurz einem Dritten, zuzuwenden. Für eine solche Zuwendung ist der „**Vertrag
zugunsten Dritter**" vorgesehen (basierend auf § 328 BGB).

Durch Vereinbarung mit seinem Kreditinstitut kann der Kunde festlegen, dass bestimmte Forderungen auf den Begünstigten übergehen sollen. Für die Vertragsgestaltung ist
bedeutungsvoll, wann die Begünstigung wirksam werden soll.

Folgende Verträge entstehen:

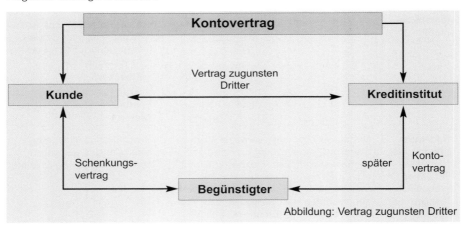

Abbildung: Vertrag zugunsten Dritter

Diese Zuwendung ist für das Finanzamt eine **Schenkung** (§§ 516 ff. BGB) und damit
steuerpflichtig. Man kann die Schenkung sofort wirksam werden lassen (**sofortiger
Gläubigerwechsel**), dann ist auch sofort **Schenkungsteuer** fällig. Außerdem hat es den
Nachteil, dass der Schenkende keinen Zugriff mehr auf das Geld hat und der Begünstigte sofort von der Schenkung erfährt.

Die Zuwendung kann jedoch auch erst zu einem späteren Zeitpunkt (z. B. zum 18. Geburtstag) oder mit Eintritt eines bestimmten Ereignisses wirksam werden (Tod des Sparers oder
Heirat des Begünstigten). Während der Tod des Sparers als Schenkungszeitpunkt eine
häufig gewählte Variante dieses Vertrages darstellt, schließen Banken äußerst ungern
Verträge zugunsten Dritter mit bestimmten Bedingungen ab.

Nachteil: Stirbt der Sparer, könnten die Erben versuchen, dem Begünstigten die Schenkung streitig zu machen (Umgehung der gesetzlichen Erbfolge?).

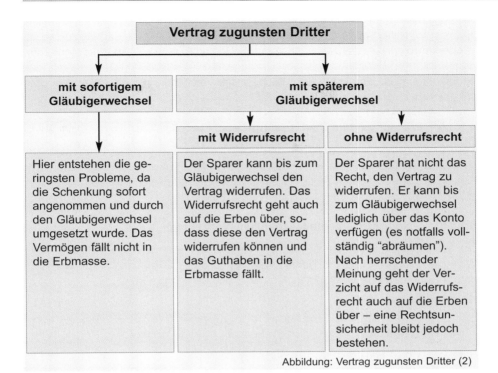

Abbildung: Vertrag zugunsten Dritter (2)

5.2.3.4   Treuhandkonten

Richtet der Kontoinhaber das Konto ein, um **Gelder anderer Personen** zu verwalten, handelt es sich um Treuhandkonten. Die Verfügungsgewalt über das Konto unterliegt besonderen Regelungen.

Anderkonten	Treuhandkonto gesetzlicher Treuhänder	Treuhandkonto privater Treuhänder
Die Kontoinhaber betreuen berufsmäßig das Geld anderer Leute und unterliegen einer besonderen Berufsaufsicht. Kontoinhaber können sein: Notare, Rechtsanwälte, Patentanwälte, Wirtschaftsprüfer und Steuerberater.	Gesetzliche Treuhänder verwalten das Geld für mehrere Personen aufgrund der gesetzlichen Funktion. Hierzu gehören: Testamentvollstrecker, Nachlassverwalter, Insolvenzverwalter, Zwangsverwalter, Vormunde.	Private Treuhänder verwalten das Geld anderer Personen aufgrund privatrechtlicher Vereinbarungen (Vertrag, z. B. Hausverwaltungen für Eigentumswohnungen).
↓	↓	↓
Verfügungsberechtigt sind nur die Kontoinhaber oder Bevollmächtigte. Die Möglichkeit, Vollmachten zu erteilen, ist allerdings sehr stark eingeschränkt.	Verfügungsberechtigt ist in der Regel nur der Treuhänder.	Verfügungsberechtigt sind der Kontoinhaber und Bevollmächtigte.

Abbildung: Verfügungsberechtigung über Konten

Zur Abgrenzung von den offenen Treuhandkonten werden die von Rechtsanwälten, Notaren, Wirtschaftsprüfern, Steuerberatern und Pfarrern geführten Sonderkonten als **„Anderkonto"** gekennzeichnet. Außerdem gibt es spezielle AKB (**Anderkontenbedingungen**) für Anderkonten. Verpfändet oder abgetreten werden dürfen die Ansprüche aus Anderkonten nicht. Es dürfen auch Gläubiger des Treugebers nicht in die Anderkonten vollstrecken.

5.2.3.5   Pfändungs- und Überweisungsbeschluss

Der Pfändungsbeschluss selbst hat zur Folge, dass der Kontoinhaber nicht mehr über sein Konto verfügen kann (bzw. nur mit Zustimmung des Gläubigers verfügen darf). Die Auszahlung des Guthabens an den Gläubiger erfolgt durch den Überweisungsbeschluss (**§ 357 HGB**).

5.2.3.6   Vollmachten (rechtsgeschäftliche Vertretung)

Der Vollmachtgeber (Vertretener) gibt einer natürlichen oder juristischen Person seiner Wahl die Befugnis, in seinem Namen Willenserklärungen abzugeben (**§ 164 BGB**). Zu unterscheiden sind die Vollmachten nach BGB und die nach HGB.

> *Praxistipp:*
> *Wer eine fremde Willenserklärung nur übermittelt, ist ein Bote. Wer allerdings eine eigene Willenserklärung im Namen des Vertretenen abgibt, ist ein Vertreter.*

Bankvollmachten berechtigen i. d. R. dazu,
- über Konten und Depots Auskunft zu verlangen,
- über Kontoguthaben zu verfügen (auch nach dem Tode des Kontoinhabers s. u.),
- eingeräumte Kredite in Anspruch zu nehmen,
- von vorübergehenden Kontoüberziehungsmöglichkeiten im banküblichen Rahmen Gebrauch zu machen,
- Wertpapiere und Devisen anzukaufen und zu verkaufen sowie deren Auslieferung zu verlangen,
- alle schriftlichen Mitteilungen, also auch Kontoabrechnungen, Abschlüsse usw. entgegenzunehmen und anzuerkennen,
- ggf. sogar bei Tod des Kontoinhabers das Konto aufzulösen.

Vollmachten gibt es für den Todesfall, bis zum Tode und über den Tod hinaus. Außerdem können Vollmachten für die gesamte Kontoverbindung oder nur für einzelne Konten eingerichtet werden.

Banküblich ist die Vollmacht für alle Konten und Depots **„über den Tod hinaus"**.

5.2.3.7   Vorsorgevollmacht

Eine besondere Form der Vollmacht von natürlichen Personen ist die Vorsorgevollmacht. Vorsorge deswegen, weil die Vollmacht erst wirksam wird, wenn

- durch eine Krankheit oder
- durch einen Unfall oder
- wegen Altersdemenz

der Vollmachtgeber nicht mehr in der Lage ist, seinen Willen frei zu äußern. Mit dieser Form der Vollmacht versucht der Vollmachtgeber, präventiv die Anordnung einer rechtlichen Betreuung zu verhindern. Durch den demografischen Wandel entstand auf Betreiben des Bundesjustizministeriums eine Bankvorsorgevollmacht, welche vom ZKA (Zentraler Kreditausschuss – www.zka.de) entwickelt wurde.

5.2.4 Sichteinlagen

Das **Kontokorrentkonto (§ 355 ff. HGB)** ist das wichtigste Konto im Kundenverkehr. Im Wesentlichen dient dieser Kontotyp dem **Zahlungsverkehr**. Es kann sowohl im Haben als auch im Soll geführt werden. Für dieses Konto kommen in der Praxis die unterschiedlichsten Bezeichnungen vor. Dabei weisen die Bezeichnungen fast immer auf die besondere Verwendung des Kontos oder auf den Status des Kunden hin:

- Konto in laufender Rechnung,
- Firmen-/Geschäftskonto,
- Privatkonto,
- Lohn- und Gehaltskonto,
- Girokonto (darf eigentlich nur auf Guthabenbasis geführt werden).

Das Kontokorrentkonto ist aus rechtlicher Sicht – auch in der Regel – die Basis für **Tagesgeldkonten**, **Cash-Konten** oder ähnliche Anlagearten. Hierbei dient das Konto dann nicht mehr dem Zahlungsverkehr, sondern dem „Parken" von Geldern.

Das Führen von Kontokorrentkonten bei einem Kreditinstitut ist oft gebührenpflichtig. Ausnahmen hiervon stellen in der Regel die Konten für Minderjährige, Studenten, Schüler und Auszubildende dar, die bei den meisten Instituten gebührenfrei angeboten werden.

Der **Kontoabschluss**, der von den Kreditinstituten durchgeführt wird, ist für die meisten Kunden nicht leicht nachvollziehbar. Es müssen fünf grundsätzliche Faktoren unterschieden werden:

Quartalsabschluss				
Pauschalen	**vorgangsbezo-gene Gebühren**	**Spesen**	**Sollzinsen**	**Überziehungs-zinsen**
Häufig verlangen Kreditinstitute eine Grundpauschale für das Führen eines Kontos. Viele Institute bieten für Privatkunden die Möglichkeit, mit der Pauschale ein ganzes Bündel an Leistungen abzugelten, sodass vorgangsbezogene Gebühren nur noch teilweise anfallen. Für Firmenkunden werden diese Grundpauschalen teilweise in Prozentwerten vom durchschnittlichen Kontoguthaben berechnet.	Jeder einzelne Vorgang kann zu einer Belastung führen, z. B. Überweisungen, Lastschriften, Schecks. Einige Gebühren werden sofort berechnet, wie z. B. spezielle Gebühren für den Außenhandel oder Scheckrückgabegebühren.	Spesen sind Auslagen der Bank. Sie kommen daher auch nicht der Bank zugute. Hierzu gehört z. B. das Porto für Kontoauszüge.	Auf den in Anspruch genommenen Kredit berechnen Kreditinstitute Sollzinsen. Guthabenzinsen werden selten gegeben. Für Kredite, die zugesagt, aber nicht in Anspruch genommen wurden, werden manchmal Bereitstellungsprovisionen berechnet.	Übersteigt der Sollsaldo eines Kunden die Kreditlinie, so erhöht sich der Sollzinssatz für diesen zusätzlichen Betrag um 4 - 5 %.

Abbildung: Quartalsabschluss

5.2.5   Termingeld

Termineinlagen sind befristete Einlagen. Es gelten erst Einlagen mit einer Mindestanlagedauer von 30 Tagen bzw. mit einer Kündigungsfrist von 30 Tagen als Termingeld.

Möchte ein Kunde freie Gelder für einen kürzeren Zeitraum anlegen, kann er auch Tagesgelder vereinbaren (meistens liegt die Mindesteinlage für Tagesgelder deutlich über 50.000 EUR).

Die mit Abstand häufigere Form der Termineinlage ist das **Festgeld**. Hierbei ist das Geld für einen bestimmten Zeitraum zu einem fest vereinbarten Zinssatz festgelegt. Die Mindesteinlage beträgt je nach Institut zwischen 5.000 EUR und 50.000 EUR (teilweise sogar noch höher). Vorteil ist der relativ hohe Zinssatz, der sich an der Laufzeit und der Einlagenhöhe orientiert. Ein weiterer Vorteil ist, dass man das Festgeld auch für eine nicht standardisierte Anzahl von Tagen vereinbaren kann (z. B. 46 Tage). Dadurch kann man seine Zahlungsströme exakt steuern.

```
┌─────────────────────────────┐
│      Termineinlagen         │
│   (befristete Einlagen)     │
└─────────────────────────────┘
         ↓                    ↓
┌──────────────────┐   ┌──────────────────┐
│    Festgelder    │   │  Kündigungsgelder │
└──────────────────┘   └──────────────────┘
```

Festgelder	Kündigungsgelder
• zu fest vereinbarten Zinssätzen • Mindestlaufzeit 30 Tage	• in der Regel variable Zinssätze („bis auf Weiteres") • Mindestkündigungsfrist 30 Tage • Kündigung vor Verfügung ist notwendig

Festgelder gehören zum „täglichen Brot" eines Kreditinstitutes. Dabei gibt es bei den meisten Banken immer gleichbleibende Vorgehensweisen, sofern nichts anderes vereinbart wird:

• Die Anlage kann auch durch Bareinzahlung erfolgen, besser ist jedoch die Umbuchung von einem anderen Konto.
• Die Auflösung des Festgeldkontos erfolgt meist durch Umbuchung.
• Die Wiederanlage erfolgt automatisch (meist für 30 Tage), sofern nichts anderes vereinbart wurde.

Die meisten Kreditinstitute lehnen eine vorzeitige Verfügung ab – insbesondere innerhalb der ersten 30 Tage. Folgende Möglichkeiten gibt es, vorzeitig an sein Geld heranzukommen:

• Es wird nachträglich ein niedrigerer oder gar kein Zins gewährt.
• Es werden „Vorschusszinsen" berechnet.
• Für die Restlaufzeit wird ein Kredit gewährt (Termineinlage als Sicherheit). Diese Möglichkeit wird fast immer in der Praxis gewählt.
• Viele Kreditinstitute berechnen für einen Kredit gegen Festgelder einen niedrigeren Zins als den Zins für gewöhnliche Dispositionskredite. Eine Berechnung in Höhe des Zinses für Überziehungskredite (Dispozins + ca. 4,5 %-Punkte) sollte durch Kunden nicht hingenommen werden.

Die Vorteile eines Festgeldes sind:

• kalkulierbare Liquidität,
• unterjähriger Zinseszinseffekt,
• auf Wunsch: automatische Verlängerung,
• jeweils Zinsanpassung zur Fälligkeit an den Marktzins,
• gebührenfrei.

Das **Kündigungsgeld** spielt in der Bankpraxis eine sehr untergeordnete Rolle, obwohl es von der vertraglichen Ausgestaltung für die Bank mehr Vorteile bietet. Das Geld muss vom Kunden mit einer Frist von mindestens 30 Tagen gekündigt werden, wodurch der Kapitalabgang für die Bank kalkulierbar wird. Der variable Zins stellt für die Bank kein Zinsrisiko dar. Umgedreht bedeutet dies für den Anleger, er kann frühestens nach 30 Tagen über das eigene Geld verfügen. Der Anleger bekommt unterjährig keinen Zinseszins, weil erst am Ende eines Jahres die Zinsen berechnet und gutgeschrieben werden. Außerdem kann der Zins während der Bindungsfrist variieren, was bei einem fallenden Zins einen weiteren Nachteil darstellt.

5.2.6   Sparkonten

Die Banken und Sparkassen könnten eigentlich jedes Konto „Sparkonto" nennen. Allerdings können Konten nur unter ganz bestimmten Voraussetzungen als **Spareinlagen** bilanziert werden. Die Bilanzierung von Geldern als Spareinlagen bringt den Banken größere Möglichkeiten, insbesondere im Bezug auf die Liquidität. Spareinlagen gelten tendenziell eher als langfristige Finanzierung. Insofern können diese Gelder auch teilweise als längerfristige Kredite wieder ausgereicht werden.

Gesetzliche Grundlage für die Definition von Spareinlagen ist die „**Verordnung über die Rechnungslegung der Kreditinstitute**" vom Bundesminister der Justiz (**RechKredV**). **Spareinlagen** sind danach insbesondere durch folgende Aspekte gekennzeichnet:

- Ausfertigung einer Urkunde, insbesondere eines Sparbuchs;
- Spareinlagen sind nicht für den Zahlungsverkehr bestimmt;
- Spareinlagen dienen der Anlage oder Ansammlung von Vermögen (Sparcharakter);
- Spareinlagen dürfen nicht von Kapitalgesellschaften, Genossenschaften, wirtschaftlichen Vereinen, Personenhandelsgesellschaften, Unternehmen mit Sitz im Ausland und vergleichbarer Rechtsform geführt werden. Ausnahme: gemeinnützige, mildtätige oder kirchliche Einrichtungen. Eine weitere Ausnahme stellt die Anlage von **Mietkautionen** dar;
- Die Kündigungsfrist beträgt mindestens drei Monate, wobei eine längere Frist vereinbart werden kann (eventuell auch eine Kündigungssperrfrist);
- Spareinlagen sind nicht von Anfang an befristet und auch nicht kurz nach Vertragsabschluss vorsorglich oder revolvierend zu kündigen (revolvierend: immer wieder „aufs Neue", damit der Betrag ständig fällig und somit verfügbar ist).
- Die Mindesteinlage beträgt 1 - 10 EUR.
- Keine Verfügung mittels Lastschrift, Scheck, Überweisung oder Kreditkarte; Verfügung erfolgt grundsätzlich nur durch Vorlage des Spar(-kassen-)buchs;
- Bauspareinlagen sind keine Spareinlagen.

Bezüglich der Verfügung gilt, dass Spareinlagen grundsätzlich vorab gekündigt werden müssen. Versäumt der Anleger die rechtzeitige Kündigung, fallen **Vorschusszinsen** an. Die Vorschusszinsen betragen in der Praxis meistens 1/4 des Guthabenzinssatzes, berechnet auf den Zeitraum der Kündigungsfrist (also in der Regel 90 Tage). Die Vorschusszinsen werden dabei auf den nicht fälligen Betrag berechnet. Das Kreditinstitut darf dem Kunden das Recht einräumen, einen bestimmten Betrag max. bis zu 2.000 EUR pro Kalendermonat ohne Kündigung abzuheben (nur bei Sparkonten mit dreimonatiger Kündigungsfrist).

Es gibt Ausnahmefälle, in denen eine vorzeitige Verfügung vorschusszinsfrei gewährt werden kann. Hierzu findet immer noch die „Mitteilung 1/64" des **ehemaligen BAK (Bundesaufsichtsamt für das Kreditwesen)** Anwendung, obwohl die eigentliche Rechtsgrundlage dieser Mitteilung inzwischen weggefallen ist. Danach darf in folgenden Fällen auf die Berechnung von Vorschusszinsen verzichtet werden:

- Krankheit des Sparers (Geld für Lebensunterhalt),
- Arbeitslosigkeit des Sparers (Geld für Lebensunterhalt),
- Tod des Sparers,
- Zinsgutschriften (max. zwei Monate nach Gutschrift),
- andere Festanlage mit mindestens gleicher Laufzeit beim gleichen Kreditinstitut,
- Kauf von Wertpapieren (der Kauf wirkt wie die Kündigung der Spareinlage; bei Veräußerung vor dem Ende der Kündigungsfrist muss das Geld wieder dem Sparkonto gutgeschrieben werden oder es fallen Vorschusszinsen an),
- Wohnsitzwechsel und Anlage des Geldes am neuen Wohnsitz mit mindestens gleicher Laufzeit.

Da eine Spareinlage insbesondere auch durch eine **Urkunde** gekennzeichnet ist, hat diese Urkunde in rechtlicher Hinsicht eine größere Bedeutung. Das Spar(-kassen-)buch ist ein **qualifiziertes Legitimationspapier** und ein **hinkendes Inhaberpapier**. Das bedeutet, das Kreditinstitut kann an den Inhaber des Sparbuchs die versprochene Leistung mit **schuldbefreiender Wirkung** erbringen, also die Bank kann auszahlen (auch wenn der Vorleger weder Kontoinhaber ist noch eine Vollmacht hat).

> *Hinweis:*
> *Diese Legitimationsfunktion gilt nur, sofern durch die Verfügung keine Vorschusszinsen anfallen.*

In der Praxis ist es üblich geworden, Sparbücher durch Sparkarten zu ersetzen, die eine Verfügung am Geldautomaten möglich machen. Diese Sparkarten stellen rechtlich zusammen mit dem letzten „Kontoauszug" die Sparurkunde dar.

> *Praxistipp:*
> *Man kann sich vor der Verfügung Dritter durch Vereinbarung eines Kennwortes oder durch den Eintrag „nur an Kontoinhaber" schützen.*

Genau wegen dieser hohen Liquidierbarkeit wird von vielen Anlageberatern empfohlen, die o.g. Minimalrücklage von ca. drei Netto-Monatsgehältern auf dem Sparbuch anzulegen. Tatsächlich gibt es aber deutlich besser rentierliche, hoch liquide Anlageformen. Dieser Zinssatz für Spareinlagen mit dreimonatiger Kündigungsfrist wird **Spareckzins** genannt. Dieser ist Grundlage für viele andere Sparprodukte. Um das Sparbuch interessanter zu gestalten, kann man hier auch die Möglichkeit der längeren Kündigungsfrist wählen. Bei längerer Kündigungsfrist wird der Zinssatz erhöht (meistens jedoch nur geringfügig).

Sparvertrag		
Einmalzahlungen	Einmalzahlungen mit zusätzlichen Sparraten	Kündigungsgelder

Basierend auf der Spareinlage gibt es in der Praxis viele unterschiedliche Möglichkeiten der Anlage. Da täglich neue Formen dazukommen, diese Anlagen aber doch alle ähnlich sind, sollen im Folgenden nur allgemeine Hinweise zu diesen Sparprodukten folgen.

Es muss unterschieden werden, ob ein Sparer einmalig einen Betrag anlegen möchte oder ob er über eine längere Laufzeit hinweg Sparraten erbringt.

Es wird einmalig ein Betrag festgelegt, der meistens eine Laufzeit von einem halben bis zwei Jahre haben soll. Rechtlich gesehen handelt es sich dabei um ein Sparbuch mit einer Kündigungssperrfrist (bei der zweijährigen Anlage z.B. Sperrfrist von 1¾ Jahren und Kündigungsfrist von drei Monaten). Da Spareinlagen nicht von Anfang an befristet sein dürfen, muss am Ende der Kündigungssperrfrist eine Kündigung ausgesprochen werden. Die meisten Kreditinstitute erinnern ihre Kunden rechtzeitig an diesen formalen Akt. Die Zinsen sind in der Regel für den gesamten Zeitraum fest vereinbart und orientieren sich am Spareckzins. Eine vorzeitige Kündigung ist fast immer (unter Verlust eines Teils der Zinsen) möglich. Das Produkt wird meist Spar(-kassen-)zertifikat oder manchmal auch Sparbrief genannt.

Die Ausgestaltung ist hier vielfältig. Grundsätzlich soll über einen bestimmten Zeitraum ein **fester monatlicher Betrag** auf ein Sparkonto überwiesen werden. Dieses Sparkonto wird etwas besser verzinst (z.B. Spareckzins + 1%). Außerdem wird am Ende der Laufzeit (teilweise auch jährlich) eine Prämie oder ein Bonus gezahlt. Während der laufende Zinssatz sich jederzeit ändern kann, wird die Prämie als feste Größe garantiert. Diese Bonifikation erfolgt allerdings in aller Regel nur auf die eingezahlten Beträge und nicht auf die aufgelaufenen Zinsen.

Einmaleinzahlungen von höheren Summen sind bei Vertragsabschluss möglich, jedoch nicht während der Laufzeit. Die monatlichen Raten können in aller Regel bis zu einem bestimmten Minimum gesenkt werden. Ein gänzliches Aussetzen der Raten bis zum Ende der Laufzeit ist ebenfalls möglich. Eine Erhöhung der Raten ist nur dann möglich, wenn dies von Anfang an vereinbart wurde (= **Dynamisierung**). Diese Dynamisierung dient der Anpassung des Vertrages an die Inflation, das steigende Einkommen und an die steigenden Ansprüche des Sparers (wird besonders bei lang laufenden Verträgen empfohlen).

Man kann diese Verträge mit einer **Risikolebensversicherung** koppeln und hat somit eine ernsthafte Alternative zur Lebensversicherung.

Vorzeitige Verfügungen sind fast immer möglich. Allerdings wird in diesen Fällen der Bonus höchstens zum Teil gewährt und das Kapital zur Bekämpfung des Langlebigkeitsrisikos wird zweckentfremdet.

Man kann vereinzelt auch **Auszahlpläne** vereinbaren. Das heißt, dass man aus dem Sparguthaben eine regelmäßige Ausschüttung erhält (meist monatlich). So erhält man über den Vertrag ein zusätzliches Einkommen bzw. eine zusätzliche Rente. Der Anleger kann dabei wählen, ob er das Kapital im Laufe der Zeit „verzehren" möchte (mit Kapitalverzehr) oder ob das Kapital langfristig erhalten bleiben soll und nur die Erträge ausgeschüttet werden (ohne Kapitalverzehr).

Um die unterschiedlichen Produkte auf dem Markt zu vergleichen, sollten einige Kriterien bei den Kreditinstituten, immer abgefragt werden:

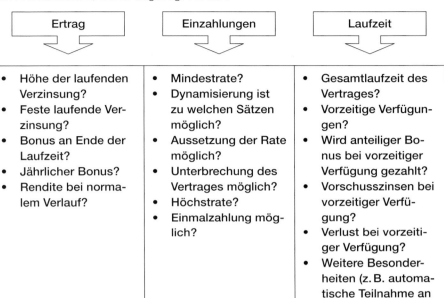

Ertrag	Einzahlungen	Laufzeit
• Höhe der laufenden Verzinsung? • Feste laufende Verzinsung? • Bonus an Ende der Laufzeit? • Jährlicher Bonus? • Rendite bei normalem Verlauf?	• Mindestrate? • Dynamisierung ist zu welchen Sätzen möglich? • Aussetzung der Rate möglich? • Unterbrechung des Vertrages möglich? • Höchstrate? • Einmalzahlung möglich?	• Gesamtlaufzeit des Vertrages? • Vorzeitige Verfügungen? • Wird anteiliger Bonus bei vorzeitiger Verfügung gezahlt? • Vorschusszinsen bei vorzeitiger Verfügung? • Verlust bei vorzeitiger Verfügung? • Weitere Besonderheiten (z. B. automatische Teilnahme an Gewinnspielen)?

5.2.7 Einlagensicherung für Kapitalanleger in Deutschland

Beispiel:

Wie geht es nach der Finanzkrise weiter? Diese Frage beschäftigt das Ehepaar Michel. Während Herr Michel die Meinung vertritt, dass jetzt alles ausgestanden ist, sieht Frau Michel die Finanzkrise als einen Schuss vor den Bug für das gesamte Wirtschaftssystem. Sie ist der Meinung, so eine Krise könnte morgen wiederkommen, und mit seinen Auswirkungen vielleicht noch schlimmer sein. Sie möchte ihre Geldanlagen überprüfen und erfahren, welche durch die Einlagensicherung der Banken geschützt sind. Denn die Zusage der Bundesregierung für die Spareinlagen lief Ende 2010 aus. Sie haben Termingelder, Spareinlagen, Sparbriefe, Bankschuldverschreibungen, Aktien und Investmentanteile.

Banken sind in unserem **marktwirtschaftlichen System** auf das Vertrauensverhältnis zwischen Kunde und Kreditinstitut angewiesen. Schon früh erkannten private Banken die Notwendigkeit, diesem Verlangen der Kunden nach mehr Sicherheit nachzukommen. So schufen die **genossenschaftlichen Banken** 1937 den ersten **Stützungsfonds**. Dieser heute noch bestehende **kreditgenossenschaftliche Garantieverbund BVR** (www.bvr.de) stellt eine **Institutssicherung** dar. Das ins Wanken geratende Institut wird durch Bürgschaften anderer Institute des Verbundes, meistens aber durch Fusionen aufgefangen.

Die Sparkassen waren in der Vergangenheit oft öffentlich-rechtliche Anstalten und unterlagen somit der in Deutschland vorhandenen **Gewährträgerhaftung**. Unter der Gewährträgerhaftung versteht man, dass der jeweilige Anstaltsträger (Kommune, Land oder Bund) für den Fall einer Insolvenz die noch offenen Verbindlichkeiten der Anstalt befriedigt.

Allerdings wurde im Rahmen der EU-Harmonisierung diese Gewährträgerhaftung als **Wettbewerbsverzerrung** in der Kreditwirtschaft empfunden. Eine entsprechende Klage vor dem europäischen Gerichtshof endete mit dem sogenannten „**Brüsseler Konkordanz**". Die Gewährträgerhaftung läuft endgültig zum **31. Dezember 2015** aus. Verbindlichkeiten des Instituts, die am 18. Juli 2001 schon bestanden, sind bis zum Ende ihrer Laufzeit von der Gewährträgerhaftung gedeckt. Bis zum 18. Juli 2005 gab es eine Übergangszeit, in der die Gewährträgerhaftung in ihrer gegenwärtigen Form aufrechterhalten wurde. Für Verbindlichkeiten, die nach dem **18. Juli 2005** eingegangen wurden, besteht diese Gewährträgerhaftung nun nicht mehr.

Da die Sparkassen schon seit den 70er-Jahren einen Haftungsverbund kennen, ist der Wegfall der Gewährträgerhaftung für den Anleger unbedeutend. Auch hier treten im Falle einer bevorstehenden Insolvenz eines der Mitglieder des **Haftungsverbundes der Sparkassen-Finanzgruppe** (www.dsgv.de) die anderen Institute ein und sichern somit das Vermögen der Anleger.

Die **gesetzliche Einlagensicherung** und **Anlegerentschädigung** (EAEG) soll insbesondere das Vermögen von Privatpersonen schützen. Dafür fallen mittlere und große Kapitalgesellschaften, Kreditinstitute, Finanzdienstleistungsinstitute, öffentliche Stellen und Versicherer nicht unter den gesetzlichen Mindestschutz.

Da Banken im marktwirtschaftlichen System trotz der ausgereiften Bankenaufsicht nicht vor Insolvenz geschützt sind, ist das Vertrauensverhältnis zwischen Kunden und Kreditinstitut gefährdet. Um dem drohenden Misstrauen der Kunden entgegenzuwirken, hat die EU seit einigen Jahren eine Einlagensicherung für alle Kreditinstitute gesetzlich vorgeschrieben. Diese Sicherung schützt alle Einlagen seit 01.01.2011 bis zu einer Höhe von 100.000 EUR zu 100 % (**§ 4 EAEG**).

Einlagensicherung

Kreditbanken	Sparkassen	Genossenschaftliche Banken
Entschädigungseinrichtung deutscher Banken (EdB) www.edb-banken.de zusätzlich auf freiwilliger Basis „Beim Bundesverband Deutscher Banken" besteht der Einlagensicherungsfonds. Hierdurch werden die Einlagen der Bankkunden gesichert. Im Insolvenzfall erhält der einzelne Anleger seine Einlage erstattet (jedoch max. 30 % des Eigenkapitals der jeweiligen Bank).	Sparkassenstützungsfonds der Sparkassen Die Sparkassen sind durch einen Haftungsverband in Form des Sparkassenstützungsfonds als Institute abgesichert. Der Schutz geht also über die Sicherung der Kundengelder hinaus.	Garantiefonds und Garantieverbund beim „Bundesverband Deutscher Volks- und Raiffeisenbanken" Genau wie bei den Sparkassen zielt auch die Sicherung der genossenschaftlichen Kreditinstitute auf die Existenzsicherung der Institute ab. Die Einlagen der Kunden sind über den Verbund zusätzlich direkt geschützt.
Die meisten Kreditinstitute sind Mitglied beim Einlagensicherungsfonds. Man findet eine Liste aller Mitglieder unter www.bankenverband.de – dort unter dem Stichwort „Der Verband" und dann im Weiteren unter „Einlagensicherung".	Mitglieder sind alle Sparkassen	In die Sicherungseinrichtung des BVR sind alle 1.255 Mitgliedsbanken des BVR einbezogen, d. h. Volksbanken und Raiffeisenbanken, Spar- und Darlehnsvereine, PSD-Banken, Sparda-Banken, kirchliche Kreditgenossenschaften, genossenschaftliche Zentralbanken und Hypothekenbanken sowie sonstige Spezialinstitute des Finanzverbundes wie die Bausparkasse Schwäbisch Hall AG.

Zu den geschützten Einlagen gehören Kontoguthaben und Forderungen aus Namensschuldverschreibungen (z. B. Sparbriefe), welche auf Euro oder die Währung eines Staates des Europäischen Wirtschaftsraumes ausgestellt sind (z. B. britische Pfund).

Wertpapieranlagen, die zur Verwahrung und Verwaltung beim Institut hinterlegt wurden, sind ebenfalls geschützt, sofern es sich um die Verschaffung des Eigentums an den Wertpapieren oder die Auszahlung von Geldern im Zusammenhang mit Wertpapiergeschäften handelt und diese auf Euro oder die Währung eines Staates des Europäischen Wirtschaftsraumes ausgestellt sind.

Nicht geschützt dagegen sind **Inhaber- oder Orderschuldverschreibungen** des Institutes.

Die Einlagensicherung ist jetzt für alle Kreditinstitute in der EU zwingend vorgeschrieben. Die zusätzliche Einlagensicherung der privaten Kreditwirtschaft muss in den nächsten Jahren an die neuen Herausforderungen angepasst werden.

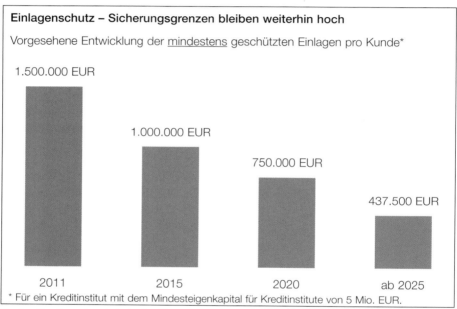

Einlagenschutz – Sicherungsgrenzen bleiben weiterhin hoch

Vorgesehene Entwicklung der <u>mindestens</u> geschützten Einlagen pro Kunde*

1.500.000 EUR

1.000.000 EUR

750.000 EUR

437.500 EUR

2011   2015   2020   ab 2025

* Für ein Kreditinstitut mit dem Mindesteigenkapital für Kreditinstitute von 5 Mio. EUR.

Quelle: Bundesverband deutscher Banken (www.bankenverband.de/einlagesicherung)

Der Bundesverband der Banken nennt dieses Vorgehen eine Verbesserung der Risikostreuung. Die Sicherungsgrenze des Einlagensicherungsfonds wird über einen Zeitraum von 13 Jahren in drei Stufen abgesenkt werden:

1. Schritt zum 1. Januar 2015 von derzeit 30 % auf 20 % des haftenden Eigenkapitals.
2. Schritt zum 1. Januar 2020 auf 15 % des haftenden Eigenkapitals.
3. Schritt zum 1. Januar 2025 auf 8,75 % des haftenden Eigenkapitals.

Die EU-Harmonisierung hat auch dazu geführt, dass die EU-Mitgliedstaaten eine **gesetzliche Anlegerentschädigung** eingeführt haben. In Deutschland wurde innerhalb der KfW eine **Entschädigungseinrichtung für Wertpapierhandelsunternehmen** eingerichtet, welche zur Tat schreitet, wenn ein Institut insolvenzbedingt nicht mehr in der Lage ist:

* seine Verbindlichkeiten aus Wertpapiergeschäften zu erfüllen oder
* Wertpapiere oder Finanzinstrumente, die ihm zur Verwahrung anvertraut sind, zurückzugeben.

Allerdings ist der **Entschädigungsanspruch auf 20.000 EUR** begrenzt, von denen nur 90 % gedeckt sind. Der Anleger hat somit einen Selbstbehalt von 10 %.

5.2.8 Chancen & Risikopotenzial von Kontenanlagen

	Sichteinlagen	Termineinlagen	Spareinlagen
Ertrag	Keine bis geringe Guthabenzinsen	Marktgerechte Guthabenzinsen für kurzfristige Geldanlagen	Geringer Zinsertrag für kurzfristige Geldanlagen
Kosten	Pauschalen, Spesen usw.	Keine Kosten	Keine Kosten
Steuern	Abgeltungsteuer 25 % + 5,5 % Soli ggf. Kirchensteuer	Abgeltungsteuer 25 % + 5,5 % Soli ggf. Kirchensteuer	Abgeltungsteuer 25 % + 5,5 % Soli ggf. Kirchensteuer
Verfügbarkeit	Täglich verfügbar	Innerhalb der Bindungsfristen keine Verfügbarkeit	Abhängig von der Kündigungsfrist, bei gesetzlicher Kündigungsfrist drei Monate, dafür sind 2.000 EUR pro Monat vorschusszinsfrei
Sicherheit	Geschützt durch die Einlagensicherung	Geschützt durch die Einlagensicherung	Geschützt durch die Einlagensicherung
Risikoklasse	1	1	1
Konkretes Risiko als Geldanlageinstrument	Inflationsrisiko	Inflationsrisiko	Inflationsrisiko
Rechtsgrundlagen	§ 355 HGB § 675 BGB § 700 BGB AGB	§ 488 ff. BGB § 700 BGB AGB	§ 21 RechKredV § 488 ff. BGB AGB
Verwendung	Zahlungsverkehr	Parken von Geldern	Ansammeln von Geldern und kurzfristige Geldanlagen
Mindestbeträge	Keine	i. d. R. 5.000 EUR	i. d. R. 1 EUR

5.2.9   Steuerliche Behandlung von Kontenanlagen

Die Erträge aus Geldanlagen auf Konten müssen vom Steuerpflichtigen im Rahmen der Einkommensteuererklärung angegeben werden und somit nach seinem persönlichen Steuersatz versteuert werden.

Seit dem 01.01.2009 hat der Gesetzgeber verfügt, dass Kapitalerträge mit einer sogenannten Abgeltungsteuer belegt werden. Die auszahlende Stelle ist verpflichtet, die Abgeltungsteuer in Höhe von 25 % des Ertrags zzgl. Solidaritätszuschlag in Höhe von 5,5 % auf die Abgeltungsteuer direkt an das zuständige Finanzamt abzuführen. Angehörige einer kirchensteuererhebenden Religionsgemeinschaft entrichten weitere 8 % oder 9 % auf die Steuerschuld. Dieser Betrag wird als Sonderausgabenabzug bei der Berechnung der Abgeltungsteuer berücksichtigt, sodass für diesen Personenkreis ein geringerer Abgeltungsteuersatz als die 25 % ermittelt wird. Durch die anonyme Abführung dieser Steuer, ist für den Kapitalanleger die Einkommensteuer abgegolten und braucht nicht mehr in der Einkommensteuererklärung angegeben werden.

Steuerliche Behandlung von Geldwerten

Besteuerungsgrundlage – für Angehörige von Glaubensgemeinschaften

Kirchensteuer	8 % Bayern und Baden-Württemberg	9 % Alle übrigen Bundes- länder	Keine
Kapitalertrag-steuer	24,5098 %	24,4499 %	25,0000 %
Solidaritäts-zuschlag 5,5 % auf KeSt	1,3480 %	1,3447 %	1,3750 %
Kirchensteuer	1,9608 %	2,2005 %	0,0000 %
Gesamt	27,8186 %	27,9951 %	26,3750 %

Hinweis:

Da der Schuldner oder das Kreditinstitut oft nicht weiß, ob der Gläubiger einer Konfession angehört, wird dann nur die Abgeltungsteuer zzgl. Solidaritätszuschlag abgeführt. Damit ist jeder Kirchensteuerpflichtige verpflichtet, die Kapitalerträge in seiner persönlichen Einkommensteuererklärung anzugeben. Der Anleger kann allerdings sein Kreditinstitut dazu anhalten, die je nach Bundesland anfallende Kirchensteuer in Höhe von 8 % (Bayern und Baden-Württemberg) oder 9 % (alle übrigen Bundesländer) einzubehalten. Voraussichtlich ab 2014 wird ein elektronisches Informationssystem in Betrieb genommen. Dann werden dem Kreditinstitut alle notwendigen Daten zur korrekten Berechnung der Abgeltungsteuer über die Steueridentifikationsnummer des Anlegers mitgeteilt.

Sollte der persönliche Einkommensteuersatz unter den 25 % der Abgeltungsteuer liegen, kann der Steuerpflichtige sich die zu viel abgeführte Steuer durch die Einkommensteuererklärung zurückholen.

Seit 2009 gibt es keine Möglichkeit mehr, die Kosten, die durch die Kapitalanalgen ent-standen sind, von den Erträgen abzuziehen. Der Gesetzgeber hat den Sparerfreibetrag und den Werbungskostenpauschbetrag gestrichen, stattdessen gibt es heute den **„Spa-rerpauschbetrag"**.

Der im **§ 20 Abs. 9 EStG** definierte **„Sparerpauschbetrag"** beläuft sich auf:

Singles	Verheiratete (zusammenveranlagt)
801 EUR	1.602 EUR

Zur Vermeidung der Abführung der Abgeltungsteuer kann der Anleger seinem Kreditins-titut auch weiterhin einen **Freistellungsauftrag** in Höhe des „Sparerpauschbetrages" einreichen.

> *Hinweis:*
>
> *Eine wichtige Änderung gibt es seit dem 01.01.2011 bei neu gestellten Freistellungsauf-trägen. Bei diesen neuen Freistellungsaufträgen ist es zwingend notwendig, die seit 2008 für alle Steuerpflichtigen zugeteilte Steueridentifikationsnummer anzugeben. Bestehende Freistellungsaufträge sind noch bis Ende 2014 auch ohne die Steuer-ID gültig.*

Personen, die verpflichtet sind, eine Steuererklärung abzugeben, die aber aufgrund zu niedriger Einkommen unter dem Grundfreibetrag liegen, können eine **Nichtveranla-gungsbescheinigung** bei ihrem zuständigen Finanzamt beantragen. Die NV-Bescheini-gung gilt für maximal drei Jahre.

> *Praxistipp:*
>
> *Gerade für Bezieher geringer regelmäßiger Einkünfte (Rentner, Studenten, Teilzeitbeschäf-tigte), deren Einkünfte so niedrig sind, dass der Grundfreibetrag der ESt-Tabelle nicht voll-ständig ausgeschöpft wird und deren Kapitalerträge den Sparerpauschbetrag übersteigen, kann es sinnvoll sein, eine NV-Bescheinigung zu beantragen.*

5.3   Sparbriefe

> **Beispiel:**
>
> Familie Michel möchte für ihre drei Kinder jeweils 5.000 EUR für mindestens vier Jahre zu einem festen Zinssatz anlegen. Das Geld wird während der Bindungsfrist nicht benötigt, daher soll der Zins attraktiver sein als bei zwischenzeitlich verfügbaren Anlagen. Frau Michel besteht nur darauf, dass das Wertpapier von einer Bank emittiert und durch die Einlagen-sicherung der Banken geschützt ist.

Kreditinstitute bieten ihren Kunden neben den verschiedenen Formen des Konten-sparens auch **Sparbriefe/Sparkassenbriefe** sowie **Sparschuldverschreibungen** an. Sparbriefe und Sparschuldverschreibungen gehören zu der Gruppe von **Kapitalwert-papieren**, sind aber weder Spareinlage nach **§ 21 Abs. 4 RechKredV** noch gehören sie zu der Gruppe der Effekten im Sinne des Depotgesetzes. Sparbriefe werden in der Regel als **Namensschuldverschreibungen** (**Rektapapiere**) emittiert, während Sparschuldver-schreibungen meistens als nicht börsenfähige **Order- oder Inhaberschuldverschrei-bungen** emittiert werden.

Sparbriefe sind Rektapapiere und werden durch **Einigung, Abtretung und Übergabe** übertragen. Sie stellen gemäß **§ 363 HGB** einen kaufmännischen Verpflichtungsschein dar. Insofern spricht man von der Rechtsnatur als Namensschuldverschreibung, aber auch von **Darlehns- und Schulddurkunde**.

Diese Betrachtung ist besonders wichtig für eine mögliche vorzeitige Liquidierung dieser Anlageform. Da Sparbriefe nicht börsenfähig sind und sie ein Darlehn an das emittierende Kreditinstitut darstellen, ist auch eine vorzeitige Rückgabe der Papiere nicht möglich. Bei einer Veräußerung an einen Dritten reicht die Einigung und Übergabe des Papieres nicht aus. Zur Beweissicherung sollte eine schriftliche Abtretung der Forderung sowie eine Anzeige an das emittierende Kreditinstitut erfolgen.

Aus der geschilderten Rechtsnatur des Sparbriefes wird auch seine besondere Bedeutung für die Kreditinstitute deutlich. Kreditinstitute emittieren oft Sparbriefe mit einer Laufzeit von vier bis acht Jahren, wodurch sie zurzeit **keine Mindestreserve** für diese Einlage unterhalten müssen. Außerdem ist eine vorzeitige Verfügbarkeit ausgeschlossen und der Zins ist für die gesamte Laufzeit fest. So besteht mit der Ausgabe von Sparbriefen eine feste Kalkulationsgrundlage. Kreditinstitute können dieses Kapital jetzt **fristenkongruent** im **Aktivgeschäft** verwenden. Der Anleger partizipiert an diesen Vorteilen des Emittenten durch einen festen Zins über die gesamte Laufzeit ohne Kursrisiko.

Bedeutung von Sparbriefen und Sparschuldverschreibungen...

...für den Kunden	...für die Kreditinstitute
• Vermögensanlage mit mittleren Laufzeiten	• Beschaffung mittel- und langfristiger Mittel für das Aktivgeschäft
• Höhere Zinsen als bei Spareinlagen	• Ausleihung der Mittel zu festen Laufzeiten und zu festen Zinssätzen (Fristenkongruenz)
• Fester Zinssatz für die gesamte Laufzeit	
• Keine Kosten bei Erwerb und Rückzahlung	• Sparbriefe: Keine vorzeitigen Liquiditätsabflüsse während der Laufzeit
• Oft gebührenfreie Verwahrung und Verwaltung durch die emittierenden Kreditinstitute	• Sparschuldverschreibungen: Hauskurse ermöglichen eine feine Steuerung des Effektivzinses bei Ausgabe und vorzeitiger Rücknahme
• Hohe Beleihbarkeit	
• Geringe Liquidität	
• Kein Kursrisiko	
• Fester Rückzahlungstermin	

5.3.1   Sparbriefvariationen mit Vorteil für den Anleger

Man unterscheidet drei verschiedene Formen von Sparbriefen. Die **aufgezinsten** (in der Praxis unüblich), die **abgezinsten** und die **jährlich verzinslichen Sparbriefe**. Die auf- und abgezinsten Sparbriefe (= Zinssammler) zeichnen sich dadurch aus, dass der Kunde am Ende der Laufzeit diesen Betrag inkl. Zinsen und Zinseszinsen zurückbekommt. Eine jährliche Zinsausschüttung gibt es nicht. Im Folgenden werden die drei Sparbriefarten nochmals grafisch dargestellt, wobei die Zinsen in den folgenden Diagrammen durch den grauen Bereich dargestellt sind. Gleichzeitig werden Rechenformeln für diese Anlageform angeführt.

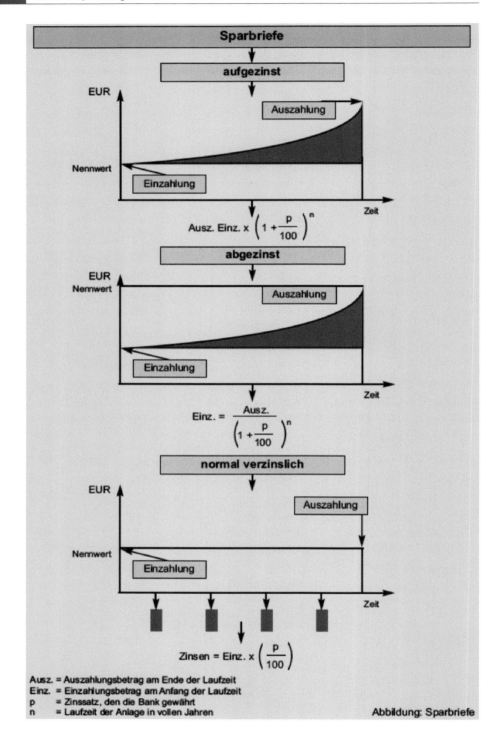

Sparbriefe

aufgezinst

EUR

Auszahlung

Nennwert

Einzahlung

Zeit

$$\text{Ausz. Einz.} \times \left(1 + \frac{p}{100}\right)^n$$

abgezinst

EUR
Nennwert

Auszahlung

Einzahlung

Zeit

$$\text{Einz.} = \frac{\text{Ausz.}}{\left(1 + \frac{p}{100}\right)^n}$$

normal verzinslich

EUR

Auszahlung

Nennwert

Einzahlung

Zeit

$$\text{Zinsen} = \text{Einz.} \times \left(\frac{p}{100}\right)$$

Ausz. = Auszahlungsbetrag am Ende der Laufzeit
Einz. = Einzahlungsbetrag am Anfang der Laufzeit
p   = Zinssatz, den die Bank gewährt
n   = Laufzeit der Anlage in vollen Jahren

Abbildung: Sparbriefe

Beim abgezinsten Sparbrief ist der **Nennwert** der Wert des Sparbriefes am Ende der Lauf-zeit (eingezahlt wird der Nennwert abzüglich Zinsen und Zinseszinsen), während beim auf-gezinsten Papier der Nennwert der Wert des Sparbriefes am Anfang der Laufzeit ist (einge-zahlt wird der Nennwert, ausgezahlt wird der Nennwert zuzüglich Zinsen und Zinseszinsen).

Beim normal verzinslichen Sparbrief wird der Nennwert am Anfang der Laufzeit eingezahlt und am Ende der Laufzeit ausgezahlt. Zusätzlich erhält der Kunde jährlich eine Zinszahlung.

5.3.2   Sparschuldverschreibungen

Sparschuldverschreibungen werden auch Sparobligationen genannt. Hier gelten die Aus-führungen wie bei den Sparbriefen mit Ausnahme folgender Unterschiede:

- Die Laufzeit beträgt in der Regel vier bis zehn Jahre.
- Eine vorzeitige Rückgabe ist meistens möglich:
  - Rücknahme durch das Kreditinstitut zum „Hauskurs" (orientiert sich an dem Kapitalmarktzins) oder
  - Verkauf über die Börse (sofern die Schuldverschreibung durch das Kreditinstitut an der Börse eingeführt wurde).

5.3.3   Motive für Anleger und Emittenten

Im Rahmen des Einlagengeschäftes nehmen Kreditinstitute gerne auch Einlagen in Form von Sparbriefen entgegen. Die Mindesteinlage beträgt hier in der Regel zwischen 500 und 1.000 EUR. Die Laufzeit liegt in der Regel zwischen vier und acht Jahren.

Der Zinssatz liegt meistens höher als bei Termineinlagen, aber niedriger als bei festver-zinslichen Wertpapieren (je nach Anlagebetrag und Laufzeit). Betrachtet man die Rendite, so ist es wichtig, die Kosten zu berücksichtigen. Bei Sparbriefen und Sparschuldver-schreibungen fallen keine weiteren Kosten an, während bei festverzinslichen Wertpapie-ren neben den Erwerbskosten auch Depotgebühren hinzukommen.

5.3.4   Chancen & Risikopotenzial von Sparbriefen

Teilweise wird bei Banken nicht der Zinssatz, sondern ein durchschnittlicher Wertzu-wachs angegeben (auch „Rendite inkl. Zinseszinsen" genannt). Diese Angabe ist ver-wirrend, da dem ungeübten Kunden der Unterschied zwischen einer „echten" Rendite und diesem „durchschnittlichen Wertzuwachs" nicht klar ist. Sie kann daher nicht als Vergleichsmaßstab dienen. Sie wird wie folgt errechnet:

$$\text{Auszahlung} - \text{Einzahlung} = \text{Wertzuwachs}$$

$$\frac{\text{Wertzuwachs}}{\text{Laufzeit}} = \text{jährlicher Wertzuwachs}$$

$$\frac{\text{jährlicher Wertzuwachs}}{\text{Anlagebetrag}} \times 100 = \text{Wertzuwachs in \%}$$

	Sparbriefe/ Sparkassenbriefe	Sparschuldverschreibungen
Ertrag	Marktgerechte Verzinsung der Spareinlagen	Marktgerechte Verzinsung der Spareinlagen
Kosten	Keine Kosten	Keine Kosten
Steuern	Abgeltungsteuer 25 % + 5,5 % Soli ggf. Kirchensteuer	Abgeltungsteuer 25 % + 5,5 % Soli ggf. Kirchensteuer
Verfügbarkeit	Rückgabe vor Fälligkeit i. d. R. ausgeschlossen	Rückgabe vor Fälligkeit i. d. R. ausgeschlossen
Verkauf	Kein Börsenhandel, aber Verkauf durch Abtretung möglich	Kein Börsenhandel, aber Verkauf durch Abtretung möglich
Sicherheit*	Geschützt durch die Einlagensicherung	Geschützt durch die Einlagensicherung
Risikoklasse	1	1
Konkretes Risiko als Geldanlageinstrument	Inflationsrisiko	Inflationsrisiko
Rechtsgrundlagen	§ 363 HGB	§ 363 HGB
Verwendung	Mittelfristige Geldanlage	Mittelfristige Geldanlage
Mindestbeträge	i. d. R. ab 500 bis 1.000 EUR	i. d. R. ab 500 bis 1.000 EUR

* Sparkassenbriefe sind aufgrund der rechtlichen Stellung des emittierenden Institutes mündelsicher (sog. subjektive Mündelsicherheit). Der Sparbrief muss aber auf den Namen des Inhabers lauten, um in die Einlagensicherung zu fallen.

5.3.5   Steuerliche Behandlung von Sparbriefen

Durch das **Zuflussprinzip** müssen Privatpersonen Zinsen in dem Jahr versteuern, in dem sie dem Anleger zufließen. Als „zugeflossen" gelten alle Erträge, über die der Anleger frei verfügen kann. Das bedeutet, dass die Zinsen bei einem Zinssammler in einer Summe am Ende der Laufzeit versteuert werden müssen. Das kann dazu führen, dass die Freibeträge für Kapitalerträge überschritten werden. Auf der anderen Seite kann man Kapitalerträge in ein Jahr „verlegen", in dem die steuerliche Situation für die Kapitalerträge des Sparers besonders günstig ist.

Die Zinsen unterliegen ebenfalls der Abgeltungsteuer. Auch wenn die Papiere vor der Fälligkeit veräußert, zurückgezahlt oder abgetreten werden, wird aus dem Veräußerungserlös der enthaltene Zinsertrag für die rechnerische Besitzzeit besteuert (**§ 20 Abs. 2 Nr. 4 EStG**).

Zur Vermeidung der Abführung der Abgeltungsteuer kann auch hier der Freistellungsauftrag genutzt werden. Allerdings wird bei den auf- sowie abgezinsten Papieren der Zinsertrag bei Fälligkeit i. d. R. die Grenzen des „Sparerpauschbetrages" übersteigen. Hier ist dringender Beratungsbedarf gegeben, wann diese Papiere zum Einsatz kommen.

5.4 Festverzinsliche Wertpapiere

Beispiel:

Die Kartbahn GmbH & Co. KG benötigt weitere Karts und bestellt diese bei einem Hersteller in der Schweiz. Herr Michel rechnet damit, dass er die Karts alle sechs Monate komplett auswechseln muss und somit alle drei Monate neue Karts geliefert werden müssen. Die Schweizer Firma möchte aufgrund der neuen Geschäftsbeziehung eine Sicherheit für die Bezahlung der Karts haben. Nach den Recherchen von Herrn Michel gibt es unterschiedliche Möglichkeiten, diese von der Schweizer Firma gewünschte Sicherheitsleistung zu gewährleisten. Eine Variante wäre eine Bürgschaft der Hausbank. In diesem Fall gibt die Hausbank ein unwiderrufliches Zahlungsversprechen gegenüber dem Schweizer Hersteller ab. Herr Michel könnte dem Hersteller auch einen Scheck überreichen. Zur Sicherheit ist dieser Scheck nicht auf die Kartbahn GmbH & Co. KG ausgestellt, sondern auf die Hausbank oder Bundesbank. Für den Hersteller ist für die Einlösung des Schecks jetzt nur die Bonität der Hausbank oder Bundesbank wichtig. Diese Variante bietet eine große Sicherheit. Wenn der Hersteller im Besitz einer dieser Sicherheiten ist, beauftragt er eine Spedition mit dem Transport der Karts und erhält vom Spediteur einen Ladeschein und einen Frachtbrief. Den Frachtbrief faxt der Hersteller an Herrn Michel und dieser veranlasst die Zahlung. Nach dem Geldeingang für die Karts versendet der Hersteller den Ladeschein an die Kartbahn GmbH & Co. KG, damit Herr Michel die Karts auch vom Spediteur ausgeliefert bekommt. Welche von den hier erwähnten Papieren sind Wertpapiere und welche sind nur Urkunden?

5.4.1 Von der Urkunde zu Effekten

Wertpapiere verbriefen **Vermögenswerte** oder **-rechte**. In Deutschland gibt es keinen **Legalbegriff** für Wertpapiere. Insofern ist es notwendig, die Herkunft der Begrifflichkeit genauer unter die Lupe zu nehmen. Als Merkmale von Wertpapieren kann Folgendes definiert werden:

> Ein Wertpapier ist eine Urkunde.

Urkunden entstehen durch schriftliche Gedankenäußerungen mit **rechtserheblichem Inhalt**. Man kann sagen, Urkunden verbriefen rechtlich oder wirtschaftlich bedeutsame Erklärungen.

Urkunden können nach ihrer Herkunft in öffentliche und private Urkunden unterteilt werden. Zu den **öffentlichen Urkunden** gehören u. a.

- öffentliches Dokument,
- Grundschuldbrief,

- Geburtsurkunde,
- Personalausweis,
- Grundstückskaufvertrag.

Ausgestellt werden diese öffentlichen Urkunden durch Behörden oder von einer mit **öffentlichem Glauben** ausgestatteten Person (z. B. Notar).

Alle Urkunden von Privatpersonen ohne Mitwirkung einer Amtsperson werden als **private Urkunden** bezeichnet:

- eigenhändiges Testament,
- Scheck,
- Sparbrief,
- Aktie,
- schriftlicher Kaufvertrag.

Urkunden können auch nach ihrer zugedachten Funktion unterteilt werden. So dienen **Quittungen** (§ 370 BGB), **Schuldscheine** (§ 371 BGB) oder **Bürgschaftsurkunden** als Beweis einer rechtserheblichen Tatsache (**Beweisurkunde**).

Sie können auch zur Legitimation dienen, damit der Verpflichtete mit befreiender Wirkung an den Inhaber der **Legitimationsurkunde** leisten kann, z. B. an der Garderobe mit der Garderobenmarke oder mit einem Gepäckschein (Eisenbahnverkehrsordnung) am Post- oder Bahnschalter.

Urkunden verbriefen aber auch Vermögensrechte. So ist ein **Scheck**, ein **Konnossement**, eine Aktie oder eine Schuldverschreibung eine solche Urkunde. Der Verpflichtete kann die Leistung verweigern, solange die Urkunde nicht vorgelegt wird. Er muss leisten, sobald die Urkunde vorgelegt wird. In diesem Zusammenhang spricht man davon, dass Recht und Urkunde eine Einheit bilden.

Urkunden, die Vermögensrechte verbriefen, nennt man daher **Wertpapiere**. Wertpapiere können untergliedert werden nach der Art:

- des verbrieften Rechts,
- der Übertragung,
- des verbrieften Vermögenswertes.

Verbriefte Rechte können Forderungen, Mitgliedschaften oder Ansprüche auf Herausgabe von Sachen oder dingliche Rechte sein.

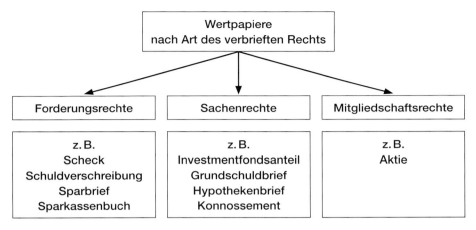

Vertretbare (fungible) Kapitalwertpapiere werden auch als **Effekten** bezeichnet.

---

§ 91 BGB

Vertretbare Sachen im Sinne des Gesetzes sind bewegliche Sachen, die im Verkehr nach Zahl, Maß oder Gewicht bestimmt werden.

Ein Wertpapier kann durch ein Wertpapier gleicher **Art** und **Gattung** vertreten werden, sodass diese Papiere ohne Weiteres ausgetauscht werden können. Außerdem erleichtert es die Bewertung dieser Papiere.

Papiere, die tatsächlich vorhanden sind, bilden die **effektiven Stücke**. Rechte, welche nur buchmäßig erfasst werden, bezeichnet man dagegen als **Wertrechte** (brieflose Wertpapiere). Die Form der **Schuldbuchforderung** ist für den Emittenten kostengünstiger und wird u. a. von der Bundesrepublik Deutschland bei der Ausgabe aller Bundeswertpapiere genutzt.

Effekten bestehen aus **Mantel** und **Bogen**. Der Mantel ist die Urkunde, welche ein **Teilhaber-** oder **Gläubigerrecht**, also das Hauptrecht, verbrieft. Der Bogen besteht aus **Kupons** (Zins- und Dividendenscheine) und gegebenenfalls einem **Talon**. Gegen die Zins- und Dividendenscheine erhält man in der Regel die laufenden Erträge aus der Kapitalanlage, während man für den Talon einen neuen Bogen erhält, sobald der alte Bogen „aufgebraucht" ist (insbesondere bei Aktien, da diese endlos laufen und die Inhaber damit endlos Anspruch auf Dividende haben).

Bei Investmentfonds spricht man weder von Zinsen noch von Dividenden. Die laufenden Ausschüttungen heißen „Erträge", weshalb die Kupons hier auch **Ertragsscheine** heißen.

Bei der Ausgabe, dem Handel, der Verwaltung und Verwahrung von festverzinslichen Wertpapieren gibt es zwei Hauptakteure und diverse Nebendarsteller. Die Hauptpersonen sind diejenigen, die sich **Fremdkapital** durch die Ausgabe (emittieren) von Schuldverschreibungen (**Schuldner**) beschaffen. Auf der anderen Seite stehen Kapitalanleger (**Gläubiger**), die ihr Vermögen in Rechte auf Rückzahlung des zur Verfügung gestellten Geldes sowie ein Entgelt in Form von Zinsen als Entschädigung für die Überlassung des Geldes erhalten.

Schuldverschreibung
Bestehende Rechtsverhältnisse

Aussteller (Emittent)	Kapital	Anleger
	Schuldverschreibung	
=	Anspruch auf Zinszahlung*	=
Schuldner	Anspruch auf Rückzahlung*	Gläubiger

* je nach Verbriefung

Zu den Nebendarstellern gehören alle anderen Personen, die ebenfalls an der Ausgabe, dem Handel, der Verwaltung und Verwahrung dieser Papiere beteiligt sind. Hier nehmen die Kreditinstitute eine überragende Rolle ein, weil sie bei der Emission, beim Kauf und Verkauf, den Zinszahlungen sowie der Aufbewahrung der Wertpapiere gegen Zahlung von Provisionen, Gebühren, Spesen usw. – ohne eigene Risiken einzugehen – behilflich sind. Auch der Staat gehört seit dem **01.01.2009** zu den Nebendarstellern. Seit dem 01.01.2009 verlangt das Finanzamt vom Emittenten oder der kontoführenden Stelle (Kreditinstitut), die vom Kapitalanleger eigentlich zu versteuernden Einnahmen direkt an das Finanzamt abzuführen. Mit dieser Steuer hat der Kapitalanleger seine Steuerschuld beglichen oder abgegolten. Daher wird diese Steuer auch als **Abgeltungsteuer** bezeichnet. Sie beträgt **25 %** auf die Einnahmen zzgl. **Solidaritätszuschlag von 5,5 %** auf die Steuerschuld und ggf. **Kirchensteuer** (vgl. Kapitel 2.3 im Teil C Steuern S. 477).

5.4.2 Rechtliche Grundlagen von Wertpapieren

Das deutsche Recht basiert auf den unterschiedlichsten Gesetzestexten. Diese Gesetze ergänzen sich i. d. R. und sind zur Klärung einer Rechtssituation heranzuziehen, weil gewisse Rechtsbegriffe z. B. im Bürgerlichen Gesetzbuch (BGB) definiert sind und damit als Begriff feststehen, wenn sie dann in anderen Gesetzen erwähnt werden. Für den Bereich der Wertpapiere finden wir eine Definition im Wertpapierhandelsgesetz (WpHG).

---

§ 2 WpHG Begriffsbestimmungen

(1) Wertpapiere im Sinne dieses Gesetzes sind, auch wenn keine Urkunden über sie ausgestellt sind, alle Gattungen von übertragbaren Wertpapieren mit Ausnahme von Zahlungsinstrumenten, die ihrer Art nach auf den Finanzmärkten handelbar sind, insbesondere

1. **Aktien**,

2. andere Anteile an in- oder ausländischen juristischen Personen, Personengesellschaften und sonstigen Unternehmen, soweit sie mit Aktien vergleichbar sind, sowie **Zertifikate**, die Aktien vertreten,

3. **Schuldtitel**,
   a) insbesondere **Genussscheine** und **Inhaberschuldverschreibungen** und **Orderschuldverschreibungen** sowie Zertifikate, die Schuldtitel vertreten,
   b) sonstige Wertpapiere, die zum Erwerb oder zur Veräußerung von Wertpapieren nach Nr. 1 und 2 berechtigen oder zu einer Barzahlung führen, die in Abhängigkeit von Wertpapieren, von Währungen, Zinssätzen oder anderen Erträgen, von Waren, Indices oder Messgrößen bestimmt wird.

(1a) **Geldmarktinstrumente** im Sinne dieses Gesetzes sind alle Gattungen von Forderungen, die nicht unter Abs. 1 fallen und die üblicherweise auf dem Geldmarkt gehandelt werden, mit Ausnahme von Zahlungsinstrumenten.

Im § 1 **Kreditwesengesetz** (KWG) konnten wir schon nachlesen, was der Gesetzgeber unter Finanzinstrumenten versteht. Damit dient auch das KWG als gesetzliche Grundlage für das Wertpapiergeschäft. Da die Emittenten von Wertpapieren i. d. R. Kaufleute sind, gehört auch das **Handelsgesetzbuch** (HGB) zu den wichtigen Gesetzestexten ebenso wie das **Aktiengesetz** (AktG). Die Kapitalverwaltungsgesellschaften finden im Kapital-anlagegesetzbuch (KAGB) und der Verordnung über den Gegenstand der Prüfung und die Inhalte der Prüfungsberichte für externe Kapitalverwaltungsgesellschaften, Invest-mentaktiengesellschaften, Investmentkommanditgesellschaften und Sondervermögen (Kapitalanlage-Prüfungsberichte-Verordnung – KAPrüfbV) ihre juristischen Regelungen, um nur die wichtigsten rechtlichen Grundlagen für den Bereich des Wertpapiergeschäf-tes zu benennen.

Vertretbare Kapitalwertpapiere, die Forderungsrechte gegen eine feste Zinszahlung ver-briefen, werden als **Gläubigerpapiere** definiert. Sie finden für diese Wertpapiergattung folgende synonyme Begriffe:

- Renten,
- Obligationen,
- Anleihen,
- Schuldverschreibungen,
- Bonds,
- festverzinsliche Wertpapiere.

Verwirrend hierbei ist, dass diese Begriffe in einem bestimmten Zusammenhang keineswegs synonym verwendbar sind. So sind die Merkmale einer Bundesanleihe beispielsweise anders als die einer Bundesobligation.

5.4.3   Gläubigerpapierarten und ihre Unterscheidungskriterien

Bevor ein Anleger ein festverzinsliches Wertpapier erwirbt, sollte er folgende Fragen stellen:

- Wer ist Schuldner dieses Papieres und wo ist dessen Geschäftssitz?
- Welche Art der Verzinsung hat das Papier?
- Wie und wann soll die Rückzahlung des Kapitals erfolgen?
- In welcher Währung wurde die Schuldverschreibung emittiert?
- Welche Sicherheit gibt es für die Zins- und Rückzahlung?

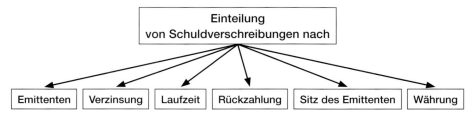

5.4.3.1   Emittenten

Vor dem Erwerb eines festverzinslichen Wertpapieres ist es für den Anleger sehr wichtig, wer „Schuldner" dieser Schuldverschreibung ist und welche Bonität dieser hat. Man spricht hierbei allerdings nicht vom Schuldner, sondern vom Emittenten (die Wertpapiere sind die „Emission" und das Herausbringen der Emission wird als „emittieren" bezeich-net).

```
                         ┌─────────────────┐
                         │   Emittenten    │
                         └─────────────────┘
```

Öffentliche Hand	Kreditinstitute	Unternehmen	Ausländische Emittenten

5.4.3.2 Rückzahlungsmöglichkeiten

Die Schuldverschreibung verbrieft in der Regel neben dem Anspruch auf Zinszahlung auch den Anspruch auf Rückzahlung mindestens zum Nennwert.

Die Rückzahlung von Anleihen kann auf dreierlei Weise geschehen:

1. **(Planmäßige) Tilgung**
   Die Anleihen werden je nach Emissionsbedingungen entweder gesamt (gesamtfällige Anleihen) oder nach und nach (Tilgungsanleihen) zurückgezahlt. Bei Tilgungsanleihen wird der Anleihebetrag über die gesamte Laufzeit in Raten zurückgezahlt. Die Tilgung kann durch Auslosung von bestimmten Merkmalen wie Serien, Reihen, Gruppen oder Endziffern bestimmt werden oder es ist eine typische Annuitätentilgung. Die Tilgung kann auch in Form der Lieferung von Wertpapieren erfolgen (s. Kapitel 7 Investmentzertifikate).

2. **Kündigung**
   Die Anleihe kann gesamt oder teilweise durch den Emittenten gekündigt werden. Meistens ist in den Emissionsbedingungen aber eine kündigungsfreie Zeit (oft fünf Jahre) vereinbart. Im Falle der teilweisen Kündigung gibt es eine sechsmonatige Kündigungsfrist zum jeweiligen Zinstermin, oft auch nach einer kündigungsfreien Zeit. Kündigungen durch den Gläubiger sind in der Regel durch die Anleihebedingungen ausgeschlossen. Bei börsennotierten Anleihen können diese Papiere aber börsentäglich verkauft werden.

3. **Freihändiger Rückkauf**
   Hat sich die Liquiditätslage des Schuldners positiv entwickelt, so kauft er die Papiere an der Börse zurück. Dieser Rückkauf (Tilgung) ist dann für den Schuldner attraktiv, wenn der aktuelle Börsenkurs unter dem Rückkaufswert notiert (**unter pari**).

Es existieren auch endlos laufende Anleihen, bei denen eine Rückzahlung durch den Emittenten nicht vorgesehen ist. Meistens ist ein Kündigungsrecht für den Schuldner sowie Gläubiger in den Emissionsbedingungen nach einer kündigungsfreien Zeit definiert. Es werden aber auch Anleihen mit Laufzeiten von 50 oder 100 Jahren oft als **ewige Anleihen** bezeichnet.

5.4.3.3 Verzinsung

Der Anleger hat in der Regel das verbriefte Recht auf Zinszahlung. Doch die Zinszahlung kann sehr unterschiedlich ausfallen und bietet einigen Gestaltungsspielraum nach den für den Kunden individuellen Bedürfnissen (s. Kapitel 7 Investmentfonds).

Bei der Verzinsung unterscheidet man zwischen der **Nominalverzinsung**, der **laufenden Verzinsung** und der **Effektivverzinsung**.

Der Nominalzinssatz ist der vertraglich festgelegte Zinssatz zwischen Schuldner und Gläubiger. Bei festverzinslichen Wertpapieren ist dieser in Prozent vom **Nennwert** der Anleihe angegebene Zinssatz auf dem Papier aufgedruckt.

Die Zinszahlungen erfolgen in Deutschland nachträglich und überwiegend jährlich, seltener auch halbjährlich. In anderen Staaten wie z.B. USA gibt es auch vierteljährliche Zinszahlungstermine.

Beispiel:

Halbjähliche Zinszahlungstermine

J/J	=	2. Januar	+	1. Juli
F/A	=	1. Februar	+	1. August
M/S	=	1. März	+	1. September
A/O	=	1. April	+	1. Oktober
M/N	=	2. Mai	+	1. November
J/D	=	1. Juni	+	1. Dezember

Kapitalanleger, die jeden Monat einen festen Zinsertrag benötigen, können sich durch eine geschickte Auswahl der Papiere jeden Monat einen festen Geldbetrag durch die vereinbarte Zinszahlung sichern.

Als laufende Verzinsung bezeichnet man die **gezahlten Zinsen** bezogen auf den Kaufpreis. Die Kosten werden hier nicht berücksichtigt. Die vereinfachte Formel lautet:

$$\frac{\text{Nominalzins} \times 100}{\text{Erwerbskurs (ohne Kosten)}}$$

Bei der Effektivverzinsung werden neben den anfallenden Kosten auch mögliche Abweichungen zwischen **Erwerbs- und Rückzahlungskurs** berücksichtigt.

$$\frac{\text{Nominalzins (+ Disagio / - Agio)}}{\text{Erwerbskurs} \times \text{Laufzeit}} \times 100$$

Der Kurs wird in Prozent des Nennwertes ausgedrückt.

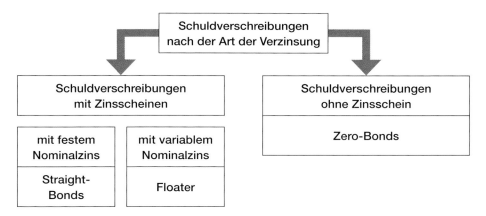

Die Anleihen mit einem festen Nominalzins bieten dem Anleger über die gesamte Laufzeit einen festen Ertrag. Der Zinssatz kann aber auch, wenn dies als Ausstattungsmerkmal bei der Emission so festgelegt wurde, in Stufen steigen und/oder fallen.

Es gibt Anleihen, die haben keinen festen Zinssatz. Hier ist der Zins während der Laufzeit **variabel**. Wie sich der Zins in den einzelnen Zinsperioden entwickelt, hängt von einem sogenannten **Referenzzinssatz** ab. Verändert sich dieser Referenzzinssatz während dieser Zinsperiode, wird der Zinssatz entsprechend den Emissionsbedingungen zum Anfang der neuen Zinsperiode angepasst. Als Referenzzinssätze kennen wir in Europa den **EURIBOR** und den **LIBOR**.

Euro Interbank Offered Rate = EURIBOR	London Interbank Offered Rate = LIBOR
Der EURIBOR ist ein Geldmarktzinssatz, zu dem sich zurzeit 44 Banken untereinander Geld für die Zeit zwischen einer Woche und zwölf Monaten leihen. Es werden täglich um 11:00 MEZ die 15 verschiedenen EURIBOR-Zinssätze festgelegt. Aus Deutschland melden derzeit neun Banken ihre Zinssätze. Um einen realistischen Durchschnittswert zu ermitteln, werden die 15 % „höchsten" und die 15 % „niedrigsten" Zinssätze nicht berücksichtigt.	Der Libor wird täglich um 11:45 in London (Ortszeit) von der British Bankers' Association veröffentlicht und stellt einen Durchschnittszinssatz da, zu dem sich ausgewählte Banken für 15 verschiedene Laufzeiten in zehn verschiedenen Währungen gegenseitig Geld leihen.

Euro OverNight Index Average = EONIA	Frankfurt Interbank Offered Rate = FIBOR
Die EZB ermittelt für Tagesgelder einen eigenen Referenzzinssatz. Hierzu melden die Panel-Banken des EURIBOR an jedem Handelstag bis 18:00 Uhr das Volumen ihrer Tagesgeldumsätze mit den entsprechenden Zinssätzen. Die EZB veröffentlicht im Anschluss an die Meldezeiten mit zwei Nachkommastellen den ermittelten Zins (act/360).	Mit dem Diskontsatz-Überleitungs-Gesetz und der FIBOR-Überleitungs-verordnung vom 10. Juli 1998 wurde der FIBOR durch EURIBOR und EONIA abgelöst.

Anleihen, die während der ganzen Laufzeit gemäß den Emissionsbedingungen keine Zinszahlungen leisten und deswegen ohne einen Zinsschein emittiert werden, bezeichnet man als **Nullkupon-Anleihe** oder **Zero-Bonds**. Der Zinsertrag für den Anleger ergibt sich bei dieser Anleiheform aus der Differenz zwischen Rückzahlungskurs und Emissionskurs bzw. Erwerbskurs. Vergleichen Sie bitte dieses Papier mit dem **abgezinsten Sparbrief**. Nullkupon-Anleihen werden in der Regel mit einem Abschlag (**Disagio**) auf den Nennwert emittiert und im Tilgungszeitpunkt zum Kurs von 100 % (**zu pari**) zurückgezahlt.

Den Charakter von Zero-Bonds können auch ursprünglich normale Anleihen annehmen. Hierzu muss die Anleihe in ihre Bestandteile zerlegt werden. Danach sind die Zinsscheine (Bogen) ohne ihren Mantel ganz nackt (stripped). Dieses Verfahren wird als Kupon-Stripping bezeichnet. **STRIPS** ist eine Abkürzung für Separate Trading of Registered Interest and Principal Securities. Ein „stripped" Bonds ist eine ursprünglich normale Anleihe, deren Zinsscheine getrennt gehandelt werden. Damit nimmt die Anleihe den Charakter einer Nullkupon-Anleihe an.

Der Sinn für das Kreditinstitut hinter dieser Arbeit ist es, durch das Zerlegen der Anleihe in seine Bestandteile einen höheren Ertrag zu erzielen, als wenn man sie komplett verkauft. Eine Bank kauft eine Anleihe zum marktüblichen Preis, jetzt zerlegt sie die Anleihe und verkauft die Anleihe zu einem geringeren Kurswert (abgezinst) als der marktübliche Preis. Der hieraus entstehende Verlust wird durch den Verkauf der Zinsscheine kompensiert. Da der Anleger jetzt Zinsscheine erhält, ohne das Kapital für die Anlage aufbringen zu müssen, ist er i. d. R. bereit, einen kleinen Aufpreis dafür zu bezahlen. Das Kreditinstitut erhält sofort das Geld für die Zinsen und kann damit schon wieder arbeiten. Aus diesem Blickwinkel betrachtet, kann dies ein lukratives Geschäft für alle Seiten sein. Der Kapitalanleger, der den Mantel kauft, macht sein Geschäft aus der Differenz zwischen Kaufpreis und Rückzahlungswert. Der Erwerber der Zinsscheine kann sich mit wesentlich geringerem Kapitalaufwand eine regelmäßige Rente sichern und das Kreditinstitut hat auch seinen Ertrag gemacht.

5.4.3.4   Laufzeiten

Der Zeitraum, in dem der Gläubiger (Anleger) dem Schuldner (Emittent) sein Kapital leiht, könnte als Laufzeit des festverzinslichen Wertpapieres bezeichnet werden. Da aber das Unternehmen (Emittent) für die unterschiedlichsten Investitionen Kapital benötigt, entscheidet der Emittent über die Laufzeit des Fremdkapitals i. d. R. nach der **Amortisation** der Investition. Die Laufzeit ist in den Anleihebedingungen genau definiert und umfasst den Zeitraum, in der sich der Nennwert der Anleihe von der Ausgabe bis zur Tilgung verzinst. Dieser Betrag sollte sich mit dem in dieser Zeit erwirtschafteten Ertrag, der aus dem so finanzierten **Anlage- oder Umlaufvermögen** erwirtschaftet wird, decken. Er dient dazu, die Zinsen und die Rückzahlung zu bedienen. Wird Umlaufvermögen finanziert, kann die Amortisation in einer kürzeren Zeit realisiert werden als bei langfristigen Investitionen des Anlagevermögens. Die Emittenten benötigen kurz-, mittel- und langfristiges Fremdkapital, sodass die Anleihen ihrem Bedarf entsprechend emittiert werden. Bei Anleihen gibt es folgende Unterscheidung:

* kurzfristige Anleihen haben eine Laufzeit bis zu vier Jahren,
* mittelfristige Anleihen haben eine Laufzeit zwischen vier bis acht Jahren und
* langfristige Anleihen haben eine Laufzeit von mehr als acht Jahren.

5.4.3.5   Übertragungen von Wertpapieren

Die Grundlage (**§ 929 BGB**) jeder Übertragung von Wertpapieren ist die **Einigung** und die **Übergabe** des Wertpapieres.

Nur bei den Inhaberpapieren reichen diese Voraussetzungen aus, um eine korrekte Übertragung der verbrieften Rechte zu gewährleisten. Inhaberpapiere lauten auf den jeweiligen Inhaber. Nach § 1006 BGB gilt hier die Vermutung, dass der Inhaber auch Eigentümer der beweglichen Sache ist. Somit kann nach § 932 BGB jeder diese Papiere **gutgläubig** erwerben.

> **Beispiele:**
> Inhaberschuldverschreibungen, Inhaberaktien, Inhaberscheck

Wertpapiere, die auf eine bestimmte Person oder deren **Order** ausgestellt sind, bilden die Gruppe der **Orderpapiere**. Orderpapiere sind kraft Gesetzes oder durch eine entsprechende Klausel als solche zu erkennen. Die **geborenen Orderpapiere** (kraft Gesetzes) sind von der Entstehung an ein Orderpapier, wie z. B. Scheck, Wechsel, Namensaktie, Namensinvestmentzertifikat. Im Gegensatz dazu werden Konnossement, Ladeschein, Lagerschein, Orderschuldverschreibungen oder Transportversicherungspolicen erst durch die Orderklausel zu einem Orderpapier (**gekorene/willkürliche Orderpapiere** § 363 HGB). Neben der Einigung und Übergabe des Papieres bedarf es eines Übertragungsvermerkes, welchen man auf der Rückseite („in dosso") des Papieres anbringt. Durch dieses Indossament werden die verbrieften Rechte auf die im Indossament benannte Person übertragen. Durch ein Blankoindossament wird aus dem Orderpapier praktisch ein Inhaberpapier, da jeder Besitzer der Urkunde sich selbst zur Ausübung der Rechte legitimieren könnte.

Bei **Namenspapieren** ist die versprochene Leistung direkt (**geradeaus = rekta**) an die im Papier bestimmte Person zu erbringen. Hier steht das verbriefte Recht im Vordergrund, sodass das Recht am Papier dem Recht aus dem Papier folgt. Die Übertragung erfolgt nicht sachenrechtlich, sondern **schuldrechtlich**. Daher muss neben der Einigung und Übergabe das verbriefte Recht abgetreten werden. Erst durch die **Zession** erhält der Berechtigte auch einen Anspruch auf Aushändigung der Urkunde. Zu den **Rektapapieren** gehören z. B. Grundschuldbriefe, Hypothekenbriefe, Sparkassenbriefe.

Die verbrieften Vermögenswerte von Wertpapieren werden danach unterschieden, ob es sich um kurzfristige oder langfristige Forderungen, Teilhaberrechte oder Rechte an Waren handelt.

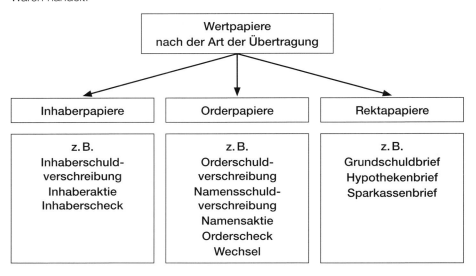

5.4.3.6   Sitz des Ausstellers

Die Globalisierung hat die ganze Welt verändert. Heute interessieren wir uns nicht nur für die Geschehnisse, welche direkt vor unserer Haustür stattfinden. Nein, wir interessieren uns auch für andere Länder und Regionen. Wirtschaftlich verlagern sich Produktions- prozesse in andere Länder, sodass die großen Konzerne Kapital für die verschiedenen Regionen benötigen. Dieses Kapital erwirtschaftet seinen Ertrag in einer bestimmten Währung und daher kann es sinnvoll sein, das Fremdkapital in der gleichen Währung auf- zunehmen. Das könnte dann bedeuten, dass ein deutscher Konzern in den Vereinigten Staaten Waren in seinem Werk produziert und die Investition an dem Standort in US-$ bezahlen muss. Auch die Anleihe wird dann in US-$ emittiert. Dann begibt ein deutsches Unternehmen (Inländer) eine Anleihe in ausländischer Währung. Umgedreht könnte ein amerikanischer Konzern (Ausländer) für sein deutsches Werk Kapital benötigen und eine Anleihe in Euro aufnehmen. Es wäre auch denkbar, dass der Konzern es für leichter erachtet, die Anleihe auf dem amerikanischen Markt zu platzieren und sie deshalb in US-$ herausgibt.

5.4.3.7   Währungen

Schuldverschreibungen können in Euro, aber auch in allen anderen Währungen emittiert werden. Dabei ist es nicht selbstverständlich, dass der Sitz des Emittenten Auskunft über die jeweilige Währung gibt. Für den deutschen Anleger sind Anleihen, die auf Euro lauten, also deren Zins- und Tilgungszahlungen in Euro geleistet werden, besonders interessant. Diese Anleihen haben kein **Wechselkursrisiko/Währungsrisiko** und bieten dem Anleger mehr Sicherheit als Anleihen in Fremdwährungen.

Bei reinen **Währungsanleihen** trägt der deutsche Anleger das volle Wechselkursrisiko, denn die Zins- und Tilgungszahlungen erfolgen hier in der fremden Währung. Je nach

Währung der Anleihe kann der Anleger in hoch spekulative oder in als Alternative zum Euro betrachtete Währungen investieren. Das Risiko eines Wertverlustes ist bei dieser Anlageform nie ausgeschlossen.

Daher gibt es auch Währungsanleihen, denen ein **Kurssicherungsgeschäft** zugrunde liegt. Hier werden die Zins- und Tilgungszahlungen entweder in Fremdwährung oder in Euro gezahlt. Das Wechselkursrisiko ist durch ein bei Emission festgelegtes, festes **Umrechnungsverhältnis** ausgeschaltet.

5.4.4 Öffentliche Anleihen

Beispiel:

In den Nachrichten liest das Ehepaar Michel von der anhaltenden Euro-Krise. Sie überlegen sich, welche Auswirkung die Krise auf ihre Bundesanleihen haben könnte, die sie vor vier Jahren gekauft haben. In dem Gemeinschaftsdepot des Ehepaares Michel befinden sich neben den Bundesanleihen auch noch Bundesobligationen der Serie 161 aus dem Jahr 2011 mit 1,25 % Nominalzins, Fälligkeit am 14.10.2018 über 15.000 EUR, Bundesschatz- briefe vom Typ A ISIN DE0001118983, Fälligkeit 01.11.2017 über 20.000 EUR und Typ B ISIN DE0001118990, Fälligkeit 01.11.2018 über ebenfalls 20.000 EUR sowie Finanzie- rungsschätze ISIN DE0001117521 mit einer Rendite von 0,5 %, Fälligkeit am 20.11.2012. Welche Papiere könnten sie verkaufen und welchen Wert haben die Papiere?

5.4.4.1 Staatsschulden als Kapitalanlage

Öffentliche Haushalte benötigen zur Finanzierung der unterschiedlichsten Projekte oft mehr Geld, als durch Steuern und Abgaben zur Verfügung stehen. Zur Deckung dieses Kapitalbedarfs treten auch die öffentlichen Haushalte als Emittenten am Kapitalmarkt auf. Die von den Staaten, Bundesländern, Städten, Kommunen usw. emittierten Anlei- hen werden als öffentliche Anleihen, aber auch als Staats- oder Regierungsanleihen bezeichnet.

> „Unter Finanzverfassung versteht man alle Regelungen, die das öffentliche Finanz- wesen eines Staates betreffen. Dazu gehört insbesondere das Recht, zur Erfüllung seiner Aufgaben Steuern und andere Abgaben zu erheben (Finanzhoheit). Auch die Verteilung der Einnahmen und die Haushaltswirtschaft gehören dazu."
>
> Quelle: Bundesministerium der Finanzen

In Deutschland ist die Finanzverfassung im Grundgesetz geregelt.

> **Art. 110 Abs. 1 GG**
>
> „Alle Einnahmen und Ausgaben des Bundes sind in den Haushaltsplan einzustellen; bei Bundesbetrieben und bei Sondervermögen brauchen nur die Zuführungen oder die Ablieferungen eingestellt zu werden. Der Haushaltsplan ist in Einnahme und Aus- gabe auszugleichen."

Aufgrund der Finanzkrise und der Befürchtung weiterer nicht überschaubarer Verschul- dung wurde 2009 eine sogenannte **Schuldenbremse** ins Grundgesetz aufgenommen.

Im **Art. 109a GG** wird zur Vermeidung von Haushaltsnotlagen ein Maßnahmenkatalog definiert.

Die Schuldenregel macht eine klare Vorgabe: Bis zum Jahr 2016 muss der Bund sein strukturelles Defizit auf maximal 0,35 % des BIP zurückführen.

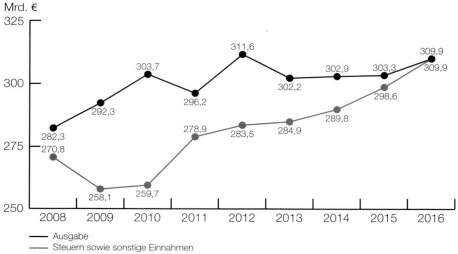

Entwicklung der Einnahmen und Ausgaben des Bundes

Mrd. €

— Ausgabe
— Steuern sowie sonstige Einnahmen

Quelle: Bundesministerium der Finanzen (November 2012)

Unter dem Aspekt, dass für die Schulden der öffentlichen Haushalte alle Bundesbürger mit ihrem Steueraufkommen haften, ist dieses Vorgehen für die künftigen Investoren in öffentliche Anleihen sowie für die künftigen Generationen angemessen.

Staatsanleihen von den großen Industrienationen, welche von den **Rating-Agenturen** mit der **höchsten Qualität** (geringstem Ausfallrisiko) **AAA** (S&P) oder **Aaa** (Moody's) – siehe Kapitel 5.4.5.2 – bewertet werden, bieten dem Anleger eine besonders hohe Sicherheit in Bezug auf die Rückzahlungen (Bonität). Allerdings kauft sich der Kapitalanleger diese Sicherheit mit etwas niedrigeren Zinsen als für Anleihen mit schlechteren Bonitätsbewertungen ein. Bei Staatsanleihen aus dem Euro-Raum hat der Anleger kein Währungsrisiko. Bei Fremdwährungsanleihen kommt zum **Bonitätsrisiko** auch noch das **Währungsrisiko** hinzu.

Öffentliche Anleihen des Bundes dienen als kurz-, mittel- und langfristige Kapitalbeschaffung von Bund, Ländern, Gebietskörperschaften und des Sondervermögens des Bundes. Sie dienen zur Konsolidierung des Haushaltes, Finanzierung öffentlicher Aufgaben, Investitionen in Sondervermögen des Bundes (u. a. Treuhandanleihen, ERP-Sondervermögen) sowie Finanzierung besonderer Aufgaben (z. B. KfW-Bankengruppe). Diese Wertpapiere werden als Bundeswertpapiere bezeichnet und als **Wertrechte** emittiert. Das **Bundesschuldenbuch** wird von der **Bundesrepublik Deutschland – Finanzagentur GmbH** geführt. Die **Finanzagentur** entscheidet auch über Ausgabezeitpunkt, Kondition und Emissionsvolumen entsprechend den haushaltsrechtlichen Vorgaben.

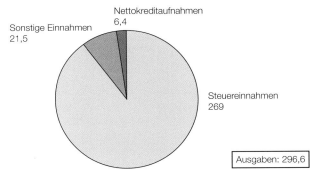

Quelle: Bundesministerium der Finanzen (13.03.2013)

Die Grafik zeigt, dass 2014 zwischen den Einnahmen und den Ausgaben eine Diskrepanz von 6,4 Mrd. EUR liegen wird. Für 2014 sieht der Haushaltsplan Zinsausgaben in Höhe von 32,08 Mrd. EUR vor. Eine massive Zinsverschlechterung würde den Bundeshaushalt erheblich mehr belasten. Die Schulden der Länder und Gebietskörperschaften sind in dieser Berechnung noch nicht berücksichtigt. Die Schätzung vom Bund der Steuerzahler liegt im September 2013 bei ca. 2.132 Mrd. EUR Schulden.

Eine Tilgung der Schulden ist im Haushaltsplan nicht berücksichtigt. Volkswirtschaftler stellen sich die Frage, wie sich der Staat am leichtesten entschulden kann und welche Folgen dies für den Wert des Geldes hat?

Im Vergleich zu anderen Anleihen sind Bundeswertpapiere aus Sicht der Rating-Agenturen Anleihen mit höchster Qualität und damit eine Anlagemöglichkeit für sicherheitsorientierte Kapitalanleger.

Aktuelle Informationen und Konditionen zu Bundeswertpapieren erhalten Sie unter **www.deutsche-finanzagentur.de**.

Merkmale	Öffentliche Anleihen	Bundes-obligationen	Bundes-schatzbriefe*	Finanzie-rungsschätze*
Emittent	Bund Länder	Bund	Bund	Bund
Grund der Emission	Finanzierung der Investitionen	Finanzierung der Investitionen und breite Vermögensbildung		Finanzierung der Ausgaben
Zinszahlung	jährlich	jährlich	Typ A: jährlich Typ B: aufgezinst/steigende Zinssätze	abgezinst

Laufzeit bei Neuemission	i. d. R. 10 Jahre	5 Jahre	Typ A: 6 Jahre Typ B: 7 Jahre	ca. 1 Jahr oder ca. 2 Jahre
Ersterwerb	jedermann	jedermann	nur natürliche, mildtätige und kirchliche Personen	jedermann, außer Kreditinstitute
Börseneinführung	ja	ja	nein	nein
Verkauf bzw. vorzeitige Rückgabe	täglicher Verkauf zum Börsenkurs	nach Börseneinführung täglicher Verkauf zum Börsenkurs	Rückgabe nach 1. Laufzeitjahr bis zu 5.000 EUR je Gläubiger und 30 Zinstagen	nicht möglich
Verwahrung/ Verwaltung	Kreditinstitute oder Deutsche Finanzagentur	Kreditinstitute oder Deutsche Finanzagentur	Kreditinstitute oder Deutsche Finanzagentur	Kreditinstitute oder Deutsche Finanzagentur
mündelsicher	mündelsicher	mündelsicher	mündelsicher	mündelsicher
deckungsstockfähig	deckungsstockfähig	deckungsstockfähig	---	deckungsstockfähig
Sicherheit	Steuerkraft des Bundes (Landes)/ Gesamtvermögen	Steuerkraft des Bundes/ Gesamtvermögen	Steuerkraft des Bundes/ Gesamtvermögen	Steuerkraft des Bundes/ Gesamtvermögen

* Keine Neuemmission seit 01.01.2013.

Europa besteht aus vielen einzelnen Volkswirtschaften. Diese Volkswirtschaften zeichnen sich u. a. durch sehr unterschiedliche Bruttoinlandsprodukte, **Staatsverschuldungen** und damit Bonitätsbewertungen dieser Staaten aus. Nicht jedes Land in Europa hat die beste Bonität und bietet damit die maximale Sicherheit für die Zahlung der laufenden Zinsen und der Tilgung der Anleihe. Der Anleger erhält aber für die geringere Bonität eines Landes einen kaufmännischen Ausgleich durch höhere Zinsen. Höheres Risiko bedeutet auch gleichzeitig größere Renditechancen.

> *Hinweis:*
>
> *Kunden und Berater sind i. d. R. keine Volkswirtschaftler und so ist die Bewertung von Staaten ein sehr schwieriges Unterfangen, das den Profis der **Rating-Agenturen** überlassen wird (siehe Bewertung von Gläubigerpapieren Kapitel 5.4.5).*

Der Hunger nach frischem Kapital ist in den letzten Jahren bei allen großen Volkswirt-schaften enorm gestiegen. Die Globalisierung hat es geschafft, dass das Geld der Anleger heute länderübergreifend seinen Weg zu den geldsuchenden Staaten findet. Deutschland hat bei den Anlegern eine Neuverschuldung 2014 von 6,4 Mrd. EUR erreicht und steht mit über 2 Billionen EUR Gesamtverschuldung bei den Gläubigern in der Kreide (Haushalt 2014).

Die wirtschaftliche Leistungsfähigkeit eines Staates wird durch das **Bruttoinlandspro-dukt (BIP)** gemessen. Setzt man diese Leistungsfähigkeit ins Verhältnis zur gesamten Staatsverschuldung, dann erhält man eine Prozentzahl, mit der man die Verschuldungs-quote zur Leistungsfähigkeit bewerten kann.

Doch wer gibt den Staaten Kredit? Kreditgeber für Staaten sind private Anleger, weil Staatsanleihen in der Vergangenheit als besonders sicher galten, obwohl es in den letzten Jahren auch viele Staatspleiten gab. Dazu zählen auch die Gelder der privaten Anleger, welche für die Altersvorsorge bei Versicherungen oder Pensionsfonds angelegt wurden. Auch diese Kapitalsammelstellen erfreuen sich an den Erträgen aus Staatsan-leihen, weil die Rückzahlung als ziemlich sicher gilt und zusätzlich ein regelmäßiger Ertrag in die Kassen der Versicherungsgesellschaften und Pensionsfonds fließt. Tragisch wird es nur dann, wenn die Staaten ihre Schulden nicht mehr zurückzahlen können. Aber auch Kreditinstitute und Fondsgesellschaften gehören zu den Käufern von Staatsanleihen.

Wie hoch der täglich Bedarf an finanziellen Mittel ist, sollen diese Zahlen aufzeigen: Als der amerikanische Präsident Obama 2008 startete, stand die Schuldenuhr in den USA auf **10.024.724.896.912** Bilionen US-$ und erreichte am 30.09.2011 einen Schuldenstand von **14.790.340.328.557** Billionen US-$ und ist heute am Anfang seiner zweiten Amts-zeit bei 16.751.603.850.456 Billionen US-$. Das ist ein Anstieg um **6.726.878.953.544** Billionen US-$ und entspricht einem Anstieg um 67,1 % zum Schuldenstand von 2008. Die USA benötigen täglich mehr als 4 Mrd. US-$, um ihren laufenden Verpflichtungen nachzukommen. Einen großen Teil dieser Anleihen wurde in den letzten Jahren von der Volksrepublik China gekauft, sodass China mittlerweile der größte Gläubiger der Ver-einigten Staaten von Amerika ist.

Kreditvergabe und Kapitalanlagen gehören immer zusammen. Der Anleger, der Geld anlegt, erhält ein Entgelt und vermehrt damit sein Vermögen. Der Kreditnehmer, der einen Kredit aufnimmt, muss diese Zinsen bezahlen und natürlich den Kredit tilgen. Es findet durch die Zinszahlung oder Zinseinnahme eine Umverteilung des Vermögens statt. Wenn Kredite nicht regelmäßig getilgt werden, haben sie den gleichen Effekt wie beim Schneeräumen: Wenn man nur den Schnee vor sich her schiebt und nicht beseitigt, kann man irgendwann die Massen von Schnee nicht mehr bewegen. Diese Situation kam in den letzten Jahrhunderten regelmäßig vor, daher haben alte Privatbanken oft als Credo in ihrer Anlagephilosophie, das Kapital des Kunden zu erhalten. Denn durch eine Vernichtung des Kapitals können die vielen Jahre positiver Wertentwicklung zunichte gemacht werden.

Insolvenzen von Staaten

Anzahl der Pleiten bzw. Umschuldungen seit 1800 oder Unabhängigkeit

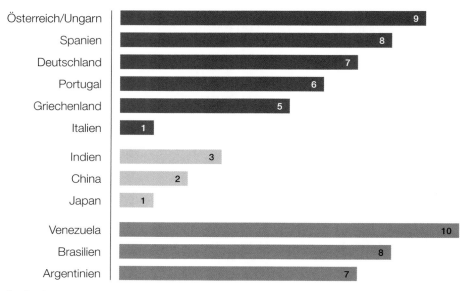

Quelle: Carmen Reinhard, Kenneth Rogoff: „Dieses Mal ist alles anderes", Finanzbuch-Verlag

5.4.4.2   Bundeswertpapiere für jeden Anlegertyp

Diese Wertpapiere existieren nicht in Form von Urkunden. Es gibt lediglich **Wertrechte**. Diese Wertrechte werden durch die Bundesrepublik Deutschland-Finanzagentur GmbH (kurz: Deutsche Finanzagentur) in Frankfurt am Main verwaltet. Für Anleger gab es folgende Möglichkeiten, seine Anleihen verwahren zu lassen:

Verwahrung von Wertpapieren der öffentlichen Hand

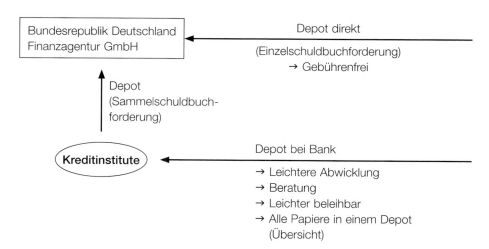

Seit dem 01.01.2013 werden folgende Wertrechte nicht mehr emittiert:

- Tagesanleihen,
- Finanzierungsschätze,
- Bundesschatzbriefe TYP A und B.

Die bestehenden Wertrechte werden noch bis zur Fälligkeit abgewickelt.

Die **Wertrechte** wurden früher in einem Buch erfasst, heute ist auch hier die elektronische Verarbeitung eingeführt worden. Dennoch ist der Begriff „Bundesschuldbuch" geblieben. Das Bundesschuldbuch wird gemäß **§§ 6 ff. Bundeswertpapierverwaltungsgesetz (BWpVerwG)** von der Deutschen Finanzagentur in Frankfurt am Main geführt.

Wie wir schon gelernt haben, tritt auch bei der Deutschen Finanzagentur die Wertpapiersammelbank Clearstream Banking AG als treuhänderischer Gläubiger für die einzelnen Kreditinstitute auf und steht letztendlich als Gläubiger im Bundesschuldbuch. Der Anleger erhält von seinem Kreditinstitut eine Depotgutschrift und ist somit indirekt an der **Sammelschuldbuchforderung** beteiligt.

Die **Einzelschuldbuchforderung** unterscheidet sich von der Sammelschuldbuchforderung insofern, dass bei der Einzelschuldbuchforderung der Anleger ins Bundesschuldbuch eingetragen wird. Bevor eine solche Eintragung erfolgen konnte, musste ein Schuldbuchkonto eröffnet werden, für das auch eine Legitimationsprüfung erforderlich war. Diese Legitimationsprüfung übernahmen Kreditinstitute kostenlos, damit der Anleger nicht jedes Mal nach Frankfurt zur Deutschen Finanzagentur fahren musste. Im **§ 7 Abs. 5 Bundesschuldwesengesetz (BSchuWG)** ist für die Einzelschuldbuchforderungen analog dem **Bankgeheimnis** geregelt, dass nur mit Ausnahmen (gerichtliche Anordnungen) an dazu berechtigte Personen Auskünfte über das Schuldbuchkonto erteilt werden dürfen. Wie bei einem Depot kann auch hier der Freistellungsauftrag hinterlegt werden und die Zinsen fließen dem vom Anleger genannten laufenden Bankkonto zu.

Als **Direktgeschäfte** konnte der Anleger die Finanzierungsschätze und Bundesschatzbriefe des Bundes noch bis zum 31.12.2012 kostenfrei erwerben. Danach werden diese Wertpapiere nicht mehr emittiert und das direkte Neugeschäft mit Privatkunden ist eingestellt. Bei den Bundesobligationen kann nur die zuletzt an der Börse eingeführte Serie über die Deutschen Finanzagentur gekauft werden, während bei Bundesanleihen der Erwerb laufender Serien oder älterer Bundesobligationen nur über ein Kreditinstitut erworben werden kann.

Der Verkauf kann für die börsennotierten Bundesobligationen und Bundesanleihen über die Börse erfolgen. Der Verkauf vor der Fälligkeit der Papiere erfolgt über die Deutsche Bundesbank, welche den Verkaufserlös abzüglich einer Provision auf das Konto des Anlegers überweist. Bundesschatzbriefe können umgetauscht oder in bestimmten Grenzen zurückgegeben werden.

5.4.4.2.1 Finanzierungsschätze

Abgesehen von Kreditinstituten darf bis zum **31.12.2012** jeder dieses Wertrecht ab einem Mindestbetrag von 500 EUR bis max. 250.000 EUR pro Person und Geschäftstag erwerben. Anleger, die für ein oder zwei Jahre ihr Geld sicher und dennoch verzinst angelegt wissen wollen, können dieses abgezinste (Nennwert – Zinsen = Kaufpreis) Wertrecht über die Deutsche Finanzagentur sowie Kreditinstitute kaufen. Eine vorzeitige Rückgabe oder ein Verkauf des Wertrechtes ist nicht möglich. Nach einem oder zwei Jahren erfolgt die Rückzahlung zum Nennwert. Allerdings können die Papiere auf erwerbsberechtigte Dritte übertragen werden.

5.4.4.2.2   Bundesschatzbriefe

Alle natürlichen Personen oder **gebietsansässige** Einrichtungen, die gemeinnützigen, mildtätigen oder kirchlichen Zwecken dienen, sowie WEG (Wohnungseigentümergemeinschaften) können über Kreditinstitute ab einem Mindestbetrag von 50 EUR oder über die Deutsche Finanzagentur ab einem Betrag von 52 EUR in unbeschränkter Höhe **Bundesschatzbriefe Typ A** oder **Typ B** erwerben. Diese Möglichkeit bestand allerdings nur noch bis zum **31.12.2012**. Anleger, die gerne einen regelmäßigen Zinsertrag brauchen, wählen den Typ A. Dieser Bundesschatzbrief schüttet einmal im Jahr die Zinsen aus und hat eine Laufzeit von sechs Jahren. Die Zinsberechnungsmethode ist bei beiden Bundesschatzbriefen mit der taggenauen Zinsmethode **act/act** gleich. Die Bundesschatzbriefe sind in Deutschland wohl die bekanntesten Kassenobligationen. Der Typ B sammelt die Zinsen (**Zinseszinseffekt**) bis zum Laufzeitende nach sieben Jahren und schüttet dann den Nennwert plus der angesammelten Zinsen aus.

Bundesschatzbriefe haben keinen festen Zins, sondern besitzen eine sogenannte „**Zinstreppe**". Hier steigt der Zins in jedem Laufzeitjahr an und bietet somit eine Motivation für den Anleger, das dem Bund zur Verfügung gestellte Kapital erst am Laufzeitende zurückzufordern.

Da nicht jeder diese Papiere erwerben darf, können die Papiere auch nur an erwerbsberechtigte Personen übertragen werden. Die „Deutsche Finanzagentur" nimmt aber auch die Papiere nach dem 1. Laufzeitjahr zurück – beim Typ A zum Nennwert (Zinsen sind geflossen) und beim Typ B zum Rückzahlungswert (Nennwert + Zinsen). Jeder Gläubiger kann innerhalb von 30 Zinstagen 5.000 EUR zurückgeben.

Vorteil bei Bundesschatzbriefen ist das fehlende Kursrisiko trotz hoher Liquidität, da die Rückgabe zu 100 % + angelaufener Zinsen erfolgt. Man verzichtet durch eine vorzeitige Rückgabe allerdings auf die hohen Zinsen in den letzten Jahren der Laufzeit. Beim Typ B sollte man auf jeden Fall beachten, dass die Zinsen alle im Jahr des Zuflusses zu versteuern sind. Dadurch können die Freibeträge überschritten werden.

5.4.4.2.3   Bundesobligationen

Anleger, die ihr Kapital für fünf Jahre festlegen möchten und jederzeit die Möglichkeit haben wollen, die Anlage verkaufen zu können, wählen aus den Bundeswertpapieren die Bundesobligation. Bundesobligationen können über die Börse in unbeschränkter Höhe oder über die Deutsche Finanzagentur mit einem max. Volumen von 250.000 EUR pro Person und Geschäftstag und einem Mindestbetrag in Höhe von 110 EUR erworben werden.

Die Zinszahlung erfolgt bei diesem Wertrecht jährlich und wird nach der Zinsberechnungsmethode act/act berechnet. Bei einem vorzeitigen Verkauf erfolgt dieser ausschließlich über die Börse zum jeweiligen Börsenkurs. Eine Rückgabe an die Deutsche Finanzagentur ist nur zum Laufzeitende möglich.

5.4.4.2.4   Bundesanleihen

Bundesanleihen können nicht über die Deutsche Finanzagentur erworben werden, sondern ausschließlich über die Börse. Kapitalanleger, die einen Anlagehorizont von zehn bzw. 30 Jahren haben, wählen die Bundesanleihe. Mit der jährlichen Zinszahlung (Berechnung act/act) und der Möglichkeit, in unbeschränkter Höhe dieses Wertrecht zum aktuellen Börsenkurs erwerben und auch wieder verkaufen zu können, ist es nicht nur bei Privatpersonen ein beliebtes Anlageinstrument. Eine Verwahrung bei der Deutschen Finanzagentur ist durch eine Übertragung von einem Kreditinstitut möglich, aber i. d. R. mit einigen Kosten des Kreditinstitutes verbunden.

5.4.4.3   Motivation des Anlegers und Staates

Der Staat, der eine Anleihe oder ein anderes Gläubigerpapier emittiert, benötigt das Kapital, weil die Einnahmen und Abgaben der Bürger nicht ausreichen, um die Ausgaben des Staates zu decken. In den letzten Jahrzehnten sind die Staatsschulden um ein Vielfaches angewachsen, sodass inzwischen ein großer Teil der Neuverschuldung dazu dient, die laufenden Zinszahlungen zu bedienen. Die fälligen Schulden werden durch neue Anleihen gedeckt. Diese neuen Anleihen sind nicht mit der Neuverschuldung zu verwechseln. Die Neuverschuldung bezieht sich nur auf die Summe, welche zusätzlich zu den schon bestehenden Schulden am Kapitalmarkt aufgenommen werden muss. In einer solchen Situation kann ein erheblicher Zinsanstieg den Haushalt eines Staates komplett kippen, wie wir es zurzeit in einigen Staaten Europas erleben. In Deutschland würde ein Zinsanstieg nur um 1 % bei 2 Billionen EUR Staatsverschuldung ca. 20 Milliarden EUR p. a. Mehrbelastung ausmachen. Vergleicht man für das Jahr 2012 das private **Geldvermögen** der Bundesbürger mit fast 4,9 Billionen EUR und die Staatsschulden mit ca. 2 Billionen EUR, dann bleibt ein Reinvermögen von 2,9 Billionen EUR.

Gesamtvermögen der deutschen Privathaushalte in Mrd. 2011

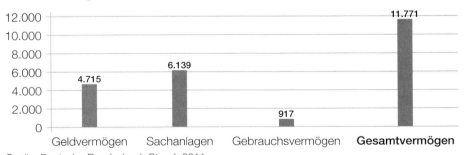

Quelle: Deutsche Bundesbank Stand: 2011

Die Anleger investieren gerne in Staatsanleihen, weil die Sicherheit von einigen, ausgewählten Industriestaaten besonders hoch erscheint. Dafür erhält der Anleger zwar weniger Zinsen, aber Sicherheit hat eben ihren Preis. Dennoch sind in den letzten Monaten durch die anhaltende Eurokrise viele Anleger verunsichert worden. Sie investieren ihr Geld immer weniger in Staatsanleihen. Erst wenn dieser Trend umgekehrt wird, kann es zu einer Gesundung der Finanzmärkte kommen.

5.4.5   Bewertung von Gläubigerpapieren

Beispiel:

Herr Michel weiß von der Kreditgenehmigung für die Kartbahn, dass die Banken eine Beurteilung der Kreditwürdigkeit der Firma vorgenommen und die Zahlen mit anderen vergleichbaren Unternehmen bewertet haben. Ein solcher Vorgang wird als „internes Rating" bezeichnet, weil es nach bankeigenen Kriterien erfolgt und nicht veröffentlicht wird. Das Ehepaar würde gerne bei der nächsten Anlage ihres Geldes auch die Bonität des Schuldners überprüfen. Sie überlegen, welche Zahlen, Daten, Fakten sie vom Schuldner benötigen und wie viel Zeit es bedarf, diese Zahlen dann zu analysieren.

5.4.5.1   Bonität des Schuldners

Anleihen können nach ganz unterschiedlichen Aspekten bewertet werden. Als wichtigstes Kriterium bleibt die **Bonität** des Schuldners. Die Bonität eines Schuldners zu bewerten, ist kein leichtes Unterfangen und stellt selbst Profis immer wieder vor große Herausforderungen.

Die wirtschaftlichen Verhältnisse können unter anderem durch die Prüfung der:

- Liquidität
- Finanzlage
- Ertragslage
- Kapitalstruktur
- Bilanzentwicklung
- Anfälligkeit für Krisen wie Währungs- und Finanzkrisen

Quantitative Faktoren
anhand von
Bilanzkennziffern

- Management
- Unternehmensstrategie
- Organisationsstruktur
- Prozessorganisation
- Mitarbeiterpotenzial
- Controlling
- Riskmanagement
- Networking

Qualitative Faktoren
anhand von
Unternehmensberichten,
Zeitungsartikeln,
Internet,
eigene Recherchen

- Historie (Einhaltung von Verträgen)
- Branchenentwicklung
- Standortbedingungen
- Lieferanten- und Kundenbeziehungen

Erfahrungs- und Umweltfaktoren
anhand von öffentlichen
und selbst recherchierten
Zahlen, Daten, Fakten

Gegen das Fälschen von Unterlagen und Zahlen, Daten und Fakten ist jeder Analyst chancenlos, wie wir es in den letzten Jahren immer mal wieder erlebt haben. Ansonsten kann mit dieser Methode ein ziemlich gutes Bild der wirtschaftlichen Fähigkeit eines Schuldners, seinen Zahlungsverpflichtungen nachzukommen, abgebildet werden. Die sehr umfangreichen Informationen können aber nur von professionellen Agenturen recherchiert und dann auch analysiert werden.

5.4.5.2 Rating-Agenturen helfen dem Anleger

Internationale Rating-Agenturen haben Bewertungssysteme für Emittenten von Anleihen entwickelt. Die bekanntesten Agenturen sind **Standard & Poor's, Fitch** und **Moody's Investors Service**.

Diese Agenturen sammeln seit Jahren Informationen über Staaten und Unternehmen. Das umfangreiche Material erleichtert diesen Agenturen nicht nur die Arbeit, im Zeitalter der Informationen ist dieses Material auch „Gold wert". Denn Rating-Agenturen können mit ihren Ratings ganze Volkswirtschaften stürzen. So wurde im November 2011 versehentlich von Standard & Poor's eine Mitteilung über die Herabstufung Frankreichs bekannt, welche sich aber als falsch herausstellte. An den Finanzmärkten führte es bis zur Richtigstellung zu einem Kursverfall französischer Staatsanleihen. Wenig später erfolgte dann tatsächlich diese Herabstufung auf AA+.

Rating-Agenturen werden bei der Bewertung von Unternehmen und deren Wertpapieren von den Unternehmen bezahlt, die die Wertpapiere emittieren. Ob damit ein Interessenkonflikt vorhanden ist, muss jeder für sich selbst beurteilen, aber auch Rating-Agenturen werden von Menschen geleitet und Menschen sind nicht fehlerfrei.

Moody's Analytics (www.moodysanalytics.com) ist ein Rating-Unternehmen, das an der New York Stock Exchange gelistet wird und seinen Sitz auch in New York hat. John Moody gründete 1909 die Agentur und lieferte damals gegen Bezahlung der Investoren Ratings zu Anleihen von Eisenbahngesellschaften. Seit 1970 zahlen die Emittenten die Gebühren für das Rating. Von der **US-amerikanischen Finanzaufsicht SEC** ist Moody's seit 1975 als offizielle Rating-Agentur anerkannt. Heute ist der größte Anteilseigner **Berkshire Hathaway**, das Unternehmen von der Finanzlegende Warren Buffett.

Fitch Ratings (www.fitchratings.com) hat seinen Sitz in New York und London und wurde 1913 von John Knowles Fitch gegründet. Die Firmenanteile werden zu 60 % von der französischen Fimalac-Holding und die anderen 40 % von dem amerikanischen Medienkonzern Hearst gehalten.

Als einzige der großen Rating-Agenturen ist **Standard & Poor's** (www.standardandpoors.com) keine eigenständige Firma, sondern seit 1966 eine Abteilung des **McGraw-Hill Konzerns**, deren Sitz New York ist. S&P analysiert nicht nur Staaten und Unternehmen auf ihre Qualität als Schuldner, sondern erstellt auch diverse Börsenbarometer (Indizes) für Aktien und Rohstoffe.

Die deutsche Rating-Agentur **Creditreform** hat ihre Wurzeln in Mainz, wo sie 1879 gegründet wurde. Der aktuelle **Bonitätsindex 2.0** soll den angeschlossenen Firmen helfen, Geschäftspartner besser einschätzen zu können. Die Creditreform firmiert als Dachorganisation unter dem **Verband der Vereine Creditreform e. V**. Für die Kreditvergabe an deutsche Unternehmen ist die Auskunftei auch für Banken von großer Bedeutung.

Durch Kürzel wird hierbei die Bonität (Fähigkeit zur Zinszahlung und Rückzahlung) auf einfachste Weise wiedergegeben. Folgende Tabelle gibt einen Überblick:

Fitch	Moody's	S&P	Definition
AAA	Aaa	AAA	Ausfallrisiko ist fast Null
AA+	Aa1	AA+	Sichere Anlage, wenn auch leichtes Ausfallrisiko
AA	Aa2	AA	
AA-	Aa3	AA-	
A+	A1	A+	Die Anlage ist sicher, falls keine unvorhergesehenen Ereignisse die Gesamtwirtschaft oder die Branche beeinträchtigen.
A	A2	A	
A-	A3	A-	
BBB+	Baa1	BBB+	Durchschnittlich gute Anlage, bei Verschlechterung der Gesamtwirtschaft ist aber mit Problemen zu rechnen.
BBB	Baa2	BBB	
BBB-	Baa3	BBB-	
BB+	Ba1	BB+	Spekulative Anlage, bei Verschlechterung der Lage ist mit Ausfällen zu rechnen.
BB	Ba2	BB	
BB-	Ba3	BB-	
B+	B1	B+	Spekulative Anlage, bei Verschlechterung der Lage sind Ausfälle wahrscheinlich.
B	B2	B	
B-	B3	B-	
CCC	Caa1	CCC+	Nur bei günstiger Entwicklung sind keine Ausfälle zu erwarten.
CCC	Caa2	CCC	
CCC	Caa3	CCC-	Moody's = Zahlungsverzug S&P = Hohe Wahrscheinlichkeit eines Zahlungsausfalls/Insolvenz beantragt
CCC	Ca	CC	
CCC	Ca	C	Zahlungsausfall
DDD	C	D	
DD	/	/	
D	/	/	

Für die unterschiedlichen **Bonitätsklassen** können dabei unterschiedliche **Zinsstrukturkurven** festgestellt werden. Von der relativ „risikofreien" unteren Kurve zu den höheren Verläufen ist dabei ein Zinsaufschlag zu erkennen, der auch **Spread** genannt wird.

Investments für konservative Anleger sollten unbedingt im A-Bereich bis maximal zum BBB-Bereich getätigt werden (**Investment Grade**), da auch die Agenturen nicht immer richtig liegen und eine Korrektur der Einschätzung nach unten häufiger vorkommt.

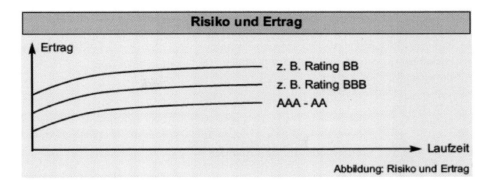

Abbildung: Risiko und Ertrag

5.4.5.3   Mündelsicherheit

Wird die elterliche Sorge für ein Kind nicht von den Eltern, sondern von einem **Vormund** ausgeübt, ist dieses Kind ein **Mündel**. In **§1806 BGB** ist geregelt, dass der Vormund das Geldvermögen des Kindes verzinslich anzulegen hat (sofern es nicht zur Bestreitung der Ausgaben des Mündels dient). Andererseits soll vermieden werden, dass der Vormund das Geld durch riskante Anlageformen leichtsinnig „verspielt". Daher darf das Vermögen nur mündelsicher angelegt werden.

§1807 BGB regelt, welche Anlageformen mündelsicher sind. Im Einzelfall kann das **Vormundschaftsgericht** andere Anlageformen gestatten (**§1811 BGB**).

Folgende gängige Anlagen gelten grundsätzlich als mündelsicher:

*   Bundes- und Länderanleihen,
*   alle Emissionen der öffentlichen Hand,
*   Industrieobligationen, wenn Bund und Länder für die Verzinsung bürgen,
*   Pfandbriefe,
*   Einlagen bei öffentlich-rechtlichen Kreditinstituten,
*   Einlagen bei Kreditinstituten, die einem Sicherungssystem angeschlossen sind (Garantiefonds oder Einlagensicherungsfonds).

Es können auch teilweise Investmentfonds als mündelsicher deklariert werden. Möchte man Mündelgelder in Fonds investieren, sollte man vorher das zuständige Familiengericht hierzu befragen.

5.4.5.4   Sicherungsvermögensfähigkeit

Lebensversicherungen bilden auf ihrer **Passivseite** eine (Deckungs- oder Sicherungs-) Rückstellung zur Abdeckung der Leistungen, die den Versicherungsnehmern aus ihren Versicherungsverträgen zustehen. Diese **Sicherungsrückstellungen** stellen somit eine Verbindlichkeit gegenüber den Versicherungsnehmern dar.

Die auf der Aktivseite als Sicherungsvermögen angelegten Vermögensgegenstände entsprechen der Sicherungsrückstellung. Um die Leistungen gegenüber den Versicherten gewährleisten zu können, sind die Anlagemöglichkeiten des Sicherungsvermögens durch das **Versicherungsaufsichtsgesetz (§54a VAG)** eingeschränkt.

Folgende Anlagen sind möglich (**zum Teil mit prozentualen Begrenzungen oder anderen Auflagen**):

- Grundstücke (und grundstücksgleiche Rechte),
- Hypotheken-, Grund- und Rentenschulden,
- Schuldverschreibungen,
- Schuldscheinforderungen,
- Beteiligungen,
- Aktien.

5.4.5.5   Weitere Sicherheiten für den Anleger

Weitere Sicherheit für den Anleger bietet die sogenannte „**Negativklausel**". Mit dieser Klausel sichert der Emittent dem Gläubiger zu, dass frühere oder künftige Anleihen gegenüber dieser Anleihe keine Besserstellung haben oder er keine weiteren Anleihen während der Laufzeit der Anleihe emittiert.

Noch mehr Sicherheit für den Anleger bietet eine **Garantie oder Bürgschaft** eines Dritten für den Kapital- und Zinsdienst. Aktuell haben durch die Finanzmarktkrise solche Zusagen Hochkonjunktur und ermöglichen dem Schuldner, zu besseren Konditionen Kapital auf dem Markt aufzunehmen.

Vorstellbar ist auch die Absicherung der Anleihe durch eine **Gesamtsicherungshypothek oder -grundschuld** zulasten des Schuldners, meist zugunsten der Emissionsbank.

Hypothekenbanken bilden entsprechend dem Pfandbriefgesetz eine sogenannte **Deckungsmasse** für die emittierten Pfandbriefe. Neben dem Vermögen der Hypothekenbank haften auch diese im **Deckungsregister** eingetragenen Vermögenswerte gegenüber dem **Pfandbriefgläubiger**.

6 Sachwerte

Beispiel:

Die Überschrift der Tageszeitung der Familie Michel titelt an diesem Wochenende: „Die Inflation ist zurück". Das Ehepaar überlegt, welche Konsequenzen eine konstante Inflation auf die bisher erworbenen Vermögenswerte hat. Zu den Vermögenswerten gehören:

Emittent	ISIN	Nenn-wert	Zins (%)	Kauf-kurs (EUR)	Ren-dite (%)	Fälligkeit	Moody's
Rating							
Bundes-schatzbrief TYP B	DE0001118990	5.000	0,250 -2,250	100,00	1,100	01.10.2018	Aaa
Finanzie-rungs-schätze	DE0001117539	2.000	0,150	99,70	0,150	20.11.2013	Aaa
Bundesan-leihe Öster-reich	AT0000ADGLY4	2.500	3,200	102,10	2,759	20.02.2017	Aaa
Bremer LB	DE000BRL7158	1.000	4,250	105,80	3,058	13.04.2017	Aa2
GE Capital	XS0272770396	1.000	4,125	104,40	3,144	27.10.2016	Aa2
Portugal	PT0TE00E0017	2.000	3,600	71,50	16,723	03.06.2014	Ba2
Gesamt-wert		**13.500**					

Herr Michel berichtet seiner Frau außerdem, dass die Gesellschafter der Kartbahn GmbH & Co. KG aufgrund des positiven Geschäftsjahres beschlossen haben, das erste Mal eine Ausschüttung an die Gesellschafter vorzunehmen. Die Ausschüttung für Herrn Michel würde zusätzliche 25.000 EUR in die Familienkasse spülen. Dieses Geld will die Familie zu 50 % wiederanlegen. Die Familie überlegt, in Vermögenswerte zu investieren, deren Wert nicht durch die Inflation aufgefressen wird. Herr Michel versucht seiner Frau zu erklären, dass ein Kapitalzuwachs von nur 2,25 % stattfinden würde, wenn das Ehepaar einen Zinskupon in Höhe von z. B. 4,25 % hat und die Inflation bei 2 % liegt. Die restlichen 2 % gleichen nur die Inflationsrate aus. Das Ehepaar sucht jetzt nach Alternativen zu den bisherigen Kapitalanlagen, die von der Inflation vielleicht sogar profitieren.

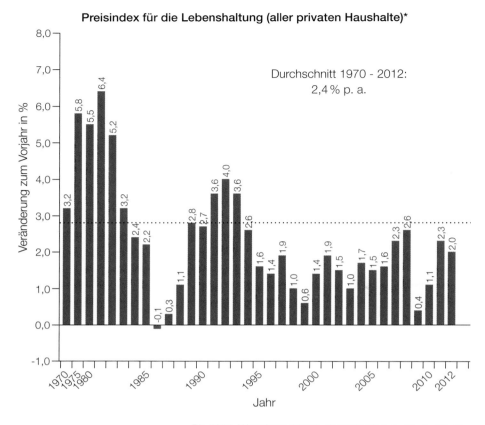

Preisindex für die Lebenshaltung (aller privaten Haushalte)*

Durchschnitt 1970 - 2012:
2,4 % p. a.

Bis 1994: Westdeutschland, ab 2000: Verbraucherpreisindex
Quelle: Deutsche Bundesbank/Statistisches Bundesamt

6.1   Sachwerte als Inflationsschutz

Güter, die einen Gebrauchswert für die Menschen haben oder sich zum Tauschen eignen, werden als **Sachwerte** bezeichnet. Die Sachwerte sollten auch bei einer **Inflation** (Kaufkraftverlust) ihren „tatsächlichen" Wert behalten. Zu den Sachwerten gehören nach allgemeiner Auffassung Maschinen, Immobilien, Grundstücke und Schmuck, um nur einige zu nennen. Bei den Maschinen und Immobilien wissen wir, dass sich diese Güter mit der Zeit abnutzen und nicht mehr den Wert haben, den sie beim Kauf hatten. Jeder, der schon einmal ein Auto gekauft hat, weiß wovon hier gesprochen wird. Wieso können diese Werte dennoch zu den Sachwerten zählen und sind als Schutz vor der Inflation geeignet?

Es stimmt, dass sich der Wiederveräußerungswert z. B. einer Maschine durch Verschleiß verringert. Die Maschine sollte aber weiterhin Waren produzieren können. Um diese Waren produzieren zu können, müssen aber die Rohstoffe durch die Inflation bedingt i. d. R. teurer eingekauft werden. Das Unternehmen muss seine Preiskalkulation überdenken und erhöht die Preise, damit prozentual der gleiche Ertrag wie vorher übrig bleibt.

Beispiel:

Rohstoffanteil pro Produkt	10 EUR/pro Produkt
Kalkulatorische Kosten für die Herstellung	15 EUR/pro Produkt
Gesamtkosten für die Herstellung	**25 EUR/pro Produkt**

Bei einem angenommenen Verkaufspreis von 35 EUR/pro Produkt erwirtschaftet das Unternehmen einen Gewinn von 10 EUR/pro Produkt. Dies sind 40 % auf das eingesetzte Kapital von 25 EUR.

Jetzt erhöhen sich die Preise für die Rohstoffe, die Lohnkosten steigen, auch die Energiekosten für die Herstellung usw., sodass von den 10 EUR/pro Produkt immer weniger übrig bleiben würde. Also erhöht das Unternehmen den Verkaufspreis, weil inzwischen ja auch die Verbraucher durch die Lohnsteigerung nominell mehr Geld in der Tasche haben.

Neue Kalkulation:

Rohstoffanteil pro Produkt	12,50 EUR/pro Produkt
Kalkulatorische Kosten für die Herstellung	17,50 EUR/pro Produkt
Gesamtkosten für die Herstellung	**30,00 EUR/pro Produkt**

Das Unternehmen möchte weiterhin die 40 % ordentlichen Gewinn auf das eingesetzte Kapital erwirtschaften, also muss sie den Verkaufspreis auf 42 EUR/pro Produkt erhöhen. Nominell ist der ordentliche Gewinn jetzt auf 12 EUR/pro Produkt gestiegen, aber durch den höheren Kapitaleinsatz bleibt das prozentuale Ergebnis gleich. So erwirtschaftet das Unternehmen mit der Maschine einen realen Ausgleich zur Inflationsrate.

Deswegen zählen Maschinen und Immobilien zu den Sachwerten, obwohl sie tatsächlich einer Abnutzung unterliegen. Andere Sachwerte, die durch ihre Knappheit gekennzeichnet sind, passen sich auch den neuen Preisen, die durch die Inflation verursacht werden, an. In der Regel bleibt der Tauschwert dieser Sachwerte aber gleich. So konnte man um 1900 einen guten Anzug für ein Goldstück erwerben, heute bezahlt man immer noch ein Goldstück für einen guten Anzug, obwohl die Preise für Anzüge in den letzten Jahren gestiegen sind. Auch diese Werte gehören zu den Sachwerten.

Kaufkraftverlust in EUR und %

Jahre	2 %	2,5 %	3 %	3,5 %	4 %	4,5 %	5 %
1	98,00	97,50	97,00	96,50	96,00	95,50	95,00
2	96,04	95,06	94,09	93,12	92,16	91,20	90,25
3	94,12	92,69	91,27	89,86	88,47	87,10	85,74
4	92,24	90,37	88,53	86,72	84,93	83,18	81,45
5	90,39	88,11	85,87	83,68	81,54	79,44	77,38
6	88,58	85,91	83,30	80,75	78,28	75,86	73,51
7	86,81	83,76	80,80	77,93	75,14	72,45	69,83
8	85,08	81,67	78,37	75,20	72,14	69,19	66,34
9	83,37	79,62	76,02	72,57	69,25	66,07	63,02
10	81,71	77,63	73,74	70,03	66,48	63,10	59,87

Jahre	2 %	2,5 %	3 %	3,5 %	4 %	4,5 %	5 %
11	80,07	75,69	71,53	67,58	63,82	60,26	56,88
12	78,47	73,80	69,38	65,21	61,27	57,55	54,04
13	76,90	71,95	67,30	62,93	58,82	54,96	51,33
14	75,36	70,16	65,28	60,73	56,47	52,49	48,77
15	73,86	68,40	63,33	58,60	54,21	50,12	46,33
16	72,38	66,69	61,43	56,55	52,04	47,87	44,01
17	70,93	65,02	59,58	54,57	49,96	45,71	41,81
18	69,51	63,40	57,80	52,66	47,96	43,66	39,72
19	68,12	61,81	56,06	50,82	46,04	41,69	37,74
20	66,76	60,27	54,38	49,04	44,20	39,82	35,85
21	65,43	58,76	52,75	47,32	42,43	38,03	34,06
22	64,12	57,29	51,17	45,67	40,73	36,31	32,35
23	62,83	55,86	49,63	44,07	39,11	34,68	30,74
24	61,58	54,46	48,14	42,53	37,54	33,12	29,20
25	60,35	53,10	46,70	41,04	36,04	31,63	27,74
26	59,14	51,77	45,30	39,60	34,60	30,21	26,35
27	57,96	50,48	43,94	38,22	33,21	28,85	25,03
28	56,80	49,22	42,62	36,88	31,89	27,55	23,78
29	55,66	47,99	41,34	35,59	30,61	26,31	22,59
30	55,46	46,40,	40,03	34,34	29,39	25,12	21,46
31	53,46	45,62	38,90	33,14	28,21	23,99	20,39
32	52,39	44,48	37,73	31,98	27,08	22,91	19,37
33	51,34	43,37	36,60	30,86	26,00	21,88	18,40
34	50,31	42,28	35,50	29,78	24,96	20,90	17,48
35	49,31	41,23	34,44	28,74	23,96	19,96	16,61
36	48,32	40,19	33,40	27,73	23,00	19,06	15,78
37	47,35	39,19	32,40	26,76	22,08	18,20	14,99
38	46,41	38,21	31,43	25,82	21,20	17,38	14,24
39	45,48	37,25	30,49	24,92	20,35	16,60	13,53
40	44,57	36,32	29,57	24,05	19,54	12,85	10,41

6.2 Aktien

Beispiel:

Die Anlageentscheidung bei den Michels ist noch nicht gefallen. Herr Michel möchte gerne bei den unternehmerischen Entscheidungen eingebunden oder zumindest ausführlich über die wirtschaftliche Entwicklung informiert werden, wenn er sein Geld einem Unternehmen anvertraut. Im Gegenzug ist er dazu bereit, nur einen laufenden Ertrag zu erhalten, wenn das Unternehmen einen Gewinn erzielt. Frau Michel dagegen legt mehr Wert darauf, dass die Kapitalanlage regelmäßig von Wirtschaftsprüfern geprüft wird und sie einen täglichen Referenzwert für das eingesetzte Kapital erhalten kann. Mit welcher Anlageform kann die Familie Michel ihren Wünschen gerecht werden?

6.2.1 Aktiengeschichte

Zum Ende des Mittelalters erforschten neugierige Entdecker die Welt. Oft im direkten Auftrag von Königinnen oder Königen. Die neuen Gebiete wurden als Kolonie zum eigenen Herrschaftsbereich hinzugefügt und die Rohstoffe und Bodenschätze ausgebeutet. So verstärkte sich der globale Handel in dieser Zeit sehr rasant. Das Wachstum schien durch die vielen neuen Kolonien unermesslich. Insbesondere die exotische Gewürze und Stoffe aus Asien hatten es den Menschen in Europa angetan.

Die Schiffsreisen in diese Regionen waren für die Schiffseigner ein kostspieliges und riskantes Unternehmen. Doch der mögliche Profit war gigantisch. Die Reisen verzehrten enorme Summen von Geld und wenn ein Schiff verloren ging, was in der Zeit häufiger vorkam, war das Kapital „futsch". Hier wurde die Idee geboren, andere Menschen am großen Glück teilhaben zu lassen, wenn es denn gut ging. So wurde 1602 die holländisch-ostindische Kompanie gegründet. Der Geschäftszweck war der Überseehandel mit Gewürzen, Sklaven und anderen Gütern. Den sich am Unternehmen beteiligten Kaufleuten versprach man eine Gewinnbeteiligung, wenn das Schiff wohlbehalten zurückkam und die Waren entsprechend abgesetzt werden konnten. Als Beweis für seine Beteiligung am Unternehmen erhielt der Geldgeber einen Anteilsschein am Unternehmen. Kam das Schiff tatsächlich an oder wurden Informationen über die bevorstehende Ankunft verkündet, stieg der Wert des Anteilsscheins. Verspätete sich die Ankunft des Schiffes oder kam es überhaupt nicht an, fiel der Wert der Anteilsscheine. Schon unsere Vorfahren erfreuten sich an diesem Reiz der Spekulation und auch damals entschieden, ebenso wie heute, nur die richtigen Informationen über Verlust oder Gewinn. Die Urheber hatten damit aber eine Möglichkeit erfunden, ihr eigenes Risiko zu minimieren. Da jetzt für eine Expedition nicht das gesamte Kapital des Unternehmens benötigt wurde, konnten gleichzeitig mehrere Schiffe in See stechen und damit gab es die erste Diversifikation von Risiken.

Heute ist der Handel mit Anteilsscheinen immer noch ein sehr beliebtes Mittel der Geldanlage. Doch mit der Zeit wurden die Rahmenbedingungen immer wieder ergänzt, sodass heute neben dem Bürgerlichen Gesetzbuch (BGB) und dem Handelsgesetzbuch (HGB) noch weitere gesetzliche Grundlagen existieren.

An erster Stelle steht das **Aktiengesetz** (AktG) selbst, in dem alle Einzelheiten für die Gründung, die laufende Geschäftsführung und Kontrolle der Geschäftsführung bis hin zur Auflösung (Liquidation) der Gesellschaft geregelt sind.

6.2.2   Anleger profitieren vom Unternehmenserfolg

Mit dem Erwerb von Aktien kann sich der Anleger an einem Unternehmen beteiligen. Aktien stellen eine **unternehmerische Beteiligung** dar und können zum Totalverlust des eingesetzten Kapitals führen. Aber nur das eingesetzte Kapital kann verloren gehen. Das ist der große Vorteil zu anderen unternehmerischen Aktivitäten, bei denen die Geldgeber oft auch mit weiteren Teilen ihres privaten Vermögens haften. Die Ausschüttungen des Gewinns werden als Dividenden bezeichnet. Bei der Auswahl der richtigen Unternehmen ist es möglich, relativ konstante Renditen durch die Vereinnahmung der Dividenden (**Dividendenrendite**) von 4–8 % zu erzielen. Darüber hinaus kann das Investment eine Wertsteigerung erfahren. Das spiegelt sich in einem höheren Kurs wider. Dies sind zwei Motive, sich an einem Unternehmen zu beteiligen. Zusätzlich gibt es noch das Motiv der **Mitbestimmung**. Dieses Motiv haben meist nur sehr vermögende Investoren, die gerne die Geschicke eines Unternehmens mit beeinflussen oder das Unternehmen in eine schon bestehende Konzernstruktur integrieren wollen.

6.2.3   Unterschiedliche Aktieninvestments

6.2.3.1   Anlegergruppen

Aktien werden nach mehreren Kriterien unterteilt, z.B. nach der Zielgruppe der Anteilseigner, nach den verbrieften Rechten und nach der Art der Übertragung. Die nachfolgende Abbildung gibt die jeweiligen Aktientypen nach diesen Unterteilungskriterien wieder. In Sonderfällen kann es noch weitere Aktientypen geben.

```
                    ┌─────────────────────────────┐
────────────────────┤     Aktien nach Anlegern    ├────────────────────
        │           └─────────────────────────────┘           │
┌───────┴──────────────────────────┐   ┌──────────┴───────────────────────┐
│ Belegschaftsaktien               │   │ Volksaktie                        │
│  • Zur Verstärkung des Zugehörig-│   │  • Aktien, die der Staat besaß,   │
│    keitsgefühls der Belegschaft  │   │    werden günstig verkauft        │
│  • Bessere Mitarbeit zur Erhöhung│   │    (z.B. bei Privatisierung)      │
│    der Dividende                 │   │  • Einkommensgrenzen werden       │
│                                  │   │    meist beachtet, um eine breite │
│                                  │   │    Vermögensbildung zu fördern    │
└──────────────────────────────────┘   └───────────────────────────────────┘
```

6.2.3.2   Bezugsgröße am Grundkapital

Mit dem Kauf einer Aktie wird der Investor Anteilseigner an einem Unternehmen. Die Aktie stellt den Anteil (**§1 Abs. 2 AktG**) am Grundkapital einer Aktiengesellschaft dar. Mindestens einmal jährlich treffen sich die Aktionäre einer Gesellschaft gemäß **§118 AktG** zur Hauptversammlung, um über die Vorgänge in der Gesellschaft unterrichtet zu werden. Außerdem werden auf der Hauptversammlung wichtige Beschlüsse gefasst.

Der Anleger haftet nicht selbst für Schulden der Gesellschaft (§1 Abs.1 AktG), sondern lediglich seine Einlage bzw. das damit erworbene Vermögen der Gesellschaft. Der erste Käufer der Aktie zahlt dabei den Nennwert der Aktie ggf. zuzüglich eines Aufgeldes (Agio) in das Unternehmen ein. Das Geld für den Nennwert wird im Grundkapital verbucht. Das **Agio** fließt in die Rücklagen der Gesellschaft, die ebenfalls einen Bestandteil des Eigenkapitals darstellen. Jeder weitere Anleger zahlt natürlich nur noch an den „alten Anleger" einen Geldbetrag für die Übertragung der Aktie. Er kauft quasi eine „gebrauchte" Aktie (**second hand**), weshalb die Börse ein **Sekundärmarkt** ist. Die Einführung einer Aktiengesellschaft zum Handel an einer Börse wird im **§ 3 Abs. 2 AktG** geregelt.

> **Beispiel:**
>
> Die Aktiengesellschaft könnte bei einer Kapitalerhöhung für jede Aktie mit einem Nennwert von 1 EUR einen Emissionskurs von 6 EUR ansetzen. Von diesen eingezahlten 6 EUR würde 1 EUR dem Grundkapital und die übrigen 5 EUR den Rücklagen zugerechnet.

Sollte der Nennwert nicht voll eingezahlt worden sein, besteht beim Aktionär eine **Nachschusspflicht** in Höhe der noch ausstehenden Einlage. Im o. g. Beispiel könnte dies bedeuten, dass statt 6 EUR z. B. nur 5,60 EUR eingezahlt worden sind. Hierbei würden dann 0,60 EUR dem Grundkapital und 5 EUR den Rücklagen zugerechnet. Diese Vereinbarung muss allerdings für alle Aktionäre in den Emissionsbedingungen vereinbart worden sein.

Das hat allerdings zur Folge, dass der Aktionär nach Aufforderung der Gesellschaft den offenen Betrag nachzahlen muss, während das Agio hiervon unberührt bleibt. Das ist durchaus üblich bei Lebensversicherungs-AGs.

Bei vorbörslichen Aktienverkäufen stellt das „Agio" auch sehr oft eine reine Vermittler- oder Verwaltungsgebühr dar und hat dann mit den Rücklagen der Gesellschafter nichts oder nur wenig zu tun.

Das Grundkapital errechnet sich nach **§ 8 Abs. 2 AktG** dabei wie folgt:

> Grundkapital = Anzahl der Aktien x Nennwert der Aktien

Sofern Aktien einen Nennwert haben, liegt dieser mindestens bei 1 EUR, höhere Beträge müssen auf volle Euro lauten. Allerdings gehen auch immer mehr Gesellschaften dazu über, ihre Aktien ohne Nennwert auszugeben. Man spricht dann von **Quotenaktien** oder **Stückaktien** (**§ 8 Abs. 3 AktG**).

Letztlich ist ein Aktionär rechnerisch immer mit einem bestimmten Anteil am gesamten Eigenkapital der AG beteiligt. Dabei ist es egal, wie sich das Eigenkapital zusammensetzt – also, wie viel von dem Eigenkapital Grundkapital und wie viel Rücklagen sind. Demzufolge ist der Verzicht auf die Ausweisung eines Nennwertes ein logischer Schritt, der nur das „verwirrende Element" des Nennwertes abschafft. Den rechnerischen Wert einer Aktie kann man einfach ermitteln, indem man das gesamte Eigenkapital durch die Anzahl aller Aktien der Gesellschaft dividiert.

6.2.3.3   Umfang der verbrieften Rechte

Ein Aktionär hat ganz bestimmte Rechte, die im Aktiengesetz umrissen sind. Je nach Aktienart können diese Rechte auch eingeschränkt werden. So ist z. B. für Inhaber von Vorzugsaktien häufig das Stimmrecht ausgeschlossen.

Die Aktie verbrieft folgende Rechte:
- Teilnahme an der Hauptversammlung (§§ 118, 175 Abs. 1 AktG),
- pro Nennwert (pro Aktie) eine Stimme (§ 12 AktG),
- Rechte des Investors in der Hauptversammlung (§ 119 AktG):
  - Benennung der Arbeitgebervertreter des Aufsichtsrates,
  - Verwendung des Bilanzgewinns (Verteilung nach Anteilen),
  - Entlastung der Mitglieder des Vorstandes und Aufsichtsrates (billigt die Verwaltung im letzten Jahr durch Vorstand und Aufsichtsrat),
  - Bestellung des Wirtschaftsprüfers,
  - Satzungsänderungen,
  - Kapitalerhöhung sowie Kapitalherabsetzung,
  - Bestellung von Prüfern,
  - Auflösung einer Gesellschaft,
- Anteil am Liquidationserlös bei Auflösung der Gesellschaft (§ 271 AktG),
- (in der Regel) Auskunftsrecht des Aktionärs (§ 134 AktG),
- Bezugsrecht bei der Ausgabe junger Aktien (§ 186 AktG),
- Anteil am Gewinn, wenn einer ausgeschüttet wird (§§ 58 Abs. 4, 60 Abs. 1 AktG).

Aktien nach verbrieftem Recht	
Stammaktie („Stämme")	**Vorzugsaktien („Vorzüge")**
„normale" Aktien – in Abgrenzung zu Vorzugsaktien	• meist kein Stimmrecht • Vorzüge hinsichtlich Stimmrecht seit 01.06.2003 nicht mehr möglich (§ 12 AktG Mehrstimm-rechts-Aktien) • Vorzüge hinsichtlich Dividende oder Liquidationserlös möglich

Die **Dividendenvorzugsaktie** ist der bedeutsamste Typ von Vorzugsaktien. Gerade im Hinblick auf ein Investment, das durch die Anlage in Aktien einen regelmäßigen und hohen Ertrag erzielen soll, können Vorzugsaktien interessant sein. Für den Vorteil bei der Dividendenzahlung verzichtet der Aktionär auf sein Stimmrecht. Allerdings dürfen stimmrechtslose Vorzugsaktien nur bis zu einem Gesamtnennbetrag in Höhe des Gesamtnennbetrages der anderen Aktien ausgegeben werden (**§ 139 Abs. 2 AktG**).

Fällt die Vorzugsdividende mindestens zwei Jahre aus, lebt das Stimmrecht wieder auf, bis die Rückstände nachgezahlt worden sind.

Beispiel:

Sehr bekannte Vorzugsaktien sind die VW-Vorzüge:

	Vorzüge	Stämme
Kurs am 26.08.2013	181,84 EUR	178,02 EUR
Dividenden April 2013 pro Aktie	3,56 EUR	3,50 EUR
Dividendenvorteil in %	2 %	-
Investitionsmehrkosten in %	2,15 %	-
Anzahl der Aktien (31.12.2012)	170.142.778	295.089.818

Der Einstieg der Katar Holding LLC 2009 hatte zur Folge, dass die Stammaktien aus dem DAX genommen werden mussten, weil der Streubesitz unter die notwendigen 10 % fiel.

Stimmrechtsverteilung (Stand 31.12.2010)

50,73 % Porsche Automobil Holding SE, Stuttgart
 2,37 % Porsche GmbH, Salzburg
20,00 % Land Niedersachsen, Hannover
17,00 % Katar Holding
 9,90 % Sonstige/Streubesitz

Betrachtet man den Anteil am gezeichneten Kapital, wird deutlich, welchen Vorteil die Aktionäre der Stammaktien mit der Ausgabe von Vorzugsaktien haben. Ohne den eigenen Einfluss zu verlieren, fließt dem Unternehmen Eigenkapital zur Stärkung der finanziellen Situation zu. Damit kontrolliert die Porsche Automobil Holding SE mit 50,73 % der Stammaktien (=Stimmrecht) die Geschicke des VW-Konzerns, obwohl sie am gezeichneten Gesamtkapital nur 32,2 % hält.

Aktionärsstruktur in „%" des gezeichneten Kapitals (Stand 31.12.2012):

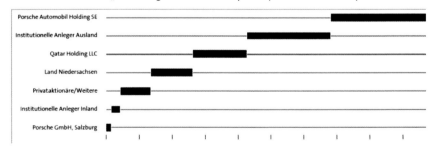

Quelle: Volkswagen AG

Für den Investor ist hier entscheidend, mit welchem Ziel er die Aktien erwirbt. Ist es sein Ziel, auf der Hauptversammlung z. B. sein Stimmrecht auszuüben oder möchte er an den Gewinnen der AG partizipieren oder hofft er auf positive Kursverläufe?

6.2.3.4   Übertragbarkeit der verbrieften Rechte

Am Beispiel haben wir gesehen, wie man seinen Einfluss als Großaktionär behält, ohne sich der Möglichkeit zu berauben, frisches Eigenkapital der AG zuzuführen. Eine andere Möglichkeit, sich ggf. vor ungewolltem fremden Einfluss zu schützen, kann die Wahl der Ausgabe der Aktienurkunden sein. Aus dem Kapitel festverzinsliche Wertpapiere kennen wir schon die verschiedene Arten, wie die Rechte aus dem Papier übertragen werden.

Aktien nach Art der Übertragung/Urkunde			
Inhaberaktien Übertragung durch Einigung und Übergabe	**Namensaktien Orderpapiere** Übertragung durch Einigung, Übergabe und Indossament (in der Praxis werden diese Aktien blankoindossiert, da sie sonst nicht gehandelt werden können. Das Blankoindossament ist eine einfache Unterschrift auf der Rückseite der Urkunde (ggf. zuzüglich Stempel)) Inhaber wird auf der Aktie und in das Aktionärsbuch der Gesellschaft eingetragen	**Vinkulierte Namensaktien** Emittent muss dem Indossament zustimmen kein Stimmrecht für den Käufer	**Interimsscheine** Übergangspapier, bis neue Aktien gedruckt sind (bei Neugründung oder Ausgabe junger Aktien)

6.2.3.4.1   Namensaktie

In den vergangenen Jahren haben viele Gesellschaften ihre Urkunden wieder auf Namensaktien umgestellt. Der Mehraufwand hält sich durch die moderne EDV in Grenzen (Führen von **Aktionärsbüchern**) und der Vorteil der intensiveren Betreuung der Aktionäre wird von den Gesellschaften als wichtiger bewertet. Erwirbt ein Investor Namensaktien, so ist er nach **§ 67 Abs. 1 AktG** verpflichtet, die zur Führung des Aktienregisters notwendigen Angaben zu machen. Werden die Aktien des Investors von einem Kreditinstitut in einem Depot verwahrt, dann wird häufig die depotführende Stelle ins Aktienregister eingetragen. Da die Aktiengesellschaft gerne die wahren Aktionäre und deren Beweggründe ihres Investments kennen möchte, kann die Gesellschaft u. U. solche Eintragungen von Treuhändern ausschließen.

Meistens werden solche Eintragungen erst ab einer bestimmten Aktienanzahl verlangt. Da Kreditinstitute diese Grenzen schnell erreichen, gelten diese oft vorübergehenden Aktienübertragungen für Kreditinstitute nicht. Treuhänder müssen aber der Gesellschaft bei Erreichen der Aktienanzahl dann den Treugeber offenlegen, ansonsten verlieren die entsprechenden Aktien ihr Stimmrecht. Glaubt die Aktiengesellschaft, dass ein Aktionär als Treuhänder fungiert, so hat die Gesellschaft nach **§ 67 Abs. 4 AktG** ein Auskunftsrecht und kann erfragen, ob die Aktien tatsächlich seinem privaten Vermögen zuzurechnen sind.

In den USA müssen börsennotierte Unternehmen durch Namensaktien verbrieft sein.

Möchte eine deutsche Aktiengesellschaft auch in den USA notiert (gelistet) werden, muss die AG auf Namensaktien umstellen.

Vorteile von Namensaktien sind:
- bessere und schnellere Kommunikation zwischen Gesellschaft und Aktionär durch die vorhandenen persönlichen Daten,
- Analyse der Aktionärsstruktur wird erleichtert,
- international verbreitete Aktienform, sodass Gesellschaften, die an mehreren Börsen gelistet sind, dafür Sorge tragen, dass alle Aktionäre die gleichen Rechte haben.

6.2.3.4.2   Vinkulierte Namensaktien

Die Vorschriften bei vinkulierten Namensaktien erschweren die Handelbarkeit von Aktien dieser Gattung. Diese Vorgehensweise ist bei sicherheitsrelevanten Unternehmen zwingend notwendig, da sie vor feindlichen Übernahmen geschützt werden müssen. Zu solchen sicherheitsrelevanten Unternehmen können u. a. Rüstungs- oder Luftfahrtunternehmen gehören. Die Deutsche Lufthansa AG muss aufgrund gesetzlicher Bestimmungen die Beteiligungsverhältnisse kontrollieren und emittiert daher vinkulierte Namensaktien.

> **Beispiel:**
>
> Kauft ein Investor z. B. Aktien der Deutsche Lufthansa AG und die Gesellschaft verweigert ihre Zustimmung zur Übertragung (**§ 68 Abs. 2 AktG**) der Aktien, liegt ein Rechtsmangel (**§ 433 Abs. 1 BGB**) des Rechtsgeschäftes vor. Damit bleibt der Verkäufer im Aktienregister eingetragen und hat weiterhin alle Rechte aus den Aktien. Hatte der Käufer auch noch Kenntnis von der Vinkulation, erlischt nach **§ 323 Abs. 1 bzw. Abs. 3 BGB** sein Anspruch auf Gegenleistung.

6.2.3.5   Real Estate Investment Trust (REITs)

REITs stellen eine ganz besondere Anlageform dar. Dabei handelt es sich um Unternehmen, die das angelegte Geld dazu verwenden, Immobilien zu kaufen, zu verkaufen und zu verwalten. Wirtschaftlich gesehen sind diese Wertpapiere eine Mischung aus Immobilienfonds und Aktien.

6.2.4   Bewertung von Aktieninvestments

Die Frage nach dem Wert, also dem Risiko oder den Chancen von Aktien, kann man auf unterschiedliche Art beantworten. Diese Antworten hängen stark von den eigenen Motiven und Einstellungen gegenüber der Aktienanlage ab. Neutral betrachtet ist eine Aktie ein unternehmerisches Investment und unterliegt damit immer auch der Möglichkeit, einen Totalverlust des eingesetzten Kapitals zu erleiden. Auch der laufende Ertrag ist nicht garantiert, sondern hängt vom Gewinn des Unternehmens ab. Deshalb spricht man bei einem Aktienengagement auch von „Risikokapital". Für den Anleger ist es zunächst wichtig, seine Motive des Aktienerwerbs zu betrachten und sich daraus eine entsprechende Strategie zu entwickeln, um die möglichen Risiken kalkulierbar machen zu können.

6.2.4.1   Motive für den Aktienerwerb

Hat ein Investor bisher nur in festverzinslichen Anlagen investiert, dann sollte er sich über die Unterschiede zwischen einer Anlage in Schuldverschreibungen und Aktien erkundigen und danach seine wohlüberlegte Entscheidung treffen.

Bei jeder Art von Kapitalanlage ist es wichtig, seine eigenen Motive für die Anlage zu erkennen. Als zweiter Schritt kann die eigene Standortanalyse von entscheidender Bedeutung sein. Im **§ 31 Abs. 4 und 5 WpHG** werden diese Angaben zur Standortbestimmung vom Anlageberater abgefragt. Dazu gehören:

- **Beruf/Ausbildung** – weil die Kenntnisse von volkswirtschaftlichen Zusammenhängen oder betriebswirtschaftlichen Aspekten bei der Anlage von Aktien wichtiger sind als bei der Kapitalanlage auf einem Sparbuch.

- **Bisherige Kenntnisse und Erfahrungen** – jeder, der ein bestimmtes Hobby betreibt, weiß, wie stark die Motivation sein kann, etwas über ein Fachgebiet zu erfahren, auch wenn andere Menschen es vielleicht für langweilig oder kompliziert halten. Die praktische Anwendung von Wissen wiegt immer etwas mehr als theoretische Kenntnisse.

- **Finanzielle Verhältnisse** – Entscheidungen, die unter Zwang getroffen werden, sind in den seltensten Fällen von Erfolg gekrönt. Kann der Anleger rein aus anlagepolitischen Gründen seine Entscheidung treffen und damit auch eine Phase der Nachfrageschwäche aussitzen? Oder ist er gezwungen, den Wert der Anlage auf einem bestimmten Niveau zu halten und unterschreitet er diesen Wert, muss er die Anlage auflösen? Wie schnell könnte ein möglicher Verlust durch das Ansparen des frei verfügbaren Kapitals ausgeglichen werden oder ist das angelegte Kapital die einzige Rücklage des Kapitalanlegers?

- **Anlagemotive** – ohne die Zielrichtung des Kunden zu kennen, kann keine Anlage-
empfehlung ausgesprochen werden, denn wie wollen Sie jemandem die Richtung
weisen, wenn Sie nicht wissen, ob er nach Norden, Süden, Westen oder Osten
reisen möchte?

6.2.4.2 Risiken von Aktieninvestments

Diese Analyse des Anlegers soll dabei helfen, die **Basisrisiken** von Wertpapieren sowie
die speziellen Risiken von Aktienanlagen mit dem Anlegertypus abzugleichen.

Zu den Risiken bei Aktienanlagen gehören:

Unternehmerisches Risiko – Ertrag und Wertentwicklung der Aktie kann zu Ausfällen
führen und im Extremfall sogar zur Insolvenz der Aktiengesellschaft, wodurch ein Totalverlust entstehen würde.

Kursrisiko – Entwicklung des Aktienkurses kann sich aufgrund allgemeiner Risiken
(Basisrisiken) oder spezieller, auf diese Aktie gerichtete Risiken negativ entwickeln. Auch
das Währungsrisiko ist letztendlich ein Kursrisiko.

Dividendenrisiko – der Aktionär hat ein Recht auf Beteiligung am Gewinn. Ohne Gewinn
stehen dem Aktionär keine Erträge zu, dieses Risiko trägt jeder Aktionär.

Risiko vom Delisting (engl. to list – notieren, verzeichnen) – Risiko,` dass der Handel
mit der Aktie eingestellt wird, z. B. wenn ein Hauptaktionär alle Aktien einer Gesellschaft
übernimmt (**squeeze-out**), ohne dass der Aktionär dagegen Einspruch erheben kann.

Risiko des Verlustes von Mitgliedschaftsrechten – dieser Verlust kann durch Rechts-
formwechsel, Abspaltungen, Übernahmen, Umwandlungen entstehen. Gerade bei der
Umwandlung kann es vorkommen, dass der Aktionär Aktien eines anderen Unternehmens (**Fusion**) erhält, welche nicht die gleichen Mitgliedsrechte wie die bisherigen Aktien
verbrieft. Bei der Übernahme kommt es nicht selten vor, dass der Hauptaktionär die

alleinige Regentschaft über das Unternehmen haben möchte und die Aktionäre unter Einhaltung der Rechtsordnung zu einer Abgabe (gegen ein entsprechendes Entgelt) der Aktien zwingt (**squeeze-out; §§ 327a – 327f AktG und §§ 39a – c WpÜG**).

Risiko der Markteinschätzung – die Entwicklung der Märkte hängt natürlich von der Einschätzung der gesamten Marktteilnehmer ab. Die Einschätzung des Einzelnen kann hier von der Einschätzung der Masse stark abweichen. So kann es zu einer Fehleinschätzung der Märkte kommen.

Risiko der Kursprognose – zur Analyse der künftigen Entwicklung des Kurses gibt es zwei unterschiedliche Methoden. Die eine Methode versucht, anhand von Zahlen, Daten und Fakten die wirtschaftliche Situation genau unter die Lupe zu nehmen und aus diesen Vergangenheitswerten eine Prognose für die künftige Entwicklung abzugeben. Die benötigten Informationen, die aus internen sowie externen Quellen kommen können, sollen dem Analyst helfen, einen fairen Preis für die Aktie zu ermitteln. Man spricht hier von der **Fundamentalanalyse**. Betrachtet der Analyst nur die Kursentwicklungen der Vergangenheit, dann ist das Ergebnis die **Chartanalyse**.

Exkurs: Aktieninvestments in Abgrenzung zur Schuldverschreibung

Unternehmen haben – abgesehen vom Bankkredit – grundsätzlich zwei Möglichkeiten zur Kapitalbeschaffung:
- durch die Ausgabe von Papieren zur Fremdkapitalbeschaffung und
- durch die Ausgabe von Aktien.

Folgende Übersicht soll die wesentlichen Unterschiede zwischen Unternehmensanleihe und Aktie aus Anlegersicht verdeutlichen:

Aktie	Unternehmensanleihe
gewinnabhängige Dividende	feste Zinsen
Stimmrecht auf der Hauptversammlung	kein Stimmrecht
Eigenkapital	Fremdkapital
im Insolvenzfall hat der Anleger meist den Totalausfall zu verschmerzen	im Insolvenzfall enthält der Anleger die Insolvenzquote
Anleger ist Mitinhaber der AG	Anleger ist Gläubiger der AG
Aktien stellen Sachwertpapiere dar und unterliegen somit einem Inflationsschutz	Geldforderungen unterliegen somit dem Inflationsrisiko
Volatilität (Kursschwankungen) ist meist höher	Volatilität ist meist geringer
keine Laufzeit (endlos)	Schuldverschreibungen haben eine begrenzte Laufzeit

6.2.4.3 Einflussfaktoren auf die Preisbildung bei Aktien

Der „normale" Kapitalanleger, der keine strategischen Gründe für den Erwerb der Aktie hat, möchte i. d. R. einen Ertrag mit seinem Kapital erwirtschaften. Nach Möglichkeit soll das Kapital auch erhalten bleiben. Hierzu muss der Wert des Unternehmens ermittelt werden.

Geschieht dies nicht an der Börse? Wird nicht durch Angebot und Nachfrage ein fairer Wert ermittelt? Wie wir aus dem vorherigen Kapitel wissen, gibt es neben den Risiken, welche sich aus dem Investment in eine Aktiengesellschaft ergeben, auch noch allgemeine Risiken. Diese können auch Einfluss auf die Aktie haben, ohne dass sich der eigentliche Bestand der Aktiengesellschaft verändert hat. Ist der Wert, der jetzt durch Angebot und Nachfrage entsteht, gegenüber diesem Investment wirklich fair?

Die Bewertung von Aktien hängt von vielen unterschiedlichen Faktoren ab. Zunächst ist es wichtig zu erkennen, dass alle Bewertungsmöglichkeiten aus einer Vergangenheitsbetrachtung heraus geschehen. Ob von der Vergangenheit auf die Zukunft so einfach geschlossen werden kann, kann nicht mit einem klaren „Ja" beantwortet werden. Oft hatten **Vergangenheitsbetrachtungen** keine oder nur eine geringe Aussagekraft über die tatsächliche Entwicklung in der Folgezeit. Vom Fußball kennen wir den schönen Satz: „Ein Spiel dauert 90 Minuten", und so ist es auch bei Kapitalanlagen. Zwischenzeitliche positive Aussichten müssen nicht dem Endresultat entsprechen. Welche Faktoren können den Börsenkurs einer Aktie beeinflussen?

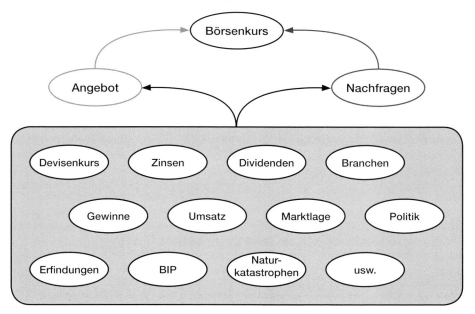

Ähnlich dem Produktzyklus aus der Betriebswirtschaft gibt es die verschiedenen Phasen und die dazu gehörenden Verhaltensmuster der Anleger.

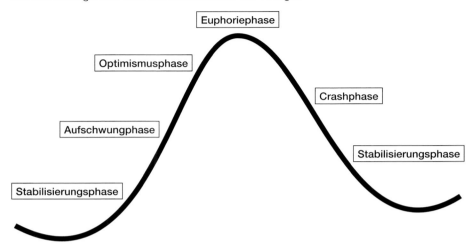

Stabilisierungsphase: In dieser Phase beruhigt sich der Markt nach einem Crash wieder. Die Kurse sind auf dem tiefsten Stand angekommen, langsam entwickelt sich wieder Vertrauen und die ersten Marktteilnehmer nutzen die Möglichkeit zum günstigen Erwerb von Aktientiteln. Dies sind meistens große und internationale Investoren.

Aufschwungsphase: Die Nachrichten in den Medien zeichnen noch immer ein düsteres Bild von der wirtschaftlichen Situation. Doch an der Börse macht sich langsam Optimismus breit und die Stimmung fängt an, sich zum Positiven zu verändern.

Optimismusphase: Die positive Stimmung hat alle Bereiche erreicht und wechselt in Optimismus. Diese Stimmung wird durch die Meldungen aus den Medien verstärkt und die Marktteilnehmer glauben an dauerhaft positive Kursentwicklungen.

Euphoriephase: In dieser Phase sind die Anleger wie im Rausch, immer mehr Menschen interessieren sich plötzlich für die Märkte und wollen vom schnellen Reichtum etwas abhaben. Wo sich vorher überwiegend Profis tummelten, sind jetzt die Massen unterwegs, deshalb hört auch keiner die wenigen Signale und Negativmeldungen, die den Crash ankündigen.

Crashphase: Ein Tropfen kann jetzt das Fass zum Überlaufen oder in diesem Fall das Kartenhaus zum Einstürzen bringen. In Panik verkaufen die Massen ihre Aktien, weil sie ihre wenigen Ersparnisse vor dem Totalverlust retten wollen. Begleitet wird diese Phase durch negative Meldungen und die optimistischen Kurspropheten wetteifern, wer das düsterste Szenario zuvor darstellen kann.

Um als Anleger die Phasen besser einschätzen zu können, werden von den verschiedenen Börsenplätzen Markttrends errechnet. Diese Trendwerte enthalten bestimmte Aktienwerte, welche eine Mischung aus den verschiedensten Bereichen sein können. Nachfolgend finden Sie eine Auswahl von Aktienindizes, welche den Markttrend widerspiegeln.

Deutsche Indizes

Aktienindex	Beschreibung
DAX Deutscher Aktienindex	Die 30 größten und umsatzstärksten Aktienwerte im Prime Standard der FWB (Blue Chips)
MDAX Midcap DAX	Die 50 größten, auf den DAX folgenden Aktienwerte aus klassischen Branchen im Prime Standard der FWB
SDAX Smallcap DAX	Die 50 größten, auf den MDAX folgenden Aktienwerte aus klassischen Branchen im Prime Standard der FWB
TecDAX Technology DAX	Die 30 größten Aktienwerte aus der Technologiebranche im Prime Standard der FWB
Classic-All-Share Index	Alle Aktien aus klassischen Branchen im Prime Standard ohne die DAX-Werte
Technology-All-Share-Index	Alle Aktienwerte aus den Technologiebranchen im Prime Standard ohne mögliche DAX-Werte
HDAX	Alle Aktienwerte aus DAX, MDAX und TecDAX
Midcap Market Index	Alle Aktienwerte aus MDAX und TecDAX
Prime-All-Share Index	Alle Aktienwerte im Prime Standard der FWB
Composite Dax (CDAX)	Alle Aktienwerte im Prime und General Standard der FWB
Dividendenindex (DivDax)	15 Aktienwerte mit der höchsten Dividendenrendite
GEX	Alle eigentümergeführten mittelständischen Unternehmen

Weltweite Indizes

Aktienindex	Land	Berechnung	Beschreibung
Dow Jones Industrial Average	USA	Kursindex	Die 30 größten Aktienwerte der NYSE
NASDAQ-100	USA	Kursindex	Die 100 größten Aktienwerte der elektronischen Börse NASDAQ (National Association of Securities Dealers Automated Quotations)
S&P 500	USA	Kursindex	Die 500 größten US-amerikanischen Aktienwerte der US-Börsen

Bovespa Index	Brasilien	Performance-index	Die 57 größten Aktienwerte der Börse von Sao Paulo
SSE Composite Index	China	Kursindex	Alle Werte der Shanghai Stock Exchange
CAC 40	Frankreich	Kursindex	Die 40 führenden französischen Aktiengesellschaften der Pariser Börse
FTSE 100 Index Financial Times Stock Exchange	Groß-britannien	Kursindex	Die 100 größten und umsatz-stärksten Unternehmen an der London Stock Exchange
Hang Seng Index	Hongkong	Kursindex	Die 45 größten Unternehmen der Aktienbörse Hongkongs
BSE Sensex	Indien	Kursindex	Die 30 größten indischen Unter-nehmen, die an der Börse in Mumbai gehandelt werden
Nikkei 225	Japan	Kursindex	Er basiert auf 225 ausgesuch-ten Aktienwerten der Tokioter Börse
S&P/TSX Compo-site Index	Kanada	Kursindex	Die 220 größten Aktiengesell-schaften der Toronto Stock Exchange
Índice de Precios y Cotizaciones	Mexiko	Kursindex	Die 35 größten und liquidesten Unternehmen der Bolsa Mexi-cana de Valores, der Mexikani-schen Börse
OBX Index	Norwegen	Performance-index	Die 25 bedeutendsten Unter-nehmen der Osloer Börse
WIG 20	Polen	Kursindex	Die 20 bedeutendsten polni-schen Unternehmen der War-schauer Wertpapierbörse
RTS-Index	Russland	Kursindex	Die 50 größten Unternehmen an der Russian Trading System (Börse Moskau)
SMI	Schweiz	Kursindex	Die 20 liquidesten und größten Titel aus dem SPI Large- und Mid-Cap-Segment der Schweiz
IBEX 35	Spanien	Kursindex	Die 35 wichtigsten spanischen Unternehmen der Madrider Börse

FTSE/JSE All-Share Index	Südafrika	Kursindex	Alle Aktiengesellschaften der Johannesburg Securities Exchange
ISE-100 Index	Türkei	Kursindex	Die 100 größten türkischen Werte nach Marktkapitalisierung gewichtet

Regionen-Indizes

Region	Index	Berechnung	Beschreibung
Welt	MSCI - World	Erfolgt als Kurs- und auch als Performance-index	Der MSCI World Index umfasst die Aktien aus 23 Ländern und US-Titel stellen aufgrund ihrer Dominanz des Kapitals ca. 50 % am MSCI World Index dar.
Welt	S&P 1.200 Global		Die 1.200 der größten börsennotierten Unternehmen weltweit: S&P 500 (Vereinigte Staaten) S&P Europe 350 (Europa) S&P/TOPIX 150 (Japan) S&P/ASX 50 (Australien) S&P Asia 50 (Hong Kong, Korea, Taiwan, Singapur) S&P Latin America 40 (Argentinien, Brasilien, Chile, Mexiko)
Europa	STOXX Europe 50	Kursindex	Die 50 größten europäischen Unternehmen.
EUROZONE	Euro STOXX 50	Kursindex	Die 50 größten börsennotierten Unternehmen der Eurozone.

6.2.4.4   Börsenweisheiten

„Versuche nicht, ein fallendes Messer zu fangen" (Never catch a falling knife)

Haben Sie schon einmal versucht, ein fallendes Messer im Fall aufzufangen? Wieso nicht? Vielleicht weil die Gefahr besteht, sich erheblich zu verletzen? Besser ist es, das Messer fallen zu lassen und vom Boden aufzuheben. Genauso ist es mit fallenden Aktien. Günstige Einstiegskurse gibt es erst, wenn sich ein Boden gebildet hat und ein Umkehrtrend ersichtlich ist.

„Buy on bad news, sell on good news"

Wenn die Kanonen donnern, kaufe Aktien. So könnte man diese Börsenweisheit auf Deutsch übersetzen. Je schlechter die Nachrichten sind, desto größer ist die Wahrscheinlichkeit, dass sich viele Anleger von ihren Papieren trennen und die Einstiegspreise günstiger werden. Kann man in den Medien wieder positive Nachricht vernehmen, kommen auch die Privatanleger wieder. Das ist der Zeitpunkt, sich von seinen Papieren zu trennen. Eine Trendwende kündigt sich an.

„The trend is your friend"

„Der Trend ist dein Freund", das bedeutet, sich nicht voreilig aus dem Markt zurückzuziehen, sondern den Schwung auszunutzen. Dann kann man mit einer kleinen Zeitverzögerung noch ein paar Prozente mehr machen.

„Buy on rumours, sell on facts"

Kaufe bei Gerüchten, verkaufe bei Tatsachen (Fakten). Wer kennt es nicht, die Phantasie beflügelt, denn jeder kann seine Ideen und Gedanken mit einbringen. Gibt es nur noch Tatsachen, dann ist das Flair verschwunden und man geht zur Tagesordnung über. Was nicht greifbar ist, beflügelt die Börse.

„Die Börse ist ein Paternoster"

Dazu muss man sich einen Paternoster genau anschauen. Der Paternoster ist ein Fahrstuhl, der in zwei Richtungen gleichzeitig fährt. Auf der einen Seite geht es rauf, auf der anderen Seite geht es runter. Jeder, der im Paternoster (Vater unser) fährt, rechnet nicht damit, dass er abstürzt, sondern dass es am Ende wieder nach oben geht, man muss nur Abwarten und Tee trinken.

„Im Schlaf wirst du reich"

Heute ist eine Zeit der Hektik angebrochen, alles muss in rasender Zeit vollbracht werden. Doch wie Obst, Gemüse, Getreide Zeit zum Reifen brauchen und man nicht die ganze Aussaat vernichtet, nur weil es mal regnet, so soll man nicht bei jeder kleinen negativen Kursbewegung die Nerven verlieren.

„An der Börse werden höhere Gewinne als Verluste versprochen"

Verlieren kann man an der Börse maximal seinen Einsatz, also 100 %! Doch gewinnen kann man 200, 500 oder sogar 1.000 %.

„Hin und her macht Taschen leer"

Wer ständig kauft und verkauft, macht mit Sicherheit nur wenige reich und das sind die Makler oder Banken, die an jeder Transaktion verdienen. Wer glaubt, auf der Autobahn schneller voran zu kommen, wenn er von einer Spur zur nächsten Spur wechselt, der glaubt auch, Geld damit zu verdienen, wenn er ständig kauft und verkauft. Doch die Kosten müssen erst einmal erwirtschaftet werden und diese Kosten verdoppeln oder verdreifachen sich durch die ständigen Transaktionen.

„Sell in may and go away"

Die Vergangenheit hat gezeigt, dass im Mai die Aktienkurse hoch waren, bevor sie in den Sommermonaten wieder fielen. In den Sommermonaten sind viele professionelle

Händler im Urlaub und alles läuft etwas ruhiger. Allerdings kann es auch zu einer kleinen Sommerrallye kommen, dann sind die Umsätze i. d. R. nicht sehr hoch. Daher kommt der Ausspruch „Verkaufe im Mai und geh fort".

„In doubt stay out"

Übersetzt heißt es: „Im Zweifel draußen bleiben". Im Vorfeld einer Anlageentscheidung sollte der Investor auch prüfen, welches Risiko er tragen kann – und zwar finanziell wie emotional. Höhere Rendite bedeutet immer höheres Risiko.

„Nicht alle Eier in einen Korb"

Dies ist eine weitere Regel, an der sich erfahrene Börsianer orientieren. Engagiert sich der Investor in verschiedenen Ländern, Branchen, Währungen und Einzeltiteln, verringert er das Gesamtrisiko. Weil sie diesen Grundsatz missachteten, landeten zum Beispiel zahlreiche Anleger beim Platzen der Internet-Blase äußerst unsanft – sie hatten fast ausschließlich Dotcom-Titel im Depot. Freilich sollte es der Anleger mit der Diversifikation nicht übertreiben. Bei aller Risikostreuung müssen die einzelnen Anlagen überschaubar bleiben. Börsenlegende Warren Buffett formulierte trocken: „Wenn Sie über einen Harem mit 40 Frauen verfügen, lernen Sie keine richtig kennen."

„Investiere nur in eine Aktie, deren Geschäft du auch verstehst"

Das rät Börsenlegende Warren Buffett. Der Erfolg gibt ihm recht: Als er während des Dotcom-Booms nicht in die ihm unbekannte Branche einstieg, wurde er belächelt, heute feiert man ihn als erfolgreichsten Investor aller Zeiten.

„Verliebe dich nie in eine Aktie"

Das raten erfahrene Börsianer. Allzu groß darf das Interesse an den Werten im Depot nicht werden. Eine emotionale Bindung an einen Titel kann schnell den Blick für negative Veränderungen im Unternehmensumfeld trüben. Nur wer die Zusammenhänge sachlich beurteilt und Fakten realistisch zur Kenntnis nimmt, bleibt vor unangenehmen Überraschungen gefeit. Eine zumindest vorübergehende Trennung vom Lieblingswert kann helfen, Verluste zu vermeiden – spätere Versöhnung nicht ausgeschlossen.

„Todsichere Tipps sind mit Vorsicht zu genießen"

Nüchterner Realismus und eine gute Portion Skepsis sind auch bei Gerüchten aus dem Freundeskreis angebracht.

6.3   Steuerliche Behandlung von Aktien

6.3.1   Dividenden

Die Bardividende stellt nur einen Teil des gesamten Gewinns der Aktiengesellschaft dar. Auf den gesamten Gewinn wird 15 % Körperschaftsteuer zuzüglich Solidaritätszuschlag erhoben. Eine Verrechnung mit der Abgeltungsteuer, welche der Privatanleger auf die ausgeschüttete Dividende zu entrichten hat, erfolgt nicht. Bei inländischen Aktiengesellschaften führen die Unternehmen die Abgeltungsteuer ab.

6.3.2   Veräußerungsgewinne

Alle Aktien, die nach dem 01.01.2009 gekauft wurden und beim Verkauf einen Kursgewinn realisieren, unterliegen ebenfalls der Abgeltungsteuer zzgl. Solidaritätszuschlag und ggf. Kirchensteuer. Als Bemessungsgrundlage wird die Differenz zwischen dem Anschaffungs- und Veräußerungspreis genommen.

6.3.3   Verlustverrechnung

Die Differenz aus dem **Anschaffungs- und Veräußerungspreis** kann auch einen Verlust darstellen, in diesem Fall spricht man von **negativen Einnahmen**. Allerdings können diese Verluste nicht mit anderen **positiven Einkünften** verrechnet werden:

* Die Verluste aus Aktiengeschäften können nur mit Gewinnen aus Aktiengeschäften verrechnet werden.
* Andere Verluste z.B. aus dem Verkauf von Investmentanteilen können auch mit den Gewinnen aus Aktienverkäufen kompensiert werden.

Die Banken führen zur besseren Unterscheidung zwei Verrechnungskonten:
* Aktienverlusttopf,
* sonstiger Verlusttopf.

Vorgehensweise bei der Ermittlung des steuerpflichtigen Betrages bei Aktien

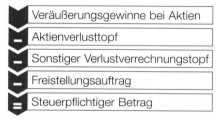

Veräußerungsgewinne bei Aktien

Aktienverlusttopf

Sonstiger Verlustverrechnungstopf

Freistellungsauftrag

Steuerpflichtiger Betrag

7 Investmentfonds

7.1 Die Geschichte der Investmentfonds

Es gibt 3 Wege des Lernens:

1. Durch Nachdenken, das ist der Edelste.

2. Durch Erfahrung, das ist der Bitterste.

3. Durch Nachahmung, das ist der Leichteste.

Exkurs:

Es war einmal… (und das ist kein Märchen) ein Amerikaner, der sich durch den Haustürverkauf von Fonds seinen Lebensunterhalt verdiente. Als er 1956 nach Europa (Paris) kam, sah er die vielen US-Soldaten und ihm kam die Idee, diese Soldaten sowie die vielen amerikanischen Zivilpersonen als Kunden für seine Fondsgesellschaft zu gewinnen. Bernhard Cornfeld hieß dieser außergewöhnliche Mann, der mit seinen Vertretern zunächst Fonds amerikanischer Gesellschaften vermittelte. Später gründete er seine eigene Fondsgesellschaft und die Mitarbeiter wurden mit „Stock Option Plänen" auf einen möglichen Börsengang motiviert.

Da die Gier unerschöpflich war, gründete er 1962 den ersten weltweiten Dachfonds von Cornfeld. Dieser Fonds investierte nur in andere Fonds, sehr bald aber schon nur noch in die eigenen Fonds von Cornfelds kleinem Fondsimperium. So wurden Gebühren von 20 % und mehr generiert. 1969 hatten 188.000 Anleger fast 800 Mio. US-$ investiert. Erfolg ruft immer auch Neider auf den Plan, denn wo gehobelt wird, fallen auch Späne. Zum eigenen Schutz engagierte man hochrangige Persönlichkeiten des öffentlichen Lebens. In Deutschland kannten 1963 bis 1967 nur wenige Anleger die Fonds der Investment Overseas Services (IOS). Als der Vertrieb 1968 durch den Einkauf von Herrn Victor-Emanuel Preusker (1953 – 57 Bundeswohnungsbauminister) und Herrn Erich Mende (1963 – 66 Bundesminister für innerdeutsche Beziehungen) auf breitere Beine gestellt wurde und auch Sparpläne verkauft wurden, kam der Durchbruch. Die 1970 bis auf 10.000 gewachsene Anzahl an Vertretern in Deutschland verkauften für weit über 100 Mio. US-$ Fondsanteile an über 300.000 deutsche Anleger. Eine Erfolgsgeschichte! Doch wie so oft gab es ein Ende mit Schrecken. 1971 musste die Investors Overseas Services (IOS) Insolvenz anmelden. Die Hintergründe sind nicht mit einem Satz zu beschreiben, also versuchen wir es auch gar nicht. In dieser Geschichte stecken alle Arten des Lernens, zumal die ehemaligen Mitarbeiter von IOS dann begannen, das Rad neu aufzuziehen. Zu ihnen gehören u. a. Otto Witschier (OVB Vermögensberatung), Werner Kunkler (HMI-Organisation), Erich Mende (Bonnfinanz), Reinfried Pohl (Deutsche Vermögensberatung) und Udo Keller (Tecis). Alle Gesellschaften existieren heute noch und bemühen sich um die Vermögensbildung der Bundesbürger.

Fazit:

Das Gesetz über Kapitalanlagen (KAGG) vom 16.04.1957 bestand schon zur Zeit der IOS. Doch der IOS-Fonds war kein deutscher Fonds, sondern ein ausländischer Fonds, welcher u. a. in Deutschland vertrieben wurde. Die Sicherheitsaspekte eines deutschen Fonds fanden keine Anwendung und so konnten über 1 Mrd. US-$ verschwinden.

Der Gesetzgeber verabschiedete am 28.07.1969 aufgrund der bekannt gewordenen Schwierigkeiten das „Auslandsinvestmentgesetz".

Haben wir etwas aus dieser Geschichte gelernt (Finanzkrise 2008)?

7.2   Rechtliche Rahmenbedingungen von Investmentanteilen

Beispiel:

Der älteste Sohn der Familie Michel hat zur Konfirmation von den Gästen sehr viele Geldgeschenke bekommen. In Summe kamen fast 850 EUR zusammen, welche der Sohn nicht ausgeben, sondern anlegen möchte. Er fragt seine Eltern, ob es eine Möglichkeit gibt, auch schon mit diesem – für Kapitalanlagen überschaulichen – Betrag ein Investment zu tätigen. Seine Eltern erklären ihm zunächst ein paar Grundregeln der Vermögensanlage. Dazu gehört die Börsenweisheit, nicht alle Eier in einen Korb zu legen. Ihrer Meinung nach, ist die Streuung bei einem ersten Investment das Wichtigste. Aber auch das Ziel der Anlage ist wichtig. Hierzu erklärt der Sohn, er wolle das Geld für die Zeit nach dem Studium haben (ca. zehn Jahre) und er möchte eine ordentliche Rendite erwirtschaften. Da er aus den Nachrichten erfahren hat, dass die Teuerungsrate zunimmt und er in der Schule gelernt hat, dass dadurch Geld seinen Wert mit der Zeit verliert, möchte er eine Anlage, die diesem entgegenwirkt. Die Eltern empfehlen ihm ...

Mit dem Begriff **„Zertifikat"** kommt es häufiger zu Verwirrungen. Zum einen sind Zertifikate ganz eindeutig die Urkunden, die zu Investmentfonds emittiert werden. Insofern sind Investmentzertifikate ganz klar Fondsanteile (Urkunden, die den Anteil an einem Fondsvermögen verbriefen). Man kann allerdings auch Urkunden mit anderen Funktionen „Zertifikate" nennen. So sind z. B. in den letzten Jahren mehrere Indexzertifikate auf den Markt gekommen (vgl. Kapitel 10.1.4). Diese werden umgangssprachlich oft einfach nur „Zertifikate" genannt. Die Unterscheidung ist sehr wichtig, da Fondsanteile von freien Finanzdienstleistern und Versicherungsagenten rechtlich relativ leicht vertrieben werden können, während Zertifikate zu den Finanzinstrumenten gehören, welche nur von Personen vermittelt und beraten werden dürfen, die eine Zulassung als Finanzdienstleistungsinstitut oder als Bank haben.

Den Kleinanlegern wird über Investmentfonds (**Publikumsfonds**) die Möglichkeit gegeben, sich bereits mit kleineren Beträgen und ohne großes Fachwissen an der Börse zu engagieren. Aber auch **institutionelle Anleger** bedienen sich als Vermögensanlage der Investmentfonds. Der Anleger (oft über seinen Anlageberater) vertraut sein Geld einer Investmentgesellschaft an, die dieses Geld durch Anlagestrategen verwalten lässt. Das Geld der Anleger wird hierbei getrennt von dem Geld der Gesellschaft verwaltet. Es wird als **Sondervermögen** (Fonds) geführt. Jede Kapitalverwaltungsgesellschaft hat mehrere Fonds, die unterschiedliche Anlageschwerpunkte haben. Der Bundesverband für Investment und Asset Management e. V. (kurz BVI = **www.bvi.de**) gibt in seinem Jahrbuch für 2013 die Anzahl von Investmentfonds mit 11.448 an, davon sind **7.529 Publikumsfonds** und **3.919 Spezialfonds**. Die Investmentzertifikate verbriefen das Miteigentum des Anlegers am Sondervermögen. Sie bestehen wie Aktien aus Mantel und Bogen, die hier **Anteilsscheine** (Mantel) und **Ertragsscheine** (Bogen) genannt werden.

7.3   Professionelle Anlage für alle Anleger

Die Grundidee der Investmentfondsanlage ist, die **professionelle Vermögensverwaltung** einem breiten Publikum zugänglich zu machen. Der Anleger kann sich schon mit Kleinstbeträgen am Sondervermögen eines Fonds beteiligen. Dieses kann er durch eine Einmalzahlung oder auch durch regelmäßige Sparraten tun. Professionelle Anlagestrategen übernehmen die Kapitalanlage und werden durch die gesetzlichen Vorschriften zu einer Streuung der Vermögenswerte angehalten. Durch die Entwicklung der Fondsproduktpalette ist heute schon eine gezielte Vermögensverwaltung nur mit Investmentfonds möglich.

Die Kapitalverwaltungsgesellschaften können durch das gezielte einsammeln von Kundengeldern ihre Anlagestrategien mit fremdem Kapital umsetzen. Das Risiko für die Kapitalverwaltungsgesellschaft besteht im Verlust von Kunden, die ihre Gelder abziehen, wenn sich der Fonds nicht nach den Erwartungen des Anlegers entwickelt. Bei Vermögensverlusten reduziert sich das Vermögen der Kunden. Der Wermutstropfen für die Kapitalverwaltungsgesellschaft ist das kleinere Volumen des Sondervermögens. Aus dem Volumen des Sondervermögens berechnen sich die Einnahmen der Gesellschaft. Durch die Größe der Investmentgesellschaften und dem verwalteten Fondsvermögen ergibt sich auch ein wirtschaftspolitischer Machtfaktor. Bei dem Volumen der von Fondsgesellschaften verwalteten Sondervermögen entscheiden die **Fondsmanager** auch bei den Emissionen von neuen Wertpapieren mit über deren Preise, aber auch Kurse von bestehenden Wertpapieren können durch das Einwirken von Fondsgesellschaften massiv beeinflusst werden. Dieser Verantwortung sind sich die Fondsmanager auch bewusst und somit können sie hohe aufgebaute Wertpapierpositionen nicht einfach auf den Markt werfen, weil dadurch die Kurse einbrechen würden. Genauso ist der Kauf von Wertpapieren nur in kleineren Dosierungen möglich, ohne die Kurse zu sehr zu beeinflussen.

2012 waren rund 24 Billionen US-$ weltweit in Investmentfonds investiert. Bei dieser gewaltigen Summe wird einem das sich daraus ergebende Machtpotenzial deutlich. Bei den in Aktien investierenden Fonds kommt noch die Möglichkeit hinzu, direkt auf die Unternehmenspolitik der Aktiengesellschaften Einfluss zu nehmen, da nicht der Anleger die Aktionärsrechte ausübt, sondern die Investmentgesellschaft.

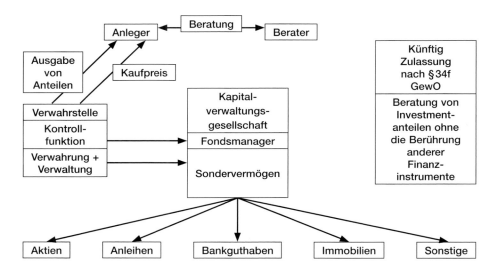

7.4   Das Sondervermögen eines Investmentfonds

Der Anleger erwirbt am Sondervermögen ein Miteigentum nach **Bruchteilen** und hat damit auch einen Anspruch auf **Ertragsbeteiligung**. Zu seinen weiteren Rechten gehört das Rückgaberecht der Anteilsscheine zulasten des Fondsvermögens und die professionelle Verwaltung des Fondsvermögens. Zur Kontrolle seiner Rechte erhält er die gesetzlich vorgeschriebenen **Anlegerinformationen**.

Die Kapitalverwaltungsgesellschaft ist der Initiator des Fonds. Die „KVG" beschreibt in ihrem Verkaufsprospekt detailliert, welche **Anlageziele** und **Anlagepolitik** (Philosophie) verfolgt werden sollen.

Beispiel:

DWS Vermögensbildungsfonds I

WKN: 847652 ISIN: DE0008476524

Verwaltungsgesellschaft: DWS Investment GmbH, ein Mitglied der Deutsche Bank Gruppe.

Ziele und Anlagepolitik

Ziel der Anlagepolitik ist es, einen nachhaltigen Wertzuwachs gegenüber dem Vergleichsmaßstab (MSCI World TR Net) zu erzielen. Um dies zu erreichen, investiert der Fonds hauptsächlich in Aktien in- und ausländischer Aussteller. Diese Aktien sollen dabei vornehmlich von großen Unternehmen verschiedener Gewerbezweige und von mittelgroßen und kleinen Gesellschaften stammen, die nach Aufbau und Struktur auf längere Sicht gesehen eine günstige Entwicklung und gute Erträgnisse erhoffen lassen. In diesem Rahmen obliegt die Auswahl der einzelnen Investments dem Fondsmanagement. Der Fonds orientiert sich am Vergleichsmaßstab. Er bildet ihn nicht genau nach, sondern versucht seine Wertentwicklung zu übertreffen und kann deshalb wesentlich – sowohl positiv als auch negativ – von dem Vergleichsmaßstab abweichen. Der Fonds unterliegt verschiedenen Risiken. Eine detaillierte Risikobeschreibung sowie sonstige Hinweise finden Sie im Verkaufsprospekt unter „Risiken". Die Währung des DWS Vermögensbildungsfonds I ist EUR. Der Fonds schüttet jährlich aus. Sie können bewertungstäglich die Rücknahme der Anteile verlangen. Die Rücknahme darf nur in außergewöhnlichen Fällen unter Berücksichtigung Ihrer Anlegerinteressen ausgesetzt werden.

Die Kapitalverwaltungsgesellschaft ist verpflichtet, die zulässigen Vermögensgegenstände des **Sondervermögens** getrennt vom eigenen Vermögen zu halten. Das Sondervermögen ist das gegen Anteilsscheine von den Kunden investierte Geld. Auch die verschiedenen Sondervermögen (mit unterschiedlichen Anlageschwerpunkten) müssen voneinander getrennt „gehalten" werden. Kredite, die zulasten des Sondervermögens aufgenommen werden, dürfen 10 % des Sondervermögens nicht überschreiten.

Des Weiteren müssen in den Vertragsbedingungen geregelt sein:
- nach welchen Grundsätzen die Auswahl der Vermögenswerte erfolgt,
- ist das Sondervermögen Eigentum der „KVG" oder Miteigentum der Anteilseigner,
- werden die Erträge ausgeschüttet oder wieder angelegt (thesauriert),
- die Rücknahme der Anteilsscheine,
- Vergütungen für die „KVG", die Verwahrstelle und Dritte, die aus dem Sondervermögen gezahlt werden dürfen,
- die Höhe des Ausgabeaufschlages,
- die Höhe des Rücknahmeabschlages,
- Beträge, die zur Deckung von Kosten verwendet werden,
- Erscheinungsdaten der Jahres- und Halbjahresberichte für die Öffentlichkeit.

Der Fondsmanager ist für die Umsetzung der Anlagestrategie verantwortlich. Er entscheidet, welche Wertpapiere ge- und/oder verkauft werden. Danach muss er sich aber an die Vorgaben der im Prospekt definierten Anlagephilosophie und -beschränkungen halten.

Die Kontrolle über die Einhaltung dieser Vorgaben übernimmt die **Verwahrstelle**. Sie verwaltet auch die Ausgabe und Rücknahme der Anteilsscheine, verwahrt und verwaltet die vom Fondsmanager gekauften Effekten und führt die dazu notwendigen Konten. Zu ihren Aufgaben gehört es auch, die **Ausgabe-** und **Rücknahmepreise** börsentäglich zu berechnen und die Ertragsausschüttungen vorzunehmen. Für diese umfangreichen Aufgaben erhält die Verwahrstelle eine Vergütung, die sogenannte **Verwahrstellengebühr**.

7.5 Der Anlagenvermittler

Anlagenvermittler benötigen seit dem 01.01.2013 eine Erlaubnis nach § 34f GewO für die Vermittlung von Investmentfonds. Damit sind alle Vermittler verpflichtet, sich bei der Industrie- und Handelskammer (IHK) mit folgenden Unterlagen registrieren zu lassen:
- Berufshaftpflicht in Höhe von 1,13 Mio. EUR pro Schadenfall bzw. 1,7 Mio. EUR für alle Schadenfälle eines Jahres,
- Sachkundenachweis („Alte-Hasen-Regelung"),
- Übernahme der anlegerschützenden WpHG-Vorschriften.

Aktuelle Informationen finden Sie unter www.regulierung.org oder www.versicherungspraxis24.de

7.6 Investmentvermögen in allen Variationen

Investmentvermögen kann generell nach Art der Kapitalbeschaffung, Anlegerkreis und nach der Definition des Kapitalanlagegesetzbuchs (KAGB) unterschieden werden.

(Anmerkung: Der durch das KAGB neu geprägte Begriff Investmentvermögen wird in der Finanzbranche häufig mit dem traditionellen Begriff Investmentfonds gleichgesetzt, da der Investmentfonds die weitaus häufigste Form des Investmentvermögens ist. Daher wird auch im weiteren Verlauf des Buchs an einigen Stellen von Investmentfonds gesprochen.)

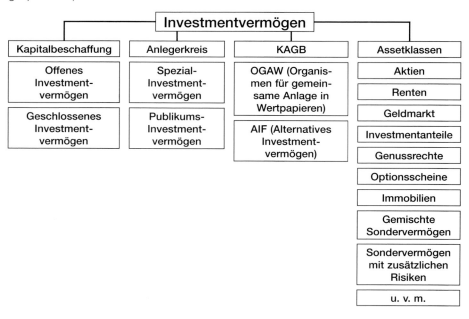

7.6.1   Kapitalbeschaffung

Beispiel:

Eine Kapitalverwaltungsgesellschaft möchte eine bestimmte Immobilie erwerben, weil diese Immobilie zu einem günstigen Preis erworben werden kann und diese mit einer attraktiven Nutzung eine ansehnliche Rendite erwirtschaften würde. Das Volumen bis zur Fertigstellung und der angedachten Nutzung der Immobilie kann ziemlich genau berechnet werden.

Welche Form der Kapitalbeschaffung würden Sie der Kapitalverwaltungsgesellschaft empfehlen?

7.6.1.1   Geschlossenes Investmentvermögen

Das Hauptmerkmal eines geschlossenen Investmentvermögens ist die Begrenzung der **Anlagesumme** und/oder der **Anlageobjekte**. Im Kapitel „Geschlossene Fonds" werden wir uns diesem Thema intensiver widmen.

Ein geschlossenes Investmentvermögen dient zur Finanzierung...
- eines Objektes und/oder einer begrenzten Anzahl von Objekten,
- i. d. R. sind diese Objekte genau festgelegt,
- ansonsten spricht man von einem „Blindpool"
- mit einem exakt festgelegten Investitionsvolumen.

Der Anleger wird Gesellschafter und damit Unternehmer...

*   i. d. R. einer Personengesellschaft als Kommanditist,
*   deren Mitspracherechte oft begrenzt sind, denn eine Veränderung des bestehenden Gesellschaftsvertrages könnte das Gesamtprojekt verändern und gefährden.

Aus diesen Merkmalen lässt sich schnell erkennen, wieso es keinen gesetzlich geregelten Handel für diese Anteile gibt. Die sehr unterschiedlichen Gestaltungsmöglichkeiten und die fehlenden gesetzlichen Regelungen erschweren den geordneten Handel von geschlossenen Fonds. Vor jedem Kauf durch einen neuen Anleger müsste der für jeden geschlossenen Fonds erstellte Verkaufsprospekt überprüft und mit den tatsächlichen Ergebnissen abgeglichen werden, um eine Bewertung vornehmen zu können. Die Bundesanstalt für Finanzdienstleistungsaufsicht (BaFin) hat bei Emission diesen Verkaufsprospekt nur auf seine inhaltliche **Richtigkeit** und **Vollständigkeit** geprüft, ob die Wirtschaftlichkeitsberechnungen den Aspekten eines ordentlichen Kaufmanns entsprechen, wird durch die BaFin nicht geprüft. Wie dennoch eine Bewertung von geschlossenem Investmentvermögen vorgenommen werden kann, lesen Sie bitte im Kapitel „Geschlossene Fonds".

> **Beispiel:**
>
> Eine Kapitalverwaltungsgesellschaft hat die Idee, dass sich der Immobilienmarkt für skandinavische Immobilien im Gegensatz zu anderen europäischen Ländern in den letzten Jahren nur moderat entwickelt hat und will attraktive Immobilien in besten Lagen der zehn größten skandinavischen Städte kaufen. Zum heutigen Zeitpunkt kann keine exakte Prognose über das benötigte Investitionsvolumen abgegeben werden, da sich die aktive Beteiligung als Nachfrager auf diesen Markt selbstverständlich auch auf die dann zu zahlenden Preise auswirken wird.
>
> Welche Form der Kapitalbeschaffung würden Sie der Kapitalverwaltungsgesellschaft empfehlen?

7.6.1.2   OGAW – Organismen für gemeinsame Anlage in Wertpapieren

Die Kapitalgesellschaft kann bei einem für OGAW-Fonds laufend Anteilsscheine herausgeben und das Kapital zum Erwerb weiterer Anlagewerte verwenden. Das Anlagevolumen kann unendlich erweitert werden. Der Kapitalanleger wird Miteigentümer an dem Anlagevermögen nach Bruchteilen, welches rechtlich gesehen für die Kapitalverwaltungsgesellschaft als „Sondervermögen" zu führen ist. Demnach stellt jeder einzelne Investmentfonds für die Kapitalverwaltungsgesellschaft ein Sondervermögen dar und ist unabhängig von den anderen Sondervermögen und der Entwicklung der Fondsgesellschaft zu bewerten. Das Sondervermögen besteht aus allen Vermögenswerten des Investmentfonds. Die Bewertung des Sondervermögens erfolgt durch die börsentägliche Bewertung aller einzelnen Vermögenswerte durch die Verwahrstelle. Außerdem werden alle bestehenden Forderungen und Verbindlichkeiten in die Berechnung mit einbezogen, so erhält man den **Inventarwert**. Aus dem Inventarwert ergibt sich für jeden Anteilsschein der Miteigentumsanspruch in der entsprechenden Währung des Investmentfonds. Da jede Kapitalverwaltungsgesellschaft zur Rücknahme der Anteile zulasten des Sondervermögens verpflichtet ist, kann so der Wert zur Rückgabe der Anteile errechnet werden. Daher wird dieser Preis oft als Rückgabe- oder Rücknahmepreis bezeichnet, sofern keine weiteren Gebühren für die Rücknahme der Anteile von der Kapitalverwaltungsgesellschaft berechnet werden.

7.6.2   Anlegerkreis

Der Gesetzgeber ist in Deutschland immer bedacht, dass der schwächere Partner einer Geschäftsbeziehung geschützt wird. „Jedermann" ist als Erwerber eines Investmentfonds besonders zu schützen, während institutionelle Anleger als gleichgestellte Geschäftspartner vom Gesetzgeber angesehen werden und keinen besonderen Schutz benötigen.

Die sogenannten **Publikumsfonds**, welche von jedem Anleger erworben werden können, müssen strenge Auflagen bei der Platzierung der Anteilsscheine erfüllen.

Zu den Publizitätspflichten zählen:
- jährlicher Rechenschaftsbericht für jedes Sondervermögen,
- Aushändigung des Verkaufsprospektes bei Erwerb von Anteilen durch Anleger,
- Verkaufsprospekt muss Vertragsbedingungen enthalten,
- für den Verkaufsprospekt gilt die Prospekthaftung,
- Halbjahresberichte sind dem Anleger beim Kauf zur Verfügung zu stellen,
- Kauf- und Verkaufsabrechnungen sind dem Anleger anzufertigen.

Wesentliche Anlegerinformationen (WAI)

Im Investmentsteuergesetz finden wir im **§15 Abs.1** die Definition von **Spezialfonds**:

> „... nicht mehr als 100 Anleger oder Aktionäre haben, die nicht natürliche Personen sind, sind ... nicht anzuwenden."

Für diese Fonds gelten bestimmte Erleichterungen, insbesondere bei den Publizitätspflichten. Spezialfonds müssen keine Verkaufsprospekte erstellen und Ausgabe- und Rücknahmepreise müssen nicht veröffentlicht werden. Außerdem dürfen Spezialfonds alle nach dem KAGB zulässigen Vermögensgegenstände erwerben und müssen keine Anlagegrenzen beachten. Das macht den Spezialfonds für institutionelle Anleger besonders attraktiv.

Spezialfonds sind heute moderne Vermögensverwaltungsinstrumente von institutionellen Anlegern, die mit dem Fondsmanagement die individuelle Anlagestrategie gemeinsam gestalten können. Früher nannte man die Fondsart auch „Individualfonds“, aber das war in den 60er-Jahren, als der erste Fonds dieser Art aufgelegt wurde. Dieser eine Fonds verwaltete damals ca. 3 Mio. EUR, doch dann begann der kometenhafte Aufstieg von Spezialfonds, denn schon 1970 gab es laut BVI 112 Spezialfonds mit einem verwalteten Fondsvermögen von 455 Mio. EUR.

Publikums- und Spezial-AIF

§ 1 Abs. 6 KAGB

Spezial-AIF dürfen nur erworben werden von professionellen oder semiprofessionellen Anlegern (Abs. 19 Nr. 32 und 33)

Alle anderen AIF sind Publikumsinvestment-vermögen

Die Vorteile für institutionelle Anleger sind unter dem **Aspekt der Effizienz** zusammengefasst:
- Auslagerung der Verwaltung und aller damit verbundenen Tätigkeiten und Formalitäten,
- HGB-Bilanzierung des Fondsanteils, nicht der einzelnen Assets des Spezialfonds,
- Sonderkonditionen bei Wertpapiertransaktionen und Neuemissionen,
- Kostendegression mit steigenden Fondsvolumen.

Die Vorteile für institutionelle Anleger sind unter dem **Aspekt der Sicherheit** zusammengefasst:
- Qualitätsstandards der KVG,
- unabhängige Verwahrstelle,
- gesetzliche Standards für Bewertung, Reporting, Prüfung usw.

Die Vorteile für institutionelle Anleger sind unter dem **Aspekt der Individualität** zusammengefasst:
- individuelle Vertragsbedingungen,
- hohe Gestaltungsfreiheit dank Deregulierung im Investmentgesetz.

Spezialfonds sind:
- Sondervermögen für professionelle und semiprofessionelle Anleger,
- Sondervermögen wird i.d.R. nur für einen Investor mit individuellen Anlagezielen aufgelegt,
- Rahmen bildet das KAGB,
- für jeden Anleger gibt es unter Berücksichtigung der Anforderungen an die Kapitalanlage individuelle Vertragsbedingungen,

- Prüfung erfolgt durch einen unabhängigen Wirtschaftsprüfer,
- Aufsicht erfolgt durch die BaFin.

7.6.3   Kapitalanlagegesetzbuch (KAGB)

Das KAGB differenziert in § 1 Abs. 1 und 2 in zwei Arten von Sondervermögen:

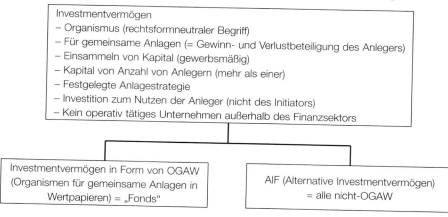

Investmentvermögen müssen bezüglich der Anlagepolitik die Vorschriften der **EG-Investmentrichtlinie** einhalten. Dabei bieten Investmentvermögen den Vorteil, dass sie nach erstmaliger Zulassung in einem der Mitgliedstaaten der EU in jedem anderen Mitgliedstaat auch vertrieben werden dürfen. Als es den sogenannten **EU-Pass** noch nicht gab, gingen einige Kapitalverwaltungsgesellschaften aus Deutschland gerne nach Luxemburg oder Irland und emittierten dort Investmentfonds, welche dann in Deutschland nach Prüfung durch die BaFin vertrieben werden durften. Dieses Vorgehen war vor dem 01.01.2004 zeitlich gesehen ein Vorteil, weil die Zulassung im Ausland schneller erteilt wurde als in Deutschland. Durch die Harmonisierung sollte der zweitgrößte Investmentfondsmarkt Europas gesichert werden. Die gleichen Vorschriften in den EU-Mitgliedstaaten sollten das Genehmigungsverfahren beschleunigen und damit auch dem Finanzplatz Deutschland neue Impulse verleihen.

Zum Sondervermögen von OGAW gehören u. a.:
- festverzinsliche Wertpapiere,
- Genussrechte,
- Aktien, Bezugsrechte aus Aktien,
- Optionsscheine, Wandel- und Optionsanleihen,
- Bankguthaben (Laufzeiten mit max. Laufzeit von zwölf Monaten),
- Geldmarktinstrumente (verzinsliche Wertpapiere mit einer Restlaufzeit von bis zu 397 Tagen, Floater, welche vom Bund, seinem Sondervermögen oder einem Mitgliedstaat der EU, des EWR oder der OECD begeben wurden),
- Investmentanteile,
- Anteile an geschlossenen Fonds, wenn
  - deren zuverlässige Bewertung möglich ist,
  - das Verlustrisiko auf den Kaufpreis begrenzt ist,
  - die Rücknahmepflicht des offenen Fonds durch das Engagement nicht beeinträchtigt wird.

Nicht investieren dürfen diese Fonds in Edelmetalle und Zertifikate über Edelmetalle.

Die OGAW-Investmentfonds haben klare Anlagegrenzen, in deren Grenzen sich das Fondsmanagement frei bewegen kann:

Wertpapiere und Geldmarktinstrumente desselben Austellers	max. 5 % des Fondsvermögens; Ausweitung auf max. 10 %, aber nur bis zu 40 % des Fondsvermögens dieser Ausnahmen im Gesamtwert*
Schuldverschreibungen und Schuldscheindarlehn staatlicher Stellen	bis max. 35 % des Fondsvermögens*
Pfandbriefe/gedeckte Bankschuldverschreibungen	bis max. 25 % des Fondsvermögens*
Bankguthaben	bis max. 20 % des Fondsvermögens dürfen nach Maßgabe des § 49 InvG bei je einem Kreditinstitut angelegt werden
Investmentfondsanteile	bis max. 20 % des Fondsvermögens eines einzelnen Investmentfonds, aber nur max. 25 % der ausgegebenen Anteile

*wenn die Vertragsbedingungen dies vorsehen.

Publikums-Investmentvermögen – für alle Anleger

	OGAW	AIF offen	AIF geschlossen
Form	Sonderverm./ InvAGv.	Sonderverm./ InvAGv.	InvAGf, InvKGf
Anlage	Finanzinstrumente nach OGAW IV (§ 192 KAGB)	• Gemischte InvV (§ 218 KAGB) • Sonstige InvV (§ 220 KAGB) • Dach-Hedgefonds (§ 225 KAGB) • Immobilien-SV (§ 230 KAGB)	Insbesondere: • Sachwerte • ÖPP-Gesellschaften • Private-Equity • Geschl. AIF • Wertpapiere/ Geldmarkt

OGAW = Organismus zur gemeinsamen Anlage von Wertpapieren
SV = Sondervermögen
InvV = Investmentvermögen
InvAGv = Investment-AG mit variablem Kapital
InvAGf = Investment-AG mit festem Kapital
InvKGf = Investment-KG mit festem Kapital

7.6.3.1   Offene AIF-Immobilien-Sondervermögen

Offene AIF-Immobilien-Sondervermögen dürfen in folgende Vermögensgegenstände investieren:

- Mietwohngrundstücke,
- Geschäftsgrundstücke,
- gemischt genutzte Grundstücke,
- Erbbaurechten,
- Beteiligungen an Grundstücksgesellschaften,
- REITs (börsengehandelte Aktien steuerbegünstigter Immobiliengesellschaften dürfen bis zu 5 % des Sondervermögens erworben. Das Immobilien-Sondervermögen darf nicht für eine begrenzte Dauer gebildet werden.

Wenn die Vertragsbedingungen es zulassen und die regionale Streuung gewährleistet ist, dürfen offene AIF-Immobilienfonds auch außerhalb des **EWR-Raums** investieren. Allerdings sind damit für den Anleger Währungsrisiken verbunden und deshalb dürfen Anlagen, die einem Währungsrisiko unterliegen, max. 30 % des Fondsvermögens ausmachen. Der Anleger muss in einem ausführlichen Verkaufsprospekt über alle anlagerelevanten Details des Fonds informiert werden. Die Verwaltung des Sondervermögens hat eine Verwahrstelle zu übernehmen.

Börsentäglich wird auch bei offenen AIF-Immobilienfonds der Inventarwert ermittelt. Die sich daraus ergebenen Ausgabe- und Rücknahmepreise werden veröffentlicht. Die Bewertung von Immobilien nimmt einige Zeit in Anspruch und findet an keiner Börse statt, insofern muss ein **Sachverständigenausschuss** einmal im Jahr das Immobilienvermögen bewerten. Möchte eine Kapitalverwaltungsgesellschaft weiterhin eine tägliche Rücknahme der Fondsanteile garantieren, muss seit dem 01.01.2013 vierteljährlich eine Bewertung des Inventarwertes vorgenommen werden. Diese Bewertung des Sondervermögens erfolgt durch das Ertragswertverfahren. Dennoch kann es täglich im Sondervermögen zu Veränderungen kommen, da die Anlage in Immobilien u. a. auch Mieterträge bedeutet, es börsentäglich Zu- und Abflüsse durch die Fondskonstruktion gibt (offener Fonds mit Rücknahmeverpflichtung) und die Bankguthaben Zinserträge erwirtschaften.

Da offene Immobilienfonds auch Kredite aufnehmen dürfen, sollten an dieser Stelle auch die möglichen Zinsaufwendungen nicht unerwähnt bleiben. Die Grenze zur **Aufnahme von Krediten** liegt bei max. 30 % des Verkehrswertes der im Sondervermögen befindlichen Immobilien.

Die Entwicklung der Anzahl von Fonds sowie des Anlagevermögens von offenen AIF-Immobilienfonds zeigt die Beliebtheit dieses Anlageinstrumentes bei den Anlegern, aber auch bei den Beratern.

Weitere Anlagevorschriften für offene AIF-Immobilienfonds sind:

Risikomischung	<ul><li>einzelne Immobilie max. 15 % des Fondsvermögens (ausschlaggebend ist für die Betrachtung der Zeitpunkt des Erwerbs der Immobilie)</li><li>alle Immobilien, deren Wert mehr als 10 % des Fondsvermögens ausmachen, dürfen zusammen max. 50 % des Fondsvermögens ausmachen</li></ul>

Liquidität	<ul><li>max. 49 % dürfen als Bankguthaben, Geldmarktinstrumente, Geldmarktfonds und bestimmte Wertpapiere als Liquidität gehalten werden</li><li>als Liquidität müssen täglich mindestens 5 % des Fondsvermögens verfügbar sein</li></ul>

Trotz dieser Anlagevorschriften haben die letzten Jahre gezeigt, dass wenn die Märkte „infiziert" sind, die normalen Spielregeln nicht ausreichen, um das Vermögen der Kapitalanleger zu schützen. Durch die starke Verunsicherung der Anleger in unser Finanzsystem im Zuge der Finanzkrise und der häufige Vergleich des offenen Immobilienfonds mit einem „Immobiliensparbuch", auf dem der Anleger börsentäglich Gelder einzahlen oder abheben kann, kam es zu einer weniger überraschenden Reaktion. Für die Sparguthaben ging die Bundesregierung ins Obligo, dies galt aber nicht für die Anteile an offenen Immobilienfonds. In den letzten Jahren haben auch vermehrt Großanleger die Vorteile und den regelmäßigen Ertrag der offenen Immobilienfonds erkannt. Bei Ausbruch der Finanzkrise benötigten diese Großanleger – wie viele andere Institute auch – Liquidität. Diese Liquidität wurde vermehrt aus den offenen Immobilienfonds abgezogen. Dieses Vorgehen brachte die damaligen Kapitalanlagegesellschaften in enorme Zwänge. Außerdem handelten viele private Anleger panisch und machten von ihrem Recht auf Rücknahme der Anteile Gebrauch. Jetzt wirkten sich die o. g. Regeln als kontraproduktiv aus und schon bald hatten einige offene Immobilienfonds die vorgeschriebenen **Liquiditätsreserven** aufgebraucht. Neue Anleger scheuten sich, Anteile zu kaufen und somit fehlten weitere liquide Mittel. Entsprechend dem alten § 81 InvG konnte die Kapitalanlagegesellschaft das Rückgabeverlangen der Anteilseigner bis zu einem Jahr aussetzen und bei entsprechenden Vertragsbedingungen sogar auf zwei Jahre erhöhen. Die Finanzkrise 2008 war auch in erster Linie eine Immobilienkrise. Die Bewertung der Immobilien war teilweise nur noch schwer möglich, da es keinen geordneten Markt für Immobilien gibt.

Aus diesen Gründen wurde das **AnsFuG** (Gesetzt zur Stärkung des Anlegerschutzes und Verbesserung der Funktionsfähigkeit des Kapitalmarktes) zum 01.04.2011 neu geregelt.

Die Kapitalanlagegesellschaften hatten nun bis zum 31.12.2012 Zeit, die Vertragsbedingungen umzustellen. Diese sind mit dem Datum der Umstellung auch für den Anleger bindend.

Der Gesetzgeber hat als Konsequenz aus den Erfahrungen der letzten Jahre die Vorschriften für beide Seiten verschärft:

- Die **Mindesthaltedauer** für Anteilsscheine von offenen Immobilienfonds beträgt seit dem 31.12.2012 für Neuanleger dann zwei Jahre;
- **Kündigungsfrist** (Rückgabeerklärung) beträgt dann zwölf Monate;
- **Freigrenze** pro Anleger pro Kalenderhalbjahr beträgt 30.000 EUR;
- **kein Übertrag** von nicht ausgeschöpften Freibeträgen ins Folgejahr;
- für Anleger, die vor der Umstellung schon Anteilsscheine erworben haben, gilt diese Mindesthaltedauer bereits als erfüllt;
- diese Mindesthaltedauer und Kündigungsfristen gelten auch für **Immobilien-Dachfonds**, die zu mehr als 50 % ihres Sondervermögens in offene Immobilienfonds investiert sind;

- KVG, die weiterhin nur einmal pro Jahr das Anlagevermögen bewerten lassen, dürfen künftig auch nur noch einmal im Jahr Anteile ausgeben und zurücknehmen;
- bei halbjährlicher Bewertung ist eine halbjährliche Ausgabe und Rücknahme der Anteilsscheine möglich;
- möchte die Kapitalverwaltungsgesellschaft weiterhin börsentäglich die Ausgabe und Rücknahme von Anteilen durchführen, so schreibt der Gesetzgeber vor, die Bewertung der Vermögensgegenstände quartalsweise durchzuführen.

Die Gesetzeslage bis zum 22.07.2013

	Bestandskunde	Neukunde
Kündigungsfrist von zwölf Monaten	ist einzuhalten	ist einzuhalten
Mindesthaltedauer von 24 Monaten	gilt als erfüllt	ist zu erfüllen
Freigrenze pro Halbjahr und Anleger	30.000 EUR	30.000 EUR

Gesetzliche Regelung seit dem 22.07.2013

Lange hielt diese Regelung für offene Immobilienfonds nicht, denn seit der Einführung des KAGB sind aus den einstigen offenen Immobilienfonds jetzt offene alternative Fonds geworden, die nach einer Mindesthaltedauer von 24 Monaten und einer Kündigungsfrist von zwölf Monaten zurückgegeben werden können. Eine spontane tägliche Rückgabe ist jetzt für die neuen offenen AIF mit Immobilien-Sondervermögen nicht mehr möglich.

---

§ 255 KAGB Sonderregeln für die Ausgabe und Rücknahme von Anteilen

(1) Die AIF-Kapitalverwaltungsgesellschaft hat die Ausgabe von Anteilen vorübergehend auszusetzen, wenn eine Verletzung der Anlagegrenzen nach den Liquiditätsvorschriften dieses Abschnitts oder der Anlagebedingungen droht.

(2) In Abweichung von § 98 Abs. 1 Satz 1 können die Anlagebedingungen von Immobilien-Sondervermögen vorsehen, dass die Rücknahme von Anteilen nur zu bestimmten Rücknahmeterminen, jedoch mindestens alle zwölf Monate erfolgt. Neue Anteile dürfen in den Fällen des Satzes 1 nur zu den in den Anlagebedingungen festgelegten Rücknahmeterminen ausgegeben werden.

(3) Die Rückgabe von Anteilen ist erst nach Ablauf einer Mindesthaltefrist von 24 Monaten möglich. Der Anleger hat nachzuweisen, dass er mindestens den in seiner Rückgabeerklärung aufgeführten Bestand an Anteilen während der gesamten 24 Monate, die dem verlangten Rücknahmetermin unmittelbar vorausgehen, durchgehend gehalten hat. Der Nachweis kann durch die depotführende Stelle in Textform als besonderer Nachweis der Anteilinhaberschaft erbracht oder auf andere in den Anlagebedingungen vorgesehene Weise geführt werden.

(4) Anteilrückgaben sind unter Einhaltung einer Rückgabefrist von zwölf Monaten durch eine unwiderrufliche Rückgabeerklärung gegenüber der AIF-Kapitalverwaltungsgesellschaft zu erklären. § 227 Abs. 3 gilt entsprechend; die Anlagebedingungen können eine andere Form für den Nachweis vorsehen, dass die Rückgabe in Einklang mit Satz 1 erfolgt.

Spezial-Investmentvermögen – für (semi-)professionelle Anleger

	AIF offen	AIF geschlossen
Form	Sonderverm./InvAGv, InvKGv	InvAGf, InvKGf
Anlage	• Allgemeine AIF (Bewertbare Vermögensgegenstände § 282 KAGB) • Besondere AIF (§ 284 KAGB) • Hedgefonds (§ 283 KAGB)	• Allgemeine AIF (§ 285 KAGB) • Private-Equity AIF (mit Kontrollabsicht) (§ 287 KAGB)

7.6.3.2 Dachfonds nach § 196 KAGB

Hinter dem Begriff **gemischtes Sondervermögen** verbirgt sich der in den USA schon seit 1931 bekannte **„Fund of Funds"**. Der „Fund of Funds" wird im deutschsprachigen Raum als **Dachfonds** bezeichnet. Die eingangs beschriebene Geschichte der „IOS" holt uns auch bei den Dachfonds wieder ein. Denn der in den 70er-Jahren so bekannte Dachfonds der Investors Overseas Services (IOS) und der anschließende **Kaskadeneffekt** dieser Pleite war der Grund dafür, dass Dachfonds bis zum 01.04.1998 in Deutschland verboten waren. Mit der gesetzlichen Regelung zum **3. Finanzmarktförderungsgesetz** wurde der Dachfonds wieder salonfähig und schon ein Jahr später gab es 47 Dachfonds mit 5.849 Mio. EUR Fondsvolumen. Bis 2012 stieg die Anzahl an Dachfonds auf stattliche 630 Fonds mit einem Gesamtvermögen von 51.879 Mio. EUR.

Dachfonds haben als Grundidee, die schon vorhandene Streuung des einzelnen Fonds zu erweitern. Durch die Investition in bestehende Publikumsfonds bietet diese Fondsart dem Anleger eine noch größere Diversifikation. Damit ist es dem Anleger möglich, in bestimmte Marksegmente, insbesondere Nischenmärkte, mit geringeren Risiken zu investieren. Ein Dachfonds kann sich auf bestimmte Assetklassen oder Themen konzentrieren.

Anlagegrenzen für Dachfonds nach § 196 KAGB:
* das Investment in Dachfonds und geschlossene Fonds ist zur Vermeidung des Kaskadeneffektes verboten;
* ein Zielfonds darf max. 20 % des Gesamtvermögens ausmachen, daraus resultiert die Mindestanzahl von fünf Zielfonds in einem Dachfonds.

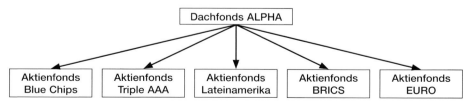

7.6.3.3   Umbrella-Fonds

Seit Einführung des 4. Finanzmarktförderungsgesetz 2002 können auch deutsche Anleger die aus Großbritannien stammende **Umbrella-Fonds-Konstruktion** erwerben. Die Grundidee für den Anleger ist es, mit dieser „Holdingfunktion" die Kosten beim Kauf von Investmentfonds einer Kapitalverwaltungsgesellschaft zu reduzieren.

Der Umbrella-Fonds (auch Schirm-Fonds genannt) bietet dem Anleger die Möglichkeit, in unterschiedliche Fonds **einer Kapitalverwaltungsgesellschaft** zu investieren, umzuschichten (**shiften**) oder die Aufteilung des Sparbetrages zu ändern (**switchen**). Dabei entrichtet der Anleger nur bei Eintritt unter diesen Schirm (Umbrella) einen Ausgabeaufschlag, bei den weiteren Wechseln der Fonds fallen keine weiteren Ausgabeaufschläge an.

Bei Umbrella-Fonds bleibt der Anleger in der Verantwortung, das aktive Managen der Fonds vorzunehmen, während ihm diese Aufgabe bei einem Dachfonds von den erfahrenen Profis abgenommen wird.

Diese Fondskonstruktion ist etwas für erfahrende Investmentprofis, die sich gerne die Zeit nehmen, die aktuelle und zukünftige Wirtschaftslage und die politische Situation zu analysieren und zu bewerten.

	Dachfonds	Umbrella-Fonds	Freies Depot
Management	Fondsmanager	Anleger	Anleger
Fondsauswahl	Alle Fonds – auch anderer Kapitalverwaltungsgesellschaften	Nur Fonds dieser Kapitalverwaltungsgesellschaft	i. d. R. alle Fonds, die sich auf der jeweiligen Depotplattform befinden
Kosten	Ausgabeaufschlag einmalig für das Erstinvestment sowie lfd. Kosten	Ausgabeaufschlag einmalig für das Erstinvestment sowie lfd. Kosten, aber keine weiteren Kosten beim Wechsel der Fonds	Ausgabeaufschlag einmalig für das Erstinvestment sowie die lfd. Kosten und bei jedem Wechsel erneute Ausgabeaufschläge
Vorteile für Anleger	Zeitersparnis, Kostenersparnis, Transparenz und Übersichtlichkeit	Aktives Handeln, Zeitinvestition für Informationen und Controlling des Investments, Entscheidung für eine Kapitalverwaltungsgesellschaft	Aktives, freies Handeln ohne Begrenzungen auf eine Kapitalverwaltungsgesellschaft, Zeitinvestition für Informationen und Controlling des Investments

7.6.3.4 Gemischte Investmentvermögen

Gemischte Investmentvermögen gehören ebenfalls zu den offenen AIF-Fonds nach § 218 KAGB. Diese Investmentvermögen dürfen neben Aktien, Renten und Geldmarktinstrumente auch andere offene AIF-Vermögenswerte beinhalten.

7.6.3.5 Dach-Hedgefonds

Aus dem Land der unbegrenzten Möglichkeiten kamen in den letzten Jahrzehnten immer wieder Anlageprodukte, die für den sicherheitsbewussten deutschen Anleger oft nur schwer zu ergründen waren. Der erste **Hedgefonds** wurde in Amerika 1949 gegründet. Der Amerikaner Alfred W. Jones hatte damals die Idee, ein Produkt zu kreieren, das sich unabhängig von den klassischen Aktien- und Anleihemärkten entwickeln sollte. Als Alternative und Beimischung zu jedem Portfolio bot er seinen Investoren einen Hedgefonds an. Die Rendite der schon bekannten Anlagewerte wird bei diesem Fonds durch eine Kreditfinanzierung gehebelt (**Leverage-Effekt**) und/oder durch entsprechende **Leerverkäufe** (in Deutschland seit dem 02.07.2010 verboten) gesteigert. Man schätzte 2010 das weltweite Volumen an Hedgefondsvermögen auf über 2,5 Billionen US-$. In Deutschland ist diese Form des Investmentfonds erst seit dem 01.01.2004 auch für Privatleute zugelassen, allerdings nur in der Form eines Dachfonds. Ein Single-Hedgefonds kann in Deutschland praktisch nur über ein Zertifikat erworben werden.

Da diese Investmentfonds nahezu unreglementiert sind, dürfen sie auch nicht öffentlich vertrieben werden, sie werden von den Kapitalverwaltungsgesellschaften nur als Dachfonds angeboten. Als Anlagewerte können neben den klassischen Anlagewerte auch:
- Edelmetalle
- Warenterminkontrakte und
- Unternehmensbeteiligungen

erworben werden.

Anlagepolitik und Anlagegrenzen von Hedgefonds

Alpha Hedge-fonds	Beta Hedge-fonds	Gamma Hedge-fonds	Delta Hedge-fonds	Epsilon Hedge-fonds	Bankguthaben u. Ä.
max. 20 %	max. 20 %	max. 20 %	max. 20 %	max. 20 %	max. 49 % des Sondervermögens

- bei Vollinvestition in Hedgefonds enthält der Dachfonds mindestens fünf Zielfonds
- max. dürfen zwei Zielfonds vom gleichen Emittenten oder Fondsmanager sein
- Leerverkäufe, Kreditaufnahmen, Einsatz von Derivaten sind verboten

Die **Rückgabe von Anteilen** an Hedgefonds und Dach-Hedgefonds ist wegen der Aufnahme von Krediten und der Erfüllung von Leerverkäufen im KAGB besonders geregelt. Die Einschränkungen sehen vor, dass nur zu bestimmten Terminen eine Rückgabe möglich ist und diese durch eine unwiderrufliche Rückgabeerklärung gegenüber der Kapitalverwaltungsgesellschaft erklärt werden muss.

Bei den Hedgefonds ist die Anteilsrückgabe bis zu 40 Kalendertage und bei den Dach-Hedgefonds bis zu 100 Kalendertagen vor den bekannten Rückgabeterminen anzuzeigen. Die Kapitalverwaltungsgesellschaft muss zum Rückgabetermin, spätestens aber 50 Tage nach diesem Termin den Rücknahmepreis an den Anleger entrichten.

Bei diesen hochspekulativen Anlageinstrumenten sieht der Gesetzgeber einen besonderen **Anlegerschutz** vor. Dieser ist im §225 KAGB definiert:
- Aufklärung des Anlegers vor dem Erwerb eines Dach-Hedgefonds über das Totalverlustrisiko,
- für den Erwerb von Anteilen an einem Dach-Hedgefonds ist es zwingend notwendig, einen schriftlichen Kaufvertrag abzuschließen,
- die Aushändigung eines ausführlichen Verkaufsprospektes und der Vertragsbedingungen muss stets erfolgen,
- zusätzlich muss im Verkaufsprospekt folgender Hinweis enthalten sein:

> „Der Bundesminister der Finanzen warnt: Bei diesem Investment müssen Anleger bereit und in der Lage sein, Verluste des eingesetzten Kapitals bis hin zum Totalverlust hinzunehmen."

Chancen & Risiken (Vergleich von Investmentfonds und Hedgefonds)

	Klassische Investmentfonds	Hedgefonds
Anlagepolitik	Renditeerzielung – oft im Vergleich zu einer Benchmark (Indizes)	Renditeerzielung um jeden Preis
Einsatz von Derivaten	Begrenzt möglich	Unbegrenzt möglich
Einsatz von Krediten	Nicht erlaubt	Erlaubt
Einsatz von Leerverkäufen	Nicht erlaubt	Erlaubt
Korrelation zu klassischen Vermögenswerten	Hohe Korrelation	Niedrige Korrelation
Eigenbeteiligung des Fondsmanagers am Sondervermögen	Keine Eigenbeteiligung	Hohe Eigenbeteiligung üblich

7.6.3.6 Offene AIF-Fonds als sonstiges Sondervermögen

Die nach §220 KAGB als sonstiges Sondervermögen definierten Investmentfonds werden von der Fondsbranche für innovative Fondskonzepte genutzt. Durch das breite Anlagespektrum ist es dem Fondsmanager möglich, höhere Risiken als bei den standardisierten Investmentfonds einzugehen. Allerdings sind seine Freiheiten gegenüber dem Hedgefondsmanager geringer, weil er keine Leerverkäufe und auch den Leverage-Effekt nicht nutzen darf. Fondsmanager dürfen sich kurzfristig Liquidität zu banküblichen Konditionen beschaffen, diese dürfen dann aber nicht mehr als 20 % des Sondervermögens ausmachen.

Sollte ein Investmentfonds Edelmetalle im Sondervermögen führen, gehört dieser Fonds nicht zu den richtlinienkonformen Investmentfonds.

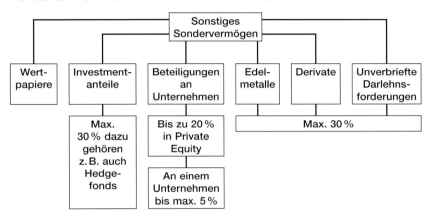

7.6.4 Assetklassen

Die OGAW Investmentfonds dürfen das ihnen anvertraute Sondervermögen in ganz unterschiedlichen Assetklassen anlegen. Im KAGB werden folgende Anlagemöglichkeiten genannt:

• Aktien,
• festverzinsliche Wertpapiere,
• Geldmarktinstrumente,
• Investmentanteile,
• Bankguthaben u. Ä.,
• Derivate als Beimischung,
• sonstige Anlageinstrumente.

Einige dieser Assets dienen bei der Schaffung von Investmentfonds als Hauptbestandteil, während andere Assets nur als Beimischung zu bestimmten Fondsarten oder zur Bereitstellung der vorzuhaltenden Liquidität für die tägliche Rücknahme der Fondsanteile dienen.

Diese Assetklassen können dann nach im Verkaufsprospekt genau definierten Philosophien, Themen oder Anlagestrategien zusammengestellt werden. Daraus ergeben sich dann Investmentfonds wie

• Themenfonds,

- Branchenfonds,
- Länderfonds,
- gemischte Fonds,
- Zielfonds,
- u. v. a.

In der Statistik „Vermögen der Publikumsfonds" des BVI finden wir neben den schon beschriebenen offenen Immobilienfonds und Dachfonds noch die Aktien-, Renten-, Misch-, Garantie- und Geldmarktfonds.

Übersicht über die Anzahl von Fondstypen in Deutschland

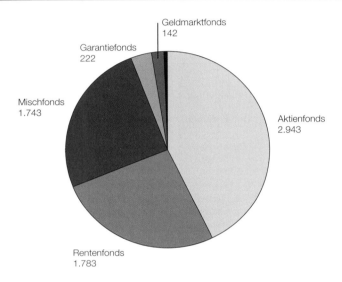

Geldmarktfonds
142

Garantiefonds
222

Mischfonds
1.743

Aktienfonds
2.943

Rentenfonds
1.783

7.6.4.1   Aktienfonds

Der Aktienfonds ist wohl die Mutter aller Investmentfonds. In Deutschland hat am 30.10.2010 der älteste Aktienfonds seinen 60. Geburtstag gefeiert. Der **Fondak-Aktienfonds** startete 1950 mit umgerechnet 1 Mio. EUR und hat heute ein Volumen von ca. 2 Mrd. EUR. Ein Anleger, der damals in diesen Fonds umgerechnet 1.000 EUR investiert und alle Erträge wieder reinvestiert hätte, würde heute über ein stattliches Vermögen von ca. 400.000 EUR verfügen. Eines zeigt diese Geschichte, wer in Aktien oder Aktienfonds investieren will, sollte einen langen Atem haben, damit sich eine ansehnliche Rendite entwickeln kann.

Aktienfonds können in alle börsennotierten Aktien investieren.

Am Beispiel des „Fondak Aktienfonds" und der im Verkaufsprospekt genannten Anlagemöglichkeiten fällt einem sofort auf, dass es oft keine reinrassigen Aktienfonds gibt. Das ausschlaggebende Kriterium für die Zuordnung ist die prozentuale Mehrheit einer Assetklasse. In diesem Fall sind es mindestens 51 % Aktien deutscher Aussteller, also gehört dieser Fonds zu den deutschen Aktienfonds.

Exkurs: Anlagewerte lt. Verkaufsprospekt des Fondak (Aktien-Deutschland)

Der Fonds ist auf Vermögensbildung auf langfristige Sicht ausgerichtet. Wir investieren mindestens 51 % des Fondsvermögens direkt oder indirekt in Aktien und vergleichbare Papiere deutscher Emittenten. Bis zu 49 % des Fondsvermögens können in auf Aktien bezogene verzinsliche Wertpapiere deutscher Emittenten investiert werden. Bis zu 25 % des Fondsvermögens können in verzinsliche Wertpapiere in- und ausländischer Emittenten investiert werden. Bis zu 49 % des Fondsvermögens können in Zertifikate investiert werden, die auf einem deutschen Aktienindex basieren. Bis zu 25 % des Fondsvermögens können in Zertifikate investiert werden, die auf einem Rentenindex basieren. Bis zu 49 % des Fondsvermögens dürfen zudem in geschlossene Fonds, bestimmte Zertifikate, Geldmarktinstrumente oder Bankguthaben angelegt werden. Benchmark des Fonds ist DAX. Wir können nach Ermessen von der Benchmark abweichen. Sie können Anteile an dem Fonds grundsätzlich bewertungstäglich zurückgeben. Wir schütten die laufenden Erträge des Fonds grundsätzlich jährlich aus.

7.6.4.1.1 Anlagekonzepte von Aktienfonds

Aktienfonds können national oder international ausgerichtet sein. Der Fondsmanager konzentriert sich den Vorgaben des Verkaufsprospektes entsprechend dann auf Aktiengesellschaften aus einzelnen Regionen, Ländern oder auf ein globales Investment.

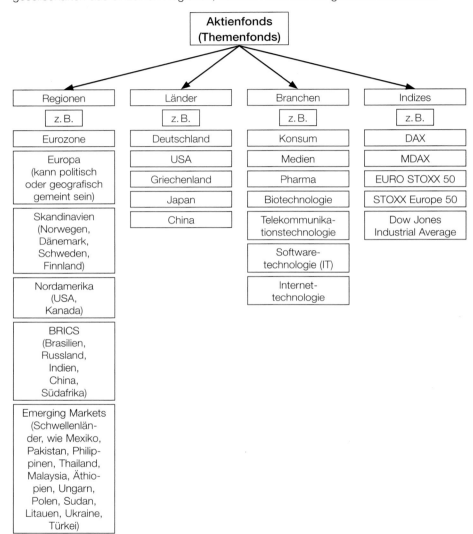

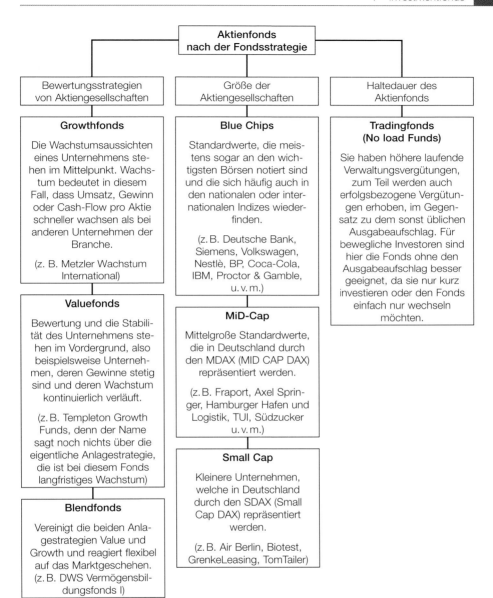

Aktienfonds nach der Fondsstrategie

Bewertungsstrategien von Aktiengesellschaften

Growthfonds

Die Wachstumsaussichten eines Unternehmens stehen im Mittelpunkt. Wachstum bedeutet in diesem Fall, dass Umsatz, Gewinn oder Cash-Flow pro Aktie schneller wachsen als bei anderen Unternehmen der Branche.

(z. B. Metzler Wachstum International)

Valuefonds

Bewertung und die Stabilität des Unternehmens stehen im Vordergrund, also beispielsweise Unternehmen, deren Gewinne stetig sind und deren Wachstum kontinuierlich verläuft.

(z. B. Templeton Growth Funds, denn der Name sagt noch nichts über die eigentliche Anlagestrategie, die ist bei diesem Fonds langfristiges Wachstum)

Blendfonds

Vereinigt die beiden Anlagestrategien Value und Growth und reagiert flexibel auf das Marktgeschehen. (z. B. DWS Vermögensbildungsfonds I)

Größe der Aktiengesellschaften

Blue Chips

Standardwerte, die meistens sogar an den wichtigsten Börsen notiert sind und die sich häufig auch in den nationalen oder internationalen Indizes wiederfinden.

(z. B. Deutsche Bank, Siemens, Volkswagen, Nestlè, BP, Coca-Cola, IBM, Proctor & Gamble, u. v. m.)

MiD-Cap

Mittelgroße Standardwerte, die in Deutschland durch den MDAX (MID CAP DAX) repräsentiert werden.

(z. B. Fraport, Axel Springer, Hamburger Hafen und Logistik, TUI, Südzucker u. v. m.)

Small Cap

Kleinere Unternehmen, welche in Deutschland durch den SDAX (Small Cap DAX) repräsentiert werden.

(z. B. Air Berlin, Biotest, GrenkeLeasing, TomTailer)

Haltedauer des Aktienfonds

Tradingfonds (No load Funds)

Sie haben höhere laufende Verwaltungsvergütungen, zum Teil werden auch erfolgsbezogene Vergütungen erhoben, im Gegensatz zu dem sonst üblichen Ausgabeaufschlag. Für bewegliche Investoren sind hier die Fonds ohne den Ausgabeaufschlag besser geeignet, da sie nur kurz investieren oder den Fonds einfach nur wechseln möchten.

7.6.4.1.2 Klassische Indexfonds & ETF-Indexfonds

Indexfonds gehören zu den sogenannten **passiv gemanagten Fonds** und sind erst seit April 1998 in Deutschland erlaubt. Der Fondsmanager versucht, einen repräsentativen Index möglichst exakt nachzubilden. Dazu müssen die Aktien im gleichen Verhältnis wie vom Index vorgegeben gekauft werden. Da der Fondsmanager nur auf den Markt und die Veränderung des Indexes reagiert, spricht man in diesem Zusammenhang von einem passiv gemanagten Fonds. Der Fonds kann das Ergebnis des Indexes nicht überbieten. Die Differenz zwischen dem Fondsergebnis und der Entwicklung des Indexes wird als

Tracking Error bezeichnet. Je niedriger der Trecking Error ausfällt, desto besser ist der Fonds gelaufen.

Aktienfonds versuchen die **Benchmark**, oft ein Index, zu schlagen und verlieren doch immer wieder, wenn man diesen Zweikampf langfristig betrachtet. Kurzfristig kommt es immer wieder vor, dass ein bestimmter Aktienfonds die Benchmark knackt, aber langfristig schneidet der Index immer besser ab. Viele Anleger investieren in Aktienfonds für ihre Altersvorsorge. Dann stellt sich die Frage, wie viel Zeit möchte der Anleger mit der Strukturierung seines Aktien- oder Aktienfondsdepots verbringen?

Als Alternative hat der Anleger drei verschiedene Produkte, die sich der Tatsache verschrieben haben, dass das Nachbilden eines Indexes besser ist, als selbst aktiv das Aktienportfolio auszuwählen. Wir unterscheiden den klassischen Indexfonds (Investmentfonds), den **Indexfonds (ETF)**, deren Anteile an der Börse gehandelt werden, und das **Indexzertifikat**.

Der „normale" Indexfonds hat alle Merkmale eines Investmentfonds: vom Ausgabeaufschlag bis zur täglichen Rückgabe an die Kapitalverwaltungsgesellschaft und dem insolvenzgeschützten Sondervermögen. Allerdings sind die laufenden Managementgebühren (bis zu 1 %) deutlich geringer als bei einem aktiv gemanagten Aktienfonds (bis zu 2,5 %).

Fondsmanager dürfen aufgrund der Fondskonstellation auch die gesetzlichen Anlagegrenzen überschreiten, da es ihr Ziel ist, den Index möglichst exakt nachzubilden und damit die Risikostreuung gewahrt bleibt.

Der Indexfonds – auch als Indexaktien bezeichnet – verbindet die Vorteile aus einem Fonds und einer Aktie. Der Vorteil eines Fonds ist die Sicherheit des Sondervermögens der Anlagewerte, an denen sich der Anleger beteiligt. Die Aktie bietet den Vorteil, dass sie börsentäglich jederzeit gehandelt werden kann. Ein ETF-Indexfonds bietet beides!

Am Anfang steht die Entstehungsgeschichte eines ETFs, um die Handelbarkeit zu verstehen. Die Investmentgesellschaft liefert an einen „**Market Maker**" – auch „**Designated Sponsor**" genannt – die Anteilsscheine. Dafür erhält die Investmentgesellschaft vom Market Maker i. d. R. einen **Wertpapierkorb**, welcher z. B. den vorher vereinbarten Index widerspiegelt, oder einfach Geld (**Creation-Prozess**). Jetzt ist der Market Maker im Besitz der Anteile und bietet diese zum Verkauf an der Börse an. Durch den Verkauf der Anteile erhält der Market Maker wieder liquide Mittel, aber er kann auch die Anteile an die Investmentgesellschaft zurückgeben (**Redemption-Prozess**). Der Käufer/Anleger, welcher die Anteile über die Börse erwirbt, hat diese Möglichkeit der Rückgabe nicht. Diese Einschränkung kann auch als Vorteil für das ETF-Konzept gesehen werden. Der Fonds hat keine ständigen Zu- und Abflüsse von liquiden Mitteln und kann sich so besser entwickeln.

Die Transaktionen zwischen der Investmentgesellschaft und dem Market Maker finden in sogenannten „**Blöcken**" statt, die für gewöhnlich aus 50.000 Anteilen bestehen. Dieser „Creation-Prozess" stellt die Emission der neuen ETF-Anteile dar.

Im April 2000 existierten europaweit gerade einmal sechs solcher Indexfonds. Das Vermögen erhöhte sich allein in Deutschland bis August 2012 auf 180 Mrd. EUR. Es wird von Branchenkennern mit einer weiteren Steigerungsrate von bis zu 30 % p. a. gerechnet. Weltweit wird das Gesamtvermögen von ETFs mit über 1 Billion US-$ angegeben.

Weltweites Fondsvolumen in ETF

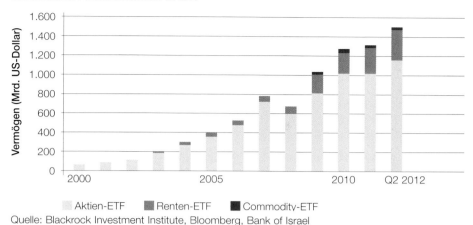

Quelle: Blackrock Investment Institute, Bloomberg, Bank of Israel

Merkmale von ETF-Anteilen:

- Erwerb der Anteile für Anleger erfolgt über die Börsen (z.B. München, Berlin);
- der Nettoinventarwert (Net Asset Value – NAV) wird börsentäglich fortlaufend veröffentlicht;
- Schaffung neuer Anteile erfolgt durch den Creation-Prozess;
- Rückgabe der Anteile durch den Market Maker erfolgt durch Redemption-Prozess;
- Preis der ETFs richtet sich nach Angebot und Nachfrage;
- Market Maker betreut die Kursentwicklung und stellt laufend An- und Verkaufspreise ein;
- Assetklassen können sein:
  - Aktien,
  - Anleihen,
  - Geldmarktinstrumente,
  - alternative Investments,
  - Währungen,
  - Rohstoffe,
  - Immobilien.

Inzwischen gibt es sogar schon Dachfonds, welche in ETFs investieren. Auch Sparpläne sind möglich.

Rechtliche Fakten zu ETFs:

- KVG hat im Interesse des Anlegers und der Integrität des Marktes zu handeln;
- deutsche ETF-Anlagewerte werden nach Maßgabe des KAGB verwaltet;
- Anlagewerte deutscher ETFs sind deutsches Sondervermögen und getrennt vom Vermögen der KAG zu halten;
- Sondervermögen gehört nicht zur Insolvenzmasse der KVG;
- Verwahrung der Anlagewerte sowie die Kontrollfunktion erfolgt durch eine Verwahrstelle;
- KVG und Verwahrstelle unterliegen der Aufsicht durch die BaFin.

ETFs werden gerne von Honorarberatern angeboten, weil keine Vertriebskosten wie z.B. der Ausgabeaufschlag anfallen. Dennoch hat der Anleger Kosten, die sich auch in der Gesamtkostenquote widerspiegeln:

- Managementgebühren für den Fonds – bis zu 1% i.d.R. 0,4%,
- Verwahrstellengebühr,
- Transaktionskosten für den Fonds – gering, weil oft passiv gemanagter Fonds und damit seltener Umschichtungen stattfinden,
- An- und Verkaufsspanne (bis zu 0,5% möglich i.d.R. bis zu 0,1%) = Spreads durch den vom Market Maker gestellten Kurs,
- Orderprovisionen, Maklercourtage, Abwicklungsentgelte, Depotgebühr.

Vorteile von ETFs:
- spiegeln den Index am genauesten wider – geringster Trecking Error,
- volle Dividendenpartizipation,
- fortlaufender Handel und Preisfeststellung,
- hohe Transparenz – alle 60 Sekunden wird der tatsächliche Wert neu berechnet,
- Kosteneffizienz gegenüber den Vergleichsprodukten, wesentlich günstiger,
- renommierte Indizes = geringe Spreads – weniger populäre Indizes = höhere Spreads,
- Managementgebühren liegen zwischen 0,25 und 0,5%,
- Kosten für Verkaufsprospekte usw. entstehen nicht,
- kein Emittentenrisiko.

7.6.4.1.3 Vergleich von Produkten mit Index-Underlying

Merkmale	ETFs	Indexfonds	Indexzertifikat
Risikostreuung/ Diversifikation	Hoch	Hoch	Hoch
Tracking Error	Gering	Gering	Gering
Dividende	Ja	Ja	Meist nein
Handel	Börsenhandel	Ausgabe und Rücknahme über KVG	Börsenhandel
Kosten bei An- und Verkauf	Ordergebühren	Ausgabeaufschlag	Ordergebühren
Managementge- bühren	Max. bis 1 % i. d. R. 0,4 %	0,5 bis 2 %	Keine (i. d. R.)
Spread (Geld- Brief-Spanne)	0,05 bis 0,5%	Keine	0,01 bis 2,5 %
Kursfeststellung	Fortlaufend	Börsentägliche Rückgabe	Börsentäglich
Emittentenrisiko	Nein, Sondervermögen	Nein, Sondervermögen	Ja, Schuld- verschreibung
Laufzeit	Unbegrenzt	Unbegrenzt	Begrenzte Laufzeit bzw. Open-End
Emittenten	KVG	KVG	Banken

7.6.4.1.4   Unterscheidung von Aktienfonds und Anlagezertifikaten

	Aktienfonds	Anlagezertifikate
Merkmale	Miteigentümer	Zinslose Schuldverschreibung
Kosten beim Kauf	Ausgabeaufschlag	Niedrige Transaktionskosten
Kosten beim Verkauf	Keine Gebühren (i. d. R.)	Transaktionskosten fallen an
Laufende Gebühren	Verwaltungsgebühr ggf. Erfolgsboni	Keine Ausnahme: passiv gemanagte Indexzertifikate durch einen Spread
Transparenz	Einheitliche Regelungen und laufende Berichterstattung durch Monats-, Halbjahres- und Rechenschaftsberichte	Sehr individuelle Produktgestaltungen mit unterschiedlicher Namensgebung sorgt eher für Verwirrung
Entscheidungshilfen	Rating, Ranking, Scoring	Nur die Stammdaten
Sicherheit	Anlage ist Sondervermögen und nicht von der Insolvenz der KVG betroffen	Bei Schuldverschreibungen bleibt immer das Emittenrisiko (Bonität)
Risiko	Breite Streuung der Anlage verringert das Risiko des Totalverlustes	Hängt vom Zertifikatstyp ab: z. B. Garantiezertifikat – Kapitalerhalt – Totalverlust ausgeschlossen; bei Hebelzertifikate muss ein Totalverlust einkalkuliert werden
Strategie	Markttrend ist oft beherrschend	Markttrend ist weniger beherrschend, weil jede Prognose umgesetzt werden kann
Kursentwicklung	Performance kann besser oder schlechter als Vergleichsindizes oder Benchmarks sein	Indexzertifikate entsprechen immer exakt dem Vergleichswert (z. B. DAX)
Vorteile	Profis treffen die Entscheidung über das direkte Investment (Aktien)	Gute Börsenkenntnisse und Marktbeobachtung sind unerlässlich
Nachteile	Gebühren nicht transparent, auch Profis können sich irren	Abhängig vom Zertifikatstyp z. B. Indexzertifikate sind kostengünster – alle anderen?

Dividenden	Dividenden der Aktiengesell-schaften fließen dem Son-dervermögen zu und damit auch dem Anleger	Dividenden werden oft zur Deckung des Risikos und der Kosten vom Emittenten einbehalten

7.6.4.2 Rentenfonds

Festverzinsliche Wertpapiere gehören überwiegend oder ausschließlich zu den Anlage-werten eines Rentenfonds. Die festverzinslichen Wertpapiere können je nach Anlage-politik des Fondsmanagements nationale oder internationale Renten sein. Auch die Laufzeiten können die Anlagestrategie beeinflussen, weil sogenannte „Kurzläufer" auf Zinsänderungen weniger stark reagieren. Das Gegenstück sind die „Langläufer", welche hohe Gewinnchancen versprechen, wenn das allgemeine Zinsniveau sinkt. Diese Papiere steigen in diesem Fall besonders stark und versprechen neben den Zinseinnahmen auch noch Kursgewinne.

Der älteste deutsche Rentenfonds wurde am 24.01.1966 von der damaligen Fonds-gesellschaft DIT (Deutscher Investment Trust) als „Deutscher Rentenfonds" aufgelegt. Schon fünf Jahre nach Auflegung des Fonds war das Volumen bei über 1 Mrd. DM. Dies zeigt das Interesse der Anleger an sicheren und ertragsbringenden Kapitalanlagen. Heute heißt der Fonds ALLIANZ PIMCO EURO RENTENFONDS A EUR und hat ein Volumen von ca. 730 Mio. EUR. Aus dem damaligen deutschen Rentenfonds wurde im Laufe der Zeit ein Fonds, der in Euro-Renten investiert.

Durch die vielen Fusionen von Kapitalverwaltungsgesellschaften in den letzten Jahren kam es auch bei den einzelnen Fonds zu einigen Veränderungen. Hier ist es besonders wichtig, die Anlagen regelmäßig zu überprüfen und mit den Anlagezielen und dem Anla-gehorizont abzugleichen.

Beispiel:

Anlagepolitik aus dem Kurzprospekt des

ALLIANZ PIMCO EURO RENTENFONDS - A - EUR:

Der Fonds zielt darauf ab, eine marktgerechte Rendite bezogen auf die Euro-Rentenmärkte zu erwirtschaften. Wir investieren hauptsächlich in verzinsliche Wertpapiere, die über eine gute Bonität verfügen und von Emittenten aus Industriestaaten stammen. Diese Wertpapie-re haben eine durchschnittliche Duration (Restlaufzeit) zwischen drei und neun Jahren. Das Fremdwährungsrisiko gegenüber dem Euro wird auf max. 5 % des Fondsvermögens beschränkt. Sie können Anteile an dem Fonds grundsätzlich bewertungstäglich zurück-geben. Wir schütten die laufenden Erträge des Fonds grundsätzlich jährlich aus. Derivate können zum Ausgleich von Preisbewegungen der Vermögensgegenstände (Absicherung), zur Ausnutzung von Preisdifferenzen zwischen zwei oder mehr Märkten (Arbitrage) oder zur Vermehrung von Gewinnchancen, auch wenn hierdurch auch Verlustrisiken vermehrt werden (Leverage), eingesetzt werden.

Welche Aussagen können Sie Ihrem Kunden zu diesem Fonds aufgrund dieser Informatio-nen geben?

- **Marktgerechte Rendite** – diese Aussage bedeutet, dass das Kursrisiko bei steigenden Zinsen eintreten kann. Die freien Vermögenswerte werden zu den aktuellen Zinsen angelegt, aber die im Bestand befindlichen niedrigverzinslichen Papiere verlieren an Attraktivität. Dieses kann zu Kursverlusten führen.
- **Euro-Rentenmärkte** – ein Währungsrisiko gibt es bei 95 % des Anlagevolumens nicht.
- **Gute Bonität** – diese Aussage gibt Auskunft, welche Bonität der Emittent haben muss, um als Anlage im Sondervermögen aufgenommen werden zu können. Hier hat der Emittent ein Rating von z. B. S&P von mindestens A vorzuweisen.
- **Restlaufzeit** – die Anleihen sollen überwiegend noch eine Laufzeit von drei bis neun Jahren haben. Es können also auch „gebrauchte" Anleihen gekauft werden, wenn die Restlaufzeit zur Anlagestrategie passt. Die vorgegebene Restlaufzeit zeigt die Zinssensibilität des Fonds auf Marktveränderungen an. Bei steigenden Marktzinsen könnte es zu Kursabschlägen kommen.

Bei einem Rentenfonds investiert die Kapitalverwaltungsgesellschaft zwar in Rentenpapiere und erwirbt damit das Recht eines Gläubigers auf Rückzahlung des Papieres zum Nennwert, der Fondsanleger hat aber dieses Recht auf Rückzahlung seiner Anlage nicht. Der Wert seiner Anlage richtet sich ausschließlich nach dem Kurs des Anteilsscheins zum Verkaufszeitpunkt.

Der Rentenfonds hat aber an Attraktivität für den Anleger nicht verloren.

Anlagepolitik von Rentenfonds

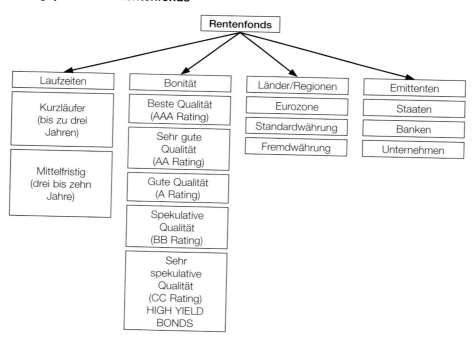

Aus diesem Mix kann die Kapitalverwaltungsgesellschaft ihre Anlagepolitik bestimmen und festlegen, zu welcher Risikoklasse der entsprechende Rentenfonds gehört.

7.6.4.3   Geldmarktfonds

Die reine Form des Geldmarktfonds ist in Deutschland erst seit 01.08.1994 zum Vertrieb zugelassen. Der Start erfolgte im ersten Jahr gleich mit 27 Fonds und einem Volumen von 25.052 Mio. EUR. Der Geldmarktfonds gilt als Alternative zum Sparbuch und zu Termingeldern. Die Vermögenswerte sind überwiegend oder ausschließlich nationale oder internationale Geldmarktpapiere und liquide Wertpapiere mit sehr kurzen Laufzeiten – maximal bis zu einem Jahr – oder einlagengesicherte Bankguthaben.

Die Anzahl der Geldmarktfonds verringerte sich 2013 auf insgesamt 142 Fonds, die kurz geparkte Gelder in Höhe von 10.377,8 Mio. EUR verwalten. Seit 01.03.1990 gab es schon die geldmarktnahen Fonds, welche bis zu 49 % des Sondervermögens in Geldmarkttitel und 51 % in festverzinsliche Wertpapiere mit kurzen Restlaufzeiten und variabel verzinsliche Anleihen investiert. Die Restlaufzeiten können je nach Fonds zwischen 24 und 48 Monaten liegen.

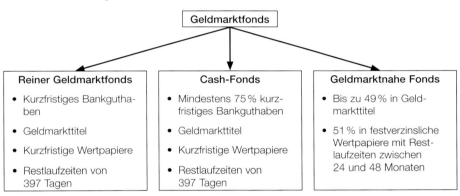

Alle drei Fonds gehören nach den Bewertungskriterien des WpHG zur Risikoklasse 1. Doch die Finanzkrise im Jahr 2007 hat in vielen Bereichen ein Umdenken bewirkt, so auch im Bereich der Sicherheit von Geldmarktfonds. Da sich auch Geldmarktfonds nach den Gesetzen des Marktes richten und auf Zinsanpassungen reagieren, kam es durch die vollkommen verunsicherten Märkte auch in den bis dahin als stabil geltenden Geldmarktfonds zu negativen Wertentwicklungen.

> **Beispiel:**
> Der hier ausgesuchte Geldmarktfonds hat eine ähnliche Performance in diesem Zeitraum wie auch andere Geldmarktfonds und ist nur zur Verdeutlichung der Situation in 2008 ausgesucht worden. Über die Qualität des Fonds gibt dieses Beispiel keine Auskunft.
> Durch die Insolvenz des Bankhauses Lehman Brothers im September 2008 kam es am Zinsmarkt zu der Ausnahmeentwicklung einer Inversen-Zinsstruktur. Kurzfristige Gelder wurden zu einem höheren Zins ausgeliehen als langfristige Gelder. So kam es mit dem Abklingen dieser Ausnahmesituation zu stark steigenden Zinsen im kurzfristigen Bereich. Damit fielen die Kurse kurzfristiger börsennotierter Wertpapiere.

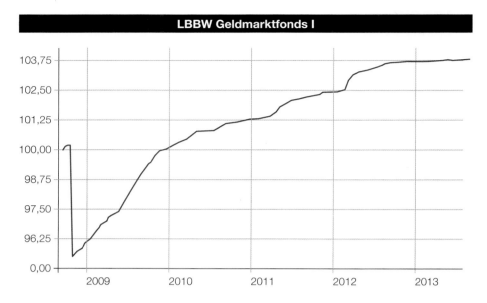

LBBW Geldmarktfonds I

7.6.4.4   Total-Return-Fonds

Der Total-Return-Fonds gehört auch zu den Mischfonds. Wie bei einem Hedgefonds soll auch bei einem Total-Return-Fonds unabhängig von der Marktlage in jedem Fall ein positiver Ertrag erwirtschaftet werden. Bei den klassischen Fonds haben wir immer wieder von einer bestimmten Anlagephilosophie gelesen. Diese konnte bestimmt sein von Investmentstrategien wie z. B. **Growth-Value-Blend**, den Regionen oder Branchen, in die investiert werden soll. Eine solch strenge Vorgabe gibt es beim Total-Return-Fonds nicht, denn hier ist das alleinige Ziel des Fondsmanagers, einen positiven Ertrag zu realisieren. Dazu kann er schnell zwischen den Assetklassen wechseln. Er darf Anleihen, Aktien, aber auch Rohstoffe, Edelmetalle sowie Währungen als Vermögenswerte für das Sondervermögen erwerben. Auch kann er Absicherungsinstrumente und Derivate nutzen. Nur die Kreditaufnahme als Leverage-Effekt ist nicht erlaubt. Damit hat er die gleiche Freiheit der Anlagemöglichkeiten ohne die allzu großen Risiken, welche ein Hedgefonds oft eingeht.

Eine Garantie gibt es bei diesem Fonds allerdings nicht. Total-Return heißt nichts anderes als der Gesamtertrag. Es handelt sich um eine Wortschöpfung der Marketingabteilungen, denn mit der Bezeichnung Mischfonds, bei dem alles erlaubt ist, wären die Anleger wohl eher verschreckt worden. Ein Absolute-Total-Return-Fonds meint oft das Gleiche wie ein Total-Return-Fonds. Eine einheitliche Begriffsdefinition gibt es für diese Fonds nicht. Also heißt es auch hier: Genau hinsehen, bevor Kapital investiert wird!

Klassischer Aktienfonds	Total-Return-Fonds
Ziel: Kapital in spezifische Aktien investieren.	Ziel: Eine konstant positive Rendite erzielen.
Der Erfolg ist von den Märkten abhängig.	Der Erfolg soll unabhängig von den Märkten sein.
Starke Reglementierung durch KAG zum Schutze der Anleger.	Investmentstrategie nicht gesetzlich reglementiert – Fonds werden i. d. R. in Luxemburg emittiert und dürfen damit auch in Deutschland vertrieben werden.
Aktienanteil muss mindestens 51 % sein, diese sind also immer investiert, auch bei fallenden Märkten.	Diese müssen nicht investiert sein.
Erfolg wird oft an Vergleichsindizes gemessen.	Erfolg ist nur an der Rendite messbar.
Kostenstruktur transparent	Kostenstruktur oft intransparent

7.6.5 Sonstige Differenzierungen von OGAW-Investmentfonds

Wie wir gesehen haben sind die Möglichkeiten, die im KAGB zugelassenen Anlagewerte zu kombinieren, fast grenzenlos. Dennoch gibt es noch weitere Unterscheidungskriterien zwischen all diesen Fondsvarianten.

7.6.5.1 Ausschüttender Fonds

Beim ausschüttenden Fonds werden die Erträge in Form von Geld ausgeschüttet. Diese Erträge sind durch Zinsen, Mieten oder Dividenden im Wirtschaftsjahr dem Fonds zugeflossen und werden nun an die Miteigentümer des Sondervermögens weitergeleitet.

7.6.5.2 Thesaurierender Fonds

Werden die Erträge nicht ausgeschüttet, bleibt der Ertrag im Sondervermögen. Er steigert so den Wert des Anteils. Diese Form der Ertragsverwendung wird als Thesaurierung bezeichnet.

Beispiel: DWS Akkumula

Währung	EUR
Auflagedatum	03.07.1961
Fondsvolumen (31.01.2013)	2.968,8 Mio. EUR
Ausschüttungsart	Thesaurierend
Thesaurierung	3,15 EUR (01.10.2012)

Die Gesellschaft legt die während des Geschäftsjahres für Rechnung des Sondervermögens angefallenen und nicht zur Kostendeckung verwendeten Zinsen, Dividenden und sonstigen Erträge – unter Berücksichtigung des zugehörigen Ertragsausgleichs – sowie die Veräußerungsgewinne im Sondervermögen wieder an.

Achtung: Steuerfalle

Thesaurierende Fonds schütten den Ertrag nicht aus und so könnte man zu der Meinung gelangen, dass nach dem in Deutschland gültigen Zuflussprinzip von Einnahmen, diese Erträge nicht zugeflossen sind und nicht versteuert werden müssen.

Das Bundesfinanzministerium (BMF) sieht allerdings den Ertrag als zugeflossen, denn der Anleger hat nach Ansicht des BMF volle Verfügungsgewalt über diesen Ertrag. Aus dieser Perspektive unterliegen auch bei thesaurierenden Fonds die Erträge der Abgeltungsteuer. Die aufgelaufenen Erträge werden zum Bewertungsstichtag zusammengerechnet und der Anteil der Abgeltungsteuer sowie der Soli müssen an das Finanzamt abgeführt werden.

Erfolgt keine Versteuerung oder kann der Steuerpflichtige die Versteuerung bei Verkauf nicht nachweisen, wird der Veräußerungsgewinn (inkl. Thesaurierung) voll versteuert.

Thesaurierende Fonds gibt es nun nicht nur in Deutschland. Auch bei ausländischen thesaurierenden Investmentfonds fällt theoretisch die Abgeltungsteuer an. Allerdings kann der Fiskus die ausländischen Investmentgesellschaften nicht zur Abführung der Abgeltungsteuer zwingen. Folglich wird keine Steuer abgeführt. Der volle Ertrag fließt in die Wiederanlage. Der in Deutschland steuerzahlende Anleger ist nun verpflichtet, diese Erträge in seiner Steuererklärung als Kapitalerträge zu deklarieren. Dann erfolgt die Steuer im Veranlagungsverfahren mit dem Abgeltungsteuersatz.

Die hieraus anfallenden Steuern müssen dann ggf. aus anderen Mitteln als der bestehenden Kapitalanlage bestritten werden.

Verkauft nun der Anleger die Anteile dieses ausländischen thesaurierenden Investmentfonds, ist die inländische Verwahrstellen des Anlegers dennoch zum Einbehalt der Abgeltungsteuer verpflichtet. Hier muss der Anleger in jedem Fall darauf hingewiesen werden, dass er sich im Rahmen seiner Einkommensteuerveranlagung die jetzt zu viel bezahlte Steuer zurückholen kann.

Ausländische thesaurierende Fonds verursachen etwas mehr Steuerbürokratie als inländische thesaurierende Fonds, da jedes Jahr die Einkünfte in der Steuererklärung zu benennen sind. Außerdem muss im Jahr des Verkaufs darauf geachtet werden, dass keine Doppelbesteuerung erfolgt.

7.6.5.3   Tradingfonds

Der **Tradingfonds** ist für den erfahrenen Anleger gedacht, der seinen Anlagehorizont kurzfristig ausgerichtet hat. Während bei einem klassischen Investmentfonds i.d.R. ein Ausgabeaufschlag genommen wird, entfällt dieser beim Tradingfonds. Im internationalen Sprachgebrauch werden sie als **No-Load-Fonds** bezeichnet. Entscheidet sich der Anleger nach dem Kauf eines Tradingfonds doch für eine längere Haltedauer der Anteile, entstehen ihm höhere Managementkosten als beim klassischen Fonds.

Besonders ärgerlich wird es, wenn die Fondsgesellschaft aus einem klassischen Fonds einen Tradingfonds macht. Dann hat der Anleger den Ausgabeaufschlag bezahlt und muss zum Zeitpunkt der Wandlung höhere Managementkosten tragen.

Die **Managementgebühren** können zwischen 2 % und 3 % liegen. Also ist es ein Rechenexempel, wann sich ein Tradingfonds für den Anleger aus Kostengründen nicht mehr rechnet.

Bei einigen Kapitalverwaltungsgesellschaften erkennt man diese Fondsart an dem **Kürzel** hinter dem **Fondsnamen TF**. Also bitte immer beachten.

7.6.5.4 Laufzeitfonds

Laufzeitfonds haben eine feste **Endfälligkeit**. Während die klassischen Investmentfonds ewig laufen, wird dieser Fonds am Ende der Laufzeit aufgelöst und das Sondervermögen an die Anteilseigner ausbezahlt. Laufzeitfonds werden i. d. R. als thesaurierende Fonds aufgelegt.

7.6.5.5 Garantiefonds

Der Garantiefonds hat immer eine Endfälligkeit und ist somit ein Laufzeitfonds. An deren Ende gibt der Emittent die Garantie, dass ein bestimmter Wert unabhängig von der Wertentwicklung des Fonds zum Zeitpunkt der Auflösung an den Anleger ausbezahlt wird. Die Garantie kann im einfachsten Fall eine Kapitalerhaltungsgarantie sein. Das angelegte – nicht eingezahlte Kapital (Agio) – wird zur Endfälligkeit garantiert. Erwirtschaftet der Fonds mehr als das garantierte Kapital, wird je nach Partizipationsvereinbarung dieser Betrag ausgezahlt.

Eine andere Variante ist die sogenannte „Höchststandgarantie". Hier garantiert der Emittent am Ende der Laufzeit, dass der Betrag ausbezahlt wird, welcher zu den bestimmten Bewertungsstichtagen (z. B. monatlich) erreicht wurde.

> *Hinweis:*
> *Die Bewertungsstichtage treffen selten mit den tatsächlichen Höchstkursen überein. Daher ist es wichtig, den Anleger auf diese Bewertungsstichtage besonders hinzuweisen.*

7.6.5.6 Lebenszyklusfonds

Diese Form des Investmentfonds ist eine Mischung aus einem Misch- und Laufzeitfonds. Als Anlagewerte kommen Aktien, Renten und Geldmarktinstrumente infrage. Das angesparte Kapital soll am Ende der Laufzeit der Altersvorsorge dienen. Daher wird während der Laufzeit der zum Anfang höhere Aktienanteil reduziert und der Anteil an Renten – und letztendlich am Ende in Geldmarktinstrumenten – umgeschichtet.

Da man zum Rentenbeginn nicht eine große Summe an Kapital benötigt, um seine Altersversorgung zu sichern, sondern jedes Jahr einen bestimmten Betrag, werden solche Lebenszyklusfonds mit unterschiedlichen Endfälligkeiten gewählt. So wird durch das Fondsmanagement automatisch für jedes Endfälligkeitsjahr gesondert das Verhältnis von Aktien zu Renten zu liquiden Mitteln umgeschichtet, sodass zur jeweiligen Endfälligkeit das Kapital für die Versorgung im Alter zur Verfügung steht.

Diesen Fondstyp gibt es in Deutschland erst seit 2004. Er wird von Kapitalverwaltungs-gesellschaften häufig in Verbindung mit fondsgebundenen Lebensversicherungen ange-boten.

7.7   Bewertungsvarianten von Investmentfonds

Bei der Vielzahl von Fonds steht der Anleger vor der großen Frage, welcher Fonds passt zu meinen Anlagewünschen und -erwartungen? Hierzu sollen die verschiedenen **Bewertungsansätze** eine Hilfestellung geben. Grundsätzlich ist festzuhalten, keine dieser Bewertungsansätze kann eine Garantie für den kommenden Anlageerfolg bieten. Es dreht sich immer um Vergangenheitsbetrachtungen, die nur selten auf die Zukunft zu projizieren sind.

7.7.1   Rating

Ein Rating will einen qualitativen Ansatz zur Bewertung von Investmentfonds bieten. Dabei werden Aspekte berücksichtigt wie:
- Bestehen des Fonds seit Auflegung des Fonds (Kategorien oft drei, fünf oder zehn und mehr Jahre),
- Fondsmanagement und seine bisherigen Erfolge,
- Größe der Fondsgesellschaft,
- Erfolgsgeschichte der Fondsgesellschaft,
- Entwicklung des Fonds im Vergleich zur Benchmark,
- Entwicklung des Fonds im Vergleich zu anderen Fonds,
- Kosten des Fonds,
- Volatilität des Fonds,
- Verhältnis des Risikos zur Überschussrendite (Sharpe-Ratio).

Das längerfristige Bestehen eines Fonds kann nur ein Indiz für die Beständigkeit sein. Gerade in Krisenzeiten haben Fonds, die diese Krise miterlebt haben, oft sogenannte Altlasten im Sondervermögen und können nicht so effektiv arbeiten wie neue bzw. junge Fonds. Hier ist die eigene Anlagestrategie oft entscheidender.

Hat der Fondsmanager sein Können bewiesen oder gehört er zu den „Anfängern"? Auch dieses Kriterium kann in beide Richtungen bewertet werden, denn gerade junge, unbe-lastete Fondsmanager haben in der Vergangenheit schon oft gute Ergebnisse erzielt. Alte Hasen haben in der Vergangenheit oft bessere Nerven bewiesen.

„Größe" ist nicht alles, seit den spektakulären Insolvenzanträgen von „GM" (General Motors) und „AIG" (American International Group) wissen wir, Größe kann auch hinder-lich sein. Die Größe kann insofern ein Indiz bieten, ob es sich um eine One-Man-Show handelt, wodurch sich ein erhöhtes Personen-Schlüsselrisiko bietet als bei einer großen Investmentgesellschaft. Allerdings sind bei großen Investmentgesellschaften oft die Strukturen stark vorgegeben. Flexibilität hat an der Börse schon einen gewissen Vorteil.

Die Erfolgsgeschichte der Investmentgesellschaft kann einem bei der Auswahl schon hel-fen. Allerdings sind die vielen unübersichtlichen Auszeichnungen für den privaten Anleger nur schwer zu filtern. Außerdem, wann ist eine Investmentgesellschaft erfolgreich, wenn sie 1.000 Fonds verwaltet und zehn Sieger in unterschiedlichen Kategorien aufweisen kann oder wenn sie einen Sieger hat und nur zehn Fonds verwaltet?

Hinweis:

*Ratingergebnisse werden von den Investmentgesellschaften gern für Werbemaßnahmen genutzt. Dabei sind – wie gesehen – viele Unwägsamkeiten in diesen Ratings enthalten. Außerdem gibt es für die Ratings kein gleiches Prozedere. Jede Gesellschaft will durch ein „UPS" (**unique selling proposition**) eine besondere Stellung unter den Rating-Agenturen einnehmen. Ratings können als Vorauswahl mit Sicherheit eine gute Hilfestellung sein, als alleiniges Auswahlkriterium stecken aber zu viele Risiken in der Aussage.*

7.7.1.1   Benchmark

Die **Benchmark** zu knacken, ist das Ziel eines jeden Fondsmanagers. Aber ist die Benchmark richtig gewählt? Wenn ein in der Kategorie Deutscher Aktienfonds angetretener Investmentfonds auch einen kleinen Teil in internationale Titel angelegt hat oder verstärkt Absicherungsgeschäfte tätigt, ist das Ergebnis dann mit dem DAX zu vergleichen? Stellen andere Fonds dann eine bessere Vergleichsgrundlage als die Benchmark dar? Auch hier werden in den Kategorien Fonds miteinander verglichen, deren Anlagepolitik oberflächlich gleich erscheint und beim näheren Hinsehen erhebliche Differenzen aufweist. Hier gilt es, keine Äpfel mit Birnen zu vergleichen und nicht alles, was Apfel oder Birne heißt, ist ein Apfel oder Birne. Granatäpfel oder Glühbirnen haben auch nichts mit Äpfeln oder Birnen zu tun.

Hinweis:

Der „Etikettenschwindel", den wir von den Nahrungsmitteln schon kennen, hat auch in der Fondsbranche Einzug gehalten. Also Vorsicht bei Vergleichen, gerade in der Beratung kann es da schnell zu Falschberatungen kommen!

Die Kosten können sich gut miteinander vergleichen lassen, wenn hinter den erhobenen Kosten auch die gleiche Dienstleistung steht. Ein passiv gemanagter Fonds verursacht weniger Kosten als ein aktiv gemanagter Fonds. Ein Tradingfonds hat keinen Ausgabeaufschlag, dafür eine höhere Verwaltungsgebühr. Auch hier ist die Aufmerksamkeit der Berater gefragt. Wenn der Kunde ohne Beratung einen Fonds erwirbt, wie berechnet man die Zeit des Anlegers für das Management seines Vermögens? Indem man seinen Jahresverdienst auf die Stunden herunterbricht und diese dann als Kosten in seine Ertragsrechnung mit einbezieht?

7.7.1.2   Volatilität

Die **Volatilität** eines Fonds hat zunächst keine Aussagekraft, denn es kommt auf seine Verwendung an. Suche ich einen Fonds für einen monatlichen Fondssparplan, kann ein Fonds mit hoher Volatilität von Vorteil und der schwankungsarme Fonds kontraproduktiv sein. Habe ich allerdings einen risikoscheuen Kapitalanleger, kann mir dieses Kriterium bei der Auswahl schon weiterhelfen. Über die Qualität des Fonds sagt es nur wenig aus, dafür gibt es gute Hinweise, in welcher Form angelegt wird und welcher Anlegertyp diesen Fonds wählen sollte.

7.7.1.3   Sharpe-Ratio

Die **Sharpe-Ratio-Kennziffer** gibt Aufschluss über die Überschussrendite im Verhältnis zum Risiko (Volatilität). Die Überschussrendite ist eine weitere Vergleichskennziffer.

Verglichen werden der risikolose, erzielbare Zins auf dem Geldmarkt und die tatsächlich erzielte Rendite des Fonds.

Beispiel:

Der risikolose Geldmarktzins beträgt 2 %, der Fonds hat eine Rendite von 6 % erwirtschaftet, somit liegt die Überschussrendite (Sharpe-Ratio) bei 4 %. Das Ergebnis wird jetzt mit der Volatilität ins Verhältnis gesetzt:

$$\frac{\text{Durchschnittliche Überrendite}}{\text{Volatilität}}$$

Das Ergebnis ist:

- Über 1 = Risiko wird durch Rendite kompensiert
- 0 bis 1 = Rendite über der risikoarmen Geldanlage, entspricht aber nicht dem eingegangen Risiko
- Unter 0 = Anlage erwirtschaftet nicht einmal die Rendite einer risikoarmen Geldanlage

7.7.2   Ranking

Das Ranking ist eine Betrachtung der vergangenen Ergebnisse des Fonds. Hier werden oft Kategorien von drei, fünf oder zehn und mehr Jahren gewählt. Ein Ranking ist nur ein Vergleichshilfsmittel für die in einer Kategorie angetretenen Fonds, das zeigt, wie sie sich in der Vergangenheit entwickelt haben. Durch das Ranking von Fonds werden diese in einer Rangfolge sortiert. Dieses Verfahren ist sehr einfach und scheinbar objektiv, hat aber mehrere Nachteile:

- Es ist an der Rangfolge nicht zu ersehen, ob der Fonds auf Platz eins deutlich besser war als die folgenden Fonds oder ob der Unterschied nur hinter dem Komma erkennbar war. Somit ist für den Anleger unklar, wie aussagefähig die Rangfolge wirklich ist.
- War die Platzierung der Fonds ein Zufallsergebnis oder ein Ergebnis strategischer Überlegungen? Nur im zweiten Fall kann das Vergangenheitsergebnis Indikator für die Zukunft sein. Das wird beim Ranking nicht betrachtet.
- Ist das Management des Fonds auch in Zukunft noch das gleiche wie bislang?

Rankings sind also als Grundlage der Anlageentscheidung nur eingeschränkt aussagefähig.

7.7.3   Scoring

Das Scoring ist eher aus dem Kreditbereich zur Bonitätsanalyse bei Kunden bekannt. Bei Scorings wird ein Kriterienkatalog herangezogen, der zur Bewertung der Fonds führt. Score kommt aus dem Englischen und heißt Punktestand. Demnach gibt es für jedes Kriterium Punkte und die einzelnen Kriterien erfahren zusätzlich eine Gewichtung (keine Gewichtung bedeutet, dass alle Punkte gleich gewichtet sind). Der Endpunktestand gibt dann die Gesamtbewertung des Fonds wieder. Natürlich steht und fällt das Scoring mit der Qualität der Fragen und der Richtigkeit der Antworten. Aus den bewerteten Fonds lassen sich dann wiederum Rankings entwickeln.

7.7.4 Rating-Agenturen

Das Rating sollte grundsätzlich eine Mischform aus Ranking und Scoring sein. Nach diesen Bewertungen werden die Fonds in bestimmte Kategorien eingruppiert und erhalten Buchstabenbewertungen oder Sterne.

Die folgenden Ratinggesellschaften sind am Markt bedeutend:

FeriTrust	Standard & Poor's	Morningstar
Die Fonds müssen mindestens fünf Jahre am Markt sein. In der Fondskategorie müssen mindestens 20 weitere Fonds zum Vergleich zur Verfügung stehen. Das Rating erfolgt anhand von zwölf Kriterien, von denen sich der überwiegende Teil auf die Performance bezieht.	Zuerst durchlaufen alle Fonds einer Kategorie einen „quantitativen Filter", durch welchen die besten 20 % dieser Fonds ausgewählt werden (Ranking). Nur diese erhalten dann ein Rating. Die weitere Einstufung erfolgt durch Interviews mit dem Fondsmanagement, wobei das Team der Fondsmanager und die Fondsausrichtung geprüft werden. Ein Ausschuss entscheidet dann über das Ergebnis, wobei hier die Performance nur noch zu 40 % einfließt (allerdings war die Performance für die Vorauswahl entscheidend).	In das monatliche Rating kommen Fonds, die länger als drei Jahre am Markt sind und während dieser Zeit eine größtenteils gleich bleibende Strategie verfolgten. Ausschlaggebend ist hier nahezu ausschließlich die Performance (Ranking).
Die Klassifizierung: A (sehr gut) bis E (schwach)	Die Klassifizierung AAA über AA bis A (A ist immer noch „gut"). Rentenfonds erhalten zusätzlich eine Volatilitätseinschätzung von S1 (geringe Volatilität) bis S6 (sehr hohe Volatilität).	★★★★★(fünf Sterne) = Fonds zählt zu den besten 10 % in Europa ★★★★(vier Sterne) = die folgenden 22,5 % ★★★(drei Sterne) = die folgenden 35 % ★★(zwei Sterne) = die dann folgenden 22,5 % ★(ein Stern) = die letzten 10 %

7.7.5 Gesetzliche Rahmenbedingungen für die Fondsklassifizierung

Seit dem 01.07.2011 sind die Leitlinien der europäischen Wertpapieraufsicht in Kraft. Ihre Aufgabe besteht u. a. darin, eine Bewertung anhand eines synthetischen Risiko-Rendite-Indikators (SRRI) vorzunehmen. Dieser SRRI ist Bestandteil der Anlegerinformation (KID/WAI) und muss für die verschiedenen Fondsklassen berechnet werden. Die Darstellung im KID/WAI erfolgt in sieben Risikoklassen. Die Berechnung des SRRI erfolgt je nach Fondsklasse anders.

Gliederung der Fonds nach KID/WAI:
- „**Market Funds**" – sind alle Fonds, die sich den u. g. Fondsarten nicht zuordnen lassen.
- „**Absolut Return Funds**"
  - Streben nach einer absoluten Rendite, unabhängig von den Marktbewegungen
  - Gewinne in allen Marktsituation
  - Mischfonds
  - Zielvorgabe oft eine Benchmark oder Mindestrendite
- „**Total Return Funds**"
  - Streben nach einem absoluten Ertrag
  - Anleihefonds oder Fonds für Anleihestrategien
  - Kapitalerhalt ist oberste Priorität
  - Regelmäßiger Ertrag
  - Zielvorgabe oft eine Mindestrendite
- „**Life Cycle Funds**"
  - Lebenszyklusfonds
  - Umschichtung des Vermögens findet auf Fondsebene statt, nicht auf Anlegerebene = Steuerliche Vorteile
  - Mischfonds
  - Faustformel: Je mehr in Aktien, desto jünger der Anleger, je älter er wird, desto geringer wird die Aktienquote
- „**Structured Funds**"
  - Strukturierte Fonds
  - Aktien- und Rentenfonds werden so verbunden, dass neben dem Kapitalerhalt auch noch eine ansehnliche Rendite erwirtschaftet wird
  - Fonds nutzt auch Optionen, Futures und Derivate für die Zielerreichung

In diesen Fondsklassen wird die Volatilität der letzten fünf Jahren gemessen und in sieben Risikostufen je nach Schwankungsbreite umgesetzt:

Risikoklassen in der wesentlichen Anlegerinformation	Schwankungsbreite (in % p. a.)	
	von	bis
1	≥ 0	$< 0{,}5$
2	$\geq 0{,}5$	$< 2{,}0$
3	$\geq 2{,}0$	$< 5{,}0$
4	$\geq 5{,}0$	$< 10{,}0$
5	$\geq 10{,}0$	$< 15{,}0$
6	$\geq 15{,}0$	$< 25{,}0$
7	$> 25{,}0$	

Quelle: Finanztest 10/2011

Der **Betafaktor** zeigt das relative Risiko einer Aktie oder eines Fonds zum Markt auf. Diese Sensitivitätskennzahl soll das systematische Risiko aufgrund der allgemeinen Marktbedingungen kennzeichnen. Ein Beta von 0,7 zeigt die Wahrscheinlichkeit an, dass sich die Gesamtrendite des Fonds z. B. zu 70 % der Marktänderung nach oben oder wie nach unten anpasst. Dagegen zeigt ein Wert von 1,3, dass sich die Gesamtrendite um mehr als 30 % nach oben oder unten bewegt.

Der **Alphafaktor** definiert das Restrisiko eines Fonds im Vergleich zum Markt. So zeigt ein positiver Alphawert, dass die Risikobereitschaft dem Kunden einen höheren Gewinn als beim Index beschert. Ein negativer Wert zeigt an, dass die Rendite unter der zu erwartenden Marktentwicklung lag.

7.8 Handel mit Investmentzertifikaten

Investmentzertifikate sind auch nach deren Bezugsmöglichkeiten zu differenzieren. Die klassischen Investmentfondszertifikate mit dem Anspruch auf börsentägliche Rückgabe an die Fondsgesellschaft zulasten des Sondervermögens stehen seit April 2000 den börsengehandelten Fonds gegenüber.

7.8.1 Von Bullen und Bären

Die Börse lebt mehr von der Einschätzung der Marktteilnehmer über die künftige Entwicklung der Unternehmen und der allgemeinen wirtschaftlichen und politischen Situation als vom „HEUTE" der Aktiengesellschaft. Hat die Mehrheit der Marktteilnehmer eine positive Einschätzung der Marktlage und treiben die Börsenkurse somit in die Höhe, spricht man von einem **Bullenmarkt** oder einer **Hausse** (gesp. Hosse). Der „Bulle" steht für steigende Kurse und positive Aussichten. Da die Börse keine Einbahnstraße ist, gibt es auch das Pendant zum „Bullen", den **Bären**. Der „Bär" repräsentiert fallende Kurse und eine negative Stimmung an den Märkten. Man spricht hier vom Bärenmarkt oder einer Baisse. Diese Wahrzeichen der Börse stehen u. a. vor der größten Börse der Welt, der New York Stock Exchange (NYSE), sowie vor der Frankfurter Wertpapierbörse (FWB).

Marktteilnehmer, die auf steigende Kurse setzen, haben „bullisches" Verhalten. Doch wie wir in den vorherigen Kapiteln erfahren haben, können die Einschätzungen sehr vielfältig sein und ein Börsianer, der an steigende Kurse glaubt und dann von fallenden Kursen überrascht wird, ist in eine sogenannte **Bullenfalle** getreten. Im Umkehrschluss ist der Börsianer, der auf fallende Kurse setzt, im Verhalten „bärisch". Wird der Börsianer von steigenden Kursen überrascht, ist er in eine „**Bärenfalle**" getreten.

Damit sind wir auch wieder beim Grundgedanken der Börse: Die unterschiedlichen Marktteilnehmer mit ihren Vorstellungen und Einschätzungen über die Zukunft an einem Platz, der Börse, zu vereinen und durch deren Angebot und Nachfrage eine Bewertung der Aktien vorzunehmen.

7.8.2 Ausgabe und Rücknahme von Fondsanteilen

Die klassischen Investmentfonds werden heute als Organismen für gemeinsame Anlage in Wertpapieren über die Verwahrstelle herausgegeben und auch wieder zurückgenommen. Durch die Ausgabe von Anteilsscheinen vergrößert sich das Fondsvolumen. Durch die Rücknahme verringert sich das Sondervermögen. Der Fonds muss durch die gesetzlich vorgeschriebene **Rücknahmeverpflichtung** einen Teil des Sondervermögens in liquide Mittel anlegen, um diesem Recht des Anlegers jederzeit nachkommen zu können. Die Verwahrstelle errechnet börsentäglich den Ausgabe- und Rücknahmepreis, indem der Wert des Sondervermögens errechnet wird.

Berechnung des Inventarwertes:

alle Effekten zum Kurswert	105.987.000 EUR
+ Bankguthaben	33.400.500 EUR
+ sonstiges Vermögen	345.900 EUR
− Verbindlichkeiten	98.000 EUR
= Fondsvermögen	139.635.400 EUR

Im Umlauf befindliche Anteile	4.231.375,758 Stück	
Inventarwert pro Anteil	33,00 EUR	**Rücknahmepreis**
5 % Ausgabeaufschlag	1,65 EUR	
Ausgabepreis	34,65 EUR	**Ausgabepreis**

Der Preis von OGAW-Investmentanteilen wird durch die Addition aller Vermögenswerte und die Subtraktion der Verbindlichkeiten errechnet und ergibt sich nicht durch die an Börsen übliche Marktfunktion von Angebot und Nachfrage.

Investmentzertifikate können einmalig und/oder durch den regelmäßigen Kauf erworben werden. Bei einer Einmalanlage sind die Auswahl des Fonds und das Timing für den Anlageerfolg von besonderer Bedeutung.

Es gibt viele verschiedene Möglichkeiten, in Investmentfonds zu investieren:

- Einmalanlage durch Kauf von Zertifikaten in das Bankdepot (z.B. über die Plattform eines Maklers oder direkt bei der Hausbank des Kunden),

- Einmalanlage bei einer Fondsgesellschaft,

- Ratensparpläne,

- Einmalanlage durch das Switchen von einem Fonds in einen anderen,

- fondsgebundene Versicherungen (Rentenversicherungen, Lebensversicherungen, Berufsunfähigkeitsversicherungen und andere),

- Auszahlplan (regelmäßige Auszahlung von Teilbeträgen aus dem Fondsvermögen).

Das Ansparen in Form von **Sparplänen** erfreut sich in Deutschland einer großen Beliebtheit. Das ist auch darauf zurückzuführen, dass sich durch das regelmäßige Sparen die Problematiken wie bei der **Einmalanlage** reduzieren lassen. Natürlich ist die Auswahl des Anlagesegments entsprechend der Risikoneigung in beiden Fällen besonders wichtig. Aber das **Timing** spielt bei Sparplänen eine eher untergeordnete Rolle. Das hat mit der Durchschnittskursbildung zu tun, wenn ein Anleger regelmäßig einen festen Betrag in einen Fonds investiert. Außerdem werden dem Erwerber von Investmentanteilen auch Bruchteile mit drei Stellen nach dem Komma gutgeschrieben, sodass auch minimale Sparraten für den Kauf von Anteilen verwendet werden können.

7.8.3   Cost-Average

Eine häufig angebotene Form der Anlage ist die regelmäßige Anlage in Aktienfonds zu einem immer gleich hohen Betrag. Der Vorteil des Anlegers liegt im Cost-Average (**Durchschnittskosteneffekt**). Dieser Vorteil beruht auf dem automatisch richtigen Verhalten des Anlegers. Er kauft mehr Anteile, wenn der Preis niedrig liegt, und weniger, wenn der Preis hoch liegt.

Ein Kunde legt von Januar bis Mai monatlich 200,00 EUR an. Der Kurs entwickelt sich wie folgt:

–●– Kurs

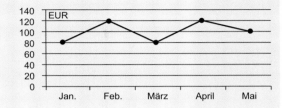

In Zahlen sieht die Kursentwicklung und die Investition des Kunden folgendermaßen aus:

Monat	Preis der Fonds (EUR)	Erworbene Anteile	Investition (EUR)
Januar	80,00	2,5000	200,00
Februar	120,00	1,6666	200,00
März	80,00	2,5000	200,00
April	120,00	1,6666	200,00
Mai	100,00	2,0000	200,00
Ø 100,00		10,3332	1.000,00

Damit hat der Anleger im Schnitt $\dfrac{1.000,00 \text{ EUR}}{10,3332 \text{ Anteile}}$ = 96,78 EUR gezahlt.

Der durchschnittliche Preis pro Anteil lag bei 100,00 EUR. Damit lag der Durchschnittskostenvorteil bei 3,22 EUR.

Abbildung: Durchschnittskosteneffekt (Beispiel)

Ein Problem kann diese Gesetzmäßigkeit hervorrufen, wenn ein Auszahlplan gewählt wird. Denn während der Sparer in der Sparphase durchschnittlich weniger pro Anteil zahlt, erhält er in der Auszahlphase weniger pro Anteil. Man spricht vom „**Reverse-Cost-Average**". Insofern sind in der Sparphase volatile Fonds vorteilhaft (Fonds mit hohen Preisschwankungen), während bei Auszahlplänen möglichst gering volatile Fonds gewählt werden sollten. Alternativ kann man auch die Auszahlung immer der gleichen Anzahl an Fondsanteilen vereinbaren. Dadurch schwanken dann aber die Auszahlungshöhen stärker.

7.8.4   Kosten

Beispiel:

Aus seiner Firma weiß Herr Michel, der Gewinn eines ordentlichen Kaufmanns liegt im Einkauf. Daher möchte er jetzt wissen, welche Kosten beim und nach dem Kauf von Fonds auf einen Anleger zukommen. Außerdem interessiert ihn, welche Kosten er beeinflussen kann und welche durch das Fondsmanagement verursacht werden?

Woran kann man die Gesamtkosten eines Fonds erkennen?

Bei Fonds setzt sich die Kostenstruktur sehr unterschiedlich zusammen. Nicht jeder Fonds hat alle Kostenarten. Daher hat der Gesetzgeber im § 166 KAGB die Gesamtkostenquote geregelt, welche als Prozentsatz zum Investmentvermögen angegeben werden muss.

Auf der Ebene des Anlegers	Kauf-/Verkaufsgebühren (Ausgabeaufschläge/Rücknahmegebühren)	
	Depotgebühren zur Verwahrung der Anteile	
Auf der Ebene des Fonds	Depotgebühren zur Verwahrung der Anteile	Gesamtkostenquote
	Depotbank Depotbankgebühren	
	Verwaltungsgebühren, Bestandsprovisionen	

Die Gesamtkostenquote soll die Summe der Kosten und Gebühren im Verhältnis zum durchschnittlichen Fondsvolumen innerhalb eines Geschäftsjahres in Prozent darstellen.

$$\text{Gesamtkostenquote*} = \frac{GK_n}{FV} \times 100$$

* Gesamtkostenquote in Prozent nach BVI-Methode
GKn: tatsächlich belastete Kosten (nominalsämtliche Kosten – ohne Transaktionskosten) in Fondswährung
FV: durchschnittliches Fondsvermögen im Berichtszeitraum in Fondswährung;
entspricht dem arithmetischen Durchschnitt der Fondsvolumina per Ende jedes Monats – abweichend auch andere regelmäßige Stichtage (2 x mtl., 14-tägig, wöchentlich und täglich) – das einmal gewählte Verfahren ist beizubehalten

Es gelten folgende Sonderfälle:
- Performance Fees (erfolgsabhängige Vergütungen) werden gesondert in Prozent im Verhältnis zum durchschnittlichen Fondsvermögen ausgewiesen.
- Steuern, die sich auf Wertpapiere des Fonds beziehen, bleiben unberücksichtigt.
- Steuern, die sich auf den Fonds beziehen, sind in der Gesamtkostenquote enthalten.
- Sollzinsen sind keine Kosten im Sinne der Gesamtkostenquote, sondern negative Zinseinnahmen.
- Für Kosten für unmittelbare Anlagen in Grundstücke und grundstücksgleiche Rechte gelten abweichende Regelungen.
- Ein Ausgabeaufschlag ist nicht berücksichtigt.

Folgende Gebühren und Kosten können unterschieden werden (weitere Kostenarten sind möglich):

Einmalige direkte Kosten für den Anleger	Laufende direkte Kosten für den Anleger	Laufende Kosten auf Fondsebene für den Anleger
Ausgabeaufschlag: Der Ausgabeaufschlag soll die Kosten des Abschlusses bzw. der Vermittlung decken. **Switch-Gebühr**: Wechselt ein Anleger die Besparung seines Fonds in einen anderen Fonds bei der gleichen Fondsgesellschaft, fällt teilweise eine Switch-Gebühr an. **Shift-Gebühr**: Wechselt der Anleger sein gesamtes Fondsvermögen innerhalb einer Fondsgesellschaft, dann fällt ggf. eine Shift-Gebühr an.	**Depotgebühr**: Eine Gebühr, die dem Anleger als Kostenersatz für die Verwaltung der Fonds-Anteile direkt in Rechnung gestellt wird.	**Laufende Verwaltungsgebühr**: Soll die Kosten der laufenden Verwaltung oder des Managements decken. Teilweise wird aus dieser Gebühr auch eine Bestandscourtage für den Vermittler gezahlt. In dieser Gebühr enthalten sind auch häufig Kosten für Druckmaterialien wie Zeichnungsscheine, Berichte, Gründungskosten und Werbung. **Bestandsprovision**: Der Vermittler kann eine laufende Bestandsprovision erhalten. Manche Fonds weisen hierfür eine extra Bestandscourtage aus. **Management Fee**: Eine Provision für das Management des Fonds – oft ist hier auch die Betreuungsprovision des Beraters enthalten. **Verwahrstellengebühr**: Die Verwahrstelle verwahrt und verwaltet die Wertpapiere, die im Fonds enthalten sind, dafür berechnet diese dem Fonds eine Gebühr. **An- und Verkaufsgebühren**: Bei An- und Verkauf von Wertpapieren für das Fondsvermögen fallen in der Regel Transaktionskosten an. **Performance Fee**: Eine erfolgsabhängige Vergütung für das Management.

7.8.5   Börsenhandel von Investmentfonds (ETFs)

Im Kapitel 7.6.4.1.2 (siehe S. 203) wurde der **Exchange Trading Funds** (ETFs) schon in groben Zügen beschrieben. Dieses passiv gemanagte Index-Investment auf Fondsbasis wird im Marksegment ETFs der Deutsche Börse gehandelt. Auch die Regionalbörsen haben sich dieser Anlageformen in besonderer Weise gewidmet und bieten viele Dienstleistungen rund um den Handel mit ETFs an.

Der Kauf und Verkauf findet bei dieser Form ausschließlich über die Börse statt. Es gibt kein gesetzliches Rücknahmerecht des Inhabers der Anteile. Die Kurse werden hier durch Angebot und Nachfrage ermittelt und die Preisfeststellung erfolgt laufend während des Börsenhandels. Durch den Börsenhandel kann auch eine Limitierung vorgenommen werden, auf der anderen Seite können keine Dezimalstellen nach dem Komma gehandelt werden. Nur ganze Anteile werden zum Handel zugelassen.

Anders als bei Investmentanteilen verändert sich das Volumen des Sondervermögens nicht mit dem Kauf oder Verkauf von ETFs. Damit muss der Fonds keine großen Liquiditätsreserven für mögliche Rückgaben von Anteilen bereithalten. Dieses soll eines der wesentlichen Vorteile von ETFs darstellen, weil die Liquiditätshaltung die Rendite schmälert.

Die ETFs können in Form einer Einmalanlage oder als Sparplan erworben werden. Der Sparplan wird identisch dem Sparplan klassischer Investmentanteile abgewickelt, wodurch sich der **Cost-Average-Effekt** auch hier bemerkbar macht.

Die Kosten sind allerdings geringer als bei klassischen Fonds. Hier fällt kein Ausgabeaufschlag an. Allerdings gibt es eine Differenz zwischen dem Kauf- und Verkaufspreis (Spread). Mit dieser Differenz deckt der **Market Maker** seine Kosten ab.

> *Hinweis:*
> *Der Käufer bezahlt den höheren Briefkurs.*
> *Der Verkäufer erhält den geringeren Geldkurs.*

Zusätzlich fallen die normalen Gebühren der eigenen Bank und für den Börsenhandel (Börsengebühren und Maklercourtage) an. Außerdem ist durch den passiv gemanagten Fondsansatz die Managementgebühr des Fonds erheblich geringer. Sie liegen je nach Fonds und Gesellschaft zwischen 0,08 und 0,4 % pro Jahr.

Erwerb und Rückgabe der Fondsanteile über die KAG	ETFs
Ausgabe- und Rücknahmepreis wird aus dem Inventarwert des Sondervermögens errechnet.	Durch Angebot und Nachfrage wird der Börsenkurs gebildet.
Preise werden börsentäglich einmal ermittelt.	Es erfolgt eine laufende Preisfeststellung während des Handels.
Es ist keine Limitierung möglich.	Eine Limitierung ist möglich.
Der Ausgabepreis enthält i. d. R. Ausgabeaufschlag.	Es erfolgt ein Spread zwischen An- und Verkaufspreis.

Es entstehen keine weiteren Transaktionskosten neben dem Ausgabeaufschlag.	Es fallen die üblichen Transaktionskosten für Börsengeschäfte an.
Es können auch Bruchteile von Anteilen gehandelt werden.	Es werden nur ganze Anteile gehandelt.
Die Ausgabe und Rücknahme von Anteilen wirkt sich unmittelbar auf das Fondsvermögen aus.	Der Handel mit den Anteilen hat keine Auswirkung auf das Fondsvermögen.

7.9 Steuerliche Behandlung von Investmentzertifikaten für Anleger

Die steuerliche Betrachtung von Investmentanteilen kann wie bei anderen Wertpapieren in ordentliche und außerordentliche Erträge aufgegliedert werden.

Zu den ordentlichen Erträgen gehören:
- Zinsen aus verzinslichen Wertpapieren und Kontenanlagen,
- Dividenden aus Aktien,
- Mieterträge aus Immobilienvermögen.

Zu den außerordentlichen Erträgen gehören:
- realisierte Kursgewinne aus den Wertpapieren und Termingeschäften,
- Bezugsrechtserlöse,
- realisierte Gewinne aus der Veräußerung von Immobilien.

Diese Erträge führen zu steuerpflichtigen Einnahmen beim Inhaber von Investmentzertifikaten und unterliegen der Abgeltungsteuer.

Ausnahmen:
- Mieterträge aus ausländischen Immobilien,
- Gewinne aus der Veräußerung von inländischen Immobilien außerhalb der Spekulationsfrist von zehn Jahren,
- Gewinne aus der Veräußerung von ausländischen Immobilien.

Wie wir aus den vorherigen Abschnitten wissen, fließen diese Erträge dem Sondervermögen zu und gehören dementsprechend auch anteilsmäßig dem Anleger. Werden die Anteile jetzt verkauft, dann gelten diese Einnahmen als dem Anleger zugeflossen und sind damit steuerpflichtig. Der Käufer hat den Vorteil, dass dieser als Zwischengewinn definierte Anteil am Kaufpreis für ihn als negative Einnahmen gilt.

Zwischengewinne sind wie Stückzinsen zu betrachten. Die Vereinnahmung (Verkauf von Fondsanteilen) von **Zwischengewinnen** sind für den Verkäufer Einnahmen und die Bezahlung von Zwischengewinnen stellen negative Einnahmen für den Käufer dar und können mit positiven Einkünften verrechnet werden.

> **Beispiel:**
>
> Ein Anleger kauft im Juli 2010 insgesamt 100 Anteile am thesaurierenden Fonds „World Invest" zu 40 EUR je Stück (= 4.000 EUR). Der Zwischengewinn beim Kauf beträgt 3 EUR je Anteil, also 300 EUR. Am 31.12.2010 werden steuerpflichtige Erträge von 4 EUR je Anteil thesauriert. Ein Freistellungsauftrag liegt nicht vor.

Versteuerung:

Zwischengewinn = 300 EUR negative Kapitaleinnahmen

Thesaurierung = 400 EUR positive Kapitaleinkünfte

zu versteuernde Einnahmen = 100 EUR

25 % Abgeltungsteuer auf 100 EUR = 25 EUR

Am 01.05.2011 verkauft der Kunde die Anteile für 45 EUR pro Stück. Der Zwischengewinn beim Verkauf beträgt 2 EUR je Anteil (= 200 EUR). Der vereinnahmte Zwischengewinn von 200 EUR ist als positive Kapitaleinnahme voll steuerpflichtig.

Versteuerung:

Veräußerungspreis	4.500 EUR
– bereits versteuerte Zwischengewinne	200 EUR
– bereits versteuerte Ertragsthesaurierung	400 EUR
=	3.900 EUR
– Anschaffungspreis	4.000 EUR
+ gezahlter Zwischengewinn beim Kauf	300 EUR
= Gewinn	200 EUR

Jeder Steuerpflichtige hat einen eigenen Verrechnungstopf. Dieser stellt sicher, dass bei Kapitalerträgen bis zur vollständigen Verrechnung der positiven mit den negativen Kapitalerträgen kein Steuerabzug erfolgt.

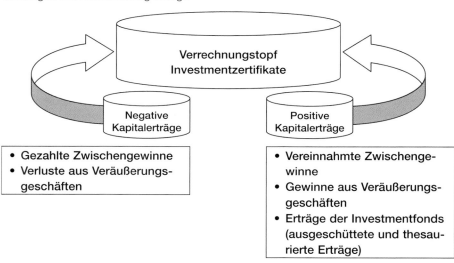

8 Staatliche Subventionen zur Vermögensbildung

Beispiel:

Das Ehepaar Michel überlegt, seine Kapitalanlagen und die monatlichen Sparbeiträge auf den aktuellen Stand zu bringen und die bisher vollkommen unberücksichtigten Möglichkeiten der staatlichen Förderungen zur Vermögensbildung in die Entscheidungen einzubeziehen. Diese Überlegungen sind aufgekommen, weil durch die wirtschaftliche Gesamtsituation auch die Kartbahn nicht mehr die Erträge der vergangenen Jahre abwirft. Jetzt sollen auch die Anlagen für die vier Kinder im Alter von 3 Jahren (2009), 4 Jahren (2008), 6 Jahren (2006) und 16 Jahren (1996) auf die Förderungsmöglichkeiten überprüft werden. Außerdem fragt sich Frau Michel, was im Falle einer Insolvenz ihres Mannes wirklich für die Alterssicherung geschützt ist.

Der deutsche Staat hat in den letzten Jahrzehnten die Bevölkerung immer wieder ermuntert, auf Konsum zu verzichten und dafür lieber eigene Vorsorge zu betreiben. Dieser Aspekt der Vermögensbildung hat eine lange Tradition und bietet den Teilnehmern des Wirtschaftskreislaufes unterschiedliche Vorteile. Die Wirtschaft kann durch die Ersparnisse der Bundesbürger von den Kapitalsammelstellen Kredite oder Eigenkapital erhalten. Als Gegenleistung erhalten die Bürger neben Zinsen oder Gewinnbeteiligungen/ Dividenden auch noch Prämien oder steuerliche Vergünstigungen vom Staat, welches die Rendite erhöht. Insofern darf eine Übersicht der Sparmöglichkeiten und deren Subventionierung durch den Staat in diesem Buch nicht fehlen. Ein Vergleich mit anderen Anlageprodukten ist nur dann objektiv, wenn die möglichen Subventionen mit berücksichtigt werden.

Anlagen nach dem 5. Vermögensbildungsgesetz (VermBG)

Anlageformen	Lebensversicherung	Kontensparverträge	Beteiligungssparen	Bausparen
Gründe für die Einzahlungen	Aufgrund tarifvertraglicher Vereinbarungen oder auf Verlangen des Arbeitnehmers aus seinen Gehaltsteilen	Aufgrund tarifvertraglicher Vereinbarungen oder auf Verlangen des Arbeitnehmers aus seinen Gehaltsteilen	Aufgrund tarifvertraglicher Vereinbarungen oder auf Verlangen des Arbeitnehmers aus seinen Gehaltsteilen	Aufgrund tarifvertraglicher Vereinbarungen oder auf Verlangen des Arbeitnehmers aus seinen Gehaltsteilen
Einzahlungen durch wen?	Direkte Anlage durch den Arbeitgeber	Direkte Anlage durch den Arbeitgeber	Direkte Anlage durch den Arbeitgeber	Direkte Anlage durch den Arbeitgeber
Einzahlungshöhen			400 EUR	470 EUR

Staatliche Förderung durch die Arbeitneh- mersparzu- lage	Keine	Keine	20 % von 400 EUR	9 % von 470 EUR
Einkom- menshöchst- grenzen für den Erhalt der staat- lichen Förde- rung			20.000 EUR Alleinstehende 40.000 EUR Verheiratete	17.900 EUR Alleinstehende 35.800 EUR Verheiratete
Ansparzeit	12 Jahre ab Vertragsab- schluss	6 Jahre	6 Jahre	7 Jahre
Sperrfrist	12 Jahre ab Vertragsab- schluss	7 Jahre ab 01.01. des Jahres der ersten Einzah- lung	7 Jahre ab Vertragsab- schluss	7 Jahre ab 01.01. des Jahres der ersten Einzah- lung

Anlage nach dem Wohnungsbauprämiengesetz (WOP)

Anlageformen	Bausparen, Anteile an Wohnungsbaugenossenschaf- ten oder für die eigen genutzte Immobilie oder eines Dauerwohnrechtes
Gründe für die Einzah- lungen	Einzahlungen zur Ansammlung von Immobilienvermö- gen oder zur Abzahlung von Verbindlichkeiten, die zur Anschaffung von Immobilienvermögen dienten
Einzahlungen durch wen?	Alle Personen ab dem 16. Lebensjahr
Einzahlungshöhen	512 EUR Alleinstehende 1.024 EUR Verheiratete
Staatliche Förderung durch die WOP	8,8 %
Einkommenshöchst- grenzen für den Erhalt der staatlichen Förde- rung	25.600 EUR Alleinstehende 51.200 EUR Verheiratete

Ansparzeit	Durch Verwendung für wohnwirtschaftliche Maßnahmen keine Beschränkungen
Sperrfrist	Ausnahme: Nach 7 Jahren kann das Guthaben frei verwendet werden, wenn der Begünstigte das 25. Lebensjahr bei Vertragsabschluss noch nicht beendet hatte.

Altersvorsorge im „Drei-Schichten-System"

3. Schicht: Sonstige private Altersvorsorge

2. Schicht: Kapitalgedeckte Zusatzversorgung*

Riester-Rente
Betriebliche Altersversorgung
- Direktversicherungen
- Pensionskassen
- Pensionsfonds
- Unterstützungskasse
- Pensionszusage/Direktzusage

1. Schicht: Basisversorgung*

Gesetzliche Rentenversicherung
Landwirtschaftliche Alterskassen
Berufsständische Versorgungswerke
Kapitalgedeckte Basisrente

*Das Kapital ist vor dem Zugriff Dritter in der Ansparphase geschützt. In der Rentenbezugsphase gelten die dann gültigen Pfändungsfreigrenzen.

	Steuerliche Behandlung der Beiträge	Besteuerung der Renten oder Leistungen
1. Schicht	Sonderausgaben bis zur maximalen Höhe von 20.000 EUR für Alleinstehende und 40.000 EUR für Verheiratete 2005 waren 60 % der Beiträge abzugsfähig (abzüglich des Arbeitgeber-Anteils zur GRV), Anstieg pro Jahr um 2 % (2014 = 78 % abzugsfähig), ab 2025 sind 100 % abzugsfähig	2005 waren die Renten zu 50 % steuerpflichtig – dieser Satz erhöht sich pro Jahr um 2 % (2014 = 68 %) wbis zum Jahr 2020 auf 80 % und dann jährlich um 1 % bis zum Jahr 2040 auf 100 %. Der steuerfreie Anteil ergibt sich aus dem Jahr des Rentenbeginns und dem daraus resultierenden Rentenfreibetrag, der für die gesamte Rentenzeit stehen bleibt.
2. Schicht		
Riester-Rente	Maximale staatliche Zulagen bei Anlage von 4 % des sozialversicherungspflichtigen Vorjahreseinkommens bis maximal 2.100 EUR: Grundzulage: 154 EUR Kinderzulage: bis 31.12.2007: 185 EUR ab 01.01.2008: 300 EUR oder Geltendmachung der Gesamtbeiträge einschließlich der Zulagen als Sonderausgaben bis zum Höchstbetrag von 2.100 EUR (Günstigerprüfung)	Volle Steuerpflicht der Leistungen auf alle geförderten Beiträge

Direktversicherungen Pensionskassen Pensionsfonds	Maximal bis zu 4 % der BBG zur GRV können steuer- und sozialversicherungsfrei eingezahlt werden. Besteht kein Altvertrag nach § 40b EStG, können weitere 1.800 EUR steuerfrei angelegt werden.	Volle Steuerpflicht der Leistungen auf alle geförderten Beiträge
Unterstützungskasse Pensionszusagen	Beiträge des Arbeitgebers sind in unbegrenzter Höhe steuer- und sozialabgabenfrei, Beiträge des Arbeitnehmers sind unbegrenzt steuerfrei und bis zu 4 % der BBG der GRV sozialabgabenfrei.	Gemäß § 19 Abs. 1 Nr. 2 EStG volle nachgelagerte Besteuerung der Leistungen; Fünftelregelung möglich
3. Schicht		
Lebensversicherungen	Beiträge werden aus dem versteuerten Einkommen gezahlt.	Bei Kapitalzahlungen wird der Unterschiedsbetrag zwischen den geleisteten Beiträgen und der Versicherungsleistung zur Hälfte steuerpflichtig, wenn bei Auszahlung der Versicherung die Laufzeit seit Vertragsabschluss mindestens 12 Jahre betrug und der Begünstigte das 60. Lebensjahr vollendet hat.
Rentenversicherungen	Beiträge werden aus dem versteuerten Einkommen gezahlt.	Leibrenten werden nach dem Ertragsanteil versteuert, dessen Höhe vom Renteneintrittsalter abhängig ist.

9   Geschlossene Fonds

Beispiel:

Die finanzielle Situation der Familie Michel hat sich in den letzten Jahren stabilisiert. Das selbst genutzte Haus bereitet ihnen viel Freude und durch die günstige Finanzierung beträgt die monatliche Belastung nicht mehr als eine vergleichbare Miete. Frau und Herr Michel überlegen, wie sie die von der Gesellschafterversammlung beschlossene Gewinnausschüttung aus dem Geschäftsbetrieb der Kartbahn anlegen wollen. Beide sind sich darüber einig, dass ein großer Teil der Tantieme für die Altersversorgung angelegt werden soll. Die Höhe der Tantieme von 25.000 EUR reicht allerdings nicht aus, um ein direktes Investment in andere Sachwertanlagen vorzunehmen. Jetzt überlegen sie, ob es noch andere Möglichkeiten gibt, das Geld dennoch in Sachwerte anlegen zu können. Allerdings scheut sich Frau Michel, die gesamte Summe auf nur ein Investment zu konzentrieren. Das Kapital muss erst zur Altersversorgung des Ehepaares zur Verfügung stehen. Herr Michel hat in der Sonntagszeitung einen Artikel über geschlossene Fonds gelesen und würde gerne mehr darüber erfahren. Bisher hat er geglaubt, „geschlossene Fonds" wären nur etwas für Superreiche, da er von sehr hohen Investitionssummen ausgegangen ist. Nächste Woche will sich das Ehepaar von seinem Anlageberater die Möglichkeiten des Investments genau erklären lassen.

Geschlossene Fonds sind Kapitalbeteiligungen, die sich auf Investitionen in Sachwerte der unterschiedlichsten Art und Weise beziehen können. Zum Zeitpunkt der Zeichnung sind sie umfassend und in sich abgeschlossen beschrieben.

Der Begriff „geschlossen" beschreibt hierbei eine Investitionsgemeinschaft, die nach außen eine Einheit bildet und nach innen über einen **Gesellschaftsvertrag** verbunden ist.

Geschlossene Fonds werden in der Regel von Initiatoren emittiert, die als **Gründungsgesellschafter** die Fondsgesellschaft begründen, weitere Gesellschafter (Anleger) anwerben, die Investition vorbereiten und die Durchführung organisieren sowie die spätere Verwaltung des Fonds in der Bewirtschaftungsphase betreuen.

Zur **Anwerbung** der Anleger (**Zeichner**) wird ein Prospekt aufgelegt, in dem
- die Angaben über den Emittenten zu finden sind,
- die Investition beschrieben wird,
- das Vertragskonzept abgedruckt und erläutert wird,
- gesellschafts- und steuerrechtliche Randbedingungen dargestellt werden,
- Prognose- und Beispielrechnungen angefügt sind,
- Chancen und Risiken erläutert sind sowie
- Angaben über Personen und Gesellschaften enthalten sind, die für den Inhalt des Verkaufsprospektes die Verantwortung übernehmen.

Ist das prospektierte Fondsvolumen gezeichnet, wird der Fonds „geschlossen"; weitere Interessenten werden abgewiesen.

Die Anteilszeichner repräsentieren das Gesellschaftskapital durch ihre Einlagen und sind dadurch selbst Gesellschafter geworden.

Da die Gesellschafter geschlossener Fonds sich in der Regel an der Geschäftsführung nicht beteiligen (wollen), müssen alle Tätigkeiten delegiert werden. Die Geschäftsführung übernimmt meist der Initiator über einen **Geschäftsbesorgungsvertrag**. Weitere Leistungen in der Investitions- und der Bewirtschaftungsphase werden an weitere Partner vergeben, die in der Regel mit dem Initiator zumindest wirtschaftlich verbunden sind.

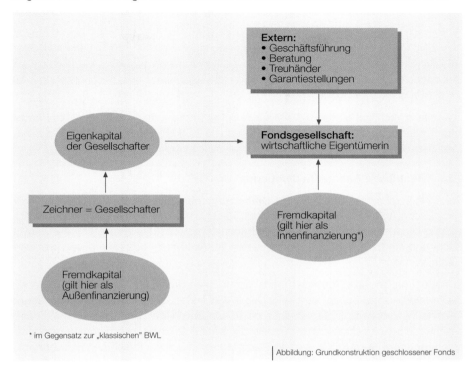

Abbildung: Grundkonstruktion geschlossener Fonds

9.1   Gründe für den Erwerb

An vielen Investitionen können sich „Kleinanleger" aufgrund des Investitionsvolumens nicht direkt beteiligen. Beispiele sind **Umweltprojekte, Schiffe, Container, Flugzeuge oder große Immobilien**.

Weiterhin spielt eine mögliche Risikostreuung wie bei offenen Investmentvermögen eine wichtige Rolle.

Am Beispiel der Immobilien lässt sich die Grundidee am besten erklären. Ein Anleger kann sich mit einem Eigenkapital von 50.000 EUR eine Eigentumswohnung kaufen, nicht aber eine Gewerbeeinheit. Ihm sind damit eine höhere Vermietungssicherheit und die Wertsteigerung, die für eine Gewerbeeinheit typisch sind, nicht zugänglich.

Eine Lösung ist die Beteiligung an einer Investitionsgemeinschaft, die gemeinsam ein gewerbliches Objekt errichtet, vermietet und bewirtschaftet. Um die Risikostreuung zu verbessern, könnte die Investitionsgemeinschaft auch in mehrere Objekte investieren, z. B. an verschiedenen Standorten und/oder Branchen. Alternativ kann auch der betrachtete Anleger seine 50.000 EUR in verschiedene Fonds investieren, um eine Risikostreuung zu erhalten.

Die Anleger werden zu Gesellschaftern und in der Errichtungsphase zu einer Bauherrengemeinschaft. Ist das Objekt fertiggestellt, wird es vermietet und verwaltet. Die Anleger sind nunmehr Eigentümer (quotal) am Gewerbeobjekt und genießen alle möglichen Vorteile eines großen gewerblichen Objektes gegenüber einer einzelnen Eigentumswohnung – ohne sich mit größerem finanziellen Engagement beteiligt zu haben.

Sowohl die Errichtungs- als auch die Verwaltungsphase des Fonds bedeuten einen erheblichen Steuerungsaufwand für die Investitionsmaßnahme selbst wie auch für die Gesellschaft. Diese vertragliche Konstruktion ist Gegenstand des Zeichnungsangebots bei der Prospektherausgabe.

Ein weiterer wichtiger Vorteil ist die Mindest-Beteiligungssumme. Diese wird vom **Fondsinitiator** festgesetzt und kann bis zu Beträgen von 1.000 EUR herabreichen. Dieses Beispiel lässt sich ohne Weiteres auf andere Investitionsgüter übertragen.

9.2   Rechtliche Rahmenbedingungen

Durch die Verabschiedung des **AIFM-Umsetzungsgesetzes** am 16. Mai 2013 wurde die europäische **AIFM-Richtlinie** in deutsches Recht umgesetzt. Den Kern dieser Gesetzgebung bildet das **Kapitalanlagegesetzbuch** (KAGB), das das Investmentgesetz (InvG) ablöst und am 22. Juli 2013 in Kraft getreten ist. AIFM steht für „Alternative Investment Funds Manager".

Seitdem können geschlossene Fonds auch unter das KAGB fallen, wenn sie ein bestimmtes Anlagekonzept verfolgen. Das KAGB findet bei allen **Investmentvermögen** Anwendung, sodass auch geschlossene Fonds davon betroffen sein können. Fallen geschlossene Fonds hingegen nicht unter das KAGB, so sind sie nach dem **Vermögensanlagengesetz (VermAnlG)** geregelt. Damit wurde – nach der Einführung des VermAnlG zum 1. Januar 2013 – erneut vom Gesetzgeber ein Schritt vollzogen, geschlossene Fonds von einem Produkt des sogenannten „grauen Kapitalmarktes" zu einem geregelten und stärker beaufsichtigten Investmentprodukt zu entwickeln.

Bevor man sich geschlossenen Fonds also von der wirtschaftlich-konzeptionellen Seite her nähert, muss man zunächst abgrenzen, welche Fonds unter welches Gesetz fallen. Dies führt nicht nur zu anderen gesetzlichen Anforderungen an die geschlossenen Fonds selbst, sondern auch an den gewerblichen Vermittler von geschlossenen Fonds. Dieser benötigt für geschlossene Fonds nach KAGB die Erlaubnis gemäß § 34f GewO der Kategorie 2, für geschlossene Fonds nach VermAnlG der Kategorie 3 (s. dazu Teil B, Kapitel 10 Gewerbeerlaubnis).

9.2.1   Geschlossene Investmentvermögen nach KAGB

Genau wie offene Investmentvermögen (vgl. Kapitel 7.6.3) fallen geschlossene Investmentvermögen unter die Geltung des KAGB, wenn die sieben Kriterien für Investmentvermögen erfüllt sind.

Was sind Investmentvermögen?

§1 Absätze 1 und 2 KAGB

7 Kriterien eines Investmentvermögens:

– Organismus (rechtsformneutraler Begriff)
– Für gemeinsame Anlagen (= Gewinn- und Verlustbeteiligung des Anlegers)
– Einsammeln von Kapital (gewerbsmäßig)
– Kapital von Anzahl von Anlegern (mehr als einer)
– **Festgelegte Anlagestrategie**
– Investition zum Nutzen der Anleger (nicht des Initiators)
– **Kein operativ tätiges Unternehmen außerhalb des Finanzsektors**

Der Begriff **Organismus** wird vom Gesetzgeber nicht konkretisiert. Die BaFin hat jedoch in einem Auslegungsschreiben nähere Hinweise dazu gegeben. Unverzichtbar für den Begriff des Organismus ist somit, dass ein rechtlich oder wirtschaftlich (z. B. durch einen getrennten Rechnungskreis) verselbstständigtes gepooltes Vermögen aufgelegt wird. Das Vorliegen einer bestimmten Rechtsform ist dagegen für das Vorliegen eines Organismus nicht erforderlich. Demnach ist es ohne Bedeutung, ob das Investmentvermögen in der Vertragsform, der Satzungsform oder irgendeiner anderen Rechtsform errichtet ist und welche Rechtsstruktur das Investmentvermögen hat. Daraus folgt, dass alle denkbaren Rechtsformen (z. B. Kapitalgesellschaften, Personengesellschaften oder Gesellschaften bürgerlichen Rechts) vom Begriff des Organismus erfasst sind. Es kommt auch nicht darauf an, in welcher Form der Anleger an dem Vermögen beteiligt ist. Die Beteiligung des Anlegers kann gesellschaftsrechtlich, mitgliedschaftlich oder schuldrechtlicher Natur sein. Folglich ist jede Art der Beteiligung des Anlegers denkbar (z. B. stille Beteiligung, Genussrecht oder Schuldverschreibung).

Ob es sich dann bei einem konkreten Organismus um ein Investmentvermögen handelt, hängt selbstverständlich auch von den weiteren Kriterien ab. Ob die jeweilige Rechtsform auch seitens der BaFin genehmigungsfähig ist, ist eine ganz andere Frage. Liegt nämlich ein Investmentvermögen vor, sieht das KAGB grundsätzlich nur bestimmte Rechtsformen vor, in denen dieses aufgelegt werden kann (vgl. Kapitel 9.2.4).

Eine **gemeinsame Anlage** liegt vor, wenn die Anleger an den Chancen und Risiken des Organismus beteiligt werden sollen. Das ist gegeben, wenn sowohl eine Gewinn- als auch eine Verlustbeteiligung der Anleger an der Wertentwicklung der Vermögensgegenstände gegeben ist, in die der Organismus investiert ist. Das „Entgelt" für die Kapitalüberlassung des Anlegers darf nicht betragsmäßig fixiert, sondern muss erfolgsbezogen ausgestaltet sein. Hat der Anleger dagegen einen unbedingten Kapitalrückzahlungsanspruch, ist das Merkmal „für gemeinsame Anlagen" nicht erfüllt.

Es liegt eine **Einsammlung von Kapital** vor, wenn ein Organismus oder eine Person oder ein Unternehmen für Rechnung dieses Organismus direkte oder indirekte Schritte unternimmt, um gewerblich bei einem oder mehreren Anlegern Kapital zu beschaffen, um es gemäß einer festgelegten Anlagestrategie anzulegen.

Daher fallen z. B. Family Offices, die das Privatvermögen von Familienangehörigen investieren, ohne Kapital von Dritten (z. B. Freunden) zu beschaffen, nicht unter den Begriff „Investmentvermögen".

Unter bestimmten, engen Voraussetzungen kann auch bei sogenannten Investmentclubs das Tatbestandsmerkmal „Einsammlung von Kapital" fehlen. Unter der Voraussetzung, dass kein einziges Mitglied gewerbsmäßig angeworben worden ist und der Club auch weiterhin davon absieht, an den Markt heranzutreten, um weitere Mitglieder gewerbsmäßig anzuwerben, wird das Tatbestandsmerkmal „Einsammeln von Kapital" nicht erfüllt sein.

Eine **Anzahl von Anlegern** im Sinne des § 1 Abs. 1 Satz 1 KAGB ist gegeben, wenn die Anlagebedingungen, die Satzung oder der Gesellschaftsvertrag des Organismus für gemeinsame Anlagen die Anzahl möglicher Anleger nicht auf einen Anleger begrenzen. Es kommt damit nicht darauf an, ob tatsächlich mehrere Anleger an dem Organismus beteiligt sind. Vielmehr reicht es aus, wenn theoretisch die Möglichkeit besteht, dass sich mehrere Anleger an dem Organismus beteiligen können. Schließen dagegen die Anlagebedingungen, die Satzung oder der Gesellschaftsvertrag die Aufnahme weiterer Anleger ausdrücklich aus, liegt das Merkmal von „einer Anzahl von Anlegern" nicht vor. Dabei sind z. B. der geschäftsführende Kommanditist oder der Komplementär einer GmbH & Co KG, die von dem Initiator strukturell gestellt werden müssen, um die GmbH & Co KG überhaupt als Gesellschaft gründen zu können, nicht als Anleger in diesem Sinne zu zählen. Das gilt jedenfalls für den Fall, dass sie sich nicht weiter – abgesehen von einer ggf. gesellschaftsrechtlich erforderlichen Minimalbeteiligung – am Organismus beteiligen können.

Beteiligen sich mehrere Anleger über einen Treuhänder an dem Organismus, liegt eine Anzahl von Anlegern auch dann vor, wenn sich laut Satzung, Gesellschaftsvertrag oder den Anlagebedingungen nur der Treuhänder als Anleger an dem Organismus beteiligen darf; die BaFin stellt in diesen Fällen eine materielle Betrachtung an und schaut durch den Treuhänder auf die Anleger durch.

Das eingesammelte Kapital darf damit nicht **zum Nutzen des eigenen Unternehmens des Initiators investiert** werden. In diesem Fall verfolgt der Initiator lediglich eine eigene Gewinnerzielungsabsicht.

Eine **festgelegte Anlagestrategie** liegt vor, wenn im Rahmen einer Strategie festlegt wurde, wie das gemeinschaftliche Kapital verwaltet werden muss, damit es einen gemeinsamen Return für die Anleger generiert.

Indizien (einzeln oder kumulativ) für eine festgelegte Anlagestrategie sind:
* die Strategie ist spätestens zu dem Zeitpunkt festgelegt, zu dem die Beteiligung des Anlegers bindend geworden ist;
* die Strategie ist in einem Dokument ausgeführt, das Teil der Anlagebedingungen oder der Satzung ist oder auf das darin Bezug genommen wird;
* der Organismus ist an die Strategie gebunden (die Anleger können dies also einfordern);
* die Strategie konkretisiert die Richtlinien, nach denen die Anlage zu erfolgen hat (z. B. Anlage in bestimmte Kategorien von Vermögensgegenständen, Beschränkungen bei der asset allocation, Verfolgung bestimmter Strategien, Anlage in bestimmte geo-

grafische Regionen, Beschränkungen des Leverage, bestimmte Haltefristen oder sonstige Risikodiversifikationsvorgaben).

Voraussetzungen für eine festgelegte Anlagestrategie sind demnach

- Kriterien, die im Umfang über den einer allgemeinen Geschäftsstrategie („Unternehmensstrategie") hinausgehen und
- schriftlich sowie
- genau bestimmt sind.

Die Handlungsspielräume des Organismus sind also in den Anlagebedingungen, der Satzung oder im Gesellschaftsvertrag eingeschränkt.

Weiteres Tatbestandsmerkmal für Investmentvermögen: Es darf sich bei dem Unternehmen **nicht um ein „operativ tätiges Unternehmen außerhalb des Finanzsektors"** handeln, also z. B. nicht um Unternehmen,

- die Immobilien entwickeln oder errichten,
- die Güter und Handelswaren produzieren, kaufen, verkaufen, tauschen oder
- die sonstige Dienstleistungen außerhalb des Finanzsektors anbieten.

Unternehmen, die sich im Rahmen ihrer operativen Tätigkeit fremder Dienstleister oder gruppeninterner Gesellschaften bedienen, sind als operativ tätig anzusehen, solange die unternehmerischen Entscheidungen im laufenden Geschäftsbetrieb bei dem Unternehmen selbst verbleiben.

Unschädlich bleibt eine Nebentätigkeit des Unternehmens, wenn zusätzlich zu der operativen Tätigkeit noch Investitionen zu Anlagezwecken getätigt werden (z. B. Anlage in Finanzinstrumente).

9.2.2   Anlagestrategie vs. Unternehmensstrategie

Für die Zuordnung geschlossener Fonds unter das KAGB bzw. VermAnlG kommt es also entscheidend auf die strategische Ausrichtung des Fonds an und auf die beiden zuvor angesprochenen Merkmale „festgelegte Anlagestrategie" bzw. „kein operativ tätiges Unternehmen außerhalb des Finanzsektors". Nach AIFM-Umsetzungsgesetz unterscheidet man die „geschlossenen Investmentvermögen nach KAGB" von den „geschlossenen Fonds nach VermAnlG" vor allem anhand dieser beiden Kriterien.

Damit ein geschlossener Fonds unter die geschlossenen Investmentvermögen nach KAGB fällt, muss dieser eine festgelegte **Anlagestrategie** aufweisen. Fehlt diese, liegt eine **Unternehmensstrategie** vor. Die Geschäftsführung des Fonds ist also weniger streng an Vorgaben zur Anlagepolitik gebunden.

Handelt es sich bei dem geschlossenen Fonds um ein **„operativ tätiges Unternehmen außerhalb des Finanzsektors"**, fällt er unter das VermAnlG und bildet kein Investmentvermögen. Diese geschlossenen Fonds weisen eine **Unternehmensstrategie** auf und sind in ihrer Gestaltung offener, da das KAGB für ihre Konzeption keine Gültigkeit hat.

Die folgenden Branchenbeispiele sollen die Abgrenzung von geschlossenen Fonds anhand dieser beiden Kriterien deutlicher machen:

9.2.2.1   Beispiel: Immobilienbereich

Der Betrieb einer Immobilie (z. B. eines Hotels oder einer Pflegeeinrichtung) ist eine operative Tätigkeit.

Gleiches gilt für die Projektentwicklung (Konzeption, Ankauf, Entwicklung der Immobilie und anschließender Verkauf der selbst entwickelten Immobilie) sowie das „facility management", Makler- und Bewertungstätigkeiten oder Finanzierungsberatung im Zusammenhang mit dem Kauf oder Verkauf einer Immobilie.

Erwerb, Vermietung, Verpachtung, Verwaltung sowie Verkauf von Immobilien sind keine operativen Tätigkeiten. Hier kann eine Abgrenzung nur anhand des Tatbestandsmerkmals „festgelegte Anlagestrategie" versus „allgemeine Unternehmensstrategie" erfolgen.

Bei geschlossenen Immobilienfonds muss man also ganz genau hinsehen. Je nach Ausgestaltung dieser Fonds fallen sie unter das KAGB oder das VermAnlG.

9.2.2.2   Beispiel: Schiffsbereich

Der Charterer, der für die Auslastung des Schiffes verantwortlich ist, und der Vertragsreeder sind in dieser Eigenschaft operativ tätig.

Fraglich ist, ob ein Unternehmen, das ein Schiff verchartert, d. h. zur Nutzung überlässt, operativ tätig ist. Da bei einem Time-Charter-Vertrag die technisch-nautische Betriebsführung beim Vercharterer liegt, ist dieser als operativ tätig anzusehen. Dies ist in der überwiegenden Zahl der derzeitig am Markt üblichen Schiffsfonds gegeben.

9.2.2.3   Beispiel: Energiebereich

Bürgerenergieprojekte oder sonstige Unternehmen, die Anlagen (z. B. Biogas-, Solar- oder Windkraftanlagen) im Rahmen eines laufenden Geschäftsbetriebes selbst betreiben, sind als operativ tätige Unternehmen anzusehen.

Dies gilt auch dann, wenn sich diese Bürgerenergieprojekte oder Unternehmen im Rahmen ihrer operativen Tätigkeiten fremder Dienstleister oder gruppeninterner Gesellschaften bedienen, solange die unternehmerischen Entscheidungen im laufenden Geschäftsbetrieb bei dem Unternehmen selbst verbleiben.

Viele der geschlossenen Fondskonzepte im Bereich erneuerbarer Energien fallen daher unter das VermAnlG.

9.2.3   Übersicht über Modelle der geschlossenen Fonds

Fazit aus den Kapiteln 9.2.1 und 9.2.2 ist: Es ist nicht möglich, allein nach der Rechtsform des geschlossenen Fonds bzw. dem Investitionsziel zu beurteilen, ob ein geschlossener Fonds unter das KAGB oder das VermAnlG fällt. Entscheidend ist vielmehr die Ausgestaltung des Geschäftsmodells. Eine Übersicht über die Zuordnung geschlossener Fonds bietet die nachfolgende Abbildung.

Abgrenzung „geschlossene Fonds"

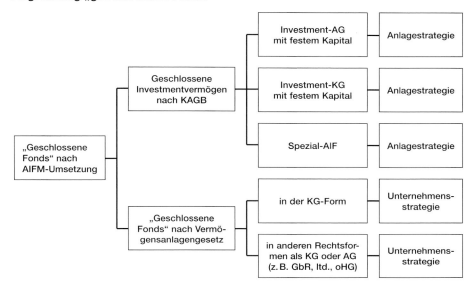

Für die Zuordnung von insbesondere (aber nicht nur) „geschlossenen KG-Fonds" unter KAGB bzw. Vermögensanlagengesetz kommt es also zukünftig auf die strategische Geschäftsausrichtung des Fonds an.

9.2.4 Regelungen für geschlossene Investmentvermögen nach KAGB

Für geschlossene Fonds nach KAGB gelten viele der gesetzlichen Regelungen analog, die Sie bereits im Kapitel „offene Investmentvermögen" kennen gelernt haben. Gleichwohl gibt es einige spezielle Normen, die sich aus dem „geschlossenen Modell" ergeben.

Geschlossene inländische Investmentvermögen dürfen gemäß KAGB nur als Investmentaktiengesellschaft mit fixem Kapital oder als geschlossene Investmentkommanditgesellschaft aufgelegt werden.

Auch wenn der Gesetzgeber die Aktiengesellschaft mit fixem Kapital als Rechtsform für geschlossene Investmentvermögen im KAGB ausdrücklich zugelassen hat, so kommen in der Praxis (derzeit) vor allem geschlossene Investment-Kommanditgesellschaften nach §149 KAGB vor. Diese werden in **geschlossene Publikums-Investment-KG** und **geschlossene Spezial-Investment-KG** unterschieden. Die Publikums-KG darf nur nach dem **Grundsatz der Risikomischung** investieren. Dazu muss in mindestens drei Sachwerte investiert werden, wobei jeder einzelne Sachwert im Wesentlichen den gleichen Anteil an der Gesamtinvestition aufweisen muss. Diese Risikostreuung muss spätestens 18 Monate nach Vertriebsbeginn des Fonds vorliegen. Abweichend von der Risikostreuung darf die Publikums-KG investieren, wenn die Mindestzeichnungssumme bei 20.000 EUR liegt (§262 Abs. 2 KAGB).

Wenn für die geschlossene Publikums-KG ohne Einhaltung des Grundsatzes der Risikomischung investiert wird, müssen der Verkaufsprospekt und die **wesentlichen Anlegerinformationen (WAI)** an hervorgehobener Stelle auf das Ausfallrisiko mangels Risikomischung hinweisen.

Zur Begrenzung des Leverage-(Hebel)-Effektes ist die Fremdkapitalaufnahme in geschlossenen Fonds nach KAGB auf maximal 60 % des Verkehrswertes des Investitionsguts beschränkt.

Wollte der Gesetzgeber zunächst abschließend festlegen, welche Investitionsziele in geschlossenen Publikums-AIF erlaubt sind, so hat er sich letztendlich auf einen beispielhaften Katalog im KAGB beschränkt. Das bewahrt den Initiatoren auch zukünftig die Möglichkeit, auf zukunftsweisende Investitionsziele zu setzen.

Geschlossene inländische Publikums-AIF

§261 ff. KAGB

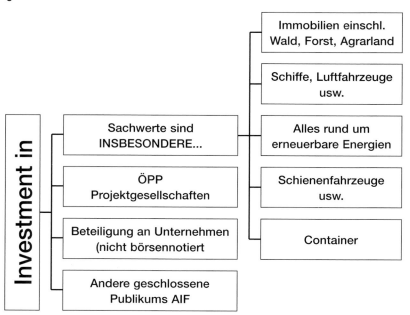

Hinweis zur Abbildung: ÖPP-Projektgesellschaften sind im Rahmen öffentlich-privater Partnerschaften tätige Gesellschaften, die nach dem Gesellschaftsvertrag oder der Satzung zu dem Zweck gegründet wurden, Anlagen oder Bauwerke zu errichten, zu sanieren, zu betreiben oder zu bewirtschaften, die der Erfüllung öffentlicher Aufgaben dienen.

In eine geschlossene Spezial-Investment-KG dürfen nur **semiprofessionelle und professionelle Anleger** investieren. Unter semiprofessionellen Anlegern versteht man Anleger, die mindestens 200.000 EUR investieren und schriftlich erklären, dass sie sich über die besonderen Risiken des Investments bewusst sind. Professionelle Anleger sind z. B. Banken und Pensionskassen sowie größere Unternehmen und Family Offices.

Völlig neu bei der Konzeption geschlossener Fonds nach KAGB ist die obligatorische **Verwahrstelle**, die eine von der KVG unabhängige Instanz darstellt und unter anderem für die Kontrolle der Zahlungsvorgänge und die jährliche Bewertung des Sachwertes zuständig ist.

9.2.5   Geschlossene Fonds nach VermAnlG

Fällt ein geschlossener Fonds nicht unter das KAGB, weil er z. B. wie oben dargestellt eine Unternehmensstrategie und keine Anlagestrategie verfolgt, so gilt für diesen das VermAnlG. Nach diesem Gesetz sind **Vermögensanlagen** nicht in Wertpapieren im Sinne des Wertpapierprospektgesetzes verbriefte und nicht als Anteile an Investmentvermögen im Sinne des § 1 Absatz 1des KAGBs ausgestaltete
1. Anteile, die eine Beteiligung am Ergebnis eines Unternehmens gewähren,
2. Anteile an einem Vermögen, das der Emittent oder ein Dritter in eigenem Namen für fremde Rechnung hält oder verwaltet (Treuhandvermögen).

Diese Definition macht deutlich: Anders als im KAGB ist die Definition eines „geschlossenen Fonds" im VermAnlG offener gehalten. Geschlossene Fonds können demnach sehr unterschiedliche Rechtsformen annehmen. Dennoch hat der Markt sich überwiegend auf die Kommanditgesellschaft (KG) als Modell für geschlossene Fonds auch nach VermAnlG ausgerichtet. Die KG verbindet für den Anleger als Kommanditisten den Vorteil einer Zurechnung von Verlustanteilen in die persönliche Steuersphäre mit einer sehr weitgehenden Haftungsbeschränkung. Letzteres ist z. B. bei den in Ausnahmefällen vorkommenden GbR-Fonds nicht gegeben. Bei der rechtlichen Konstruktion finden die Aktiengesellschaft und die Gesellschaft mit beschränkter Haftung überwiegend keine Anwendung. Grund hierfür ist unter anderem die fehlende Möglichkeit der direkten Zurechnung von Einkünften an die Gesellschafter dieser Rechtsformen, z. B. von steuerfreien Auslandseinkünften. Ein weiterer Nachteil ergibt sich aus der generellen Gewerbesteuerpflicht für Gewinne, die in diesen Gesellschaftsformen entstehen.

In der Betrachtung von geschlossenen Fonds in diesem Kapitel 9 konzentrieren wir uns auf die KG-Fonds, da diese sowohl nach KAGB als auch nach VermAnlG die vorherrschende Rechtsform sind. Im Kapitel 11.6 finden Sie dann knappe Ausführungen zu weiteren Rechtsformen von geschlossenen Fonds nach VermAnlG.

9.2.6   Rechtsprechung

Die Rechtsprechung für geschlossene Fonds in Personengesellschaftsform richtet sich nach den allgemeinen Vorschriften des Gesellschaftsrechts. Hier finden die §§ 705 ff. BGB für Fonds in der Rechtsform der Gesellschaft bürgerlichen Rechts (BGB-Gesellschaft; GbR) und die §§ 161 ff. HGB für Fonds in der Rechtsform der Kommanditgesellschaft (KG) Anwendung.

9.3   Vertragspartner

Anleger geschlossener Fonds wollen einem vorbereiteten Investitionskonzept beitreten, das ihnen keinerlei zusätzlichen Aufwand zur Zeichnung aufbürdet.

Für den Initiator bedeutet dies, im Vorfeld und sukzessive eine Reihe von Partnern einzubeziehen und diese vertraglich mit genau umschriebenen Leistungen und Honorierungen zu binden. Da der Initiator im Rahmen seiner Geschäftsführung nur wenige Leistungen selbst erbringen kann, sind die überwiegenden Leistungsbereiche von der Fondsgesellschaft fremd zu vergeben:

- Einwerben des Eigenkapitals,
- Garantiegeber für vollständige Platzierung,
- Treuhänder für Einzahlungen und Mittelverwendung,
- Steuerberatung,
- bei Immobilienfonds die Vermietung, bei anderen Fonds z. B. der Vertrieb des Objektes (Windkraftanlagen, Schiff usw.),
- Garantiegeber für Mieten und andere Zahlungen,
- Projektumsetzer (Baufirmen, Containerbetreiber usw.).

Ein Blick in den Investitionsplan eines typischen geschlossenen Immobilienfonds führt beispielhaft folgende Positionen auf:
1. Kaufpreis Grundstück
2. Baumaßnahme
3. Bauzeitzinsen
4. Technische Qualitätssicherung
5. Technische und wirtschaftliche Baubetreuung
6. Grunderwerbsteuer
7. Konzeption
8. Prospektprüfung
9. Vermittlung Eigenkapital
10. Vermittlung Fremdkapital
11. Fondsschließungsgarantie
12. Mietgarantie
13. Avalgebühren
14. Erstvermietung
15. Geschäftsführung
16. Komplementärvergütungen
17. Treuhändervergütungen
18. Steuerberatung
19. Notar
20. Rechtsberatungskosten

Die den Investitionen zuzuordnenden Partner sind oftmals identisch mit dem Initiator oder häufig personen- bzw. kapitalmäßig verflochten und nur in wenigen Fällen „echte Externe".

Die Strukturierung eines geschlossenen Fonds erfolgt z. B. gemäß des obigen Investitionsplanes nach steuerlichen und gewinnorientierten Gesichtspunkten:

- geschlossene Fonds sind Objektgesellschaften mit eigener steuerlicher Betrachtung,
- für den Initiator ist im Investitionsplan kein „Gewinn" ausgewiesen.

Um Werbungskosten bzw. getätigte Investitionen für die Objektgesellschaft ausweisen zu können, sind Rechnungen von Dritten vorzulegen. Dies ist auch insofern notwendig, als dass der Initiator nicht die Garantie für Leistungen außerhalb seines Verantwortungsbereichs übernehmen kann. Der Initiator muss lediglich für das Ineinandergreifen der beteiligten Partner im Rahmen der Gesamtkonzeption sorgen.

Die Vergütung des Initiators muss sein Risiko abdecken und eine angemessene Verzinsung seiner Vorlaufkosten erbringen. Seine Gewinnspanne beträgt ca. 10 - 20 % des Fondsvolumens. Beträge dieser Größenordnung werden nicht offen ausgewiesen, das Produkt würde am Markt ungerechtfertigter Kritik ausgesetzt sein.

Die Konstruktion mit verflochtenen Partnern erlaubt die Kombination beider oben angesprochenen Punkte. Die Verflechtung wird durch die Nennung der Partner im ordnungsgemäßen Prospekt offengelegt.

Neben den einmaligen Dienstleistungen werden weiterhin zur Betreuung des Fonds und des Investitionsobjektes während der Fondsbewirtschaftung noch folgende Leistungen erbracht:

- Geschäftsführung des Fonds,
- Treuhandtätigkeiten,
- Objektverwaltung.

Die Fondsgeschäftsführung hängt eng mit der Fondsgründung zusammen und wird somit vom Initiator durchgeführt, zumal ständig Kontakt mit den Anlegern gehalten werden muss.

Die Treuhandtätigkeiten werden von den „Gründungstreuhändern" weitergeführt. Die Objektverwaltung beinhaltet z. B. bei Immobilien die Hausverwaltung und kann auch extern vergeben werden.

9.3.1 Fonds-Initiator

Der Initiator hat die Investitionsidee (Finanzierung eines Schiffes, Immobilienerwerb usw.) und oftmals engen Kontakt zu Vertriebspartnern.

Wird bei Immobilienfonds das Objekt selbst errichtet (nicht Erwerb eines Bestandsobjektes), erfolgt der Grundstückskauf in der Regel von einem Dritten.

In Fällen, bei denen das Gebäude samt Grundstück erworben wird (sowohl bereits fertiggestellt als auch zu einem **Fixpreis** bereits vor Beginn der Baumaßnahme vertraglich vereinbart), erfolgt der Erwerb häufig von einem verflochtenen Partner des Initiators. Hintergrund ist eine mögliche Gewinnabschöpfung aus dem maximal zu kalkulierenden Einkaufspreis des Fonds. Bei solchen Vertragskonstruktionen sind dann langfristige Bindungen über z. B. Gewährleistungsverpflichtungen des Verkäufers vorhanden.

Der Initiator ist haftungsrechtlich verantwortlich für das Gesamtwerk der Fondsemission. Er bindet im Vorfeld der Prospektherausgabe die anderen beteiligten Partner und steht für die vollständige Platzierung des geschlossenen Fonds mit seinem Namen ein.

Durch Verflechtungen mit anderen Beteiligten kann die Haftung umfassend werden, andererseits werden Gewinne in unterschiedlichen Ebenen bei Vertragspartnern abgeschöpft.

Auch ist der Initiator während der Bewirtschaftungsphase über **Betreibergesellschaften**, Mietgarantien usw. dauerhaft in den Fonds eingebunden.

9.3.2   Geschäftsführung

Die Fondsgesellschaft als Kapital-Objektgesellschaft besitzt oftmals keine eigene aktive Geschäftsführung. Diese Funktion übernimmt der Initiator als einmalige Leistung in der Investitionsphase und in der Bewirtschaftungszeit gegen regelmäßige Gebühren.

Das KAGB schreibt für die geschlossene Investmentkommanditgesellschaft vor, dass die Geschäftsführung aus mindestens zwei Personen besteht (§ 153 KAGB). Dabei kann auch eine juristische Person die Geschäftsführung der KG übernehmen, wenn diese wiederum eine Geschäftsführung mit mindestens zwei Personen hat. Die Geschäftsführer sind verpflichtet, ausschließlich im Interesse der Anleger tätig zu werden, sie müssen unabhängig von der Verwahrstelle agieren und persönlich sowie fachlich geeignet sein. Im Rahmen der Geschäftsführung werden alle weiteren Verträge abgeschlossen, die zur Abwicklung der Fondsinvestition und zum späteren Betrieb notwendig sind.

Die im Investitionsplan für die Geschäftsführung ausgewiesenen Kosten entsprechen einer **Haftungsvergütung**.

9.3.3   Treuhänder

Durch die große Anzahl der Anleger, gerade bei Fonds mit großem Volumen und kleinen Mindestbeteiligungsbeträgen (Zeichnungssummen), übersteigt der Verwaltungsaufwand den „echten Nutzen" der Anlage. Der Verwaltungsaufwand entsteht nicht nur in der Zeichnungsphase, sondern insbesondere auch während der Bewirtschaftung. Hier müssen Namens- und Anschriftenwechsel, Änderungen der Steuernummern, Erbfolgen oder Anteilsübertragungen verfolgt und veranlasst werden.

In den öffentlichen Registern wie dem Handelsregister (KG, OHG, GmbH) und dem Grundbuch (bei GbR-Fonds) sind die Zeichner geführt, d. h., Änderungen müssen mitgeteilt und Eintragungen korrigiert werden. **Treuhänder** übernehmen hier über eine Gesellschafterliste die Platzhalterfunktion für die Anlegerschaft. Die Treuhandverträge dürfen nicht zu weit gefasst werden, damit für den Anleger diese Konstruktion nicht zum Risiko wird.

Bei Kommanditgesellschaften werden der oder die **Komplementäre** und die **Kommanditisten** im Handelsregister geführt. Allein die dort eingetragene Haftungssumme ist verbindlich für die Verpflichtungen des Zeichners gegenüber der Gesellschaft.

Zur Vereinfachung der Registerführung ersetzt ein sogenannter **Treuhandkommanditist** die Registereintragung einer Vielzahl von Kommanditisten (Zeichnern).

Alternativ wird den Anlegern dennoch angeboten, selbst in das Handelsregister eingetragen zu werden (sog. **Direktkommanditist**).

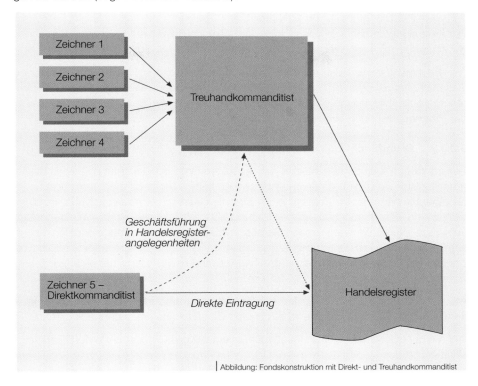

| Abbildung: Fondskonstruktion mit Direkt- und Treuhandkommanditist

9.3.3.1 Treuhandkommanditist

Nach außen tritt der Treuhandkommanditist mit dem gesamten von ihm treuhänderisch verwalteten **Kommanditkapital** auf, im Innenverhältnis zu den einzelnen Treugebern handelt er nach deren Weisungen und auf deren Rechnung. Der Treuhänder ist somit „verlängerter Arm" der Zeichner, diese sind – wirtschaftlich gesehen – die Kommanditisten.

Die treuhänderisch verwalteten Kommanditisten werden im **Treugeberregister** (Gesellschafterbuch) gelistet.

Beim Treuhandkommanditisten sind die Zeichnungsbeträge einzuzahlen (inkl. Agio), das Kommanditkapital wird der Treuhänder beim Handelsregister erst nach Eingang der Zeichnungssumme und Annahme der Beteiligung anmelden. Dennoch stellt der Treuhandkommanditist keine **Mittelverwendungskontrolle** dar, er ist lediglich „Platzhalter" zur vereinfachten Abwicklung und Betreuung der Beteiligung.

Die Beitrittszeichnung braucht hinsichtlich der Beteiligung über einen Treuhänder vom Zeichner nicht notariell beglaubigt zu werden.

Der Treuhandkommanditist und die Direktkommanditisten müssen notariell beglaubigt beim Handelsregister angemeldet werden. Etwaige Veränderungen ziehen Eintragungsänderungen nach sich.

Für die Direktkommanditisten übernimmt der mit der Treuhänderschaft beauftragte Vertragspartner dem Handelsregister gegenüber deren Geschäftsführung, tritt aber nicht in eigenem Namen, sondern mit Vollmacht auf.

Der Treuhandkommanditist vertritt auch in Gesellschafterversammlungen die Zeichner, die ihm entsprechende Weisungen erteilen.

Als Treuhandkommanditist werden Steuerberater oder dem Initiator nahestehende Gesellschaften eingesetzt. Die für die Tätigkeiten vereinbarte Vergütung ist als Einmalbetrag im Investitionsplan und als laufende Vergütung in der Bewirtschaftungsphase in der Prognoserechnung eingestellt.

9.3.3.2   Grundbuchtreuhänder

Im Grundbuch wird der Eigentümer des jeweiligen Grundstücks geführt. Dieses öffentliche Register weist im Falle des geschlossenen Immobilienfonds die Fondsgesellschaft als Eigentümerin aus. Im Regelfall steht also die Gesellschaft im Grundbuch. Ist diese jedoch eine Gesellschaft bürgerlichen Rechts (GbR), so sind alle Zeichner im Grundbuch aufgeführt. Veränderungen in der Gesellschafterliste oder der Personendaten führen somit unmittelbar zu Eintragungsänderungen im Grundbuch. Bei einer Vielzahl von Zeichnern treten hier ein nicht unerheblicher Aufwand sowie Kosten für die Fondsgesellschaft auf, da Eintragungen im Grundbuch notariell veranlasst werden müssen.

Als „Platzhalter" für die Zeichner tritt der **Grundbuchtreuhänder** auf, der stellvertretend für alle in der Gesellschafterliste verzeichneten Gesellschafter im Grundbuch steht.

Im Falle der Insolvenz des Grundbuchtreuhänders fällt das Grundstück in den Zuständigkeitsbereich des Insolvenzverwalters. Um dadurch für die Fondsgesellschaft Schwierigkeiten zu vermeiden, wird regelmäßig eine Auflassungsvormerkung zugunsten eines weiteren Treuhänders eingetragen, die dann möglichen Rechten des Insolvenzverwalters vorgeht.

9.3.4   Generalübernehmer

Bei Immobilienfonds werden Baumaßnahmen üblicherweise nicht von der Objektgesellschaft selbst in Auftrag gegeben. Auch wenn ein Auftrag an einen Generalunternehmer (GU) eine erhebliche Organisationsvereinfachung darstellt, ist die Fonds-Geschäftsführung (Initiator) häufig nicht in der Lage, einen komplexen Bauauftrag abzuwickeln. Hier bedient sich der Initiator regelmäßig eines **Generalübernehmers** (GÜ).

Während ein GU per Definition eine Baufirma ist, die zumindest den Rohbau selbst erstellt und die anderen Gewerke eines schlüsselfertigen Bauauftrages weiter vergibt, ist ein GÜ keine Baufirma, sondern ein Unternehmen, das das Bauvorhaben komplett, einschließlich der Planung, abwickelt, dabei aber sämtliche Aufträge weiter vergibt.

In Deutschland hat eine fast vollständige Wandlung des aus dem amerikanischen Ursprung stammenden Consulting-Unternehmens GÜ zu Töchtern von Bauträger-Unternehmen stattgefunden. Auf der Ebene des GÜs werden die Planungsleistungen koordiniert und der Bauauftrag häufig an einen GU vergeben. Die eigentliche bautechnische Kompetenz des Initiators ist nun beim GÜ tätig. Die Funktion des GÜs hat damit vornehmlich Preisgarantiecharakter, der GÜ muss somit – logischerweise – bei geschlossenen Fonds immer mit dem Initiator verflochten sein.

Für die Fondsgesellschaft hat die GÜ-Konstruktion durchaus Vorteile: Sie garantiert dem Fonds einen Festpreis, der im Investitionsplan frühzeitig eingestellt wird und nicht durch Nachträge aus dem Baubereich überschritten wird. Der GÜ-Vertrag mit der Fondsgesellschaft ist in der Regel kurz, beschränkt sich auf die wesentlichen Angaben, die auch im Prospekt abgedruckt sind, und ist preislich so ausgestaltet, dass dem GÜ genügend Spielraum für etwaiges Unvorhergesehenes bleibt.

Der erwirtschaftete Überschuss des GÜs im Zuge der Baumaßnahme stellt den größten Gewinnposten für den Initiator dar.

Es ist zu beachten, dass – sonst allgemein übliche – Baukostenverteuerungen beim vor Gesellschafterbeitritt festgesetzten Investitionsplan auf der Fondsebene faktisch nicht durchzusetzen sind. Dies würde Änderungen im Fondsvolumen und des gesamten Vertragswerks nach sich ziehen. Durch die beschriebene GÜ-Konstruktion ist der Zeichner hiervor geschützt.

Alternativ zur GÜ-Einschaltung gibt es auch Fonds-Konstruktionen mit einer sogenannten **Höchstpreisgarantie**, die im Investitionsplan aufgeführt ist.

9.3.5 Baubetreuer

Ein Baubetreuer ist ein mit umfänglichen Vollmachten ausgestatteter Vertreter des Bauherrn. Baubetreuer werden eingeschaltet, wenn der Bauherr (hier: die Fondsgesellschaft) nicht in der Lage ist, seine ursächlichen Bauherrenaufgaben selbst durchzuführen. Es handelt sich um Aufgaben, die lediglich in der Investitionsphase auftreten, wenn die Fondsgesellschaft das Anlageobjekt selbst errichtet. Es wird zwischen technischer und wirtschaftlicher Baubetreuung unterschieden.

Der **technische Bereich** umfasst alle Management- und Controllingaufgaben technischer Natur wie:
- Umsetzen der Bauherrenvorgaben in technische Planungsgrundlagen,
- Koordinieren der Planer,
- Erarbeitung technischer Grundlagen zur Ausfertigung der Bauverträge,
- Begleitung des Bauvorhabens zur Durchsetzung technischer Belange,
- Teilnahme an den Abnahmen,
- Bereitstellung technischer Informationen zur Schlussrechnungsprüfung,
- Begleitung der Mängelbeseitigungen.

Die **wirtschaftliche Baubetreuung** umfasst den kaufmännischen Bereich der Bauherrenaufgaben wie:
- Aufstellen des Budgets,
- Erarbeiten der Bauverträge aus kaufmännischer und betriebswirtschaftlicher Sicht,
- Kostenkontrolle während der Bauzeit,
- kaufmännische Prüfung der Schlussrechnungen,
- Verwaltung der Sicherheiten und Bürgschaften,
- Finanzverwaltung des Bauprojektes.

Wird nur die technische oder wirtschaftliche Betreuung vergeben, spricht man von „Teil-betreuung", anderenfalls von „Vollbetreuung". Nur bei einer Vollbetreuung liegt nach der BGH-Rechtsprechung ein Werkvertrag vor, d.h., der Baubetreuer ist – wie der Planer auch – erfolgsverpflichtet.

9.3.6 Steuerberater

Geschlossene Fondskonstruktionen kommen nicht ohne Beratung in Bezug auf die sich ständig wandelnde Steuergesetzgebung aus.

Schon aus haftungsrechtlichen Gründen bedient sich der Initiator in der Konzeptionspha-se fremder Partner. Diese Zusammenarbeit ist dauerhaft, da die Gesellschaftsabschlüsse jährlich aufgestellt werden müssen, um dann vom Wirtschaftsprüfer testiert zu werden. Neben Kosten in der Investitionsphase fallen Gebühren während der Bewirtschaftung an.

9.3.7 Notar

Grundbuchanträge und Handelsregisterangelegenheiten (Kommanditgesellschaft, Offe-ne Handelsgesellschaft) sind notariell zu beurkunden bzw. zu beglaubigen. Je nach Fondskonstruktion greifen diese Anforderungen bis zum Zeichner durch. Durch eine Vielzahl von Zeichnern und ggf. Investitionsobjekten entsteht sowohl in der Investitions-phase als auch während der Bewirtschaftung die Notwendigkeit immer wiederkehrender notarieller Beurkundungen bzw. Beglaubigungen.

Der Notar handelt aufgrund seines öffentlich bestellten Amtes und übernimmt sonst keine weiteren Aufgaben in der Fondsabwicklung.

9.3.8 Rechtsanwalt

Eine fundierte Rechtsberatung ist zur Absicherung der Fondskonzeption notwendig, hier wird aus Haftungsgründen auf externe Partner zurückgegriffen.

Kosten der Rechtsberatung fallen in der Investitions- und oftmals auch in der Bewirt-schaftungsphase an.

9.3.9 Hausverwaltung

Neben der Geschäftsführung der Fondsgesellschaft ist bei Immobilienfonds eine Haus-verwaltung für die **Gebäudebewirtschaftung** notwendig. Große Initiatoren haben eigene Hausverwaltungen, an die die Objekte nach Fertigstellung abgegeben werden. Ebenso ist aber denkbar, die Hausverwaltung und das **Centermanagement** bei Einkaufszentren an externe Partner abzugeben.

Die Gebühren, die in der Bewirtschaftungsphase eingestellt sind, orientieren sich an den Sätzen der Betriebskostenverordnung bzw. marktüblichen Sätzen.

9.3.10 Beirat

Bei einigen geschlossenen Fonds wird zur Beratung und Kontrolle des Fondsmanage-ments durch Beschluss der Gesellschafterversammlung ein sogenannter Beirat i.d.R. aus dem Kreis der Anleger bestellt. Die Einrichtung eines Beirates ist insbesondere bei größerem Anleger-/Investorenkreis sinnvoll. Die Einbeziehung und Ansprache eines kleinen Gremiums durch das Management ist einfacher und effektiver, als dies bei einem größeren Anlegerkreis möglich wäre. Gleichermaßen trifft dies für die Überwachung des Managements zu. Die Kontrolle findet, im Vergleich zu externen Kontrollinstanzen, aus Sicht der Anleger statt. Die Beiräte benötigen ausreichende kommunikative Fähigkeiten und fachliche Kenntnisse, um die Arbeit erfolgreich durchführen zu können. Die Unabhängigkeit der Beiräte hat hohe Priorität, damit Interessenkonflikte, die sich u. a. aus der beruflichen Tätigkeit des einzelnen Beirates ergeben könnten, ausgeschlossen sind.

Die für die Tätigkeit eventuell vereinbarte laufende Vergütung in der Bewirtschaftungsphase wird in die Prognoserechnung eingestellt.

9.3.11   Vertrieb

Der Vertrieb ist die entscheidende Schnittstelle zwischen dem Herausgeben des Fonds und dem erfolgreichen Investitionsbeginn.

Zum Einsammeln des notwendigen Eigenkapitals müssen die Anteile platziert, d. h. verkauft werden. Es ist ein nicht zu unterschätzender Aufwand, einen Fonds in einer zwei- bis dreistelligen Millionengröße zu „verkaufen". Bei durchschnittlichen Zeichnungssummen von ca. 30.000 EUR sind bei einem Fondsvolumen von 100 Mio. EUR ca. 1.500 Anleger bei einer Fremdfinanzierung von 50 - 60 % zu finden. Nicht jeder Kundenkontakt führt zum Erfolg. Um 1.500 Anleger zum Beitritt zu bewegen, sind 2.000 - 3.000 Kundenkontakte notwendig.

So ist es nicht verwunderlich, dass für die Vermittlung des Eigenkapitals bis zu 8 - 10 % der zu platzierenden Summe aufgewendet werden muss.

Der erfolgreiche Vertrieb ist andererseits der entscheidende Schlüssel zum erfolgreichen Fondsstart, denn der Fonds ist erst „geschlossen", wenn der letzte Zeichner gefunden ist. Aus diesem Grund haben viele Initiatoren ihre Wurzeln mehr im Vertriebsbereich als in der Fachbranche des Investitionsobjektes.

Die Kapitalvermittlung platziert das einzuwerbende Eigenkapital bei zukünftigen Gesellschaftern. Vertragspartner des Fonds ist entweder direkt ein Vertriebsunternehmen oder eine dem Initiator nahe stehende Gesellschaft. In beiden Fällen erfolgt der Vertrieb über bekannte Wege auf dem Finanzmarkt.

Auch wenn eine Bank Initiator ist, werden Vermittlungskosten im Investitionsplan ausgewiesen sein.

Zur Deckelung der Kosten und ordnungsgemäßer Rechnungslegung wird auch in diesen Fällen ein wirtschaftlich verbundener Vertragspartner einbezogen.

Als Fremdkapital ist zwischen kurzfristiger Zwischen- und langfristiger Endfinanzierung zu unterscheiden. Verträge für deren Vermittlung werden von der Fondsgesellschaft mit dem Initiator oder einem ihm nahe stehenden Partner geschlossen.

Die hier eingestellten Kosten stellen im Wesentlichen eine Gewinnabschöpfung dar und orientieren sich an steuerlich zulässigen Höchstgrenzen.

Vom Berater werden neben der bloßen Bereitstellung von Sachverhaltsinformationen auch deren fachkundige Bewertung und Beurteilung erwartet. Unter einer **anlegergerechten Beratung** ist vorrangig eine personenbezogene Beratung zu verstehen, in deren Rahmen ein auf die individuelle Situation abgestimmtes Beratungsgespräch zu führen ist. Hierbei ist die persönliche Vermögenssituation des Investors in besonderem Maße einzubeziehen.

Die **objektbezogene (anlagegerechte) Beratung** hat Hinweise auf die allgemeinen Risiken einer Anlage zu beinhalten. Dem Anleger müssen stets die konjunkturelle Abhängigkeit des Investitionserfolges sowie die Abhängigkeit von der generellen Marktentwicklung deutlich gemacht werden. In gleicher Weise sind auch spezielle Risiken wie u. a. Standort, Sachwert und Wirtschaftlichkeit objektbezogen für den Anleger herauszuarbeiten. Die **Beraterhaftung** erstreckt sich auf die Vollständigkeit und Richtigkeit der erforderlichen Angaben sowie auf deren sorgfältige Auswertung. Im Sinne einer weitgehenden **Informationspflicht** ist dem Kunden die Bedeutung einzelner Fakten soweit zu erläutern, dass dieser in die Lage versetzt wird, seine Anlageentscheidung selbstständig treffen und das Anlagerisiko objektiv beurteilen zu können. Stellt der Berater den infrage kommenden Fonds als sicher dar, obwohl sein Informationsstand nicht ausreicht, verletzt er seine Aufklärungspflicht. Der Berater hat nach ständiger Rechtsprechung des BGH eigene **Plausibilitätsprüfungen** und Ermittlungen anzustellen, hierzu gehören u. a.:

- Nachvollziehbarkeit der angesetzten Mieten,
- Vermietungsstand,
- Seriosität des angesetzten Verkaufsfaktors der Immobilie,
- Pressemeldungen zum Initiator, die Auskunft über die Zuverlässigkeit und die Solvenz geben.

9.4   Fondskonzeption

Die Konzeption von geschlossenen Fonds muss in einer sehr frühen Phase Rücksicht nehmen auf:
- steuerliche Aspekte und
- haftungsrechtliche Aspekte der Anleger.

Beide Punkte legen den gesellschaftsrechtlichen Rahmen der Fondsgesellschaft fest. Unter steuerrechtlichen Aspekten sind
- globale steuerliche Rahmenbedingungen sowie
- Einschränkungen von Verlustzuweisungen (siehe Teil C Steuern)
zu verstehen.

Im Hinblick auf die Haftung der Anleger können
- Haftungsbeschränkungen des Anlegers gegenüber der Fondsgesellschaft und
- Haftungsbeschränkungen der Anleger untereinander
in Betracht gezogen werden.

Die Anforderungen aus den beschriebenen Aspekten führen zur Festlegung des Gesellschaftstyps der Fondsgesellschaft. Grundsätzlich sind dabei Personen- und Kapitalgesellschaften zu unterscheiden. Typische geschlossene Fonds werden in der Rechtsform der Kommanditgesellschaft (KG) konzipiert. In der Vergangenheit wurden auch die Rechtsformen der Gesellschaft bürgerlichen Rechts (GbR) und der offenen Handelsgesellschaft (oHG) genutzt. In besonderen Fällen kommen auch Kapitalgesellschaften (GmbH, AG) infrage.

Die Konzeption des gesamten Vertragswerkes, dem die Zeichner beitreten, wird nicht immer vom Initiator selbst erstellt. Haftungsrechtlich bleibt jedoch der Initiator für den Inhalt und das funktionierende Ineinandergreifen des Gesamtwerkes verantwortlich.

Zur Konzeption des Fonds gehören insbesondere:
- gesellschaftsrechtliche Strukturierung der Objektgesellschaft,
- Erarbeiten der steuerlichen Konzeption,
- Gestaltung des Gesamt-Vertragswerkes mit beteiligten Partnern,
- Strukturierung der Einzahlungen und vertragliche Absicherung durch Treuhänder,
- Konzeption der Investitionsmaßnahme,
- Konzeption des Investitions-Mittelabflusses und Abstimmen mit der Mindestliquidität,
- Erstellen der langfristigen Ertragsrechnung,
- Erstellen von Beispiel- und Prognoserechnungen.

9.4.1 Fondsvolumen

Waren geschlossene Fonds früher ausschließlich objektbezogen konzipiert, kamen insbesondere in Deutschland in der Folge der Immobilien-Sonderabschreibungsmöglichkeiten in den neuen Bundesländern von Banken-Initiatoren Fondsvolumina im Milliardenbereich auf den Markt.

Im Immobilienbereich bot sich durch den Wandel auf der Initiatorenseite (weg vom Bauträger, hin zum Vertrieb bzw. zur Bank) die Möglichkeit, mit einer Mischkalkulation Objekte unterschiedlicher Rendite, Nutzung und teilweise sogar erhöhtem Vermarktungsrisiko in einen geschlossenen Immobilienfonds einzubringen. Die klassische Identifikation der Zeichner mit „ihrem" Objekt hatte sich zugunsten einer durch die Bank abgesicherten mäßigen Rendite bei stark vermindertem Risiko gewandelt. Der Unterschied zum offenen Immobilienfonds war strukturell kaum noch sichtbar, die fehlende öffentliche Aufsicht trat hier deutlich als Nachteil zutage.

Dieser Trend ist mit Auslaufen der hohen Abschreibungsmöglichkeiten und einer strukturellen Bankenkrise beendet. Es gilt wieder die Konzentration auf repräsentative Objekte in bekannten Lagen (z. B. USA, Manhattan, ausgewählte Deutschlandstandorte, denkmalgeschützte Gebäude).

Im Gegensatz zum offenen „anonymen" Investmentfonds lebt der geschlossene Fonds mit einer Objektidentifikation. Die Fondsvolumina beschränken sich dann auf das jeweilige Investitionsobjekt. Dies kann zwischen 5 Mio. EUR und 250 Mio. EUR liegen.

9.4.2 Investitionsplan

Beispiel eines Investitionsplans (geschlossener Immobilienfonds, Einkaufszentrum, 68.000 m^2 Brutto-Geschossfläche, 210.000 m^3 Kubatur, anfängliche Mieteinnahmen 6.700.000 EUR p. a.):

Fall 1: Ankauf eines fertig gestellten Objektes		Fall 2: Baudurchführung durch die Fondsgesellschaft	
Grundstück und Gebäude	**EUR**	*Grundstück und Gebäude*	**EUR**
Kaufpreis Grundstück und Gebäude	88.500.000	Kaufpreis Grundstück	15.450.000
		Herstellungskosten Gebäude	66.500.000
		Herstellungskosten Außenanlagen	4.504.500
		Technische Qualitäts-kontrolle	133.000
		Technische und wirtschaftliche Baubetreuung	1.662.500
		Finanzierungskosten in der Investitionsphase	
		Bauzeitzinsen	2.375.000
Summe substanzbildende Kosten	**88.500.000**	**Summe substanzbildende Kosten**	**90.625.000**
Grunderwerbsteuer	6.178.000	Grunderwerbsteuer	4.053.000
(Die Grunderwerbsteuer liegt hier über 3,5 %, da diese zum einen auf Gesellschaftsebene anfällt und dann nochmals bei Beitritt des Anlegers anfallen kann)			
Summe	**94.678.000**	**Summe**	**94.678.000**

Konzeption	**EUR**
Konzeption und Prospekt	3.474.000
Prospektprüfung	64.000
Finanzierungsvermittlungskosten	
Eigenkapitalvermittlung	5.211.000
Vermittlung Endkapital	1.277.500
Vermittlung Zwischenfinanzierung	47.500
Garantien	
Fondsschließungsgarantie	1.675.200
Mietgarantie	1.350.000
Avalgebühren	1.100.000
Verwaltungsgebühren	
Erstvermietung	762.500
Geschäftsführung	3.474.000
Komplementärvergütungen	558.400
Treuhandvergütungen	
Mittelverwendungskontrolle	289.500
Treuhandkommanditist	558.400
(Grundbuchtreuhänder)	
Beratungskosten	
Steuerberatung	636.900
Notar	285.000
Rechtskosten	135.000
Vorlaufkosten	
Sonstige Aufwendungen	88.100
Liquiditätsreserve	135.000
Gesamtaufwand ohne Damnum	**115.800.000**

Abbildung: Investitionsplan (Beispiel)

Der **Investitionsplan** ist Mittelpunkt der Fondskonzeption und Gegenstand des Gesellschaftsvertrages. Hier wird das Fondsvolumen festgelegt, das einerseits durch das Investitionsobjekt und andererseits durch den **Finanzierungsplan** festgelegt ist.

Im Investitionsplan werden sowohl die **substanzbildenden Kosten** als auch die **nicht substanzbildenden Werbungskosten** ausgewiesen.

Unter substanzbildenden Kosten werden die Investitionen verstanden, die unmittelbar mit dem Immobilienerwerb im Zusammenhang stehen. Hierzu gehören insbesondere die Grundstücks- und Baukosten, aber auch die Planungs- und Baubetreuungsaufwendungen.

Die nicht substanzbildenden Kosten sind die übrigen Kostenanteile, auch **weiche Kosten** genannt, die allein zur Fondskonzeption notwendig sind.

Je nach Art der Investition (Erstellung von Immobilien, Beteiligung oder Erwerb) enthält der Investitionsplan detaillierte Kostenstrukturen.

Bei den beiden vorgestellten Investitionsarten unterscheiden sich die Kostenverteilungen nur in der Investition der substanzbildenden Kosten. Die Werbungs- und Finanzierungskosten sind gleich. Selbstverständlich tauchen nicht bei allen Fonds die o. a. Kostenarten auf (z. B. **Grundbuchtreuhänder** nur bei GbR-Fonds), viele sind zusammengefasst, andere nicht offen ausgewiesen.

> *Praxistipp:*
> *Zum Verständnis und der eindeutigen Abgrenzung weicher zu substanzbildenden Kosten ist es unumgänglich, die Erläuterungen zum Investitionsplan und Hinweise zu personellen Verflechtungen zu studieren.*

9.4.3 Finanzierungsplan

Der Finanzierungsplan stellt die **Finanzierungsart** und das **Finanzierungskonzept** der Investition zusammen. Hieraus kann insbesondere das Verhältnis Eigenkapital/Fremdkapital entnommen werden.

Laufende Finanzierungsverpflichtungen sind hier nicht aufgeführt, diese sind der **Prognoserechnung** zu entnehmen.

Die Finanzierungssumme stimmt mit der Investitionssumme aus dem Investitionsplan überein. Sonderpositionen können Umsatzsteuerrückerstattungen und das **Damnum** sein. Werden einmalige Zuschüsse vereinnahmt, so werden diese ebenfalls im Finanzierungsplan eingestellt.

Beispiel eines Finanzierungsplans zum Investitionsplan (siehe Kapitel 9.4.2) – hier wieder an einem geschlossenen Immobilienfonds:

Eigenkapital	67.480.000 EUR
Agio	3.374.000 EUR
Fremdkapital	
Hypothekendarlehn	47.562.000 EUR
– Bearbeitungsgebühr	– 237.900 EUR
– Damnum	– 2.378.100 EUR
Fremdkapital netto	44.946.000 EUR
Summe	**115.800.000 EUR**

Abbildung: Finanzierungsplan zum beispielhaften Investitionsplan auf S. 254

9.4.4   Zeichnungssummen

Die Zeichnungssummen werden insbesondere durch die **Mindestzeichnungssummen** bestimmt. Eine Begrenzung der Beteiligung nach oben gibt es selten.

Die vom Initiator festgelegte Mindestzeichnungssumme, teilweise auch durch Mindestsummen des KAGB beeinflusst, bestimmt die gewünschte Anlegerschaft. Es gibt grundsätzlich keine Abhängigkeit von der Fondsgröße.

Der Initiator bestimmt aufgrund der Art des Fondsobjektes die infrage kommenden Zeichner. Ist der Initiator beispielsweise eine Bank, die in den geschlossenen Fonds eine Vielzahl von Objekten eingebracht hat, für die das Kreditinstitut Bürgschaften übernommen hatte, so wird die Identifikation der Anlegerschaft mit den Objekten von untergeordnetem Belang sein.

Hier wird die Mindestzeichnungssumme – trotz eines Fondsvolumens im Milliardenbereich – auf eine Kleinanlegerschaft abgestellt sein. Das Fondsprodukt wird am Bankschalter vertrieben. Die Anleger profitieren von der Sicherheit der emittierenden Bank.

Bei z. B. exponierten Hotelbeteiligungen wird der Initiator versuchen, aus der besonderen, vielleicht sogar einmaligen Investition der Anlegerschaft die Einzigartigkeit der Beteiligung zu vermitteln. Solch ein Produkt wird nicht weit gestreut werden, sondern einer exklusiv ausgesuchten Anlegerschaft angedient.

In solchen Fällen werden an die Zeichnung auch persönliche Gratifikationen geknüpft. Dies ist der typische Grundgedanke des „geschlossenen Fonds", der Kreis der Anleger ist geschlossen, insbesondere gegenüber anderen, eventuell auch an diesem exklusiven Objekt interessierten Anlegern. In diesen Fällen wird die Mindestzeichnungssumme deutlich im sechsstelligen Bereich festgelegt.

9.5   Fondsvarianten

Oftmals werden Fonds unter bestimmten Aspekten konstruiert, die teils zeitlich begrenzt sind (Steuergesetzgebung) oder auf eine bestimmte Anlegerschaft abzielen.

9.5.1   Renditeorientierte Fonds

Diese Fondsvariante hat das Ziel, dauerhaft Überschüsse zu erwirtschaften, die den Anlegern als Ausschüttungen zufließen.

Grundlagen solcher Fondskonzeptionen sind:
- niedriger Fremdfinanzierungsanteil,
- Chancen auf Wertzuwachs,
- gleichmäßige Abschreibungen,
- geringe Außenfinanzierung.

Durch eine niedrige Fremdfinanzierung verbleibt der größte Teil der Einnahmen in der Gesellschaft und muss nicht zur Refinanzierung von Darlehn aufgebraucht werden.

Der Charakter dieser Fonds zielt auf dauerhafte und sichere Einnahmen ab. Die Fondsanteile können z. B. zu einer späteren Altersabsicherung oder als Zusatzeinkommen genutzt werden. Der Ertrag aus dem Beteiligungsobjekt sollte hierbei weder kurzfristigen konjunkturellen Schwankungen unterworfen sein, noch ist bei solchen Konstruktionen beabsichtigt, durch Auflösung des Fonds den Verkaufserlös zu verteilen. Demgemäß wird der Initiator besonderen Wert auf sichere und dauerhafte Einnahmen legen – oft zulasten einer kurzfristigen Ertragshöhe. Aus einem Wertzuwachs wird die Einnahme langfristig abgesichert.

Die Außenfinanzierung, d.h. die Fremdfinanzierung des Anteils auf Anlegerebene, ist nur bedingt von der Fondskonzeption abhängig, würde aber aus Anlegersicht dem Sinn dieses Fondsmodells widersprechen.

Als Gesellschaftsformen eignen sich insbesondere Kommanditgesellschaften, da es keinerlei Notwendigkeiten gibt, durch Erhöhung des Haftungsrisikos Verlustzuweisungen über die Einlagenhöhe hinaus möglich zu machen.

Unter Risiko-Aspekten sind rendite- oder ausschüttungsorientierte Fonds moderat konstruiert, da die Anleger unter Verzicht auf hohe oder höchste Ausschüttungen eine sichere Wertanlage bevorzugen. Nachschüsse der Gesellschafter sollten nicht vorkommen.

Renditeorientierte Fonds sollen unabhängig von möglichen steuerpolitischen Änderungen sein. Da hohe **Abschreibungen** (Steuern und Werbungskosten) nicht Konzeptionsziel sind, ist das Risiko von Einnahmeausfällen bei Gesetzesänderungen sehr gering. Der derzeitige Trend, Sach-Fonds als zusätzliche Altersversorgung anzusehen, führt zu überwiegend renditeorientierten Konstruktionen mit Haftungsbegrenzung für die Anleger.

9.5.2 Steuerorientierte Fonds

Die Bemühungen der Steuerpolitik, den ungeliebten **Verlustzuweisungsmodellen** ein Ende zu bereiten, haben im Dezember 2005 einen vorläufigen Schlusspunkt gefunden. Nachdem die im Jahr 1999 eingeführte Regelung sich in der Anwendung als praktisch wirkungslos erwiesen hat, wurde für solche Beteiligungsmodelle, die nach dem 10.11.2005 gezeichnet wurden, die weitgehende Verlustverrechnung versagt.

Die neue Vorschrift des **§15b EStG** bestimmt, dass: „Verluste im Zusammenhang mit einem Steuerstundungsmodell... weder mit Einkünften aus Gewerbebetrieb noch mit Einkünften aus anderen Einkunftsarten ausgeglichen noch in vorausgegangenen oder folgenden Veranlagungszeiträumen abgezogen werden" dürfen. Dies gilt analog auch für Verluste

- bei den Einkünften aus selbstständiger Arbeit,
- bei den Einkünften aus Kapitalvermögen,
- bei den Einkünften aus Vermietung und Verpachtung und
- bei den sonstigen Einkünften zuzurechnenden Einkünften aus wiederkehrenden Bezügen, insbesondere Leibrenten.

Was heißt das konkret? Hat der Anleger geplant, eine „Steuerersparnis" zu Beginn zu erzielen (durch steuerliche Verluste), so macht ihm der Gesetzgeber einen Strich durch die Rechnung. Diese steuerlichen Verlustzuweisungen dürfen ausschließlich mit Gewinnen aus dem gleichen Investment verrechnet werden.

Ein „Drücken der Steuerlast", indem das Einkommen durch hohe steuerliche Anfangsverluste aus dem Fonds reduziert wird, ist also quasi nicht mehr möglich (**Ende des Steuerstundungsmodells**). Hohe Verluste zu Beginn führen nur dazu, dass diese zunächst den späteren Gewinnen aus dem gleichen Investment gegengerechnet werden können.

Durch diese umfassende Regelung soll erreicht werden, dass Verluste aus den genannten „Steuerstundungsmodellen" unabhängig davon, in welcher Einkunftsart sie erzielt
werden, weder mit Erträgen aus derselben Einkunftsart noch mit positiven Einkünften
aus anderen Einkunftsarten, auch nicht solchen aus nicht selbstständiger Arbeit, verrechnet werden dürfen.

Ein **Steuerstundungsmodell** liegt nach der gesetzlichen Definition vor, „…wenn aufgrund
einer modellhaften Gestaltung steuerliche Vorteile in Form negativer Einkünfte erzielt werden sollen. Dies ist der Fall, wenn dem Steuerpflichtigen aufgrund eines vorgefertigten
Konzeptes die Möglichkeit geboten werden soll, zumindest in der Anfangsphase der
Investition Verluste mit übrigen Einkünften zu verrechnen." Damit sind in erster Linie als
Personengesellschaften ausgestaltete geschlossene Fonds betroffen, die ihre Attraktivität
vor allem aus den von ihnen vermittelten Verlustzuweisungen beziehen.

Eine modellhafte Gestaltung kann jedoch auch dann vorliegen, wenn ein Einzelinvestor
aufgrund eines entsprechend konzipierten Angebotes steuerliche Vorteile aus Verlustzuweisungen erzielen will. Dies könnte z. B. bei entsprechend gestalteten Immobilieninvestitionen mit hohen Anfangsverlusten z. B. durch Erhaltungsaufwendungen usw. der
Fall sein. Voraussetzung ist aber in jedem Fall, dass ein vorgefertigtes Konzept zugrunde
liegt, an dem sich der Investor beteiligt, um steuerliche Verluste zu erzielen.

9.5.3 Blind-Pools als geschlossene Fondsvariante

Die Grundannahme bei den meisten geschlossenen Fonds ist, dass das Volumen und
das zu finanzierende Objekt bei Zeichnung bekannt sind. Der Zeichner (Anleger) kann
sich über das Anlageobjekt informieren und die Chancen und Risiken abwägen. Bei
einem „Blind-Pool" gibt der Anleger das Geld dem Fondsmanagement, ohne die konkreten Investitionen zu kennen. Im Fondsprospekt sind zwar ausführlich beschrieben, welche Investitionsobjekte infrage kommen und nach welchen Kriterien die Objekte ausgewählt werden, aber zum Zeitpunkt der Zeichnung sind die Objekte i. d. R. nicht bekannt.

Dieses Modell des „Blind Pools" ist besonders bei Investitionen in den Lebensversiche-
rungszweitmarkt, in Immobilien oder auch in Unternehmensbeteiligungen interessant. Zu
berücksichtigen ist bei den ganzen Überlegungen, dass bei Auflegung eines geschlossenen Fonds nicht immer bekannt ist, wann die benötigten Gelder zusammenkommen
(Vertriebsstärke) oder wie viel bei Zeichnungsende im Fondstopf vorhanden ist. Es kann
eine Firma, für die eine Beteiligung vorgesehen ist, erst Geld aus dem Fonds erhalten,
wenn das Kapital zur vollen Verfügung des Mittelverwenders steht. Damit kann die Firma
erst nach Schließung des Fonds benannt werden. Denn wenn der Fonds schon vorab
eine verbindliche Zusage gegenüber der Firma (Investment) macht und diese dann nicht
einhalten kann, sind der Fonds und damit auch ggf. die Zeichner schadenersatzpflich-
tig. Vielleicht kommt weniger Geld zusammen als geplant oder es dauert doch wider
Erwarten länger mit dem Kapitaleinsammeln. Somit kann die Firma nicht den gesamten
Finanzierungsbetrag aus dem Fonds erhalten oder erst sehr viel später mit der eigenen
Investition beginnen. Damit könnte die gesamte wirtschaftliche Planung für die ange-
dachte Investition in die Zielfirma hinfällig werden und sich ins Negative drehen.

Somit ist ein „Blind Pool" eine logische Konsequenz bei gewissen Investments, welche
aber auf der anderen Seite das Risiko für den Anleger auch erhöhen kann. Ein Zeichner

wird nur einem Fondsmanagement sein Geld anvertrauen, dem er volles Vertrauen entgegenbringt.

9.6 Prospekt

Für Angaben, die im **Zeichnungsprospekt** enthalten sind, ist der Prospektherausgeber verantwortlich. Alle im Prospekt gemachten Angaben müssen bei der Prospektherausgabe die maßgeblichen rechtlichen und wirtschaftlichen Verhältnisse und die zu diesem Zeitpunkt gültigen gesetzlichen Vorschriften und Verwaltungsrichtlinien berücksichtigen. Mit dem Inkrafttreten des **Verkaufsprospektgesetzes** (VerkProspG) verlor die bisherige Verjährungsfrist von 30 Jahren ihre Gültigkeit.

§ 13 VerkProspG regelt die Anwendung des § 46 Börsengesetz (BörsG), wonach der Anspruch des Zeichners wegen Unrichtigkeit oder Unvollständigkeit der Angaben des Prospektes spätestens nach **drei Jahren** seit seiner Veröffentlichung verjährt. Der Prospektherausgeber haftet jedoch nicht für Abweichungen aufgrund von Änderungen gesetzlicher Grundlagen und künftiger Entwicklungen.

Die Regelungen zur Veröffentlichung der Verkaufsprospekte für geschlossene Fonds finden sich in §§ 8 ff. Verkaufsprospektgesetz (VerkProspG). In diesem Gesetz ist auch eine Prospektprüfung vorgesehen. In der **Verordnung über Vermögensanlagen-Verkaufsprospekte** (VermVerkProspV) werden speziell folgende Bereiche geregelt:

- die erforderlichen Angaben zu den Personen oder Gesellschaften, die für den Inhalt des Verkaufsprospektes insgesamt oder für bestimmte Angaben die Verantwortung übernehmen,

- die Beschreibung der angebotenen Vermögensanlagen und ihre Hauptmerkmale sowie die verfolgten Anlageziele der Vermögensanlage einschließlich der finanziellen Ziele und der Anlagepolitik.

Als **Mindestinformationen** sollten – bei Immobilienfonds – unabhängig von den gesetzlichen Vorschriften enthalten sein:
- Leistungsbilanz und Kurzübersicht über den Initiator,
- Lage des Objektes,
- Objektbeschreibung mit
  - Nutzungskonzept,
  - Mietern und Miet-/Randdaten,
  - Baubeschreibung mit Objekt-Kennzahlen (m², m³),
  - Beschreibung der grundstücks- und baurechtlichen Situation,
- Investitions- und Finanzierungsplan,
- Prognoserechnung über die gesamte Fondslaufzeit,
- Beispielrechnung für eine Beteiligung,
- wirtschaftliche, rechtliche und steuerliche Erläuterungen,
- Gesellschafts- und Treuhandverträge,
- Darstellung der Chancen und Risiken,
- Benennung der Vertragspartner,
- Darstellung der Verflechtungen der Vertragspartner,
- Abwicklungshinweise zur Beteiligung.

Neben dem o. a. Mindeststandard sind weitere Informationen gewünscht, insbesondere um Risiken klarer herauszustellen:

- weiter gehende Informationen über die Mieter bzw. Betreiber,
- Best-Case/Worst-Case-Beispielrechnungen für eine Beteiligung,
- Variations-Prognoserechnungen mit Worst-Case-Szenarien,
- Erläuterungen zu Mietgarantien und Bürgen,
- Beschreibung der Bewirtschaftung/Centermanagement,
- Hinweise zu Revitalisierungskosten.

Die **Leistungsbilanz sowie eine Kurzübersicht über den Initiator** mit Vorstellung bereits platzierter und nun in der Bewirtschaftungsphase befindlicher Objekte dient der klassischen Werbung für das Produkt. Gerade die Leistungsbilanz, d. h. die Auflistung der bislang initiierten Fonds mit Darstellung der erreichten Renditen und steuerlichen Verluste, ist für den potenziellen Zeichner ein wichtiger Indikator der Zuverlässigkeit.

Die **Lagebeschreibung** mit der Einordnung in den Mikro- und Makrostandort kann mit unabhängigen Bewertungen von Marktstudien unterlegt werden. Der interessierte Zeichner muss anhand der Darstellung in der Lage sein, Erwerbs- und Mietpreise nachzuvollziehen und sie ggf. mit anderen Quellen zu vergleichen.

Das Nutzungskonzept mit Darstellung der unterschiedlichen Branchen und dem geplanten Mietermix muss nachvollziehbar sein. Das gilt insbesondere bei gewerblichen Objekten. Die Lage und die Umgebungsstruktur müssen dies auch mittelfristig tragen.

Mieter und Mietvertragsdaten dienen der Verifizierung der Einnahmeseite des Fonds. Bekannte Mieter sind die beste Werbung.

Die **Baubeschreibung** dient der Darstellung des Investitionsobjektes. Hier ist eine Vielzahl unterschiedlicher Arten der Beschreibungen möglich. Wohnungsmodernisierungen zur Verdeutlichung einer Mieterhöhung sind beispielsweise detaillierter darzustellen als eine Neubaumaßnahme. Seitenlange technische Aufzählungen – ggf. noch unter Benennung von Bauvorschriften – haben letztlich keine Aussagekraft. Empfehlenswert sind bildliche Darstellungen und Kennzahlen wie Flächen und Kubatur. Zur Vergleichsrechnung „Miete – Investitionssumme" sind die Netto-Nutzflächen oder die Bruttogeschossflächen (BGF) anzugeben. Während die BGF „gebaut" wird, d. h. als Kennzahl in die Bausumme einfließt, ist bei Vermietung nur die Nettofläche anzusetzen (vom Mieter tatsächlich nutzbare Fläche). Die Unterschiede können bis zu 20 % betragen.

Die **grundstücks- und baurechtliche Situation** mit Darlegung der das gesamte Objekt betreffenden Eigentumsverhältnisse, des Standes der Baugenehmigung (evtl. liegt erst eine Teilbaugenehmigung vor) und ggf. zugunsten Dritter bestehende Belastungen wie Überfahrtrechte, Baulasten oder sonstige Einschränkungen dienen der Klarstellung, dass der Initiator bereits weitgehende Vorleistungen getroffen hat und der Fonds baurechtlich nicht gefährdet ist.

Der Investitions- sowie der Finanzierungsplan sind Bestandteile des Gesellschaftsvertrages, dennoch sollte im Prospekt eine verständliche Erläuterung beider Zusammenstellungen enthalten sein mit Angaben darüber, wer die Leistung übernimmt.

Die **Prognoserechnung** stellt die wirtschaftliche Entwicklung des Fonds in der Bewirtschaftungsphase dar. Um das Auslaufen von Mietverträgen und Umfinanzierungen mit erfassen zu können, ist der gesamte Zeitraum der prognostizierten Fondslaufzeit zu betrachten.

Beispielrechnungen für den Anleger zeigen Auswirkungen bei variierten persönlichen Steuersätzen und Beteiligungshöhen auf. Anhand dieser Zahlen kann sich der Anleger einen guten Überblick hinsichtlich individueller Liquidität und steuerlicher Auswirkungen machen.

Wirtschaftliche, rechtliche und steuerliche Erläuterungen dienen dem Verständnis der Fondskonstruktion. Hier sind maßgebliche Urteile und Anwendungsanordnungen der Finanzbehörden aufzuführen. Der Initiator sichert sich durch diese Aufklärung ab. Dem interessierten Zeichner sollen diese Erläuterungen Hinweise zur Einordnung seiner persönlichen Situation in das Konzept bieten.

An die **Gesellschafts- und Treuhandverträge** sind die Zeichner unmittelbar gebunden, daher gehört der Abdruck dieser Unterlagen zum Mindeststandard eines jeden Emissionsprospektes.

Nach dem Gesellschaftsvertrag bedürfen bestimmte Geschäfte, die über den üblichen Geschäftsbetrieb hinausgehen, der Zustimmung der Gesellschafterversammlung.

Die Erläuterungen zu Chancen und Risiken sind grundlegende Informationen für eine Anlage in geschlossene Fonds. Eine detaillierte Darstellung schützt den Initiator im eventuellen Rechtsstreit, eine verständliche Erläuterung klärt den Anleger objektiv auf.

Die **Aufzählung und Darstellung der Verflechtung der Vertragspartner** dient der Offenheit des Initiators den Anlegern gegenüber. Wie bereits ausgeführt, sind viele Verflechtungen wichtig, einige sind notwendig, einige wenige Vertragspartner sollten unabhängig bleiben.

Abwicklungshinweise zur Zeichnung: Die Zeichnung erfolgt üblicherweise mit mehr als nur einer Unterschrift, es sind Treuhänder zu bevollmächtigen, Widerspruchsklauseln zu bestätigen und Registeranmeldungen vorzunehmen. Da der Beitritt erst erfolgt, wenn die Fondsgesellschaft die Zeichnung annimmt und evtl. weiter gehende, auch notariell beglaubigte oder beurkundete Unterschriften geleistet werden müssen, sind Abwicklungshinweise für den Zeichner wichtig, um die Vielzahl der Schritte zu verstehen.

Sind **Mieter bzw. Betreiber** nicht allgemein bekannt, so sind weiter gehende Informationen wie z.B. regionale Bekanntheit oder außergewöhnliche Mietkonditionen hervorzuheben.

Als Ergänzung der Beispielrechnungen haben sich **worst- bzw. best-case-Betrachtungen** als faire Darstellung etwaiger wirtschaftlicher Veränderungen erwiesen. Es werden gute bzw. schlechte Marktkonditionen wie Zinssätze, Mietkonditionen usw. variiert und deren Auswirkung auf die Gesamtrendite des Fonds dargestellt.

Miet- oder andere Erlösgarantien dienen der Absicherung etwaiger Einnahmeausfälle. Wie bereits dargestellt, ist die Bandbreite von Garantiestellungen weit. Eine detaillierte Beschreibung der abgeschlossenen Garantien kann dem Anleger offenlegen, inwieweit Mietausfälle tatsächlich durch Mietgarantien kompensiert werden.

Die **Bewirtschaftungsphase** ist die eigentliche Zeit, in der der Fonds seine richtige Konzeption zeigt. Die Steuervorteile der Investitionsphase verdrängen oft die Tatsache, dass nur eine ordnungsgemäße und werterhaltende Bewirtschaftung zum dauerhaften Erfolg des Fonds führt. Erläuterungen hinsichtlich der Objektverwaltung und ggf. des laufenden Managements können aufzeigen, dass die Konzepte einen dauerhaften Ertrag sicherstellen können (After-Sales-Management).

Nach 20 - 30 Jahren sind die meisten gewerblich genutzten Immobilien kaum noch marktgerecht. Die dann durchzuführende **Revitalisierung** des Objektes fällt zeitlich etwa mit der Entschuldung der Kredite zusammen. Hier müssen Konzepte angedacht werden, auch wenn sie jenseits des Prognosezeitraumes liegen, da der Kostenaufwand oftmals nahezu die Erstellungskosten erreicht.

9.7 Handel mit geschlossenen Fondsanteilen (Zweitmarkt)

Nach der vollständigen Platzierung der Fondsanteile an die Fondsanleger durch den eingeschalteten Vertrieb ist der Fonds geschlossen. Die Erwerber haben beim Kauf i. d. R. ein Agio bezahlt.

Das Agio bezeichnet den Aufschlag auf die Beteiligungshöhe, den der Anleger bezahlen muss. Dieses Aufgeld wird zugunsten des Vertriebs vereinnahmt. In der Regel beträgt es 5 %. Bei geschlossenen Immobilienfonds mit einer Mindestbeteiligung von 100.000 EUR oder mehr kann es auch niedriger sein, z. B. 2,5 %. Das Agio zählt zu den Kapitalbeschaffungskosten und deckt damit die Vertriebskosten teilweise ab. Bei der Beurteilung eines geringen bzw. fehlenden Agios muss allerdings beachtet werden, dass dadurch nicht zwingend eine geringere Kostenbelastung vorliegt.

Der Investor ist Mitgesellschafter an einer unternehmerischen Beteiligung. Muss er aus persönlichen Gründen seine Anteile liquidieren, so muss er einen anderen Mitgesellschafter finden, der seine Position einzunehmen bereit ist.

Die Veräußerbarkeit (Fungibilität) von Anteilen geschlossener Fonds ist nur bedingt möglich. Der Verkauf von Anteilen erfordert das Eintreten eines anderen Gesellschafters in die vorhandene Position. Da steuerliche Effekte bereits vereinnahmt worden sind, bestimmt allein die künftige Renditebetrachtung die grundsätzliche Veräußerbarkeit und den Preis von „gebrauchten Fondsanteilen". Für den Handel dieser Anteile gibt es einen öffentlichen „Zweitmarkt" über die Fondsbörse Deutschland, initiiert durch die Börsen AG Hamburg, Hannover und München (www.zweitmarkt.de).

Große Initiatoren, insbesondere Banken, bieten Rücknahmen bzw. die Vermittlung von Anteilen an. Hier kommt dem Anleger die große Plattform der Mitgesellschafter zugute.

Bei der Frage der Fungibilität sind folgende Faktoren zu beachten:
- Marktgängigkeit des Investitionsobjektes,
- Sicherheit der prognostizierten Ausschüttungen,
- Anteilsgröße.

9.7.1 Bewertung von geschlossenen Fonds

Die **Bewertung der Anteile** geschlossener Fonds erfolgt anhand der beiden noch verbleibenden Wertefaktoren:
- Rendite,
- Verkaufserlös bei Fondsauflösung.

Der tatsächliche Eigenkapitaleinsatz des Erstzeichners wird durch die steuerlichen Verlustzuweisungen ggf. reduziert, weshalb der Wert des Anteils später unter dem Nennbetrag liegen könnte.

Die Bewertung erfolgt in der Gesellschaftsebene durch eine **Auseinandersetzungsbilanz** auf der Ebene zwischen Verkäufer (Altzeichner) und Käufer (Neugesellschafter) über einen „Marktpreis". Hierbei wird der Fondswert über das Gesellschaftsvermögen gebildet, der auszuhandelnde Marktpreis wird eher von der zukünftigen wirtschaftlichen Erwartung geprägt sein.

Überschlägig kann der Anteil wie folgt ermittelt werden:

Substanzanteil des Fonds
– prozentualer Fremdkapitalanteil
= Substanz/Eigenkapital des Fonds

Substanz eines Anteils = Substanz : Fondsanteile

Es ist erkennbar, dass der Anteil der „weichen Kosten" zunächst den Anteilswert vermindert. Dieser Wertverlust muss über Ertragssteigerungen oberhalb der Inflationsrate erbracht werden.

9.7.2   Avale als Sicherheit für den Investor

Zur Verbürgung von Finanzierungen oder Leistungen Dritter ist häufig die Stellung von Bürgschaften notwendig. Die Partner, die diese **Avale** übernehmen, stehen dem Initiator üblicherweise nahe, da im Fall der Inanspruchnahme eine Mithaftung aktiviert wird. Hier hat der **Bürge** ein Risiko zu übernehmen, das ursächlich der Konzeption, d.h. dem Initiator, zuzuordnen ist. Tatsächlich begrenzen die Avalgebühren das vom Initiatorenkreis übernommene Risiko.

Garantiestellungen sind wichtige Absicherungen der Anleger für die Einnahmen- und Ausgabenseite des Fonds. Die Werthaltigkeit der etwaigen Garantie hängt jedoch maßgeblich an der Qualität und **Solvenz** des Garantiegebers.

9.7.2.1   Platzierungsgarantie

Ein geschlossener Fonds kann erst „geschlossen" werden, wenn das gesamte Eigenkapital gezeichnet wurde. Für die ersten Zeichner ist es wichtig, dass der Fonds auch tatsächlich geschlossen wird, d.h., dass das noch restliche Eigenkapital auch platziert wird.

Weiterhin wird im Emissionsprospekt ein Zeitplan versprochen, der durch eine schleppende Zeichnung verzögert werden kann. Die Investition, z.B. der Baubeginn, kann dann nicht planmäßig erfolgen, die steuerlichen Ergebnisse werden nicht wie erwartet eintreten.

Die Gewährleistung für die planmäßige Schließung des Fonds übernimmt die Platzierungs- oder Fondsschließungsgarantie. Auch der erste Zeichner kann somit sicher sein, dass seine Beitrittserklärung angenommen und der Fonds „geschlossen" wird.

Die **Schließungsgarantie** springt ein, wenn zu einem von vornherein festgelegten Zeitpunkt das Eigenkapital nicht vollständig gezeichnet ist. Dem Garantiesteller wird dabei überlassen, ob er das Beteiligungskapital selbst zeichnet oder mit einer vorübergehenden

Fremdfinanzierung bis zur endgültigen Platzierung das Eigenkapital zwischenfinanziert. Jedenfalls hat der Garantiesteller die bereits eingeworbenen Zeichner steuerlich und haftungsrechtlich so zu stellen, als wäre das gesamte Eigenkapital gezeichnet worden.

Die Fondsschließungsgarantie sichert den Zeichnern die planmäßige Investition der Fondsgesellschaft zu.

9.7.2.2   Mietgarantie

Als Partner der **Erstvermietung** wird meist eine dem Initiator nahestehende Gesellschaft beauftragt. Die Erstvermietung erfolgt zum größten Teil parallel zur eigentlichen **Projektentwicklung**, da ein nicht vermietetes Objekt keine Chance hat, am Markt Anleger zu finden.

Es ist somit das elementare Interesse des Initiators, eine umfassende Erstvermietung noch vor Platzierung und Baubeginn zu erreichen. Die Kosten für Externe werden hier möglichst niedrig gehalten, da dies typische Vorlaufkosten des Initiators sind. Im Investitionsplan werden marktübliche Vermietungskosten eingestellt, die dann an den Initiator als einmalige Gebühr zurückfließen.

Zur Sicherstellung der Einnahmeseite ist die Miete – zumindest für einen gewissen Zeitraum – sicherzustellen. Dies wird vom Mietgarantiesteller übernommen.

Hierzu gibt es die Möglichkeit, einen Generalmietvertrag abzuschließen oder eine Mietgarantie zu übernehmen bzw. eine Mietbürgschaft zu hinterlegen.

Bei einem **Generalmietvertrag** mietet der Garant das oder die Objekte für eine vorgegebene Dauer fest an. Der eigentliche Mieter wird zum Untermieter, die Fondsgesellschaft hat nur einen einzigen Mieter, der sich seinerseits für den abgeschlossenen Zeitraum um die Vermarktung kümmert.

Wird eine Mietgarantie herausgegeben, kann der Garantiesteller wie folgt kalkulieren:

- die Mietgarantiesumme wird über die gesamte Miethöhe und Mietdauer als Risikobetrag kalkuliert,

- die Garantiesumme ist die Differenz der mindestens erreichbaren Miete (z. B. 6 EUR/m²) zu der prospektierten Miete (z. B. 10 EUR/m²). Damit fällt der Risikobetrag deutlich geringer aus. Die Garantieprovision verringert sich dadurch natürlich ebenfalls.

Wird eine Mietgarantie über die gesamte Miethöhe kalkuliert, so muss der Garantiegeber für diese Beträge geradestehen können. Hier ist auf dessen Eigenkapitalausstattung, die hinterlegte Bürgschaft bzw. anderweitige Bonität (u. a. Bankauskünfte, Referenzen) zu achten.

Ein wichtiges Kriterium bei der Bewertung einer Mietgarantie ist die Differenz zwischen erzielter Miete und garantierter Miete am Ende des Garantiezeitraumes. Ein Fonds, der auf einer progressiven, garantierten Einnahmeentwicklung konzipiert ist, wird (planmäßig) in Liquiditätsschwierigkeiten kommen, wenn nur noch die Marktmiete erzielt wird.

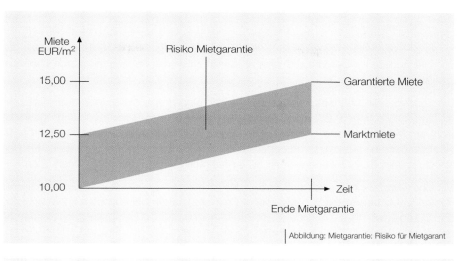

Abbildung: Mietgarantie: Risiko für Mietgarant

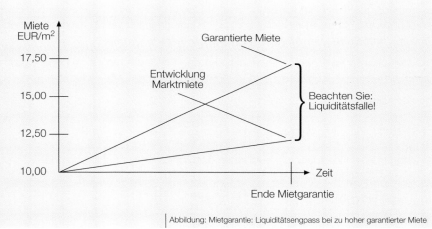

Abbildung: Mietgarantie: Liquiditätsengpass bei zu hoher garantierter Miete

Beispiel 1:

Bei einer jährlichen Mieteinnahme von 60.000 EUR (400 m² à 12,50 EUR/Monat) wären für eine Fünf-Jahres-Mietgarantie anzusetzen:

Risiko: 60.000 EUR p. a. x 5 Jahre = 300.000 EUR bei 100 % Leerstand

Tatsächlich wird dies nur eintreten, wenn

*   keine Vermietung bei Baubeginn erfolgte,
*   die Lage der Immobilie der Mieterwartung nicht entspricht,
*   der Markt zwischenzeitlich zusammengebrochen ist.

Liegen die o. a. Faktoren nicht vor, muss eine Mietgarantie nur einen zeitlich befristeten Mietausfall (Leerstand) bzw. die Differenz der Marktmiete zur Mietprognose übernehmen.

Beispiel 2:

Umfasst die Mietgarantie eine anfängliche Miete von 12,50 EUR/m², die sich innerhalb von fünf Jahren auf 15 EUR/m² steigert, die Mietverträge jedoch nur eine anfängliche Miete von

10 EUR/m² mit einer Steigerung auf 12,50 EUR/m² vorsehen, wird der Garantiesteller wie folgt rechnen:

Risiko: 2,50 EUR/m² mtl. x 12 Monate x 5 Jahre x 400 m² = 60.000 EUR

Um diese Kalkulation durchführen zu können, muss das Objekt grundsätzlich vermietbar sein.

Die Fondsgesellschaft wird in beiden Fällen mit Einnahmeausfällen erst nach fünf Jahren zu rechnen haben. Orientiert sich die im Prospekt ausgewiesene anfängliche Miete nicht am Markt oder sind grundsätzliche Vermietungsprobleme zu erwarten, kann auch eine Mietgarantie nur zeitlich begrenzt die Einnahmeseite auf einem unrealistisch hohen Niveau halten. Anschließend werden die Einnahmen auf die Marktkonditionen fallen.

Manche Mietgarantien umfassen neben der Kaltmiete auch die Betriebskosten. Dieser Posten ist bei **Leerstand** von erheblicher Relevanz, da die Nebenkosten im Wohnungs- und Bürobereich bis zu 25 % der Kaltmiete betragen und die Ertragssituation des Fonds belasten.

Einen zusätzlichen Sicherheitsaspekt für den Anleger stellt die **Indexierung** der Mietgarantie dar. Ist dies nicht vereinbart, würde sich im Falle des Greifens der Mietgarantie eine Lücke zwischen den in der Prognoserechnung angesetzten Mieteinnahmen und den tatsächlich über die Mietgarantie erhaltenen Mieterträgen ergeben.

Die Mietgarantie wird gerne verwendet, um das Fondsvolumen zu erhöhen. Das vom Markt akzeptierte Fondsvolumen hängt unmittelbar von den Mieteinkünften ab.

Das Verhältnis

$$\alpha_{FV} = \frac{\text{Fondsvolumen}}{\text{jährliche Mieteinnahmen}}$$

ist aufgrund der Finanzierungskonditionen des Fonds eine konstante Größe.

Werden die Einnahmen erhöht, so erhöht sich im Verhältnis des Fondsvervielfältigers (α_{FV}) das Fondsvolumen.

Wird eine Mietgarantie für erhöhte Mieten bereitgestellt, erhöht sich das Fondsvolumen stärker als die Kosten für die Mietgarantie.

Beispiel 3:

Fondsvolumen: 50 Mio. EUR, Mieteinnahmen: 2,8 Mio. EUR p. a. bei 21.200 m² Mietfläche (11 EUR/m²). Daraus ergibt sich: α_{FV}= 18.

Es wird eine Mietgarantie für 13 EUR/m² gegeben.

Das Fondsvolumen erhöht sich damit auf: 18 x 21.200 m² x 13 EUR x 12 Monate = 59,5 Mio. EUR

Die Mietgarantie (fünf Jahre) birgt folgendes Risiko:

Tatsächlich zu erzielende Miete (so wird vermietet): 11 EUR/m².

Risiko: (13 - 11) EUR x 12 Monate x 5 Jahre x 21.200 m² = 2,5 Mio. EUR bei einer Vergrößerung des Fonds um 9,5 Mio. EUR!

Da sich die Baukosten nicht erhöhen (Baumasse bleibt gleich), fließt ein erheblicher Anteil des vergrößerten Fondsvolumens in den Einflussbereich des Initiators.

Auf eine Mietgarantie kann (ggf. teilweise) verzichtet werden, wenn es sich bei dem (Erst-)Mieter um einen Mieter unzweifelhafter Bonität handelt.

9.7.3   Mittelverwendungskontrolle

Die ordnungsgemäße Verwendung des Eigen- und Fremdkapitals wird vom **Mittelverwendungstreuhänder** kontrolliert. Hierzu gehört auch die Überwachung, dass das Eigenkapital erst an die Fondsgesellschaft weitergegeben werden darf, wenn der Fonds geschlossen ist, d. h. wenn die Möglichkeit der Rückabwicklung wegen Nichtplatzierung ausgeschlossen ist. Auch die Einschaltung einer Fondsschließungsgarantie setzt dieses Verfahren nicht außer Kraft.

Der Mittelverwendungstreuhänder gibt das Eigen- und Fremdkapital nach dem Investitionsplan frei. Hierdurch wird für den Zeichner vermieden, dass Mittelabfluss in unsachgerechte Verwendung stattfindet und die Investition nicht mehr möglich ist.

Oftmals ist die Einschaltung einer Mittelverwendungskontrolle für die Investitionsmaßnahme eine Forderung des fremdfinanzierenden Kreditinstitutes.

In diesem Zusammenhang ist eine Höchstpreisgarantie für die Investition von elementarer Wichtigkeit.

Die Prospektprüfung stellt u. a. eine Selbstkontrolle der Initiatoren dar. Hierzu wurden vom Institut der Wirtschaftsprüfer e. V. (IDW) „Grundsätze ordnungsgemäßer Beurteilung von Verkaufsprospekten über öffentlich angebotene Vermögensanlagen" (IDW S 4, Stand 18.05.2006) erarbeitet, die als **Branchenstandards** z. B. vom Verband geschlossener Fonds (VGF) seinen Mitgliedsunternehmen empfohlen werden.

Nach diesen Kriterien soll ein Emissionsprospekt alle Angaben beinhalten, die ein Anleger benötigt, um das Produkt eindeutig zu verstehen und Chancen und Risiken zu erkennen. Hierzu gehört, dass z. B. Annahmen als solche zu kennzeichnen sind und Folgerungen schlüssig sein müssen.

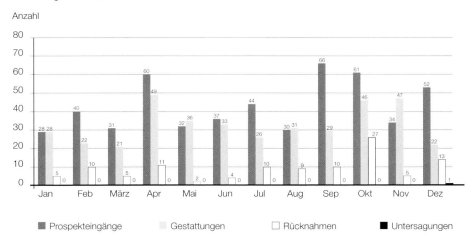

Abbildung: Prospekteingänge, Gestattungen, Rücknahmen, Untersagungen 2009
Quelle: Jahresbericht der Bundesanstalt für Finanzdienstleistungsaufsicht 2009

9.7.4   Qualitätssicherung für den Investor

Bedingt durch schlechte Erfahrungen in qualitativer Hinsicht wird beim Bauen häufig eine technische Qualitätssicherung eingesetzt. Die Überprüfungen werden meist stichpunktartig an ausgewählten Bauteilen oder zu vorbestimmten Bautenständen vorgenommen. Die Übereinstimmung mit der Baubeschreibung wird ebenfalls in Stichpunkten überprüft. Hier bieten sich unabhängige Institutionen wie DEKRA oder TÜV als Vertragspartner an.

Ebenfalls können von den Bau- oder Architektenkammern sowie den Industrie- und Handelskammern öffentlich bestellte und vereidigte Sachverständige zu Bauabnahmen herangezogen werden.

Gerne werden zur technischen Qualitätssicherung in Gesellschafterebene mit dem Initiator verflochtene Vertragspartner eingesetzt. Hierbei ist weniger beabsichtigt, das ausgewiesene Honorar „im Haus" zu halten, als die Qualitätssicherung nicht völlig aus der eigenen Verantwortung zu lassen, zumal der Auftragnehmer der Baumaßnahme (der GÜ) ebenfalls zum Gesellschafterkreis des Initiators gehört. Wichtig wäre jedenfalls, eine ausreichende Sicherheitsbürgschaft für die Bauausführung (oder das erworbene Objekt) für die Dauer der Gewährleistungsfrist zu erhalten und zum Auslaufen der Gewährleistungsverpflichtung eine sorgfältige Mängelbegehung in den Fonds-Kostenrahmen einzustellen.

Für den Anleger bietet die Einschaltung einer technischen Qualitätskontrolle die höchstmögliche Gewähr zur Einhaltung der allgemein anerkannten Regeln der Technik. Im Schadenfall besteht jedoch nur ein beschränkter Regressanspruch an den externen Partner, der dieses Leistungspaket übernommen hat.

9.7.5   Prospektprüfung als Sicherheitsaspekt

Die Prospektprüfung erfolgt durch unabhängige Wirtschaftsprüfer, die die Zeichnungsgrundlage auf Schlüssigkeit, Eindeutigkeit und Vollständigkeit hinsichtlich der für eine Zeichnung notwendigen Aussagen überprüfen.

Für die Prospektprüfung bestehen Standards. So z.B. die durch das „Institut der Wirtschaftsprüfer (IDW)" erarbeiteten „Grundsätze ordnungsmäßiger Beurteilung von Verkaufsprospekten über öffentlich angebotene Vermögensanlagen (IDW S 4)". Diese Grundsätze sind mit der ISBN 978-3-8021-1254-6 verlegt worden. Informationen über den IDW erhält man unter www.idw.de und über die Publikationen unter www.idw-verlag.de.

Der Wirtschaftsprüfer darf aus standesrechtlichen Gründen im Prospekt nicht genannt werden.

Im Sinne dieser o.g. Grundsätze – analog zum Verkaufsprospektgesetz (VerkProspG) – sind die Angaben eines Prospektes vollständig, wenn keine Anhaltspunkte für das Fehlen wesentlicher Informationen vorliegen. Sie sind richtig, wenn angegebene Tatsachen zutreffen, Annahmen als solche gekennzeichnet und glaubhaft sowie Folgerungen schlüssig sind. Die inhaltliche Richtigkeit der Prospektangaben überprüft die Bundesanstalt für Finanzdienstleistungsaufsicht (BaFin) nicht.

Ferner müssen Angaben über Personen/Gesellschaften, die für den Prospektinhalt die Verantwortung übernehmen, Angaben über den Emittenten und über Anlageziele der Vermögensanlage genannt werden.

Insbesondere wird geprüft, inwieweit Widersprüche zwischen dem dargestellten Vertragskonzept und den abgeschlossenen Verträgen vorliegen. Die Beispiele und die Prognoserechnungen werden nachvollzogen und deren Richtigkeit mit den prospektierten Annahmen überprüft. Auch sind kapitalmäßige oder personelle Verflechtungen anzugeben.

Für den Anleger ist wichtig zu wissen, dass die Prospektprüfung keine Gewähr für das Eintreten der prospektierten Aussage bietet. Sie ist insofern weder ein rechtliches, noch ein technisches Gutachten.

Grundlagen der Prospektprüfung sind die dem Wirtschaftsprüfer vom Initiator übergebenen Unterlagen. Für Unvollständigkeiten kann der Prüfer nicht herangezogen werden, ebenso wenig für nicht ersehbare Belastungen in öffentlichen Registern (Baulasten, Eigentumsverhältnisse u. a.).

Als Ergebnis der Prüfung werden im Prospekt gemäß IDW S 4 standardisierte Formulierungen verwendet, die einen Hinweis auf ein vorliegendes Prüfungsgutachten geben.

In Verbindung mit einem Standort – und ggf. steuerlichen Gutachten – kann sich der interessierte Anleger einen umfassenden Überblick über den Fonds machen, tatsächlich wird dies jedoch zu selten genutzt.

Die Veröffentlichung der Verkaufsprospekte ist nun auch für geschlossene Fonds im Verkaufsprospektgesetz (VerkProspG) geregelt. Die Bundesanstalt für Finanzdienstleistungsaufsicht (BaFin) prüft jedoch nicht die inhaltliche Richtigkeit der Angaben, sondern lediglich die formelle Vollständigkeit und die Kohärenz (Widersprüchlichkeit) der im Prospekt gemachten Angaben.

9.8 Formen von Beteiligungsmöglichkeiten

9.8.1 Geschlossene Immobilienfonds und ihre Besonderheiten

Ein **geschlossener Immobilienfonds** lebt von den Erträgen der Immobilie. Unabhängig von der Finanzierungsart als Fonds gewährleistet allein die gute Lage der Immobilie einen dauerhaften Ertrag des Fonds. Dies ist insbesondere im Hinblick auf eine Mietgarantie zu beachten.

Die Mietverträge sichern die Einnahmeseite des Fonds ab. Selten wird es nur einen Mieter geben. In der Regel verwaltet die Fondsgesellschaft eine Reihe unterschiedlicher Mietverträge mit verschiedenen Miethöhen, Mietlaufzeiten und Verlängerungsoptionen.

Wurde im Rahmen einer Mietgarantie ein langfristiger Vertrag mit einem Generalmieter abgeschlossen, ist die tatsächliche Ertragssituation an dem Standort nicht aus den Augen zu verlieren. Auch der bonitätsstärkste Mietgarant kann den Immobilienwert bei einem langfristigen Leerstand nicht dauerhaft sichern. Es sind hier die für Immobilien üblichen Kriterien der Bewertung anzusetzen.

Die Mietverträge der tatsächlichen Betreiber des Investitionsobjektes werden zu marktüblichen Konditionen abgeschlossen. Es ist darauf zu achten, dass nicht alle Verträge die gleiche Laufzeit haben, sodass nach Ablauf dieser ersten Periode der Fonds nicht in Liquiditätsschwierigkeiten kommen kann, wenn Verträge nicht verlängert werden. Unterschiedliche Laufzeiten mit differenzierten Verlängerungsoptionen ermöglichen einen sukzessiven Mieterwechsel. Dies kann auch den plötzlichen kompletten **Leerstand** des Objektes verhindern.

Neben der Miethöhe und der Mietlaufzeit sind ggf. unterschiedliche Nebenkostenvereinbarungen zu beachten.

Nicht umgelegte **Nebenkosten** wie
- Centermanagement,
- Sicherheitsdienste,
- Werbung

belasten die Fondsgesellschaft ebenso wie nicht vermietbare **Mietflächen** wie
- Nebenräume,
- Erschließungsflure,
- Aufzugsvorräume,
- Eingangsbereiche,
- gemeinsame Sanitärräume.

Sind diesbezügliche Ansätze für den Anleger nicht offensichtlich, ist die Kalkulation mit einem entsprechenden Hinweis zu versehen.

Die Mieterstruktur richtet sich nach dem jeweiligen Objekt und insbesondere nach einem dauerhaften, prognostizierten Mietertrag.

Die Mieterstruktur wird vom Initiator lange vor Prospektemission eruiert und festgelegt. Da zum Zeitpunkt des Vertriebs erste Vermietungen bereits erfolgt sein sollten, kann der Zeichner die Strukturen der Erstvermietung nachvollziehen.

Aus Gründen der dauerhaften Vermietung sollte seriösen Mietern mit marktüblichen Mieten der Vorzug gegenüber eventuellen Höchstmieten gegeben werden.

Da der Zeichner einem bereits fertig konzipierten Investitionsobjekt beitritt, sollten Risiken zugunsten eines nachhaltigen Mietertrags möglichst vermieden werden.

Die Mieterstruktur bestimmt bei einer Immobilie langfristig den Standard, andererseits bestimmt das Umfeld die Mieterstruktur. Es ist insofern wichtig, eine richtige Abstimmung zu finden, die langfristig gültig ist. Nur so kann dauerhaft ein von Anfang an kalkulierter Mietertrag erwirtschaftet werden.

Für den Zeichner ist das Vergleichen der Mietansätze ein wichtiges Indiz des sauber konzipierten Immobilienfonds. Vergleichsmieten liegen für alle größeren Städte für Wohn- und Gewerbegebäude von den überregionalen Maklerverbänden vor.

Im Wohnungsbereich liegen häufig Mietpreisspiegel oder Mietobergrenzen in Sanierungsgebieten vor. Im Falle von Wohnungsmodernisierungen ist das Umlegen von 11 % der Modernisierungskosten oftmals nicht marktverträglich und verstößt ggf. gegen den Mietspiegel. Hier sind örtliche Vergleichsmieten heranzuziehen.

Im Büroflächenbereich sind neben den aktuellen Mieten Leerstände, möglicherweise gerade in unmittelbarer Nähe des Objekts, zu beachten. Hier ist der Zeichner vollständig auf den Vermittler und die Prospektangaben angewiesen. Dennoch bieten regionale Übersichten gute Vergleichsmöglichkeiten hinsichtlich der strukturellen Entwicklung der Mieten und der Verifizierung des dem Prospekt zugrunde gelegten Mietpreises.

Es ist wichtig, angesetzte Mietgarantien mit den Marktmieten zu vergleichen, nur diese sind langfristig zu erreichen.

Im **Verkaufsflächenbereich** richtet sich die Miete nach

- Umfeld,
- Einzugsgebiet,
- Verkehrsanbindung,
- Kaufkraft,
- Angebotssegment,
- Ladengröße.

Die Mietansätze sind insofern mit allgemein zugänglichen Marktuntersuchungen zu vergleichen, prozentuale Umsatzmieten sind für alle gängigen Branchen verfügbar.

Gewerbliche Mietverträge werden in Anlehnung an die Preisentwicklung indexiert (mittels **Wertsicherungsklausel**) oder an die Umsätze gekoppelt (durch Umsatzmieten). Grundsätzlich werden zusätzlich Mindestmieten vereinbart, die z. B. bei nur geringen Umsätzen maßgebend werden.

Wertsicherungsklauseln basieren auf dem **Verbraucherpreisindex** und verändern die Miete automatisch. Dies erfolgt nach oben und nach unten, wobei das Verhältnis der Angleichung prozentual festgelegt wird.

> **Beispiel Wertsicherungsklausel:**
>
> Sollte sich der vom statistischen Bundesamt festgestellte Verbraucherpreisindex gegenüber dem Stand vom (Datum Mietvertragsabschluss) auf der Basis 2005 = 100 um mindestens 10 % (oder Punkte) ändern, so verändert sich der Mietzins um (z. B.) 80 % dieser Änderung, ohne dass es insofern einer Mietänderungserklärung des Vermieters bedarf. Die Miete verändert sich vom Beginn des nächsten, auf die erstmalige Erreichung der Prozentgrenze folgenden Kalendermonats an.
>
> Berechnungsbeispiel hierzu:
>
> Steigt der Verbraucherpreisindex um 12 %, so ändert sich die bislang geltende Miete um 12 % x 80 % = 9,6 %

Nur teilweise (d. h. mit z. B. 80 % vereinbarter Angleichung) indexierte Mieten bleiben immer hinter der Entwicklung der Lebenshaltungskosten zurück. Bei Verlängerungsoptionen, die dem Mieter eingeräumt werden und die zu sehr langen Mietverhältnissen führen können, ist dies zu bedenken, um – neben der Verzinsung der Investition – auch ausreichende Rücklagen für Instandhaltung oder Revitalisierung zu erhalten.

Andererseits sind in der Prognoserechnung eingestellte zu 100 % indexierte Mieten unrealistisch, sodass langfristig höhere Mieteinnahmen unterstellt werden.

Neben der Wertsicherungsklausel werden auch sogenannte „Leistungsvorbehalte" vereinbart, die nicht den Automatismus der Mietveränderung festgeschrieben haben, sondern lediglich den Anspruch des Vermieters, eine Neufestsetzung des Mietzinses zu verlangen. Diese Wertsicherungsklausel bietet insbesondere in Zeiten rücklaufender Mieten die Chance, den Mieter halten zu können.

Mieter an neuen Standorten werden häufig über mietfreie Zeiten (Freijahre) oder eine abgesenkte Anfangsmiete „geködert". Dies ist grundsätzlich ein marktübliches Mittel, in

Kombination mit einer geringen prozentualen Mietanpassung über eine Wertsicherungs-klausel jedoch kritisch zu bewerten.

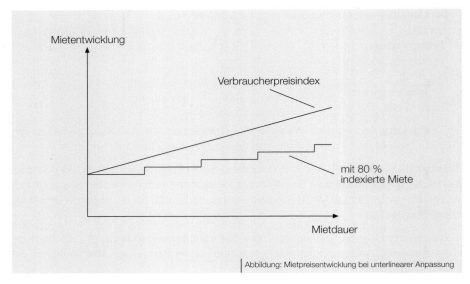

Abbildung: Mietpreisentwicklung bei unterlinearer Anpassung

Standortbewertungen richten sich nach der **Makrolage**, d.h. dem Umfeld, dem Viertel oder der Straße. Sehr wichtig ist in diesem Zusammenhang die Verkehrsanbindung. Ist die Stadt ein Verkehrsknotenpunkt? Welche Anbindungen an Autobahnen, Bundes-straßen und Zugverbindungen bestehen? Ist sogar ein Binnenwasserstraßennetz vor-handen? Wie weit ist der nächste Flughafen entfernt und über welches Passagier- und Frachtaufkommen verfügt dieser? Weiter wichtig sind die **Mikrolagen** wie die Straßen-seite oder die direkte Anbindung an öffentliche Verkehrsmittel.

Bei geschlossenen Immobilienfonds ist der Käufer kein Experte mehr, der aufgrund von Standortgutachten und Rückfragen bei Mietern eine genaue Lagebeurteilung vornehmen kann. Daher müssen die Zeichner über den Emissionsprospekt in die Lage versetzt wer-den, Mietansätze und die geplante Nutzungsart am Standort nachvollziehen zu können.

Unabhängige Gutachten und allgemein bekannte Lageentwicklungen helfen dabei, das Risiko des Anlegers zu quantifizieren.

Umgelegte **Nebenkosten** sind für den Vermieter durchlaufende Posten. Nicht umgelegte Nebenkosten belasten den Vermieter und reduzieren die Nettomiete. Bei der Gewerbe-vermietung sind die umlegbaren Kostenarten frei vereinbar.

Sind allgemeiner Werbeaufwand, zentrales Management, Sicherheitsdienste oder Beiträge regionaler Interessengemeinschaften nicht umlegbar, so schmälert dies die Mieteinnahmen des Vermieters. Allerdings ist zu beachten, dass für den Mieter die Summe der Nettomiete und der Betriebskosten die entscheidende Belastung darstellt. Hohe Betriebskostenumla-gen werden nur zu einer geringen Akzeptanz überhöhter Kaltmieten führen.

Für die Sicherheit der Prognoserechnung ist die Ausgestaltung der Nebenkostenrege-lung eine wichtige Einflussgröße. Je weniger der Vermieter, also der Anleger, von den eventuell anfallenden Kosten tragen muss, desto günstiger ist dies für seine Rendite, da mehr ausgeschüttet werden kann.

Unterschieden werden **Double-Net-Verträge** und **Triple-Net-Verträge**. Bei sogenannten Double-Net-Verträgen trägt der Fonds, also der Anleger, lediglich die Instandhaltung für Dach und Fassade, der Mieter übernimmt infolgedessen alle anderen Mietnebenkosten in unbegrenzter Höhe.

Eine Steigerung der Double-Net-Verträge sind die Triple-Net-Verträge. Hier muss der Mieter sogar für Reparaturen an Dach und Fassade aufkommen.

Zusammengefasst heißt das, dass der Anleger kein Risiko diesbezüglich trägt. Andererseits bedarf es auch der Solvenz des Mieters, da man davon ausgehen muss, dass der Mieter die Kosten auch in vollem Umfang tragen kann und die Reparaturen auch ausgeführt werden. Anzumerken ist, dass sich Triple-Net-Verträge überwiegend in einem geschlossenen US-Immobilien-Fonds wirtschaftlich auswirken.

Checkliste Vermietung

Miethöhe
- Ist die Miete marktüblich oder durch Mietgarantien subventioniert?
- Ist das Objekt in der Ausstattung besser/schlechter als die Vergleichsobjekte?
- Liegt das Mietniveau im Rahmen des Mietspiegels (bei Wohnungen)?

Mietentwicklung
- Sind anfängliche Freijahre vereinbart?
- Ist eine Wertsicherungsklausel vereinbart?
- Auf welcher prozentualen Anpassung beruht die Wertsicherungsklausel?
- Ist eine Umsatzmiete vereinbart?
- Ist eine Mindestmiete vereinbart?
- Sind Mietsteigerungen bei Optionsausübung möglich?
- Liegen die Mieten nach Modernisierung noch im Rahmen des Mietspiegels (im Wohnungsbau)?

Laufzeit der Mietverträge
- Wurden lange Laufzeiten durch schwache Wertsicherungsklauseln kompensiert?
- Sind Verlängerungsoptionen vereinbart?
- Laufen nicht alle Mietverträge zeitgleich aus?

Mieterstruktur
- Passt der vorgesehene Mietermix zu dem Standort?
- Liegt eine Mischung zwischen Magnet- und Kleinmietern vor?
- Bestehen Konkurrenzschutzklauseln?

Bonität der Mieter
- Handelt es sich um bekannte Filialisten/Unternehmen oder um nur regional tätige Unternehmen?
- Wie lange besteht das Unternehmen schon?
- Wurden Kautionen/Bürgschaften vereinbart?

Mietgarantie
- Liegt eine Bürgschaft vor oder gibt es einen Generalmieter?
- Wie lange läuft die Mietgarantie?
- Ist die Vermietung während der Mietgarantiezeit sichergestellt?
- Gibt es eine Zusicherung über die Miethöhe bei Ablauf der Mietgarantie?
- Liegt die garantierte Miete nur unwesentlich über Vergleichsmieten?
- Ist für die Mietgarantie eine Wertsicherungsklausel (Indexierung) vereinbart?

Projektiert der Fonds die Immobilie, dann entstehen zusätzlich Zwischenfinanzierungskosten. Dies ist immer der Fall, wenn die Immobilie nicht erworben, sondern von der Fondsgesellschaft selbst erstellt wird. Die Finanzierungskosten der Bauzeit werden als einmalige Kosten in den Investitionsplan eingestellt.

Die Zwischenfinanzierungskosten errechnen sich überschlägig aus der mittleren Inanspruchnahme der Finanzierung über die Dauer der Bauzeit.

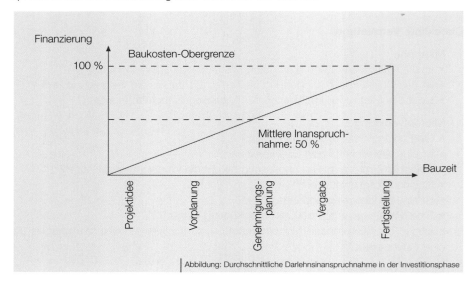

Abbildung: Durchschnittliche Darlehnsinanspruchnahme in der Investitionsphase

Beispiel Zwischenfinanzierung:
Bausumme 80 Mio. EUR; 8 % p. a. Zwischenfinanzierungszins; Bauzeit: 2,5 Jahre
Mittlere Inanspruchnahme: 50 %

Zwischenfinanzierung: 0,5 x 80 Mio. EUR x 8 % x 2,5 Jahre = 8 Mio. EUR

Sieht die Fondskonzeption neben dem eingeworbenen Eigenkapital zusätzlich die Aufnahme von Fremdkapital vor, sind die Konditionen des Fremdkapitals von ganz entscheidender Bedeutung für die Rentabiltät.

Die Endfinanzierung muss zum Zeitpunkt der Prospekt-Emission abgeschlossen bzw. die Konditionen gesichert sein.

Die Finanzierungskonditionen müssen marktüblich sein, für den Zeichner ist der effektive Zinssatz auszuweisen. Ein Zehntelpunkt in den Finanzierungskonditionen entspricht dabei etwa 1 % der Mieteinnahmen.

Für die Fondsgestaltung ist der Zeitpunkt des Auslaufens der Zinsbindung wichtig. Die dann zugrunde zu legende Anschlussfinanzierung ist eher vorsichtig als spekulativ anzusetzen.

Wenn zum gleichen Zeitpunkt auch Mietverträge auslaufen, kann es für den Fonds wirtschaftlich schwierig werden.

Im Falle einer Fremdwährungsfinanzierung ist nicht nur das Anschlusskostenrisiko währungsbehaftet; auch während der Finanzierungsdauer können Wechselkursschwankungen Zinsvorteile zunichtemachen. Hier sind neben den Vorteilen auch Risiken bei Währungsschwankungen darzustellen. Zinsvorteile aus einer Fremdwährungsfinanzierung dürfen nicht zur Subventionierung der Ausschüttung benutzt werden. Für ein **Währungsrisiko** sollte in der Prognoserechnung eine entsprechende Rücklage gebildet werden.

Das Risiko der Anschlussfinanzierung steigt mit dem Fremdkapitalanteil der Fondsfinanzierung. Eigenkapitalfonds mit z. B. nur 30 % Fremdkapitalanteil zeigen eine wesentlich größere Stabilität gegenüber steuerorientierten Fonds mit nur 30 % Eigenkapitalanteil.

Die Bewertung des Beteiligungsobjektes hängt unmittelbar mit dem Verhältnis der substanzbildenden zu den nicht substanzbildenden Kosten zusammen.

Da der Ertrag des Fonds im Wesentlichen der Ertrag der Immobilie ist, ist der Wert des Beteiligungsobjektes unmittelbarer Ausdruck der Fondsrentabilität.

Die klassischen Wertermittlungsverfahren für Immobilien sind in der Wertermittlungsverordnung (WertV) beschrieben. Es handelt sich hierbei um das
- Vergleichswertverfahren,
- Sachwertverfahren,
- Ertragswertverfahren.

Die Beschreibung des Investitionsobjektes ist zentraler Bestandteil des Emissionsprospektes. Oft wird dies als „Bilderbuch" missverstanden, tatsächlich stellt die genaue Beschreibung in Art, Lage und Ausstattung aber die einzige Möglichkeit dar, dem Zeichner eine Identifikation mit „seiner" Immobilie zu vermitteln.

Die im Prospekt abgedruckte **Baubeschreibung** soll dem Anleger einen Eindruck der Qualität und des Standards vermitteln, mit dem das Investitionsobjekt geplant ist. Hier sind weder technische Grundlagen noch Details gefragt, die den Anleger eher zu Nachfragen anregen. Auf die Bauausführung hat sie letztlich keinen Einfluss.

Wichtig darzustellen ist eher die Tatsache, dass das Objekt in der Ausstattung die Flexibilität bietet, die der heutige und ein zukünftiger Mieter benötigt. Im Falle einer Vielzahl kleiner Mieteinheiten sollte die Bauplanung berücksichtigen, dass Einheiten zusammengelegt oder später getrennt werden können.

Seitenlange Auflistungen von gewöhnlichen Ausstattungsmerkmalen offenbaren letztlich nur wichtige Versäumnisse in Bezug auf die Prospektklarheit und die Nachvollziehbarkeit der Kalkulation.

Unbedingt notwendige Angaben sind Kennzahlen wie Flächen und Kubatur, Laden- oder Büroeinheiten, Einstellplätze und Wohnungsgrößen sowie die Grundstücksgröße, um anhand der Investitionssummen einfache Plausibilitätsvergleiche durchführen zu können.

Im Falle des fertig erstellten Objekterwerbs bildet der Kaufpreis allein die Investition. Mit Herausgabe des Prospektes stehen das Objekt und der Erwerbspreis fest, ggf. hat sich der Initiator das Objekt bereits „gesichert" oder es wird aus dem Initiatorengesellschafterkreis erworben.

Die Investition als Kaufpreis kann mit den verfügbaren Angaben wie
- Bruttogeschossfläche,
- Mietfläche,
- Mieteinnahmen,
- Anzahl der Einstellplätze,
- Grundstücksgröße,
- Lage,
- geplante oder vorhandene Nutzung

mit anderen am Markt verfügbaren Objekten verglichen werden.

Die Beurteilung der substanzbildenden Investition des Fondsvolumens ist so für den Zeichner problemlos möglich.

Mit Herausgabe des Emissionsprospektes ist der Zeitpunkt der ersten Mieteinnahmen klar. Darauf abgestellt liegen dann auch die folgenden Termine fest:
- Platzierung des Eigenkapitals,
- baurechtliche Genehmigungen,
- Abschluss der Bauverträge,
- Bauzeit,
- Bezug,
- Beginn der Mieteinnahme.

Verzögerungen, gleich in welchem Stadium oder aus welchem Grund, führen mittelbar zur zeitlichen Verschiebung der ersten Einnahmen und zur Verschiebung der geplanten steuerlichen Rückflüsse.

Bauzeitenpläne werden den bauausführenden Firmen regelmäßig mit Vertragsstrafen unterlegt. Hierbei sind maximal 10 % der Auftragssumme gerichtlich als Obergrenze festgesetzt. Auch wird der GÜ-Vertrag mit der Fondsgesellschaft diesbezügliche Regelungen beinhalten. Wichtiger ist jedoch, anhand des verpflichteten Projektmanagements sicherzustellen, dass die Termine eingehalten werden können. Hierbei stellt wiederum die Ebene des GÜ die für die Fondsgesellschaft einzig relevante Vertragsbeziehung dar.

Weder werden Vertragsstrafen des GU-GÜ-Vertrages an den Fonds weitergegeben noch sind Einnahmenausfälle oder ein vermindertes steuerliches Ergebnis als Schadenersatz des Fonds beim Verursacher einklagbar. Es ist einzig auf realisierbare Termine und verlässliche Bauausführung abzustellen, für die die mit dem Initiator verbundene GÜ-Konstruktion funktionieren muss.

Grundlage der Fondsbewertung ist die Aufteilung der Investitionskosten in substanzbildende Kosten und nicht substanzbildende Kosten. Die Substanz eines Immobilienfonds ist die Immobilie selbst, entsprechend sind alle Kostenarten, die unmittelbar zur Erstellung der Immobilie notwendig sind, der Substanz zuzurechnen.

Als Orientierung kann eine Immobilieninvestition in konventioneller Finanzierung dienen. Alle Kostenarten, die dort aufgewendet werden, sind **substanzbildende Kosten**:

- Grundstückskosten,
- Baukosten (Herstellung oder Erwerb),
- Bauplanungskosten,
- Technische Qualitätskontrolle,
- Baubetreuung.

Die übrigen Kostenarten werden als sogenannte **weiche Kosten** bezeichnet, die nicht der Bildung der Fonds-Substanz dienen. Bei der Bewertung eines geschlossenen Immobilienfonds spielt das Verhältnis der substanzbildenden zu den „weichen Kosten" eine wesentliche Rolle.

Über die Dauer der Bewirtschaftungsphase gesehen, muss die Wertsteigerung der Fondsimmobilie erst die „weichen Kosten" erreichen, bis der Wertzuwachs substanzbildend verbleibt.

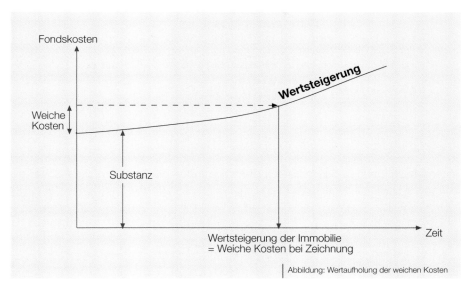

Abbildung: Wertaufholung der weichen Kosten

Fondskostenrelationen zur Bewertung des Fonds werden auf der Basis der anfänglichen Jahresmiete durchgeführt. Der Anteil der substanzbildenden Kosten am Fondsvolumen lässt sich anhand des Investitionsplanes ermitteln:

$$\beta_{Substanz} = \frac{substanzbildende\ Kosten}{Fondsvolumen\ -\ Liquidität} \times 100$$

Üblicherweise liegt diese Relation bei ca. 70 - 80 %.

Beispiel substanzbildende Kosten:

Für den in der Abbildung auf S. 254 vorgestellten Investitionsplan (Ankauf) beträgt die Relation:

$$\beta_{Substanz} = \frac{88,5\ Mio.\ \times 100}{115,665\ Mio.} = 76,5\,\%$$

Aufgrund der GÜ-Struktur bzw. des Erwerbs der von einem Dritten fertiggestellten Immobilie lässt sich der tatsächliche Substanzanteil über den o. a. Zusammenhang nur überschlägig ermitteln. Überhöhte Erwerbs- bzw. Baukosten können nur über Kennzahlen, wie EUR/m² oder EUR/m³ kontrolliert werden. Praktisch ist es aber auf der Grundlage eines – noch so gut aufbereiteten – Prospektes nicht möglich, den „echten" Substanzwert der Immobilie zu ermitteln.

Die so ermittelten Kennzahlen können mit ähnlichen Projekten, ob als Fonds oder als Individualprojekt konzipiert, verglichen werden. Wichtig ist hier, die richtigen Bezugsgrößen (z. B. m² Bruttogeschossfläche, m² Wohn- oder Nutzfläche) anzusetzen.

Beispiel Kennzahlen:

Für den auf S. 254 vorgestellten Investitionsplan betragen die Kennzahlen

auf der Fondsebene: $\dfrac{\text{Fondsvolumen} - \text{Liquidität}}{\text{Fläche (m}^2) \text{ bzw. Kubatur (m}^3)}$

für die Zeichner: $\dfrac{\text{substanzbildende Kosten}}{\text{Fläche (m}^2) \text{ bzw. Kubatur (m}^3)}$

Beispiel Kennzahlen:

Für den auf S. 254 vorgestellten Investitionsplan betragen die Kennzahlen:

auf der Fondsebene: $\dfrac{115.665.000 \text{ EUR}}{68.000 \text{ m}^2} = 1.700 \text{ EUR/m}^2$

für die Zeichner: $\dfrac{88.500.000 \text{ EUR}}{68.000 \text{ m}^2} = 1.300 \text{ EUR/m}^2$

Der Fondsvervielfältiger α_{FV} bezieht das gesamte Fondsvolumen auf den Mietertrag. Im Gegensatz zum angegebenen Kaufpreisfaktor sind dort die weichen Kosten sowie die anfängliche Liquidität herauszurechnen.

Der Kaufpreisfaktor α_{KP} der Wertermittlung entspricht dem fondsinternen „Einkaufsfaktor".

Für den auf S. 254 vorgestellten Investitionsplan beträgt der Faktor

$$\alpha_{KP} = \frac{\text{Erwerbskosten der Immobilie}}{\text{anfängliche Mieteinnahmen}} = \frac{94.678.000 \text{ EUR}}{6.700.000 \text{ EUR}} = 14,13$$

$$\alpha_{FV} = \frac{\text{Fondsvolumen} - \text{Liquidität}}{\text{anfängliche Mieteinnahmen}} = \frac{115.800.000 \text{ EUR} - 135.000 \text{ EUR}}{6.700.000 \text{ EUR}} = 17,26$$

Unter der Bewirtschaftung eines geschlossenen Immobilienfonds wird die Geschäftsführung der Fondsgesellschaft und das Kontrollieren des Objektmanagements, d. h. der Gebäudeverwaltung, verstanden.

Die Fondsbewirtschaftung dient dazu, zuverlässige und dauerhafte Mieteinnahmen zu erzielen. Es überwiegen langfristige Aspekte.

Das Bewirtschaftungsmanagement umfasst die zur Geschäftsführung des Fonds, der Betreuung der Anleger und der Verwaltung des Investitionsobjektes notwendigen Dienstleistungen.

Insbesondere ist die Geschäftsführung des Fonds, die sogenannte „Geschäftsbesorgung", zu übernehmen. Dies ist eine Aufgabe, die der Fondsinitiator nicht aus der Hand geben wird, da hierdurch der Kontakt zu den Zeichnern gehalten wird. Aus der

Geschäftsführung heraus werden Gesellschafterveränderungen wie Wechsel durch Verkauf oder Vererbung bei den Handelsregistern oder den Treuhändern veranlasst.

Da der Fonds eine eigenständige Objektgesellschaft ist, sind Jahresabschlüsse, steuerliche und rechtliche Beratungen zu veranlassen und ggf. Probleme mit den Gesellschaftern zu klären.

Die Objektbewirtschaftung beschränkt sich bei Wohn- oder Bürogebäuden im Wesentlichen auf die reine Hausverwaltung. Aus dieser Tätigkeit heraus sind alle für Immobilien gewöhnlichen Tätigkeiten des Umgangs mit Mietern zu veranlassen. Hierzu gehört insbesondere die Miet- und Nebenkostenverwaltung.

Die Verwaltung und Steuerung von komplexen Gewerbe- oder Einkaufzentren erfordert genaue Marktkenntnisse bis hin zum Facility Management. Sind diese Leistungen beim Initiator nicht vorhanden, werden häufig externe Spezialisten eingebunden.

Nicht auf die Mieter umlegbare Kosten, die insbesondere bei großen komplexen Gewerbecentern auftreten, fallen der Fondsgesellschaft zu und sind dort einzuplanen.

Die **Bewirtschaftungskosten** des Fonds setzen sich zusammen aus:
- Geschäftsbesorgung,
- Komplementärvergütung,
- Treuhandgebühren,
- Haftungsvergütung,
- Steuer- und Rechtsberatung.

Diese Leistungen übernimmt in aller Regel der Initiator selbst, die Verträge hierzu werden am Anfang abgeschlossen und nach einer festen Laufzeit im Rahmen von Gesellschafterversammlungen verlängert. Die Vergütung orientiert sich an den Fondseinnahmen, d. h. den Miet- und Zinseinnahmen, und ist in der Regel wie Mietverträge über die Inflationsrate indexiert. Die Vergütung liegt bei ca. 3 - 5 % p. a. der Fondseinnahmen.

Hier ist zu beachten, dass es bei einer unterproportionalen Indexierung der Einnahmeseite (Mietverträge) zu Liquiditätsverschlechterungen kommen kann.

Die Bewirtschaftung des Objektes ist – wie jede Immobilienverwaltung – für den Eigentümer nicht kostenlos. Die in die Bewirtschaftungsphase des Fonds einzustellenden Objekt-Bewirtschaftungskosten umfassen die **nicht umlegbaren Nebenkosten** der Objektverwaltung wie:
- Verwaltungskosten,
- Instandhaltung,
- Mietausfallwagnis.

Die **Verwaltungskosten** sind die Kosten der Hausverwaltung. Je nach Art der Immobilie umfasst die Hausverwaltung insbesondere das gemeinsame Betreuen der Mieterschaft. Große Gebäudekomplexe wie Einkaufszentren treten oftmals werblich gemeinsam auf. Gerade im Hinblick auf Umsatzmietvereinbarungen kommt so dem Centermanagement eine bedeutende Aufgabe im Erscheinungsbild des Objektes nach außen zu.

In Gewerbemietverträgen sind die Nebenkostenarten nicht gesetzlich vorgegeben. Inwieweit diese Kosten jedoch tatsächlich umgelegt werden (können), richtet sich häufig nach der Attraktivität des Objekts, der Kaltmiete und der Bereitschaft der Mieter, diese zusätzlichen Kosten zu tragen.

Die Verwaltungskosten liegen bei 2 - 4 % der Netto-Mieteinnahmen, wobei der untere Wert für gewerbliche Objekte, der obere für Wohnanlagen anzusetzen ist.

Nach § 18 der Wertermittlungsverordnung (WertV) sind **Instandhaltungskosten** die Kosten, die infolge Abnutzung, Alterung und Witterung zur Erhaltung des bestimmungs-gemäßen Gebrauchs des Grundstücks sowie seiner baulichen Anlagen während ihrer Nutzungsdauer aufgewendet werden müssen. Hier ist zu beachten, dass Abnutzung bei bestimmungsgemäßem Gebrauch nicht der Gewährleistung im Rahmen eines Werkver-trages unterliegt.

Die von der Baufirma übernommene Gewährleistung umfasst somit nicht die gewöhn-liche Abnutzung, für die die Instandhaltungsrücklage planmäßig aufgebaut wird.

Im Wohnungsbau werden als Instandhaltungskosten die Beträge gemäß § 28 der II. Berechnungsverordnung (II. BV) angesetzt, für einen Neubau sind dies 7,10 EUR/m² p. a. Diese Beträge sind unabhängig von vereinbarten Gewährleistungszeiträumen ein-zustellen, da sie kumuliert kalkuliert sind.

Im Gewerbebereich wird mit folgenden **Instandhaltungssätzen** kalkuliert:
- Bürogebäude: 2 - 10 EUR/m² p. a.,
- Einzelhandelsgebäude: 2 - 6 EUR/m² p. a.,
- Tiefgaragenplätze: 10 - 20 EUR p. a.

Liegen Sondervereinbarungen bei den Nebenpflichten von Gewerbemietern vor (teilweise Übernahme von Instandhaltung, sogenannte Double-Net-Verträge), kann die Instandhal-tungsrücklage für diesen Flächenanteil reduziert werden.

Die Instandhaltung umfasst nicht die nach etwa 20 - 30 Jahren notwendige Revita-lisierung des Gebäudes, d. h. den gegebenenfalls vollständigen Umbau des Hauses oder den vollständigen Ersatz der Haustechnik. Hierzu sind Sonderposten einzustellen, zumindest sind im Prospekt verbale Hinweise darauf zu geben.

Das **Mietausfallwagnis** ist in der II. BV unter § 29 als „das Wagnis einer Ertragsmin-derung, die durch uneinbringliche Rückstände von Mieten, Pachten, Vergütungen und Zuschlägen oder durch Leerstehen von Raum, der zur Vermietung bestimmt ist" definiert. Nach der II. BV (Wohnungsbau) sind hierfür max. 2 % der Mieteinnahmen anzusetzen.

Das Mietausfallwagnis braucht bei einer anfänglichen Vollvermietung erst nach Ablauf der Festmietzeiten angesetzt zu werden. Als Wagnisposition wird diese – im Gegensatz zur Instandhaltungsrücklage – nicht kumuliert betrachtet.

Für den Fonds stellen die Posten „Instandhaltung und Mietausfallwagnis" Rücklagen dar, die nur bei Bedarf aufgebraucht werden.

Die Fonds-Geschäftsbesorgungs-Kosten sind im Gegensatz dazu „verlorene" Kosten. Hier ist darauf zu achten, dass diese Vergütungsansätze gemäß den oben aufgezeigten Relationen angesetzt werden.

Häufig sind in der Prognoserechnung nur die Position „Fondskosten" oder „Geschäfts-führung des Fonds" ausgewiesen, die dann auch die Objektbewirtschaftungskosten enthalten. Um den Ansatz für die tatsächlichen Geschäftsbesorgungskosten zu errechnen, sind die o. a. Objektbewirtschaftungskosten herauszurechnen.

Die Fonds-Bewirtschaftungskostenrelation ergibt sich aus:

$$\beta_{Fondsbewirtschaftung} = \frac{BKGesamt \times 100\,\%}{ME + Z} \times 100$$

BKGesamt: gesamte in der Prognoserechnung ausgewiesene Fonds- und Objekt-bewirtschaftungskosten

ME: jährliche Netto-Mieteinnahme

Z: jährlicher Zinsertrag

Eine Fondsbewirtschaftungskostenrelation von 10 % stellt einen guten Wert dar.

Im Gegensatz zu einem Wohngebäude ist eine gewerblich genutzte Immobilie technischen Veränderungen und Anforderungen aus der Arbeitswelt bzw. sich wandelnden Kundenwünschen stark unterworfen.

Kaufhäuser haben sich im letzten Jahrzehnt vom Gemischtwarenhändler zu Einkaufszentren mit spezialisierten Spartenanbietern gewandelt.

Bürogebäude sind heizungstechnisch – nicht nur im Hinblick auf gestiegene Heizkosten – anderen Anforderungen unterworfen als noch vor 10 - 20 Jahren. Flexibilität der Einrichtung wird nicht mehr über Sichtblenden in Großraumbüros gewährleistet. Das Gebäude selbst muss diese Variabilität bieten. Hierzu gehört ganz selbstverständlich die Variabilität aller technischen Einrichtungen wie Licht, Klimaanlage und deren Steuerung. Auch Doppelböden zur EDV-Verkabelung gehören zum Standard.

Hotels, deren Zimmergrößen den Nachfragen nach großzügigen Appartements oder Einzelzimmern und Konferenzbereichen nicht genügen, können nicht mehr wirtschaftlich betrieben werden.

Der Nachfragemarkt zwingt die Betreiber der Gewerbeimmobilien zu ständigen Modernisierungen nach einem Mieterwechsel. Nach 20 - 30 Jahren kommt so das unausweichliche „Aus" für das Gebäude. Das Gebäude muss abgerissen oder großzügig entkernt werden, um am Markt überhaupt noch Betreiber zu finden. Diese Revitalisierung verschlingt häufig nochmals die Herstellungskosten.

Die Augen vor dieser unausweichlichen Situation zu verschließen heißt, den Wertzuwachs des Fonds zu überschätzen.

Da diese Phase etwa mit der planmäßigen Entschuldung zusammenfällt, das Grundstück also bereits bezahlt ist, können großzügig Fremdmittel aufgenommen werden, um die notwendigen Revitalisierungsmaßnahmen zu veranlassen.

Kostenansätze, Rückstellungen, zumindest aber Hinweise auf notwendige Finanzierungsmittel zu diesem späten Zeitpunkt müssen gegeben werden. Häufig wird jedoch nur auf nicht verbrauchte Instandhaltungsrücklagen oder Liquiditätsreserven, die nicht ausgeschüttet wurden, verwiesen.

```
Spezialimmobilien

            ┌─────────────────────────────┐
            │         Wohngebäude         │
            ├─────────────────────────────┤
            │ • universell nutzbar        │
            │ • Denkmalschutz häufig      │
            │   nicht nachteilig          │
            └─────────────────────────────┘

            ┌─────────────────────────────┐
            │         Bürogebäude         │
            ├─────────────────────────────┤
            │ • bedingt universell nutzbar│
            │ • Denkmalschutz häufig      │
            │   nicht nachteilig          │
            └─────────────────────────────┘

            ┌─────────────────────────────┐
            │            Hotels           │
            ├─────────────────────────────┤
            │ • nur eingeschränkt nutzbar │
            │ • Denkmalschutz nur bei     │
            │   historisch wertvollen     │
            │   Gebäuden nicht nachteilig │
            └─────────────────────────────┘

            ┌─────────────────────────────┐
            │        Krankenhäuser        │
            ├─────────────────────────────┤
            │ • nur als Krankenhaus nutzbar│
            │ • Modernisierung schwierig  │
            └─────────────────────────────┘

            ┌─────────────────────────────┐
            │         Kinogebäude         │
            ├─────────────────────────────┤
            │ • nur als Kino nutzbar      │
            │ • kurze Amortisierungszeit  │
            └─────────────────────────────┘
```

Abbildung: Einschränkungen Umnutzungsmöglichkeiten bei Spezialimmobilien

Erhebliche Revitalisierungsaufwendungen sind insbesondere bei sogenannten „Spezial-immobilien" notwendig wie Veranstaltungsgebäuden, Hotels oder industriellen Sonder-immobilien aus der Fertigungstechnik. Andernfalls droht, dass die Immobilie nach einem Mieterwechsel nach 15 - 20 Jahren unvermietbar wird.

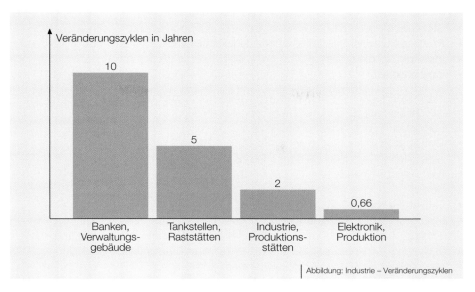

Abbildung: Industrie – Veränderungszyklen

Weniger betroffen von notwendigen Revitalisierungskosten sind großzügig geplante Wohnimmobilien und denkmalgeschützte Repräsentationsgebäude.

Die **Prognoserechnung** stellt die langfristige wirtschaftliche Entwicklung des Fonds dar. Diese Rechnung ist somit der Dreh- und Angelpunkt der Investition und der langfristigen Fondsverwaltung.

Abbildung: Einflussfaktoren der Prognoserechnung

In der Prognoserechnung sind Chancen und Risiken des Fonds angemessen zu berücksichtigen:

- Auslaufen der Mietverträge: Optionen/Anschlussmiete?
- Auslaufen der Mietgarantie/Leerstand: Einnahmesituation?

283

- Auslaufen der Fremdfinanzierung: Anschlusskonditionen?
- Steuerliche und rechtliche Risiken: Einfluss auf Fondsliquidität?
- Revitalisierung bei Spezialimmobilien: Liquiditätsreserve?
- Instandhaltungskosten?
- Inflationsrate?

Die folgende Prognoserechnung als Liquiditätsvorschau über 25 Jahre basiert auf dem Investitionsplan auf S. 254 sowie folgenden Annahmen:
- Fertigstellung des Investitionsobjektes zur Jahresmitte 2010,
- Verhältnis Eigenkapital/Fremdkapital: 60 %/40 %,
- anfänglicher Fremdfinanzierungszinssatz: 5,3 %, für zehn Jahre fest, dann 6 %,
- nach der Umfinanzierung im Jahr 2021 wurde eine anfängliche Tilgung von 3 % gewählt,
- Guthabenzins: 3 %,
- Inflationsrate (für Mietentwicklung und Anpassung der Bewirtschaftungskosten): 1,5 % p. a.,
- Vergütung für die Hausverwaltung: 2,5 % der Mieteinnahmen,
- Mietausfallwagnis: 2 % der Mieteinnahmen,
- Komplementärvergütung: 0,5 % der Mieteinnahmen,
- Treuhändervergütung: 0,5 % der Mieteinnahmen,
- Geschäftsführung: 3 % der Mieteinnahmen,
- Instandhaltung: 6 EUR/m².

Der **Prognosezeitraum** sollte die gesamte Fondslaufzeit umfassen. In diesem zum Teil sehr langen Zeitraum müssen dann Mieterwechsel, Nachfinanzierungen und die angesetzte Inflationsrate konservativ berücksichtigt werden.

Allein die verbale Erwähnung, dass Mieterwechsel stattfinden können und die Finanzierung ausläuft, genügen nicht einer umfassenden Aufklärungspflicht gegenüber den Zeichnern. Die Prognoserechnung muss insofern diesen Zeitraum mit erfassen und darstellen, dass auf der Basis vernünftiger Annahmen der Fonds seine wirtschaftlichen Ziele erreicht.

Die **Inflationsrate** stellt eine der wichtigsten Fundamente der langfristigen Prognose dar. Auf der angenommenen Inflation basieren:
- Mieteinnahmen über Wertsicherungsklauseln,
- Schuldzinsen über an die Inflation gekoppelte Zinsentwicklungen,
- Fondsbetreuungsverträge, die an die Mieteinnahmen gekoppelt sind,
- Liquiditätsverzinsung,
- Verkaufserlös.

Über eine in der Prognoserechnung zu hoch angenommene Inflationsrate kann der zukünftige Mietertrag deutlich erhöht dargestellt und etwaige Liquiditätsprobleme kaschiert werden, wie die folgende Abbildung zeigt:

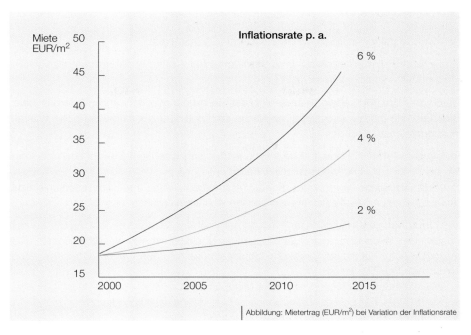

Abbildung: Mietertrag (EUR/m²) bei Variation der Inflationsrate

Beeinflusst werden kann davon die Ausschüttung bzw. die Gesamtliquidität des Fonds, dargestellt in der folgenden Abbildung:

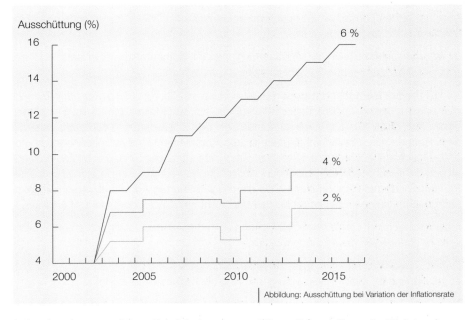

Abbildung: Ausschüttung bei Variation der Inflationsrate

Aufmerken lassen müssen Fondsbetreuungsverträge, die – statt an die Mieteinnahmen gekoppelt zu sein – auf gestaffelten Erhöhungen basieren.

Auch ist der angenommene Wert der Immobilie bei zu hoch prognostizierter Inflationsrate unrealistisch. Aufgrund der direkten Abhängigkeit des Ertragswertes von der Miete über den Verkaufsfaktor ergeben sich hier verzerrte Darstellungen.

Tatsächlich ist die Inflationsrate im letzten Jahrzehnt – nicht ohne Einfluss des EU-Binnenmarktes – stark gesunken.

Durch die Mitte 2002 erfolgte Umstellung des Berechnungsverfahrens auf internationalen Standard und die gemeinsame europäische Währung sind zukünftig nur noch moderate Inflationsraten zu erwarten.

Prognosen auf rückblickend hohe Inflationsraten von weit über 3 % schönen die langfristige Prognose. Die Variation der Inflationsrate gehört zur Worst-Case-/Best-Case-Betrachtung seriös konzipierter Fonds. Aufmerken lassen müssen unterschiedliche Steigerungsraten bei Mieteinnahmen und Geschäftsbesorgungsausgaben.

Die **Liquidität** gehört gemeinsam mit dem Immobilienwert zu den substanzbildenden Kosten der Investitionsphase. Ausreichende Liquidität ist für die Gesellschaft existenznotwendig. Oftmals stellen die Liquiditätsreserven den Puffer unterschiedlicher wirtschaftlicher Phasen dar:
- Mieteinbußen durch Leerstand oder Mietrückstand,
- kurzfristiger Zwischenfinanzierungsbedarf für Mängelbeseitigungen,
- unvorhersehbare Ausgaben bei Anschlussvermietungen,
- Modernisierungsmaßnahmen.

Die anfänglich aufgebaute Liquidität sollte nicht unter 1 % des gesamten Fondsvolumens sinken. Die Verzinsung der Liquidität stellt gemeinsam mit den Mieteinnahmen die Ertragsseite des Fonds dar. Zu hohe und marktunübliche Zinssätze verbessern die Einnahmesituation tatsächlich kaum.

Es ist insbesondere auf die Abstimmung der Inflationsrate zum Zinssatz und der Anschlussfinanzierung zur Guthabenverzinsung zu achten.

Die kalkulierten **Barausschüttungen** ergeben sich als Differenz der kalkulierten Einnahmen und Ausgaben abzüglich der Zuführungen zur Liquiditätsreserve. Die Einnahmen setzen sich dabei aus den Mieteinnahmen und den Zinserträgen zusammen, während die Ausgaben aus den Aufwendungen für den Komplementär, den Treuhänder, die laufende Geschäftsbesorgung, die Steuerberatung, die Instandhaltung, das Mietausfallwagnis und die sonstigen Kosten bestehen. Ausschüttungen dürfen die Liquidität nicht unter 1 % des Fondsvolumens drücken. Sind die prognostizierten Ausschüttungen wegen zu geringer Einnahmen nicht verfügbar, darf dies nicht auf Kosten der Liquidität erfolgen.

Veränderungen der prognostizierten Einnahmen- oder Ausgabenseite führen unmittelbar zu einer geänderten Ausschüttungspolitik.

Oftmals unrealistisch hoch angesetzte Ausschüttungen sind die Folge zu hoch unterstellter Inflationsraten, meist in Verbindung mit zu großen Mietsteigerungen.

Die Kosten einer etwa notwendigen **Revitalisierung**, die nahezu mit der Anfangsinvestition anzusetzen sind, lassen sich aus dem gewöhnlichen Ertrag selbst bei einer zurückhaltenden Ausschüttungspolitik nicht erwirtschaften.

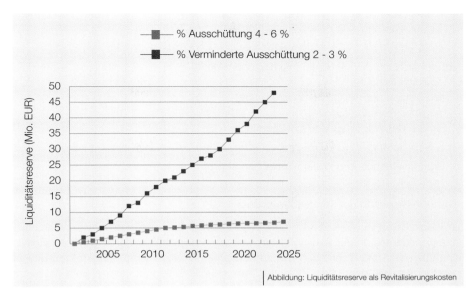

Abbildung: Liquiditätsreserve als Revitalisierungskosten

Bei Spezialimmobilien (Hotels, Ferienanlagen, Infrastrukturprojekten usw.) sind Rücklagen über moderate Ausschüttungen oder einen völligen Verzicht auf Ausschüttungen und einer von Beginn an eingeplanten Liquiditätszuführung zu bilden.

Da nach dem Auslaufen der Erstmietverträge ein großer Teil der Kredite getilgt sein wird, kann im Rahmen von Umfinanzierung und Aufstocken der Kredite der notwendige Kostenrahmen zur Revitalisierung aufgebracht werden.

Zur vollständigen Prognose des wirtschaftlichen Erfolges des Fonds gehört ein angenommener Verkaufswert der Immobilie zum Zeitpunkt einer fiktiven Fondsauflösung.

Der Verkaufserlös hat einen wesentlichen Einfluss auf die Prognose- und Renditebetrachtungen. Der Verkaufserlös wird über den Verkaufsfaktor an die zum betreffenden Zeitpunkt erzielbare Miete gekoppelt. Wiederum entscheidet die Inflationsrate über die Miete zum Zeitpunkt der Fondsauflösung ganz wesentlich über den Verkaufserlös.

Die Miete hängt im Wesentlichen von der Inflationsrate ab, als Verkaufsfaktor ist der Einkaufsfaktor anzusetzen. Eine Erhöhung des Verkaufsfaktors über den Wert des Einkaufsfaktors hinaus ist nur gerechtfertigt, wenn die Lage des Objektes sich verbessern wird. Da dies zum Zeitpunkt der Prospektherausgabe nicht erkennbar ist, müssen beide Faktoren gleich sein. Eine seriöse Risikobewertung setzt den Verkaufsfaktor sogar unterhalb des Einkaufsfaktors an.

Im Rahmen von Beispielberechnungen werden durch Variation der Eingangswerte und der Annahmen zukünftiger Entwicklungen Chancen und Risiken offengelegt. Im Rahmen von Best-Case-/Worst-Case-Rechnungen können variiert werden:
- Inflationsrate,
- Verkaufsfaktor,
- Guthabenzins,
- Anschlussfinanzierung,
- Leerstandsrate,

- Instandhaltungsaufwendungen,
- Bauverzögerungen in der Investitionsphase.

Die Alternativberechnungen ermitteln nicht nur eine Gesamtrendite für den Anleger, sondern geben auch die folgenden Informationen wieder:
- Liquiditätsverläufe,
- den Aufbau der Revitalisierungsrücklage,
- mögliche Ausschüttungen,
- Risiken des Nachschusses bei Leerstand.

Diese Berechnungen sind für den Initiator quasi „Abfallprodukte", die er im Rahmen seiner Prognoserechnung und der Konzeption abprüft.

Gerade die Darstellung der Liquiditätsverläufe bei Variation der Mieten oder Leerstände zeigen die Risiken in der Fondskonzeption auf.

Die Prognoserechnungen aller Unternehmensbeteiligungen basieren auf vielen verschiedenen Annahmen. In der Sensitivitätsanalyse wird dargestellt, wie sich die Fondsbeteiligung bzw. die Erträge verändern, wenn sich einer der wichtigen **Einflussfaktoren** nicht erwartungsgemäß entwickelt. Zu betrachtende Einflussfaktoren können unter anderem sein:
- Inflationsrate,
- Anschlussvermietung (Miethöhe und Leerstände),
- Konditionen der Anschlussfinanzierung,
- Kosten der Instandhaltung, Reparatur, Revitalisierung,
- Entwicklung von Devisenkursen,
- Verkaufserlös.

Ändert sich einer dieser Einflussfaktoren, so hat dies zum einen direkten Einfluss auf die Fondsbeteiligung, zum anderen aber auch einen indirekten Einfluss durch die Veränderung anderer Einflussfaktoren. Diese indirekten Effekte können daher die Ergebnisveränderung verstärken, vielleicht aber auch ausgleichen (kompensieren).

Beispiel: Die Inflationsrate fällt geringer aus als prognostiziert, wie wirkt sich das aus?

Direkter Effekt	Mieteinnahmen steigen geringer an
Indirekte, kompensierende Effekte (ohne Anspruch auf Vollständigkeit):	Geringere Steuerlast
	Instandhaltungskosten usw. steigen geringer an
	Zinsniveau bleibt niedriger → Anschlussfinanzierung ist preiswerter
Indirekte, verstärkende Effekte	Verkaufserlös wird geringer ausfallen

Hat der Investor also eine eigene Marktmeinung zu bestimmten grundsätzlichen Annahmen (z. B. Inflationsentwicklung), kann er durch die Sensitivitätsanalyse schneller eine persönliche Entscheidungsgrundlage finden.

9.8.2   Medienfonds

Der Ausgangspunkt der Medienbeteiligung ist die Finanzierung eines oder mehrerer Filmprojekte durch Eigenkapital.

Medienfondsgesellschaften sammeln Eigenkapital von Anlegern, Produktionsgesellschaften realisieren dann die Projekte.

Grundsätzlich wird unterschieden zwischen Produktionen für Kino (unternehmerische Fonds), TV (i.d.R. leasingähnliche Fonds) oder für beides. Einer von zehn produzierten Kinofilmen wird tatsächlich ein Erfolg. Bei Produktionen für das Fernsehen kann üblicherweise im Vorfeld mit den infrage kommenden Sendern diskutiert werden, um ein auf deren Bedürfnisse zugeschnittenes Portfolio an Projekten anzugehen. Dies führt dazu, dass teilweise schon vor Produktionsbeginn nennenswerte Abnahmezusagen vorliegen und der Fonds feste jährliche Einnahmen verbuchen kann. Der Nachteil bei den leasingähnlichen Fonds besteht darin, dass die Renditeerwartung vom Initiator gedeckt wurde. Übertrifft der Fonds seine prognostizierten Gewinne, profitiert der Initiator von dem Mehrgewinn. Manche unternehmerische Fondsgesellschaften sammeln vor der Festlegung der konkreten Filmprojekte das Geld der Anleger ein, diese investieren dann in einen sogenannten „Blind Pool". Hier liegen keine Garantien oder Verwertungsverträge vor. In diesem Fall trägt der Anleger des Fonds das alleinige unternehmerische Risiko der erfolgreichen Verwertung der produzierten Filme. Andere geben vorher exakt die angestrebten Projekte an. Durch veränderte steuerliche Rahmenbedingungen gibt es inzwischen erhebliche Einschränkungen bei der Gestaltung der Fondskonstruktion.

Die Anleger tragen grundsätzlich das volle unternehmerische Risiko. Eine detaillierte Ertragsprognose ist kaum möglich, da letztlich das Publikum und die Verwertungspartner über Erfolg oder Misserfolg eines Filmes entscheiden. Auch große Budgets oder bekannte Namen auf Initiatoren- oder Produzentenseite garantieren keinen Erfolg. Das gilt ebenso für den Einsatz von bekannten Schauspielern und/oder Regisseuren, selbst in Verbindung mit hochwertigen Drehbüchern.

Mitentscheidend für die Erfolgsaussichten des Anlegers sind die Modalitäten der Rechteverwertung. Die Beteiligung an den Filmrechten der jeweiligen Projekte ist das eigentlich werthaltige Element eines Medienfonds. Es lassen sich folgende Vermarktungsfelder erschließen:

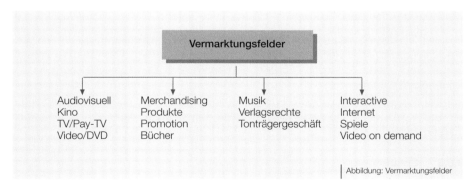

Abbildung: Vermarktungsfelder

Nur wenn der Anleger die Möglichkeit hat, dauerhaft an den Erlösen aller Absatzkanäle zu partizipieren, besteht eine gute Chance, dass das unternehmerische Wagnis nachhaltig von Erfolg gekrönt ist. Ein Lieblingszitat der Branche lautet passend „TV-Rechte sind das Öl des 21. Jahrhunderts" (Der Spiegel, 8/1998). Der Hersteller ist laut HGB 50 Jahre lang zur Verwertung berechtigt.

Der wirtschaftliche Erfolg des Anlegers ergibt sich wesentlich durch laufende Ausschüttungen. Je nach Fondskonstruktion ist es möglich, dass er so dauerhaft an den Erlösen aus der Rechteverwertung oder aber nach einem gewissen Zeitraum (üblicherweise ca. fünf bis sieben Jahre) an einem Verkauf der Rechte partizipiert.

> *Praxistipp:*
>
> *Erfolgt ein Rechteverkauf bereits innerhalb der genannten fünf bis sieben Jahre, so beträgt die Vermarktungszeit anschließend noch 43 - 45 Jahre. Bei dauerhaft erfolgreichen Filmen könnte dieser Rechteverkauf daher trotz des Liquiditätsvorteils unter Renditeaspekten eine falsche Entscheidung sein.*

Medienfonds sollen den Kulturschaffenden finanzielle Unterstützung bieten. Anleger, die sich für ein solches Engagement entschieden hatten, konnten in der Vergangenheit mit steuerlichen Verrechnungsmöglichkeiten auch für sich einen praktischen Nutzen aus der Kulturförderung ziehen. In der Kabinettsitzung der Bundesregierung vom 24.11.2005 wurde beschlossen, dass Verluste im Zusammenhang mit einem Steuerstundungsmodell nicht mit Einkünften aus Gewerbebetrieb und nicht mit Einkünften aus anderen Einkunftsarten ausgeglichen werden dürfen, und zwar rückwirkend zum 10.11.2005. Es folgte die Einführung eines § 15b in das Einkommensteuergesetz (EStG).

Es liegt vermutlich in der Natur der Kulturschaffenden, dass sie sich immer wieder einschneidenden Veränderungen gegenübersehen, die es auch immer wieder zu überwinden gilt. Hilfe bei der Überwindung dieser Finanzierungslücke wird es auch von dem Problemschaffer geben. Die Bundesregierung unterstützt die Förderung der deutschen Kulturwirtschaft. Zukünftig, so ist es geplant, soll es allerdings keine Förderung ausländischer Filmproduktionen mehr geben. Eine Arbeitsgruppe hat die Aufgabe übernommen, ein Konzept zu erarbeiten, das es Produzenten weiterhin ermöglicht, günstiger privates Kapital für die Finanzierung der Projekte zu erhalten.

Diese Regelung erscheint durchaus sinnvoll, hatten viele Anleger in der Vergangenheit eher weniger Einnahmen aus ihrer Kapitalanlage bezogen, war doch ein größerer Teil der finanziellen Einlagen für die Unterstützung von Hollywood-Produktionen verwendet worden, die selten einen kulturellen Anspruch befriedigten.

Aus der Einführung des § 15b EStG mussten nun Konsequenzen gezogen werden. Medienfonds mit klarer Renditeausrichtung sind nunmehr gefragt. Das Hauptaugenmerk liegt hier auf „Game-Production-Fonds", bei denen durch Marktdynamik und gute Verwertungsmöglichkeiten eine attraktive Rendite erzielt werden kann. Außerdem bieten sich bei den „Game-Production-Fonds" weiterhin Möglichkeiten, hohe negative Anfangsverluste zu realisieren und steuerlich in den Folgejahren mit Einnahmen aus demselben Investment zu verrechnen.

9.8.3   Schiffsfonds

Der Ausgangspunkt einer Schiffsbeteiligung ist die Finanzierung eines Schiffes durch Fremdkapital (Schiffshypothek) und Eigenkapital.

Emissionshäuser koordinieren den Bau, die Finanzierung und die Beschäftigung der Schiffe.

Innerhalb der Schifffahrt gibt es verschiedene Teilmärkte:

- Tanker,
- Schüttguttransportschiffe, sogenannte Bulker,
- Spezialschiffe,
- Containerschiffe,
- Kreuzfahrt- und Flusskreuzfahrtschiffe.

Aufgrund der nach wie vor zu erwartenden guten Wachstumsraten ist der Containermarkt dabei das Marktsegment, welches im Wesentlichen von Emissionshäusern genutzt und weiter ausgebaut wird. Deshalb wird in den folgenden Ausführungen hauptsächlich auf typische Merkmale von Containerschiffsbeteiligungen eingegangen. Allerdings spielt vom Emissionsvolumen her auch der Tankermarkt eine bedeutende Rolle. Hier gibt es erhebliche Nachfrage seitens der Betreiber, da auf Grundlage internationaler Vereinbarungen die alten Einhüllentanker sukzessive durch neue Doppelhüllentanker ersetzt werden müssen. Die internationale Schifffahrt-Organisation hat beschlossen, dass Tanker, die seit 1996 gebaut werden, nur noch mit einer Doppelhülle ausgestattet werden dürfen. Ab 2015 dürfen auch Öltanker nur noch mit einer doppelwandigen Außenhülle die Weltmeere befahren.

9.8.3.1 Reeder

Je nach Konzeption der Schiffsbeteiligung fungiert der Anleger selbst als Reeder oder die Beteiligungsgesellschaft beauftragt eine bestimmte Reederei. Letzteres ist der Regelfall. Die Bereederung umfasst das technische und kommerzielle Management des Schiffes.

9.8.3.2 Chancen & Risikopotenzial bei Schiffsfonds

Üblicherweise dient auch bei der Finanzierung der US-Dollar als Basiswährung. Je nach Zinsniveauunterschieden zwischen den drei großen Währungsräumen Euro, US-Dollar und Yen werden Teile der Finanzierung beispielsweise in Yen durchgeführt. Eine niedrigere Zinsbelastung wird durch ein höheres **Fremdwährungsrisiko** erkauft. Allerdings kann sich auch eine Chance durch günstig ausfallende Währungskursschwankungen ergeben. Entwickeln sich also die Wechselkurse besser als erwartet, so können die Währungsgewinne z.B. für Sondertilgungen genutzt werden. Infolgedessen kann das Schiff schneller entschuldet werden, was sich für den Anleger direkt in über Plan liegenden Ausschüttungen auswirken kann.

Wirtschaftliche Chancen und Risiken liegen also insbesondere in den Wechselkursen von Euro, US-Dollar und Yen. Aber auch **seefahrttypische Risiken** wie z.B. Havarien, Piraterie oder Kriege zwischen bedeutenden Handelsnationen spielen eine Rolle. Auch können technische Probleme auftreten und zu höheren Kosten und/oder Ertragsausfall führen.

Generell wird der Markt für Schiffsbeteiligungen interessant bleiben. Durch vernünftige Gestaltung, insbesondere bei den sog. weichen Kosten, wird es möglich sein, beispielsweise bei **Tonnagesteuerfonds** hohe Anfangsausschüttungen zu erzielen. Durch die Tonnagesteuer, die eine pauschale Gewinnermittlungsmethode darstellt, ergibt sich für den Anleger eines Schiffsfonds der Vorteil einer günstigen Besteuerung der Erträge. Diese werden pauschal, d.h. abhängig von der Tragfähigkeit des Schiffes (Tonnage) versteuert. Die Fonds werden auf Laufzeiten von zehn bis zwölf Jahren konzipiert und bei vernünftiger Konzeption innerhalb der prospektierten Laufzeit nahezu entschuldet sein. Voraussetzung einer erfolgreichen Schiffsbeteiligung ist die eingehende Analyse aller Parameter, damit der Anleger vor Fehlentscheidungen geschützt wird.

Der Anleger geht eine unternehmerische Beteiligung ein. Die Prognostizierbarkeit der laufenden Erträge ist zumindest für den Zeitraum der Festcharter relativ gut. Das Risiko ist verhältnismäßig überschaubar.

Modalitäten des Chartervertrages:
- Währung üblicherweise US-Dollar
- Charterraten werden gewöhnlich für einen Zeitraum von ein bis zehn Jahren fest vereinbart (meist gestaffelt ansteigend, als Faustregel kann beobachtet werden, dass größere Schiffe meist längerfristige Charterverträge abschließen können),
- Verlängerungsoptionen für den Charterer können eingeräumt werden,
- die Höhe der Charterraten hängt grundsätzlich von der Kapazität des Schiffes ab.

Die Preise in den jeweiligen Größenklassen werden von der Qualität des Schiffes und dem Marktumfeld bestimmt. Die Schwankungen der Raten am Markt können erheblche Ausmaße annehmen.

9.8.4   Geschlossene Umweltfonds

Geschlossene Umweltfonds investieren in verschiedene Träger erneuerbarer Energien. Sie stellen mittlerweile sowohl national als auch international einen ernst zu nehmenden, stark expandierenden Wirtschaftsfaktor dar. Die am 08.04.2004 vom Bundestag verabschiedete Weiterentwicklung des Erneuerbare-Energien-Gesetzes (EEG) gibt Kapitalanlegern, die in Projekte des Segments Umweltfonds in Deutschland investieren wollen, die nötige Sicherheit.

Auch in anderen europäischen Ländern sorgen ähnliche Gesetze für mehr Rechtssicherheit bei der ökologischen Geldanlage in geschlossene Umweltfonds. Ein geschlossener Umweltfonds wird auch als Fonds mit Nachhaltigkeit bezeichnet. Per Definition werden Fonds mit Nachhaltigkeit den Bedürfnissen der heutigen Generation gerecht, ohne die zukünftigen Generationen zu gefährden. Der bekannteste Energieträger innerhalb der sogenannten Nachhaltigkeitsfonds (Sustainable Fonds) ist der Wind. Windkraftbeteiligungen erfreuen sich seit Langem einer großen Beliebtheit. Im Rahmen eines Nachhaltigkeitsfonds spielen neben Windkraftfonds auch andere Energieträger wie Biomasse und Solar (Photovoltaik) eine Rolle. Im Windkraftbereich werden zudem Offshore-Parks immer attraktiver. Erneuerbare Energien werden in der EU weiter gefördert. Bis zum Jahr 2020 soll sich in der Europäischen Union der Anteil der erneuerbaren Energien wie Windenergie, Biomasse, Wasserkraft und Photovoltaik von 13 auf 21 % erhöhen.

9.8.5   Windparkfonds

Ausgangspunkt der Windkraftbeteiligung ist die Finanzierung des Erwerbs und Betriebes einer oder mehrerer Windkraftanlagen durch Fremdkapital und Eigenkapital. Der Initiator koordiniert die Finanzierung, die Errichtung und den Betrieb der Anlage. Der wirtschaftliche Erfolg hängt wesentlich von den Komponenten Standort und Finanzmanagement ab.

Jeder, der schon mal auf „hoher See" war, wird bestätigen, dass dort kräftiger Wind meist beständig weht. Der Gesetzgeber möchte daher „Offshore-Windkraftanlagen", also Anlagen im offenen Meer, besonders fördern. Diese erhalten daher eine höhere Förderung als „Onshore-Anlagen", die sich in Küstennähe oder sogar an Land befinden. Außerdem stören Offshore-Anlagen das Bild der Umwelt optisch nicht so stark (s. Erneuerbare-Energien-Gesetz (EEG)).

Das Bundeskabinett hat eine Rechtsverordnung des Bundesministeriums für Verkehr, Bau, und Stadtentwicklung über die Raumordnung in der deutschen ausschließlichen Wirtschaftszone in der Ostsee gebilligt. Der Raumordnungsplan soll beim Bau von Offshore-Windkraftanlagen Planungssicherheit schaffen. Wie die Bundesregierung am 30.04.2012 mitteilte, sind in der Nord- und Ostsee bislang 28 Windparks mit insgesamt 2.027 Einzelanlagen genehmigt worden. Für die ausschließliche Wirtschaftszone Deutschlands sollen Anträge für 93 Windparks mit zusammen 6.524 Einzelanlagen vorliegen.

Weiterhin gilt:
- Die Nachhaltigkeit geeigneter Windverhältnisse sollte durch zwei unabhängige Gutachten bestätigt werden. Allerdings sind auch diese keine Gewähr für das tatsächliche Eintreffen der erwarteten Windverhältnisse, wie die letzten Jahre immer wieder gezeigt haben.
- Die Pachtverträge des Geländes sollten für den gesamten Zeitraum der Beteiligung abgeschlossen sein.
- Genehmigungen für den Bau und Betrieb einer Windkraftanlage müssen vorliegen.
- Ein Netzanschluss des örtlichen Stromversorgers muss vorhanden sein.

Das Finanzmanagement muss folgende Punkte berücksichtigen:
- Bildung von Rücklagen zum Ausgleich schwacher Windjahre,
- Bildung von Rücklagen für Reparaturen und Instandhaltung,
- Bildung von Rückstellungen für den Rückbau der Anlage,
- ausreichender Eigenkapitalanteil,
- Inanspruchnahme staatlich geförderter Kredite (z. B. ERP-Darlehn),
- Kalkulation des Ertrags auf Basis des Erneuerbare-Energien-Gesetzes (EEG), um für einen gewissen Zeitraum eine sichere Preisgrundlage des abzugebenden Stroms zu haben.

Das wirtschaftliche Risiko liegt insbesondere in der relativen Unsicherheit der Windverhältnisse sowie in der Funktionstüchtigkeit der Anlage.

9.8.6 Flugzeugfonds

Flugzeugfonds sind eine Form der Leasingfonds. Leasingobjekt sind in diesen Fällen ein oder mehrere Flugzeuge. Die Flugzeuge werden erworben und dann an Fluggesellschaften langfristig vermietet (verleast). Nach dem Ablauf des Leasingvertrages werden entweder die Verträge verlängert, neue Leasingnehmer gesucht oder die Flugzeuge veräußert. Zur Erhöhung der Sicherheit werden die Leasingraten in der Regel durch einen Garantiegeber verbürgt.

Neben dem Garantiegeber dienen den Anlegern natürlich die Flugzeuge selbst als verwertbare Sicherheit. Durch diese Sicherungselemente können sich Flugzeugfonds auch für sicherheitsorientierte Kapitalanleger eignen.

Durch den Wegfall einiger steuerlicher Vorteile spielten Flugzeugfonds einige Jahre hindurch eine untergeordnete Rolle. Seit 2007 erlebt der Flugzeugfonds jedoch eine Renaissance. So wurde z. B. der neue Airbus A340-600 auch über geschlossene Beteiligungen finanziert. Die meisten Fluggesellschaften leasen inzwischen wieder ihre Flugzeuge, anstatt sie selber zu kaufen. Die Fluggesellschaft Singapore Airlines finanzierte über eine geschlossene Beteiligung kürzlich vier Airbus A380-800. Aktuelle Prognosen gehen davon aus, dass sich das Passagieraufkommen bis zum Jahr 2025 fast verdoppeln wird.

9.8.7   Containerfonds

Container beherrschen nach ihrer Einführung vor 50 Jahren die Logistikbranche. Durch die Standardgrößen lassen sich Container weltweit auf den unterschiedlichsten Transportwegen bewegen. Die prosperierenden Zukunftsmärkte in Asien haben den Güterstrom weiter verstärkt. Im Vergleich zum normalen Stückgutverkehr bieten Container Produktivitäts- und Kostenvorteile. Heute werden schon 75 % des globalen Warenaufkommens in Containern transportiert.

Das Investment in einen Containerfonds ist für Kunden leicht verständlich. Der vom Anleger gekaufte, gemietete oder geleaste Container wird an internationale Reedereien oder Leasinggesellschaften weitergegeben. Die Anleger beteiligen sich an mehreren Containern und erzielen während der Bewirtschaftungsphase Mieteinnahmen. Die Reederei ist dabei der Mieter und schließt für diese Container langfristige Mietverträge ab. Nach dem Auslauf der Mietverträge (i. d. R. fünf Jahre) werden die Container mit einer Gesamtnutzungsdauer von 15 Jahren weiterverkauft. Bei guter Wartung liegt der Erlös nicht selten bei 50 bis 60 % der Anschaffungskosten. Eine Versicherung sichert den Anleger vor den branchenüblichen Risiken wie Verlust und Beschädigung ab. Aber auch Ausfallzeiten können durch eine Versicherung abgedeckt werden, vermindern allerdings dann auch die Gesamtrendite.

Der Anleger kann sich mit anderen Investoren zusammenschließen oder bei höheren Investments auch einen eigenen Container erwerben. Im letzteren Fall wird mit dem Anbieter ein Verwaltungsvertrag geschlossen und i. d. R. wird bereits beim Kauf auch der spätere Verkauf festgeschrieben.

Für die Mieter ist diese Praxis von Vorteil, weil sie die hohen Anschaffungskosten der Container sparen und bei der Restnutzungsdauer von 15 Jahren nach fünf Jahren noch vollkommen intakte Container zu einem vernünftigen Preis erwerben können. Der Anleger erzielt eine gute Mietrenditen die teilweise über 10 % p. a. beträgt.

Das Hauptrisiko liegt beim Containerfonds in der Bonität des Mieters. Der Mieter bürgt für die laufenden Einnahmen sowie durch die gegebene Kaufpreisgarantie am Ende der Mietzeit auch für einen profitablen Exit. Hat der Anleger das Investment finanziert, besteht zusätzlich das Finanzierungs- und Zinsänderungsrisiko. Je nach Mieter und Mietvertrag kann es auch zu Wechselkursrisiken kommen.

> *Hinweis:*
> *Es gibt am Markt auch die Möglichkeit, sich einen Container komplett zu kaufen. In diesem Fall beteiligt sich der Investor nicht an einem Fonds, sondern ist Unternehmer.*

9.8.8   Venture-Capital- und Private-Equity-Fonds

Die Venture-Capital-Fonds finanzieren keine betriebsbereiten Projekte, sondern investieren in Zukunftsideen oder Forschungsvorhaben. Die Investitionsphase ist im Gegensatz zu Immobilienfonds z. B. zeitlich nicht konkret bestimmbar. Hier müssen nicht Verträge umgesetzt werden, sondern Märkte sind erst zu schaffen oder Forschung ist zum Ziel zu führen, bevor versprochene Einkünfte erzielt werden können.

Die Gesellschaft wird entweder für eine begrenzte Dauer errichtet oder führt das Projekt im Betrieb weiter und erwirtschaftet Überschüsse, die ausgeschüttet werden. Um das Risiko der Anleger überschaubar zu halten, werden diese Fonds als Kommanditgesellschaften konstruiert, so ist die Haftung auf die Einlage begrenzt, die Fondsgesellschaft ist insolvenzfähig.

Beispiele spekulativer Fonds sind Sonnenkraftanlagen, Gas- oder Ölexplorationen oder Investitionen in Zukunftstechnologien.

Das typische Risiko spekulativer Fonds besteht in
- möglichen genehmigungsrechtlichen Schwierigkeiten,
- der grundsätzlichen Nichterreichbarkeit der angestrebten Ziele.

Bei privaten Unternehmensbeteiligungen können vier verschiedene Strategien unterschieden werden:

9.8.8.1 Venture-Capital-Strategie

Venture-Capital (= Wagniskapital) nimmt bei Unternehmensfinanzierungen eine immer bedeutendere Rolle ein. Insbesondere junge Unternehmen in neuen Märkten (Technologieunternehmen) nutzen diese Fonds zur Eigenkapitalausstattung. Die anfängliche Verlustphase dieser Unternehmen kann so überbrückt werden. Die Venture-Capital-Gesellschaft bringt das Beteiligungskapital ein und erhält dafür im Gegenzug Geschäftsanteile. Da die Erfolgsaussichten der jungen Unternehmen ungewiss sind, ist das sicherlich die risikoreichste Private-Equity-Strategie, dafür aber auch die Form mit den besten Renditeaussichten. Der Exit (Beendigung des Investments) aus einer Venture-Capital-Beteiligung erfolgt meist über das Going Public, also über einen Börsengang, und ist damit eng mit der Entwicklung des Aktienmarktes verbunden. Die Emissionsgewinne hängen also sehr stark von den Bewertungen des Aktienmarktes zum Zeitpunkt des Börsengangs ab. Einige Private-Equity-Fonds schließen die Venture-Capital-Strategie jedoch aus Sicherheitsgründen aus.

9.8.8.2 Buy-Out-Strategie

Bei der Buy-Out-Strategie stellt ein Private-Equity-Fonds Kapital zur Übernahme eines Unternehmens durch das bestehende Management zur Verfügung. Im Gegensatz zur Venture-Capital-Strategie haben hier also die Investoren genaue Informationen über die Kompetenzen, Ressourcen und die Produkte des Unternehmens. Nach dem Buy-Out erfolgt fast immer eine Neustrukturierung. Dazu gehört auch manchmal die Zerschlagung in einzelne Firmenteile und deren Weiterverkauf. Der Kauf des Unternehmens erfolgt in der Regel mit hohem Fremdkapitalanteil. Ziel der Investoren ist es, das eingesetzte Kapital schnellstmöglich wieder aus dem Unternehmens-Cashflow zu entnehmen. Der Exit erfolgt auch hier meist über den Börsengang. Alternativ können die Anteile auch an andere Investoren weiterverkauft werden. Dadurch kann hier die Abhängigkeit von der beim Exit vorliegenden Börsensituation geringer sein.

9.8.8.3   Turnaround-Strategie

Grundsätzlich ist diese Strategie ähnlich der Buy-Out-Strategie, allerdings werden hier bewusst Unternehmen als Investitionsobjekt gewählt, die in Finanznöten oder sogar in der Insolvenz sind. Ziel ist es dann, durch ein professionelles Management einen „Turnaround" der Situation herbeizuführen und aus den kränkelnden Firmen wieder profitable Unternehmen zu entwickeln. Angesichts der hohen Zahl an Insolvenzen in Deutschland und des damit verbundenen volkswirtschaftlichen Schadens ist die Bedeutung von Turnaround-Strategien sehr hoch. Da nicht von vornherein klar ist, dass der Turnaround gelingt, handelt es sich hier eher um ein spekulatives Investment.

9.8.8.4   Mezzanine-Strategie

Mezzanine-Finanzierungen stellen in der Bilanz ein „Zwischengeschoss" zwischen Eigen- und Fremdkapital dar. Diese Zwischenposition bezieht sich insbesondere auf die Haftungsstellung des Kapitals. Gegenüber dem Fremdkapital ist das Mezzanine-Kapital nachrangig. Gegenüber dem „echten" Eigenkapital ist es aber vorrangig. Bei Insolvenz des Unternehmens werden also zunächst alle Fremdkapitalgläubiger befriedigt und in der nächsten Stufe dann erst das Mezzanine-Kapital (wenn noch Geld übrig ist). Gestaltet wird dieses nachrangige Fremdkapital oft durch Genussscheine, stille Beteiligungen, Wandelrechte oder Kautionen (Equity-Mezzanine). Mezzanine-Beteiligungen werden besonders bei Buy-Out-Strategien genutzt. Damit stellen sie eine Kombination zweier verschiedener Private-Equity-Strategien dar.

9.8.9   Lebensversicherungsfonds

Lebensversicherungsfonds investieren in gebrauchte Lebensversicherungspolicen. Das Ziel dieser Beteiligung, Lebensversicherungen in ihrer Funktion zu erweitern und dem Versicherungsnehmer während der Vertragslaufzeit verschiedene Optionen zu ermöglichen, soll über zwei verschiedene Ansätze erreicht werden:

Bei den Kapitallebensversicherungsfonds kauft der Fonds Kapitallebensversicherungspolicen über bekannte Provider. Die Preise der Policen liegen unter dem inneren Wert, aber über dem Rückkaufswert der Versicherungsgesellschaften. Der Fonds zahlt die Prämien bis zur Fälligkeit. Die gekauften Policen haben unterschiedliche Fälligkeiten, sodass der Fonds während der Laufzeit sukzessive ausschütten kann. Der Anleger ist bei den deutschen und britischen Kapitallebensversicherungsfonds gewerblich an den Verlusten und Gewinnen der Gesellschaft beteiligt.

Während bei den Kapitallebensversicherungen die Korrelation zum Kapitalmarkt recht hoch ist, haben die Risikolebensversicherungen den Vorteil, dass sie praktisch unabhängig von dem Kapitalmarkt ihre Rendite erzielen. Die Idee ist, dass der Anleger eine Risikolebensversicherungs-Police eines Versicherten kauft. Die Prämien werden vom Fonds weiterbezahlt und der Fonds erhält die Versicherungsprämie bei Fälligkeit der Police (in der Regel Ableben des Versicherten). Der Versicherte hat den Vorteil, dass er aufgrund des Verkaufes der nicht mehr benötigten Police finanzielle Freiräume erhält und der Fonds für Anleger eine attraktive Rendite erwirtschaften kann.

Renditerisiko: Liegen die Versicherungsfälle nach dem Zeitpunkt der statistisch ermittelten Restlaufzeit, so mindert sich die prospektierte Rendite.

US-Lebensversicherungsfonds, die Risikolebensversicherungen einkaufen, basieren auf US-Dollar. Damit besteht hier ein zusätzliches Währungsrisiko.

Im Übrigen bestehen selbstverständlich die Risiken einer jeden unternehmerischen Beteiligung (Vertrauen in die Sachkompetenz und Redlichkeit des Fondsmanagements).

9.8.10 Infrastrukturfonds

Manche bezeichnen die Investition in die Infrastruktur eines Landes als den kommenden Megatrend. Die Investitionen sind vielseitig und hoch interessant.

Ökonomische Infrastruktur			Soziale Infrastruktur
Telekommuni-kation	Transport	Versorgung	**Bildung**
Datennetze	Brücken	Abwasser	**Gesundheit**
Telekommuni-kationsnetze	Flughäfen	Gas	**Kultur**
Satelliten	Häfen	Öl	**Sicherheit**
Sendemasten	Mautstraßen	Strom	
	Schienen-netze	Wasser	
	Tunnel		

Für die nächsten Jahre werden dieser Fondsart gute Wachstumschancen zugerechnet, weil viele Investitionen auf private Investoren verlagert werden. Der Anleger kann an diesen Projekten partizipieren, weil die Projekte:

- eine geschützte Marktstellung haben – z.B. einen weiteren Flughafen neben dem bestehenden zu errichten wäre nicht wirtschaftlich,
- hohe Markteintrittsbarrieren besitzen – z.B. ein weiteres privates Unternehmen müsste sehr viel Geld in die Hand nehmen, ohne die Rentabilität wirklich abschätzen zu können, wenn schon ein anderes Objekt vorhanden ist,
- einer langfristigen und konstanten Nutzung unterliegen – z.B. muss Gas durch eine Pipeline auch in wirtschaftlich schwachen Jahren strömen,
- von der technologischen Entwicklung unabhängig sind – z.B. wenn es neue modernere Containerschiffe gibt, wird es dennoch immer Häfen geben, in denen die Schiffe be- und entladen werden,
- oft eine Monopolstellung besitzen und an staatliche Preise gebunden sind.

Diese Fonds sind für konservative Anleger, die ihr Geld für einen längeren Zeitraum entbehren können, sehr interessant.

9.9   Chancen & Risikopotenzial von geschlossenen Fonds

Chancen und Risiken von geschlossenen Fonds hängen

- ureigen am Investitionsobjekt,
- an der Fondskonstruktion,
- an möglichen steuergesetzlichen Änderungen.

9.9.1   Risiken

Gewisse Überlagerungen von immobilieneigenen Risiken mit denen aus der Fondskonstruktion ergeben sich aus Folgendem:

- An die Stelle der Immobilieninvestition tritt das Fondsvolumen, d. h., die Rendite ist durch die „weichen Kosten" geringer. In der Folge können weniger Rücklagen angesammelt werden, bei Mietausfällen oder im Falle höherer Anschlussfinanzierung drohen eher Liquiditätsprobleme, als wenn die Fondsimmobilie von einem Einzelinvestor erworben worden wäre.

- Durch die Bewirtschaftungskosten des Fonds sinkt die Netto-Mieteinnahme des Fonds gegenüber dem Erwerb der Immobilien durch einen Einzelinvestor. Wertsteigerungen müssen zunächst die fondseigenen Kosten kompensieren, bis sie die Anleger erreichen. Einnahmeausfälle können schnell die Ausschüttungen reduzieren.

Typische Risiken aus der Fondskonstruktion sind:

- **Eigentumsverhältnisse:**
  Da die Fondsgesellschaft über ausreichende finanzielle Mittel erst verfügt, wenn der Fonds geschlossen ist, können Grundstücksankäufe oder Grundstückssicherungen möglicherweise erst vollständig gewährleistet werden, wenn das Eigenkapital im Zugriff steht. Hier können Risiken im grundsätzlichen Entstehen des Fonds liegen: Zeichner sind vorhanden, aber das Grundstück ist nicht mehr gesichert.

- **Baurecht:**
  Für das Baurecht, d. h. für das Vorliegen der Baugenehmigung, gelten bei ungenügendem finanziellen Vorlauf des Initiators ähnliche Vorbehalte wie im Falle der Eigentumsverhältnisse: Liegt die Baugenehmigung mit Prospektherausgabe nicht vor, ist das Investitionsvorhaben nicht gesichert.

- **Fungibilität:**
  Zeichner eines geschlossenen Fonds sind Anteilseigner, im Falle von Immobilien aber nicht Eigentümer einer abgeschlossenen Einheit. Während der Verkauf der Immobilie grundsätzlich möglich ist, ist der Verkauf eines Fondsanteils erheblich schwerer. Geschlossene Fonds kaufen und verkaufen können Anleger über den Zweitmarkt für geschlossene Fonds an der Fondsbörse Deutschland. Gegebenenfalls sind erhebliche Abschläge in Kauf zu nehmen. Eine Teileigentumseinheit einer Wohn- oder Gewerbeanlage wäre mit einem geringeren Verlust veräußerbar.

- **Haftung:**
  Hohen steuerlichen Verlusten in der Einzahlungsphase stehen haftungsrechtliche Verpflichtungen des einzelnen Zeichners gegenüber. Im Falle eines GbR-Fonds ohne quotale Beschränkung kann sogar eine Querhaftung für andere Zeichner aufleben. Wenn die Haftung quotal beschränkt und ggf. durch eine KG-Konstruktion „gedeckt" ist,

besteht im Falle eines nicht von allen Gesellschaftern durchgeführten Nachschusses ein Insolvenzrisiko des Fonds. Die Insolvenz kann nur durch Übernahme der Anteile der säumigen Zeichner abgewendet werden. Selbst für Gesellschafter, die ihrer Nachschusspflicht nachkommen, besteht insofern ein nicht unerhebliches Insolvenzrisiko, das jedenfalls eine Wertevernichtung der Immobilie zur Folge hat. Im Falle eines abgeschlossenen Immobilieneigentums, auch bei Teileigentum, gibt es weder eine Querhaftung noch ein Konkursrisiko beim Ausfall des Hausverwalters.

- **Steuerliche Rahmenbedingungen:**
  Die Konzeption geschlossener Fonds basiert auch auf Ausnutzung steuerlicher Vorteile im Ausland, wie z. B. Freibeträge, Doppelbesteuerungsabkommen und niedrigerer Steuersätze. Änderungen der steuerlichen Rahmenbedingungen können diese Effekte zu Fall bringen. Damit sind möglicherweise die entscheidenden Gründe zur Anlage in einen geschlossenen Fonds nicht mehr vorhanden. Dieses Risiko liegt einzig beim Anleger und ist entscheidend von der Politik geprägt.

- **Fehlende Schutzvorschriften:**
  Geschlossene Fonds haben sich von „Investitionen des grauen Kapitalmarktes" zu Finanzinstrumenten entwickelt. So wird ein Verkaufsprospekt durch die Bundesanstalt für Finanzdienstleistungsaufsicht (BaFin) auf formelle Vollständigkeit und Kohärenz geprüft. Vermittler von Beteiligungen müssen eine besondere Erlaubnis des Gewerbeamtes nach §34f Gewerbeordnung (GewO) besitzen. Trotzdem gibt es für Initiatoren von geschlossenen Fonds nach dem VermAnlG in der Konzeption noch verschiedene Freiräume.

9.9.2   Chancen

Viele Investitionen, für die Beteiligungen an geschlossenen Fonds angeboten werden, könnten von den Zeichnern sonst nicht erworben werden. Dies sind:
- Schiffsbeteiligungen,
- Beteiligungen an Infrastrukturmaßnahmen,
- Beteiligungen an erneuerbaren Energien,
- Beteiligungen an Forschung und/oder ökologischen Entwicklungen,
- spekulative Beteiligungen an Exploitationen von Bodenschätzen oder Minen,
- Immobilienbeteiligungen an gewerblichen Objekten.

Die Chancen auf Wertsteigerungen oder Ertrag der Investitionsgüter allein werden durch das Einbringen des Objektes in einen geschlossenen Fonds vermindert, da die Fondsbetreuung selbst einen Anteil aus dem Ertrag erhält und die „weichen Kosten" in der Investitionsphase einen Vorgriff auf zukünftige Wertsteigerungen darstellen.

Insbesondere ergeben sich aber Chancen durch die Fondskonstruktion aus:

- **Sicherheit:**
  Ein ordnungsgemäß konzipierter Fonds bietet dem Zeichner die Sicherheit, das Investitionsobjekt zu errichten und zu betreiben, ohne dass er sich um Details kümmern muss. Er profitiert an einem ihm fremden Markt, ohne sich in die Materie einarbeiten zu müssen. Im Fall von Immobilien ist er zwar formal „Bauherr", tatsächlich ist das Risiko aus dieser Stellung durch Höchstpreisversicherungen und Mietgarantien gegen Null reduziert.

- **Rendite:**
  Die Ausschüttungen sind ein wesentliches Prospektversprechen und Grundlage der wirtschaftlichen Prognoserechnung des Fonds. Bei Eintreten der wirtschaftlichen Rahmendaten kann der Anleger von einer zugesicherten Rendite seiner Investition ausgehen, ohne sich um Details kümmern zu müssen.

- **Steuervorteile:**
  Allein durch die Fondskonstruktion kann eine auf den Zeichner abgestimmte Anlagesumme investiert werden, die zudem steuerliche Rückflüsse gewährleistet. Anlagen in große gewerbliche Investitionen, die steuerliche Abschreibungen ermöglichen, sind mit den durchschnittlichen Zeichnungsbeträgen andernfalls nicht möglich.

9.10   Rating von geschlossenen Fonds

Die Beliebtheit, das Anlageportfolio zu diversifizieren, hat die Anleger in den letzten Jahren dazu veranlasst, verstärkt nach Möglichkeiten Ausschau zu halten, die angebotenen Fonds bewerten zu können. Daraufhin entstanden unzählige Agenturen, die sich auf die Bewertung von geschlossenen Fonds spezialisierten.

Zu den zu bewertenden Aspekten gehören u. a.:

Der Initiator
- Erfahrungen insgesamt und in dieser Branche
- Ergebnisse vergangener Fonds
- Konzerngebundenheit
- Interessenkonflikte

Das Management
- Persönlicher Hintergrund der handelnden Personen
- Schlüsselpersonenrisiko
- Qualität „Externer Partner"

Das Geschäftsmodell
- Investition und Finanzierung
- Qualität der Fondsobjekte
- Wertgutachten
- Sicherheiten z. B. Fertigstellung, Miete
- Kosten des Fonds
- Kostenrisiken
- Mittelherkunft
- Wirtschaftliches Konzept
- Marktsituation
- Wachstumsaussichten
- Verträge für die laufenden Einnahmen (Miet-, Leasing- und Charterverträge)
- Qualität der Vertragspartner (Bonität)
- Kostenkalkulation
- Exit-Strategie
- Steuerliche Konzeption
- Rechtliches Konzept
- Gesellschaftsvertrag

- Rechtsform
- Beteiligungsart
- Haftung
- Befugnisse des Managements
- Gesellschafterversammlung
- Beirat
- Kündigung und Übertragungen
- Treuhandverträge
- Mittelverwendungskontrolle

Prospekt und Dokumentation

- Verständlichkeit
- Aufbau, Existenz und Ergebnis nach IDW S 4 Standard
- Vollständigkeit und Kohärenz der Angaben
- Weitere externe Gutachten des Marktes
- Reaktion des Initiators auf Fragen

Die Gewichtung und Berücksichtigung dieser Kriterien obliegt jeder Ratinggesellschaft. Daher kann es zu unterschiedlichen Ergebnissen in der Beurteilung von Fonds kommen.

Ratinggesellschaft	Beschreibung	Internet
„G.U.B."	Deutschlands älteste unabhängige Rating-Agentur (seit 1973) für geschlossene Fonds. Gerne genutzt von Vertrieben und Initiatoren sowie Anlegern selbst.	www.gub-analyse.de
„Feri Research"	Eine der führenden europäischen Rating-Agenturen von Anlageprodukten und -märkten (private und institutionelle Anleger).	www.feri.de
„Scope"	Eine deutsche Rating-Agentur für das internationale Investmentgeschäft. Banken und Initiatoren nutzen die umfangreiche Plattform mit vielen Beratungstools.	www.scope.de
„DFI-Report"	Die Analyse und Beurteilung von Leistungsbilanzen ist traditionell eine Domäne des DFI. Der DFI-Report gehört zum Branchenstandard.	www.dfi-report.de
„markt-intern"	Ein Informationsbrief, der wöchentlich erscheint und seit über 30 Jahren konsequent und kompromisslos die Interessen der Anleger vertritt.	www.markt-intern.de

10   Basiswerte von Kapitalanlagen

10.1   Zertifikate

Beispiel:

Herr Michel verfolgt seit einiger Zeit die unterschiedlichsten Anlagemärkte. Eine Erkenntnis für ihn ist es, dass man mit einem begrenzten Kapital auch nur begrenzt in Kapitalanlagen direkt investieren kann, weil die Mindestanlagesummen oft sehr hoch sind. Wenn ein Investment auch mit kleineren Summen möglich ist, steigen die Kosten wegen der Mindestgebühren der Banken und Händler überproportional. Herr Michel möchte gerne zu seinem bestehenden Portfolio weitere Anlagealternativen nutzen. Auch ist er an Möglichkeiten interessiert, mit seinen begrenzten finanziellen Mitteln an fallenden und seitwärts tendierenden Kursen zu partizipieren. Welche Auskunft erhält Herr Michel von seinem Anlageberater?

10.1.1   Rechtliche Rahmenbedingungen für Anleger

Zertifikate sind rechtlich gesehen zunächst Inhaberschuldverschreibungen, die hauptsächlich von Banken herausgegeben werden. Als Urmutter dieses strukturierten Produktes gilt die Dresdner Bank, die 1989 diese kreative Anlageform erstmals am Markt platzierte. Wie sie aus den vorherigen Kapiteln wissen, hat der Inhaber einer Schuldverschreibung zwei Grundrechte: Das Recht auf Rückzahlung seines Kapitaleinsatzes und das Recht auf einen Zins.

Bei Zertifikaten hängt die Höhe des Rückzahlungsanspruches von dem erworbenen Zertifikat ab. Sie kann mindestens dem eingesetzten Kapital entsprechen oder in einem bestimmten Verhältnis zu einem bestimmten **Basiswert** bestehen. Dieser Basiswert kann ein einzelner sein, aber auch aus mehreren **Basisinstrumenten** bestehen.

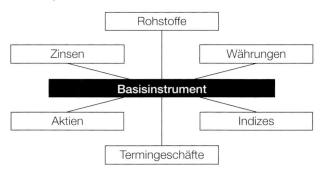

Als Basisinstrumente dienen u.a. Aktien, Anleihen, Termingeschäfte, Rohstoffe, Währungen oder Indizes. Der Ertrag steht in der Regel in Abhängigkeit zur Entwicklung des Basiswertes und ist dem **Verkaufsprospekt** zu entnehmen. Da die Emittenten die verschiedenen Komponenten mit unterschiedlicher Komplexität anbieten, muss der Anleger oder sein Berater schon gut recherchieren, welches strukturierte Produkt für seine Risikomentalität und zur Erreichung seiner Ziele (anleger- und anlagegerechte Beratung) als am besten geeignet erscheint.

Zertifikate decken fast alle **Assetklassen** ab und lassen sich grob in **Anlage- und Hebelprodukte** differenzieren. Die Anlageprodukte eignen sich für den mittel- und langfristigen Vermögensaufbau, während sich Hebelprodukte für kurzfristige Spekulationen eignen.

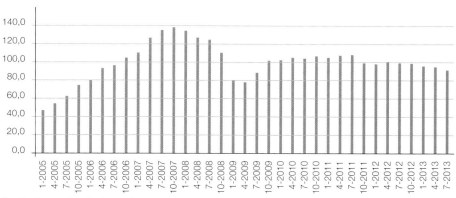

Quelle: Deutscher Derivate Verband

An den Börsen in Stuttgart (**EUWAX**) und Frankfurt (**Scoach**) waren im September 2013 insgesamt 463.333 Anlagezertifikate und 618.012 Hebelprodukte notiert, die sich im Verhältnis wie folgt verteilen:

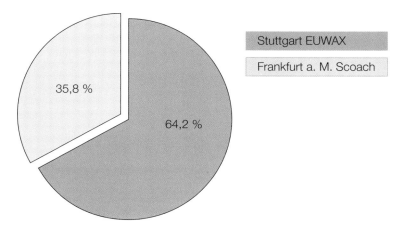

10.1.2   Gute Gründe für Zertifikate

An dieser Vielzahl von Variationen kann man leicht erkennen, wie universell dieses Produkt „Zertifikat" den Bedürfnissen der Kunden angepasst werden kann. Daher spricht der **Deutsche Derivate Verband** (www.derivateverband.de) gerne auch von fünf guten Gründen für den Einsatz von Zertifikaten:

- **Renditechancen in jeder Marktsituation**

  Die unterschiedliche Ausgestaltung der Zertifikate ermöglicht dem Anleger, sowohl bei steigenden, fallenden und seitwärts tendierende Kursen eine positive Rendite zu erzielen.

Welches Zertifikat setze ich wann ein?

Markterwartung	Aktien bzw. Fonds	Zertifikate als Alternative
Steigende Kurse	Gewinne	Outperformance-Zertifikat
Stagnierende Kurse	0	Bonus- und Discountzertifikat
Fallende Kurse	Verluste	Reverse-Bonus-Zertifikat

- **Große Auswahl an Basiswerten und Anlageklassen**

  Mit strukturierten Produkten kann der Anleger an den Entwicklungen der schon erwähnten Basisinstrumente Aktien, Anleihen, Termingeschäfte, Rohstoffe, Währungen und Indizes partizipieren. Er hat damit auch die Möglichkeit, eine bestimmte Anlagestrategie umzusetzen und in bestimmte Assetklassen gezielt zu investieren.

- **Passende Produkte für jede Risikoneigung**

  Verbriefte Derivate – wie die Zertifikate auch genannt werden – bieten dem konservativen Anleger die Möglichkeit der Sicherung seines eingesetzten Kapitals. Der Spekulant wird die ungeahnten Möglichkeiten der sogenannten Hebelprodukte nutzen, um seinem Ziel nach hohen Gewinnchancen zu entsprechen, weil er die damit gleichzeitig eingegangenen hohen Risiken als vertretbar erachtet. Die strukturierten Anleihen bieten somit zu jeder Risikoneigung entsprechende Anlagemöglichkeiten. Durch die fehlende gesetzliche Regelung für diese Produkte ist es besonders wichtig, den alten Leitsatz der Kapitalanlage zu beherzigen: „Je größer die Chance einer Anlage scheint, desto größer ist auch das damit verbundene Risiko, das eingesetzte Kapital komplett zu verlieren."

- **Handelbarkeit**

  Dieser Wertpapiertyp kann auch während der im Emissionsprospekt beschriebenen Laufzeit an der Börse oder außerbörslich gehandelt werden. Als Börsen können u. a. die Börse in Stuttgart/EUWAX oder die Scoach in Frankfurt am Main gewählt werden. Damit hat der Kunde auch während der Laufzeit der strukturierten Produkte die Möglichkeit, die Liquidation seines Investments vorzunehmen.

- **Umfassendes Informationsangebot**

  Jeder Anleger sollte sich vor dem Kauf eines Zertifikates umfassend über das Produkt und seine individuellen Eigenschaften informieren, aber nicht vergessen, wie für alle festverzinslichen Wertpapiere gibt es auch bei den strukturierten Produkten das **Bonitätsrisiko** des Emittenten.

Die Klassifikation von Zertifikaten

Kapitalschutz-zertifikate Strukturierte Anleihen	Aktienanleihen Bonuszertifikate Discountzertifikate Expresszertifikate Indexzertifikate Outperformance-zertifikate Sprintzertifikate	Options-schein	Knock-Out-Produkte
mit Kapitalschutz	ohne Kapitalschutz	ohne Knock-Out	mit Knock-Out
Anlageprodukte		Hebelprodukte	
Derivate	Wertpapiere		

Quelle: Deutscher Derivate Verband

Der Emittent verpflichtet sich, mit dem Zertifikat eine dem Emissionsprospekt entsprechende Leistung zu liefern. Er schuldet dem Anleger eine bestimmte Leistung zu einem vereinbarten Termin, deren Höhe von der Entwicklung des Basiswertes abhängt. Die Höhe der Rückzahlung am Laufzeitende ist dem Emittenten nicht bekannt und stellt für ihn ein Risiko dar. Dieses Risiko versuchen die Emittenten durch entsprechende **Gegengeschäfte** (Optionen, Termingeschäfte usw.) zu kompensieren. Der Emittent sichert (**hedged**) sich gegen diese Risiken ab. Außerdem hat der Emittent die Funktion als „**Market Maker**". Er stellt sicher, dass seine Zertifikate ge- und verkauft werden können und verpflichtet sich, während der Handelszeiten und unter „normalen" Marktbedingungen die Zertifikate zurückzukaufen.

Umsatzvolumen nach Produktgruppen (Juni 2013)

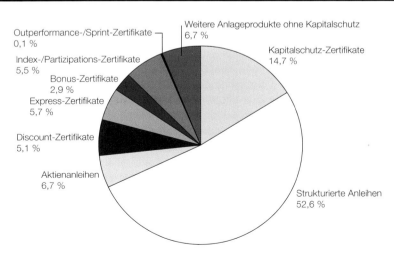

Outperformance-/Sprint-Zertifikate 0,1 %

Index-/Partizipations-Zertifikate 5,5 %

Bonus-Zertifikate 2,9 %

Express-Zertifikate 5,7 %

Discount-Zertifikate 5,1 %

Aktienanleihen 6,7 %

Weitere Anlageprodukte ohne Kapitalschutz 6,7 %

Kapitalschutz-Zertifikate 14,7 %

Strukturierte Anleihen 52,6 %

Zu den 16 größten Emittenten in Deutschland gehören die Deutsche Bank, Commerzbank, BNP Paribas, Royal Bank of Scotland, DZ Bank, Citigroup, HSBC Trinkaus, Socíe-
te Générale, Goldman Sachs, Macquarie Oppenheim, UBS Investment Bank, Vontobel,
Landesbank BW, Unicredit, Landesbank Berlin und WestLB. Sie zusammen decken über
90 % des gesamten Marktes ab.

Marktanteile nach Marktvolumen derivativer Wertpapiere (Juni 2013)

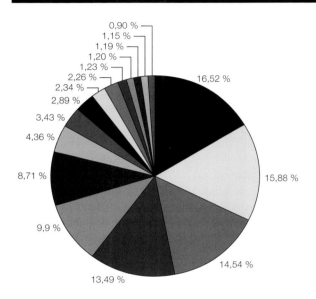

Deutsche Bank 16,52 %
Commerzbank 15,88 %
Helaba 14,54 %
DZ BANK 13,49 %
HypoVereinsbank 9,9 %
LBBW 8,71 %
Landesbank Berlin 4,36 %
Royal Bank of Scotland 3,43 %
BayernLB 2,89 %
Société Générale 2,34 %
UBS 2,26 %
NordLB 1,23 %
WGZ BANK 1,20 %
HSBC Trinkaus 1,19 %
BNP Paribas 1,15 %
Goldman Sachs 0,9 %

Beispiel:

Herr Michel möchte sich langsam an die Materie „Zertifikate" herantasten und sucht ein
Produkt, bei dem er nicht das Risiko eingeht, am Ende der Laufzeit sein ganzes Geld verloren zu haben und dennoch eine ansprechende Rendite möglich ist.

10.1.3 Garantiezertifikate

Das Garantiezertifikat kann wie jedes andere Zertifikat sehr unterschiedlich gestaltet werden. Die Garantie bezieht sich in den meisten Fällen aber auf den Erhalt des Kapitals. Am
Ende der Laufzeit wird eine Rückzahlung des eingesetzten Kapitals (ohne die angefallenen Kosten, z. B. Aufpreis) vom Emittenten garantiert. Hier ähnelt diese Inhaberschuldverschreibung am ehesten den klassischen Schuldverschreibungen und seinem Rück-
zahlungsrecht zu 100 %. Es gibt aber auch Garantiezertifikate, in denen nicht die 100 %
des Kapitals garantiert werden. Weil man aber grundsätzlich keinen Totalverlust erleiden
kann, nennt man diese Papiere auch **Airbagzertifikate**. In der Regel erkauft sich der
Anleger diese Garantie mit dem Verzicht auf laufende Erträge (z. B. Dividenden, Zinsen).

Beispiel:

Basiswert (WKN/ISIN)	Index (123456/DE0001234561)
Währung des kapitalgeschützten Capzertifikates	EUR
Zeichnungsfrist	02.03.2010 bis 02.04.2010
Ausgabetag	06.04.2010

Anfänglicher Ausgabepreis	100 EUR zzgl.
Ausgabeaufschlag	2 EUR
Kapitalschutzbetrag	100 EUR
Cap (Index)	160 % des Basispreises
Höchstbetrag (Zertifikat)	160 EUR
Anfänglicher Bewertungstag	31.03.2010
Finaler Bewertungstag	31.03.2016
Basispreis	Schlusskurs des Indexes am anfänglichen Bewertungstag
Referenzpreis	Schlusskurs des Indexes am finalen Bewertungstag
Fälligkeitstag	3 Bankgeschäftstage nach dem finalen Bewertungstag
Kursentwicklung des Indexes	Referenzpreis ÷ Basispreis
Kleinste handelbare Einheit	1 Zertifikat
Börsennotierung	Stuttgart (EUWAX), Frankfurt (Scoach Premium)
Letzter Börsenhandelstag	30.03.2016

Quelle: Deutscher Derivate Verband

Mögliche Szenarien zum Ende der Laufzeit bei diesem Zertifikatstyp:

1. Der **Referenzkurs** (Kurs vom Basisinstrument) liegt auf oder unter dem Basispreis. Der Anleger hätte dann bei einem direkten Investment einen Verlust eingefahren. Bei diesem Garantiezertifikat erhält er den **Kapitalschutzbetrag** zurück. In diesem Fall ist der Inhaber des Zertifikates bessergestellt als bei einer Direktanlage.
2. Der Referenzkurs liegt zwischen dem Basispreis und der bei diesem Zertifikat vereinbarten Höchstmarke (**Cap-Grenze**). Der Anleger erhält umgerechnet den Wert der prozentualen Wertsteigerung des Basiswertes zum aktuellen Kurs ausbezahlt. In diesem Szenario partizipieren beide Investoren gleich an der Kursentwicklung des Basiswertes (**I-Index**). Da der Basiswert keine laufenden Ausschüttungen hat, ist der Ertrag (ohne Berücksichtigung der Kosten und Steuern) in diesem Fall für beide Investoren gleich.
3. Der Referenzkurs liegt auf oder über der Cap-Grenze. Jetzt erhält der Zertifikatbesitzer nur den Höchstbetrag ausbezahlt, während der direkte Anleger auch den höheren Wert realisieren würde.

> **Beispiel:**
>
> In einer Zeitschrift hat Herr Michel gelesen, dass die Investition in Einzeltitel von Aktien langfristig nicht so lohnend ist, wie die Performance der Indizes sich entwickelt. Er überlegt sich, ob es nicht möglich ist, mit der gerade ausgezahlten Tantieme seiner Firma in Höhe von 10.000 EUR alle Werte im DAX zu kaufen.

10.1.4 Indexzertifikate

Dieser Zertifikatstyp war die erste herausgegebene Zertifikatsform und bezog sich 1989 auf den DAX und wurde von der Dresdner Bank emittiert. Die Idee war es, eine Kapitalanlage ohne hohe Kosten, einer breiten Marktabdeckung, einer hohen Streuung und einem überschaubaren Risiko zu kreieren. Der Anleger partizipiert an der Entwicklung des Basiswertes. Daher wird dieses Zertifikat auch als **Partizipationszertifikat** bezeichnet.

Der Anleger kann mit diesem Wertpapier an der Entwicklung von Aktien-, Rohstoff- oder Anleihenindizes partizipieren. Die Komplexität, einen Index als Anleger nachzubilden, würde einen enormen Kapitaleinsatz, hohe Kosten und eine ständige Überwachung der Gewichtung des Indexes mit sich bringen. Ein Indexzertifikat nimmt dem Anleger diese Arbeit zu verhältnismäßig geringen Kosten und auch schon bei kleinen Investments ab. Da diese Zertifikate eine zum Index nahezu identische Entwicklung haben, kann der Anleger den Verlauf des Indexes zu 100 % nachahmen. Allerdings wird er den Index niemals „schlagen". Berücksichtigt man noch An- und Verkaufsgebühren (evtl. Depotgebühren), kann man festhalten, dass der Anleger immer eine Performance haben wird, die schlechter ist als der zugrunde liegende Index.

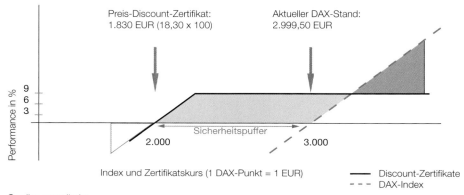

Quelle: comdirekt

Mögliche Szenarien können sein: Der Index steigt, fällt oder stagniert, dann partizipiert der Anleger dem Verhältnis entsprechend 1:1 an dieser Wertentwicklung des Basiswertes.

Vorteile	Nachteile
Direkte Partizipation am zugrunde liegenden Index	Kein Kapitalschutz
Gewinnchancen sind unbegrenzt	Negative Kursentwicklungen werden 1:1 getragen
Offizieller Referenzwert	Dividendenzahlungen finden keine Berücksichtigung

10.1.5   Kosten bei Zertifikaten

Der Emittent möchte durch das Auflegen von Zertifikaten Geld verdienen, ohne dass er größere Risiken eingehen muss oder von der Entwicklung der Märkte abhängig ist. Für den Anleger bedeutet dies, dass er je nach Zertifikat mit unterschiedlichen Kosten rechnen muss:

1. **Spread**: Als Spread bezeichnet man die Geld-Brief-Spanne bei Zertifikaten. Kaufen wir z. B. eine ausländische Währung, dann bezahlen wir den Briefkurs. Wenn wir ausländische Währungen wieder in Euro tauschen möchten, erhalten wir nur den Geldkurs. Dieses ist der Hauptkostenblock bei Zertifikaten.

   Beispiel:

   Der Emittent bietet an, seine Zertifikate für 100 EUR oder für 105 EUR zu verkaufen. Der Spread liegt hier bei 5 EUR bzw. 5 %.

2. **Ausgabeaufschlag (Agio)**: In der Regel wird für Zertifikate, allen voran Indexzertifikate, kein Ausgabeaufschlag erhoben. Bei Basketzertifikaten wollen die Emittenten bereits bei der Emission Erträge generieren. Bis zu 3 % wird vom Zeichnungspreis als Ausgabeaufschlag abgezogen.

3. **Bankgebühren (Spesen)**: Bei jedem Wertpapiergeschäft fallen grundsätzlich Bankgebühren an. Die Höhe der Gebühren ist auch beim Handel mit Zertifikaten abhängig von der Verwahrstelle. Die Gebühren können zwischen 0,2 und 0,8 % liegen, je nachdem, ob es sich bei der Verwahrstelle um einen Discount-Broker oder um eine Filialbank handelt.

4. **Maklergebühren (Courtage)**: Der Börsenmakler wickelt im Auftrag der Verwahrstelle den Kauf oder Verkauf ab. Für diese Dienstleistung berechnet der Makler ca. 0,08 % des Auftragsvolumens. Diese Courtage wird von der Verwahrstelle im Voraus bezahlt und dem Kunden zusammen mit den Bankgebühren in Rechnung gestellt.

   Im außerbörslichen Handel ist kein Makler zwischengeschaltet. Hier wird die Order direkt an die Emissionsbank gerichtet. Damit entfällt die Courtage für den Anleger. Gleiches gilt für den Kauf von Zertifikaten im Rahmen einer Neuemission, auch hier ist kein Makler zwischengeschaltet, sodass diese Gebühr nicht anfällt.

5. **Management Fee**: Bei den Partizipationszertifikaten werden die Basiswerte vom Emittenten selbst zusammengestellt und während der Laufzeit auch den Emissionsbedingungen entsprechend gepflegt. Hierfür berechnet der Emittent eine Management Fee. Diese Gebühr liegt i. d. R. zwischen 0,5 und 2 % und wird über die Laufzeit hinweg pro rata abgerechnet.

6. **Performance Fee**: Diese besondere erfolgsabhängige Gebühr fällt i. d. R. nur bei Hedgefondszertifikaten an. Entwickelt sich das Zertifikat sehr positiv, dann erhält das Management eine zusätzliche Vergütung. Diese Vergütung kann z. B. 10 % vom Jahresgewinn betragen.

10.1.6 Chancen & Risikopotenzial von Zertifikaten

Die Kursrisiken hängen von der individuellen Strukturierung des Zertifikates ab. Diese Risiken können erfahrene Anleger durch eigene Recherchen und der richtigen Einschätzung der Risiko-Nutzen-Einstufung begrenzen.

Anleger können aber auch das Rating der EDG (European Derivatives Group) nutzen. Die komplexen Strukturen werden durch die EDG quantitativ analysiert.

Quelle: EDG

Das Rating basiert auf zwei Grundbewertungen, aus deren Addition sich dann das Gesamturteil bildet:

1. **Qualitätsbewertung: Basis-Einstufung des Produktes**
   - Kosten des Zertifikates (20 % des Gesamtratings)
   - Handel = Liquidität (10 % bei Anlage- und 20 % bei Hebelprodukten des Gesamtratings)
   - Bonität des Emittenten (10 % bei Anlage- und 5 % bei Hebelprodukten des Gesamtratings)
   - Informationen = Transparenz (10 % bei Anlage- und 5 % bei Hebelprodukten des Gesamtratings)

2. **Risiko-Fit: Risiko-Nutzen-Einstufung** (50 % des Gesamtratings)
   - Kurs und Volatilität des Basiswertes
   - Zins und Dividenden
   - Fremdwährungskomponente
   - Bonität des Emittenten
   - Laufzeit

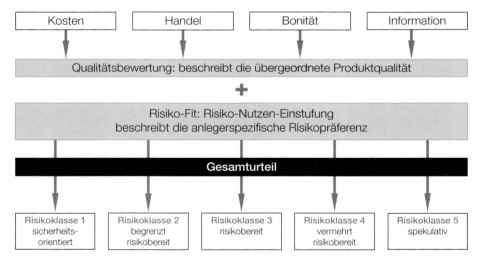

Die Bonität des Emittenten zu bewerten und zu beurteilen, stellt auch für erfahrene Anleger eine besondere Herausforderung dar. Hier kann sich der Anleger den großen Rating-Agenturen wie S&P, Moody's oder Fitch anvertrauen. Außerdem können dem Anleger die **Credit Spreads** helfen, die Bonität des Emittenten richtig einzuschätzen. Die **Credit Default Swaps (CDS)** stellen die **Versicherungsprämien** dar, welche das Unternehmen zur Absicherung seiner Schuldverschreibungen zu entrichten hat. Oft sind die Prämien zeitnäher und genauer als die Ratings.

Beispiele für Ratings und CDS von Emittenten von Zertifikaten:

Kurzbezeichnung Emittent	Moody's	Standard & Poor's	Fitch	CDS
Bank of America Merrill Lynch	Baa2	A-	A	83,60
Barclays Bank PLC	A2	A	A	101,01
Bayerische Landesbank	Baa1	---	A+	53,16
BNP Paribas	A2	A+	A+	88,20
CALYON Financial Products	A2	A	A+	---
Citigroup Global Markets Deutschland AG	Baa2	A-	A	75,08
Commerzbank AG	Baa1	A-	A+	109,16
Credit Suisse AG	A1	A	A	69,45
Deutsche Bank AG	A2	A	A+	70,39
DZ Bank AG	A1	AA-	A+	63,87
Erste Group Bank AG	A3	A	A	104,67
Goldman Sachs	A3	A	A	103,55
Helaba Landesbank Hessen-Thüringen	A2	A	A+	51,99
HSBC Trinkaus & Burkhardt AG	---	---	AA	73,12
HSH Nordbank AG	Baa2	---	A-	156,98
ING Bank NV	A2	A+	A+	91,56
JP Morgan AG	Aa3	A	A+	62,32
Landesbank Berlin AG	A1	---	A+	---
Landesbank Baden-Württemberg	A3	---	A+	54,86
Macquarie	A1	A	A+	106,62
Merrill Lynch	Baa1	A-	A	79,43
Morgan Stanley	Baa1	A-	A	119,81
Morgan Stanley besichert	---	---	---	119,81
Natixis	A2	A	A+	127,96
Nomura Bank International PLC	---	A-	---	113,56
Norddeutsche Landesbank	A3	BBB+	A	---
Rabobank	Aa2	AA	AA	59,54
Raiffeisen Centrobank AG	A2	A	AA	---
The Royal Bank of Scotland plc	A3	A	A	167,86
Sal. Oppenheim	---	---	AA-	---
SEB AG	Baa1	A+	A+	63,75
Société Générale	A2	A-	A+	118,58
UBS AG	A2	A	A	60,05
HypoVereinsbank (UniCredit)	A3	A	A+	120,66
Österreichische Volksbanken AG	Baa3	---	A	---
Vontobel Financial Products GmbH	A2	A	---	---
WGZ BANK AG	A1	---	A	---
Zürcher Kantonalbank	Aaa	AAA	AAA	---
UniCredit Bank AG	A3	A	A+	123,47
Österreichischen Volksbanken-AG	Baa3	---	A	---
Vontobel	A2	A	---	---
WGZ Bank	A1	---	A	---
Zürcher Kantonalbank	Aaa	AAA	AAA	---

Quelle: Bloomberg

Übersicht über grundsätzliche Unterschiede zwischen Aktien und Zertifikaten

	Aktie	Zertifikate
Laufende Erträge	Dividendenzahlung	i. d. R. keine
Einmalige Gebühren	An- und Verkaufsgebühr	Agio oder Spread
Laufende Gebühren	Keine	Meist durch fehlende Dividende
Liquidität	bei Nebenwerten evtl. eingeschränkt	Marktpflege durch Emittenten
Mitspracherecht	Teilnahme an Hauptversammlung	Kein Mitsprachrecht
Rechtsstellung des Anlegers	Eigentümer	Gläubiger

Übersicht der gängigen Zertifikate

Zertifikat	Funktion	Vorteil/Chance	Nachteil/Risiko	Für wen?
Index	1:1 wie der Basiswert	Investment in ganze Aktienmärkte	Verluste schlagen ungefiltert durch	Als Ergänzung zu Aktien und Anleihen
Discount	Verbilligt den Einstieg, begrenzt die Gewinnchancen	Teilschutz gegen Kursrückgänge	In Baisse-Phasen ist mit Verlusten zu rechnen; nur begrenzte Gewinnchancen	Erfahrener Anleger, weil er den Basiswert kennen und bewerten muss
Bonus	Bonuszahlung, wenn der Basiswert die Untergrenze nicht erreicht oder unterschreitet	Hohe Renditen bei Seitwärtsphasen und unbegrenzte Chancen bei steigenden Kursen	Bonus ist in Baisse-Phasen gefährdet; Verluste wie bei Direktinvestment möglich	Erfahrener Anleger, weil er den Basiswert kennen und bewerten muss
Garantie	Rückzahlung des Nennwertes am Laufzeitende ganz oder teilweise gesichert	Sichere Anlagemöglichkeit bei guter Bonität des Emittenten	Geringe Gewinnchancen; während der Laufzeit können Verluste entstehen	Einsteiger und konservative Anleger
Express	Vorzeitige Rückzahlung bei bestimmten Voraussetzungen	Vorzeitige Rückzahlung mit eventuellen Gewinnen möglich	Hohe Kursverluste sind möglich	Erfahrene Anleger, die eine klare Einschätzung der weiteren Entwicklung haben
Sprint	Führt zum Erfolg zwischen zwei Barrieren am Ende der Laufzeit	Höherer Gewinn als beim Direktinvestment, wenn Funktion erfüllt	Hohe Verluste und der Gewinn ist begrenzt	Erfahrene Anleger, die moderate Kursentwicklungen erwarten
Outperformance	Ab der vereinbarten Kursschwelle wird der Gewinn gehebelt	Höhere Gewinnchancen als im Basiswert selbst	Verlustrisiko liegt bei 1:1	Erfahrene Anleger

10.1.7 Steuerliche Betrachtung

Zertifikate gehören auch zur Kategorie der Schuldverschreibungen und werden demnach entsprechend behandelt.

Die ordentlichen sowie die außerordentlichen Erträge unterliegen der Abgeltungsteuer in Höhe von 25 % zzgl. Solidaritätszuschlag von 5,5 % und ggf. Kirchensteuer. Gewinne aus diesem Bereich können mit Verlusten aus allen anderen Einkünften aus

Kapitalvermögen verrechnet werden, nur nicht mit den Veräußerungsverlusten aus Aktiengeschäften.

Negative Einnahmen durch Veräußerungsverluste bei Zertifikaten können dagegen mit allen positiven Einkünften aus Kapitalvermögen, auch Dividenden und Veräußerungsgewinne aus Aktiengeschäften, verrechnet werden.

10.2   Finanzderivate als Anlageinstrumente professioneller Anleger

Beispiel:

Frau und Herr Michel überlegen sich, wie die derzeitige Situation an der Börse für sie dennoch ein Erfolg werden kann. Die kurzfristigen Kursprognosen sind alles andere als rosig. Von ihrem Anlageberater haben sie etwas von Geschäften gehört, bei denen man auf die Kursentwicklung z. B. einer Aktie wettet, ohne diese Aktie selbst kaufen zu müssen. Damit benötigt der Kapitalanleger weniger Kapital als beim direkten Kauf der Aktie und man kann dennoch an der Kursentwicklung partizipieren. Frau Michel hat das Gefühl, dass solche Geschäfte nicht ganz legal sind, weil sie viel Ähnlichkeit mit einer Wette haben. Herr Michel versucht sie zu beruhigen, denn obwohl er die Bedenken seiner Frau versteht, glaubt er daran, dass Banken nur legale Geschäfte tätigen.

Wir lernten, dass sich Zertifikate (verbrieftes Zertifikat) auf Basiswerte beziehen und die Rendite des Zertifikates von der Wertentwicklung dieses Wertes abhängig ist. Auch die terminliche Differenzierung zwischen dem Verpflichtungsgeschäft und dem Erfüllungsgeschäft beträgt bei einem Zertifikat mehr als die zwei Tage, die wir vom Kassageschäft kennen. Daher wird im **§ 2 Abs. 1 Satz 3a WpHG** das Zertifikat (Schuldverschreibung) als Schuldtitel definiert. **Derivate** im Sinne dieses Gesetzes sind grob gegliedert in

* **Festgeschäfte** (Futures) oder
* **Optionsgeschäfte**,

die sich auf einen Basiswert (z. B. Aktien, Anleihen, Indizes, Devisen, Rohstoffe) beziehen und deren Preis unmittelbar oder mittelbar von diesem beeinflusst wird, es sind unverbriefte Derivate.

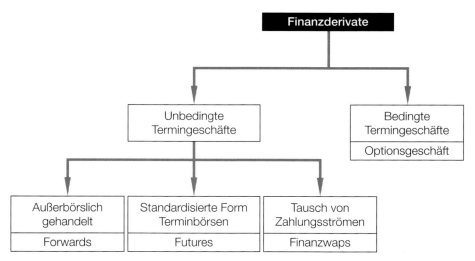

10.2.1   Gesetzliche Rahmenbedingungen für Finanzderivate

Die gesetzlichen Regelungen sind bei diesen Geschäften weitreichend und betreffen oft Bereiche, die man so nicht vermutet hätte. So würde ein Außenstehender dieses Geschäft sofort als Wette auf einen bestimmten Wert und deren Kursentwicklung bezeichnen. Während andere auf der Pferderennbahn auf den schnellsten, langsamsten oder auf einzelne Platzierungen tippen, machen es die Beteiligten hier auf die unterschiedlichsten Basiswerte und deren Kursentwicklungen in der Zukunft. Juristische Konsequenz: Spielschulden sind Ehrenschulden und damit nicht einklagbar, so steht es im **§ 762 BGB**. Trifft dies auch auf Termingeschäfte zu? Bis 2001 war dies so und erst als der §764 BGB abgeschafft wurde, in dem ganz klar definiert war, dass diese Geschäfte (ohne Grundgeschäft) als Spiel anzusehen waren, konnte die Finanzwelt aufatmen. Heute ist durch viele weitere rechtliche Definitionen das Termingeschäft auch gesetzlich geregelt. So wurde die sogenannte **Einrede** ausdrücklich im § 37e WpHG ausgeschlossen.

- Kreditwesengesetz
  - § 1 Abs. 11 – erklärt den Begriff Derivate
  - § 1a Abs. 3 – Finanzinstrumente im Handelsbuch
  - § 19 Abs. 1a – Derivate sind Kredite
  - §§ 13 und 14 – Kreditgeschäft
- Handelsgesetzbuch
  - § 340c Abs. 1 – Finanzinstrumente
- Wertpapierhandelsgesetz
  - § 2 Abs. 2, 2a – Derivate
  - § 37e – Ausschluss der Einrede
- Solvabilitätsverordnung
  - § 11 Abs. 1 – Adressenausfallrisiko
- Insolvenzordnung
  - § 104 Abs. 2 – Finanzleistungen

10.2.2   Optionsgeschäfte

Aus dem lat. kommt der Wortstamm **optio**, d. h. ins Deutsche übersetzt: **freier Wille**. Beziehen wir das auf ein Optionsgeschäft, dann hat einer der beiden Vertragspartner einen „freien Willen" und kann sich aussuchen, wie er sich letztendlich entscheidet, während sich der zweite Vertragspartner dem „freien Willen" des Anderen unterordnen muss. Man könnte auch sagen, er muss stillhalten, bis der andere sich bewegt. Der aktive Partner (Käufer) erwirbt das Recht,

- eine festgelegte Menge eines Basiswertes (z. B. Aktien),
- zu einem bestimmten Preis,
- in einer bestimmten Frist,
- zu kaufen (Call) oder verkaufen (Put).

Der passive Partner (Verkäufer) ist nur bei Ausübung der Option verpflichtet, den Basiswert zu liefern oder abzukaufen. Deswegen heißt dieser Vertragspartner auch **Stillhalter**.

Als Basiswerte (**Underlyings**) können die unterschiedlichsten Finanzprodukte dienen:

- Aktien   = Aktienoption
- Indizes   = Indexoption
- Zinssätze von Anleihen oder Geldmarktpapieren   = Zinsoption
- Devisen   = Devisenoption
- Derivate   = Option auf Derivate

An der **Eurex** werden überwiegend Optionen gehandelt, welche jederzeit während der Laufzeit ausgeübt werden können. Diese aus Amerika stammende Regelung wird daher auch **amerikanische Option** genannt. In Europa kennt man eher die Variante, dass nur zum Fälligkeitstag die Option ausgeübt werden darf (=**europäische Option**). Eine Kombination aus beiden schon beschriebenen Optionsformen ist, die Ausübung zu ganz bestimmten Zeitpunkten auch während der Laufzeit zu gestatten (=**Bermuda Option**).

Letztendlich kann man das Optionsgeschäft in zwei Teile aufgliedern: Der erste Teil besteht aus dem eigentlichen Abschluss eines Vertrages zum Kauf oder Verkauf von Basispapieren. Die Vertragserfüllung hängt von der Ausübung der Option ab, bevor das zweite Geschäft getätigt wird.

Grundgeschäft = Abschluss des Optionsgeschäftes

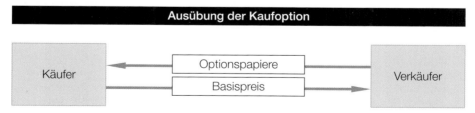

Kauft ein Anleger eine **Kaufoption** (Call) an der Eurex, so sichert er sich das Recht, in einer bestimmten Frist (Optionsfrist) jederzeit vom Verkäufer die Lieferung einer bestimmten Menge des Basiswertes zum vereinbarten Preis (Basispreis) zu verlangen. Er kann aber auch auf die Ausübung der Option verzichten. Der Käufer erwartet steigende Kurse/Preise und möchte sich die niedrigeren Konditionen sichern. Werden seine Erwartungen erfüllt, kann er durch den geringen Einsatz (Optionsprämie) einen gehebelten Gewinn erzielen. Treffen seine Erwartungen nicht ein, ist sein Verlust nur auf die Optionsprämie begrenzt.

Der Stillhalter erwartet stagnierende oder sogar fallende Kurse. Sein Risiko ist nicht begrenzt, denn er muss bei Ausübung der Option die Papiere liefern. Sollten die Papiere erheblich gestiegen sein, kann er die Optionsprämie vereinnahmen.

Ausübung der Kaufoption

Kauft ein Anleger ein Recht, während der Optionsfrist jederzeit eine bestimmte Menge eines Basiswertes zu einem vereinbarten Basispreis liefern zu dürfen oder auch darauf zu verzichten, dann spricht man von einer **Verkaufsoption** (Put). Der Käufer einer Verkaufs-option rechnet mit fallenden Kursen. Diese Variante wird gerne von z.B. Aktienbesitzern als **Kurssicherungsinstrument** verwendet. Fällt der Kurs der Aktie dann tatsächlich in der vorgegebenen Zeit (Optionsfrist), verkauft der Aktienbesitzer die Aktien, allerdings zu dem höheren vereinbarten Basispreis. Bleibt der Kurs der Aktie konstant oder steigt vielleicht sogar, dann behält der Aktienbesitzer die Aktie und lässt die Option verfallen.

Der Stillhalter als Verkäufer der Verkaufsoption rechnet mit gleichbleibenden oder steigenden Kursen. Steigen die Kurse oder bleiben diese zumindest gleich, wird der Käufer die Option nicht ausüben und der Verkäufer vereinnahmt die Optionsprämie. Fallen dagegen die Kurse, muss der Verkäufer bei Ausübung der Option abnehmen. Sein Verlust berechnet sich dann aus dem Basispreis und dem aktuellen Kurs der Aktie.

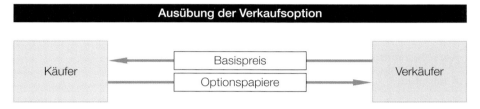

10.2.2.1 Die Grundformen des Optionsgeschäftes

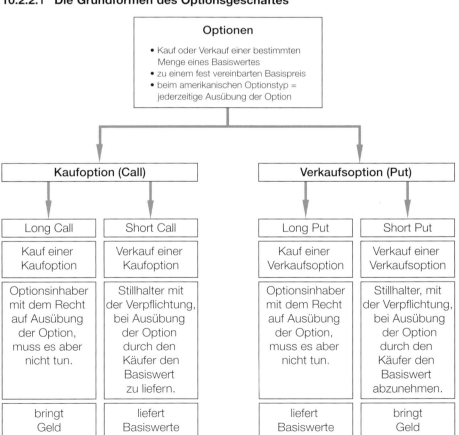

10.2.2.2 Kauf einer Kaufoption (Long-Position)

Beispiel:

Frau Michel ist aufgrund ihrer intensiven Recherchen zu der Ansicht gekommen, dass die Aktie der Siemens AG in den nächsten sechs Monaten steigen wird. Sie möchte maximal 6.500 EUR investieren, der aktuelle Kurs liegt bei 65 EUR. Sie überlegt, wie sie eine höhere Rendite erzielen kann. Entweder kauft sie sofort für 65 EUR 100 Aktien der Siemens AG oder sie erwirbt ein Kontrakt à 100 Stück Kaufoptionen der Siemens AG zum

- Basispreis 65 EUR
- zum Optionspreis von 5 EUR
- Laufzeit läuft bis 30.09.20..

	Kauf der Siemensaktie	Kauf einer Kaufoption
Kurs/Basispreis	65 EUR	65 EUR
Kaufdatum	Heute + zwei Tage	bis 30.09.20..
Menge/Anzahl	100 Stück	13 Kontrakte à 100 Stück
Optionspreis pro Stück	-	5 EUR (x 1.300 Stück)
Investitionspreis ohne Kosten	6.500 EUR	6.500 EUR
Auswirkung bei steigendem Kurs auf 80 EUR	1.500 EUR Gewinn	13.000 EUR Gewinn (Stück x (Aktienkurs – Basispreis – Optionspreis) Option wird ausgeübt
Auswirkung bei steigendem Kurs auf 70 EUR	500 EUR Gewinn	Kein Gewinn/Verlust (Stück x (Aktienkurs – Basispreis – Optionspreis) Option wird ausgeübt
Auswirkung bei fallendem Kurs auf 50 EUR	1.500 EUR Verlust nur bei einem realisierten Verkauf	26.000 EUR Verlust (Stück x (Aktienkurs – Basispreis – Optionspreis) Option wird nicht ausgeübt

Den Käufer erwarten steigende Kurse. Er kann sich durch den gesicherten Kaufkurs einen ordentlichen Profit sichern. Sollte der Kurs wider Erwarten fallen, ist der Verlust auf die Optionsprämie begrenzt. Die Chance ist für den Käufer unbegrenzt.

10.2.2.3   Verkauf einer Kaufoption (Short-Position)

Beispiel:

Herr Michel glaubt daran, dass der Aktienkurs der Linde AG in den nächsten Monaten stagnieren wird. Da die Dividende der Linde AG seine Erwartungen bis heute nicht erfüllt hat, möchte er diese ein wenig aufpeppen, da er auch nicht mit Kursgewinnen rechnet. Daher entschließt er sich, als Verkäufer eine Kaufoption zu betätigen.

- Aktienbestand 500 Stück
- Basispreis 100 EUR
- zum Optionspreis von 10 EUR
- Laufzeit läuft bis 30.04.20..

	Lindeaktie bleiben in Bestand	Verkauf einer Kaufoption
Kurs/Basispreis	100 EUR	100 EUR
Verkaufsdatum	Handelstag + zwei Tage	bis 30.04.20..
Menge/Anzahl	500 Stück	Fünf Kontrakte à 100 Stück
Optionspreis pro Stück	-	10 EUR (x 500 Stück)
Auswirkung bei steigendem Kurs auf 120 EUR	Aktien im Bestand möglicher Gewinn 10.000 EUR	Option wird ausgeübt Erlös aus der Option (Optionspreis x Stück) 5.000 EUR + Verkaufserlös 50.000 EUR - Theoretischer Gewinn 60.000 EUR Erfolg -5.000 EUR
Auswirkung bei fallendem Kurs auf 90 EUR	Aktien im Bestand theoretischer Verlust 5.000 EUR	Option wird nicht ausgeübt Erlös aus der Option (Optionspreis x Stück) 5.000 EUR + Theoretischer Verkauf 45.000 EUR Erfolg 50.000 EUR Nettoerfolg zum sofortigen Verkauf bei Options- abschluss = 0 EUR
Auswirkung bei fallendem Kurs auf 80 EUR	Aktien im Bestand theoretischer Verlust 10.000 EUR	Option wird nicht ausgeübt Erlös aus der Option (Optionspreis x Stück) 5.000 EUR + Theoretischer Verkauf 40.000 EUR Erfolg 45.000 EUR Nettoerfolg zum sofortigen Verkauf bei Options- abschluss = 5.000 EUR

Der Stillhalter glaubt an stagnierende oder leicht fallende Kurse. Seinen Profit sieht er im Einstreichen der Optionsprämie. Stillhalter müssen immer eine Sicherheitsleistung erbringen. Sein Risiko steckt im Verlustpotenzial, welches durch die Optionsprämie gemindert wird.

10.2.2.4 Kauf einer Verkaufsoption (Long-Position)

Beispiel:

Frau Michel glaubt im Gegensatz zu ihrem Mann nicht an die Zukunft der Telekom AG. Sie möchte den Aktienbestand von 2.500 Stück deswegen gegen künftige Kurseinbrüche absichern:

- Aktienbestand 2.500 Stück
- Basispreis 9 EUR
- zum Optionspreis von 0,50 EUR
- Laufzeit läuft bis 30.06.20..

	Telekomaktie bleibt in Bestand	Kauf einer Verkaufsoption
Kurs/Basispreis	9 EUR	9 EUR
Verkaufsdatum	Handelstag + zwei Tage	bis 30.06.20..
Menge/Anzahl	2.500 Stück	25 Kontrakte à 100 Stück
Optionspreis pro Stück	-	0,50 EUR (x 2.500 Stück)
Auswirkung bei steigendem Kurs auf 10 EUR	Aktien im Bestand möglicher Gewinn 2.500 EUR	Option wird nicht ausgeübt + Verkaufserlös　　　25.000 EUR - Theoretischer Kauf　22.500 EUR <u>- Optionspreis　　　　1.250 EUR</u> Erfolg　　　　　　　　1.250 EUR
Auswirkung bei bleibendem Kurs von 9 EUR	Aktien im Bestand theoretischer Gewinn/ Verlust 0 EUR	Option wird nicht ausgeübt + Verkaufserlös　　　22.500 EUR - Theoretischer Kauf　22.500 EUR <u>- Optionspreis　　　　1.250 EUR</u> Erfolg　　　　　　　-1.250 EUR
Auswirkung bei fallendem Kurs auf 8 EUR	Aktien im Bestand theoretischer Verlust 2.500 EUR	Option wird ausgeübt + Verkaufserlös　　　22.500 EUR - Theoretischer Verkauf 20.000 EUR <u>- Optionspreis　　　　1.250 EUR</u> Erfolg　　　　　　　　1.250 EUR

Der Käufer der Verkaufsoption ist „bärisch" zum Aktienverlauf eingestellt, also rechnet er mit fallenden Kursen. Hat er die Aktie im Depot wie Familie Michel, dient es zur Absicherung (Hedging) des Aktienwertes. Ist die Aktie nicht im Depot, dann ist es Spekulation und der Käufer möchte die Aktie bei gefallenen Kursen günstiger einkaufen. Fallen die Kurse nicht, bleibt der Verlust dieser Fehleinschätzung auf den Optionspreis begrenzt. Die Chance ist dagegen unbegrenzt.

10.2.2.5 Verkauf einer Verkaufsoption (Short-Position)

Beispiel:

Frau Michel überprüft das Gemeinschaftsdepot, das sie gemeinsam mit ihrem Mann unterhält. Im Depot befinden sich keine VW Vz.-Aktien, sie glaubt an den langfristigen Erfolg dieser Marke und würde die Aktie gerne als langfristiges Investment mit 500 Stück ins Depot aufnehmen. Sie glaubt mit dem Verkauf einer Verkaufsoption den richtigen Optionstyp gewählt zu haben:

- Basispreis 110 EUR
- zum Optionspreis von 9,50 EUR
- Laufzeit läuft bis 30.11.20..

	VW Vz.-Aktien werden sofort gekauft	Verkauf einer Verkaufs-option
Kurs/Basispreis	110 EUR	110 EUR
Verkaufsdatum	Handelstag + zwei Tage	bis 30.11.20..
Menge/Anzahl	500 Stück	Fünf Kontrakte à 100 Stück
Optionspreis pro Stück	-	9,50 EUR (x 500 Stück)
Auswirkung bei steigendem Kurs auf 130 EUR	Aktien im Bestand möglicher Gewinn 10.000 EUR	Option wird nicht ausgeübt + Optionspreis 4.750 EUR = Erfolg 4.750 EUR
Auswirkung bei fallendem Kurs auf 100 EUR	Aktien im Bestand theoretischer Verlust 5.000 EUR	Option wird ausgeübt + Optionspreis 4.750 EUR - Kaufpreis 55.000 EUR + Verkaufspreis 50.000 EUR = Erfolg - 250 EUR
Auswirkung bei fallendem Kurs auf 90 EUR	Aktien im Bestand theoretischer Verlust 10.000 EUR	Option wird ausgeübt + Optionspreis 4.750 EUR - Kaufpreis 55.000 EUR +Verkaufspreis 45.000 EUR = Erfolg -5.250 EUR

Der Stillhalter rechnet nur mit leicht steigenden oder stagnierenden Kursen und hofft darauf, dass die Option nicht ausgeübt wird, sodass er den Optionspreis vereinnahmen kann und die Papiere nicht abnehmen muss. Sollten die Kurse wirklich fallen, muss er die Papiere abnehmen und kann nur hoffen, dass diese den Basispreis wieder erreichen werden.

10.2.2.6 Handlungsalternativen für den Anleger

Der Optionsscheininhaber hat grundsätzlich drei Handlungsalternativen, er kann

- die Option nicht ausüben, also verfallen lassen,
- die Option ausüben oder
- die Option durch eine Option der gleichen Art als Gegengeschäft „glattstellen".

Option „**Verfallen lassen**" lohnt sich, wenn folgende Kriterien vorliegen:
- beim Call der Basispreis > Aktienkurs
- beim Put der Basispreis < Aktienkurs

Dann hat der Optionsscheininhaber nur den Optionspreis als Verlust.

Option „**Ausüben**" lohnt sich, wenn folgende Kriterien vorliegen:
- beim Call der Basispreis < Aktienkurs
- beim Put der Basispreis > Aktienkurs

Option „**Glattstellen**" lohnt sich immer, wenn durch das erste Geschäft ein Risiko eingegangen wurde, welches durch das Gegengeschäft reduziert wird.

> **Beispiele:**
>
> Call – Kauf einer Kaufoption:
>
> Der Optionsinhaber erwirbt das Recht zum Erwerb einer Aktie. Jetzt könnte er die Kaufoption zu den gleichen Bedingungen
> - Menge des Basiswertes
> - Laufzeit
> - Basispreis
>
> verkaufen und damit die Position schließen oder glattstellen. Der mögliche Gewinn oder Verlust liegt in der Differenz der unterschiedlichen Optionsprämien, die für die Optionen gezahlt werden.
>
> Put – Kauf einer Verkaufsoption:
>
> Der Optionsinhaber erwirbt das Recht zum Verkauf einer Aktie. Jetzt könnte er zu den gleichen Bedingungen
> - Menge des Basiswertes
> - Laufzeit
> - Basispreis
>
> verkaufen und damit die Position schließen oder glattstellen. Der mögliche Gewinn oder Verlust liegt in der Differenz der unterschiedlichen Optionsprämien, die für die Optionen gezahlt werden.

Als Stillhalter haben Sie nur zwei Alternativen, wobei die eine keine echte Alternative ist, denn Sie haben sich dazu verpflichtet, „stillzuhalten". Man könnte auch sagen: Abwarten und Tee trinken. Wenn der Optionsinhaber die Option nicht ausübt, dann verdient der Stillhalter die Optionsprämie. Aber Sie können die Position „glattstellen" und dieses stellt wirklich eine Alternative dar.

> **Beispiele:**
>
> Call – Verkauf einer Kaufoption:
>
> Hier muss der Stillhalter bei Ausübung der Option die Papiere liefern. Jetzt könnte der Stillhalter die Kaufoption zu den gleichen Bedingungen
> - Menge des Basiswertes
> - Laufzeit
> - Basispreis
>
> kaufen und damit die Position schließen oder glattstellen. Der mögliche Gewinn oder Verlust liegt in der Differenz der unterschiedlichen Optionsprämien, die für die Optionen gezahlt werden.

Put – Verkauf einer Verkaufsoption:

Hier muss der Stillhalter bei Ausübung der Option die Papiere abnehmen und das Geld bezahlen. Jetzt könnte der Optionsscheininhaber zu den gleichen Bedingungen

- Menge des Basiswertes
- Laufzeit
- Basispreis

kaufen und damit die Position schließen oder glattstellen. Der mögliche Gewinn oder Verlust liegt in der Differenz der unterschiedlichen Optionsprämien, die für die Optionen gezahlt werden.

10.2.2.7 Innerer Wert (Parität)

Der innere Wert errechnet sich aus der Differenz zwischen dem aktuellen Aktienkurs und dem Basispreis.

Beispiel:

Aktueller Aktienkurs 100 EUR – Basispreis 95 EUR = Innerer Wert 5 EUR

In diesem Fall spricht man von einem positiven inneren Wert. Würde man durch den Bezug der Option mehr bezahlen als beim direkten Erwerb über die Börse, dann entsteht ein negativer innerer Wert.

Aktienkurs	Basispreis	Innerer Wert	Bezeichnung
100	95	5	Option ist im Geld (in the money) Aktienkurs > Basispreis Positiver innerer Wert
95	95	0	Option ist am Geld (at the money) Aktienkurs = Basispreis Kein innerer Wert
90	95	-5	Option ist aus dem Geld (out of the money) Aktienkurs < Basispreis Rechnerisch negativer innerer Wert Ausübung nicht sinnvoll

10.2.2.8 Zeitwert

Der **Zeitwert** entspricht der Differenz zwischen dem Optionspreis und dem **inneren Wert** der Option.

Bei unserem Beispiel:

Optionspreis – Innerer Wert = Zeitwert
8 EUR   – 5 EUR   = 3 EUR

Bei einer im Geld befindlichen Option entspricht der Zeitwert dem Aufgeld. Der größte Feind des Zeitwertes ist das Ende der Optionsfrist. Denn zum Ende der Optionsfrist entspricht der Optionspreis dem inneren Wert. Damit wäre nach unserer Berechnung der Zeitwert gleich Null. Daraus können wir die These aufstellen, dass der Zeitwert mit dem Zeitverlauf der Option abnimmt.

10.2.3   Futures

Schließen zwei Vertragspartner einen Kaufvertrag ab, wissen wir, dass dieser Vertrag aus einem **Verpflichtungsgeschäft** und einem **Erfüllungsgeschäft** besteht. Das Verpflichtungsgeschäft besteht aus zwei kongruenten Willenserklärungen (Kaufvertrag) und das Erfüllungsgeschäft erfolgt zu einem im Kaufvertrag definierten Zeitpunkt. Bei einem Futures liegt dieser Zeitpunkt nach den sonst üblichen zwei Handelstagen im Börsengeschäft. Bei einem Futures gehen beide Vertragsparteien eine **Erfüllungsverpflichtung** bei Fälligkeit ein. Der eine Vertragspartner muss die Waren in jedem Fall liefern und der andere Vertragspartner muss diese Ware in jedem Fall abnehmen.

Bei einem Future besteht die Pflicht,
*   eine bestimmte Menge eines Basiswertes (Kontraktgegenstand)
*   zu dem am Handelstag vereinbarten Preis (Termin- oder Future-Preis)
*   an einem bestimmten Termin (Fälligkeit)
zu liefern (Short-Position) oder abzunehmen (Long-Position).

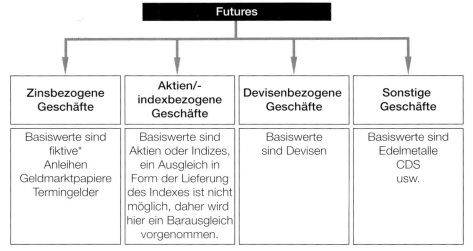

Futures			
Zinsbezogene Geschäfte	Aktien/-indexbezogene Geschäfte	Devisenbezogene Geschäfte	Sonstige Geschäfte
Basiswerte sind fiktive* Anleihen Geldmarktpapiere Termingelder	Basiswerte sind Aktien oder Indizes, ein Ausgleich in Form der Lieferung des Indexes ist nicht möglich, daher wird hier ein Barausgleich vorgenommen.	Basiswerte sind Devisen	Basiswerte sind Edelmetalle CDS usw.

* Fiktive Anleihen kennen wir schon vom REX, auch hier wird eine standardisierte Anleihe mit einem angenommen Zins von z. B. 6 % und einer konstanten Laufzeit von zehn Jahren angenommen wird.

Termingeschäfte haben eine lange Entwicklungsgeschichte. Gerade Händler wollten sich schon früh gegen die Risiken durch rückläufige Kursentwicklungen bei Waren, Währungen usw. absichern. Bei ihnen stand die Lieferung des Basiswertes im Vordergrund. Erst später kamen die sogenannten Spekulanten hinzu, deren einzige Absicht ist, aus den Differenzen der Kassakurse und künftigen Kurse zu partizipieren. Eine Lieferung der Basiswerte ist bei diesen Partnern nicht vorgesehen. Eine besondere Variante ist die Ausnutzung von **Arbitrage-Gewinnen**. Die Ausnutzung von Preisdifferenzen zwischen Kassa- und Terminkursen oder zwischen den Handelsplätzen bezeichnet man als Arbitrage (französisch „arbitrage", lat. *arbitratus* = Gutdünken, freie Wahl, freies Ermessen).

Vertragliche Abwicklung von Optionsgeschäften

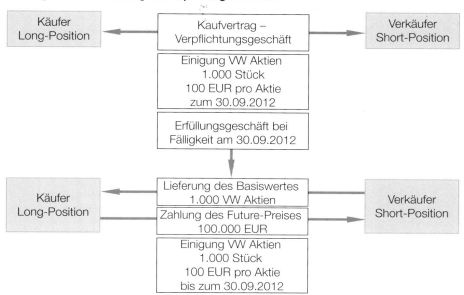

Absicherungsgeschäft (Hedging)	Spekulationsgeschäft
• Verkauf des Basiswertes auf Termin	• Verkauf des Basiswertes auf Termin
± Preis-/Kurssicherheit Bei steigenden Preisen/ Kursen keine Partizipation	Idee: bei Fälligkeit ist der Preis des Basiswertes niedriger als der Future-Preis, so kann er am Markt den Basiswert günstiger einkaufen und verkauft ihn dann an den Futurekontrahenten zum höheren Futurepreis
• Kauf des Basiswertes auf Termin ± Kurssicherheit Bei sinkenden Preisen/Kursen muss trotzdem der höhere Futurepreis bezahlt werden	= Gewinnpotenzial unbegrenzt = Verlustpotenzial unbegrenzt
	• Kauf des Basiswertes auf Termin
	Idee: bei Fälligkeit ist der Preis des Basiswertes höher als der Futurepreis, so kann er am Markt den Basiswert teurer verkaufen, nachdem er ihn vom Futurekontrahenten zum niedrigeren Futurepreis abgenommen hat.
	= Gewinnpotenzial unbegrenzt = Verlustpotenzial unbegrenzt

10.2.4   Handel mit Finanzderivaten

Ein Handel mit den Finanzderivaten kann bei verbrieften Derivaten oder unverbrieften Derivaten über die Börse oder außerhalb von Börsen abgewickelt werden.

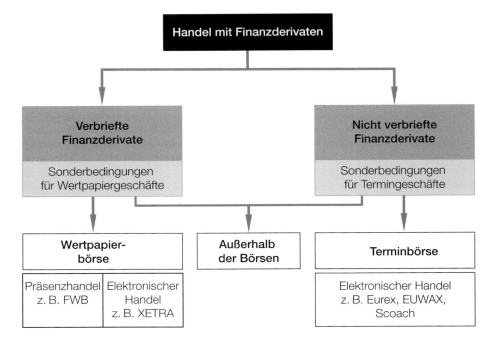

10.2.4.1 Handel an der Eurex

An der Eurex können natürliche und juristische Personen zur Teilnahme durch den Börsenvorstand zugelassen werden. Als Börsenhändler oder Börsenteilnehmer treten diese vom Börsenvorstand an der Eurex auf. Die Börsenteilnehmer können

- Eigen- und Kundengeschäfte tätigen und
- zusätzlich auch als Market-Maker tätig werden.

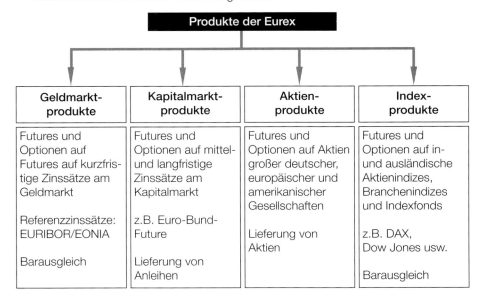

An der Börse gibt es Aufträge (**Orders**) und Angebote (**Quotes**). Die Orders können Aufträge für den Kauf oder Verkauf von Optionen, Stillhalterpositionen oder Finanzterminkontrakten sein.

Im Gegensatz dazu sind Quotes verbindliche Angebote mit einem Geld- oder Briefkurs, zu denen der Marktteilnehmer kaufen oder verkaufen kann.

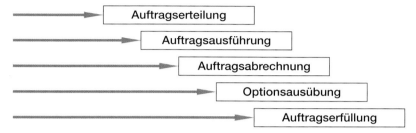

Inhalte bei Auftragserteilung für eine Option:
* Angaben zur Optionsart und Optionsposition,
* Optionspapiere,
* Stückzahl (Kontraktgröße),
* Optionsfrist,
* Basispreis,
* Optionspreis,
* Verfalltag – auf den letzten Handelstag folgender Börsentag,
* letzter Handelstag – am dritten Freitag eines Verfallmonats, sofern dieser ein Börsentag ist, ansonsten der davorliegende Börsentag,
* Ausübungszeit – z.B. amerikanische Art,
* Erfüllungstag – zwei Börsentage nach Ausübung,
* Erfüllung – physische Lieferung des Basiswertes (Underlying).

10.2.4.2 Steuerliche Behandlung von Finanzderivaten

Bei den Finanzderivaten gibt es nur Einkünfte aus Veräußerungsgeschäften, welche mit allen anderen negativen Kapitalerträgen verrechnet werden können. Zu den negativen Kapitalerträgen gehören auch Verluste aus diesen Veräußerungsgeschäften.

Besteht beim Kunden schon ein umfangreiches Aktiendepot, kann die Beimischung dieser Produkte insofern interessant sein, weil die Verluste aus diesen Geschäften – anders als bei den Aktiengeschäften – mit positiven Kapitalerträgen verrechnet werden können.

10.3 Edelmetalle und Diamanten als Anlagealternative

Beispiel:

Inzwischen besitzen die Michels ein gut strukturiertes Wertpapierdepot und die laufenden Einnahmen bewegen sich weit über den benötigten Kapitalbedarf. Ihr ältestes Kind feiert außerdem in diesem Jahr seinen 18. Geburtstag. Beide Eltern erinnern sich daran, dass sie jedes Jahr zum Geburtstag eine Goldmünze gekauft haben. Zur Volljährigkeit werden alle ihre Kinder dann die gesammelten Goldmünzen als Startkapital in ihre Zukunft erhalten. Den Grund für dieses Sammeln hat sich mit der Zeit verflüchtigt und so überlegen sie, wieso sie damals auf diese Idee gekommen waren, jedem Kind zum Geburtstag eine Goldmünze zu kaufen?

Metalle, die besonders korrosionsbeständig sind, werden als Edelmetalle bezeichnet. Dazu gehören **Gold**, **Silber** und **Platin**. Alle drei Edelmetalle dienen zur Herstellung von Schmuck. Gold und Silber wurden schon seit Jahrhunderten auch als Tauschmittel und zur Herstellung von Münzen eingesetzt. Edelmetalle sind in der Natur nur in einem begrenzten Umfang vorhanden und können nicht künstlich vermehrt werden. Daher sind diese Edelmetalle von einer außergewöhnlichen Wertbeständigkeit. Das Mengenmaß für Edelmetalle heißt **Feinunze** und entspricht einem Gewicht in Gramm von 31,1034768. Der Preis für die Feinunze wird in US-$ angegeben.

10.3.1   Motive für Edelmetalle als Kapitalanlage

Die Wertbeständigkeit von Edelmetallen bietet Anlegern die Möglichkeit, freies Vermögen in Form von Schmuck oder Münzen aus Edelmetallen über große Zeiträume anzulegen. Generationsübergreifend können diese Güter als Reserve genutzt werden, ohne es zu verbrauchen.

Durch die industrielle Nutzung der Edelmetalle ist der Bedarf dieser Güter in den letzten Jahrzehnten schneller gestiegen, als das Angebot durch die Produzenten erhöht werden konnte. So wurden die Edelmetalle auch immer wieder Spekulationsobjekte, in der Hoffnung, durch eine Verknappung des Marktes schnelle und hohe Gewinne erzielen zu können. Edelmetalle und hier insbesondere das Gold werden oft als Krisenbarometer bezeichnet. Je schlechter die Aussichten von der breiten Bevölkerung für die wirtschaftliche Situation eingeschätzt werden, desto mehr Goldvorräte werden angelegt. Gold ist für die meisten Menschen keine Renditeanlage, sondern eine Art Reservewährung für den Fall der Fälle.

10.3.2   Produzenten von Edelmetallen

Die Bergbauunternehmen, die Gold, Silber oder Platin zutage fördern, freuen sich über die wachsende Beliebtheit ihrer Waren in den letzten Jahren. Auch Bergbauunternehmen, die Edelmetalle fördern, müssen sich den ökonomischen Grundgesetzen unterwerfen, um profitabel zu arbeiten. In den Jahren, in denen die Nachfrage nach Edelmetallen noch nicht so hoch war, konnten viele Vorkommen aus Kostengründen nicht abgebaut werden. Insofern sind die gestiegenen Preise für die Produzenten sehr erfreulich. Für den Anleger bietet sich demnach auch die Möglichkeit, dass er sich an Bergbauunternehmen beteiligt und so eine renditeträchtige Kapitalanlage ins Depot aufnimmt. Grundsätzlich stehen zwei Varianten zur Auswahl: das etablierte Bergbauunternehmen mit funktionierendem Abbau und Vermarktung oder Explorationen von neuen Lagerstätten.

Das Suchen von neuen Lagerstätten gibt jedem Investor das Gefühl, am Goldrausch vom Klondike aus dem Jahre 1896 teilzunehmen. Ein Investor sollte bei dieser Betrachtung die vielen Menschen nicht vergessen, die immer nur einem Traum hinterhergerannt sind oder auch ihr Leben beim Versuch, Millionär zu werden, verloren. Die **Exploration** (Erkundung von Lagerstätten) startet nach der sogenannten **Prospektion**. Die Prospektion dient dazu, die Chancen einer Exploration zu berechnen. Allgemein liegt die Trefferquote nach einer Prospektion, einen ertragbringenden Fund zu finden, bei 50 %. Hier liegt für die Explorationsfirma ein erhebliches Risiko, weil die Prospektion sowie die Exploration hohe Kosten verschlingen. Im Mittelalter suchten sich die Schiffseigner Anteilseigner, um die kostspieligen und risikoreichen Seefahrten zu finanzieren. Heute suchen Explorationsfirmen Geld von Anlegern, um sich dieses finanzielle Risiko zu teilen. Wer in Explorationsfirmen investiert, sollte dies nur mit frei verfügbaren Vermögenswerten tun, auf die er auch im Notfall ganz verzichten kann.

Goldfördernde Länder und deren geschätztes Goldvorkommen

Land	Förderung in Tonnen	Reserven in Tonnen
China	355	1.900
Australien	270	7.300
USA	237	3.000
Südafrika	190	6.000
Russland	200	5.000
Peru	150	2.000
Indonesien	100	3.000
Ghana	100	1.400
Usbekistan	90	1.700
Kanada	110	920
Brasilien	55	2.400
Mexiko	60	1.400

Quelle: U.S. Geological Survey, Mineral Commodity Summaries, January 2012

10.3.3   Händler von Edelmetallen

In den letzten Jahren nach dem Beginn der Finanzkrise stieg die Nachfrage nach Kapitalanlagen in Edelmetalle enorm. Früher ging man zur Bank und kaufte dort die Goldmünzen, heute werden dem Kunden die Goldmünzen in speziellen Shops, übers Internet oder durch Finanzdienstleister angeboten. Die Herausforderung dabei ist, wie bei jeder anderen Ware auch, die Echtheit und Qualität. Wie bei anderen Luxusgütern gibt es auch hier ganze Industrien von Fälschern, die den Markt mit falschen Produkten überziehen.

Wolfram hat z. B. das gleiche spezifische Gewicht wie Gold, sodass nur eine elektrische Prüfung den Unterschied ans Tageslicht bringen kann. Diese Tatsache haben sich auch Fälscher zunutze gemacht. Denn die Verlockung, Gold weit unter dem gültigen Marktpreis zu beziehen, scheint bei vielen Menschen sehr viel größer zu sein, als die Angst vor einem Betrug. Die Aussagen der Anbieter hierzu sind immer die gleichen, durch die große Einkaufsmenge gibt es einen Rabatt, welcher an die Kunden direkt weitergegeben wird. Das kann stimmen, muss aber nicht.

Wer kann als Berater die Echtheit von z. B. Gold, Silber oder Platin prüfen? Hier ist es besonders wichtig, sich einem Händler anzuvertrauen, deren Seriosität der Berater vorher ernsthaft geprüft hat. Denn letztendlich haftet der Berater für Schäden, die dem Kunden durch falsches oder minderwertiges Gold, Silber oder Platin entstehen. Die Händler gehen das geringste Risiko ein, denn sie kaufen meist erst das Edelmetall nach einer Bestellung des Kunden und müssen somit keine Lagerbestände vorhalten, was kein Kursrisiko bedeutet.

10.3.4   Gold als Krisenwährung

Gold hat seinen Namen aus der indogermanischen Sprache, in welcher es ganz einfach „gelb glänzend" bedeutet. Aus dem Lateinischen kommt das chemische Symbol „AU", das sich aus Aurum ableitet.

Gold hat die Menschen schon immer begeistert. Das liegt an den Eigenschaften und auch an der Schönheit dieses Edelmetalls. In der Geschichte können wir in allen Regionen dieser Welt feststellen, Gold galt als Wertmaßstab für die Macht des Besitzers. Wer viel Gold besaß, hatte auch viel Macht. Die alten Ägypter mit ihren Pharaonen, die Indianer, die Mayas und Inkas, sie alle verehrten das Gold und fertigten aus diesem Edelmetall die schönsten Kunstgegenstände und Schmuckstücke an.

In den späteren Jahren diente Gold als Tauschmittel und wurde erst in den letzten Jahrzehnten durch das Papiergeld als Zahlungsmittel komplett verdrängt, wobei es eine lange Zeit noch als Pfand für das Papiergeld diente. Einige Zentralbanken versprachen im Austausch mit dem Papiergeld die Auslieferung von Gold. Erst als man feststellte, dass die Goldreserven gar nicht ausreichen würden, dieses Versprechen einzulösen, wurde z. B. in den Vereinigten Staaten von Amerika der sogenannte Goldstandard 1971 wieder aufgehoben. In Deutschland gab es von 1871 bis 1918 die „Goldmark" (2.790 Goldmark = 1 kg Feingold). Das reine Papiergeld konnte zwar unendlich vermehrt werden, hatte aber den großen Nachteil des rapiden Wertverlustes, wenn die Geldmenge zu schnell vergrößert wurde.

Mit Sicherheit gibt es für Krisen viele Faktoren, die eine Rolle spielen, doch in solchen Krisensituation greifen die Menschen oft auf bewährte Verhaltensmuster zurück. Ein solches Verhaltensmuster ist, nur noch in Sachwerte zu investieren. Deutschland musste in dieser Zeit der „goldenen 20er-Jahre" lernen, dass bedrucktes Papier nur den Wert hat, den die Menschen ihm beimessen. Vertraut keiner dem Wert des Geldes und wird gleichzeitig die Geldmenge weiter erhöht, will man es schnell wieder loswerden, was einem weiteren Wertverfall nach sich zieht. Der Anfang vom Ende hat begonnen.

Hier werden die „goldenen 20er-Jahre" beschrieben, Ähnlichkeiten mit heutigen Ereignissen sind nicht beabsichtigt.

In Amerika installierte Präsident Franklin D. Roosevelt Anfang der 30er-Jahre den „**Gold Confiscation Act**", welcher 40 Jahre lang bis Anfang der 70er-Jahre Bestand hatte. Danach musste sämtliches Gold im Wert von mehr als 100 US-$ zu einem festen Kurs von 20,67 US-$ je Feinunze an die amerikanische Notenbank Fed verkauft werden. Durch dieses Vorgehen konnte die Fed genügend Gold sammeln, um dann 1944 das „Bretton Woods Abkommen" zu installieren. Im Bretton Woods Abkommen wurde der US-$ als Leitwährung installiert und der US-$ war nach Aussage der Fed durch die Goldreserven gedeckt. Das Problem war die durch dieses System verursachte stetig steigende Nachfrage nach dem US-$, dem die Fed durch Drucken neuer US-$ nachkam. Allerdings konnten die Goldreserven nicht im gleichen Verhältnis aufgestockt werden. Dennoch hielt sich das System bis Anfang der 70er-Jahre. Durch den Vietnamkrieg war die USA inzwischen auch international zahlungsunfähig geworden und der Kampf ums Gold begann erneut. Auf dem Höhepunkt erreichte der Preis im Jahre 1980 einen Preis von 850 US-$ je Feinunze. Dann setzte eine 20 Jahre lange Kurskorrektur ein, bis sich der Goldpreis 2001 wieder zu einem neuen Kursanstieg aufmachte und seither nur eine Richtung kennt.

Heute ist der Kurs bei 1.416,80 US-$ je Feinunze (Stand 28.08.2013) und immer mehr Bürger kommen zu der Überzeugung, dass Gold die einzige Krisenwährung ist. Doch die Geschichte zeigt auch, dass es bei sehr schwierigen Situationen oft zu staatlichen Beschränkungen kommt, wenn es um den Besitz von Gold geht. Gold ist eine Krisenwährung, aber das Allgemeinwohl geht vor dem Einzelwohl.

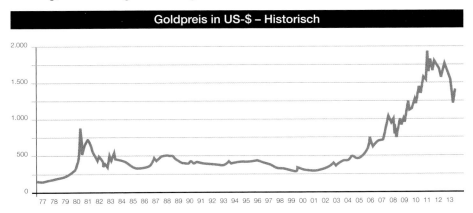

Goldpreis in US-$ – Historisch

Quelle: Gold.de

Die Nachfrage nach Gold wird aber immer noch durch die Schmuckindustrie am stärksten beeinflusst.

Wo Gold zum Einsatz kommt

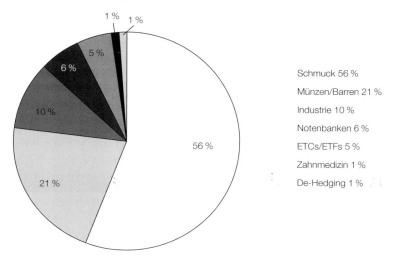

Abbildung: LBBW Commodity Research Goldnachfrage 2011

Exchange Traded Commodities (ETC) sind börsengehandelte Wertpapiere, die Anlegern eine Investition in Rohstoffe erlauben. Es handelt sich um eine Sonderform von Zertifikaten. ETFs sind Fonds (vgl. Kapitel 7.6.4.1.2).

2010 wurden immerhin 2.059,6 Tonnen von dem Schmucksektor nachgefragt. Bei einer Produktion durch die Goldminen in Höhe von 2.543 Tonnen muss das Angebot noch von anderen Stellen kommen. Früher verkauften offizielle Stellen (Zentralbanken) einen Teil ihrer Goldreserven, aber in 2010 wurden diese Reserven um 88 Tonnen aufgestockt. Gold kann aber auch recycelt werden, das entspricht einem Gesamtangebot in 2010 von 1.653 Tonnen Gold, sodass das gesamte Goldangebot bei 4.108 Tonnen lag. Dieser außergewöhnlich hohe Anteil von Altgold am Angebot ist nur durch den hohen Preis pro Feinunze möglich. Denn die Kosten für die Gewinnung aus Altgold werden erst durch diese hohen Goldpreise rentabel. Zwei Fragen ergeben sich daraus:

- Wie lange kann Altgold das Angebot erhöhen?
- Was passiert, wenn der Goldpreis wieder fällt und Altgold nicht mehr rentabel umgewandelt werden kann?

Goldreserven in Tonnen

	1970	1980	1990	2000	2011	2012
USA	9.839,2	8.221,2	8.146,2	8.136,9	8.133,5	8.133,5
Deutschland	3.536,6	2.960,5	2.960,5	3.469,6	3.401,0	3.391,3
IWF	3.855,9	3.217,0	3.217,0	3.217,3	2.814,0	2.814,1

Italien	2.565,3	2.073,7	2.073,7	2.451,8	2.451,8	2.451,8
Frankreich	3.138,6	2.545,8	2.545,8	3.024,6	2.435,4	2.435,4
China	k.A.	398,1	395,0	395,0	1.054,1	1.054,1
Schweiz	2.427,0	2.590,3	2.590,3	2.419,4	1.040,1	1.040,1
Russland	k.A.	k.A.	k.A.	384,4	824,8	934,9
Japan	473,2	753,6	753,6	763,5	765,2	765,2
Niederlande	1.588,2	1.366,7	1.366,7	911,8	612,5	612,5
Indien	216,3	267,3	332,6	357,8	557,7	557,7
EZB	k.A.	k.A.	k.A.	747,4	502,1	502,1

Quelle: World Gold Council – Latest Official Gold Reserve

Der Verbraucher muss nicht gleich das Gold in Tonnen kaufen, sondern kann dies schon in kleinen Mengen tun.

10.3.5 Silber – ein enger Markt für Kapitalanleger

Schon 5000 v. Chr. nutzten die Assyrer neben Gold und Kupfer das „weiße" Edelmetall zur Herstellung von Gebrauchsgegenständen. Von seiner Farbe hat das Edelmetall auch seinen altnordischen Namen, denn Silber heißt so viel wie „licht", „hell", „weiß". Das chemische Symbol „Ag" stammt vom lateinischen Wort „Argentum" ab.

Silber wird auch das „Gold des armen Mannes" genannt, obwohl zunächst auch Silber für die Herstellung von Münzen verwendet wurde. Wirtschaftlich wurde Silber erst unbedeutend, als Gold als Währungsdeckung genutzt wurde. Obwohl Silber nach Expertenmeinung knapper sein soll als Gold und bei gleichem Tempo der Förderung bis zum Jahr 2020 die heute bekannten Vorräte erschöpft sein sollen, hat Silber noch eine weitere wichtige Komponente. Silber ist wegen seiner Supraleitfähigkeit und antibakteriellen Wirkung auch für die Industrie sehr wichtig. Im Gegensatz zu Gold, das gehortet wird, verbraucht die Industrie Silber. Die Fotoindustrie benötigt Silber für Kameras, die Elektroindustrie für Batterien, Chips und Kondensatoren und die chemische Industrie für Katalysatoren. Es gibt noch viele weitere Beispiele, die verdeutlichen, wie wichtig Silber in der Industrie ist. Silber wird aber auch von privaten Haushalten in Form von Gebrauchsgegenständen genutzt. Ob es das Silberbesteck oder die Kerzenleuchter sind. Die Medizin liebt Silber wegen seiner bakterientötenden und hygienischen Eigenschaften. Kurzum: Silber ist universell einsetzbar.

Wo Silber zum Einsatz kommt

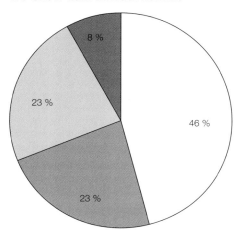

Industrie 46 %

Anleger 23 %

Schmuck/Tafelsilber 23 %

Fotografie 8 %

Die wichtigsten Silbervorkommen liegen in Amerika, Australien und China:

Land	Fördermenge in Tonnen
Peru	3.900
Mexiko	2.500
China	3.000
Chile	2.000
Australien	1.800
USA	1.230
Russland	1.300
Polen	1.200
Kanada	700
Südafrika	k. A.
Sonstige	2.360

Quelle: U.S. Geological Survey, Mineral Commodity Summaries, January 2010

Das meiste Silber (ca. 300 Mio. Unzen pro Jahr) wird als Koppelprodukt bei der Erz-
förderung von Kupfer, Blei, Gold und Zink gewonnen und nur 150 Mio. Unzen pro Jahr
werden aus reinen Silberbergwerken gewonnen. Durch den Preisanstieg lohnt es sich
inzwischen auch, Silber zu recyceln. Vor allem aus der Fotoindustrie stammen die fast
200 Mio. Unzen pro Jahr. Doch das Angebot von ca. 650 Mio. Unzen pro Jahr liegt weit
unter der Nachfrage, welche auf 800 Mio. Unzen geschätzt wird.

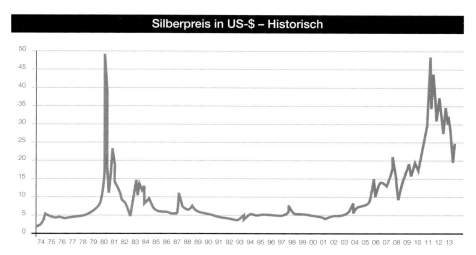

Quelle: Gold.de

Der Silberpreis hat sich im letzten Jahrzehnt schon sehr positiv entwickelt und es gibt Beobachter, die den Silberpreis bei über 100 US-$ je Feinunze sehen. Weil der Silbermarkt so knapp ist, wollten Mitte der 70er-Jahre die Brüder Hunt durch Spekulation ihr schon beachtliches Vermögen vervielfachen. Der Silberpreis stieg bis 1980 auf fast 50 US-$ je Feinunze und das Spiel schien aufzugehen. Die Warentermingeschäfte brachen den Brüdern dann das Genick. Sie hatten viele Long-Positionen (Kauf von Silber, deren Erfüllung zu einem späteren Zeitpunkt erfolgt) aufgebaut und als die Börsenaufsicht den weiteren Kauf auf Termin untersagte, konnte der Silberpreis nur noch fallen. Die Einlösungspflicht bei einem Termingeschäft zwang die Brüder Hunt, ihr Vermögen zu veräußern, um den Verpflichtungen nachkommen zu können. Das vom Vater mit Öl aufgebaute Milliarden Vermögen reichte nicht aus, allen Verpflichtungen nachzukommen. Danach fiel der Silberpreis um fast 90 % und erreichte erst 2010 die alte Höchstmarke wieder.

Silber kann wie Gold in Form von Barren oder Münzen erworben werden.

10.3.6 Platin als alternative Kapitalanlage zu Gold

Platin ist den meisten Bürgern als Edelmetall für Schmuck erst in den letzten Jahrzehnten aufgefallen. Obwohl dieses Edelmetall schon vor 3.000 Jahren im alten Ägypten neben Gold zur Schmuckherstellung verwendet wurde. Auch die Inkas und andere südamerikanische Ureinwohner kannten dieses Edelmetall und seine positiven Eigenschaften. Erst im 16. Jahrhundert entdeckten Goldsucher dieses Edelmetall in Kolumbien und hielten es damals für Silber. Daher stammt auch der Name. Denn „Plata" heißt im spanischen Silber und „Platina" ist die Verkleinerungsform. Platin bedeutet so viel wie „kleines Silber".

Die Korrosionsbeständigkeit macht das Edelmetall für die Herstellung von Schmuck, Fahrzeugkatalysatoren, Laborgeräten, Zahnimplantaten und als Kontaktwerkstoff so interessant.

Die Nachfrage von Platin erfolgte 2011 hauptsächlich durch die Autoindustrie. Mit der weiteren weltweiten Verschärfung des CO2 Ausstoßes wird die Nachfrage auch in den nächsten Jahren nicht sinken, sollte nicht ein ganz neuer Treibstoff gefunden werden.

Wo Platin zum Einsatz kommt

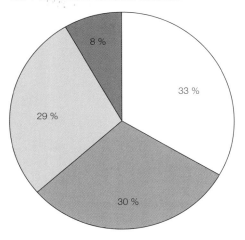

Autokatalysatoren 33 %

Industrie 30 %

Schmuck 29 %

Investoren 8 %

Quelle: Johnson Matthey

Die Förderung von Platin teilen sich nur wenige Staaten, welche damit auch das Angebot bestimmen. 2010 wurden insgesamt 183.000 kg gefördert, wovon Südafrika mit 138.000 kg den größten Anteil hatte. Russland förderte 24.000 kg und Simbabwe 8.800 kg. Alle drei Nationen haben einen Anteil von 93,3 % der gesamten Weltförderung. Zu den Reserven von Platinmetallen gehören:

* Platin,
* Palladium,
* Iridium,
* Osmium,
* Rhodium und
* Ruthenium.

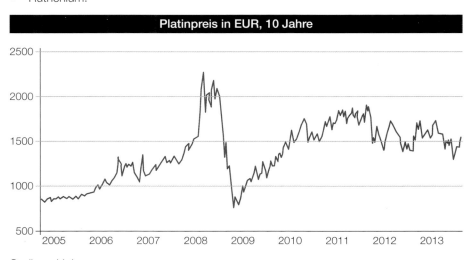

Quelle: gold.de

Praxistipp:

Enge Märkte haben immer auch eine hohe Volatilität, sodass diese Märkte nur in einem sehr begrenzten Umfang in das Portfolie eines Kapitalanlegers gehören. Als Reservewährung oder Schmuckanlage für freie Vermögenswerte ist Platin ebenso interessant wie Gold und Silber.

10.3.7 Diamanten als Kapitalanlage

Reiner Kohlenstoff ist der Grundstoff dieses Edelsteines. Durch besondere Temperatur- und Druckumstände wurde aus dem Kohlenstoff in den Tiefen dieser Erde dieser König der Edelsteine. Er ist der härteste Rohstoff dieser Welt und durch die unterschiedlichen Bedingungen bei der Entstehung der Diamanten ist jeder Diamant ein Unikat. Den Wert eines solchen Edelsteines zu ermitteln, ist sehr schwierig und es gibt keine festen Regeln für die Preisfindung.

Edelsteinprüflabore bieten ihre Hilfe an und erstellen zur Klassifizierung „Zertifikate". Die Diamanten werden auf vier Kriterien hin überprüft:
- Gewicht eines Diamanten – **Karat (ct)** entspricht 0,2 Gramm,
- Färbung eines Diamanten – **Farbe**:
  - hochfeines Weiß bis Getönt 4,
  - völlig farblose Diamanten sind die wertvollsten,
  - Ausnahme – „Fancy Diamonds" die sehr reine und intensive Farben haben
  - rote Diamanten zählen zu den teuersten Diamanten,
- **Reinheitsgrad** des Diamanten – die Reinheit ist abhängig von Einschlüssen kleinster Fremdstoffpartikel, die höchste Qualität heißt „Lupenrein",
- **Schliff** des Diamanten – durch den Schliff des Diamanten wird aus dem Rohmaterial das Endprodukt; die Einhaltung bestimmter Winkel soll eine Totalreflexion erzeugen.

Die größten Diamantenförderer sind Russland und Südafrika, aber auch Namibia, Angola, Botswana, Demokratische Republik Kongo, Sierra Leone, Australien und Kanada fördern heute noch Diamanten.

10.3.8 Chancen & Risikopotenzial von Edelmetallen und Diamanten

Die Edelmetalle und Diamanten als physische Sachwerte können als Reserve für Krisenzeiten gekauft und von Generation zu Generation vererbt werden. Die begrenzte Verfügbarkeit dieser Werte macht sie schnell zum Spekulationsobjekt. Sie sollten daher als Beimischung zu einem Depot nur im begrenzten Maße hinzugefügt werden. Das Risikopotenzial ist auch wegen der Bestimmbarkeit der Qualität höher als bei anderen Anlagen.

10.3.9 Steuerliche Behandlung

Edelmetalle und auch Diamanten zählen zu den sonstigen bewegliche Vermögensgegenständen und fallen nicht unter die Abgeltungsteuer. Für Edelmetalle und Diamanten, die in physischer Form erworben werden, gilt weiterhin die Frist von einem Jahr. Danach sind Wertzuwächse steuerfrei.

Das macht diesen Anlagesektor natürlich für Steuerfüchse interessant. Fondsanteile, Aktien, Zertifikate sind Wertpapiere und auch wenn diese Papiere ausschließlich in Edelmetalle oder Diamanten investiert sind, dann fallen sie weiterhin unter die schon bekannte Abgeltungsteuer.

10.4   Die Immobilie als Kapitalanlage

Beispiel:

Zum 5-jährigen Bestehen der Kartbahn GmbH & Co. KG überlegt das Ehepaar Michel, wie sie für das Alter weiter vorsorgen können. In den Fachzeitschriften, die Frau Michel abonniert hat, steht etwas von der Altersvorsorge in Form von Immobilien. Im Gespräch stellt das Ehepaar fest, dass ganz unterschiedliche Anlagealternativen für Immobilien bestehen. Neben den eigenen vier Wänden als Vorsorgeinstrument könnte die Immobilie auch vermietet werden. Sie überlegen, ob es noch weitere Möglichkeiten für die Investition in Immobilien gibt. Von ihrem Berater erhoffen sie sich, weitere Impulse für ihre Entscheidungsfindung zu erhalten.

10.4.1   Rechtliche Grundlagen beim Immobilienerwerb

Zum Erwerb von Immobilien muss ein **Kaufvertrag** (§ 433 BGB) geschlossen und durch einen Notar **beurkundet** (§ 311b BGB) werden. Der Gesetzgeber möchte damit verhindern, dass sich Käufer sowie Verkäufer der Bedeutung ihrer Handlung nicht bewusst sind und leichtfertig ihre Unterschrift unter einen Kaufvertrag setzen. Der Käufer verpflichtet sich zur Zahlung des Kaufpreises und Annahme der Sache, während sich der Verkäufer verpflichtet, die Sache zu übergeben und dem Käufer das Eigentum an der Sache zu verschaffen. Die **dingliche Einigung** über den Eigentumsübergang (**Auflassung** = § 925 BGB) muss ebenfalls notariell beurkundet werden, erst dann kann die Eintragung (§ 873 BGB) im Grundbuch und damit der **Eigentumsübergang** erfolgen.

10.4.2   Motive für die Investition in Immobilien

Der Kapitalanleger kann aus ganz unterschiedlichen Motiven heraus die Investition in Immobilien für sinnvoll halten.

Eigen genutzte Immobilie	Vermietete Immobilie
Die Mieten steigen kontinuierlich, damit wird das Wohnen im Alter teurer bei stagnierenden Renten.	Die Mieten steigen kontinuierlich und erhöhen die Einnahmen auch in der Rentenbezugsphase.
Immobilien bieten als Sachwerte einen Schutz vor der Inflation.	Immobilien bieten als Sachwerte einen Schutz vor der Inflation.
Schuldenfreie Immobilien können als werthaltige Sicherheit für Kredite fungieren.	Schuldenfreie Immobilien können als werthaltige Sicherheit für Kredite fungieren.
In Niedrigzinsphasen ist der Finanzierungszins günstiger als der Mietzins.	Die Zinsbelastung wird zum Teil vom Mieter getragen.
Die eigene Immobilie bietet soziale Sicherheit, weil keine Gefahr durch eine Kündigung besteht.	Die vermietete Immobilie bietet soziale Anerkenntnis (Status).

Die Wohnverhältnisse können den eigenen Bedürfnissen angepasst werden.	Die zunächst vermietete Immobilie kann zum späteren Zeitpunkt auch zum Eigennutz verwendet werden.
Es können verschiedene staatliche Förderprogramme (Wohn-Riester, Energiesparmaßnahmen, KfW-Kredite usw.) genutzt werden.	Es können je nach der Art der Immobilie (Baujahr, Sanierungsgebiet oder Baudenkmal) steuerliche Abschreibungen genutzt werden.

10.4.3   Die eigene Immobilie als Vorsorgeinvestment

Die eigene und im Alter schuldenfreie Immobilie kann einen Schutz vor der Inflation bieten und das angelegte Kapital somit vor einem Verlust der Kaufkraft bewahren. Mit Eintritt der Rentenbezüge sollte nach Möglichkeit die Finanzierungsphase der eignen Immobilie abgeschlossen sein. Zu diesem Zeitpunkt würde das Wegfallen der monatlich zu zahlenden **Annuität** (Betrag aus Zinsen und Tilgung) eine Entlastung für den Rentner darstellen, weil die bis dahin aufgebauten gesetzlichen oder privaten Rentenansprüche nur noch durch die Bewirtschaftungskosten für die Immobilie reduziert werden.

> **Beispiel:**
>
> Für ein Reihenhaus haben die Eltern von Frau Michel geb. Schulz 1960 ca. 50.000 DM bezahlt. Der Nettoverdienst von Herrn Schulz (Vater) betrug damals ca. 800 DM. Für ein vergleichbares Reihenhaus hätte das Ehepaar Schulz damals ca. 350 DM an Kaltmiete ausgeben müssen. Die monatliche Annuität betrug bei einem Zins von 7 % und einer Tilgung von 1 % ca. 334 DM. Dies entsprach einem Anteil am Nettogehalt von 41,75 %. Herr Schulz war kaufmännischer Angestellter und verdiente 1990 ca. 3.000 DM netto. Die Belastung im letzten Jahr der Finanzierung betrug bei gleichen Konditionen wie 1960 weiterhin 334 DM. Der Anteil der Finanzierungskosten vom Nettogehalt ist in den letzten 30 Jahren auf 11,13 % gesunken. Nach 30 Jahren ist die Immobilie schuldenfrei und das Ehepaar Schulz muss nur noch für die Bewirtschaftungskosten aufkommen. Inzwischen zahlen Käufer für vergleichbare Reihenhäuser mit einem Renovierungsstau 150.000 EUR und ohne Renovierungsstau bis zu 200.000 EUR. Das Nachbarhaus von Familie Schulz wird heute mit einer Kaltmiete von 1.000 EUR vermietet.

Das Beispiel verdeutlicht, dass bei einer stetigen Inflation, wie wir sie in Deutschland in den letzten Jahren hatten, die Belastung aus Zinsen und Tilgung einen immer geringeren Anteil vom Nettoeinkommen ausmachen, weil mit der stetigen Inflation auch die Arbeitseinkünfte steigen.

Die Bewertung der Immobilie ist erst zum Zeitpunkt der Veräußerung notwendig und richtet sich dann i. d. R. nach dem Verkehrs- oder Sachwert.

Verkehrswert §194 Baugesetz- buch	*Wert, der an einem Stichtag im *gewöhnlichen Geschäftsverkehr (Ausnahme: Zwangsvollstre- ckung) *nach rechtlichen Gegebenheiten und tatsächlichen Eigen- schaften *Beschaffenheit und Lage *eines Grundstückes oder sonstigen Gegenständen *ohne Rücksicht auf ungewöhnliche/persönliche Verhältnisse zu erzielen wäre
Sachwert	*ist die Summe aus dem Bodenwert (Grundstücksfläche x Grundstückspreis pro m²) + den baulichen Anlagen (Bauwert = Herstellungskosten – Abschreibungen + Außenanlagen – Sicherheitsabschlag + Baunebenkosten)

10.4.3.1   Chancen & Risikopotenzial beim Immobilienerwerb

Die selbst genutzte Immobilie bietet bei einer soliden und tragbaren Finanzierung durch den Erwerber grundsätzlich mehr Chancen als Risiken.

Die Risiken liegen oft im Erwerb der Immobilie selbst. Der Erwerber ist oft kein Fachmann für Immobilien und tätigt den Erwerb oft nur einmal im Leben. Das ist der Grund für die hier beschriebenen Risiken:

Neubau	Bestandsimmobilie
Kein Bauträger, der den Bau koordi-niert. Somit haftet der Bauherr selbst für mögliche Abstimmungsfehler unter den Handwerkern.	Verdeckte Mängel, welche auch dem Verkäufer zum Zeitpunkt des Verkaufs nicht bekannt waren.
Die Höhe der Herstellungskosten wurde zu niedrig angesetzt z.B. Einbauküche, Bäder, Garten usw., weil die individuellen Ansprüche höher sind, als die in der Grundkalkulation des Bauträgers oder Architekten angenommen wurden.	Die Sanierungs- oder Renovierungs-kosten wurden zu niedrig angesetzt und fallen höher als kalkuliert aus.
Erschließungskosten für Baugrundstü-cke fallen höher aus als kalkuliert.	Bei Teileigentum kommen durch die nicht eingesehenen Eigentümerprotokol-le zusätzliche Kosten zur Erhaltung der Immobilie auf den Erwerber zu.
Die Bauzeit wurde zu kurz berechnet und der spätere Einzug löst höhere und nicht kalkulierte Kosten aus.	Die Sanierungs- und Renovierungs-arbeiten wurden zu kurz angesetzt und der spätere Einzug löst nicht kalkulierte Kosten aus.

Die Eigenleistungen zur Herstellung des Objektes wurden überschätzt (zeitlich und fachlich) und lösen dadurch weitere Kosten aus.	Die Eigenleistungen zur Sanierung- und Renovierung des Objektes wurden überschätzt (zeitlich und fachlich) und lösen dadurch weitere Kosten aus.
Die Finanzierung wurde nicht aufgrund realistischer Basisdaten ermittelt.	Die Finanzierung wurde nicht aufgrund realistischer Basisdaten ermittelt.
Regressansprüche gegen den Bauträger oder Handwerker sind zum Schadenzeitpunkt schon verjährt oder laufen ins Leere, weil die „Personen" nicht mehr existieren.	
Es entstehen im Laufe der Zeit weitere Baugrundstücke, welche die Lage der Immobilie beeinträchtigen.	

10.4.3.2 Steuerliche Förderung von Eigenheimen

Die direkte steuerliche Förderung von Eigenheimen wurde 2006 vollkommen abgeschafft. Die Förderung von Eigenheimen erfolgt heute durch die Gewährung von Prämien und Zulagen zum Ansparen von Kapital, welches zu wohnwirtschaftlichen Zwecken genutzt wird (siehe Teil A, Kapitel 8).

10.4.4 Die vermietete Immobilie als Kapitalanlage

Eine Immobilie als Baustein der Diversifikation des Anlageportfolios, kann für Kapitalanleger eine gute Ergänzung darstellen, die für Investitionen von Einmalbeträgen oder durch das sogenannte Absparen genutzt werden kann.

Investiert der Anleger einen Einmalbetrag in Immobilien, ist darauf zu achten, dass aufgrund der oft höheren Investitionssummen dennoch eine Streuung der Vermögensanlagen gegeben ist. Für seine Investition kann der Anleger mit ganz unterschiedlichen Renditen rechnen. Immobilien in wirtschaftlich schwächeren Regionen versprechen oft höhere Mietrenditen, haben dafür aber bei der Wertentwicklung wenig zu bieten. Investiert der Anleger sein Geld in wirtschaftlich starke Regionen, ist der Einstandspreis für die Immobilie oft höher, welches die Mietrendite oft niedriger ausfallen lässt. Hier stellt sich die Frage für den Anleger, ob er monatlich hohe Beträge benötigt, um seinen Verpflichtungen besser nachkommen zu können oder ob er später auf einen steuerfreien Wertzuwachs spekuliert.

10.4.4.1 Die Bewertung der Immobilie als Kapitalanlage

Die Bewertung von Immobilien kann auf unterschiedliche Art und Weise geschehen. Während wir schon gelesen haben, dass sich bei eigen genutzten Immobilien der Verkehrswert oder Sachwert als Bewertungsmaßstab heranziehen lässt, kommt bei der vermieteten Immobilie noch der Ertragswert hinzu.

Ertragswert = ((Jahresreinertag – Bodenwertverzinsung) x Vervielfältiger) + Bodenwert

Der **Jahresrohertrag** wird durch das Heranziehen einer angemessenen Kaltmiete (Mietspiegel der Gemeinde) pro m², welche dann mit der zur Verfügung stehenden Wohnfläche multipliziert wird, bestimmt. Dieser Jahresrohertrag wird jetzt um die **Bewirtschaftungskosten** (Verwaltungskosten, Instandhaltungskosten, Mietausfallrisiko, Betriebskosten, welche nicht vom Mieter getragen werden, Modernisierungskosten), welche i. d. R. mindestens 15 % des Jahresrohertrages betragen, reduziert. Das Ergebnis ist der **Jahresreinertrag**.

Die errechnete Bodenwertverzinsung wird vom Jahresrohertrag subtrahiert, sodass wir dann den reinen Ertrag aus dem Gebäude erhalten (Gebäudereinertrag). Das Ergebnis wird mit dem Bodenwert addiert. So erhalten wir schließlich den **Ertragswert der Immobilie**. In der Immobilienpraxis werden Kaufpreise aus Vervielfältigern der Jahresnettomiete errechnet, der Vervielfältiger wird dem Einzelfall angepasst.

	Fußgängerzonen		Stadtteillagen		Peripherie/Randlagen	
	Büro- und Geschäftshäuser		Wohn- und Geschäftshäuser	Einkaufs-zentrum	SB-Märkte	
	1a-Lage	2b-Lage				
Groß-städte	17 - 19,5	11 - 14,5	11 - 13	10 - 19	11	12 - 15	10
Mittlere Städte	15 - 17	12 - 15	11 - 14	11 - 14	11	11 - 13	9
Klein-städte	12 - 15	9 - 12	9 - 10	9 - 10	10	9 - 12	7 - 9

Abbildung: Kaufpreisfaktoren als Vervielfältiger der Jahresmiete

Diese Werte schwanken konjunkturbedingt und liegen in mittleren bis großen Städten für Nahversorgungszentren etwa zwischen 11 - 14, für Büro- und Geschäftshäuser zwischen 12 - 19. Bei größeren und kaufkräftigeren Städten sind die höheren Werte anzusetzen.

10.4.4.2 Leverage-Effekt bei Immobiliengeschäften

Der **Leverage-Effekt** ergibt sich aus dem Hebel zwischen dem eingesetzten Eigenkapital und dem damit zu finanzierenden Fremdkapital.

Beispiel:

Der Investor hat 10.000 EUR Eigenkapital für das reine Investment in Immobilien. Die Bank ist nach Prüfung der Kreditfähigkeit und Kreditwürdigkeit sowie der Werthaltigkeit der Immobilie bereit, dem Kunden weitere 90.000 EUR zur Verfügung zu stellen. Das Gesamtkapital beträgt jetzt 100.000 EUR für den Kauf einer vermieteten Eigentumswohnung (die Nebenkosten bleiben hier unberücksichtigt). Die Mieteinnahmen reichen aus, um die laufenden Kosten der Finanzierung und die Bewirtschaftung der Immobilie auszugleichen. Nach 15 Jahren kann die Immobilie zu einem Verkaufspreis von 120.000 EUR wieder verkauft werden. Dies entspricht einer Rendite von 20 % auf das eingesetzte Gesamtkapital. 90.000 EUR braucht der Investor, um den Kredit zurückzuzahlen. 10.000 EUR waren sein Einsatz. Der Gewinn von 20.000 EUR entspricht, auf das eingesetzte Eigenkapital bezogen, einer Rendite von 200 %.

Beim Leverage-Effekt ist zu berücksichtigen, dass die laufenden Instandhaltungs- und Bewirtschaftungskosten sowie die Zinsen für das Fremdkapital vom Gesamtertrag (Mieteinnahmen + Wertsteigerung) abgezogen werden müssen, um eine Bewertung vornehmen zu können.

Bei vermieteten Immobilien haben wir auf der Ertragsseite die Mieteinnahmen, die Wertsteigerung und steuerlichen Vorteile gegenüber den Gesamtkosten, sodass ein positiver Leverage-Effekt möglich ist. Bei eigen genutzten Immobilien muss die Wertsteigerung ausreichen, um die Kosten zu decken und einen entsprechenden Ertrag zu erwirtschaften.

10.4.4.3   Chancen & Risikopotenzial bei vermieteten Immobilien

Das Risikopotenzial für vermietete Immobilien gleicht den oben schon genannten Risiken für eigen genutzte Immobilien. Zusätzlich kommt bei vermieteten Immobilien das Risiko der Vermietung hinzu. Ausfälle der Mieteinnahmen können empfindliche Löcher in die Finanzplanung des Investors reißen. Außerdem wird der Leverage-Effekt bei vermieteten Immobilien gerne genutzt, sodass die Risiken der Finanzierung hinzukommen. Dies sind vornehmlich das Zinsänderungsrisiko und bei Tilgungsaussetzungsdarlehn auch das Tilgungsrisiko. Am Ende der Laufzeit möchte die Bank das Kapital haben, auch wenn das zusätzlich angesparte Kapital nicht ausreicht, um das Darlehn zu tilgen.

10.4.4.4   Steuerliche Behandlung von vermieteten Immobilien

In der Steuererklärung werden die Einnahmen und Ausgaben für das Immobilieninvestment in der Einkunftsart „Einkünfte aus Vermietung und Verpachtung" angegeben.

Übersicht: Gebäudeabschreibungen

Abschrei-bungsart	Rechts-grundlage	Zeitliche Vorausset-zung	Bemes-sungs-grundlage	Abschrei-bungssatz	Beginn AfA
Lineare Abschreibungen	§ 7 Abs. 4 EStG	Fertigstellung nach dem 31.12.1924 bzw. vor dem 01.01.1925	Herstellungs- bzw. Anschaffungskosten unbegrenzt	50 Jahre = 2 % (bei Wirtschaftsgebäuden 3 %, 4 % bei Herstellungsbeginn bzw. notariellem Kaufvertrag vor 01.01.2001) oder 40 Jahre = 2,5 %	Anschaffung oder Fertigstellung
Degressive Abschreibung	§ 7 Abs. 5 Satz 1 Nr. 3b EStG	Bauantrag bzw. notarieller Kaufvertragsabschluss nach dem 31.12.1995 und vor dem 01.01.2004	Herstellungs- bzw. Anschaffungskosten unbegrenzt	8 Jahre je 5 % 6 Jahre je 2,5 % 36 Jahre je 1,25 %	Anschaffung oder Fertigstellung

Degressive Abschreibung	§ 7 Abs. 5 Satz 1 Nr. 3c EStG	Bauan- trag bzw. notarieller Kaufvertrags- abschluss nach dem 31.12.2003 und vor dem 01.01.2006	Herstel- lungs- bzw. Anschaf- fungskosten unbegrenzt	10 Jahre je 4 % 8 Jahre je 2,5 % 32 Jahre je 1,25 %	Anschaffung oder Fertig- stellung
Erhöhte Absetzung bei Baudenk- mälern	§ 7h EStG	Beginn der Baumaßnah- me nach dem 31.12.2003	Herstel- lungs- bzw. Anschaf- fungskos- ten nach Abschluss des Kaufver- trages unbe- grenzt	8 Jahre je bis zu 9 % 4 Jahre je bis zu 7 %	Abschluss der jeweiligen Baumaß- nahme
Erhöhte Absetzung bei Gebäu- den in Sanie- rungsgebie- ten und städ- tebaulichen Entwicklungs- bereichen	§ 7i EStG	Beginn der Baumaßnah- me nach dem 31.12.2003	Herstel- lungs- bzw. Anschaf- fungskos- ten nach Abschluss des Kaufver- trages unbe- grenzt	8 Jahre je bis zu 9 % 4 Jahre je bis zu 7 %	Abschluss der jeweiligen Baumaß- nahme

10.5   Rohstoffe als Basiswert von Kapitalanlagen

Beispiel:

Inzwischen sind zu der ersten Kartbahn fünf weitere Standorte hinzugekommen. Die Gesell- schaft hat sich sehr positiv entwickelt und Herr Michel überlegt, als er die gestiegenen Rechnungen für die Energiekosten durchgeht, ob es nicht für ihn auch die Möglichkeit gibt, sich an dieser scheinbar gewinnbringenden Branche zu beteiligen. Welche Investitions- möglichkeiten stehen ihnen zur Verfügung und ist ein direktes Investment für sie wirklich geeignet?

Private Investoren können sich auf vielfältige Art und Weise an den volatilen Rohstoff- märkten engagieren. Der Anleger hat die Möglichkeit, sich direkt an den Rohstoffmärkten als Investor zu betätigen oder die schon bekannten Anlageprodukte, deren Basiswerte in Rohstoffe investieren, zu nutzen. Aufgrund der Vielzahl von Rohstoffen beschäftigen wir uns nur mit einigen Energie- und Agrarrohstoffen. Doch vor einem Investment sollte sich jeder Anleger die Frage stellen, wie er die Entwicklung der Rohstoffe einschätzt. Durch neue Entwicklungen, Erfindungen und heute stark frequentierte Rohstoffe können Roh- stoffe dann zum Ladenhüter werden.

Viel wichtiger ist aber für jeden Investor, sich über die Preisentwicklung der Rohstoffe zu informieren, um seine Anlageentscheidungen auch in den anderen Segmenten (Aktien, Fonds, Zertifikate) zu überdenken.

10.5.1   Energierohstoffe

Energierohstoffe dienen zur Deckung der Energieversorgung im weitesten Sinne. Hierzu zählen u. a.:

- Erdöl,
- Erdgas,
- Kohle,
- Uran.

10.5.1.1   Erdöl

Das Erdöl hat im letzten Jahrhundert die Energieversorgung stark beeinflusst. Länder, die über Erdölvorkommen verfügen, haben einen ungeahnten wirtschaftlichen Aufschwung erlebt.

Der „Nahe Osten" verfügt laut Information von BP Statistical Review 2010 über immerhin 56,6 % der nachgewiesenen Erdölreserven, dann folgt Lateinamerika mit 14,9 % und Europa mit 10,3 %. Auf den anderen Plätzen folgen Afrika mit 9,6 %, Nordamerika mit 5,5 % und Asien mit 3,1 %.

Das Investment in Erdöl kann in Form von Explorationen geschehen. In diesem Fall ist das Investment ein sehr riskantes Unterfangen, weil der Erfolg noch nicht gesichert ist und ein Totalverlust sehr groß sein kann. Außerdem sollte der Investor Kenntnisse von den unterschiedlichen Ölsorten haben, damit die errechneten Prognosen im Verkauf auch wirklich eintreten können. Es gibt insgesamt 30 Rohölsorten, von denen aber nur Brent und West Texas Intermediate (WTI) von Bedeutung sind. Brent-Öl stammt z. B. aus der Nordsee, hat eine etwas schlechtere Qualität und ist in der Raffinierung etwas kostspieliger.

Bei Investitionen in Erdöl ist es auch wichtig zu berücksichtigen, dass der Handel fast ausschließlich in US-$ abgewickelt wird. Das kann für einen Investor aus Deutschland bedeuten, dass Gewinne aus dem ursächlichen Geschäft durch Währungsschwankungen aufgezehrt werden.

Die Investitionen in große Konzerne über die Aktienbörse und Investmentfonds ist mit Sicherheit für viele Anleger die verständlichere Alternative. Außerdem sind die Konzerne insgesamt so breit aufgestellt, dass auch die künftigen Entwicklungen in diesem Sektor nicht zu einem Totalverlust führen.

Die Entwicklung der Erdölpreise zu beobachten, ist für einen Anlageberater sowie Investor ein wichtiges Entscheidungskriterium. Verteuert sich das Erdöl, hat dies enorme Auswirkungen auf das gesamte globale Wirtschaftssystem. Die Energiekosten steigen für die Konzerne, damit verringern sich auch deren Gewinne. Für die Wirtschaft ist ein stabiler Erdölpreis der beste Schmierstoff. Das wissen auch die erdölexportierenden Länder und bemühen sich um eine stabile Versorgung der Welt mit diesem Rohstoff.

10.5.1.2   Erdgas

Erdgas ist oft ein Abfallprodukt bei der Erdölgewinnung. Das Erdgas sammelt sich über den Lagerstätten des Erdöls und wurde in den früheren Jahren einfach abgefackelt.

Heute wird das Erdgas vielseitig eingesetzt, ob zur Beheizung von Wohnungen, zur Stromgewinnung oder zum Antrieb von Fahrzeugen.

Die internationale Atomenergiebehörde geht davon aus, dass Erdgas bis zum Jahr 2080 mit einem Anteil an der Energieversorgung von 50 % einer der schnellst wachsenden fossilen Rohstoffe sein wird.

10.5.1.3 Kohle

„Kohle scheffeln" ist ein Ausdruck aus früheren Zeiten, weil Kohle viele Jahre einer der wichtigsten Rohstoffe für die Energiegewinnung war und dem Eigentümer ungeahnten Reichtum einbrachte. Außerdem wird Kohle weiterhin für die Eisen- und Stahlproduktion genutzt. Aber auch bei anderen Gütern wie Zement oder Aluminium ist man bei der Herstellung auf Kohle angewiesen.

In den letzten Jahren wurde durch die steigende Nachfrage nach Stahl aus Asien auch die Nachfrage nach Kohl sehr stark beeinflusst. Man spricht hier auch von der Korrelation zwischen Stahl- und Kohlepreisen.

10.5.1.4 Uran

Uran ist seit der Entdeckung der Kernspaltung im Jahr 1938 und dem Aufstieg der Atomenergie der Primärenergieträger für Kernkraftwerke. Auf der Welt gab es 2010 ca. 438 Atomreaktoren. Bis zum Jahr 2030 sollen weitere 400 Reaktoren hinzukommen. Damit wird Uran weiterhin auf dem Rohstoffmarkt nachgefragt werden. Die heutigen Studien sagen allerdings eine ausreichende Deckung der Versorgung mit diesem Rohstoff voraus. Daher ist keine Verknappung zu befürchten.

10.5.2 Agrarrohstoffe

Agrarrohstoffe sind Rohstoffe, die nachwachsen können. Hierzu zählen u.a. die Notierungen:
- Weizen,
- Mais,
- Reis,
- Soja,
- Zucker,
- Baumwolle,
- Kaffee,
- Kakao,
- Orangensaft,
- Hafer,
- Holz.

Diese Rohstoffe dienen überwiegend zur Befriedigung von existenziellen Grundbedürfnissen der Menschen und haben oft einen direkten Einfluss auf die Versorgung der Weltbevölkerung mit Nahrungsmitteln – entweder direkt als Nahrungsmittel oder indirekt, weil sie als Futtermittel dienen. Um ein Kilogramm Fleisch zu erzeugen, benötigt man ca. 16 Kilogramm Getreide. In den letzten Jahren wurde ein Teil auch für die Herstellung von

Biokraftstoffen verwendet. Diese Nachfrage steigt weiterhin und hat somit auf die Entwicklung der Preise einen erheblichen Einfluss.

Durch das Ansteigen der Weltbevölkerung wird sich die Ackerfläche pro Kopf weltweit weiter reduzieren. Während 1950 bei einer Weltbevölkerungszahl von 2,5 Mrd. Menschen jedem Menschen ca. 5.600 m² Ackerfläche zur Verfügung standen, waren es im Jahre 2000 bei 6,1 Mrd. Menschen nur noch 2.300 m². Voraussichtlich wird in 2050 bei einer geschätzten Weltbevölkerung von 9,1 Mrd. Menschen nur noch 1.500 m² Ackerfläche pro Kopf zur Verfügung stehen. Steigt die Nachfrage nach Biokraftstoffen weiterhin, würde dieses die Ackerfläche pro Kopf weiter reduzieren und damit die Preise für Nahrungsmittel verteuern.

10.5.3   Chancen & Risikopotenzial von Rohstoffen

Das direkte Investment in Rohstoffe bedeutet eine sehr einseitige Kapitalanlage in sehr volatile Märkte. Hinzu kommen noch weitere Risiken aus dem Umstand, in welcher Währung dieser Rohstoff auf den Märkten gehandelt wird. Hohe Verluste stehen natürlich auch großen Gewinnchancen entgegen. Es bedeutet aber auch, dass Anleger ein profundes Wissen über diese Rohstoffe, deren Gewinnung oder Erzeugung, auch über die entsprechenden Märkte haben sollte.

Das Investment in Nahrungsmittelkonzerne über Aktien oder Investmentfonds oder Zertifikate ist bei Rohstoffen für die meisten Anleger die vernünftigere Alternative. Das gilt auch hinsichtlich der Beratungspflichten des Beraters. Der Berater muss sich in diesen Märkten auskennen und laufend über diese Märkte informieren. Dies gilt auch, wenn der Berater Genussscheine von Firmen vertreibt, die als Verkaufsargument haben, in diese sehr attraktiven Märkte zu investieren.

10.6   Lebensversicherungen als Kapitalanlagen

Beispiel:

Am Wochenende hatte das Ehepaar Michel Besuch von Freunden. Während des Abends kam das Gespräch auch auf die Rente. Alle Freunde waren sich einig, dass die private Vorsorge bald die wichtigste Säule der Altersversorgung sein wird, weil die staatliche Rente in ihrer bisherigen Form dringend reformiert werden muss. Während das Ehepaar Michel nur die klassische deutsche Lebensversicherung kennt, erzählten die Freunde von Lebensversicherungen aus Lichtenstein und England. Als es um die Rendite ging, überschlugen sich die Freunde in ihren Erwartungen. Frau Michel fragte die Freunde, ob die Lebensversicherungen aus den anderen Ländern die gleichen Sicherheiten und Anlagevorschriften wie die deutschen Lebensversicherungen haben. Doch keiner der Freunde konnte hierüber Auskunft geben.

10.6.1   Die klassische Lebens- und Rentenversicherung

Die klassische Lebens- oder Rentenversicherungen hatten es in den Tagen nach dem 2. Weltkrieg sehr schwer. Viele Menschen hatten ihr gesamtes Vermögen verloren und trauten nach der Währungsreform nur wenigen Kapitalanlagen. Betrachtet man die damaligen Umtauschregelungen genauer, war die Zurückhaltung gegenüber Lebens- und Rentenversicherungen nur bedingt verständlich.

Für 100 Reichsmark gab es 6,50 Deutsche Mark. Verbindlichkeiten dagegen wurden 10:1 (für 10 Reichsmark gab es eine Deutsche Mark) umgetauscht und laufende Verbindlichkeiten wie Löhne, Renten, Pensionen, Pachten und Mieten wurden 1:1 umgetauscht. Die Prämienreserven der Versicherer in den Büchern wurden mit 10:1 umgetauscht, während die laufenden zu zahlenden Renten 1:1 umgetauscht wurden.

In den späteren Jahren erhielten gerade die Versicherer weitere Ausgleichszahlungen vom Bund, weil sie die laufenden Rentenzahlungen mit 1:1 begleichen mussten, während das Reservevermögen 10:1 getauscht worden war.

Die Lebensversicherer tragen in Deutschland eine soziale Verantwortung gegenüber ihren Versicherten und die Politik honorierte dies in den letzten Jahren immer wieder mit vielen steuerlichen Privilegien. Im Ernstfall könnte dies wieder passieren, doch dazu müsste der Worst-Case erst einmal eintreten.

Aus dieser Verantwortung heraus, dürfen die deutschen Lebensversicherer dem VAG (Versicherungsaufsichtsgesetz) nach das Sicherungsvermögen nur in bestimmte Kapitalanlagen anlegen.

Dazu gehören:
- Hypotheken, Grundschuld- und Rentenschuldforderungen,
- Grundstücke, grundstücksgleiche Rechte,
- Vorauszahlungen auf Versicherungsbeteiligungen an Unternehmen,
- Namensschuldverschreibungen, Schuldscheinforderungen, Darlehn,
- festverzinsliche Wertpapiere,
- Aktien (max. 35 % Aktienquote).

Aus diesen Vorschriften heraus kann jeder Investor erkennen, dass es sich bei klassischen Lebensversicherungen nicht um renditeorientierte Kapitalanlagen, sondern vielmehr um sicherheitsorientierte Kapitalanlagen handelt. Werden zum Ansparen von Vermögen im gleichen Vertrag auch noch weitere Versicherungsaspekte abgedeckt, verringert sich die Rendite zusätzlich durch diese Risikoprämien. Die Garantieverzinsung bezieht sich allerdings nur auf den Sparanteil, welcher sich von der Bruttoprämie unterscheidet. Die Verwaltungskosten und Risikoprämien reduzieren die Bruttoprämie und so ergibt sich erst der Sparanteil, auf dessen Grundlage dann der Garantiezins berechnet wird. Machen diese Kosten prozentual die gleiche Summe aus wie der Rechnungszins für den Sparbeitrag, macht der Kunden schon ein Verlustgeschäft.

Beispiel:
Der Kunde spart 100 EUR, von denen die Gesellschaft 1,75 % Kosten abzieht, so kommen 98,25 % zur Anlage. Garantiert die Gesellschaft jetzt 1,75 % als Zins, dann erhält der Kunde die 1,75 % auf 98,25 EUR, also 1,72 EUR. Zusammen ergibt sich jetzt ein neues Kapital von 99,97 EUR.

Der Vorteil dieser Formen der Versicherungen liegt u. a. auch im Halbeinkünfteverfahren für die erwirtschafteten Erträge bei Kapitalauszahlungen oder die geringe Ertragsanteilbesteuerung bei Rentenzahlungen. Damit sind die Erträge am Ende der Laufzeit nicht in voller Höhe zu versteuern, sondern es werden nur 50 % des erwirtschafteten Ertrags angesetzt.

10.6.2 Die fondsgebundene Lebens- und Rentenversicherung

Fondsgebundene Lebens- und Rentenversicherungen haben nicht wie die klassischen Lebens- und Rentenversicherungen die eng gefassten Anlagevorschriften. Der Anlagestock kann vom Anleger selbst bestimmt werden. Er kann in die von der Versicherungsgesellschaft vorgegebenen Investmentfonds investieren und nach seinen individuellen Sicherheitsaspekten ein höheres Volumen in die Anlage von Aktienfonds oder lieber sicherheitsorientiert in Rentenfonds investieren.

Diese flexible Anlageform bietet dem Investor die Möglichkeit, auch während der Ansparphase die Fonds zu kaufen und zu verkaufen, ohne dass die Erträge durch die Abgeltungsteuer dezimiert werden. Insofern bietet die fondsgebundene Lebens- und Rentenversicherung eine gute Möglichkeit, Investmentvermögen aufzubauen. Der Vergleich zu einem reinen Investmentvermögen über eine Bank hängt von verschiedenen Aspekten ab.

Da ist zunächst der Kostenaspekt. Hier können Bank und Versicherung sehr identisch sein, sodass sich der Vorteil der Versicherung wieder aus der steuerlichen Komponente des Halbeinkünfteverfahrens ergibt. Während bei der Fondsanlage bei einer Bank alle Erträge sofort der Abgeltungsteuer unterliegen, kann der Ertrag bei der Versicherungsvariante ungemindert angelegt bleiben (Zinseszinseffekt).

Da die Versicherungsgesellschaften in den letzten Jahren ihre Fondspalette innerhalb der fondsgebundenen Lebens- und Rentenversicherung erweitert haben, ist auch das Argument „über das Depot der Bank kann jeder Fonds gekauft werden" zur Makulatur geworden.

10.6.3 Englische Lebensversicherungen

Die englischen Lebensversicherungen haben eine sehr lange Tradition. 1762 gab es die ersten Sterbekassen, während in Deutschland diese Form der Absicherung erst 1827 von der Gothaer Lebensversicherungsbank eingeführt wurde.

Britische Lebensversicherer verwalten heute mehr als eine Billion britische Pfund. Die Anlagepolitik der britischen Lebensversicherer ist gegenüber den deutschen Vorschriften wesentlich freier, sodass von dem verwalteten Vermögen ein hoher Anteil auch in Aktien investiert werden kann. Damit sind die Anlageergebnisse der britischen Lebensversicherer wesentlich volatiler als bei deutschen Versicherern. In besonders guten Jahren können die britischen Versicherer nur einen Teil der Überschüsse ausschütten, sodass in weniger ertragreichen Jahren die Ergebnisse durch diese aufgesparten Überschüsse aufgepeppt werden können. Das Verfahren wird als **Smoothing** bezeichnet. Während deutsche Lebensversicherer mindestens 90 % der erzielten Überschüsse an den Kunden ausschütten müssen, haben britische Versicherer einen großzügigen Ermessensspielraum, wie hoch die Ausschüttung der Erträge ausfällt.

Erwähnenswert ist die gesetzlich vorgeschriebene Absicherung im Insolvenzfall der Versicherung durch den britischen Feuerwehrfonds **Financial Services Compensation Scheme**. Durch diesen Fonds werden 90 % der Versicherungswerte britischer Lebensversicherer abgedeckt. Allerdings ist es hier wichtig, nach dem Sitz der Versicherung zu schauen, damit dieser Feuerwehrfonds wirklich greift, oder Sie fragen direkt die Versicherungsgesellschaft, ob das Vermögen durch den FSCS abgesichert ist.

10.6.4   Liechtensteiner Lebensversicherungen

Liechtensteiner Lebensversicherungen können in Liechtenstein weitere Funktionen als nur die der Kapitalanlage haben. In Liechtenstein kann die anteilgebundene Lebensversicherung als Versicherungsmantel für bestehende Depots usw. verwendet werden. Damit kann der Anleger bewertbare Vermögenswerte in den steuerlichen Mantel einer Lebensversicherung packen und – wenn die steuerlichen Rahmenbedingungen eingehalten werden – das Halbeinkünfteverfahren nutzen.

Das sogenannte **Konkursprivileg** gibt es für alle Lebensversicherungen in Liechtenstein. Es sieht im Falle einer Insolvenz des Versicherungsnehmers vor, dass der Vertrag zum Erhalt des Lebensunterhalts auf den Ehepartner oder die Nachkommen übergeht, wenn diese als Begünstigte vorgesehen waren. Dieser Umstand machte Liechtensteiner Lebensversicherungen in den letzten Jahren in Deutschland sehr beliebt.

> **Praxistipp:**
>
> Allerdings ist hier zu berücksichtigen, dass Liechtenstein nicht zur EU gehört und dieses Konkursprivileg nur dann Gültigkeit hat, wenn der Vertrag in Liechtenstein oder der Schweiz abgeschlossen wurde.

11   Vermögensanlagen nach VermAnlG

Was unter Vermögensanlagen fällt, definiert § 1 Abs. 2 VermAnlG: Vermögensanlagen im Sinne dieses Gesetzes sind nicht in Wertpapieren im Sinne des Wertpapierprospektgesetzes verbriefte und nicht als Anteile an Investmentvermögen im Sinne des § 1 Abs. 1 des KAGB ausgestaltete

1. Anteile, die eine Beteiligung am Ergebnis eines Unternehmens gewähren,
2. Anteile an einem Vermögen, das der Emittent oder ein Dritter in eigenem Namen für fremde Rechnung hält oder verwaltet (Treuhandvermögen),
3. (weggefallen)
4. Genussrechte und
5. Namensschuldverschreibungen.

Obwohl der Gesetzgeber also einige konkrete Vermögensanlagen aufführt (Genussrechte, Namensschuldverschreibungen), ist die Definition durch die Generalklausel in Ziffer 1 offen gestaltet. Vermögensanlagen sind also alle Unternehmensbeteiligungen, die nicht in Wertpapieren verbrieft sind oder Investmentvermögen nach KAGB darstellen. Es fallen also auch geschlossene Fonds hierunter, sofern diese nicht schon Investmentvermögen nach KAGB (s. hierzu Abgrenzung in Kapitel 9.2.). Dies sind vor allem KG-Fonds, die eine Unternehmensstrategie verfolgen. Diese geschlossenen Fonds wurden bereits im Kapitel 9 ausführlich besprochen, auf welches daher an dieser Stelle noch einmal verwiesen wird.

Ziffer 2 der oben zitierten Gesetzesregelung macht auch deutlich, dass nicht nur Direktbeteiligungen unter den Begriff Vermögensanlage fallen können, sondern auch sogenannte Treuhandvermögen (z. B. bei geschlossenen KG-Fonds in der Form des Treuhandkommanditisten marktüblich).

11.1   Genussrechte

Beispiel:

Nachdem die drei Gesellschafter der Kartbahn GmbH & Co. KG die Niederlage weggesteckt haben, dass der Kapitalmarkt für sie als Unternehmen aufgrund der Größe und Dauer der Tätigkeit noch nicht infrage kommt, haben sie jetzt vielleicht eine interessante Alternative gefunden. Kleinere Unternehmen können Kapitalgeber durch eine laufende Verzinsung des Kapitals oder auch einen zusätzlichen Anspruch auf einen Anteil am Gewinn am unternehmerischen Erfolg beteiligen. Es besteht sogar die Möglichkeit, für das ausgeliehene Kapital nur dann ein Entgelt zu bezahlen, wenn das Unternehmen einen Gewinn erzielt hat. Die drei Gesellschafter haben einen Termin mit ihrem Berater gemacht, weil sie mehr über die Form der Kapitalbeschaffung wissen möchten – insbesondere welche Vorschriften zu beachten sind und ob Genussrechte zum Fremd- oder Eigenkapital zählen?

11.1.1   Allgemeine Merkmale und gesetzliche Grundlagen

Überlässt der Kapitalanleger einem Unternehmen Geld und verpflichtet sich der Schuldner vertraglich, dem Kapitalgeber **Vermögensrechte** zu gewähren, dann hat der Kapitalanleger ein Genussrecht erworben. Genussrechte stellen den Überbegriff für das Gewähren von Vermögensrechten bei Kapitalüberlassung dar.

Diese Form der Finanzierung steht allen Unternehmen offen, da es keine gesetzlichen Regelungen für die Emissionen von Genussrechtskapital gibt. Durch die Gewährung des Emittenten von Vermögensrechten gegenüber dem Kapitalgeber kann der Investor dem Aktionär oder Gesellschafter gleichgestellt oder angenähert werden. Dabei erlangt der Investor zu keiner Zeit Mitgliedsrechte, sondern lediglich schuld- und vermögensrechtliche Ansprüche gegenüber den Emittenten.

Je nach Ausgestaltung der Emissionsbedingungen kann ein Genussrecht mehr dem Eigen- oder dem Fremdkapital zugerechnet werden. Damit stellt es eine Mischform der betriebswirtschaftlichen Außenfinanzierung dar.

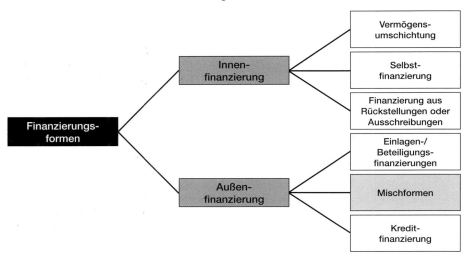

Der große Gestaltungsspielraum von Genussrechten hat insbesondere Banken und Versicherungen in den letzten Jahren vermehrt veranlasst, diese Finanzierungsform zur Stärkung des Eigenkapitals zu wählen. Bilanziell gehört das Kapital unter bestimmten Bedingungen zum Eigenkapital, obwohl es keine Mitspracherechte für den Investor beinhaltet, wie es bei einer normalen Kapitalerhöhung i.d.R. der Fall ist.

Genussrechte erfreuen sich aufgrund dieser Begebenheit großer Beliebtheit, weil sie in unbegrenztem Umfang emittiert werden können. Außerdem nutzten viele Unternehmen die Ausgabe von Genussrechten, um Zahlungsschwierigkeiten abzuwenden oder sich für Finanzierungsgespräche bessere Kreditratingergebnisse zu verschaffen.

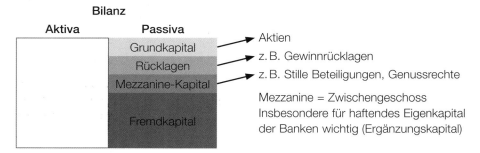

Genussrechte können folgende Rechte beinhalten:
- Beteiligung am Gewinn,
- Beteiligung am Liquidationserlös,
- Zahlung eines variablen oder festen Zins,
- Beteiligung an Nutzungsrechten (Lizenzen),
- Bezugsrechte für Sachleistungen,
- Bezugsrechte für Dienstleistungen,
- Bezugsrechte in Form von Options- oder Wandlungsgenussrechten.

11.1.2   Genussrechte als Fremdkapital

Genussrechte, die dem Fremdkapital zuzuordnen sind, haben in ihren Ausstattungs-merkmalen die typischen Kriterien von Fremdkapital:
- fester oder variabler Zins,
- befristete Laufzeit.

Es ist aber auch denkbar, dass die Merkmale eine Gewinnbeteiligung, ggf. sogar garantierte Gewinnbeteiligung oder das Recht auf Beteiligung am Liquidationserlös sein können. Im Insolvenzfall haftet der Investor wie ein normaler Kreditgeber, wenn kein Rangrücktritt vereinbart wurde. Es kann auch eine Verlustbeteiligung vereinbart worden sein. Die steuerliche Abzugsfähigkeit für die Vergütung des Investors besteht im Rahmen der Zinsschranke. Es darf dann aber keine Beteiligung am Liquidationserlös gewährt werden oder die Laufzeit mehr als 30 Jahre betragen.

11.1.3   Genussrechte als Eigenkapital

Genussrechtsinhaber haben prinzipiell kein Stimmrecht und auch keine Mitwirkungsrechte an der Geschäftsführung. Das Genussrechtskapital wird dann wie Eigenkapital behandelt, wenn die vom IDW (Institut der Wirtschaftsprüfer e.V.) aufgestellten Kriterien kumulativ erfüllt werden:

- **Erfolgsabhängigkeit der Vergütung**
  Die Vergütung für den Kapitalgeber ist an den Erfolg der Gesellschaft gebunden. Es kann dabei eine Grundverzinsung plus einer erfolgsabhängigen Zusatzvergütung gewährt werden. Eine reine erfolgsabhängige Vergütung, die am Jahresergebnis oder an Kennzahlen geknüpft ist, kommt seltener vor.

- **Nachrangigkeit**
  Der Kapitalgeber erhält im Insolvenzfall vor den Anteilseignern (Aktionären bzw. Gesellschaftern) sein Geld zurück. Erst müssen alle anderen Gläubiger der Gesellschaft befriedigt werden, bevor der Genussscheininhaber zum Zuge kommt.
  § 39 Abs. 2 InsO: *„Forderungen, für die zwischen Gläubiger und Schuldner der Nachrang im Insolvenzverfahren vereinbart worden ist, werden im Zweifel nach den in Abs. 1 bezeichneten Forderungen berichtigt."*

- **Teilnahme am Verlust bis zur vollen Höhe (Verlustbeteiligung)**
  Der Kapitalanleger verliert anteilig seine Rückzahlungsansprüche, sollte es zu einem Bilanzverlust der Gesellschaft kommen. Es kann in den Emissionsbedingungen enthalten sein, dass sich der Rückzahlungsanspruch wieder erhöht, wenn in den folgen-

den Jahren wieder ein Gewinn erwirtschaftet wird – vorausgesetzt, die Laufzeit des Genussscheins ist noch nicht beendet.

- **Längerfristigkeit der Kapitalüberlassung**
  Das Kapital sollte dem Unternehmen für langfristige Investitionen zur Verfügung stehen. Dabei hat sich eine Laufzeit von mindestens fünf Jahren etabliert. Genussrechte werden i.d.R. am Ende der Laufzeit in einer Summe getilgt, können aber durch ein Kündigungsrecht des Emittenten auch vorzeitig getilgt werden. Dadurch entsteht dem Investor oft ein Schaden, weil er sein Kapital nur zu schlechteren Bedingungen wieder investieren kann. In diesem Fall wird nicht selten eine zusätzliche Zahlung vereinbart, um diesen Schaden zu ersetzen. Bei eigenkapitalähnlichem Charakter sollte das Kündigungsrecht grundsätzlich für beide Seiten ausgeschlossen sein. Es gibt die Auffassung bei Kündigungsrechten, dass dann die Kündigungsfrist mindestens zwei Jahre betragen muss.

11.1.4   Exkurs: Genussrechte vs. Genussscheine

Genussscheine stellen eine verbriefte Form des Genussrechtes dar. Es handelt sich also um Wertpapiere, die daher Finanzinstrumente nach KWG sind und nicht zu den Vermögensanlagen nach VermAnlG gehören. Zur Abgrenzung von den Genussrechten sollen Genussscheine daher in diesem Exkurs dennoch behandelt werden. Für die Ausgestaltung der Genussscheine gibt es keine einheitlichen gesetzlichen Vorschriften. So kann es sein, dass einige Genussscheine den **Charakter einer Anleihe** und andere Genussscheine den **Charakter einer Aktie** haben. Auch bei Genussscheinen müssen bei der Ausgabe durch eine Aktiengesellschaft die Aktionäre mit einer ¾ Mehrheit auf der Hauptversammlung zustimmen und haben ein entsprechendes Bezugsrecht. Allerdings können Genussscheine grundsätzlich von Unternehmen emittiert werden. Dies müssen keine Aktiengesellschaften sein, es können alle Unternehmensformen Genussscheine emittieren.

Unabhängig von der Ausgestaltung der verbrieften Rechte des Genussscheins, stehen dem Genussscheininhaber keine Mitwirkungsrechte im Unternehmen zu, insbesondere bei Aktiengesellschaften keine Teilnahme an der Hauptversammlung und kein Stimmrecht.

Ausgestaltung von Genussscheinen

mit Anleihe-Charakter	mit Aktien-Charakter
Rückzahlungsanspruch bei Fälligkeit in Höhe des Nennwertes	Unbegrenzte Laufzeit – Kündigung erfolgt durch den Emittenten
Feste Verzinsung und ggf. gewinnabhängiger Zusatzertrag	Ertragsanspruch ist gewinnabhängig
	Beteiligung am Verlust der Gesellschaft
Begrenzte Laufzeit – mindestens aber fünf Jahre	Nachrangigkeit im Insolvenzfall

Der Kapitalgeber kann je nach Ausgestaltung des Genussscheins mit einer überdurchschnittlichen Verzinsung oder Rendite rechnen. Je höher sein Risiko, desto höher wird die Vergütung für ihn sein. Er ist Kreditgeber für einen Schuldner, von dem er nach Möglichkeit vorher seine wirtschaftliche Leistungsfähigkeit sorgfältig geprüft hat. Kleinere und mittelständische Unternehmen haben sich in den letzten Jahren, auch durch die Mithilfe der Banken, verstärkt mit Genussscheinkapital finanziert. Durch die geschickte Ausgestaltung des Genussscheins kann für den Emittenten aus dem Fremdkapital Eigenkapitalersatz werden. So erhält der Emittent Eigenkapitalersatzmittel und verbessert auch nach Basel II sein Rating, sodass ggf. die Banken wieder neue Kreditlinien zur Verfügung stellen können.

Hier einige Vorteile dieser Finanzierungsform für den Emittenten:
- Verbesserung der Eigenkapitalposition,
- Stärkung der Verhandlungsposition gegenüber Kreditgebern,
- Beibehaltung der bestehenden Gesellschafterverhältnisse,
- Optimierung der Steuerposition des Unternehmens,
- flexible Konditionsgestaltung durch ergänzende Vergütungsbestandteile,
- Möglichkeit, das externe Rating zu verbessern.

Damit das Genussscheinkapital als Eigenkapital anerkannt wird, sind folgende Voraussetzungen zu erfüllen:
- unbefristet dem Unternehmen zur Verfügung stehen,
- sich an möglichen Verlusten beteiligen,
- nachrangig im Insolvenzfall zurückgezahlt werden.

Dafür ist der Emittent auch bereit, eine außerordentlich attraktive Vergütung zu bezahlen.

Genussscheinkapital ist aufgrund seiner nicht einheitlichen Ausgestaltung im Einzelfall genau zu prüfen: Tendiert es eher zur Anleihe oder zur Aktie? Außerdem ist die Bonität des Emittenten von ausschlaggebender Bedeutung, denn die meisten Emittenten dieser Genussscheine sind kleine und mittelgroße Unternehmen, deren Existenz i. d. R. auf lange Sicht nicht gesichert ist. Genussrechtskapital ist in jedem Fall Risikokapital und muss bei der Bewertung auch so behandelt werden. Es ist maximal als Beimischung zu einem soliden Portfolio in sehr begrenztem Umfang denkbar.

Risiken von Genussscheinen – Basisrisiken:
- Konjunkturrisiken
- Inflationsrisiko (Kaufkraftverlustrisiko)
- Länder- und Transferrisiko
- Währungsrisiko
- Volatilitätsrisiko
- Liquiditätsrisiko
- Psychologisches Marktrisiko
- Risiko bei kreditfinanzierten Wertpapierkäufen
- Steuerliche Risiken
- Einfluss von Nebenkosten auf die Gewinnerwartung

Sonstige Basisrisiken von Genussscheinen:
- Informationsrisiko
- Übermittlungsrisiko
- Auskunftsersuchen ausländischer Aktiengesellschaften
- Risiko der Eigenverwahrung
- Risiko bei der Verwahrung von Wertpapieren im Ausland

Was unterscheidet Genussrechte/-scheine von Aktien und Renten?

Anleger	Aktien	Renten	Genuss-scheine	Genuss-rechte
Unternehmens-beteiligung	Ja	Nein	Nein	Nein
Gläubiger	Nein	Ja	Nein	Ja
Ertrag	Gewinn-abhänging	i.d.R. fester Zins	i.d.R. Ertrags-abhängig	i.d.R. Ertrags-abhängig
Mitsprache	Ja	Nein	Nein	Nein
Börse	i.d.R. Ja	i.d.R. Ja	Ja, möglich	i.d.R. Nein

Vergleich der Anlagearten:
Aktie – Anleihe – Genussschein

	Aktie	Anleihe	Genussschein
Art des verbrieften Rechts	Teilhaberrecht	Gläubigerrechte Recht auf Zins- und Tilgungszahlung	Gläubigerrechte, Vermögensrechte teilweise wie Aktionärsrechte = Gewinnbeteiligungen
Charakter des Kapitals	Eigenkapital	Fremdkapital	Rechtlich und steuerlich = Fremdkapital wirtschaftlich = Eigenkapital
Ausschüttung	Vom Geschäfts-erfolg abhängige variable Dividende	Vom Geschäfts-erfolg unabhän-gige feste Verzin-sung	Fester Zins +/oder Gewinnbeteiligung oder Kombination aus beiden
Laufzeit	Unbegrenzt	Begrenzt	Normalerweise begrenzt als EK-Ersatz unbegrenzt (Kün-digungsrecht durch Emittenten)
Einfluss auf das Unternehmen	Stimmrecht in der HV	Nein	Nein

	Aktie	Anleihe	Genussschein
Teilnahme am Verlust	Risikokapital – bis zur vollen Höhe am Verlust beteiligt	Nein	Als nachrangiges Haftungskapital grundsätzlich bis zur vollen Höhe
Anspruch auf Anteil am Liquidationserlös	Ja	Nein	Nein

11.2 Stille Beteiligung

11.2.1 Allgemeine Merkmale und gesetzliche Bestimmungen

Die stille Gesellschaft wird auch als stille Beteiligung bezeichnet und entsteht durch die Einlage einer natürlichen oder juristischen Person an dem Handelsgewerbe eines Kaufmanns (Einzelunternehmen oder Handelsgesellschaft). Diese Form der Gesellschaft ist eine Innengesellschaft, da es für Dritte nicht zu erkennen ist, wer und ob sich eine Person an der Gesellschaft beteiligt hat. Die Einlage kann nicht nur in Geldform erfolgen, sondern auch als Sach- oder Dienstleistung erbracht werden. Die Rechte und Pflichten des Gesellschafters betreffen nur das Innenverhältnis. Daher hat die stille Gesellschaft zwar keine Rechte, sich an der Führung des Unternehmens zu beteiligen, sie darf aber die Geschäftsunterlagen prüfen. So kann sich der Gesellschafter über die wirtschaftliche Lage der Firma informieren. Im Gegenzug erhält der stille Gesellschafter für seine Einlage eine Gewinnbeteiligung. Allerdings ist er auch nach **§ 232 HGB** am Verlust beteiligt, wenn dies nicht ausdrücklich durch den Gesellschaftsvertrag ausgeschlossen ist. Im Falle einer Insolvenz des Kaufmanns, hat der stille Gesellschafter die gleichen Rechte wie ein Gläubiger.

Gründung	Erfolgt durch die Einlage
Gesellschafter	Mindestens ein stiller Gesellschafter als natürliche oder juristische Person ist mit einer Kapitaleinlage am Handelsgewerbe eines Kaufmanns (Einzelunternehmung oder Handelsgesellschaft) beteiligt.
Rechtsvorschriften	§§ 230 – 236 HGB
Firma	Der Name lautet auf den Vollhafter – der stille Gesellschafter tritt nach außen nicht in Erscheinung.
Geschäftszweck	Handelsgewerbe
Einlage	Keine gesetzliche Regelung
Haftung	Durch den Kaufmann gegenüber Dritten
Geschäftsführung	Der Kaufmann alleine (Einzelvertretungsbefugnis), wenn nichts anderes geregelt ist.

Gewinnverteilung	Keine gesetzliche Regelung – beliebige vertragliche Regelung möglich
Verlustbeteiligung	Vertraglich geregelt – im Insolvenzfall ist der stille Gesellschafter als Gläubiger zu behandeln.
Gewerbesteuer	Ja – Freigrenze von 24.500 EUR
Handelsregister	Keine Eintragung erforderlich

11.2.2   Typische stille Beteiligung

Die **typische stille Beteiligung** ist die fremdkapitalähnliche Form von Mezzanine-Kapital. Die Vergütung des Kapitalgebers erfolgt den gesetzlichen Vorgaben entsprechend (§ 230 ff. HGB) in Form einer Beteiligung am ordentlichen Betriebsergebnis des Handelsgewerbes. Es können aber auch andere Regelungen getroffen werden. Der Kapitalgeber hat nur Informationsrechte, wie z. B.:

- Anspruch auf Mitteilung des Jahresabschlusses,
- Einsichtsrecht in die Bücher und Papiere des Geschäftsinhabers,
- allgemeines Auskunftsrecht,
- keine Beteiligung an der Geschäftsführung durch den Kapitalgeber.

Im Insolvenzfall haftet der Kapitalgeber gemäß § 231 Abs. 1 HGB als Insolvenzgläubiger im Sinne des § 38 InsO.

„Die Insolvenzmasse dient zur Befriedigung der persönlichen Gläubiger, die einen zur Zeit der Eröffnung des Insolvenzverfahrens begründeten Vermögensanspruch gegen den Schuldner haben (Insolvenzgläubiger)."

Wenn die Verlustteilnahme ausgeschlossen wurde, kann die Forderung zur Insolvenztabelle angemeldet werden. Ansonsten kann nur der den Verlustanteil übersteigende Teil als Forderung angemeldet werden.

Der Kapitalgeber einer typischen stillen Beteiligung erzielt Einkünfte aus Kapitalvermögen, weil die Kapitalüberlassung einen fremdkapitalähnlichen Charakter aufweist.

11.2.3   Atypische stille Beteiligung

Bei der atypischen stillen Beteiligung ist der Gesellschafter auch am Gewinn oder Verlust beteiligt und zusätzlich auch noch am Vermögen der Gesellschaft. Das Finanzamt sieht den Gesellschafter daher als Mitunternehmer, der dementsprechend **Einkünfte aus Gewerbebetrieb** erzielt. Wie es sich für einen Mitunternehmer gehört, hat er neben den umfangreichen Vermögensrechten auch diverse Kontrollrechte.

Die Vergütung für den Kapitalgeber einer atypischen stillen Beteiligung kann vertraglich ganz unterschiedlich ausfallen. Die Beteiligung am ordentlichen Betriebsergebnis mit einer jährlichen Ausschüttung ist obligatorisch. Sie kann aber auch durch andere Komponenten ergänzt werden:

- Mindestverzinsung – hier liegt die Gefahr zur Abgrenzung zum partiarischen Darlehn; bei einer stillen Gesellschaft muss ein gemeinsamer Zweck den Kapitalgeber und das Unternehmen verbinden,

- Gewinngarantie,
- echte Vermögensbeteiligung,
- „Equity Kicker" am Ende der Laufzeit.

Dafür erhält der atypische stille Gesellschafter umfangreichere Informations- und Zustimmungsrechte. Er kann sogar an der Geschäftsführung beteiligt werden. Bei der Finanzierungsform für reine Kapitalanleger werden oft Beschränkungen der Geschäftsführungsbefugnis der Geschäftsführer vereinbart. Hierzu gibt es dann einen Katalog mit den zustimmungspflichtigen Geschäften, welche aber nur im Innenverhältnis wirken. Im Außenverhältnis kann die Geschäftsführerbefugnis nicht beschränkt werden. Mit dieser Einflussnahme auf die Geschäftsführung des Handelsgewerbes kann der Kapitalgeber zum Mitunternehmer werden.

Im Insolvenzfall haftet der atypische stille Gesellschafter gegenüber anderen Gläubigern nachrangig. Das gilt insbesondere dann, wenn der stille Gesellschafter nicht nur am Gewinn und Verlust des Handelsgewerbes, sondern auch am Vermögen der Gesellschaft beteiligt war.

Soll die atypische Beteiligung nach HGB als bilanzielles Eigenkapital behandelt werden, darf die Verlustteilnahme nicht ausgeschlossen werden. Um als Eigenkapital anerkannt zu werden, muss die Einlage folgende Bedingungen erfüllen:
- längerfristig dem Unternehmen zur Verfügung stehen (mindestens fünf Jahre),
- mit einem Rangrücktritt versehen sein,
- an einem möglichen Verlust beteiligt sein.

11.2.4   Chancen & Risiken von stillen Beteiligungen

Die Chance von stillen Beteiligungen liegt in der höheren Rendite durch die Gewinnbeteiligung am Handelsgewerbe und/oder dem Equity Kicker am Ende der Laufzeit. Diese höhere Renditechance wird durch mögliche zusätzliche Haftung im Insolvenzfall (Nachrangigkeit), die Teilnahme am Verlust der Gesellschaft, die nicht vorhandene Kapitalmarktfähigkeit und/oder die beschränkten Informations- und Zustimmungsrechte des Kapitalgebers erkauft. Die größte Gefahr besteht allerdings in der nicht klaren Abgrenzung zwischen einer typischen, atypischen Beteiligung und einem partiarischen Darlehn. Durch umfangreiche Kontrollrechte kann aus einer typischen Beteiligung eine atypische stille Beteiligung werden, was die Nachrangigkeit für die Einlage für den Kapitalgeber nach sich ziehen würde. Die vertraglich definierte Mindestverzinsung könnte aus einer stillen Beteiligung ein partiarisches Darlehn werden lassen, sodass die Hinzurechnung zum Eigenkapital hinfällig wird.

Auch hier gelten die bereits im Zusammenhang mit Genussscheinen aufgezählten Basisrisiken von Kapitalanlagen (vgl. Kapitel 11.1.4).

Personengesellschaft	Kapitalgesellschaft
Keine juristische Person	Juristische Person
Weitgehend personenorientierte Struktur	Weitgehend kapitalorientierte Struktur
Gesamthandelsvermögen der Gesellschafter	Vermögen im Besitz der Gesellschafter

Persönliche Haftung der Gesellschafter	Keine persönliche Haftung der Gesellschafter
Kein Grundsatz der Kapitalerhaltung aufgrund der persönlichen Haftung der Gesellschafter	Grundsatz der Kapitalerhaltung
Grundsatz der Selbstorganschaft	Grundsatz der Fremdorganschaft
Grundsatz der Unübertragbarkeit der Gesellschafterbeteiligung	Grundsatz der Übertragbarkeit der Gesellschafterbeteiligung

11.3   Exkurs: Partiarisches Darlehn

Allgemeine Merkmale und gesetzliche Grundlagen

An dieser Stelle wollen wir den Unterschied zwischen einem normalen Darlehn und einer Sonderform des Darlehns nach § 488 BGB erklären, dem „partiarischen Darlehn". Wesentlich für angehende Finanzanlagenfachleute ist es, zu erkennen, dass auch patriarische Darlehn keine Produkte des § 34f GewO sind. Es reicht vielmehr eine Gewerbezulassung nach § 34c GewO für die Vermittlung von Darlehn. Der Kapitalanleger überlässt dem Schuldner durch ein patriarisches Darlehn sein Kapital, damit der Schuldner das Kapital z. B. für einen bestimmten Zweck investieren kann. Dafür erhält der Gläubiger keinen gewöhnlichen Zins, sondern ein Entgelt in Form einer Gewinn- oder Umsatzbeteiligung (partiarisch = gewinnabhängig). Selbstverständlich kann auch ein Zins vereinbart werden, dieser dient dann eher als Grundabsicherung. Der Schwerpunkt bei dieser Form des Darlehns liegt in der Gewinn- oder Umsatzbeteiligung.

Die Bedeutung dieser Kapitalanlageform hat erst mit der Änderung des Verkaufsprospektgesetzes zum 01.07.2005 zugenommen. Das „partiarische Darlehn" stellt keine Unternehmensbeteiligung dar, somit ist kein Verkaufsprospekt notwendig.

Allerdings darf das Darlehn auch nicht so konstruiert sein, dass man es als Einlage nach § 1 KWG bewerten könnte, da das ausgebende Unternehmen (Schuldner) dann eine Banklinzenz benötigen würde. Normale Darlehn haben eine klare Rückzahlungsvereinbarung, diese können bei partiarischen Darlehn aber durch eine Nachrangabrede oder eine zusätzliche Besicherung des Darlehns so verändert werden, dass kein klassisches Einlagengeschäft mehr vorliegt.

Folgende Merkmale weisen auf ein partiarisches Darlehn hin:
- Kreditsicherheiten,
- Vereinbarung eines Festzinses neben der Gewinnbeteiligung,
- jederzeitige Abtretungsbefugnis,
- fehlende Einflussmöglichkeiten,
- Ausschluss einer Verlustbeteiligung,
- jederzeitige Kündigungsmöglichkeit.

Diese Merkmale stellen damit gleichzeitig die wichtigsten Unterscheidungskriterien zu einer „stillen Gesellschaft" dar.

Natürlich erzielt der Gläubiger mit diesem Darlehn Einkünfte aus Kapitalvermögen.

11.4 Namensschuldverschreibungen

11.4.1 Allgemeine Merkmale und gesetzliche Grundlagen

Schuldverschreibungen können als Inhaberpapiere (Inhaberschuldverschreibungen) ausgestellt werden oder sie lauten auf den Namen einer Person (Namensschuldverschreibungen).

Während bei der Inhaberschuldverschreibung jeder Inhaber des Papieres die Rechte aus dem Papier geltend machen kann, ist es bei Namensschuldverschreibungen nur der im Papier genannten Person gestattet. Der Schuldner hat bei Namensschuldverschreibungen direkt (lat. recta) an den im Papier genannten Gläubiger zu leisten. Erst durch den Zusatz „an Order" wird dieses Wertpapier zum Orderpapier (gekorenes Orderpapier). Mit dem Zusatz „an Order" wird die Verkehrsfähigkeit dieser Papiere stark eingeschränkt. Ein Inhaberpapier kann durch die Einigung und Übergabe seinen Eigentümer wechseln (§ 928 ff. BGB). Damit ist der Inhaber auch immer gleichzeitig Gläubiger des verbrieften Anspruchs, ob nun rechtmäßig oder unrechtmäßig. Bei einer Namensschuldverschreibung können die Rechte aus dem Papier nur übertragen werden, wenn sie durch eine Abtretung (Zession) von der in der Urkunde genannten Person (Zedent) auf den neuen Gläubiger (Zessionar) übertragen werden.

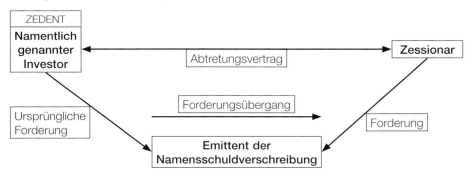

Die Zession ermöglicht erst den Eigentumsübergang vom Zedenten auf den Zessionar. Der Zessionar hat gegen den Zedenten einen Herausgabeanspruch (§ 985 Abs. 1 BGB) der Urkunde.

> *Hinweis:*
>
> *Das Recht aus dem Papier (Eigentumsrecht) folgt also dem Recht aus dem Papier (Forderungsrecht).*

Der Vorteil dieser Verfahrensweise ist, dass ein gutgläubiger Erwerb dieser Papiere ausgeschlossen ist und somit eine höhere Sicherheit für den Gläubiger besteht als bei Inhaberpapieren. Kommt es zur Einlösung der Papiere, muss sich der Berechtigte legitimieren, wie er dies auch beim Erwerb schon getan hat. Nur wenn der Inhaber der Urkunde aus einer lückenlosen Reihe von Zessionen nachweisen kann, dass er tatsächlich der Berechtigte aus dem Papier ist, kann der Schuldner mit befreiender Wirkung dem Forderungsrecht nachkommen. Lückenlos heißt in diesem Fall, dass vom Inhaber bis zur im Namenspapier genannten Person eine Kette von Zessionen (an Order) nachzuvollziehen ist.

Bei dieser sehr komplizierten Vorgehensweise wird auch deutlich, dass sich solche Namenspapiere nicht zum Börsenhandel eignen. Denken Sie jetzt an die geborenen Orderpapiere der Namensaktie und vergleichen Sie diese mit der Übertragung von Namensschuldverschreibungen, bedenken Sie bitte, dass bei Namensaktien gemäß den Börsenbestimmungen eine Blankozession die Verkehrsfähigkeit herstellen. Diese Blankozession ist bei Namensschuldverschreibungen nicht vorgesehen oder sogar ausdrücklich ausgeschlossen.

Namensschuldverschreibungen werden oft von institutionellen Anlegern in größerer Stückelung erworben und gehören nicht zu den Finanzinstrumenten.

11.4.2   Arten von Namensschuldverschreibungen

Namenspfandbrief	Namenskommunal-obligation	Sparbrief
• BIG Tickets ab 10 Mio. EUR • Oft an institutionelle Anleger	• BIG Tickets ab 10 Mio. EUR • Oft an institutionelle Anleger	• I. d. R. nicht kündbar • Kleine Stückelung möglich

Sparbriefe/Sparkassenbriefe von Banken/Sparkassen werden i. d. R. als Namensschuldverschreibungen emittiert (s. Sparbriefe).

11.4.3   Chancen & Risiken von Namensschuldverschreibungen

Die Chance von Namensschuldverschreibungen liegt in der geringeren Verkehrsfähigkeit der Papiere und dem damit verbundenen höheren Zins. Bei Namensschuldverschreibungen für institutionelle Anleger kommen noch die geringeren Kosten für die Emission hinzu, welche den Zins weiter erhöhen.

Allerdings sind die normalen Risiken wie bei allen verzinslichen Wertpapieren auch hier zu berücksichtigen (vgl. Kapitel 11.1.4).

Der Verlust dieses Papieres bedeutet nicht gleichzeitig den Verlust der in der Urkunde verbrieften Rechte. Allerdings kennen wir die Vorgehensweise bei einem Verlust der Namensschuldverschreibung von den Sparbüchern. In beiden Fällen muss eine sogenannte Kraftloserklärung nach einem abgeschlossenen Aufgebotsverfahren (§ 1162 BGB) erfolgen. Mit dem Abschlussurteil der Kraftloserklärung erlangt der Berechtigte aus dem Papier seine ursprüngliche Rechtsstellung.

11.5   Genossenschaftsanteile als Beteiligung in Sachwerte

11.5.1   Historisches

Als Gründerväter des genossenschaftlichen Gedankens werden gleich mehrere Personen genannt. Als erster ist hier **Hermann Schulze-Delitzsch** zu nennen, der eigentlich nur Franz Hermann Schulze hieß, aber am 29. August 1808 in Delitzsch geboren wurde und seinen Geburtsort später zum Namensbestandteil machte. Er galt in seiner Zeit als Sozialreformer und war in der preußischen Nationalversammlung sowie im Reichstag als Abgeordneter tätig. Durch die Industrialisierung in jener Epoche und die damit verbundene Konzentration der Produktion auf große Betriebe wollte er durch den Zusammenschluss der kleineren Handwerker deren Aussterben entgegenwirken. So entstand der genossenschaftliche Gedanke zunächst in der Form einer Schuhmachergenossenschaft. Später kamen Spar- und Konsumvereine sowie Vorschuss- und Kreditvereine hinzu. Diese Vereine galten als Vorläufer der heutigen Volksbanken. Als Jurist und Politiker konnte er die gesetzlichen Grundlagen für diesen genossenschaftlichen Gedanken auch umsetzen. Er gilt als Vater des Genossenschaftsgesetzes in Preußen. Am 19. April 1883 verstarb Hermann Schulze-Delitzsch in Potsdam.

In Hamm wuchs **Friedrich Wilhelm Raiffeisen** (geb. 30.03.1818) auf. Zunächst wurde er Soldat in der preußischen Armee. Er konnte aber wegen eines Augenleidens seinen Dienst nicht weiter fortführen und entdeckte so in jungen Jahren seine Liebe für die Politik. Als preußischer Kommunalbeamter startete er 1843 und wurde in Weyerbusch 1845 schon zum Bürgermeister ernannt. Als 1846/47 die große Hungersnot auch seine Gemeinde heimsuchte, widersetzte er sich den Vorgaben der Vorgesetzten. Die sahen vor, nur gegen Barzahlung Mehl an die Bürger herauszugeben. Die Menschen hatten jetzt die Wahl zwischen dem Tod und einem Wucherer. Raiffeisen gab das Mehl sowie Brot auf Vorschuss an die bedürftigen Menschen heraus und die Menschen bezahlten nach der Hungersnot den Vorschuss zurück. Das war die Begründung der landwirtschaftlichen Genossenschaftsbewegung.

Nach seinem Amtsantritt für die Gemeinde Flammersfeld 1849 organisierte er den „Flammersfelder Hüflsverein zur Unterstützung unbemittelter Landwirte". 1864 gründete er den „Heddesdorfer Darlehnskassenverein" dem Vorläufer der heutigen Raiffeisenbanken. Die Grundidee besteht in der Bevorschussung der möglichen Ernte, auf Kredit wurde Saatgut an die Landwirte abgegeben, welcher dann mit der erfolgreichen Ernte zurückgeführt wurde. 1872 kam die Gründung der „Rheinischen Landwirtschaftlichen Genossenschaftsbank" hinzu.

Als Begründer der Wohnungsbaugenossenschaften gilt **Victor Aimé Huber** (geb. 10.03.1800 in Stuttgart). Auch er gilt als Sozialreformer und Förderer vom „Rauhen Haus" in Hamburg. Die Idee, Menschen eine Unterkunft zu geben, hatte er sich zur Aufgabe gemacht und dabei kam ihm der genossenschaftliche Gedanke zur Hilfe. 1846 veröffentlichte er „Innere Kolonisation", ein Konzept für Wohnungsgenossenschaften. Kurz darauf wurde er Vorstand der liberal geprägten „Berliner Gemeinnützigen Baugesellschaft", die auf den Grundstücken Schönhauser Allee 58/58a sechs Kleinhäuser für 15 Familien errichtete.

11.5.2   Allgemeine Merkmale von Genossenschaftsanteilen

Die Förderung der Mitglieder ist das oberste Genossenschaftsprinzip. Dabei dachten die Gründerväter mehr an die Hilfe zur Selbsthilfe und wollte die Mitglieder frei von staatlicher oder fremder Hilfe machen.

Von daher unterscheidet das genossenschaftliche Wesensprinzip zwei Arten von Prinzipien. Es gibt das unveränderliche und absolute Wesensprinzip, welches durch die Förderung der Mitglieder zum Ausdruck kommt.

Daneben kann es anpassungsfähige, zeit- und standortabhängige Wesensprinzipien geben. Diese werden als

- **Selbsthilfe**
- **Selbstverwaltung**
- **Selbstverantwortung**
- **Identitätsprinzip**

bezeichnet.

Die Selbsthilfe begründet sich auf der Freiwilligkeit des Ein- und Austritts aus der Genossenschaft. Dabei soll der Einzelne von der Genossenschaft da unterstützt werden, wo er alleine schlechter gestellt ist z. B. beim Einkauf von großen Partien, Haftung, Verarbeitung von Rohstoffen usw. Alles was die Genossenschaft effizienter bewerkstelligen kann, sollte durch die Genossenschaft erledigt, während alle anderen Aufgaben durch die Mitglieder selbst ausgeführt werden.

Als Selbstverantwortungsprinzip bezeichnet man den Grundsatz, dass die Genossenschaft von den eigenen Mitgliedern verwaltet wird. Jede Fremdverwaltung wird abgelehnt. Dabei haben alle Mitglieder die gleichen Rechte und Pflichten innerhalb der Genossenschaft. Es leitet sich auch das Stimmrecht von diesem Prinzip ab. Jedes Mitglied hat eine Stimme – unabhängig von den Anteilen an der Genossenschaft.

Die Selbstverantwortung kommt durch die Eigenverantwortlichkeit der Mitglieder zum Ausdruck. Hieraus begründet sich auch die Haftungsmitverantwortung der Mitglieder im Falle eines Konkurses der Genossenschaft.

Das uneingeschränkte Identitätsprinzip soll die Mitglieder daran erinnern, zunächst nur Leistungsangebote der Genossenschaft in Anspruch zu nehmen und damit die Genossenschaft zu stärken. Heute würde man es vielleicht so formulieren: Die Mitglieder und die Kunden sollten identisch sein.

Heute haben auch Anleger die Möglichkeit, sich an Genossenschaften zu beteiligen. Diese Form der Beteiligung kennen wir von den Förderungsmöglichkeiten nach dem Wohnungsbauprämiengesetz und dem 5. Vermögensbildungsgesetz. Dort wird die Investition in Genossenschaften mit wohnwirtschaftlichem Hintergrund gefördert. Diese Genossenschaften sind oft Wohnungsbaugenossenschaften, die ihren Mitgliedern (Genossen) Wohnraum zu günstigeren Konditionen zur Verfügung stellen. Damit ist das eigentliche Prinzip einer Genossenschaft auch schon erklärt. Die Genossen geben der Gesellschaft (Genossenschaft) ihr Eigenkapital und erhalten damit durch die Genossenschaft eine Förderung. Diese Förderung kann jetzt in den unterschiedlichsten Formen ausfallen. Bei den Wohnungsbaugenossenschaften geschieht dies i. d. R. durch günstigere Mietkonditionen, als der freie Markt für vergleichbaren Wohnraum verlangen würde.

Der Grundgedanke dieser Mitgliederförderung ist im Genossenschaftsgesetz vom 20.05.1889 definiert worden, welches inzwischen aber immer wieder den Anforderungen der Zeit angepasst wurde – zuletzt durch eine Gesetzesreform im Jahre 2006. Doch die Leitsätze sind aus den Anfängen geblieben: Förderung der Mitglieder, wodurch die Prinzipien der Selbsthilfe, Selbstverantwortung, Selbstverwaltung gefördert werden sollen.

Genossenschaften finden wir heute in den unterschiedlichsten Branchen:
- Handel – Einkaufsgenossenschaften,
- Banken – Volks- und Raiffeisenbanken, Spardabanken,
- Wohnungsbau,
- Landwirtschaft,
- Dienstleistungen,
- Forstwirtschaft,
- Medien,
- Schulen.

Die Wohnungsbaugenossenschaft haben wir schon beschrieben, daher lassen Sie uns die Genossenschaftsbanken näher betrachten. Kunden der Genossenschaftsbanken werden spätestens bei der Stellung eines Kreditantrages darauf hingewiesen, dass es schön wäre, wenn der Kunde auch Genosse werden würde. Hier liegen die Beteiligungen oft sehr niedrig. Bei der Hamburger Volksbank können Geschäftsanteile schon ab 50 EUR erworben werden. Die Renditen auf diese Anteile liegen oft im zweistelligen Bereich. Allerdings ist der Bezug von Geschäftsanteilen pro Mitglied begrenzt, sodass es nur eine Beimischung zum Depot sein kann.

Wie das partiarische Darlehn seine Wiederentdeckung mit der Inkraftsetzung des Verkaufsprospektgesetzes hatte, so entstand seit Juli 2005 auch bei den Genossenschaften eine Renaissance. Es wurden Beteiligungsgesellschaften als Genossenschaften gegründet, um das Verkaufsprospektgesetz zu umgehen. Hier stellt sich allerdings langfristig die Frage, ob durch die Kosten für die Jahresabschlüsse einer Genossenschaft nicht zu viele Kosten entstehen, die durch das Investment zusätzlich eingefahren werden müssen.

11.5.3 Rechtliche Rahmenbedingungen für eine eingetragene Genossenschaft

Die Neuregelung für die Gründung von Genossenschaften mit der Novelle zum Genossenschaftsgesetz (GenG) 2006 hat einen Gründungsschub für den Genossenschaftssektor bedeutet.

Die Neuregelungen betrafen im Wesentlichen:
- **Mindestmitgliederzahl,**
- **Erweiterung des zulässigen Zwecks,**
- **Vereinfachung der Organisationsstruktur,**
- **Reduktion des Prüfungsumfanges,**
- **Verbesserung der Bildung von Geschäftsguthaben.**

Die Mitgliederzahl in einer Genossenschaft ist nicht beschränkt. Als Mitgliederzahl schreibt der § 4 GenG mindestens drei Mitglieder vor. Die Begrenzung der Geschäftsanteile pro Mitglied kann in der Satzung der Genossenschaft aufgehoben werden. Möchte ein Interessent Mitglied einer Genossenschaft werden, so hat er eine Beitrittserklärung abzugeben. Bevor er diese Erklärung abgibt, ist ihm die Satzung in der jeweils geltenden Fassung zur Verfügung zu stellen.

Aus der Beitrittserklärung muss die ausdrückliche Verpflichtung des Mitgliedes hervorgehen, die nach dem Gesetz und der Satzung geschuldeten Einzahlungen auf seine Geschäftsanteile zu leisten.

Möchte sich ein Mitglied mit mehreren Geschäftsanteilen an einer Genossenschaft beteiligen, so muss geprüft werden, ob das Mitglied seinen Verpflichtungen aus den vorherigen Beteiligungen nachgekommen ist.

Die Gewinn- und Verlustbeteiligung pro Mitglied richtet sich nach der Höhe der geleisteten Einlage und wird in der Satzung näher definiert.

Der Zweck einer Genossenschaft beschränkte sich vor 2006 auf den Erwerb oder darauf, die Wirtschaft ihrer Mitglieder zu fördern. Heute gehören auch soziale und kulturelle Belange zu diesen Gründungsmotiven.

Die Satzung regelt alle näheren Ausführungen über z. B. den Zweck, Gewinn- und Verlustbeteiligungen, die Haftung der Mitglieder, Einlagenhöhe usw. Vom Gesetz her müssen ein paar Mindestinhalte in der Satzung vorkommen:
- Firma und Sitz der Genossenschaft, wobei die Firma der Genossenschaft den Zusatz eG oder eingetragene Genossenschaft tragen muss,
- Gegenstand des Unternehmens,
- Haftsumme, die sich normalerweise auf das Vermögen der Genossenschaft beschränkt, aber durch eine Nachschusspflicht der Mitglieder im Insolvenzfall erhöht werden kann,
- weitere Bestimmungen über die Einberufung der Generalversammlung der Mitglieder, deren Beurkundung bei Beschlüssen und den Vorsitz in der Versammlung,
- die Veröffentlichung von Bekanntmachungen, diese kann in öffentlichen Blättern sowie in unmittelbaren Bekanntmachungen stattfinden.

Die Genossenschaft ist erst mit Eintragung ins Genossenschaftsregister rechtsfähig. Ins Register sind u. a. einzutragen:
- Satzung – muss diese von allen Mitgliedern unterschrieben sein,
- Bestellungsurkunden des Vorstandes und Aufsichtsrates sowie deren Vertretungsbefugnisse,
- Bescheinigung eines Prüfungsverbandes.

Zu den Organen der Genossenschaft gehört als gesetzlicher Vertreter der Vorstand. Der Vorstand besteht mindestens aus zwei Personen, außer die Mitgliederzahl beträgt nicht mehr als 20, dann kann der Vorstand aus einer Person bestehen. Wenn die Satzung nichts anderes regelt, wird die Genossenschaft gemeinschaftlich vom Vorstand vertreten.

Der Aufsichtsrat besteht aus mindestens drei von der Generalversammlung zu wählenden Personen, deren Vergütung nicht erfolgsabhängig zu erfolgen hat. Bei nicht mehr als 20 Mitgliedern kann auf einen Aufsichtsrat verzichtet werden. In diesem Fall übernimmt die Generalversammlung die Funktion des Aufsichtsrates.

Alle Mitglieder der Genossenschaft kommen mindestens einmal im Jahr zur Generalversammlung zusammen, um über den Jahresabschluss zu entscheiden. Die Generalversammlung hat in den ersten sechs Monaten des Geschäftsjahres stattzufinden. Selbstverständlich können andere Umstände auch eine häufigere Einberufung der Generalversammlung herbeiführen. In der Generalversammlung hat jedes Mitglied eine Stimme, sofern die Satzung keine andere Bestimmung vorsieht. Für Beschlüsse reicht eine einfache Mehrheit aus. Hier ist die Abgabe der Stimme, also Anwesenheit der Mitglieder, entscheidend. Grundsätzlich sieht das Gesetz für Satzungsänderungen eine ¾ Mehrheit vor. Die zu treffenden Beschlüsse über die Gewinnverwendung oder die Deckung des

Jahresfehlbetrages, die Entlastung des Vorstandes und Aufsichtsrates gehören zu den Aufgaben der Generalversammlung.

Die Einberufung der Generalversammlung erfolgt mit einer Frist von mindestens zwei Wochen und muss die Tagesordnungspunkte enthalten. Die Bekanntgabe erfolgt nach Maßgabe der Satzung oder hat durch unmittelbare Bekanntgabe zu erfolgen.

Bei Genossenschaften mit mehr als 1.500 Mitgliedern kann die Satzung bestimmen, dass die Generalversammlung aus Vertretern der Mitglieder (Vertreterversammlung) besteht. Als Vertreter können nur natürliche und unbeschränkt geschäftsfähige Personen gewählt werden. Eine solche Vertreterversammlung besteht aus mindestens 50 Personen, welche nicht durch Bevollmächtigte vertreten werden dürfen. Die Wahl der Vertreter erfolgt in allgemeiner, unmittelbarer, gleicher und geheimer Wahl statt. Bei wichtigen Beschlüssen kann die Satzung vorsehen, dass dennoch die Generalversammlung einberufen wird.

Jede Genossenschaft ist verpflichtet, einem Prüfungsverband anzugehören. Der Prüfungsverband hat die Aufgabe, die wirtschaftlichen Verhältnisse und die Ordnungsmäßigkeit der Geschäftsführung festzustellen. Genossenschaften, deren Bilanzsumme 1 Mio. EUR und deren Jahresumsatz 2 Mio. EUR nicht überschreitet, sind von dieser kostenintensiven Rechnungslegungsprüfung befreit. Der schriftliche festzuhaltende Prüfbericht ist dem Vorstand und dem Aufsichtsrat zu übergeben. Bei Genossenschaften ohne Aufsichtsrat wird der Prüfbericht dem Bevollmächtigten der Generalversammlung ausgehändigt.

Diese Prüfung dient zum Schutze der Mitglieder und der gesamten Genossenschaftsbewegung sowie auch den Gläubigern der Genossenschaften. Genossenschaften erhalten durch die Prüfungsverbände auch eine entsprechende Unterstützung und Beratung, sodass der genossenschaftlichen Bewegung keinen Schaden zugefügt wird.

Genossenschaftliche und aktienrechtliche Prüfung

Vergleichskriterien	Prüfung von Genossen-schaften	Prüfung von Aktiengesell-schaften
Zweck	Feststellung der wirt-schaftlichen Verhältnisse und der Ordnungsmäßig-keit der Geschäftsführung	Prüfung des Jahresab-schlusses
Prüfungsobjekte	Einrichtungen, Vermö-genslage und Geschäfts-führung der Genossen-schaft	Jahresabschluss unter Einbeziehung des Geschäftsberichtes und der Buchführung
Umfang	Gesetzmäßigkeits-, Ord-nungsmäßigkeits- und Zweckmäßigkeitsprüfung (formelle und materielle Prüfung)	Gesetzmäßigkeits- und Ordnungsmäßigkeitsprü-fung (formelle Prüfung)
Träger	Zuständiger Prüfungsver-band der Genossenschaft	Von der Hauptver-sammlung zu wählender Abschlussprüfer
Motiv	Schutz der Mitglieder und der gesamten Genossen-schaftsbewegung, Schutz der Gläubiger	Schutz der Gläubiger und des Unternehmens im Interesse der Gesamt-wirtschaft, Schutz der Aktionäre

Quelle: Unsere Genossenschaft DG Verlag

Die Haftung für Verbindlichkeiten übernimmt das Vermögen der Genossenschaft, wenn die Satzung nichts anderes vorsieht. Jedes neues Mitglied haftet aber auch für Verbind-lichkeiten, welche vor seinem Eintritt entstanden sind. Die Satzung kann aber auch eine Nachschusspflicht enthalten, sodass im Falle der Insolvenz die Mitglieder über ihre Ein-lage hinaus haften. Die Höhe der Haftung richtet sich nach der Maßgabe in der Satzung.

Die Einlage kann in bar oder als Sacheinlage getätigt werden. Außerdem ist es zulässig, sogenannte Investoren-Mitglieder aufzunehmen.

Rechtliche Rahmenbedingungen für eine eingetragene Genossenschaft

Gründung	Schriftliche Festlegung der Satzung
Gesellschafter	Mindestens drei Mitglieder (Genossen)
Rechtsvorschriften	GenG
Firma	Personen-, Sach-, Misch- oder Phantasiefirma mit dem Zusatz eG
Geschäftszweck	Förderung ihrer Mitglieder
Einlage	Mindestkapital geht aus der Satzung hervor § 8 GenG
Haftung	Vermögen der Genossenschaft
Organe	Vorstand – Geschäftsführung Aufsichtsrat – ab 21 Mitgliedern mindestens zwei Mitglieder zwingend – Kontrollorgan Generalversammlung – beschlussfassendes Organ (Interessenvertretung der Mitglieder)
Geschäftsführung	Vorstand (Gesamtvertretungsbefugnis, sofern nichts anderes geregelt ist)
Gewinnverteilung	Im Verhältnis der Geschäftsguthaben
Verlustbeteiligung	Mit Höhe der Einlage, also des Stammkapitals, wenn nichts anderes in der Satzung festgelegt wurde
Gewerbesteuer	Ja – in voller Höhe des Gewinns
Genossenschaftsregister	Eintragung hat den rechtserzeugenden und rechtsbegründenden Charakter (Konstitutiven Charakter), die eG wird erst mit der Eintragung zur juristischen Person

11.5.4 Chancen & Risiken von Genossenschaftsanteilen

Die Beteiligung an einer Genossenschaft kann unterschiedliche Motivationsgründe haben. Das Motiv, durch die Mitgliedschaft bestimmte Leistungen zu erhalten, wie z. B. günstigerer Mietraum, günstigere Preise und Konditionen, kann objektiv bewertet werden. Subjektiv bewertbar sind daher die Beratung, günstigere Geschäftszeiten, bessere Informationen usw. Diese Vorteile der Mitgliedschaft beziehen sich auf eine Kundenbeziehung zwischen Mitglied und Genossenschaft. Als Anteilseigner der Genossenschaft kann das Mitglied weitere Vorteile genießen. Das kann die Dividende auf Geschäftsguthaben oder die Bewirtung auf der General- bzw. Vertreterversammlung sein. Beides lässt sich wieder objektiv bewerten. Dass Mitglieder im genossenschaftlichen Demokratiesystem eingebunden sind, kann nur subjektiv bewertet werden. Damit sind zunächst die eigenen Motive festzulegen, dann können die objektiven Daten verglichen werden. Das System der Genossenschaften macht eine Investition scheinbar sicherer als bei anderen Geschäftsmodellen. Allerdings ist die Liquidierbarkeit der Anteile nicht immer kalkulierbar und bildet damit das höchste Risiko dieser Anlage. Neben dem altbekannten Bonitätsrisiko, wobei hier die Branche entscheidend ist. Bei den Banken gibt es eine Verpflichtung der Genossenschaftsbanken, im Ernstfall für die andere Genossenschaftsbank einzutreten. Diese Institutssicherung innerhalb der Genossenschaftsbanken bietet damit sogar eine höhere Sicherheit, als die Einlagensicherung der EU es vorschreibt.

Risiken von Genossenschaftsanteilen – Basisrisiken:
- Konjunkturrisiken
- Liquiditätsrisiken
- Psychologische Marktrisiken
- Steuerliche Risiken

11.6   Geschlossene Fonds nach VermAnlG

Auch geschlossene Fonds gehören zu den Vermögensanlagen, sofern sie nicht unter das KAGB fallen (vgl. Kapitel 9.2 sowie Beginn des Kapitels 11). Die überwiegend am Markt üblichen KG-Fonds wurden bereits im Kapitel 9. ausführlich bearbeitet, sowohl aus dem Gesichtspunkt „Rechtsform" als auch aus dem Blickwinkel „wirtschaftliche Ausgestaltung".

In diesem Abschnitt können wir uns daher auf die weiteren unterschiedlichen Rechtsformen und deren Auswirkungen auf die Form der Einlage, die Rechtsfähigkeit, die Geschäftsführung, die Haftung und Gewinn- sowie Verlustbeteiligung konzentrieren.

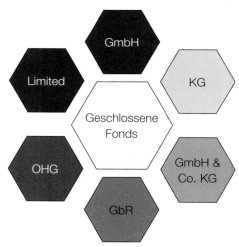

11.6.1   Geschlossener Fonds in Form einer GbR

Die Gesellschaft bürgerlichen Rechts oder die sogenannte BGB-Gesellschaft wird durch mindestens zwei Personen gegründet. Dabei können die Gesellschafter natürliche oder juristische Personen sein. Auch wenn zwei juristische Personen eine GbR durch die Verpflichtung zur Erreichung eines bestimmten Ziels entsprechend der Willenserklärung gründen, entsteht immer eine Personengesellschaft. Da die GbR keine Kaufmannseigenschaft hat, führt sie i.d.R. keinen eigenen Namen, sondern führt alle Gesellschafter mit ihren Namen auf und trägt den Zusatz GbR. Allerdings kann auch das Projekt als Name mit dem Zusatz GbR als Firma dienen – Dieselstraße 18-21 GbR – wenn es sich z. B. um ein Immobilienprojekt handelt.

§ 705 BGB Inhalt des Gesellschaftsvertrages

„Durch den Gesellschaftsvertrag verpflichten sich die Gesellschafter gegenseitig, die Erreichung eines gemeinsamen Zweckes in der durch den Vertrag bestimmten Weise zu fördern, insbesondere die vereinbarten Beiträge zu leisten."

Die GbR darf kein Handelsgewerbe ausüben. Hier gelten die Grenzen des Kleinunternehmers mit einem max. Umsatz in Höhe von 250.000,00 EUR. Betreibt die GbR ein Handelsgewerbe als Kleinunternehmer und wächst das Unternehmen über die o. g. Grenzen hinaus, wird aus der GbR automatisch eine OHG.

Die GbR kann durch einen formlosen Gesellschaftsvertrag, der schriftlich oder mündlich geschlossen wird, gegründet werden. Im Anlegerinteresse sollte ein schriftlicher Gesellschaftsvertrag vorliegen. Folgende Regelungen sollten im Vertragstext enthalten und näher spezifiziert sein:
- Gesellschaftszweck,
- Geschäftsführung und Vertretung,
- interne Haftungsverteilung,
- Tätigkeitsvergütung,
- Entnahmerecht,
- Gewinn- und Verlustverteilung,
- Informations- und Kontrollrecht,
- Wettbewerbsverbot,
- Abtretung von Geschäftsanteilen,
- Ausscheiden eines Gesellschafters,
- Tod eines Gesellschafters,
- Abfindung.

Spätere Meinungsverschiedenheiten (unterschiedliche Interpretationen des Textes) über Vertragsbedingungen können so nicht verhindert werden, aber im Falle eines Rechtsstreits erfüllt der schriftliche Vertrag wichtige Beweiszwecke. Dies kann von Bedeutung sein, wenn der Gesellschafter nicht die Geschäftsführung ausübt. Das Gesetz unterscheidet hier zwischen Geschäftsführung und Vertretungsmacht. Die Aufgabe der Geschäftsführung einer GbR ist das Management eines Unternehmens im Innenverhältnis.

GbR – Geschäftsführung	GbR – Vertretung
Überwachung der Produktion	Verhandlungsführung mit Dritten
Buchführung	Eingehen von Verträgen im Namen der GbR
Korrespondenz	
Finanzen	

Bei der GbR stehen diese beiden Aufgaben zunächst allen Gesellschaftern gemeinschaftlich zu. Diese Regelung erhöht die Kontrollmöglichkeit der Gesellschafter untereinander. Bei einer aus zwei oder drei Personen bestehenden GbR kann dies vorteilhaft sein. Doch wenn wir ein Anlegermodell haben mit einer Vielzahl von Gesellschaftern, dann wirkt sich diese gesetzliche Regelung schnell zum Nachteil aus. Eine andere Regelung im Gesell-schaftsvertrag ist daher empfehlenswert. Die umfassenden Kontroll- und Informations-rechte sind dadurch in keiner Weise beeinträchtigt (§ 716 BGB). Diese gesetzlich geregel-ten Rechte können auch nicht ausgeschlossen werden. Auch müssen alle Gesellschafter bei der Änderung des Gesellschaftsvertrages zustimmen. Denn bei solchen Änderungen kann es immer zu Vermögensnachteilen kommen und diese müssen von allen Gesell-schaftern gemeinsam entschieden werden. Das Vermögen der Gesellschaft besteht aus den Beiträgen der Gesellschafter sowie dem erwirtschafteten Gewinn.

Das Vermögen ist ein Sondervermögen, an dem alle Gesellschafter „zur gesamten Hand" beteiligt sind. Hier spricht man auch von „Gesamthandsvermögen".

Beim Gesamthandsvermögen können nur alle Gesellschafter gemeinschaftlich über das Vermögen verfügen. Hier liegt auch die größte Gefahr für den Anleger, weil er seine Anteile am Vermögen nicht so einfach veräußern kann. Stellen Sie sich eine Tasse vor, diese Tasse kann man nicht teilen, ohne den Wert der Tasse zu zerstören. Ein realer Bruchteil ist hier nicht möglich. Die Eigentümer (= Gesellschafter) der Tasse können nur gemeinsam über die Tasse verfügen. Dies wird als Gesamthandsvermögen bezeichnet.

Aus der neuesten Rechtsprechung des Bundesgerichtshofs (BGH) ist die Außen-GbR rechtsfähig. Das bedeutet, eine GbR kann als eigener Vertragspartner Rechte und Pflich-ten eingehen. Früher wurden die Gesellschafter selbst berechtigt oder verpflichtet. Als Teilnehmerin am Rechtsverkehr kann die GbR jetzt auch Gläubiger und Schuldner wer-den, ebenso kann sie klagen und verklagt werden. So muss nicht jeder Gesellschafter verklagt werden, was aber aus prozesstaktischen Gründen dennoch ratsam sein kann. Dies begründet sich aus der Haftung der GbR. Die GbR haftet Dritten (Außen-GbR) gegenüber mit ihrem gesamten Vermögen. Darüber hinaus haftet jeder Gesellschafter persönlich und unbeschränkt mit seinem privaten Vermögen.

Ein Gläubiger einer GbR kann sich somit an nur einen Gesellschafter der GbR wenden. Gesellschafter mit dem größten Vermögen könnten hier schnell in Anspruch genom-men werden. Es liegt nur am Gläubiger und seiner freien Wahl, wen er aus der GbR in Anspruch nehmen möchte. Der Gesellschafter haftet nach Außen für die anderen Gesellschafter mit, kann sich aber im Innenverhältnis das Geld zurückholen. Dabei kann es passieren, dass die Zahlungsunfähigkeit der anderen Gesellschafter einen Ausgleich verhindert. Dieses Risiko trägt jeder Gesellschafter einer GbR, sodass man sich über-legen sollte, mit wem man eine GbR eingeht. Im Gesellschaftsvertrag sollte die interne Haftung genau geklärt sein. Spannend in diesem Zusammenhang ist die mögliche Haf-tungsbeschränkung gegenüber Dritten. Diese Haftungsbeschränkung ist dann auf das

Vermögen der GbR beschränkt und muss individuell mit dem Vertragspartner vereinbart worden sein. Haftungsbeschränkungen allgemeiner Natur wie den AGB oder einem Zusatz im Namen reicht nach Auffassung des BGH nicht aus.

In der Gesellschafterversammlung sollen nach den gesetzlichen Vorgaben alle Gesellschafter zusammen und einstimmig die Beschlüsse fassen. Jeder der Gesellschafter hat eine Stimme. Allerdings können im Gesellschaftsvertrag auch andere Regelungen getroffen worden sein und die Höhe der Beteiligung eines Gesellschafters entscheidet über seinen Stimmenanteil.

Die Gesellschafterversammlung oder der Gesellschaftsvertrag regelt den Fortbestand der GbR bei Ausscheiden eines Gesellschafters. Normalerweise führt das Ausscheiden immer zur Auflösung der GbR. Wird die GbR fortgeführt, hat der ausscheidende Gesellschafter einen Abfindungsanspruch. Dafür haftet dieser Gesellschafter für Verbindlichkeiten, welche zu seinem Ausscheiden schon begründet waren, weitere fünf Jahre nach seinem Ausscheiden. Auch wenn der sogenannte Altgesellschafter seine Anteile an einen neuen Gesellschafter verkauft, haftet er weitere fünf Jahre für die Altschulden. Damit kommt für die nächsten Jahre ein weiterer Vollhafter in die Gesellschaft und, sofern nichts anderes vereinbart wurde, nimmt der neue Gesellschafter die Position des alten Gesellschafters ein. Meistens müssen die anderen Gesellschafter einem Verkauf zustimmen. Aber auch ein normaler Beitritt eines neuen Gesellschafters ist vorstellbar. Jetzt muss i. d. R. zunächst der Gesellschaftsvertrag geändert werden.

Die GbR wird durch folgende Vorgänge aufgelöst:
- Kündigung eines Gesellschafters,
- Kündigung des Gläubigers eines Gesellschafters unter bestimmten Voraussetzungen,
- Auflösungsbeschluss,
- Zeitablauf bei zeitlich befristeter Gesellschaft, Erreichen oder Unmöglichwerden des Gesellschaftszwecks,
- Tod eines Gesellschafters,
- Eröffnung des Insolvenzverfahrens über das Vermögen der Gesellschaft oder eines Gesellschafters,
- sowie durch die Beteiligung nur noch eines Gesellschafters.

Die Liquidation oder Abwicklung der Gesellschaft beinhaltet die Beendigung der noch laufenden Geschäfte sowie die Tilgung der Verbindlichkeiten. Stellt sich jetzt heraus, dass das Vermögen der GbR nicht für alle Verbindlichkeiten ausreicht, müssen die Gesellschafter den Restbetrag nachschießen. Im besten Fall bleibt noch Vermögen übrig, welches dann unter den Gesellschaftern aufgeteilt wird.

Die Chancen einer GbR-Beteiligung liegen zunächst in der zu erzielenden Rendite aus dem Investment, wie bei allen anderen Kapitalanlagen auch. Dennoch haben die Einkünfte aus Kapitalvermögen die Begrenzung der steuerlichen Verrechnung mit anderen Einkunftsarten. Bei einer Beteiligung an einer GbR ist man Gesellschafter und erwirtschaftet Einkünfte aus einem Gewerbebetrieb. Verluste aus dieser Einkunftsart können mit den Gewinnen aus anderen Einkunftsarten verrechnet werden. Diese Verrechnung macht diese Form der Beteiligung erst interessant.

11.6.2   Geschlossener Fonds in Form einer OHG

Ein geschlossener Fonds in Form einer offenen Handelsgesellschaft (OHG) ist auch eine Personengesellschaft, die von mindestens zwei Gesellschaftern gegründet wird. Als Gesellschafter kommen natürliche und juristische Personen infrage, die als Ziel haben, unter gemeinschaftlicher Firma den Betrieb eines Handelsgewerbes zu führen. Die Anzahl der Gesellschafter ist nach oben nicht begrenzt und somit als Kapitalsammelstelle grundsätzlich geeignet.

Zur Gründung einer OHG benötigen die Gesellschafter kein bestimmtes Mindestkapital. Eine OHG hat ähnliche Aspekte in der Rechtsstellung wie eine juristische Person. Dazu gehören:

- die OHG kann vor Gericht klagen und verklagt werden,
- die OHG kann Rechte erwerben und Verbindlichkeiten eingehen,
- die OHG kann Gesellschafterin einer anderen Handelsgesellschaft sein,
- die OHG kann Eigentum und andere dingliche Rechte an Grundstücken erwerben,
- aus einem Urteil gegen die OHG kann in das Gesellschaftsvermögen vollstreckt werden,
- zur Vollstreckung in das Privatvermögen der Gesellschafter ist allerdings ein gesonderter Titel gegen diese notwendig,
- über das Vermögen der OHG kann ein Insolvenzverfahren durchgeführt werden.

Obwohl diese Aspekte einer juristischen Person sehr ähneln, kann die Haftung bei einer OHG gegenüber Gläubigern der OHG nicht beschränkt werden. Jeder Gesellschafter haftet für die gesamten Verbindlichkeiten der OHG:

- **unmittelbar** – Jeder Gesellschafter kann direkt vom Gläubiger in Anspruch genommen werden,
- **unbeschränkt** – Jeder Gesellschafter haftet mit seinem gesamten Geschäfts- und Privatvermögen,
- **gesamtschuldnerisch** – Jeder Gesellschafter haftet für die gesamten Verbindlichkeiten der OHG alleine,
- **rückbezogen** – Jeder neue Gesellschafter haftet auch für schon bestehende Verbindlichkeiten der OHG,
- **abgangsbezogen** – Jeder Gesellschafter haftet für Verbindlichkeiten, welche zum Zeitpunkt seines Ausscheidens schon bestanden, weitere fünf Jahre nach seinem Ausscheiden aus der OHG.

Jeder Gesellschafter haftet auch mit seinem Privatvermögen. Durch diese Begebenheit ist es umso wichtiger, im Innenverhältnis für klare Verhältnisse zu sorgen. Dieses geschieht durch einen schriftlichen Gesellschaftsvertrag, der vom Gesetz her aber nicht vorgeschrieben ist. Streitigkeiten unter den Gesellschaftern bedrohen oft die Existenz der OHG selbst und können durch klare Absprachen verhindert werden.

Zu den Inhalten können folgende Aspekte als Hinweisliste dienen:

- Gesellschaftszweck,
- Geschäftsführung und Vertretung,
- interne Haftungsverteilung,
- Tätigkeitsvergütung,
- Entnahmerecht,
- Gewinn- und Verlustverteilung,

- Informations- und Kontrollrecht,
- Wettbewerbsverbot,
- Abtretung von Geschäftsanteilen,
- Ausscheiden eines Gesellschafters,
- Tod eines Gesellschafters,
- Abfindung.

Die Vertretung der OHG haben grundsätzlich alle Gesellschafter. Sie sind zur Geschäftsführung und zur Vertretung der Gesellschaft befugt, außer die Vertretung durch einzelne Gesellschafter ist durch den Gesellschaftsvertrag ausgeschlossen worden. Weil der Grundsatz der Einzelgeschäftsführung gilt, kann aber auch eine Gesamtvertretung vereinbart werden. Außergewöhnliche Geschäfte müssen von allen Gesellschaftern beschlossen werden.

Für die Findung des Firmennamens gibt es einige Grundsätze, die zu beachten sind. So sollte die Bezeichnung geeignet sein, sich von anderen Kaufleuten zu unterscheiden und die Kaufmannseigenschaft erkennen lassen. Die OHG ist oft eine regional begrenzt tätige Gesellschaft, insofern ist dieses bei der Verwechslungsgefahr zu berücksichtigen. Einer Eintragung im Handelsregister steht bei regional tätigen Firmen nichts entgegen. Sollte die Gesellschaft überregional tätig sein, muss die Verwechslungsgefahr auch überregional ausgeschlossen werden. Dritte dürfen durch die Bezeichnung nicht in die Irre geführt werden. So könnte die Bezeichnung „Erste deutsche Sparkasse" mit dem Sitz in Delaware den Eindruck der Sicherheit einer deutschen Sparkasse vermitteln, obwohl der Sitz erkennen lassen könnte, dass es sich nicht um ein deutsches Institut handelt.

Wie bei Kapitalgesellschaften kann die Firma einer OHG aus den Namen der Gesellschafter bestehen, aber auch Sachbezeichnungen, Fantasienamen, Buchstabenkombinationen oder Kombinationen der vorher genannten Varianten.

Eine bekannte deutsche Kaffeemarke ist ein Produkt der Alois Dallmayr Kaffee OHG. Hier haben wir den Namen des damaligen Gründers und den Sachbezug in der Firma. 1985 kam es zur Ausgliederung dieses Firmenbereichs aus der Alois Dallmayr KG. Zur Abgrenzung zur schon bestehenden Firma Alois Dallmayr wurde die Sachbezeichnung Kaffee integriert, wodurch eine Abgrenzung vorhanden ist. Der Sitz der Gesellschaft ist aus dem Handelsregister zu erkennen und sollte mit dem Sitz der Geschäftsleitung übereinstimmen. Die Anmeldung hat beim zuständigen Handelsregister zu erfolgen und hat wesentliche Merkmale der Gesellschaft zu beinhalten:
- den Namen, Vornamen, das Geburtsdatum und den Wohnort jedes Gesellschafters,
- die Firma der Gesellschaft,
- den Ort, an dem sie ihren Sitz hat,
- die inländische Geschäftsanschrift,
- die Vertretungsmacht der Gesellschafter.

Auf den Geschäftsbriefen, an den sich natürliche Personen beteiligt haben, genügt es, die folgenden Angaben zu machen:
- Firma mit Rechtsformzusatz,
- Sitz der Gesellschaft,
- Registergericht,
- Handelsregister-Nummer.

Sollte keiner der Gesellschafter eine natürliche Person sein (z.B. GmbH & Co. OHG), müssen folgende Angaben auf Geschäftsbriefen zusätzlich angegeben werden:

- Firmen der Gesellschafter sowie deren
- Firma mit Rechtsformzusatz,
- Sitz der Gesellschaft,
- Registergericht,
- Handelsregister-Nummer,
- Vor- und Zunamen aller Geschäftsführer bzw. aller Vorstandsmitglieder sowie des Aufsichtsratsvorsitzenden (falls vorhanden).

Die OHG wird aufgelöst, wenn

- die Zeit für die Befristung der OHG abgelaufen ist,
- die Gesellschafter dies beschließen,
- über das Vermögen der OHG das Insolvenzverfahren eröffnet wurde,
- eine gerichtliche Entscheidung vorliegt.

Gesellschafter können aus unterschiedlichen Gründen aus der Gesellschaft ausscheiden. Hier sind einige Gründe genannt, weswegen ein Gesellschafter aus einer OHG ausscheidet:

- Tod des Gesellschafters (Eintritt des Ereignisses),
- Eröffnung des Insolvenzverfahrens über das Vermögen des Gesellschafters (Eintritt des Ereignisses),
- Kündigung des Gesellschafters (erst mit Ablauf der Kündigungsfrist),
- Kündigung durch den Privatgläubiger des Gesellschafters (erst mit Ablauf der Kündigungsfrist),
- Beschluss der Gesellschafter (hängt vom Beschluss ab).

Chancen und Risiken eines geschlossenen Fonds in Form einer OHG

Die Chancen liegen bei einer solchen Beteiligung in der zu erzielenden Rendite aus dem Investment, wie bei allen anderen Kapitalanlagen auch. Dennoch haben die Einkünfte aus Kapitalvermögen die Begrenzung der steuerlichen Verrechnung mit anderen Einkunftsarten. Bei einer Beteiligung an einer OHG ist man Gesellschafter und erwirtschaftet Einkünfte aus einem Gewerbebetrieb. Verluste aus dieser Einkunftsart können mit den Gewinnen aus anderen Einkunftsarten verrechnet werden. Diese Verrechnung macht diese Form der Beteiligung erst interessant.

Die Frage, die sich jeder Investor stellen muss, lautet: Welches Risiko gehe ich durch diese Gestaltungsform der Kapitalanlage ein. Die Gewinn- und Verlustbeteiligung kann im Gesellschaftsvertrag geregelt und somit für Anleger attraktiv gestaltet werden. Gibt es keine entsprechende Regelung, gelten die Vorschriften des HGB. Der Verlust wird nach Köpfen verteilt. Das könnte bedeuten, der Anleger beteiligt sich mit 10.000 EUR an einer OHG, was einem prozentualen Anteil von 10 % entsprechen würde. Insgesamt gibt es aber nur drei Gesellschafter, sodass er am Verlust mit $33^1/_3$ % beteiligt wäre. Das Gesetz sieht auch vor, dass jeder Gesellschafter 4 % seiner Einlage als Verzinsung aus dem Gewinn erhält. Reicht der Gewinn hierzu nicht aus, muss der Prozentsatz so reduziert werden, dass er für die Auszahlung ausreicht. Ist der Gewinn nach der 4 %igen Auszahlung noch nicht aufgebraucht, wird der Rest nach Köpfen verteilt.

11.6.3 Geschlossener Fonds in Form einer Limited

Die Limited Company ist eine haftungsbeschränkte, nicht börsennotierte, Kapitalgesellschaft, welche i. d. R. im englischen Gesellschaftsregister (www.companieshouse.gov.uk) eingetragen ist. Im Vergleich mit deutschen Kapitalgesellschaften ähnelt sie eher der deutschen GmbH als der deutschen Aktiengesellschaft. Damit ist die Limited eine juristische Person, deren Grundkapital in Anteile (shares) zerlegt ist. Die Investoren haften nur mit ihrer Einlage.

Investiert ein Anleger sein Kapital in eine Limited, sollte er die grundlegenden Funktionsweisen der Limited und deren Organe kennen. Zu den Organen der Limited gehören:

* die **Shareholder** (Gesellschafter),
* das **Board of Directors** (Vorstand/Geschäftsführer),
* **Company Secretary** (Schriftführer).

Die Shareholder oder Gesellschafter der Limited treffen sich mindestens einmal im Jahr zur Hauptversammlung, um vom Board of Director über den Jahresabschluss informiert zu werden. Auf dieses Recht kann nicht verzichtet werden, allerdings muss es dazu nicht zur Hauptversammlung kommen, wenn die Gesellschafter darauf verzichtet haben. Da es sich aber um das Vermögen der Gesellschafter handelt, das dem Board of Director anvertraut wurde, ist eine Prüfung der Jahresabschlüsse zu empfehlen. Die Haftung der Gesellschafter ist auf die Einlage begrenzt.

Das Board of Directors oder der Vorstand/der Geschäftsführer einer britischen Kapitalgesellschaft ist nach dem **monistischen System** aufgebaut. Im Gegensatz zum dualistischen System, das die Trennung von Geschäftsführung (Vorstand) und Kontrolle (Aufsichtsrat) kennt, ist beim monistischen System keine Trennung vorhanden. Vielmehr werden die Funktionen vom Board of Directors wahrgenommen. Es werden hier die executive Directors von den non-executive Directors unterschieden. Der **executive Director** leitet das tägliche Geschäft der Gesellschaft, ähnlich dem Vorstand oder Geschäftsführer deutscher Kapitalgesellschaften. Während der **non-executive Director** eher eine beratende und überwachende Funktion hat, wie wir es vom deutschen Aufsichtsrat her kennen. Allerdings ist dieser Aufsichtsrat nicht vorgeschrieben.

Den Company Secretary (Schriftführer) kennen wir aus dem deutschen Rechtssystem weniger. Er hat die Funktion, verwaltende und formelle Aufgaben für die Gesellschaft zu erledigen. Zu seinen Aufgaben gehören u. a.:

* die Anmeldung der Gesellschaft zum Gesellschaftsregister,
* der ordnungsgemäße Ablauf der Geschäftsführerversammlungen,
* der ordnungsgemäße Ablauf der Gesellschafterversammlungen,
* das Führen der Protokollbücher,
* das Führen der Register mit dem Einreichen des Jahresabschlusses (annual accounts) und Jahresberichtes (annual return).

Gibt es nur einen Director, muss eine andere Person die Aufgaben des Company Secretary übernehmen. Bei mehreren Directors kann ein Director die Aufgaben des Company Secretary übernehmen. Die Pflichten des Company Secretary werden oft unterschätzt und können bei Verletzung seiner Pflichten sogar zur Löschung der Limited führen.

Anders als in Deutschland muss die offizielle Anschrift nicht mit der Hauptverwaltung der Gesellschaft übereinstimmen. Wichtig für das Vereinigte Königreich ist eine zustellfähige Adresse in England, Wales oder Schottland.

> **Hinweis:**
> *Ein Postfach ist hierfür nicht ausreichend!*

Es müssen für Jedermann Unterlagen über die Gesellschaft zur Einsichtnahme zur Verfügung gestellt werden. Zu diesen Unterlagen gehören u. a.:
- Bilanzen und Abschlüsse der Gesellschaft,
- Verzeichnis der Anteilseigner,
- Verzeichnis der Directors,
- Beschlüsse der Anteilseigner,
- Beschlüsse der Geschäftsführung,
- Unterlagen über Kredite.

Wie bei anderen Gesellschaften ein Gesellschaftsvertrag sinnvoll ist, wird dieser bei einer Limited in zwei Teile gegliedert:
- **Memorandum of Association** – dieser Teil des Gesellschaftsvertrages beinhaltet alle Regelungen zum Außenverhältnis der Gesellschaft,
- **Articles of Association** – dieser Teil des Gesellschaftsvertrages beinhaltet die internen Regeln und Pflichten der Gesellschaft.

Gerne wird für die Gründung einer Limited mit dem nur aufzubringenden Mindestkapital von 1 £ geworben. Ob dies in der heutigen Zeit der „Mini-GmbH" noch stimmt, ist im Einzelfall zu überprüfen.

Das Mindestkapital von einem engl. Pfund kann bei der Aufnahme von Krediten hinderlich sein, weil die ausreichende Bonität fehlt. Aber auch in Bezug auf eine Insolvenzverschleppung kann das nicht ausreichende Mindestkapital für die Geschäftsführung zum Haftungsproblem werden. Das englische Recht sieht auch eine Durchgriffshaftung für die Gesellschafter vor. Insbesondere bei der Errichtung einer Limited zur Fassade, wenn das Gesellschaftsvermögen verringert wird oder wenn Geschäfte zwischen Gesellschafter und Gesellschaft nicht offengelegt werden können, kann im Schadenfall für einen Dritten der Gesellschafter auch mit seinem Privatvermögen in Anspruch genommen werden. Kurz gesagt, betrügerische Absichten lassen auch den Gesellschafter haften.

Anders als bei einer deutschen GmbH muss die Übernahme von Einlagen zu einer Limited nicht in bar oder als Sacheinlage erfolgen. Die Anteilsübernahme ist damit nur eine Willenserklärung, im „Notfall" für diese Einlage zu haften.

Die Limited unterliegt im Vereinigten Königreich auch den dortigen Körperschaftsteuergesetzen. Die Körperschaftsteuer beträgt für Gesellschaften je nach Gewinn unterschiedlich hohe Steuersätze.

Gewinn	Steuersatz
Bis 300.000 £	21 %
300.000 – 1.500.000 £	21 % - 28 %
Ab 1.500.000 £	28 %

Sollte die Limited nicht im Vereinigten Königreich ihren Geschäftsbetrieb aufnehmen, sondern auch z. B. in Deutschland, entsteht eine Gesellschaft mit zwei Rechtsordnungen. Neben der Anmeldung der Limited, muss der Geschäftsbetrieb auch den deutschen Behörden angezeigt werden. Hierzu ist es notwendig, die Anmeldung beim Gewerbeamt und beim Finanzamt vorzunehmen und die Eintragung im Handelsregister zu beantragen.

Zur inländischen Zweigniederlassung muss dem Handelsregister Folgendes zur Niederlassung mitgeteilt werden:
- die Errichtung der Zweigniederlassung,
- die Firma der Zweigniederlassung,
- die Anschrift der Zweigniederlassung,
- den Gegenstand der Zweigniederlassung,
- die Personen, die befugt sind, als ständige Vertreter für die Tätigkeit der Zweigniederlassung die Gesellschaft zu vertreten, und ihre Befugnisse.

Angaben zur ausländischen Gesellschaft sind auch mitzuteilen:
- die Firma und den Sitz der Gesellschaft,
- die Rechtsform der Gesellschaft,
- das Register, bei dem die Gesellschaft geführt wird, und die Nummer des Registereintrags,
- den Gegenstand des Unternehmens der Gesellschaft,
- die Vertretungsbefugnis der Geschäftsführer, zum Beispiel Allein- oder Gesamtvertretungsmacht, gegebenenfalls Zulässigkeit von Insichgeschäften und Mehrfachvertretung,
- die Höhe des Stammkapitals der Gesellschaft,
- der Tag des Abschlusses des Gesellschaftsvertrages,
- etwaige Bestimmungen über die Zeitdauer der Gesellschaft,
- einen Nachweis über das Bestehen der ausländischen Gesellschaft, zum Beispiel durch einen Auszug aus dem ausländischen Handelsregister oder eine Gründungsurkunde,
- einen Nachweis der Genehmigung, wenn der Gegenstand des Unternehmens oder die Zulassung zum Gewerbebetrieb im Inland der staatlichen Genehmigung bedarf,
- die Satzung der Gesellschaft in öffentlich beglaubigter Abschrift,
- eine Legitimation der Geschäftsführer der Gesellschaft, zum Beispiel einen Gesellschafterbeschluss oder einen sonstigen Bestellungsakt, sofern die Bestellung nicht bereits im Gesellschaftsvertrag enthalten ist,
- Angaben über etwaige Sacheinlagen und den Betrag der Stammeinlage, auf den sich die Stammeinlage bezieht, sofern die Anmeldung in den ersten zwei Jahren nach der Eintragung der Gesellschaft in das Handelsregister ihres Sitzes erfolgt.

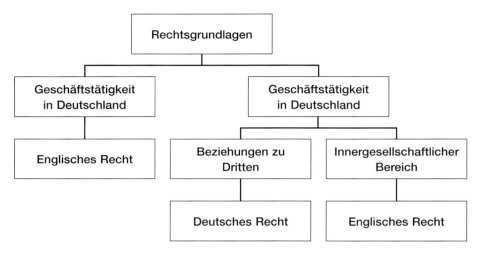

Für deutsche Gesellschafter einer Limited kommen ggf. sprachliche Schwierigkeiten zu den sonst schon bekannten Herausforderungen hinzu. Denn es müssen englische Gesetzestexte verstanden werden, die Gesellschaftsverträge, auch die Korrespondenz mit dem **Companie-House** sowie die notwendigen englischen Formulare, erfolgen in englischer Sprache. Deutsche Gesetze können schon verwirrend sein, weil die Doppeldeutigkeit von Begriffen viel Spielraum für Interpretationen zulässt.

Die Beendigung der Limited kann durch
- Auflösung auf Antrag,
- freiwillige Liquidation,
- zwangsweise Liquidation oder
- Insolvenz

erfolgen.

Die Versteuerung richtet sich nach der Geschäftstätigkeit der Limited und dem Doppelbesteuerungsabkommen zwischen Deutschland und dem Vereinigten Königreich. Zweigniederlassungen in Deutschland versteuern ihren Gewinn in Deutschland. Für die Investoren sind Erträge aus einer Beteiligung an einer Limited Dividendenzahlungen. Sie unterliegen damit der deutschen Abgeltungsteuer.

Die Chancen und Risiken dieser Kapitalanlageform liegen zu den schon bekannten Risiken und Chancen von Kapitalanlagen in der zusätzlichen britischen Rechtsordnung. Wenn jemand nach London fährt und sich im Straßenverkehr zurechtfinden möchte, ist es zunächst schwierig, den Rechtsverkehr zu beherrschen. Denn die tägliche Praxis in Deutschland hat sich zur Gewohnheit etabliert und wird in Stresssituationen vielleicht die Oberhand übernehmen. So kann es zu fatalen Fehlurteilen im englischen Straßenverkehr kommen. Wer sich auf einen solchen Trip einlässt, sollte sich gut, sehr gut vorbereiten. Ebenso ist es mit Anlegern, die sich im Ausland und in ausländische Unternehmen beteiligen. Vieles kann von deutschen Unternehmen auf britische Unternehmen übertragen werden, aber nicht alles. Bedenken sie nur die Fehleinschätzung zu den MBS-Papieren aus Amerika. Hier wurden die grundbuchbesicherten Kredite als ebensosicher angesehen, wie die deutschen Hypothekenkredite. Betrachtet man die unterschiedlichen Kreditvergabemethoden, wird einem sehr schnell bewusst, dass der höhere Zins für die

MBS-Papiere mit einem wesentlich höheren Risiko eingekauft wurde. Diesem Risiko waren sich offensichtlich die Erwerber dieser Papiere nicht bewusst, obwohl es teilweise zu ihrem Business gehörte. Gewohnheiten bestimmen unser Leben und nur wenn wir die Mechanismen ausschalten können, sind wir in der Lage, objektiv eine solche Anlage zu bewerten.

Selbstverständlich liegt das Risiko einer solchen Anlage wie bei allen anderen Anlagen immer im Objekt selbst. Dieses Verständlichkeitsrisiko ist ein zusätzliches Risiko, welches nicht zu unterschätzen ist.

	GbR	oHG	Limited
Haftung nach außen	Unbegrenzt	Unbegrenzt	Begrenzt auf die Einlagen
Haftung der Anleger untereinander	Unbegrenzt, aber quotale Haftung im Gesellschaftsvertrag vereinbar	Unbegrenzt, aber quotale Haftung im Gesellschaftsvertrag vereinbar	Keine
Steuerlich ausgleichsfähige Verlustzuweisungen	Möglich	Möglich	Nicht möglich
Eintragung ins Handelsregister	Keine Eintragung	Eintragung der Gesellschafter, teilweise über Treuhänder	Eintragung der Gesellschafter
Eintragung ins Grundbuch	Eintragung, teilweise über Treuhänder	Eintragung	Eintragung

11.7   Vermögensanlagen-Informationsblatt

Ein Anbieter, der im Inland Vermögensanlagen öffentlich anbietet, muss vor dem Beginn des öffentlichen Angebots neben dem Verkaufsprospekt auch ein Vermögensanlagen-Informationsblatt erstellen (§ 13 VermAnlG).

Das Vermögensanlagen-Informationsblatt darf nicht mehr als drei DIN-A4-Seiten umfassen. Es darf sich jeweils nur auf eine bestimmte Vermögensanlage beziehen und keine werbenden oder sonstigen Informationen enthalten, die nicht dem genannten Zweck dienen. Es muss die wesentlichen Informationen über die Vermögensanlagen in übersichtlicher und leicht verständlicher Weise so enthalten, dass das Publikum insbesondere

1. die Art der Vermögensanlage,
2. die Anlagestrategie, Anlagepolitik und Anlageobjekte,
3. die mit der Vermögensanlage verbundenen Risiken,
4. die Aussichten für die Kapitalrückzahlung und Erträge unter verschiedenen Marktbedingungen und
5. die mit der Vermögensanlage verbundenen Kosten und Provisionen

einschätzen und mit den Merkmalen anderer Finanzinstrumente bestmöglich vergleichen kann.

Das Vermögensanlagen-Informationsblatt muss zudem enthalten:

1. Angaben über die Identität des Anbieters,
2. einen Hinweis darauf, dass das Vermögensanlagen-Informationsblatt nicht der Prüfung durch die Bundesanstalt unterliegt,
3. einen Hinweis auf den Verkaufsprospekt und darauf, wo und wie dieser erhältlich ist und dass er kostenlos angefordert werden kann,
4. einen Hinweis darauf, dass der Anleger eine etwaige Anlageentscheidung bezüglich der betroffenen Vermögensanlagen auf die Prüfung des gesamten Verkaufsprospekts stützen sollte, und
5. einen Hinweis darauf, dass Ansprüche auf der Grundlage einer in dem Vermögensanlagen-Informationsblatt enthaltenen Angabe nur dann bestehen können, wenn die Angabe irreführend, unrichtig oder nicht mit den einschlägigen Teilen des Verkaufsprospekts vereinbar ist und wenn die Vermögensanlage während der Dauer des öffentlichen Angebots, spätestens jedoch innerhalb von zwei Jahren nach dem ersten öffentlichen Angebot der Vermögensanlagen im Inland, erworben wird.

12   Verwahrung und Verwaltung von Wertpapieren

Beispiel:

Frau Michel ist bei der Aufstellung der gesamten Vermögenswerte aufgefallen, dass sich in den Aktenordnern teilweise effektive Stücke von Aktien vom Großvater, die Sparbücher der Kinder, Münzen sowie Sparbriefe der Hausbank befinden. Mit ihrem Mann bespricht sie jetzt, wie und wo diese Werte zukünftig aufbewahrt werden sollen, damit der notwenige Schutz gewährleistet ist.

Wertpapiere sollten in jedem Fall so aufbewahrt werden, dass sie vor Diebstahl, Brand oder sonstigen Einflüssen geschützt sind, die ihren Bestand gefährden. Dieses kann grundsätzlich bei Wertpapieren in einem geschlossenen oder offenen Depot geschehen. In einem geschlossenen Depot können alle nicht fungiblen Wertpapiere aufbewahrt werden, während im offenen Depot nur fungible Wertpapiere verwahrt werden können.

12.1   Geschlossenes Depot

Als geschlossenes Depot kann

- das Vermieten von Schließfächern durch Kreditinstitute oder
- die Annahme von Verwahrstücken in den eigenen Tresorräumen von z. B. Kreditinstituten

bezeichnet werden.

12.1.1   Schrankschließfach

Das Schrankschließfach bietet die Möglichkeit, ohne Wissen Dritter wertvolle, kleinere Gegenstände unter dem Schutz der Tresorräume des Kreditinstitutes selbst aufzubewahren. Allerdings kann das Schließfach nur mit einem Angestellten der Bank gemeinschaftlich geöffnet werden.

Als Rechtsgrundlage dient **§§ 535 ff. BGB**, die Bedingungen für die Vermietung von Schrankfächern und die **AGB** der Bank. Allerdings greift das **Pfandrecht** gemäß AGB der Bank hier nicht, weil die Bank nicht im Besitz des Inhaltes des Schließfaches ist. Das Vermieterpfandrecht bei rückständiger Miete für das Schrankfach gemäß **§ 562 BGB** bleibt bestehen.

Sicherheit bietet das Schließfach durch die Bank nur bis zu einer Höhe i. d. R. von **20.000 EUR** je Schließfach. Darüber hinausgehende Absicherungen muss der Mieter selbst durch eine Versicherung abdecken.

12.1.2   Verwahrung in den Tresorräumen einer Bank

Wertgegenstände können auch als Verwahrstück in den Tresorräumen einer Bank aufbewahrt werden. Sie sind zu verpacken, sodass der Inhalt nicht zu erkennen ist, und zu versiegeln, sodass eine Öffnung ohne Verletzung des Siegels nicht möglich ist.

Die Rechtsgrundlage bildet in diesem Fall der Verwahrungsvertrag nach **§§ 688 ff. BGB**, die Bedingungen für die Annahme von Verwahrstücken und die AGB der Bank. Auch hier greift das AGB-Pfandrecht nicht, sondern nur das Zurückbehaltungsrecht, wenn die Gebühren für die Verwahrung rückständig sind (**§ 273 BGB**).

Der Höchstbetrag, der als Absicherung über die Bank abgesichert ist, beträgt ebenfalls je Verwahrstück max. **20.000 EUR**. Der Anleger kann auch hier eine zusätzliche Versicherung abschließen.

12.2   Offenes Depot

12.2.1   Verwahrung von Wertpapieren

Die Verwahrung von Wertpapieren im offenen Depot ist im Depotgesetz geregelt. Im Sinne des **§1 DepotG** gehören zu den Wertpapieren

- Aktien,
- Inhaberschuldverschreibungen,
- Orderschuldverschreibungen,
- Zins-, Gewinnanteil-, Erneuerungsscheine und
- andere Effekten wie Investmentzertifikate, Optionsscheine usw.

Zu unterscheiden sind die Sonderverwahrung, Sammelverwahrung und Girosammelverwahrung:

Sonderverwahrung	Sammelverwahrung	Girosammelverwahrung
Die Sonderverwahrung nach §2 DepotG ist auch als Streifbandverwahrung bekannt. Sie verpflichtet den Verwahrer, die Wertpapiere gesondert von den eigenen Wertpapieren und denen Dritter aufzubewahren. Der Hinterleger ist Alleineigentümer der nummernmäßig genau zu bestimmenden Stücke. Im Stückeverzeichnis sind seine Wertpapiere genau aufgeführt, sodass seine Ansprüche nachgewiesen werden können. Bei neu erworbenen Stücken hat der Käufer und Hinterleger mit Absendung des Stückeverzeichnisses die effektiven Stücke erworben.	Zur Sammelverwahrung nach §5 DepotG können alle vertretbaren Wertpapiere (Effekten), die zur Sammelverwahrung durch eine Wertpapiersammelbank zugelassen sind, überlassen werden. Effekten derselben Gattung werden ungetrennt von den eigenen Beständen und denen Dritter in einem Sammelbestand zusammengefasst. Der Hinterleger wird jetzt Miteigentümer nach Bruchteilen am Sammelbestand der betreffenden Gattung von Effekten. Er kann nur verlangen, dass die ihm zustehende Menge an Effekten ausgeliefert wird. Die von ihm eingelieferten Stücke kann er nicht fordern. Der Kunde erwirbt in diesem Fall bei einem Kauf das Eigentum an den Wertpapieren mit der Gutschrift in seinem Depot.	Heute werden nur noch selten effektive Stücke geliefert. In den meisten Fällen sind es Wertrechte wie bei öffentlichen Emissionen als Schuldbuchforderung oder in Form einer Globalurkunde bei nicht öffentlichen Emissionen, die zu einem Sammelbestand zusammengefasst werden.

12.2.2 Verwaltung von Wertpapieren

Die Verwahrung stellt nur einen Teil der Dienstleistung von Banken aufgrund des Depotvertrages dar. Die Bank verpflichtet sich, die Interessen des Kunden zu wahren und vor Nachteilen zu schützen. Dazu gehören wichtige Mitteilungen zu den hinterlegten Wertpapieren aus aktuellen Bekanntmachungen oder Nachrichten.

Zu den Verwaltungstätigkeiten gehören:
- die Lieferung von Depotauszügen,
- Trennung, Inkasso und Gutschrift fälliger Zins-, Dividenden- und Ertragsscheine,
- Bogenerneuerungen,
- Inkasso und Gutschrift fälliger Schuldverschreibungen,
- Benachrichtigung bei
  - Bezugsangeboten,
  - Umtauschangeboten,
  - Abfindungsangeboten,
  - u. Ä.,
- sowie deren Ausführung nach entsprechender Weisung des Kunden,
- Weiterleitung von Lage-/Rechenschaftsberichten,
- Erstellung von Erträgnisaufstellungen, Steuerbescheinigungen und Depotanalysen,
- Ausübung des Depotstimmrechtes auf Weisung des Aktionärs.

13   Fallbeispiele

13.1   Vermögensplanung für Berufseinsteiger

Ihr Kunde Tim Winkel ist 18 Jahre und startet in wenigen Tagen seine Ausbildung zum Bürokaufmann bei der IT AG. Sein anfängliches Bruttoeinkommen während des 1. Ausbildungsjahres wird 650 EUR betragen. Nach seinen ersten Berechnungen könnte er 100 EUR monatlich zusätzlich zu seinen Absicherungsverträgen auf die hohe Kante legen.

Welche Überlegungen sind für eine kundengerechte Beratung anzustellen?

Beratungshinweise:

Herr Winkel startet mit seiner Ausbildung und hat vielleicht noch keine finanziellen Reserven aufgebaut, dieses ist in jedem Fall zu berücksichtigen.

Als Berufseinsteiger hat Herr Winkel keinen gesetzlichen Schutz für eine Erwerbsminderung. Dieses Risiko ist zunächst abzudecken, bevor er mit dem Kapitalaufbau starten kann. Prüfen Sie deshalb, ob er eine Berufsunfähigkeitsversicherung hat.

Mit seinen Bruttojahreseinkommen von 7.800 EUR liegt er unter den Höchstgrenzen des zu versteuernden Einkommens für

- das Bausparen nach dem 5. Vermögensbildungsgesetz mit der Einkommensgrenze von 17.900 EUR p. a. mit der Höchstgrenze von 470 EUR p. a. und 9 % Arbeitnehmersparzulage auf den Sparbetrag,

- das Beteiligungssparen nach dem 5. Vermögensbildungsgesetz mit der Einkommensgrenze von 20.000 EUR p. a. mit der Höchstgrenze von 400 EUR p. a. und 20 % Arbeitnehmersparzulage auf den Sparbetrag,

- das Bausparen nach dem Wohnungsbauprämiengesetz mit der Einkommensgrenze von 25.600 EUR p. a. mit der Höchstgrenze von 512 EUR p. a. und der Wohnungsbauprämie von 8,8 % auf den Eigenbetrag.

Berechnung:
Bausparen nach dem 5. VermBG
      = 470 EUR p. a.   = 42,30 EUR Arbeitnehmersparzulage
Beteiligungssparen nach dem 5. VermBG
      = 400 EUR p. a.   = 80 EUR Arbeitnehmersparzulage
Bausparen nach dem Wohnungsbauprämiengesetz
      = 330 EUR p. a.   = 29,04 EUR WOB-Prämie
Gesamt   = 1.200 EUR p. a.   = 151,34 EUR Subventionen entsprechen einer durchschnittlichen Förderung von 12,61 % auf den Sparbetrag.

Außerdem hat der junge Berufseinsteiger die Möglichkeit, nach sieben Jahren über das angesparte Vermögen zu verfügen.

13.2   Vermögensplanung für alleinstehende Berufstätige

Frau Lena Guth ist mit ihren 28 Jahren noch ledig und hat nach ihrer Ausbildung zur Industriekauffrau vor acht Jahren jetzt einen gutbezahlten Job in einem großen Konzern. Sie verdient monatlich 1.750 EUR brutto, das entspricht einem Nettoeinkommen von 1.212,81 EUR. Zu ihren bestehenden Absicherungen hat sie noch Luft für den Vermögensaufbau in Höhe von 150 EUR bei einem zu versteuernden Einkommen von dann 19.450 EUR.

Beratungshinweise:

Die wichtigsten Risiken wie Berufsunfähigkeit, Kosten für die Gesundheitsvorsorge, Haftpflicht und Hausrat hat Frau Guth bereits seit Jahren abgesichert.

Mit ihrem zu versteuernden Jahreseinkommen von 19.450 EUR liegt sie unter den Höchstgrenzen des zu versteuernden Einkommens für das Beteiligungssparen nach dem 5. Vermögensbildungsgesetz mit der Einkommensgrenze von 20.000 EUR p. a. mit der Höchstgrenze von 400 EUR p. a. und 20 % Arbeitnehmersparzulage auf den Sparbetrag, das Bausparen nach dem Wohnungsbauprämiengesetz mit der Einkommensgrenze von 25.600 EUR p. a. mit der Höchstgrenze von 512 EUR p. a. und der Wohnungsbauprämie von 8,8 % auf den Eigenbetrag. Der Gesamtbeitrag für diesen subventionierten Vermögensaufbau beträgt 912 EUR p. a. bei einer durchschnittlichen Förderung von 13,71 % p. a.

Die noch freie Sparrate in Höhe von 888 EUR kann sie für die Altersvorsorge nutzen:

- Zur vollen Ausschöpfung der Förderung nach AVmG (Riester-Rente) muss Frau Guth 778 EUR p. a. inkl. Zulagen sparen. Abzüglich der 154 EUR Grundzulage verbleiben noch 264 EUR p. a. Die Riester-Förderung hat eine Förderquote von 24,68 % p. a.

- Frau Guth kann die restlichen 264 EUR zusätzlich in den Riester-Vertrag einfließen lassen, da dieser Betrag dann bis zu einem Höchstbetrag von 2.100 EUR p. a. (4 % des sozialversicherungspflichtigen Vorjahreseinkommens plus zusätzlicher Aufwendungen) als Sonderausgaben vom Finanzamt der Günstigerprüfung unterzogen wird.

- Frau Guth kann die restlichen 264 EUR auch in eine betriebliche Altersversorgung investieren. Sie würde eine Förderquote von 25,91 % erzielen. Bei einer Investition der gesamten 888 EUR in eine betriebliche Altersversorgung würde die Förderquote bei 25,77 % liegen. Allerdings ist hier die individuelle Lebensplanung zu berücksichtigen, da die Zulagenförderungsquote auch bei niedrigeren Einkommen bleibt. Bei der betrieblichen Altersversorgung hängt die Förderquote vom Einkommen ab.

13.3   Vermögensplanung für junge und nicht verheiratete Paare

Frau Daniela Bunz (29 Jahre/Marketingkauffrau/monatliches Bruttoeinkommen 2.250 EUR/zu versteuerndes Einkommen 23.500 EUR) und Herr Gernot Rot (34 Jahre/ Vorstandsassistent/monatliches Bruttoeinkommen 2.850 EUR/zu versteuerndes Einkommen 30.000 EUR) leben seit ein paar Jahren zusammen und möchten in zwei Jahren heiraten. Beide lieben Kinder und Frau Bunz würde in den ersten Jahren gerne für die eigenen Kinder auch im Hause bleiben, um dann später wieder ins Berufsleben einsteigen zu können. Das Paar kann heute zusammen 500 EUR monatlich für die Vermögensbildung berücksichtigen. Alle wichtigen Absicherungen sind schon berücksichtigt, auch für den Fall der geplanten Heirat.

Beratungshinweise:

Zunächst ist es wichtig, das Paar als eine Einheit zu betrachten und dennoch die Möglichkeit in Betracht zu ziehen, dass sich beide ohne größere Schwierigkeiten auch finanziell auseinander dividieren könnten.

Das Paar möchte in zwei Jahren heiraten. Hier ist zunächst zu klären, welchen finanziellen Bedarf das Paar für die Hochzeit kalkuliert und wie die Finanzierung gesichert ist. Wir nehmen einmal an, dass die Hochzeit von den Eltern finanziert wird.

In vielen Fällen kann es mit dem Kinderwunsch nach der Hochzeit sehr schnell gehen, sodass für die Sparalternativen für Frau Bunz flexible Anlageprodukte genutzt werden sollten. Nach eigenen Angaben möchte sie dann die Elternerziehungszeit nutzen und vielleicht noch länger zu Hause bleiben.

Mit ihrem zu versteuernden Jahreseinkommen von 23.500 EUR liegt sie unter den Höchstgrenzen des zu versteuernden Einkommens für

- das Bausparen nach dem Wohnungsbauprämiengesetz mit der Einkommensgrenze von 25.600 EUR p. a. mit der Höchstgrenze von 512 EUR p. a. und der Wohnungsbauprämie von 8,8 % auf den Eigenbetrag.

- Zur vollen Ausschöpfung der Förderung nach AVmG (Riester-Rente) kann Frau Bunz bis zu 1.080 EUR p. a. inkl. Zulagen sparen. Abzüglich der 154 EUR Grundzulage beträgt der Eigenbeitrag 926 EUR p. a. Die Riester-Förderung hat eine Förderquote von 16,63 % p. a. Der Zulagenvertrag kann auch während der Erwerbspause mit dem Sockelbetrag von 60 EUR bespart werden, sofern der Ehegatte weiterhin zulagenberechtigt ist.

  Damit würde Frau Bunz 1.592 EUR p. a. in ihre Vorsorgeverträge investieren. Herr Rot hat noch 4.408 EUR p. a. für den weiteren Vermögensaufbau zur Verfügung.

  Herr Rot liegt mit seinem zu versteuernden Einkommen über den Höchstgrenzen für die Arbeitnehmersparzulage nach dem 5. VermBG und der Wohnungsbauprämie.

- Nach dem AVmG müsste Herr Rot 1.368 EUR p. a. inkl. Zulagen investieren. Sein Eigenbeitrag würde dann bei 1.214 EUR p. a. liegen, was bei einer Grundzulage von 154 EUR p. a. einer Förderquote von 12,69 % p. a. entsprechen würde. Durch die Familienplanung würde die Förderquote auch dann gehalten werden, wenn sein Einkommen nicht nach der Grundtabelle, sondern der Splittingtabelle versteuert werden würde.

- Außerdem könnte Herr Rot bis zu 4 % der BBG der gesetzlichen Rentenversicherung (alte Bundesländer 69.600 EUR jährlich/5.800 EUR mtl. davon 4 % = 232 EUR; neue Bundesländer 58.800 EUR jährlich/4.900 EUR mtl. davon 4 % = 196 EUR) in eine betriebliche Altersversorgung investieren. Auf diesen Betrag würden dann keine Steuern und Sozialabgaben anfallen.

- Im Hinblick auf die mögliche Heirat in zwei Jahren und der dann vorhandenen Situation sollte der dann mögliche Sparbetrag in Höhe von 372,83 EUR (Frau Bunz – WOP

512 EUR + 60 EUR AVmG Sockelbeitrag + Herr Rot 1.214 EUR AVmG + 2.688 EUR betriebliche Altersversorgung) aus dem Einkommen von Herrn Rot zu finanzieren sein.

- Aus diesem Grund sollten die restlichen 506 EUR in einen Sparplan investiert werden, dessen Sparbeitrag flexibel und ohne Nachteile sofort gestoppt werden kann. Hier bieten sich alle Sparverträge an, die diese Flexibilität vorweisen.

13.4   Vermögensplanung eines Ehepaares ohne Kinder

Das Ehepaar Mittag ist seit 15 Jahren verheiratet. Frau Claudia Mittag (42 Jahre) ist Assistentin der Geschäftsleitung eines mittelständischen Betriebes der Abfallwirtschaft mit einem monatlichen Gehalt von 2.950 EUR. Herr Matthias Mittag (46 Jahre) ist leitender Angestellter in der gleichen Gesellschaft und verdient monatlich 3.975 EUR. Im letzten Einkommensteuerbescheid ist das zu versteuernde Bruttoeinkommen mit 73.400 EUR angegeben. Beide Eheleute nutzen schon seit Jahren die Möglichkeiten der betrieblichen Altersversorgung und schöpfen auch regelmäßig die neuen Höchstgrenzen aus. Die kapitalgedeckte Altersversorgung nach dem AVmG wird mit den Höchstgrenzen voll ausgeschöpft. Das Paar wohnt in der eigen genutzten Immobilie, welche sie vor zehn Jahren für 300.000 EUR kauften. Die Finanzierung des noch zu tilgenden Restbetrages in Höhe von 160.000 EUR haben sie vor ein paar Tagen zu günstigen Konditionen verlängert. Beide haben von ihrem Arbeitgeber erfahren, dass sie mit einer außerordentlichen Tantieme in den nächsten Monaten rechnen können. Das Ehepaar verfügt dann insgesamt über ein anzulegendes Vermögen von 30.000 EUR, welches erst in der Rentenbezugsphase benötigt wird. Alle Absicherungen sind für beide Ehepartner vorhanden.

Beratungshinweise:

Das bisherige Vermögen für den Rentenbezug ist über Versicherungsprodukte abgedeckt worden. Hier ist zu klären, welche Formen des Kapitalaufbaus gewählt worden sind. Bei klassischen Versicherungsprodukten haben wir eine große Konzentration auf Geldwerte. Aber selbst wenn fondsgebundene Produkte gewählt wurden, bleibt die Frage nach den dort gewählten Fonds.

Die eigene Immobilie ist eine gute Absicherung vor steigenden Mieten in der Rentenbezugsphase und damit vor schrumpfendem, frei verfügbarem Kapital. Allerdings benötigt das Ehepaar in den nächsten Jahren auch Kapital zur Erhaltung der Immobilie. Diese Beträge sollten in der Vorsorgeplanung berücksichtigt werden.

Unter dem Aspekt der Streuung des Vermögens kann das Geld in Investmentfonds angelegt werden. Hier kommt es auf die Risikobereitschaft des Ehepaares an. Bei einer Entscheidung für Aktienfonds ist von einer Anlagedauer von mindestens zehn Jahren auszugehen.

Aufgrund der Aussage, dass das Kapital erst zur Rentenbezugsphase verfügbar sein muss, könnte das Ehepaar auch aus Diversifikationsgründen (Sachwerte) eine geschlossene Beteiligung als Anlageform wählen.

Bei Anlagen in Zertifikate ist die Anlegermentalität zu prüfen und das richtig strukturierte Produkt auszusuchen. Als Basiswerte sollten hier auch Sachwerte bevorzugt werden.

Das Ehepaar könnte auch eine kleine vermietete Immobilie erwerben und die 30.000 EUR als Eigenkapital nutzen. Allerdings sollte die finanzielle Belastung auch bei Verlust eines der beiden Arbeitsplätze des Ehepaares tragbar sein.

Eine Splittung des Anlagebetrages in diverse der o. g. Anlageformen wäre als Einstieg in den Vermögensaufbau empfehlenswert.

13.5 Vermögensplanung eines Ehepaares mit erwachsenen Kindern

Sabine (53 Jahre) und Holger (55 Jahre) Dunkel feierten letzten Monat ihre silberne Hochzeit mit ihren drei Kindern Constanze (29 Jahre, Juristin) Andre (27 Jahre selbstständiger Fotograf) und Lisa (24 Jahre, Lehramtsstudentin). Herr Dunkel ist Geschäftsführer eines Getränkegroßhandels und verdient 120.000 EUR brutto/p. a., während seine Frau Sabine vor ein paar Jahren wieder in ihren alten Beruf zurückkehrte. Sie ist examinierte Altenpflegerin und verdient 2.250 EUR brutto/monatlich. Das Haus, in dem sie wohnen, ist noch mit 50.000 EUR belastet und wurde vom Ehepaar vor jetzt fast 30 Jahren erworben. Der Verkaufspreis würde heute bei ca. 350.000 EUR liegen. Allerdings stehen in den nächsten Jahren einige Instandhaltungsarbeiten an. Neben der Fassade (zwei bis drei Jahre), muss auch das Dach (fünf Jahre) neu gedeckt werden und das Ehepaar überlegt, in diesem Jahr eine neue moderne Heizungsanlage (Wärmepumpe/Solartechnik) anzuschaffen. Neben den bestehenden Altersvorsorgeverträgen (volle Ausnutzung der höchstmöglichen Beiträge), aus denen das Ehepaar eine zusätzliche Versorgung in Höhe von 1.500 EUR monatlich erwartet, rechnet das Ehepaar mit Bezügen aus der gesetzlichen Rentenversicherung für Herrn Dunkel von 2.250 EUR und für Frau Dunkel von 950 EUR. Das Depot bei der Hausbank weist Anlagen in Aktieninvestmentfonds von 25.000 EUR, Bundeswertpapiere von 30.000 EUR, Aktien (Blue Chips) im Wert von 20.000 EUR und Zertifikate von 10.000 EUR aus.

Aus einer Erbschaft haben die Eheleute weitere 75.000 EUR erhalten und sie überlegen jetzt, wie sie dieses Kapital zu den jährlichen freien Einnahmen in Höhe von 25.000 EUR sinnvoll investieren.

Beratungshinweise:

Das Ehepaar sollte zunächst einen Haushaltsplan für die Rentenphase erstellen, damit die tatsächlichen Ausgaben ersichtlich werden. Dann sind die Rentenbezüge auf eine mögliche Rentensteigerung hin zu überprüfen, damit nicht die Rente durch die mögliche Inflation in der Rentenphase aufgezehrt wird.

Dann sind die Ausgaben der nächsten Jahre zu kalkulieren, insbesondere die Erhaltung der eigenen Immobilie. Für diese Investitionen sollten Anlagen gewählt werden, welche zum Investitionszeitpunkt auch zu 100 % zur Verfügung stehen können.

Bei den Altersvorsorgeprodukten sind die steuerlichen Auswirkungen in der Bezugsphase zu berücksichtigen. Gibt es steuerfreie Auszahlungen, sind es private Rentenversicherungen, welche nur mit geringem Ertragsanteil versteuert werden müssen oder sind die Einnahmen in voller Höhe zu versteuern? Welcher Kohorte gehören die Eheleute an, wenn sie in Rente gehen und wie hoch ist dann der Freibetrag für die weitere Rentenbezugsphase?

Ist mit weiteren Einnahmen aus Erbschaften zu rechnen oder können auch Belastungen aus Pflegefällen auf das Ehepaar zukommen?

Müssen die Kinder ggf. noch unterstützt werden, insbesondere der selbstständige Fotograf und die noch studierende Tochter? Wo leben die Kinder? Könnte die Unterstützung auch in Form einer Eigentumswohnung erfolgen, welche dann von einem der Kinder günstig angemietet wird?

Das Vermögen sollte wie schon das bisherige Vermögen diversifiziert angelegt werden. Hier könnten auch geschlossene Beteiligungen eine Rolle spielen.

Teil B   Recht

1   Zivilrecht

Im Wesentlichen geht es im Recht um Ansprüche, also um die Möglichkeit, ein Tun oder Unterlassen von einem anderen verlangen zu können. Im öffentlichen Recht geht es um Ansprüche entweder des Staates gegen den Bürger (beispielsweise Steuern) oder des Bürgers gegen den Staat (beispielsweise aus Grundrechten). Im Strafrecht geht es speziell um den Anspruch des Staates gegen den Bürger auf Einhaltung von Verhaltensnormen und dem Recht, Verstöße mit Haft- oder Geldstrafen zu ahnden.

Das Zivilrecht regelt den Bereich, in dem gleichberechtigte Beteiligte ihre rechtlichen Beziehungen zueinander grundsätzlich selbst gestalten können. Anderenfalls, also wenn der Staat einseitig Regelungen (bspw. durch Gesetze, Verordnungen oder Bescheide) erlässt, sind die rechtlichen Beziehungen dem öffentlichem Recht zuzuordnen. Im öffentlichen Recht sind Verträge daher eher ungewöhnlich. Die grundlegenden Regelungen des Zivilrechtes und damit des Vertragsrechtes sind im Bürgerlichen Gesetzbuch (BGB) geregelt.

Im Zivilrecht geht es oft darum, ein Tun verlangen zu können (beispielsweise auf Zahlung von Geld). Es gibt aber auch die Möglichkeit, ein Unterlassen zu verlangen (beispielsweise bei Abmahnungen). Zwischen demjenigen, dem der Anspruch zusteht (Gläubiger) und demjenigen, gegen den sich der Anspruch richtet (Schuldner), entsteht ein Schuldverhältnis (§ 241 BGB). Das Recht, ein Tun oder Unterlassen von einem anderen zu verlangen besteht nur, wenn es hierfür eine Anspruchsgrundlage gibt.

2   Vertragsrecht

Ansprüche entstehen im Zivilrecht entweder aufgrund einer vertraglichen Vereinbarung (§ 311 BGB) oder unabhängig davon, wenn der Staat durch eine gesetzliche Regelung einen Anspruch einräumt. Dem Gesetz steht ein ungeschriebenes Gewohnheitsrecht gleich. Das Vertragsrecht ist damit ein elementarer Teil des Zivilrechtes.

2.1   Zustandekommen von Verträgen

Bei den Handlungen, die ein Mensch vornehmen kann, kann man zwischen **rechtlich relevanten und irrelevanten Handlungen** unterscheiden. Zu den rechtlich relevanten Handlungen gehören in erster Linie die Rechtsgeschäfte.

2.1.1   Rechtsgeschäfte und Willenserklärungen

Personen können ihre rechtlichen Verhältnisse selbstständig durch Rechtsgeschäfte gestalten. Mit Rechtsgeschäften bezeichnet man eine oder mehrere Willenserklärungen, die auf die **Herbeiführung eines gewollten rechtlichen Erfolges** gerichtet sind. Verträge sind daher Rechtsgeschäfte. Verträge werden daher durch Austausch von Willenserklärungen geschlossen.

Für eine **rechtlich relevante Willenserklärung** benötigt man grundsätzlich:

- Wille,
- Erklärung,
- Zugang.

Voraussetzung ist zunächst, dass der Erklärende einen **rechtlich erheblichen Willen** hat. Der Erklärende muss den Willen haben, eine Rechtsfolge herbeiführen zu wollen (Rechtsfolgenwillen). Dieser Wille muss vom Erklärenden selbst oder durch einen anderen, der dazu ermächtigt wird (Vertreter), bewusst kundgetan werden. Hierbei kommt es nicht auf eine juristisch korrekte Formulierung an. Wenn eine Willenserklärung darauf abzielt, eine Rechtsfolge herbeizuführen, dann muss sie, um wirksam zu werden, zwangsläufig vom dem zur Kenntnis genommen werden, bei dem die Rechtsfolge eintreten soll. Für die Wirksamkeit einer Willenserklärung ist ein Zugang aber nur dann erforderlich, wenn diese empfangsbedürftig ist (§ 130 BGB). Diese **Empfangsbedürftigkeit** zögert die rechtliche Wirkung der Willenserklärung bis zum Zugang hinaus.

In einigen Fällen muss die Erklärung keinem Empfänger zugehen, um wirksam zu werden und damit rechtliche Folgen – also Rechte und Pflichten - auszulösen. Die Willenserklärung wird dann allein dadurch wirksam und löst Rechtsfolgen aus, dass sie erklärt und eine bestimmte Form eingehalten wird. Auf einen Zugang bei einem Empfänger kommt es nicht an (z. B. Auslobung § 657 BGB, Testament § 2247 BGB).

2.1.2   Vertragsschluss

Verträge werden auch als mehrseitige empfangsbedürftige Rechtsgeschäfte bezeichnet. Mehrseitig, weil sie nur durch mehr als eine Willenserklärung entstehen können. Empfangsbedürftig, weil der Vertrag erst durch Zugang der Willenserklärung geschlossen wird.

Ein Vertrag entsteht nur durch **übereinstimmende wechselseitige Willenserklärungen** zweier (oder mehrerer) Personen. Es setzt die erklärte Willensübereinstimmung über die Herbeiführung eines rechtlichen Erfolges (beispielsweise Rechte oder Pflichten) voraus. Die beide sich deckenden Willenserklärungen nennt man **Antrag** (oder auch Angebot) und **Annahme**. Ein Vertrag kommt somit durch die Annahme des Antrages zustande. An den Antrag und die Annahme ist der Erklärende grundsätzlich gebunden (§ 145 BGB).

Ein wirksamer Vertragsschluss bedingt die Bindung an die damit eingegangenen Verpflichtungen. Denn es gilt das **Prinzip der Vertragstreue**: Pacta sunt servanda (wörtlich: „Verträge sind einzuhalten"). Eine einseitige Aufhebung dieser Bindung an die vertragliche Verpflichtung ist danach grundsätzlich nicht oder nur dann möglich, wenn dies vertraglich oder gesetzlich gestattet wird.

2.1.3   Übereinstimmung von Angebot und Annahme

Ein Vertragsschluss setzt die inhaltliche Übereinstimmung von Angebot und Annahme voraus. Fehlt es daran, ist der Vertrag (noch) nicht zustande gekommen. Hierbei wird unterscheiden, ob den Parteien der **Einigungsmangel** (Dissens) bewusst ist oder nicht.

Beim **offenen Dissens** wissen die Parteien, dass sie sich noch nicht geeignet haben. Fehlt es an einer Einigung über die wesentlichen Vertragsbestandteile, so ist (noch) kein Vertrag zustande gekommen.

Zu dem **wesentlichen Vertragsbestandteile** gehören

- die Vertragsparteien,
- die Leistung der einen Partei und
- die Gegenleistung der anderen Partei.

Haben sich die Parteien nur über einige vertragliche Punkte noch nicht einigen können, so fehlt es an einem Vertragsschluss auch dann, wenn diese aufgezeichnet wurden (§ 154 BGB).

Sind die abgegeben Willenserklärungen mehrdeutig, so können diese von den Parteien unterschiedlich verstanden werden. Gehen die Parteien in einem solchen Falle irrtümlich davon aus, sich geeignet zu haben, so spricht man von einem **versteckten Dissens**. Betrifft der versteckte Dissens die wesentlichen Vertragsbestandteile, so ist auch hier der Vertrag nicht zustande gekommen (§ 155 BGB). Betrifft der Dissens Nebenpunkte, so hängt eine eventuelle Teileinigung davon ab, ob die Auslegung ergibt, dass die Parteien den Vertrag auch ohne eine Einigung über diesen Punkt abgeschlossen hätten.

2.1.4   Nichtigkeit der Willenserklärung

Eine mit Rechtsfolgenwillen geäußerte und zugegangene Erklärung wird jedoch nicht in jedem Falle wirksam. Sie löst dann keine Rechte und Pflichten aus, wenn sie nichtig ist. Willenserklärungen können entweder wegen ihres Inhaltes, also wegen der beabsichtigten Rechtsfolge, oder wegen Mängeln bei der Abgabe Erklärung nichtig sein.

Sittenwidrige oder gegen Gesetze verstoßende Willenserklärungen bzw. Verträge sind grundsätzlich nichtig (§§ 134. 138 BGB). Zur Nichtigkeit führende Mängel bei Abgabe der Willenserklärung können in der Person des Erklärenden oder der Art der Abgabe der Erklärung liegen. Personen denen die Fähigkeit fehlt, die mit der Willenserklärung beabsichtigte Rechtsfolge zu überblicken, können keine wirksamen Willenserklärungen abgeben. Daher sind die Willenserklärungen von **Geschäftsunfähigen, Bewusstlosen oder bei vorübergehender Störung der Geistestätigkeit** nichtig (§ 105 BGB).

Unwirksam sind zudem Willenserklärungen bei denen der Erklärende gar keine Rechtsfolge auslösen will oder eine andere Rechtsfolge bezweckt, als diejenige, die sich ausdrücklich aus der Erklärung ergibt (§§ 116 bis 118 BGB).

2.2   Allgemeine Geschäftsbedingungen

Verwendet eine Vertragspartei beim Vertragsabschluss **vorformulierte Vertragsbedingungen**, die nicht im Einzelnen ausgehandelt werden, so spricht man von Allgemeinen Geschäftsbedingungen (AGB). AGB liegen unabhängig davon vor, ob sie ein äußerlich getrennter Teil oder ein in die Vertragsurkunde aufgenommener Bestandteil des Vertrages sind (§ 305 Abs. 1 BGB).

Da ein Vertragsschluss nur bei übereinstimmenden Willenserklärungen zustande kommt, müssen auch die AGB durch Willensübereinstimmung wirksam in den Vertrag einbezogen werden, um Bestandteil desselben zu werden (§ 305 Abs. 2 BGB). Dies ist dann der Fall, wenn die die andere Vertragspartei

- mit ihrer Geltung einverstanden ist und
- ausdrücklich oder durch deutlich sichtbaren Aushang am Ort des Vertragsabschlusses auf sie hinweist und
- die Möglichkeit verschafft, von ihrem Inhalt Kenntnis zu nehmen.

Vertragsbedingungen in AGB, die so **ungewöhnlich** sind, dass der Vertragspartner nicht mit ihnen rechnen konnte, werden nicht Vertragsbestandteil. Sind AGB **widersprüchlich** oder **lassen Fragen offen**, so geht die Auslegung derselben im Zweifel zulasten des Verwenders (§ 305c BGB).

Insbesondere bei Verbrauchern besteht die Gefahr einer Benachteiligung durch die Verwendung von AGB gegenüber wirtschaftlich Schwächeren. Da AGB in aller Regel die abänderbaren Regelungen des Zivilrechtes zum Nachteil des Vertragspartners verändern, unterliegt die Wirksamkeit deren Inhaltes einer gesetzlich geregelten Kontrolle, ggf. im Rahmen eines Rechtsstreites. Vertragsbestimmungen in AGB sind unwirksam, wenn sie den Vertragspartner unangemessen benachteiligen (§ 307 Abs. 1 BGB). Eine **unangemessene Benachteiligung** ist im Zweifel anzunehmen, wenn eine Bestimmung mit wesentlichen Grundgedanken gesetzlicher Regelungen nicht zu vereinbaren ist oder wenn wesentliche Rechte oder Pflichten so eingeschränkt werden, dass der Vertragszweck gefährdet ist (§ 307 Abs. 2 BGB). Neben dieser „Generalklausel" enthält das BGB einen **Verbotskatalog** besonders häufiger Benachteiligungen für Verbraucher (§§ 308 bis 309 BGB).

Im Recht der Allgemeinen Geschäftsbedingungen im BGB wurde eine Europäische Richtlinie umgesetzt. Sie sind daher, jedenfalls soweit es Verbraucher betrifft, „richtlinienkonform" auszulegen. Das heißt, unter mehreren möglichen Interpretationen ist diejenige maßgeblich, die sich am ehesten mit Wortlaut und Zweck der Richtlinie, nämlich den Bürger in seiner Rolle als Verbraucher zu schützen, vereinbaren lässt. Damit ist der **Verbraucherschutz** zu einem tragenden Prinzip des AGB-Rechts geworden.

2.3 Gestaltungserklärungen

Die Wirkungen, also die Rechtfolgen aus wirksam gewordenen Willenserklärungen, können wegen der oben dargestellten Bindungswirkung nur in begrenztem Umfang wieder rückgängig gemacht bzw. aufgehoben werden. Durch folgende (Gestaltungs-) Erklärungen können sich Vertragspartner einseitig, also ohne den Willen des anderen Vertragspartners, wieder von einem Vertrag lösen:

* Kündigung,
* Rücktritt,
* Widerruf,
* Anfechtung.

Gestaltungserklärungen sind **einseitige empfangsbedürftige Rechtsgeschäfte**. Daneben steht es den Parteien eines (vertraglichen oder gesetzlichen) Schuldverhältnisses grundsätzlich frei, die sich daraus ergebenden Rechte und Pflichten durch einen Vertrag zu ändern (beispielsweise durch einen Aufhebungsvertrag).

2.3.1 Kündigung

Kündigungen sind nur bei Dauerschuldverhältnissen relevant. Ein Dauerschuldverhältnis ist ein Vertrag, der nicht durch einmaligen Austausch von Leistung und Gegenleistung (wie etwa beim Kauf- oder Werkvertrag) erfüllt wird, sondern durch ein dauerhaftes Verhalten oder wiederkehrende, sich über einen längeren Zeitraum erstreckenden Leistungen (bspw. Miet- oder Dienstvertrag). Kündigungen können nur unter den gesetzlich oder vertraglich geregelten Voraussetzungen erklärt werden. Grundsätzlich sind

Kündigungen ohne Grund an Fristen gebunden. Für fristlose Kündigungen muss ein besonderer Kündigungsgrund gegeben sein (§ 314 BGB). Durch die Kündigung wird das Dauerschuldverhältnis zeitlich beendet. Der Vertrag behält seine Wirksamkeit. Die bereits erbrachten Leistungen können nicht zurückgefordert werden.

2.3.2   Rücktritt

Der Rücktritt ist bei allen Verträgen grundsätzlich möglich. In der Regel ist ein Rücktritt aber nur unter den eingeschränkten gesetzlich geregelten Gründen möglich. In wenigen Fällen vereinbaren die Parteien auch vertragliche Rücktrittsgründe. Im Gegensatz zur Kündigung lässt ein wirksamer Rücktritt den Vertrag von Anfang wegfallen. Die gegenseitig erbrachten Leistungen müssen dann grundsätzlich wieder rückgängig gemacht werden (§§ 346, 347 BGB).

2.3.3   Widerruf

Das Widerrufsrecht stellt ein Recht jedes Verbrauchers dar, sich unter bestimmten Umständen von einem bereits geschlossenen, aber noch schwebend wirksamen Vertrag innerhalb gesetzlicher Fristen durch Erklärung des Widerrufs zu lösen (§ 355 BGB). Dabei handelt es sich um eine Ausnahme von dem Grundsatz „pacta sunt servanda", wonach Verträge normalerweise für beide Seiten verbindlich sind. Ein Widerruf kann nur erklärt werden, wenn dem Vertragspartner ein Widerrufsrecht eingeräumt wurde. Es besteht in aller Regel, wenn der Gesetzgeber die Möglichkeit einräumt, sich nach einer Bedenkzeit nachträglich wieder vom Vertrag zu lösen. Der Vertragspartner kann dann bei speziellen Vertragsarten die Bindungswirkung seiner Willenserklärung ausnahmsweise wieder aufheben.

Im BGB geregelte Widerrufsrechte:
- Haustürgeschäft (§ 312 BGB),
- Fernabsatzvertrag (§ 312b und § 312d BGB),
- Teilzeit-Wohnrechtevertrag (§ 481 und § 485 BGB),
- Verbraucherdarlehnsvertrag, (§ 491 und § 495 BGB),
- Ratenlieferungsvertrag (§ 505 BGB).

Widerrufsrechte außerhalb des BGB:
- Fernunterrichtsvertrag (§ 4 FernUSG),
- Kapitalanlagen in Anteilen an offenen Investmentvermögen (§ 305 KAGB),
- Versicherungsverträge (§ 8 VVG).

Das Widerrufsrecht ist grundsätzlich ein zwingend eingeräumtes Recht für Verbraucher und dient damit dem **Verbraucherschutz**. Ein Verbraucher kann nur eine natürliche Person sein, die ein Rechtsgeschäft, beispielsweise einen Kaufvertrag, abschließt (§ 13 BGB). Das Rechtsgeschäft darf weder einer gewerblichen noch einer selbstständigen beruflichen Tätigkeit zugerechnet werden (§ 14 Abs. 1 BGB). Juristische Personen oder Unternehmer sind daher keine Verbraucher.

2.3.4   Anfechtung

Ein Vertragspartner kann seine den Vertrag begründenden Willenserklärung unter bestimmten Voraussetzungen anfechten und sich damit von dem Vertrag wieder lösen.

Zu unterscheiden ist hierbei die Irrtumsanfechtung von der Anfechtung von Testamenten (§§ 2078 ff. BGB) sowie von Anfechtungen von Rechtshandlungen von Schuldnern vor Eröffnung eines Insolvenzverfahrens, die Gläubiger benachteiligen.

2.4 Voraussetzungen und Folgen der Anfechtung

Die Bindungswirkung einer durch Zugang beim Empfänger wirksam gewordenen Willenserklärung kann grundsätzlich nicht mehr beseitigt werden, wenn kein Widerrufsrecht (mehr) besteht. Es besteht aber unter bestimmten Voraussetzungen die Möglichkeit, die bereits wirksam abgegebene Willenserklärung nachträglich anzufechten. Eine Anfechtung kann jedoch nur in einem begrenzten zeitlichen Rahmen erklärt werden (§ 121 BGB).

2.4.1 Inhalts- und Erklärungsirrtum

Gibt der Erklärende eine Willenserklärung ab, die er so überhaupt nicht abgeben wollte, so ist diese dennoch bindend, wenn der andere den Irrtum nicht erkennen kann. Folglich hat sich der Erklärende darüber geirrt, dass er eine Willenserklärung abgegeben hat (**Erklärungsirrtum**). Wollte der Erklärende die Willenserklärung so abgegeben, wird sie aber anders verstanden, so hat er zwar das gesagt, was er sagen wollte. Aber die Willenserklärung hatte einen anderen Inhalt, als der Erklärende ihr geben wollte. Folglich hat er sich über den Inhalt seiner Willenserklärung geirrt (**Inhaltsirrtum**). Inhalts- und Erklärungsirrtum berechtigen zur Anfechtung (§ 119 Abs. 1 BGB).

2.4.2 Motivirrtum

Im Gegensatz zum Inhalts- und Erklärungsirrtum berechtigt ein sogenannter Motivirrtum grundsätzlich nicht zur Anfechtung. Bei einem Motivirrtum bezieht sich der Irrtum nicht auf den Inhalt der Willenserklärung. Der Erklärende irrt über die **Motivation zur Abgabe der Willenserklärung**. Würde man den Erklärenden beim Inhalts- und Erklärungsirrtum im Zeitpunkt der Erklärung fragen, ob er dies wirklich so erklären wollte, so würde sich der Irrtum aufklären. Beim Motivirrtum würde der Erklärende bei einer Willenserklärung dennoch bleiben.

Aus diesem Grunde berechtigt daher der Irrtum über eine Eigenschaft eines Gegenstandes oder einer Person grundsätzlich als Unterfall des Motivirrtums nicht zur Anfechtung. Irrt der Erklärende jedoch über eine **verkehrswesentliche Eigenschaft**, so wird dies vom Gesetz mit einem Erklärungsirrtum gleichgestellt (§ 119 Abs. 2 BGB). Der **Eigenschaftsirrtum** ist damit ein ausnahmsweise beachtlicher Motivirrtum. Verkehrswesentlich ist eine Eigenschaft, wenn diese nach allgemeiner Einschätzung für die Bewertung des Gegenstandes wichtig ist. Jedoch berechtigt der Irrtum über den Wert, also den Preis, einer Sache nicht zur Anfechtung, sondern nur über die wertbildenden Faktoren.

Beim **Rechtsfolgenirrtum** irrt der Erklärende über die rechtlichen Folgen seiner Willenserklärung. Besteht der Irrtum nur hinsichtlich der Rechtsfolge und nicht hinsichtlich des rechtlichen Inhaltes der Erklärung, ist auch dieser Irrtum unbeachtlich. Ein Irrtum über die typischen Rechtsfolgen eines Rechtsgeschäftes ist grundsätzlich unbeachtlich. Ist die Rechtsfolge, über die der Erklärende irrt, nur eine Nebenfolge und ist diese eine verkehrswesentliche Eigenschaft, so ist der Irrtum beachtlich.

Begeht der Erklärende nicht bei der Abgabe der Erklärung, sondern bei Preis und Konditionen einen Irrtum, so ist dies grundsätzlich auch ein unbeachtlicher Motivirrtum (**Kalkulationsirrtum**). Anders ist dies bei einem offenen Kalkulationsirrtum. Dabei sind die Berechnungsrundlagen offen ausgewiesen, aber der Erklärende begeht einen Rechenfehler. In diesen Fällen handelt es sich um einen Erklärungsirrtum.

2.4.3   Anfechtung wegen Täuschung und Drohung

Jeder durch Täuschung oder Drohung erzeugte Motivirrtum ist beachtlich. Auf Täuschung oder Drohung beruhende Willenserklärungen sind anfechtbar (§ 123 BGB). Eine durch Drohung erzeugte Willenserklärung ist jedoch nur dann anfechtbar, wenn die Drohung rechtswidrig war. Denn was man allgemein darf, darf man auch dazu einsetzen, um einen Vorteil zu erreichen.

2.4.4   Folgen der Anfechtung

Durch die Anfechtungserklärung wird die Willenserklärung der Erklärenden beseitigt. Infolgedessen entfällt ein durch die Willenserklärung geschlossener Vertrag **rückwirkend** (§ 142 BGB).

Bezieht sich die Willenserklärung auf einen Vertrag, so entfällt der sich aus dem Vertrag ergebende Anspruch auf eine Leistung (Tun oder Unterlassung). Haben die Parteien in Erfüllung einer sich aus dem Vertrag ergebenden Leistungspflicht weitere Willenserklärungen abgegeben, so werden diese durch die Anfechtung nicht umfasst.

Um das Eigentum an einer Sache zu übertragen, muss diese übergeben werden. Die Parteien müssen einen Übereignungsvertrag abschließen (§ 929 BGB). Bei Immobilien ersetzt die Eintragung ins Grundbuch die physisch nicht mögliche Übergabe (§ 873 BGB). Der Übereignungsvertrag wird hier **Auflassung** genannt (§ 925 BGB).

Im Zivilrecht ist die rechtliche Wirksamkeit der vertraglichen Verpflichtung zu einer Leistung (beispielsweise Kaufvertrag) von der rechtlichen Wirksamkeit der zu Erfüllung dieses Anspruchs abgegebenen Willenserklärung unabhängig (**Abstraktionsprinzip**). Mit anderen Worten: Auch wenn beispielsweise ein Kaufvertrag durch Anfechtung weggefallen ist, so bleibt eine in Erfüllung des Kaufvertrages erfolgte Übertragung des Eigentums an der Kaufsache zunächst wirksam. Fällt aber der durch eine anfechtbare Willenserklärung geschaffene Rechtsgrund (Vertrag) rückwirkend weg, sind die Parteien gegenseitig ohne Rechtsgrund um das bereichert, was sie in Erfüllung des Vertrages erhalten haben (beispielsweise Geld oder Kaufsache). Die ausgetauschten Leistungen können dann zurückgefordert werden (§ 812 BGB).

Die Irrtumsanfechtung ist unabhängig davon möglich, ob der Anfechtende seinen Irrtum zu verschulden hat. Jedoch kann der Erklärungsempfänger auch unabhängig vom Verschulden des Erklärenden den Ersatz des Schadens verlangen, der ihm durch sein Vertrauen auf die Erklärung entstanden ist (**Vertrauensschaden** vgl. § 122 BGB).

2.5   Stellvertretung

Durch die Willenserklärung eines anderen kann man grundsätzlich nicht verpflichtet werden. Etwas anderes gilt, wenn die Willenserklärung in Stellvertretung abgegeben wird.

Um eine Willenserklärung in Vertretung für einen anderen wirksam abgeben zu können, muss der Erklärende mit **Vertretungsmacht** handeln (§ 164 BGB).

2.5.1 Vertretungsmacht

Vertretungsmacht ist die Befugnis des Vertreters (Bevollmächtigten) den Vertretenen zu berechtigen oder zu verpflichten. Vertretungsmacht kann entstehen durch:
- Rechtsgeschäft (**Vollmacht**) oder
- Gesetz (**gesetzliche Vertretungsmacht**).

Die rechtsgeschäftliche Vollmacht ist grundsätzlich **formlos** möglich (§ 167 BGB). Die gesetzliche Vertretungsmacht gibt es nur in den vom Gesetz bestimmten Fällen.

> **Beispiele:**
> Eltern für ihr Kind (§ 1629 BGB)
> Vertretungsorgan für eine juristische Person (Verein = Vorstand (§ 26 BGB), GmbH = Geschäftsführer (§ 35 GmbH-Gesetz)),

Für einige im Gesetz genannte Fälle brauchen die Eltern die Genehmigung des Familiengerichts, damit der Vertrag für oder gegen den Minderjährigen wirksam ist (§ 1643 BGB i. V. m. §§ 1795, 1821 und 1822 BGB). Es handelt sich dabei um Rechtsgeschäfte, die sehr weitgehend in die künftige eigenverantwortliche Vermögensverwaltung des Kindes eingreifen.

2.5.2 Eigene Willenserklärung

Der Vertreter ist nicht Bote des Vertretenen. Er überträgt nicht eine Erklärung des Vertretenen, sondern er gibt eine eigene Willenserklärung ab (§ 166 BGB). Folglich kommt es bei einem Irrtum nur auf seine Willenserklärung an. Die Willenserklärung, die ein **Vertreter ohne Vertretungsmacht** abgibt, ist nicht ungültig. Sie wirkt aber solange nicht für und gegen den unberechtigt Vertretenen, wie dieser die Vertretung nicht genehmigt hat (§ 177 BGB). Verweigert der Vertretene die Genehmigung, so haftet der Vertreter ohne Vertretungsmacht (§ 179 BGB).

2.6 Verträge und Schuldverhältnisse bei Finanzdienstleistungen

Im Rahmen von Finanzdienstleistungen, speziell bei der Vermittlung von Kapitalanlagen, kommen verschiedene Vertragsarten zwischen Kunden, Produktanbietern und Dritten in Betracht. Aus den verschiedenen Vertragsarten folgen unterschiedliche Pflichten.

2.6.1 Verträge zugunsten Dritter

Beim **(echten) Vertrag zugunsten Dritter** gewährt der Hauptvertrag (Deckungsverhältnis) zwischen Schuldner (Versprechender) und Gläubiger (Versprechensempfänger) dem Dritten (Begünstigter) einen eigenen Anspruch gegen den Schuldner (§ 328 BGB). Die Begünstigung des Dritten beruht auf einer Rechtsbeziehung zum Gläubiger (Valutaverhältnis), z. B. einer Schenkung.

Beim Kauf und Verkauf von Wertpapieren für andere (Wertpapierkommissionsgeschäft) tritt die Bank in der Praxis fast stets als Kommissionär auf. Die Bank trifft beim einfachen Wertpapierkommissionsgeschäft die Pflicht zur Ausführung des übernommenen Geschäftes, d. h., sie hat sich um den Abschluss eines Vertrages mit einem Dritten zu bemühen, wobei sie in eigenem Namen, aber für Rechnung des Kunden auftritt (§ 384 Abs. 1 HGB). Rechtlich wird zudem der Depotbankvertrag, also der Vertrag zwischen der Kapitalverwaltungsgesellschaft (KVG), die ein offenes Investmentvermögen auflegt und verwaltet, und der Depotbank als Vertrag zugunsten Dritter, also des Anlegers, qualifiziert.

Ein Treuhandvertrag zwischen einem geschlossenen Investmentvermögen und einem Treuhänder (der Mittel der Anleger und stillen Gesellschafter verwaltet) enthält Schutz- und Aufklärungspflichten zu deren Gunsten. Ein Vertrag zwischen einem geschlossenen Investmentvermögen und einem Wirtschaftsprüfer über die Kontrolle der eingesetzten Mittel hat entsprechende Pflichten zugunsten der Anleger. Überträgt ein Treugeber in einem Treuhandvertrag Vermögensgegenstände auf einen Treuhänder mit der Absprache, sie im Interesse Dritter zu verwalten, zu verwerten oder auf sie zu übertragen, so liegt darin meist ein Vertrag zugunsten Dritter.

Fehlt es an direkten vertraglichen Beziehungen zu dem Dritten, kommt ein Auskunfts- bzw. Beratungsvertrag mit Schutzwirkung für den Dritten infrage. Das ist dann der Fall, wenn der Vertrag nach seinem Sinn und Zweck und mit Rücksicht auf Treu und Glauben den Einschluss des Dritten in seinen Schutzbereich erfordert und der Gläubiger die ihm geschuldete Sorge erkennbar auch auf den Dritten bezieht, für den er seinerseits Verantwortung trägt.

Dritte, also Anleger, können auch aus Auskunftsverträgen **mit Schutzwirkungen zu ihren Gunsten** berechtigt sein. Daraus kann sich die Haftung von Experten für einzelne Erklärungen ergeben, die mit deren Wissen und Wollen veröffentlicht werden, wenn sich dem entnehmen lässt, sie wollten dafür auch die Verantwortung übernehmen. Ein solcher Vertrag liegt vor, wenn vom Empfänger der Auskunft eingeholte Gutachten, Prüfberichte, Testate von Personen, die über eine besondere Sachkunde verfügen und in dieser Eigenschaft tätig geworden sind, auch Dritten vorgelegt werden und diesen als Grundlage für ihre Entscheidungen dienen sollen, also vor allem bei Prospekten.

In Bezug auf die Haftung von Wirtschaftsprüfern, die unrichtige Bilanzen testieren und den darauf vertrauenden Dritten Vermögensschäden zufügen, ist zwischen der Emission und der turnusmäßigen Prüfung von Quartals- und Jahresabschlüssen zu differenzieren. Bei der Emission kann ein Vertrag mit Schutzwirkung zugunsten Dritter vorliegen. So soll etwa eine Wirtschaftsprüfungsgesellschaft, die ein positives Prospektprüfungsgutachten für ein geschlossenes Investmentvermögen erstellt, dem Anleger nach den Grundsätzen über den Vertrag mit Schutzwirkung zugunsten Dritter haften, wenn ihm das Gutachten vor der Anlageentscheidung ausgehändigt worden ist.

2.6.2   Verträge mit Kunden oder Produktanbietern

Auskunft und Beratung werden bei Kapitalanlagen meist nicht durch den (künftigen) Vertragspartner (Produktgeber), sondern durch Dritte, also durch Vermittler, erteilt. Diese können im eigenen Namen oder als Vertreter des Produktgebers bzw. eines Vertriebes handeln. In der Beauftragung eines Dritten mit der Führung der für den Geschäftsabschluss wesentlichen Vertragsverhandlungen liegt in der Regel die Bevollmächtigung zum Abschluss eines Beratungsvertrages im Namen des Produktgebers. Ein unmittelbarer Beratungsvertrag mit dem Vermittler entsteht jedoch nur, wenn dieser in besonderem Maße Vertrauen genießt und dadurch der Vertragsschluss erheblich beeinflusst wird.

Dies ist der Fall, wenn der Anleger in Bezug auf seine Anlageentscheidung die besonderen Kenntnisse des Vermittlers in Anspruch nehmen will.

2.6.2.1 Werkvertrag

Der Dienstvertrag (§ 631 BGB) ist vom Werkvertrag abzugrenzen. Üblicherweise erfolgt die Abgrenzung mit der Formel, dass beim Dienstvertrag die ordnungsgemäße Erbringung der Dienstleistung und beim Werkvertrag ein bestimmter Erfolg geschuldet ist. Die vertragstypische Leistung besteht danach in einem durch Arbeit oder Dienstleistung herbeizuführenden Erfolg. Erfüllt hat der Unternehmer die Verpflichtung aus dem Werkvertrag erst durch den Erfolgseintritt. Selbst wenn der Unternehmer seine Dienste ordentlich verrichtet hat, bekommt er keinen Werklohn, wenn der Erfolg ausgeblieben ist. Auskunfts- oder Beratungsvertrag sind je nach Fallgestaltung Dienstvertrag mit Geschäftsbesorgungscharakter (§§ 611, 675 BGB) oder bspw. bei einmaliger Raterteilung Werkvertrag (z. B. durch Steuerberater/Wirtschaftsprüfer).

2.6.2.2 Dienstvertrag

Im Gegensatz zum Werkvertrag zielt der Dienstvertrag (einschließlich des Arbeitsvertrages) nicht auf ein „Werk", d. h. ein bestimmtes Arbeitsergebnis oder einen bestimmten Arbeitserfolg ab, sondern auf (unabhängige) Dienste oder auf (abhängige) Arbeit (§ 611 BGB). Beim Dienstvertrag wird allein das Tätigwerden als solches geschuldet. Es kann im Einzelfall schwierig sein, einen konkreten Vertrag im Wege der Auslegung als Dienstvertrag oder als Werkvertrag zu qualifizieren. Werden Dienstleistungen nach dem Arbeitsergebnis entgolten (Leistungslohn, Akkord usw.), macht das den zugrunde liegenden Vertrag nicht zu einem Werkvertrag; er bleibt Dienst- oder Arbeitsvertrag. In aller Regel begründen Dienst- und Arbeitsverträge Dauerschuldverhältnisse. Die Hauptleistungspflichten beider Vertragsparteien werden wesentlich durch die zeitliche Komponente bestimmt. Das Schuldverhältnis erlischt nicht durch Erfüllung, sondern in der Regel nur durch Ablauf der vereinbarten Zeit oder durch Kündigung.

Ein Beratungsvertrag ist ein Dienstvertrag mit Geschäftsbesorgungscharakter. Der Vermögensverwaltungsvertrag ist auch ein Dienstvertrag mit Geschäftsbesorgungscharakter. Folglich muss der Vermögensverwalter seine Dienste im Zweifel in eigener Person leisten (§ 664 BGB).

2.6.2.3 Geschäftsbesorgungsvertrag

Eine Geschäftsbesorgung ist eine selbstständige Tätigkeit wirtschaftlicher Art im fremden Interesse (§ 675 BGB). Ein Handeln im fremden Interesse liegt vor, wenn die Tätigkeit an sich dem Geschäftsherrn obliegt und diesem durch den Geschäftsführer abgenommen wird. Für entgeltliche Geschäftsbesorgungsverträge, die ihrer Grundstruktur nach Dienst- oder Werkverträge sein können, finden einzelne Vorschriften des Rechts der Auftragsverhältnisse entsprechende Anwendung (§ 675 BGB). Der Handelsvertretervertrag eines Vermittlers ist ein besonderer im Handelsgesetzbuch geregelter Dienstvertrag über eine Geschäftsbesorgung (§§ 84 ff. HGB), denn den Handelsvertreter trifft eine Tätigkeitspflicht (§ 86 Abs. 1 HGB).

2.6.2.4   Auskunftsvertrag

Bei der Vermittlung von Kapitalanlagen wird danach unterschieden, ob der Erklärende dem Interessenten als Anlagenvermittler oder -berater gegenübertritt.

Anlagenvermittler stehen „im Lager" eines Produktgebers, der Kapital am Kapitalmarkt nachfragt, oder eines Vertriebsunternehmens. Sie werden zu diesem Zweck in aller Regel aufgrund eines Auskunftsvertrages tätig (§ 675 Abs. 2 BGB). Im Rahmen der Anlagenvermittlung kommt zwischen dem Anlageinteressenten und dem Anlagenvermittler ein Auskunftsvertrag mit Haftungsfolgen zumindest stillschweigend zustande, wenn der Interessent deutlich macht, dass er – auf eine bestimmte Anlageentscheidung bezogen – die besonderen Kenntnisse und Verbindungen des Vermittlers in Anspruch nehmen will und der Anlagenvermittler die gewünschte Tätigkeit beginnt.

Ein Auskunftsvertrag mit einem die Kapitalanlage nur vermittelnden Vermittler kommt auch dann zustande, wenn der Kunde schon Informationen über die Kapitalanlage hat, aber noch weitere Informationen und Aufklärung über die Anlage wünscht.

Der Unterschied zwischen Anlagenvermittlern und Anlagenberatern besteht nicht in der Art der Vergütung, denn beide werden ganz überwiegend auf Provisionsbasis für die Anleger tätig. Der Anlagenvermittler schuldet dem Interessenten nur eine **richtige und vollständige Information** über diejenigen tatsächlichen Umstände, die für dessen Anlagenentschluss von besonderer Bedeutung sind.

Dazu gehört, dass der Anlagenvermittler

- die nötigen Informationen hinsichtlich der Wirtschaftlichkeit der Kapitalanlage und der Bonität des Kapitalsuchenden sich beschafft,
- das Anlagekonzept zumindest auf seine Plausibilität und seine wirtschaftliche Tragfähigkeit hin überprüft und
- alle zugänglichen Informationen über die vertriebenen Anlagen an den Kunden weitergibt.

Ist der Anlagenvermittler nicht imstande, sich die danach benötigten Informationen zu beschaffen, so muss er darauf ebenso hinweisen wie auf den Umstand, dass er die Angaben des Produktgebers ungeprüft weitergibt.

Vertreibt der Anlagenvermittler die Anlage anhand eines **Prospektes**, muss er, um seiner Auskunftspflicht nachzukommen, im Rahmen der geschuldeten Plausibilitätsprüfung den Prospekt jedenfalls darauf überprüfen, ob er ein in sich schlüssiges Gesamtbild über das Beteiligungsobjekt gibt und die darin enthaltenen Informationen, soweit er das mit zumutbarem Aufwand festzustellen in der Lage ist, sachlich vollständig und richtig sind. Hat er die Angaben des Emittenten übernommen, ohne zur Prüfung in der Lage zu sein, muss er dies ungefragt deutlich machen. Der Vermittler macht sich ersatzpflichtig, wenn er entgegen des zutreffenden Prospektes die Chancen der Anlage übertreibt und ihre Risiken verharmlost. Eine bloße Plausibilitätsprüfung des Emissionsprospektes genügt jedoch nicht. Der Vermittler hat sich selbst aktuelle Informationen über das Anlageobjekt zu besorgen. Insoweit besteht auch die Pflicht, die einschlägige Wirtschaftspresse zu beobachten und den Kunden auf negative Medienberichte hinzuweisen.

Auch dann, wenn der Vermittler sich statt einer Beratung auf eine reine Tatsachenmitteilung, also auf die Darstellung einer Sach- oder Rechtslage beschränkt hat, kommt eine

Haftung für eine fehlerhafte Auskunft wegen Verletzung einer Pflicht aus dem stillschweigend abgeschlossenen Auskunftsvertrag in Betracht (§ 280 Abs. 1 BGB). Überlässt der Produktgeber dem Anlagenvermittler im Wesentlichen die Verhandlungen, so machen unrichtige Angaben des Anlagenvermittlers auch den Produktgeber selbst haftbar, weil der Anlagenvermittler dann als sein Erfüllungsgehilfe zu behandeln ist (§ 278 BGB).

2.6.2.5 Beratungsvertrag

Ein Beratungsvertrag zwischen einem Kapitalanlagenvermittler (**Anlagenberater**) und einem Kunde kann dadurch zustande kommen, dass der Kunde ausdrücklich eine Beratung wünscht und der Vermittler dazu bereit ist.

Die Beratung zu Kapitalanlagen kann **ausdrücklich** als selbstständige Dienstleistung angeboten werden. Dazu schließt der Vermittler einen (schriftlichen) Beratungsvertrag mit dem Kunden ab, der die im Einzelnen geschuldeten Beratungspflichten regelt. Für die Beratungsleistung hat der Kunde ein gesondertes Entgelt zu zahlen (Honorar). Das ist in der Praxis jedoch eher selten, da der Vermittler in der Regel von der Vertriebsgesellschaft oder dem Produktgeber durch Provision entlohnt wird und eine Honorarvereinbarung mit dem Anleger fehlt. Bei dem Beratungsvertrag handelt es sich in aller Regel um einen **Geschäftsbesorgungsvertrag** mit Dienstvertragscharakter (§§ 675 Abs. 1, 611 BGB).

Da eine Pflicht zur Beratung selten ausdrücklich vereinbart wird, wird meist ohne ausdrückliche Absprache, also **stillschweigend**, ein Beratungsvertrag geschlossen. Die Rechtsprechung nimmt einen solchen stillschweigenden Vertragsschluss dann an, wenn der Vermittler mit dem Kunden ein Beratungsgespräch führt und dabei erkennen kann, dass die Beratung für den Kunden von erheblicher Bedeutung ist und er sie zur Grundlage einer Kapitalanlageentscheidung machen will. Bei der Anlagenberatung reicht es zum Vertragsschluss aus, wenn der Anleger die Dienste des Vermittlers in Anspruch nimmt und dieser mit der Tätigkeit beginnt. Dabei ist es ohne Bedeutung, ob der Kunde von sich aus an den Vermittler herangetreten ist, um dessen Dienste und Erfahrungen in Anspruch zu nehmen, oder ob die Initiative für das Beratungsgespräch vom Vermittler ausgegangen ist. Es ist auch nicht entscheidend, ob ein besonderes Entgelt für die Beratung vereinbart wird.

Inhalt und Umfang der Aufklärung hängen dabei vor allem von den Kenntnissen und Erfahrungen des Anlageinteressenten ab. Dabei ist maßgeblich, ob der Kunde eine umfassende oder eine eingeschränkte Beratung verlangt, ob er fachkundig ist oder von einem fachkundigen Dritten betreut wird. Nach der grundlegenden Entscheidung des Bundesgerichtshofs zur Bond-Anleihe (BGH, 06.07.1993 – XI ZR 12/93) muss die Beratung „anlegergerecht" und „objektgerecht" sein. Maßgebliche allgemeine Faktoren für eine ordnungsgemäße Anlagenberatung sind danach also:
- einerseits die Person des Anlegers (anlegergerecht) und
- andererseits das von ihm in Aussicht genommene Anlageobjekt (objektgerecht).

Die Pflichten der Anlagenberater gehen infolgedessen deutlich über die eines bloßen Anlagenvermittlers hinaus. Der Anlagenberater muss danach nicht nur wie ein Anlagenvermittler ordnungsgemäß über die Kapitalanlage Auskunft geben (objektgerechte Beratung).

Die vorgeschlagene Anlage muss darüber hinaus auch noch zum Kunden „passen" (anlegergerechte Beratung) und daher Folgendes ausreichend berücksichtigen:

- dessen wirtschaftliche Ausgangslage sowie
- seine Anlageziele und
- vor allem seine Risikobereitschaft.

Daraus folgt insbesondere, dass der Anlagenberater seine Kunden nicht nur richtig und vollständig informieren, sondern die Anlagemöglichkeiten auch fachkundig bewerten und beurteilen muss. Der Kunde darf davon ausgehen, dass der Vermittler die Kapitalanlagen, die er anbietet, auf ihre Güte und **Geeignetheit** für die Anlageziele des Kunden selbst überprüft und sie als „gut" befunden hat. Fehlen dem Vermittler Kenntnisse zum Anlageobjekt, so muss er dem Kunden gegenüber offenlegen, dass er zu einer Beratung z. B. über das konkrete Risiko des beabsichtigten Geschäftes nicht in der Lage ist. Im Übrigen können sich je nach Anlageart unterschiedliche Anforderungen an die Beratungspflicht ergeben. Diese hängen von der jeweiligen Risikostruktur der einzelnen Anlageobjekte ab.

Ein vergleichbares Prinzip gilt für das Aufsichtsrecht, das insoweit den Begriff der „Geeignetheit" verwendet (§ 31 Abs. 4 WpHG, § 16 Abs. 1 Satz 3 FinVermV). Der Grundsatz der anlegergerechten Beratung bereitet praktische Schwierigkeiten. Denn der Anleger wird häufig kein eindeutig definiertes Anlageziel nennen können. Zudem gibt es unter Experten keineswegs einen Konsens darüber, welche Anlagestrategie bei vorgegebener Zielsetzung „vernünftig" ist. Das Prinzip der „anlegergerechten" Empfehlung kann deshalb nur eine sehr grobe Richtschnur liefern. Da es in der Regel nicht nur eine „richtige" Empfehlung geben kann. Für den jeweiligen Vermittler bleibt ein Spielraum für wirtschaftlich vertretbare Empfehlungen.

Der Vermittler kann dem Anleger die endgültige Entscheidung nicht abnehmen, sondern ihm allenfalls **Vorschläge und Empfehlungen** unterbreiten. Die Beratung ist daher regelmäßig mit einer Empfehlung zum Kauf, zum Verkauf oder zum Halten bestimmter Kapitalanlagen verbunden. Es besteht jedoch keine Verpflichtung, eine bestimmte Empfehlung auszusprechen. Eine ordnungsgemäße Beratung kann sich auch darauf beschränken, verschiedene in Betracht kommende Alternativen aufzuzeigen und die jeweiligen Chancen und Risiken zu verdeutlichen. Wenn der Vermittler eine Empfehlung zu einer bestimmten Kapitalanlage abgibt, muss die Empfehlung aber „anlegergerecht" sein.

Die Informationen, die der Anlagenberater an seine Kunden weitergibt, müssen in jeder Hinsicht zutreffend sein, während aber hinsichtlich der von ihnen geschuldeten Bewertung des Anlageobjekts – einschließlich der Empfehlung bestimmter Anlagen – nur verlangt werden kann, dass die Bewertung und Empfehlung nach den im Augenblick der Beratung bekannten Umstände **vertretbar** sind. Das Risiko, dass sich die getroffene Anlageentscheidung im Nachhinein als falsch erweist, trägt der Kunde.

Zu einer fortlaufenden Beobachtung der Entwicklung der Kapitalanlage und zu einer rechtzeitigen Empfehlung angemessener Reaktionen des Anlegers ist jedoch der Anlagenberater nicht verpflichtet. Es sei denn, dass ausdrücklich eine Dauerberatung vereinbart wurde, z. B. wenn (ausnahmsweise) die weitergehenden Pflichten eines Vermögensverwalters übernommen wurden.

3 Rechts- und Handlungsfähigkeit

Nachdem dargestellt wurde, wie (vertragliche) Rechte und Pflichten entstehen, geht es nunmehr darum, wer am Rechtsverkehr teilnehmen und dadurch Rechte und Pflichten erzeugen bzw. Träger derselben sein kann.

3.1 Rechtssubjekte

Am Rechtsverkehr können nur Rechtssubjekte teilnehmen. Bei den Rechtssubjekten unterscheidet man

- Menschen (natürliche Personen),
- juristische Personen.

Bei Rechtssubjekten kann man zwischen **Rechtsfähigkeit**, also der Fähigkeit Träger von Rechten und Pflichten sein zu können, und der **Handlungsfähigkeit** unterscheiden. Bei der Handlungsfähigkeit unterscheidet man zusätzlich zwischen **Geschäftsfähigkeit**, also der Fähigkeit durch eigenes Handeln wirksam Rechtsgeschäfte abschließen zu können, und der **Deliktsfähigkeit**, also die Fähigkeit für eine zu Schadenersatz verpflichtende Handlung verantwortlich zu sein.

3.1.1 Natürliche Personen

Die Rechtsfähigkeit einer natürlichen Person, also eines Menschen, beginnt grundsätzlich mit dessen **Geburt** (§ 1 BGB). Sie endet grundsätzlich mit dessen **Tod**. Die Geschäftsfähigkeit natürlicher Personen hängt entweder von deren Alter oder von der Fähigkeit zur freien Willensbestimmung ab. Auch die Deliktsfähigkeit hängt vom Alter oder von der Fähigkeit zur freien Willensbestimmung ab (§§ 827, 828 BGB).

3.1.2 Juristische Personen

Neben dem (einzelnen) Menschen können juristische Personen (z. B. Vereine, GmbH, Aktiengesellschaften, Stiftungen) rechts- und handlungsfähig sein. Die Rechte und Pflichten einer juristischen Person sind von den Rechten und Pflichten der Personen zu unterscheiden, welche sie gegründet haben oder ihre Mitglieder bzw. Gesellschafter sind. Juristische Personen haben daher ein **eigenes Vermögen**, welches von dem anderer Personen unabhängig ist. Im Falle einer Insolvenz haftet die juristische Person daher ausschließlich für sich selbst. Gründer und Mitglieder oder Gesellschafter haften nur, wenn eine besondere gesetzliche oder vertragliche Anspruchsgrundlage besteht (z. B. Bürgschaft des Geschäftsführers einer GmbH).

Juristische Personen des Privatrechtes entstehen durch **Vereinbarung und Registrierung oder Anerkennung**. Die oder der Gründer gehen in der Regel ein formgebundenes Rechtsgeschäft ein (Satzung oder Gesellschaftsvertrag) und müssen die juristischen Personen in dem zuständigen Register eintragen (z. B. Handels- oder Vereinsregister) bzw. durch die zuständige Behörde anerkannt (z. B. Stiftung) werden. **Juristischen Personen des öffentlichen Rechts** entstehen im Gegensatz dazu durch **Gesetz oder aufgrund eines Hoheitsaktes**.

Da die juristische Person nur ein rechtliches Konstrukt ist, ist sie nicht wie ein Mensch handlungsfähig. Sie handelt daher durch Menschen und braucht diese als **Vertretungsorgan**. Wer dies ist und welche Befugnisse dieses Vertretungsorgan hat, regelt in der

Regel das Gesetz. Da jedenfalls die notwendige Vertretungsbefugnis gesetzlich geregelt sein muss, nennt man die Vertretungsorgane einer juristischen Person **gesetzliche Vertreter**. Die juristische Person ist durch ihre Vertretungsorgane, also ihre gesetzlichen Vertreter, auch deliktsfähig. Beispielhaft wird dies im Bürgerlichen Gesetzbuch (BGB) für den Vorstand eines Vereins geregelt (§ 31 BGB).

Die Rechtsfähigkeit einer juristischen Person endet, wenn die juristische Person durch Beschluss der Gründer, Mitglieder oder Gesellschafter aufgelöst wird. Die Rechtsfähigkeit einer juristischen Person des Handelsrechtes endet darüber hinaus mit Eröffnung des Insolvenzverfahrens über ihr Vermögen oder wenn sie für vermögenslos erklärt wird.

3.1.3   Gemeinschaften von Personen

Reine Gemeinschaften von Personen sind **keine juristischen Personen**. Diese Gemeinschaften können entstehen durch gemeinsame **Verfolgung eines Zweckes** (z. B. Personengesellschaft) oder **gemeinsame Berechtigung an einem Gegenstand** (z. B. Eigentümer- oder Erbengemeinschaft). Sie sind grundsätzlich nicht rechtsfähig und können daher grundsätzlich nicht Träger von Rechten und Pflichten sein. Denn sie bilden durch die Gründung kein von ihren Mitglieder bzw. Gesellschaftern unabhängiges Vermögen (§ 2032 BGB). Außer den Kommanditisten einer KG haften auch die Gesellschafter mit ihrem eigenen Vermögen für die Verbindlichkeiten der Personengemeinschaft.

Einige Personengemeinschaften sind jedoch **per Gesetz teilrechtsfähig**. Teilrechtsfähige Personengemeinschaften sind zwar kein von ihren Mitglieder bzw. Gesellschaftern zu unterscheidendes Rechtssubjekt. Sie können aber ausnahmsweise selbst Träger von Rechten und Pflichten sein (§ 124 HGB). Zu den wichtigsten **teilrechtsfähigen Personengemeinschaften** zählen

- Gesellschaft bürgerlichen Rechtes (GbR),
- offene Handelsgesellschaft (oHG),
- Kommanditgesellschaft (KG),
- Wohnungseigentümergemeinschaft.

4   Geschäftsfähigkeit

Die Geschäftsfähigkeit entscheidet darüber, ob und inwieweit jemand rechtlich verbindliche Erklärungen (Willenserklärungen) abgeben und empfangen kann. Das Gesetz beschreibt nicht, wer geschäftsfähig ist. Es legt fest, wer geschäftsunfähig oder in der Geschäftsfähigkeit beschränkt ist. Über ein **Regel-Ausnahme-Prinzip** wird grundsätzlich unterstellt, dass Volljährige die für die volle Handlungsfähigkeit notwendige Reife und Verantwortung besitzen. Bei Minderjährigen wird dies dagegen nicht angenommen. Die Geschäftsfähigkeit des Minderjährigen ist daher abhängig vom Alter entweder ausgeschlossen oder beschränkt.

4.1   Geschäftsunfähigkeit

Wer geschäftsunfähig ist, kann keine wirksamen Willenserklärungen abgeben (§ 104 BGB). Geschäftsunfähig ist, wer nicht das siebte Lebensjahr vollendet hat oder wer sich in einem die freie Willensbestimmung ausschließenden dauerhaften Zustand krankhafter Störung der Geistestätigkeit befindet (§ 104 BGB). Da es die **Entmündigung** nicht mehr gibt, gibt es für Volljährige keine Geschäftsunfähigkeit mehr, die durch einen feststellenden Rechtsakt dauerhaft eintritt. Diese muss daher in jedem Einzelfall in einem potenziellen Zivilprozess festgestellt werden. Denn an die Stelle der Geschäftsunfähigkeit durch Entmündigung und Vormundschaft für Volljährige ist die beschränkte Geschäftsfähigkeit und Vertretung durch Betreuung getreten.

4.2 Beschränkte Geschäftsfähigkeit Minderjähriger

Nicht voll Geschäftsfähige sollen davor geschützt werden, aus mangelnder Reife oder Verantwortungsfähigkeit nachteilige Rechtsgeschäfte einzugehen. Minderjährige, die das siebte Lebensjahr vollendet haben, sind daher nur beschränkt geschäftsfähig (§ 106 BGB). Während der Geschäftsunfähige keine rechtswirksamen Willenserklärungen abgeben kann, ist es dem beschränkt Geschäftsfähigen unter bestimmten Voraussetzungen möglich, wirksame Rechtsgeschäfte zu tätigen.

4.2.1 Zustimmungsfreie Geschäfte

Minderjährige benötigen für Rechtsgeschäfte, durch die sie lediglich einen rechtlichen Vorteil erlangen, **keine Einwilligung des gesetzlichen Vertreters** (§ 107 BGB). Entscheidend ist, dass der Minderjährige durch das Rechtsgeschäft **nur rechtliche Vorteile** und keine rechtlichen Nachteile erlangt. Ein rechtlicher Vorteil ist, wenn ein Recht erlangt wird, also beispielsweise der Anspruch auf eine Leistung (von Geld) oder Eigentum. Ein rechtlicher Nachteil liegt vor, wenn den Minderjährigen eine rechtliche Verpflichtung trifft. Da gegenseitige Verträge immer auch Pflichten mit sich bringen (Pflicht zur Leistung der Gegenleistung), sind solche Rechtsgeschäfte nie lediglich, also nur rechtlich vorteilhaft, sondern zugleich immer auch rechtlich nachteilhaft. Auf einen eventuellen wirtschaftlichen Vorteil aus dem Saldo von Leistung und Gegenleistung kommt es hierbei nicht an. Auch ein noch so lukratives Geschäft ist dennoch rechtlich nachteilig, wenn der Minderjährige hierzu eine Verpflichtung eingehen muss. Dagegen kann ein Minderjähriger Rechtsgeschäfte eingehen, die einseitig nur seinen Vertragspartner verpflichten (z. B. Schenkung).

4.2.2 Zustimmungsbedürftige Rechtsgeschäfte

Für Rechtsgeschäfte, die (auch) einen rechtlichen Nachteil für den Minderjährigen mit sich bringen, benötigt dieser die Zustimmung des gesetzlichen Vertreters. Dabei ist zwischen der **vorherigen Einwilligung** (§ 183 BGB) und der **nachträglich Genehmigung** (§ 184 BGB) zu unterscheiden.

Bei einseitigen Rechtsgeschäften (z. B. Gestaltungserklärungen wie Kündigung) benötigt der Minderjährige immer die vorherige Einwilligung des gesetzlichen Vertreters (§ 111 BGB). Liegt diese nicht vor, ist das Rechtsgeschäft unwirksam. Es kann auch nicht durch eine nachträgliche Zustimmung durch den gesetzlichen Vertreter wieder geheilt werden.

Ein Minderjähriger kann im Gegensatz dazu aber Verträge zunächst ohne die vorherige Einwilligung des gesetzlichen Vertreters eingehen. Die endgültige Wirksamkeit hängt dann von der nachträglichen Genehmigung durch den gesetzlichen Vertreter ab (§ 108 BGB). Wird die Genehmigung nicht erteilt, dann bleibt die Willenserklärung endgültig unwirksam. Wird sie erteilt, ist die Willenserklärung des Minderjährigen rückwirkend ab dem Zeitpunkt der Abgabe gültig. Ist der Minderjährige unbeschränkt geschäftsfähig geworden, so kann er seine Willenserklärung selbst genehmigen. Das BGB enthält jedoch Regelungen, wonach in bestimmten Situationen von einer generellen Einwilligung des gesetzlichen Vertreters ausgegangen wird.

Die Überlassung von Taschengeld wird vom Gesetz als eine Art generelle Einwilligung gewertet (**Taschengeldparagraf**, § 110 BGB). Das Gesetz macht jedoch eine erhebliche Einschränkung. Die Leistung muss mit den überlassenen Mitteln bewirkt, also vollständig bezahlt werden. Der Taschengeldparagraf ermöglicht daher nicht den wirksamen Abschluss eines Kredit- oder Ratenzahlungsgeschäftes. Der Vertrag wird dann jedoch mit Bezahlung der letzten Rate wirksam.

Die erforderliche Einwilligung kann auch generell für Rechtsgeschäfte eines bestimmten Sektors erteilt werden. Es wird dann unterstellt, dass der gesetzliche Vertreter alle mit einem Tätigkeitsbereich notwendigerweise verbundenen Rechtsgeschäfte einwilligt. Im BGB sind einige dieser Fälle ausdrücklich geregelt.

Willigt der Erziehungsberechtigte in den Betrieb eines Handelsgeschäftes durch den Minderjährigen ein, so ist damit grundsätzlich auch die Einwilligung in alle damit notwendig im Zusammenhang stehenden Rechtsgeschäften verbunden (**Handelsmündigkeit**, § 112 BGB). Erlaubt der gesetzliche Vertreter ein Dienst- oder Arbeitsverhältnis einzugehen so ist er in diesem Zusammenhang grundsätzlich unbeschränkt geschäftsfähig (**Arbeitsmündigkeit**, § 113 BGB).

4.2.3   Gerichtliche Genehmigung

Für bestimmte Rechtsgeschäfte, die die Vermögensverhältnisse des Kindes erheblich beeinflussen können, bedürfen die Eltern der Genehmigung des Familiengerichts (§ 1643 BGB). Die Vorschrift dient dem Schutz der Vermögensinteressen des Kindes. Sie ist eine Ausnahme vom Grundsatz der elterlichen Autonomie, die die gesamte Vertretungsmacht für das Kind beinhaltet. Sie enthält einen Katalog von genehmigungsbedürftigen Geschäften und verweist zum Teil auf das Vormundschaftsrecht. Danach gibt es für den Vormund für einen Teil der Rechtsgeschäfte Genehmigungserfordernisse (§§ 1821, 1822 BGB).

Die Genehmigungsbedürftigkeit nach § 1821 BGB erfasst bestimmte Grundstücksgeschäfte:
* Verfügungen über ein Grundstück oder ein Recht an einem Grundstück (Nr. 1),
* Verfügungen über grundstücksbezogene Forderungen (Nr. 2),
* auf derartige Verfügungen gerichtete Verpflichtungsgeschäfte (Nr. 4),
* auf den entgeltlichen Erwerb solcher Rechte gerichtete Verträge (Nr. 5).

Über die Verweisung auf bestimmte Ziffern des § 1822 BGB werden folgende Fallgruppen von Genehmigungserfordernissen erfasst:
* Geschäfte über Vermögensgesamtheiten (Nr. 1),
* Gesellschaftsverträge und Erwerbsgeschäfte (Nr. 3),
* bestimmte Verträge mit langer Bindung (Nr. 5),
* bestimmte riskante Geschäfte (Nr. 8 bis 11).

4.3   Betreuung Volljähriger

Die Entmündigung wegen Geisteskrankheit mit der Folge der dauerhaften Geschäftsunfähigkeit und die Entmündigung wegen Geistesschwäche mit der Folge der beschränkten Geschäftsfähigkeit sind seit Langem abgeschafft. Eine **Vormundschaft für Volljährige** gibt es somit nicht mehr. An die Stelle der Vormundschaft ist die **Betreuung** getreten (§§ 1896 ff. BGB). Nunmehr kann für einen Volljährigen, der aufgrund einer psychischen Krankheit oder einer körperlichen, geistigen oder seelischen Behinderung seine Angelegenheiten nicht mehr besorgen kann, vom Vormundschaftsgericht ein Betreuer bestellt werden. Die Anordnung einer Betreuung hat keinen Einfluss auf die Geschäftsfähigkeit des Betreuten. Diese ist alleine davon abhängig, ob sich der Erwachsene in einem dauerhaften, der die freie Willensbestimmung ausschließenden Zustand krankhafter Störung der Geistestätigkeit befindet. Im Gegensatz zur früheren Vormundschaft wird der Betreute weder geschäftsunfähig noch beschränkt geschäftsfähig. Der Betreuer hat für den Aufgabenkreis, für den er bestellt ist, aber die **Stellung eines gesetzlichen Vertreters** (§ 1902 BGB).

5   Finanzinstrumente

In der Sprache des Kapitalmarktrechtes werden die Produkte des regulierten (Banken-)Bereiches im Wesentlichen mit dem Begriff „Finanzinstrumente" umschrieben. Finanzinstrumente ist der Oberbegriff für folgende Kapitalanlageformen (§ 2 Abs. 2b WpHG, § 1 Abs. 11 KWG):

* Aktien,
* andere Anteile an Unternehmen, soweit sie mit Aktien vergleichbar sind,
* Zertifikate, die Aktien vertreten,
* Vermögensanlagen im Sinne des Vermögensanlagengesetzes (außer Genossenschaftsanteile),
* Schuldtitel, insbesondere
  * Genussscheine,
  * Inhaberschuldverschreibungen,
  * Orderschuldverschreibungen,
* Zertifikate, die Schuldtitel vertreten,
* Rechte, die zu einer Barzahlung führen, die in Abhängigkeit von Wertpapieren, von Währungen, Zinssätzen oder anderen Erträgen, von Waren, Indices oder Messgrößen bestimmt wird,
* Anteile an Investmentvermögen im Sinne des Kapitalanlagegesetzbuchs,
* Geldmarktinstrumente,
* Devisen oder Rechnungseinheiten,
* Derivate.

Vermögensanlagen

Zur Regulierung des grauen Kapitalmarktes wurde mit dem Vermögensanlagengesetz (VermAnlG) der Begriff der Vermögensanlage eingeführt. Vermögensanlagen sind danach die bisher nicht unter das Wertpapierhandelsgesetz und das Kreditwesengesetz fallenden Produkte des sogenannten „grauen Kapitalmarktes". Der graue Kapitalmarkt wurde bisher negativ definiert als der Teil der Finanzmärkte, der nicht der staatlichen Regulierung und Aufsicht unterfiel. Beim grauen Kapitalmarkt handelt es sich um einen Markt für nicht in Wertpapieren verbriefte Risikokapitalanlagen, der sich durch Formenreichtum, einen geringen Organisationsgrad und kaum ausgebildete Sekundärmärkte auszeichnet. Zu den Anlageformen gehören danach vor allem Beteiligungen an Publikumspersonengesellschaften (sog. geschlossene Fonds), Anteile an einem Vermögen, das der Emittent oder ein Dritter in eigenem Namen für fremde Rechnung hält oder verwaltet (Treuhand-vermögen), Termingeschäftskonten (managed accounts), Nachfolgekonzeptionen der früheren Bauherrenmodelle sowie Bankgarantien und Depositendarlehn.

Schuldtitel

Gleichfalls zu den Wertpapieren zählen Schuldtitel, soweit sie ihrer Art nach auf den Kapitalmärkten handelbar sind. Als solche werden aufgeführt Genussscheine, Inhaber-schuldverschreibungen, Orderschuldverschreibungen und Zertifikate, die diese Schuld-titel vertreten. Namensschuldverschreibungen mangelt es regelmäßig an der freien Übertragbarkeit und zudem auch an der Standardisierung, weshalb sie nicht dem Wert-papierbegriff unterfallen.

Optionsscheine

Zu den sonstigen übertragbaren Wertpapieren zählen auch solche, die zum Erwerb oder zur Veräußerung von Aktien und anderen Anteilen oder Schuldtiteln berechtigen oder zu einer Barzahlung führen, vulgo Optionsscheine.

Investmentvermögen

Ein Investmentvermögen i. S. d. Kapitalanlagegesetzes (KAGB) ist jeder Organismus für gemeinsame Anlagen, der von einer Anzahl von Anlegern Kapital einsammelt, um es gemäß einer festgelegten Anlagestrategie zum Nutzen dieser Anleger zu investieren, und der kein operativ tätiges Unternehmen außerhalb des Finanzsektors ist.

Geldmarktinstrumente sind Forderungen, die keine Wertpapiere sind, aber etwa auf dem Geldmarkt gehandelt werden können. Dazu gehören **Schuldscheine**, also ins-besondere Schatzanweisungen und sogenannte Commercial Papers mit Laufzeiten von weniger als zwölf Monaten.

Grundverständnis des Begriffs der **Devisen** ist das des gesetzlichen Zahlungsmittels in ausländischer Währung. Ausländische Banknoten und Münzen werden dabei als **Sorten oder Valuten** bezeichnet. Ein anderes Verständnis von Devisen stellt daher auf Gut-haben in ausländischer Währung ab, die Inländer auf Konten bei ausländischen Banken unterhalten. Neben gesetzlichen Zahlungsmitteln werden im Kapitalmarktrecht hierunter auch im Ausland zahlbare Forderungen in ausländischer Währung gegen Schuldner im Ausland verstanden (z. B. Ansprüche auf Zahlung aus Kreditverträgen, Zahlungsgaran-tien in fremder Währung, Ansprüche aus Anweisungen, Schecks und Wechseln, sowie Wertpapieren, die auf fremde Währungen lauten).

Rechnungseinheiten sind Wertmaße, die **keine gesetzlichen Zahlungsmittel** darstel-len. Regelmäßig setzen sie sich aus einem Korb verschiedener Währungen zusammen. Ihr Wert verändert sich in Abhängigkeit vom Wert dieser Währungen.

> **Beispiel:**
> Rechnungseinheiten sind z. B. Verrechnungseinheiten im Rahmen von Kompensationsge-schäften, bei denen nur ein Warenaustausch ohne zusätzlichen Zahlungsstrom stattfindet.

Derivate (gelegentlich auch als Termingeschäfte im weiteren Sinn bezeichnet) sind Finanzinstrumente, deren Preis oder Wert von den künftigen Kursen oder Preisen ande-rer Handelsgüter, Vermögensgegenstände oder von marktbezogenen Referenzgrößen abhängt. Vereinfacht ausgedrückt sind Derivate an die Entwicklung von Indices, Ereignissen oder bestimmten Preisen gekoppelte Verträge, die börslich oder außerbörslich abgeschlossen werden.

> **Praxistipp:**
>
> Die Definitionen zeigen, dass im Vertrieb gegenüber Privatanlegern andere Arten von Finanzinstrumenten als Wertpapiere keine Rolle spielen.

6   Finanzmarktrichtlinie (MiFID)

Immer öfter geht die Initiative für gesetzliche Neuregelungen nicht mehr vom deutschen Gesetzgeber, sondern von der Europäischen Union aus. Der Bundestag setzt dann oft nur noch die Vorgaben Europäischer Richtlinien in deutsches Recht um. Eines der großen kapitalmarktrechtlichen Regelungswerke auf europäischer Ebene stellt die Richtlinie über Märkte für Finanzinstrumente dar, die allgemein nach der für die englischen Version verwendete Abkürzung als MiFID (**Markets in Financial Instruments Directive**) bezeichnet wird.

Die MiFID enthält drei Regelungskomplexe:
* Anlegerschutz durch neue Verhaltens- und Transparenzrichtlinien,
* europäische Normierung von Regeln für Börsen und börsenähnliche Handelssysteme (vor allem durch Preistransparenzvorschriften),
* Bedingungen für die Tätigkeit von Finanzdienstleistern und für deren europaweite Anerkennung.

Die MiFID wird durch eine Durchführungsrichtlinie und eine Durchführungsverordnung ergänzt und präzisiert.

Als europarechtliche Richtlinie gilt die MiFID nicht direkt in den EU-Ländern. In der Bundesrepublik wurde die MiFID durch das **Finanzmarktrichtlinien-Umsetzungsgesetz** (FRUG) in deutsches Recht, insbesondere durch Änderung des Kreditwesengesetz (KWG) und des Wertpapierhandelsgesetzes (WpHG) umgesetzt. Auf den Vorgaben der MiFID beruht insbesondere ein Großteil der Wohlverhaltenspflichten des WpHG. Die neuen Regelungen werden in der Verordnung zur Konkretisierung der Verhaltensregeln und Organisationsanforderungen für Wertpapierdienstleistungsunternehmen (Wertpapierdienstleistungs-Verhaltens- und Organisationsverordnung – WpDVerOV) konkretisiert. Die Wohlverhaltenspflichten des WpHG und der WpDVerOV sind großenteils für die gewerblichen Kapitalanlagenvermittler in die Finanzanlagenvermittlerverordnung (FinVermV) übernommen worden.

Wertpapierdienstleistungsunternehmen (kurz WpDU) sind, unabhängig davon, ob sie auch Kreditinstitute sind, alle Unternehmen, die berechtigt sind, Wertpapierdienstleistungen zu erbringen. Das deutsche Wertpapierhandelsgesetz zählt folgende Dienstleistungen als Wertpapierdienstleistungen auf (§ 2 Abs. 3 WpHG):
* Finanzkommissionsgeschäft,
* Eigenhandel,
* Abschlussvermittlung,
* Anlagevermittlung,
* Emissionsgeschäft,
* Platzierungsgeschäft,
* Finanzportfolioverwaltung,

- Betrieb eines multilateralen Handelssystems,
- Anlageberatung.

6.1 Anwendungsbereich

Der Kreis der Dienstleistungen und Produkte, die in die Richtlinie einbezogen sind, geht sehr weit. Für die betroffenen Marktteilnehmer wirkt sich dies in zweierlei Hinsicht aus: Einerseits unterliegen die einbezogenen Tätigkeiten der vollen Aufsicht durch die Aufsichtsbehörde, also der Bundesanstalt für Finanzdienstleistungsaufsicht (BaFin), andererseits profitieren ihre Anbieter bei grenzüberschreitenden Dienstleistungen von dem verbesserten „Europäischen Pass".

Der **Europäische Pass** bezeichnet die pauschale Genehmigung für Kreditinstitute und Wertpapierdienstleistungsunternehmen im Europäischen Wirtschaftsraum, mit einer in ihrem Herkunftsland erteilten Erlaubnis auch in allen anderen Staaten tätig zu werden.

Nicht alle Vorschriften der MiFID gelten gleichermaßen für alle Anlageprodukte. **Umfasst sind Wertpapiere und Zertifikate**. Für offene Investmentvermögen gilt die MiFID nur teilweise, da es hierfür eine spezielle EU-Richtlinie gibt (OGAW-Richtlinie). Geschlossene Fonds bzw. Beteiligungen fallen dagegen nicht unter die MiFID. Jedoch werden diese durch die EU-Richtlinie über die Verwalter alternativer Investmentfonds (AIFM-Richtlinie) reguliert.

6.2 Handelsplattformen

Die MiFID enthält einen regulatorischen Rahmen für verschiedene Handelsplattformen. Hierzu gehören geregelte Märkte, also die Börsen, sowie sogenannte „multilaterale Handelssysteme" und „systematischer Internalisierer". Ein **multilaterales Handelssystem** ist ein von einem Finanzdienstleister, einem Wertpapierdienstleistungsunternehmen oder einem Marktbetreiber eingerichtetes und betriebenes, börsenähnliches Netzwerk bzw. multilaterales System mit dem Ziel, eine Vielzahl von Anbietern und Nachfragern auf dem Finanzmarkt zusammenzuführen. Ein **systematischer Internalisierer** ist ein Wertpapierdienstleistungsunternehmen, das regelmäßig und in organisierter und systematischer Weise Handel für eigene Rechnung durch Ausführung von Kundenaufträgen treibt. Wirksamer Wettbewerb zwischen verschiedenen Wertpapierhandelssystemen verlangt ein Mindestmaß an Markttransparenz. Sämtliche Plattformen unterliegen daher im Vor- und Nachhandel umfangreichen Transparenzanforderungen.

6.3 Best Execution

Um zu gewährleisten, dass Aufträge zu den für den Kunden günstigsten Konditionen ausgeführt werden, werden Wertpapierdienstleistungsunternehmen zur „bestmöglichen Ausführung" im Kundeninteresse verpflichtet (Best Execution).

6.4 Interessenkonflikte

Durch generelle Regeln gibt die MiFID vor, dass die Wertpapierdienstleistungsunternehmen **ehrlich, redlich und professionell** im bestmöglichen Interesse ihrer Kunden handeln müssen. Wertpapierdienstleistungsunternehmen müssen daher angemessene Maßnahmen treffen, um Interessenkonflikte zwischen dem Unternehmen selbst, Mitarbeitern oder verbundenen Personen oder Unternehmen zu vermeiden. Sollten diese

Maßnahmen nicht ausreichen, müssen Wertpapierdienstleistungsunternehmen die allgemeine Art und Herkunft bestehender Interessenkonflikte vor der Durchführung von Geschäften dem Kunden eindeutig darlegen. Wertpapierdienstleistungsunternehmen sind verpflichtet, eine **Konfliktstrategie** zu entwickeln, diese schriftlich niederzulegen und den Kunden über deren Grundzüge zu unterrichten.

6.5   Informationspflichten

Wertpapierdienstleistungsunternehmen haben vor dem Abschluss eines Wertpapiergeschäftes besondere Informationspflichten zu beachten. Kunden und potenzielle Kunden müssen „angemessene Informationen" über das Wertpapierdienstleistungsunternehmen zur Verfügung gestellt werden.

Die MiFID verpflichtet zu detaillierten Informationen über:
*   die angebotenen Finanzinstrumente,
*   die vorgeschlagenen Anlagestrategien,
*   die damit verbundenen Risiken,
*   den vorgesehenen Ausführungsplatz eines Geschäftes und
*   die Gesamtkosten der Wertpapierdienstleistungen bzw. des Finanzinstrumentes.

Der Anleger soll dadurch die Risiken der Wertpapierdienstleistungen und des ihm angebotenen Finanzinstruments verstehen und somit gut informiert eine Anlageentscheidungen treffen können.

6.6   Informationseinholungspflichten

Daneben gibt die MiFID den Wertpapierdienstleistungsunternehmen Pflichten zur Einholung von Informationen über den Kunden vor. Wertpapierdienstleistungsunternehmen sollen betroffenen Kunden nur geeignete Finanzinstrumente empfehlen dürfen. Bestandteil jeder Anlageberatung soll daher ein **Eignungstest** sein, für den sehr detaillierte Vorgaben zur Durchführung gemacht werden. Im Rahmen dieses Tests sollen Wertpapierdienstleistungsunternehmen ihre geplante Empfehlung an drei Kriterien messen:
*   Anlageziel,
*   finanzielle Risikotragfähigkeit sowie
*   Kenntnisse und Erfahrungen des Kunden.

Nur wenn das konkrete Wertpapiergeschäft mit den Anlagezielen im Einklang steht, die damit verbundenen Risiken für den Kunden finanziell tragbar sind und der Kunde über hinreichende Kenntnisse und Erfahrungen verfügt, um die mit dem Geschäft verbundenen Risiken zutreffend einschätzen zu können, darf das Wertpapierdienstleistungsunternehmen dem Kunden dieses für ihn geeignete Wertpapiergeschäft empfehlen. Daher sind Angaben hierrüber beim Kunden zu ermitteln.

6.7   Anlegerkategorisierung

Der Schutz der Anleger soll den Eigenheiten jeder Anlegerkategorie angepasst sein. Dahinter steht die zutreffende Einsicht, dass es „den" Anleger nicht gibt; vielmehr gibt es ganz **verschiedene Anlegergruppen mit unterschiedlich ausgeprägter Schutzbedürftigkeit**.

Hinweis:

Die MiFID nimmt eine Dreiteilung in Kleinanleger, professionelle Kunden und geeignete Gegenparteien vor. Das höchste Schutzniveau genießen danach die Kleinanleger bzw. Privatkunden.

7   AIFM-Richtlinie – Kapitalanlagegesetzbuch (KAGB)

In 2011 trat zudem die EU-Richtlinie über die Verwalter alternativer Investmentfonds (AIFM) in Kraft. Die AIFM-Richtlinie ist eine Reaktion des Europäischen Gesetzgebers auf die Finanzkrise mit dem Ziel der strengeren Regulierung der Tätigkeit von Investmentfonds.

In Umsetzung der AIFM-Richtlinie wurde das sog. AIFM-Umsetzungsgesetz (AIFM-UmsG) verabschiedet. Mit Inkrafttreten des AIFM-UmsG wurde ein einheitliches Kapitalanlagegesetzbuch (KAGB) und damit erstmals ein einheitliches Regelwerk für sämtliche Formen von Investmentvermögen geschaffen. Infolge der durch die AIFM-Richtlinie vorgegebenen Regulierung der bislang nicht regulierten geschlossenen Fonds erweitert sich das Spektrum der vom KAGB erfassten Fondstypen wesentlich.

Das KAGB reguliert neben den bereits im Investmentgesetz (InvG) regulierten Organismus für gemeinsame Anlagen in Wertpapieren (OGAW) auch sog. alternative Investmentfonds (AIF). Im europäischen Rechtsrahmen versteht man unter OGAW Investmentfonds, die in gesetzlich definierte Arten von Wertpapieren und andere Finanzinstrumente investieren (Wertpapierfonds). Alle anderen Investmentvermögen sind AIF. Als offene Investmentvermögen wird zum einen OGAW und zum anderen die sog. offenen AIF bezeichnet. „Offen" ist ein AIF, wenn die Anleger mindestens einmal pro Jahr das Recht zur Rückgabe der Anteile haben. Dagegen gibt es bei geschlossenen AIF nur am Ende der Fondslaufzeit ein Rückgaberecht. AIF können (ebenso wie AIFM) inländisches, EU-Investmentvermögen oder ausländische AIF sein.

Publikums-Investmentvermögen stehen sämtlichen Anlegern offen und richten sich vor allem an Privatanleger. Offene Publikums-AIF unterliegen bestimmten Anlagebeschränkungen. Auch für geschlossene Publikums-AIF sind nur bestimmte Anlagegegenstände zulässig: Hierzu gehören Sachwerte wie Immobilien, Wald, Schiffe, Flugzeuge und Container, aber auch Unternehmensbeteiligungen, Anteile an geschlossenen AIF, Wertpapiere, Geldmarktinstrumente und Bankguthaben. Spezial-AIF sind im Gegensatz zu Publikums-AIF von vornherein nur einem begrenzten Anlegerkreis, nämlich professionellen (vor allem Banken und Versicherungen) und semi-professionell eingestuften Anlegern zugänglich.

Aber nicht nur die Investmentvermögen selbst, sondern auch die jeweiligen Verwalter, die sog „Manager" (kurz: „AIFM"), werden künftig reguliert. Jedes Betreiben der kollektiven Vermögensverwaltung im Inland, gleich durch wen und gleich in welcher Rechtsform, wird als ein nach dem KAGB grds. erlaubnispflichtiges Investmentgeschäft eingestuft.

Verwaltungsgesellschaften von AIF, die ihren Sitz im Inland haben, werden als „Kapitalverwaltungsgesellschaften" („KVG") definiert. Das KAGB erstreckt sich aber auch auf AIF-Verwaltungsgesellschaften mit Sitz im EWR („EU-Verwaltungsgesellschaften") oder einem Drittland („ausländische Verwaltungsgesellschaften").

8   Bankenaufsicht

Die Bankenaufsicht soll durch vorbeugende Überwachung allgemein das Entstehen von Schäden im Kreditwesen und von Verlusten der Gläubiger der Kreditinstitute und Finanzdienstleistungsinstitute verhindern. Störungen in diesem Wirtschaftszweig greifen leicht auf die gesamte Volkswirtschaft über. Eine effiziente Aufsicht über die Finanzmärkte schafft Vertrauen bei Anlegern und Marktteilnehmern.

8.1   Kreditwesengesetz

Gegenstand des Kreditwesengesetzes (KWG) ist die **Bankenaufsicht**. Das Sicherstellen der Zahlungsfähigkeit der Kreditinstitute und der Schutz der Kunden sind daher die Leitbilder des KWG. Dieses aufsichtsrechtliche Ziel wird im KWG auf verschiedene Weise umgesetzt.

Der Betrieb von Kredit- und Finanzdienstleistungsinstituten (kurz Institute) bedarf einer Erlaubnis (**Konzessionsprinzip**, §32 KWG). Kreditinstitute dürfen sämtliche Bankgeschäfte erbringen. Finanzdienstleistungsinstitute sind dagegen keine Kreditinstitute und dürfen nur bestimmte Finanzdienstleistungen erbringen, für die sie eine Erlaubnis haben. Die meisten Wertpapierdienstleistungen im Sinne des WpHG sind auch Finanzdienstleistungen im Sinne des KWG. Wertpapiere und Dienstleistungen, die Wertpapiere zum Gegenstand haben, können im Grundsatz nur von Unternehmen vertrieben werden, die eine Erlaubnis der BaFin nach dem KWG haben. Bezeichnungen wie Bank, Sparkasse, Volksbank usw. sind nach dem Gesetz ausdrücklich bestimmten Arten von Kreditinstituten vorbehalten. Das Institut muss über **zuverlässige und fachlich geeignete** Geschäftsleiter verfügen. Auch die Inhaber oder Gesellschafter von Unternehmen, die an einem Kredit- oder Finanzdienstleistungsinstitut beteiligt sind, müssen zuverlässig sein.

Bei Gründung muss das Institut über ein ausreichendes Anfangskapital verfügen, um die **wirtschaftliche Funktionsfähigkeit** sicherzustellen. Während des laufenden Geschäftsbetriebes muss ein angemessenes Verhältnis zwischen Aktiva und Passiva gewährleistet sein. Insbesondere ist eine ausreichende Zahlungsbereitschaft erforderlich, damit die jeweils fälligen Einlagen und sonstigen Passiva jederzeit bedient werden können. Die Eigenmittel sollen die Sicherung der kontinuierlichen Tätigkeit der Kreditinstitute und den Sparerschutz ermöglichen. Kreditstreuungsbestimmungen sollen vor zu großen Einzelrisiken schützen. Kreditinstitute sind zudem verpflichtet, sich die wirtschaftlichen Verhältnisse ihrer Kreditnehmer offenlegen zu lassen.

Die Institute müssen über eine **ordnungsmäßige Geschäftsorganisation** verfügen (Organisationspflichten). Diese umfasst insbesondere

- ein angemessenes Risikomanagement,
- Regelungen zur jederzeitigen Bestimmung der finanziellen Lage,
- angemessene EDV-Sicherheitsvorkehrungen,
- eine vollständige Dokumentation,
- angemessene Sicherungssysteme zur Prävention gegen Geldwäsche und kriminelle Schädigungen der Bank.

Das Gesetz enthält Regelungen für die **Mindestanforderungen an das Risikomanagement (MaRisk)**, insbesondere in Bezug auf Strategien, Risikotragfähigkeit, Liquiditätsrisiken und operationelle Risiken. Die MaRisk beinhalten Verfahren zur Ermittlung und Sicherstellung der Risikotragfähigkeit, die Festlegung von Strategien sowie die Einrichtung interner Kontrollverfahren, aufbau- und ablauforganisatorische Regelungen, die eine klare Abgrenzung der Verantwortungsbereiche umfassen, und Prozesse zur Identifizierung, Beurteilung, Steuerung sowie Überwachung und Kommunikation der Risiken. Ferner müssen Institute ihre Kundenbeziehungen auf Geldwäsche- und Betrugsverdacht überwachen und Einrichtungen zum automatisierten Abruf von Konteninformationen durch die BaFin sowie ein ständiges Monitoring durch Rasterung der Kundenbeziehungen unterhalten. Bei Auslagerung von unternehmerischen Tätigkeiten (Outsourcing) müssen sie besondere Pflichten zur Gewährleistung ihrer Verantwortung und der Kontrolle dieser Tätigkeiten erfüllen.

Das KWG enthält zudem Bestimmungen über die Aufstellung und Vorlage des Jahresabschlusses, des Lageberichtes und des Prüfungsberichtes. Darüber hinaus legt es ergänzende Pflichten für den Jahresabschlussprüfer fest. Außerdem steht der BaFin ein umfassendes **Auskunftsrecht** zu.

Die BaFin hat bei Gefahr zudem erweiterte Eingriffsmöglichkeiten für die Erfüllung der Verpflichtungen eines Institutes gegenüber seinen Gläubigern. Nur der BaFin steht zudem bei Zahlungsunfähigkeit oder Überschuldung eines Instituts das Recht zu, den Insolvenzantrag zu stellen.

8.1.1   Einlagengeschäft

Das Einlagengeschäft zählt zu den Bankgeschäften, die einer besonderen staatlichen Aufsicht unterworfen sind (§ 1 Abs. 1 Satz 2 KWG). Wird das Einlagegeschäft gewerbsmäßig oder in der Weise betrieben, dass es einen kaufmännisch eingerichteten Geschäftsbetrieb erfordert, so wird eine **Erlaubnis der BaFin** benötigt (§ 32 KWG). Zweck der Erlaubnispflicht ist der Schutz des Publikums vor Verlusten bei der Anlage seiner Mittel.

Fehlt diese Erlaubnis, ist das verbotswidrig getätigte Einlagengeschäft gleichwohl zivilrechtlich wirksam (§ 134 BGB). Denn das Verbot, Bankgeschäfte ohne Erlaubnis zu betreiben, richtet sich nur gegen das Institut, nicht aber gegen dessen Geschäftspartner. Der Vertrag kann aber von beiden Seiten beendet werden.

8.1.2   Depotgeschäft

Das Depotgeschäft ist ebenfalls Bankgeschäft im Sinne des KWG, für das ebenfalls eine Erlaubnis der BaFin benötigt wird (§ 32 KWG). Depotgeschäftliche Dienstleistungen erfüllen in erster Linie den Zweck der sicheren Aufbewahrung und Verwaltung der am Kapitalmarkt gekauften Wertpapiere. Da die Institute die Verkaufsaufträge ihrer Kunden nur termingerecht ausführen, wenn sie Zugriff auf die zu verkaufenden Wertpapiere haben, müssen die Wertpapiere den Instituten schon vor Abschluss des Ausführungsgeschäftes zu Verfügung stehen, also als Depotguthaben unterhalten werden. Normalfall ist im Bankwesen die **Girosammelverwahrung**, bei der Wertpapiere nur als virtuelle Guthaben auf Girosammeldepotkonten geführt und übertragen werden, ohne dass es zu einer Bewegung von physisch vorhandenen, also tatsächlich gedruckten Wertpapieren (effektive Stücke) kommt.

(Wertpapier-)Depotkonten, also Konten, über die Wertpapiergeschäfte (Kauf, Verkauf, Übertragung) abgewickelt und Wertpapierbestände geführt werden, dürfen nur von Kreditinstituten oder, sofern diese Depotgeschäft, Abschlussvermittlung oder Finanzportfolioverwaltung betreiben dürfen, von Finanzdienstleistungsinstituten geführt werden. Die Wertpapierverwahrung wird durch das Gesetz über die Verwahrung und Anschaffung von Wertpapieren (kurz Depotgesetz = DepotG) geregelt.

Das Rechtsverhältnis zwischen Kreditinstitut und Kunde ist beim Depotgeschäft ein **Verwahrungsvertrag** (§§ 688 ff. BGB). Die Eröffnung eines Wertpapierdepots ist daher mit dem Abschluss eines Depotvertrages zwischen der Depotbank und dem Anleger verbunden und wird durch die AGB und Sonderbedingungen der Banken geregelt.

8.1.3   Vermögensanlagen

Im Jahre 2005 wurden für einzelne Produkte des grauen Kapitalmarktes eine gesetzliche Prospektpflicht sowie eine gesetzliche Haftung für fehlerhafte bzw. fehlende Prospekte im Verkaufsprospektgesetz (VerkProspG) eingeführt. Diese abschließend definierte Gruppe von prospektpflichtigen Graumarktprodukten bezeichnet man seitdem als „Vermögensanlagen". Für die Vermögensanlagen wurde nunmehr ein eigenes Gesetz geschaffen, das „Gesetz über Vermögensanlagen" oder kurz „Vermögensanlagengesetz" (VermAnlG). Das Verkaufsprospektgesetz wurde in diesem Zusammenhang aufgehoben.

Auch im Vermögensanlagengesetz wird wie im Verkaufsprospektgesetz die Pflicht statuiert, im Falle eines öffentlichen Angebotes von Vermögensanlagen einen von der BaFin geprüften **Verkaufsprospekt** zu veröffentlichen. Zudem werden strengere Anforderungen an Inhalt und Prüfung der Verkaufsprospekte für Vermögensanlagen eingeführt (§ 6 ff. VermAnlG). Daneben werden die Anforderungen verschärft, die für das öffentliche Angebot von Vermögensanlagen gelten. So müssen Verkaufsprospekte für Vermögensanlagen zusätzliche inhaltliche Anforderungen erfüllen. Insbesondere müssen diese Informationen enthalten, die eine Beurteilung der Seriosität der Projektinitiatoren ermöglichen sollen.

Der Maßstab für die Prüfung der Verkaufsprospekte für Vermögensanlagen durch die BaFin entspricht dem Maßstab, der bei Wertpapieren besteht. Um Anleger vor falschen Annahmen hinsichtlich des Umfanges der Prüfung des Verkaufsprospektes durch die BaFin zu schützen, ist ein zwingender Hinweis in den Verkaufsprospekt aufzunehmen, dass die inhaltliche Richtigkeit der im Verkaufsprospekt enthaltenen Angaben nicht Gegenstand der Prüfung ist.

Um die Anleger in kurzer und verständlicher Form über die angebotenen Graumarktprodukte zu informieren, sind Anbieter von Vermögensanlagen zusätzlich verpflichtet, **Produktinformationsblätter** zu erstellen (§ 13 VermAnlG). Überdies bestehen für Emittenten von Vermögensanlagen strenge Rechnungslegungspflichten (§ 23 ff. VermAnlG). Die BaFin hat die Befugnis, zur Durchsetzung der Bestimmungen des Vermögensanlagengesetzes Anordnungen zu erlassen.

Vermögensanlagen im Sinne Vermögensanlagengesetzes sind (§ 1 Abs. 1 VermAnlG):
* Anteile, die eine Beteiligung am Ergebnis eines Unternehmens gewähren,
* Anteile an einem Vermögen, das der Emittent oder ein Dritter in eigenem Namen für fremde Rechnung hält oder verwaltet (Treuhandvermögen),

- Genussrechte,
- Namensschuldverschreibungen.

Voraussetzung ist aber, dass diese weder in Wertpapieren i.S.d. Wertpapierprospekt-gesetzes verbrieft, noch als Anteil an Investmentvermögen i.S.d. KAGB (§1 Abs.1) ausgestaltet sind. Der Anwendungsbereich des Gesetzes setzt zudem voraus, dass die Vermögensanlagen im Inland öffentlich angeboten werden.

Ausdrücklich klargestellt ist, dass **Genussrechte** unter den Begriff der Vermögensanla-gen fallen (§1 Abs.2 Nr.4 VermAnlG). Durch Genussrechte werden von Unternehmen Darlehn aufgenommen. Dem Darlehnsgeber wird dabei für die zeitlich befristete Kapital-überlassung ein Recht auf Anteile an Vermögenswerten des Darlehnsnehmers gewährt. Dies können feste oder variable Ansprüche auf den Gewinn eines Unternehmens oder an einem Liquidationserlös sein. Die Rendite des Darlehnsgebers kann deshalb sehr viel höher ausfallen als bei einem gewöhnlichen Kredit.

Zu den Vermögensanlagen zählen zudem auch **Namensschuldverschreibungen** (§1 Abs.2 Nr.5 VermAnlG). Schuldverschreibungen gewähren grundsätzlich einen Anspruch auf Rückzahlung und Zinsen. Diese Ansprüche können bei Inhaberschuldverschreibun-gen mit Übertragung der Schuldverschreibung übertragen werden. Bei Namensschuld-verschreibung sollen Zins- und Tilgungszahlungen nur an namentlich genannte Personen geleistet werden.

Genossenschaftsanteile werden im Vermögensanlagengesetz (VermAnlG), im Gegen-satz zum Gesetzesentwurf, nicht mehr ausdrücklich als Vermögensanlagen genannt. Genossenschaftsanteile sind jedoch auch Vermögensanlagen, da sie eine Beteiligung am Ergebnis eines Unternehmens gewähren. Für Genossenschaftsanteile gelten jedoch die Regelungen des Vermögensanlagengesetzes über Verkaufsprospekt, Anlegerinfor-mation, Rechnungslegung und Prüfung nicht. Zudem sind Genossenschaftsanteile keine Finanzinstrumente (§1 Abs.11 KWG und §2 Abs.2b WpHG).

Vermögensanlagen werden im Kreditwesengesetz (§1 Abs.11 KWG) und Wertpapier-handelsgesetz (§2 Abs.2b WpHG) mit Ausnahme von Genossenschaftsanteilen als Finanzinstrumente eingestuft. Sie werden damit Wertpapieren gleichgesetzt. Dadurch, dass Vermögensanlagen als Finanzinstrumente qualifiziert werden, unterliegt der Vertrieb derselben nunmehr grundsätzlich auch der **Aufsicht der BaFin**.

> *Hinweis:*
> *Vermögensanlagen sind jedoch keine Finanzinstrumente im Sinne der MiFID.*

8.2   Erlaubnis der BaFin

Wer Dienstleistungen im Zusammenhang mit Finanzinstrumenten erbringt, unterliegt der Kapitalmarktaufsicht der BaFin und benötigt einer Erlaubnis nach dem Kreditwesenge-setz (§32 KWG). Nur Kreditinstituten und Finanzdienstleitungsinstituten, abhängig von der jeweiligen Erlaubnis, ist daher der Vertrieb von Finanzinstrumenten gestattet. Dies gilt, soweit keine Ausnahme greift.

Nach aktueller Ansicht der BaFin stellt ein **Vermögensverwaltungsvertrag** ein Geschäft über die Anschaffung und die Veräußerung von Wertpapieren dar. Denn ein solcher Ver-trag sei darauf gerichtet, dass in offener oder verdeckter Stellvertretung des Anlegers

Wertpapiere angeschafft und veräußert werden. Deshalb ist sowohl die Weiterleitung einer Willenserklärung, die auf den Abschluss des Vermögensverwaltungsvertrages gerichtet ist, als auch die Kontaktherstellung zu einem Vermögensverwalter **Anlagevermittlung im Sinne des KWG und des WpHG**. Grundsätzlich würde der Vertrieb dieser Verträge daher eine BaFin-Erlaubnis erfordern.

8.2.1 Vertraglich gebundene Vermittler (Haftungsdach)

Vermittler, die keine Wertpapierdienstleistungsunternehmen sind, können grundsätzlich keine Finanzinstrumente vermitteln oder Dienstleistungen dazu anbieten. Für Vermittler ohne eine Erlaubnis der BaFin besteht nur eine Möglichkeit, Finanzinstrumente und damit Wertpapiere, also z. B. Aktien oder Zertifikate zu vertreiben. Wer als sogenannter „vertraglich gebundener Vermittler" (**Tied Agent**) tätig ist, gilt nicht als Wertpapierdienstleistungsunternehmen (§ 2 Abs. 10 KWG, § 2a Abs. 2 WpHG). Folglich benötigt der „vertraglich gebundene Vermittler" für den Vertrieb von Finanzinstrumenten keine Erlaubnis der BaFin.

Voraussetzung ist aber, dass der selbstständige Vermittler ausschließlich für ein die Haftung übernehmendes Wertpapierdienstleistungsunternehmen tätig ist (Haftungsdach). Der Vermittler wird dann zum **Ausschließlichkeitsvermittler**.

> *Hinweis:*
> *Jedoch müssen alle Produkte, also auch die bisher über andere Anbindungen vertriebenen offenen und geschlossenen Investmentvermögen sowie Vermögensanlagen, dann über das Haftungsdach bezogen werden.*

Ein sogenanntes **Teilhaftungsdach** ist ebenso wenig vorgesehen wie der Anschluss an mehrere Haftungsdächer gleichzeitig. Die Haftung für eventuelle Schadenersatzansprüche aus der Tätigkeit des Vermittlers wird dann, ähnlich einem Angestellten, allein dem haftenden Unternehmen zugerechnet. Die Vermittlungstätigkeit muss dabei, jedenfalls was den Vertrieb von Finanzinstrumenten angeht, ausschließlich für das Haftungsdach erfolgen. Der gebundene Vermittler wird zudem als **Erfüllungsgehilfe des Wertpapierdienstleistungsunternehmens** tätig. Da die Haftung vom Wertpapierdienstleistungsunternehmen übernommen wird, wird der Vermittler nach außen als Teil des Haftungsdachs angesehen. Nur das Haftungsdach ist als Wertpapierdienstleistungsunternehmen der BaFin-Aufsicht unterworfen.

Das Haftungsdach ist verpflichtet, zu überwachen, ob der Vermittler die gesetzlichen Vorgaben erfüllt (§ 25a Abs. 4 KWG). Der Zusammenarbeit muss daher eine vertragliche Vereinbarung zugrunde liegen, die den gebundenen Vermittler zur Beachtung der Bestimmungen des WpHG und der Vorgaben des Wertpapierdienstleistungsunternehmens verpflichten muss (§ 25a Abs. 4 KWG). Die Anbindung dieser Ausschließlichkeitsvermittler unterliegt der Aufsicht durch die BaFin.

Wer als vertraglich gebundener Vermittler selbstständig tätig ist, benötigt für diesen Bereich auch keine Gewerbeerlaubnis (§ 34f Abs. 3 Satz 1 Nr. 4 GewO).

8.2.2 Bereichsausnahmen

Kapitalanlagenvermittler können auch ohne Ausschließlichkeitsbindung an ein haftendes Unternehmen bestimmte Finanzinstrumente im Rahmen einer sogenannten „Bereichsausnahme" ohne BaFin-Erlaubnis vertreiben. Voraussetzung ist, dass zwischen Kunden und

- (ggf. auch ausländischen) Kreditinstituten, Finanzdienstleistungsinstituten, Kapital-anlagegesellschaften und Investmentaktiengesellschaften oder
- Anbietern oder Emittenten von Vermögensanlagen im Sinne des Vermögensanlagen-gesetzes

(als Wertpapierdienstleistung) ausschließlich die Anlageberatung und Anlagevermittlung betrieben wird. Ein freier Vermittler gilt dann nicht als Wertpapierdienstleistungsunter-nehmen und benötigt insofern keine Erlaubnis der BaFin nach dem KWG (§2a Abs. 1 Nr. 7 WpHG bzw. § 2 Abs. 6 Nr. 8 KWG). Werden Vermögensverwaltungsverträge ver-mittelt und beschränkt sich die Vermögensverwaltung nur auf offene und geschlossene Investmentvermögen sowie Vermögensanlagen, so fallen diese Vermögensverwaltungs-verträge ebenfalls unter die Bereichsausnahme.

Der Vermittler darf nicht befugt sein, Eigentum oder Besitz an Geldern oder Anteilen von Kunden zu verschaffen. Die Anlageberatung und Anlagevermittlung muss sich aus-schließlich auf Anteile oder Aktien an EU-Investmentvermögen oder ausländischen AIF, die nach dem Kapitalanlagegesetzbuch vertrieben werden dürfen, oder auf Vermögens-anlagen im Sinne des Vermögensanlagengesetzes beschränken. Sofern neben diesen auch zu (anderen) Finanzinstrumenten und damit Wertpapieren, wie beispielsweise Aktien und Zertifikaten, beraten wird und solche vermittelt werden, sind die Vorausset-zungen der Bereichsausnahme nicht mehr erfüllt. Die Folge wäre, dass für die Anlage-beratung und Vermittlung eine Erlaubnis der BaFin erforderlich ist.

Oftmals verschaffen sich Vermittler zunächst einen Überblick über das vorhandene Vermögen des Kunden. Befinden sich in seinem Depot andere Wertpapiere als Invest-mentanteile, darf der Vermittler dem Kunden nicht zum Verkauf einzelner oder sämtlicher Wertpapiere raten. Für eine solche Empfehlung würde die Ausnahmeregelung nicht ein-greifen. Dies gilt auch dann, wenn die **Verkaufsempfehlung** nur dazu dienen soll, Erlöse zu erzielen, mit denen der Kunde dann die vom Vermittler empfohlenen Investmentanteile oder Vermögensanlagen erwerben könnte.

> *Hinweis:*
>
> *Nicht darunter fallen würde jedoch etwa die Empfehlung, den Aktienanteil am Depot um 50% zu senken.*

Die Tätigkeit als Vermittler von offenen und geschlossenen Investmentvermögen sowie Vermögensanlagen im Rahmen dieser Bereichsausnahme macht im Ausgleich dazu aber eine Erlaubnis nach der Gewerbeordnung erforderlich (§ 34f GewO).

8.3   Bundesanstalt für Finanzdienstleistungsaufsicht

Oberste und bundesweite Aufsichtsbehörde über den börslichen und außerbörslichen Handel mit Kapitalmarktprodukten ist die Bundesanstalt für Finanzdienstleistungsaufsicht (BaFin). Die BaFin ist eine rechtsfähige Anstalt des öffentlichen Rechtes. Die BaFin wird bei ihrer Aufsichtsaufgabe von der Deutschen Bundesbank unterstützt.

8.3.1   Überwachung der Kredit- und Finanzdienstleistungsinstitute

Das KWG ermächtigt das Bundesfinanzministerium zum Erlass von Rechtsverordnungen mit der Möglichkeit zur Delegation auf die BaFin. Aufgrund dieser Verordnungsermächtigung wurden die wesentlichen Anzeige- und Kreditbestimmungen erlassen. Die BaFin verwendet in ihrer Verwaltungspraxis häufig allgemeine Bekanntmachungen und Verlautbarungen. In diesen wird zu Rechts- und Auslegungsfragen Stellung genommen und es werden Verhaltenspflichten aufgestellt.

Die BaFin kann zur Erfüllung ihrer Aufgaben gegenüber den Instituten und ihren Geschäftsleitern Anordnungen im Wege des Verwaltungsaktes treffen. Neben der generellen Befugnis hierzu weist das KWG der BaFin eine Reihe von **Einzelbefugnissen**, z. B.:
- zur Erteilung und zum Entzug der Erlaubnis,
- zur Abberufung von Geschäftsleitern,
- zur Freistellung von bestimmten bankaufsichtsrechtlichen Pflichten,
- zu Vorkehrungen einer ordnungsmäßigen Geschäftsorganisation zur Gefahrenabwehr zu.

Die BaFin kann die Befolgung ihrer Verfügungen mit Zwangsmitteln durchsetzen. Die Verletzung der meisten bankaufsichtsrechtlichen Pflichten ist bußgeldbewehrt oder sogar strafbar.

Im KWG sind weitreichende Anzeigepflichten über Geschäftsvorfälle und organisatorische Maßnahmen sowie routinemäßigen Meldungen über die laufende Geschäftsentwicklung geregelt. Daneben kann die BaFin aus eigener Initiative relevante Information einholen.

8.3.2   Anlegerschutz

Als Verwaltungsbehörde ist die BaFin nicht befugt, das Verhalten der Institute allumfassend, d. h. auch auf die zivilrechtliche Rechtmäßigkeit und Verbraucherfreundlichkeit hin zu überprüfen. Sie kann den Instituten weder Anweisungen für den Umgang mit ihren Kunden geben, noch ihre Preise und Geschäftsbedingungen kontrollieren. Vor allem darf sich die BaFin nicht bei Meinungsverschiedenheiten zwischen Instituten und ihren Kunden einmischen, indem es den betreffenden Kunden Rechtsrat erteilt. Da die BaFin allein im öffentlichen Interesse tätig wird, kann sie den einzelnen Kunden bei Auseinandersetzungen über die Auslegung vertraglicher und gesetzlicher Regelungen nur auf die Gerichte oder an die Schlichtungs- sowie Beratungsstellen der Verbände verweisen.

Kundenbeschwerden sind jedoch für die BaFin eine wichtige Erkenntnisquelle. Sie greift daher Beschwerden auf und prüft, ob ein Unternehmen durch das kritisierte Verhalten gegen Verhaltenspflichten verstoßen haben könnte. Beschwerden über Mitarbeiter in der Anlageberatung und Vertriebsbeauftragte sind an das Mitarbeiter- und Beschwerderegister der BaFin zu melden. Ein weiterer Schritt in Richtung behördlicher Wahrnehmung des Verbraucherschutzes durch die BaFin ist daher die Einrichtung einer **Abteilung für Verbraucher- und Anlegerschutz**. Die Abteilung verfügt u. a. über ein Referat für Anfragen und Beschwerden zum Bereich Banken und ein Call-Center zur Entgegennahme von Beschwerden. Beschwerden geben daher u. U. Anlass, für die BaFin aufsichtsrechtliche Maßnahmen zu ergreifen. Bei der Verletzung von Verhaltenspflichten, insbesondere bei der Kundeberatung, kann die BaFin sogar Bußgelder verhängen (§ 39 Abs. 2 Nr. 15 ff. WpHG).

9   Wertpapierhandelsgesetz

Das Wertpapierhandelsgesetzes (WpHG) stellt heute das „Grundgesetz" des Kapital-marktrechtes über den Vertrieb und den Handel von schon emittierten Finanzinstrumen-ten dar. Das WpHG ist nur auf Wertpapierdienstleistungsunternehmen anwendbar. Für gewerbliche Kapitalanlagenvermittler gilt das WpHG grundsätzlich nur ausnahmsweise, wenn sie unter einem Haftungsdach als sog. vertraglich gebundene Vermittler tätig sind.

9.1   Wertpapieraufsicht

Regelungsgegenstand des Wertpapierhandelsgesetzes ist das Marktgeschehen und das Verhalten der Kapitalmarktakteure. Jedoch ist die Börsenaufsicht nicht Gegenstand des WpHG. Sie fällt in die Zuständigkeit der Länder (Börsengesetz). Die wichtigsten **Aufga-ben der Wertpapieraufsicht** sind

- die Verfolgung von Insidergeschäften und vorbeugende Bekämpfungsmaßnahmen,
- die Überwachung der Veröffentlichungspflichten der Emittenten von Wertpapieren (Ad-hoc-Publizität) und
- die Überwachung der Einhaltung der Verhaltensregeln für Wertpapierdienstleistungs-unternehmen im Kundenverkehr.

Das Wertpapierhandelsgesetz dient sowohl der Sicherung und Förderung der **Funk-tionsfähigkeit der Kapitalmärkte** als auch dem **Anlegerschutz**. Anders als die Banken-aufsicht durch das KWG erfasst die Wertpapieraufsicht auch Unternehmen außerhalb des Bereiches der Kredit- und Finanzinstitute, besonders bei der Überwachung der **Ad-hoc-Publizität** börsennotierter Unternehmen und bei der Insiderüberwachung der Börsenteilnehmer und sonstiger Personen.

Der Anlegerschutz durch das Wertpapierhandelsgesetz regelt in erster Linie den kollek-tiven, überindividuellen Anlegerschutz, d. h. den Schutz der Anleger in ihrer Gesamtheit. Dies schließt aber nicht aus, dass einzelne Bestimmungen des WpHG auch den einzel-nen Anleger direkt schützen.

Zwischen dem WpHG und dem KWG besteht eine enge Verknüpfung. Denn die als Wertpapierdienstleistungsunternehmen klassifizierten Kredit- und Finanzdienstleistungs-institute unterfallen sowohl der **Bankenaufsicht nach dem KWG** als auch der **Marktauf-sicht nach dem WpHG** (§ 2 Abs. 4 WpHG). Der Katalog der Wertpapierdienstleistungen deckt sich in erheblichem Umfang mit dem der Finanzdienstleistungen (§ 2 Abs. 3 WpHG, § 1 Abs. 1a KWG). Das WpHG enthält nur marktbezogene Regelungen, demgegenüber enthält das KWG Regelungen zur Regulierung, die auf eine Beaufsichtigung von Risiken gerichtet sind, die bei den Wertpapierdienstleistungsunternehmen selbst aufgrund ihrer Geschäftstätigkeit entstehen.

Zu den **Regelungsgegenständen** des Wertpapierhandelsgesetzes zählen:

- Aufgaben und Befugnisse der Kapitalmarktaufsicht,
- Insiderhandelsverbote,
- Publizitätspflicht bei der Veräußerung bedeutender Beteiligungen an börsennotierten Aktiengesellschaften,
- Gebot unverzüglicher Veröffentlichung kursrelevanter Tatsachen (Ad-hoc-Publizität),
- Verbot der Marktpreismanipulation,

- Verpflichtung zur Veröffentlichung von notwendigen Informationen zur Wahrung von Rechten aus Wertpapieren,
- Regelungen über Interessenkonflikten bei der Wertpapieranalyse,
- Regeln über Finanztermingeschäfte,
- Normen zur Veröffentlichung und Überwachung von Unternehmens- und Finanzberichten,
- Schadenersatzansprüche für fehlerhafte Ad-Hoc-Publizität,
- Vorschriften über Multilaterale Handelssysteme und systemische Internalisierter sowie über Märkte mit Sitz außerhalb der Europäischen Union,
- Verhaltenspflichten für Wertpapierdienstleistungsunternehmen.

9.2   Annleger- und objektgerechte Beratung

Die Beratung im Wertpapiergeschäft ist regelmäßig mit einer Empfehlung zum Kauf, zum Verkauf oder zum Halten bestimmter Wertpapiere verbunden. Das Wertpapierdienstleistungsunternehmen kann dem Anleger die endgültige Entscheidung nicht abnehmen, sondern ihm allenfalls Vorschläge und Empfehlungen unterbreiten. Um eigenverantwortlich entscheiden zu können, muss der Anleger die Folgen seiner Entscheidung aber richtig einschätzen können. Elementarer Bestandteil einer ordnungsgemäßen Beratung ist daher die Aufklärung über die Eigenschaften und Risiken der beabsichtigten Anlage (**Anleger- oder objektgerechte Beratung**).

Die Empfehlung zum Kauf eines bestimmten Wertpapieres muss daneben auch „anlegergerecht" sein. Die vorgeschlagene Anlage muss also zum Kunden „passen" und dessen wirtschaftliche Ausgangslage sowie seine Anlageziele und vor allem seine Risikobereitschaft ausreichend berücksichtigen. Das Wertpapierhandelsgesetz verwendet insoweit den Begriff der **Geeignetheit** (§ 31 Abs. 4 WpHG).

Geeignet in diesem Sinne ist eine Anlage, wenn sie
- den Anlagezielen des betreffenden Kunden entspricht,
- die hieraus erwachsenden Anlagerisiken für den Kunden seinen Anlagezielen entsprechend finanziell tragbar sind und
- der Kunde mit seinen Kenntnissen und Erfahrungen die hieraus erwachsenden Anlagerisiken verstehen kann.

9.3   Verhaltenspflichten für Wertpapierdienstleistungsunternehmen

Beim Vertrieb von Wertpapieren sind nach dem WpHG bestimmte anlegerschützende Regelungen zu beachten, die sogenannten „Wohlverhaltenspflichten". Für freie Kapitalanlagenvermittler gelten statt des WpHG die Wohlverhaltensregeln der Finanzanlagenvermittlerverordnung (FinVermV).

Das WpHG enthält eine weit gefasste generelle Regelung, die die allgemeinen Verhaltenspflichten von Wertpapierdienstleistungsunternehmen regelt. Wertpapierdienstleistungsunternehmen sind verpflichtet, mit der erforderlichen **Sachkenntnis, Sorgfalt und Gewissenhaftigkeit** im Interesse des Kunden zu handeln (§ 31 Abs. 1 Nr. 1 WpHG). Treten Interessenkollisionen zwischen Kunde und Wertpapierdienstleistungsunternehmen auf, so hat das Kundeninteresse Vorrang (§ 31 Abs. 1 Nr. 2 WpHG).

Wertpapierdienstleistungsunternehmen treffen nach unterschiedlichen Geschäftstypen differenzierende **Informations- und Erkundigungspflichten** (§ 31 Abs. 2 – 9 WpHG). Die Erkundigungspflichten für Anlageberatung und Vermögensverwaltung (Finanzportfolioverwaltung) werden gesondert festgelegt (§ 31 Abs. 4 WpHG), sog. execution-only-Geschäfte sind davon ausgenommen (§ 31 Abs. 7 WpHG).

Dem Anleger sind abstrakte, vom Einzelfall losgelöste Informationen zu erteilen, die sich auf die Art der Finanzinstrumente und Wertpapierdienstleistungen sowie die Rahmenbedingungen, unter denen sie erbracht werden, beziehen. Diese Informationen sollen die Basis für eine informierte Anlageentscheidung des Kunden bilden (§ 31 Abs. 3 WpHG).

Für die Anlageberatung und Vermögensverwaltung (Finanzportfolioverwaltung) besteht die weitreichende Pflicht, bestimmte Informationen einzuholen, damit sie ein für den Kunden geeignetes konkretes Finanzinstrument oder eine für ihn geeignete konkrete Wertpapierdienstleistung empfehlen können (§ 34 Abs. 4 WpHG). Sinn und Zweck dieser Erkundigungspflicht ist es, Informationen über den Kunden hinsichtlich seiner **Kenntnisse und Erfahrungen mit Finanzinstrumenten, seiner Anlageziele und seiner Risikobereitschaft sowie seiner Risikotragfähigkeit** zu erhalten, um eine für den konkreten Kunden geeignete Anlageberatung vornehmen bzw. Finanzportfolioverwaltung empfehlen zu können. Die Erkundigungspflicht steht unter dem Vorbehalt, dass das Wertpapierdienstleistungsunternehmen auf Grundlage der vorliegenden Informationen beurteilen kann, ob eine konkrete Wertpapierdienstleistung oder ein konkretes Finanzinstrument für den Anleger geeignet ist. Sofern der Kunde sich weigert, Angaben zu machen oder unzureichende Angaben macht und das Wertpapierdienstleistungsunternehmen daher nicht in der Lage ist, zu beurteilen, ob ein bestimmtes Produkt für den Anleger geeignet ist, darf dem Anleger keine Empfehlung erteilt werden (Empfehlungsverbot).

Das WpHG enthält das grundsätzliche Verbot für Wertpapierdienstleistungsunternehmen, im Zusammenhang mit der Erbringung von Wertpapierdienstleistungen **Zuwendungen von Dritten** zu empfangen oder Zuwendungen an Dritte zu gewähren (§ 31d WpHG). Zugleich formuliert die Regelung Ausnahmen vom Zuwendungsverbot für die Fälle, in denen die Zuwendung der Qualitätsverbesserung dient, die interessengerechte Erbringung der Dienstleistung nicht gefährdet und dem Kunden in hinreichend transparenter Weise offen gelegt wird.

Das WpHG regelt zudem die Verpflichtung von Wertpapierdienstleistungsunternehmen, Aufträge ihrer Kunden bestmöglich auszuführen (**Best Execution**, § 33a WpHG). Ferner regelt die Vorschrift eine Pflicht zur Aufstellung von Ausführungsgrundsätzen, zur Überprüfung dieser Grundsätze, zur Sicherstellung einer den Ausführungsgrundsätzen entsprechenden Ausführung zum Nachweis dieser Tatsache gegenüber dem Kunden. Im Falle einer ausdrücklichen Kundenweisung ist ein Wertpapierdienstleistungsunternehmen von der Pflicht zur bestmöglichen Ausführung entbunden.

Daneben enthält das WpHG **Organisationspflichten** für Wertpapierdienstleistungsunternehmen (§§ 33 – 34a WpHG). Das Herzstück sind allgemeine Organisationspflichten, aus denen die wertpapierhandelsrechtlichen Compliance-Regelungen folgen. Diese dienen in erster Linie der Vermeidung von Insiderdelikten und Interessenkonflikten. Darüber hinaus soll mit ihrer Hilfe die Einhaltung der Verhaltenspflichten gesichert werden.

Im Zusammenhang mit der Erbringung von Wertpapierdienstleistungen sind zudem **Aufzeichnungs- und Aufbewahrungspflichten** zu beachten (§ 34 WpHG). Zweck der Aufzeichnungs- und Aufbewahrungspflichten ist es, der BaFin die Überwachung der Wohlverhaltenspflichten zu ermöglichen. Wertpapierdienstleistungsunternehmen müssen ein schriftliches Protokoll über jede Anlageberatung erstellen, unabhängig davon, ob ein Geschäftsabschluss zustande kommt oder nicht (§ 34 Abs. 2a WpHG). Dies soll eine Kontrolle des Gesprächshergangs durch die Aufsichtsbehörde ermöglichen und damit insbesondere eine Stärkung des Anlegerschutzes bewirken.

9.4   Kunden im Sinne des WpHG

Das WpHG unterteilt die Empfänger von Wertpapierdienstleistungen in verschiedene **Kundenkategorien** (§ 31a WpHG). Die unterschiedliche Schutzbedürftigkeit der einzelnen Kundengruppen gibt sodann die ihnen gegenüber vom Wertpapierdienstleistungsunternehmen zu beachtenden Pflichten vor. Die Wohlverhaltenspflichten knüpfen an diese Kategorien an und stellen abweichende Schutzstandards für sie auf. Zwar soll eine anleger- und objektgerechte Beratung gewährleistet werden. Die Standards sollen aber dort abgesenkt werden, wo es die Professionalität des Kunden erlaubt, die formalen Anforderungen an das Beratungsverfahren zu vereinfachen. Das Gesetz gestattet zudem, die gesetzliche Einstufung zu modifizieren.

Umfassende Informationspflichten sollen dem Kunden Gewissheit darüber verschaffen, in welche Kategorie er eingestuft ist, welche Rechtsfolgen sich daraus ergeben und wie er von einer Kategorie in eine andere wechseln kann. Das Gesetz differenziert zwischen

- professionellen Kunden,
- Privatkunden und
- geeigneten Gegenparteien.

Die Einteilung als professioneller Kunde orientiert sich an einem **Kriterienkatalog**. Der Privatkunde wird nur negativ vom professionellen Kunden abgegrenzt. Als Unterfall der professionellen Kunden sieht das Gesetz noch eine weitere Kategorie vor, die geeignete Gegenpartei. Deren Schutzbedürftigkeit wird am niedrigsten eingestuft.

Die Verhaltenspflichten bei der Anlageberatung und Vermögensverwaltung (Finanzportfolioverwaltung) sind je nach Kundenkategorie unterschiedlich ausgestaltet (§ 31 Abs. 9; § 31b Abs. 1 WpHG). In vollem Umfang gelten die Informations-, Erkundigungs- und Verhaltenspflichten danach nur für **Privatkunden** (§ 31a Abs. 3 WpHG), während sie für geeignete Gegenparteien, d. h. Wertpapierdienstleistungsunternehmen, Finanzinstitute und institutionelle Anleger, weitgehend entfallen (§ 31b Abs. 1 WpHG).

9.5   Produktinformationsblatt

Wertpapierdienstleistungsunternehmen müssen Privatkunden vor Abschluss eines Geschäftes ein Informationsblatt zur Verfügung stellen, das die wesentlichen Inhalte des empfohlenen Finanzinstrumentes beschreibt (§ 31 Abs. 3 und 3a WpHG). Ein Informationsblatt muss für alle Finanzinstrumente erstellt werden. Es soll **übersichtlich und leicht verständlich** gestaltet sein. Der zulässige Umfang des Informationsblattes ist für nicht komplexe Finanzinstrumente auf zwei DIN-A4-Seiten beschränkt. Alle übrigen Finanzinstrumente sollen auf nicht mehr als drei DIN-A4-Seiten dargestellt werden. Das

Informationsblatt muss nur Privatkunden rechtzeitig vor Abschluss eines Geschäftes zur Verfügung gestellt werden.

9.6   Konsequenzen von Verstößen gegen das WpHG

Die Einhaltung sämtlicher im WpHG geregelter Gebote und Verbote wird durch die BaFin überwacht. Ihr stehen zu diesem Zweck Auskunfts- und Zugangsrechte zu und sie kann die Vorlage von Unterlagen verlangen. Die ordnungsgemäße Erfüllung der Meldepflichten über Geschäftsabschlüsse und die Einhaltung der Wohlverhaltenspflichten ist jährlich durch eine geeignete Person zu überprüfen (§ 36 WpHG).

Das WpHG enthält eine Reihe von Straf- und Bußgeldvorschriften zur Sicherung der gesetzlich verankerten Pflichten und Verbote. Neben Verstößen gegen die Insiderhandelsverbote sind solche gegen das Verbot der Kurs- und Marktpreismanipulation mit strafrechtlichen Sanktionen belegt (§ 38 WpHG). Der Verstoß gegen eine Reihe von Verhaltens- und Organisationsvorschriften ist zudem als Ordnungswidrigkeit bußgeldbewehrt (§ 39 WpHG).

Zivilrechtliche Schadenersatzansprüche aus der Verletzung anlegerschützender Verhaltensregeln können sich auf vertraglicher oder vorvertraglicher Grundlage ergeben (§ 280 Abs. 1 BGB; §§ 280 Abs. 1, 311 Abs. 2 BGB). Obwohl es sich um aufsichtsrechtliche Normen handelt, wirken sich die Verhaltensregeln des WpHG, soweit sie anlegerschützenden Charakter haben, auch auf die zivilrechtlichen Pflichten zwischen Wertpapierdienstleistungsunternehmen und Anleger aus.

10   Gewerbeerlaubnis

In immer mehr Bereichen wird der Berufszugang geregelt. Auch wenn die Überwachung des Vertriebes von Finanzdienstleistungen zersplittert geregelt ist und immer unübersichtlicher wird, so ist doch zu beobachten, dass immer wieder dieselben Grundsätze Anwendung finden, um diesen Bereich stärker zu regulieren:

*   Zugangsbeschränkung durch Erlaubnispflicht,
*   Qualitätssicherung durch Qualifikationserfordernis,
*   Risikosicherung von Kunde und Vermittler durch verpflichtende Berufshaftpflichtversicherung,
*   Transparenz durch Informationspflichten und öffentliche Registrierung,
*   Untersagung bei Überschuldung oder Gesetzesverstoß,
*   Kontrollrechte der Aufsichtsbehörden,
*   Bußgelder für Verstoß gegen Verhaltenspflichten.

Auch der **Berufszugang für Vermittler** von Kapitalanlagen, die nicht der Aufsicht durch die BaFin unterliegen, ist stark reguliert. Die Aufsicht über diese Kapitalanlagenvermittler wird weiterhin durch die nach dem Gewerberecht zuständige Behörde ausgeübt. Wer die zuständige Behörde für die Ausführung der Gewerbeordnung ist, richtet sich nach Landesrecht und kann deshalb von Bundesland zu Bundesland verschieden sein. In der Regel ist dies entweder das kommunale Gewerbeamt oder, wie bei den Versicherungsvermittlern, die zuständige Industrie- und Handelskammer (IHK). Damit wird eine nachhaltige und langfristige Stärkung des Anlegerschutzes im Bereich der gewerblichen Kapitalanlagenvermittlung bezweckt. Die Gewerbeaufsicht führt damit in diesem Bereich zu einem indirekten Verbraucherschutz.

Die Erlaubnispflicht gliedert sich in zwei Ebenen:

- Kapitalanlagen, deren Vermittlung erlaubnispflichtig sind (Produktebene),
- Voraussetzungen für die Erteilung der Gewerbeerlaubnis (Vermittlerebene)

Die Gewerbeordnung enthält eine eigene Regelung für die Kapitalanlagenvermittlung (§ 34f GewO). Gewerberechtlich werden Vermittler von Kapitalanlagen „Finanzanlagenvermittler" genannt. Diese Regelung ist im Wesentlichen mit der Regelung der Erlaubnispflicht für Versicherungsvermittler vergleichbar (§ 34d GewO). In der Vergangenheit war diese Gewerbeerlaubnis in § 34c GewO geregelt.

Die Gewerbeordnung enthält, wie im Gewerberecht der Versicherungsvermittler, nicht alle gewerberechtlichen Pflichten der Finanzanlagenvermittler. Daher enthält die Gewerbeordnung zur näheren Ausgestaltung der Erlaubnisvoraussetzungen eine Ermächtigungsgrundlage für den Erlass einer sogenannten Rechtsverordnung (§ 34g GewO), der **Finanzanlagenvermittlerverordnung** (FinVermV).

Ohne die erforderliche Gewerbeerlaubnis Anlageberatung zu erbringen oder den Abschluss von Verträgen über Finanzanlagen zu vermitteln, ist eine Ordnungswidrigkeit (§ 144 Abs. 1 Nr. 1h GewO). Dies kann mit einer Geldbuße bis zu 5.000 EUR geahndet werden.

10.1   Gewerbetreibende

In erster Linie gelten die Regelungen des Gewerberechtes für Gewerbetreibende, also für selbstständige Unternehmer. Die Gewerbeordnung ist jedoch für selbstständige Unternehmer nur anzuwenden, soweit keine spezielleren Regelungen einschlägig sind. Im Bereich der Kapitalanlagenvermittlung sind das, wie eben dargelegt, in erster Linie das KWG und das WpHG. Die Erlaubnispflicht betrifft daher nur Kapitalanlagenvermittler, deren Vermittlungstätigkeit nicht bereits nach dem KWG erlaubnispflichtig ist. Wie bereits dargestellt, besteht für freie Vermittler eine Bereichsausnahme bei der Vermittlung von offenen und geschlossenen Investmentvermögen sowie Vermögensanlagen.

Die Regelung der Gewerbeerlaubnis enthält **Ausnahmen von der Erlaubnispflicht** (§ 34f Abs. 3 GewO). Damit werden solche Tätigkeiten von der Pflicht Gewerbeerlaubnis ausgenommen, die schon aufgrund von Spezialgesetzen wie dem KWG oder dem Kapitalanlagegesetzbuch (KAGB) einer Zulassungsregelung unterfallen. Kreditinstitute, Kapitalanlagegesellschaften und Finanzdienstleistungsinstitute benötigen danach für die Beratung und die Vermittlung von Kapitalanlagen keine Gewerbeerlaubnis. Für Finanzdienstleistungsinstitute gilt dies jedoch nur, soweit ihnen für die Beratung und Vermittlung eine Erlaubnis zur Anlageberatung und Anlagevermittlung nach dem KWG von der BaFin erteilt wurde.

Die Vorschriften des Gewerberechtes sind direkt nur vom Unternehmen bzw. Unternehmer, aber nicht von dessen Angestellten zu beachten. Die **Angestellten eines Unternehmens**, welches Kapitalanlagenvermittlung betreibt, benötigen daher selbst keine Gewerbeerlaubnis. Der Unternehmer hat aber die Einhaltung der gewerberechtlichen Pflichten durch seine Angestellten zu überwachen. Zudem darf der Unternehmer direkt bei der Beratung und Vermittlung mitwirkende Personen nur beschäftigen, wenn er sicherstellt, dass diese Personen ausreichende „Sachkunde" nachweisen können und geprüft hat, ob sie zuverlässig i. S. d. Gewerberechtes sind (§ 34f Abs. 4 GewO).

Wer als „vertraglich gebundener Vermittler" (§ 2 Abs. 10 KWG, § 2a Abs. 2 WpHG) tätig ist, benötigt keine Gewerbeerlaubnis (§ 34f Abs. 3 Nr. 4 GewO). Da die Haftung vom Wertpapierdienstleistungsunternehmen („Haftungsdach") übernommen wird, wird der Vermittler nach außen als Teil dieses der BaFin-Aufsicht unterworfenen Unternehmens angesehen.

10.2   Finanzanlagen

Die Gewerbeordnung enthält eine umfassendere Umschreibung der Produkte, zu denen die Anlageberatung oder deren Vermittlung erlaubnispflichtig ist (§ 34f Abs. 1 GewO). Die Regelung über Finanzanlagenvermittler enthält damit eine Definition des Begriffs: „Finanzanlagen". Zu den Finanzanlagen zählen danach folgende **Produktkategorien von Kapitalanlagen**:

- Anteile oder Aktien an inländischen offenen Investmentvermögen, offenen EU-Investmentvermögen oder ausländischen offenen Investmentvermögen (i. S. d. KAGB) ,
- Anteile oder Aktien an inländischen geschlossenen Investmentvermögen, geschlossenen EU-Investmentvermögen oder ausländischen geschlossenen Investmentvermögen (i. S. d. KAGB),
- Vermögensanlagen (i. S. d. VermAnlG).

Offene Investmentvermögen sind OGAW und AIF, deren Anleger oder Aktionäre mindestens einmal pro Jahr das Recht zur Rückgabe gegen Auszahlung ihrer Anteile oder Aktien aus dem AIF haben. OGAW, also „Organismen für gemeinsame Anlagen in Wertpapieren" sind Investmentvermögen, die die Anforderungen der EU-Richtlinie zur Koordinierung der Rechts- und Verwaltungsvorschriften betreffend bestimmte Organismen für gemeinsame Anlagen in Wertpapieren (OGAW) erfüllen. Darunter werden insbesondere auch solche Investmentprodukte erfasst, die als „Riester-Produkt" staatlich gefördert werden. Wegen der oben dargestellten Bereichsausnahme, können offene Investmentvermögen, obwohl sie Finanzinstrumente sind, durch „freie" gewerbliche Vermittler vertrieben werden.

Finanzanlagen in diesem Sinne sind daneben auch öffentlich angebotene **Anteile an geschlossenen Fonds in Form einer Kommandit- oder Aktiengesellschaft** (§ 34f Abs. 1 Satz 1 Nr. 2 GewO), sofern diese unter das KAGB fallen. Das ist immer dann der Fall, wenn das geschlossene Investmentvermögen eine „Anlagestrategie" verfolgt und keine „Unternehmensstrategie". Letztere gehören vielmehr zu den Vermögensanlagen, für die die Erlaubnis nach § 34f Abs. 1 Satz 1 Nr. 3 GewO benötigt wird (Details zur dieser Abgrenzung vgl. Kapitel 9.2).

> **Hinweis:**
>
> *In der Praxis werden geschlossene Fonds am häufigsten in Form einer Kommanditgesellschaft angeboten. Sie sind für den Anleger weniger risikobehaftet als z. B. die Beteiligung an einem geschlossenen Fonds in Form einer Gesellschaft bürgerlichen Rechtes (GbR). Denn bei dieser kann es zu einer unbegrenzten gesamtschuldnerischen Haftung bis hin zu Nachschusspflichten kommen. Durch die Neureglungen des AIFM-Umsetzungsgesetzes können KG-Fonds entweder unter das KAGB fallen („Anlagestrategie") oder unter das Vermögensanlagengesetz („Unternehmensstrategie"). Der Vermittler muss den Umfang seiner Gewerbeerlaubnis nach § 34f GewO darauf ausrichten, welche Produktkategorien an geschlossenen Fonds er vermittelt.*

Wie bereits erwähnt gehören zu den Finanzanlagen auch **Vermögensanlagen** i. S. d. neuen Vermögensanlagengesetzes (§ 34f Abs. 1 Satz 1 Nr. 3 GewO). Dies gilt aber nur, soweit das Vermögensanlagengesetz beim öffentlichen Angebot die Veröffentlichung eines Verkaufsprospektes voraussetzt (§ 6 i. V. m. § 2 VermAnlG). Darunter fallen

- Anteile, die eine Beteiligung am Ergebnis eines Unternehmens gewähren,
- Anteile an einem Vermögen, das der Emittent oder ein Dritter in eigenem Namen für fremde Rechnung hält oder verwaltet (Treuhandvermögen),
- Genussrechte und
- Namensschuldverschreibungen.

Dies gilt aber nur, wenn diese weder in Wertpapieren im Sinne des Wertpapierprospektgesetzes verbrieft noch als Anteile an Investmentvermögen im Sinne des KAGB (§ 1 Abs. 1) ausgestaltet sind.

Ob eine Genossenschaft als Investmentvermögen i. S. d. KAGB zu qualifizieren ist, ist nach Ansicht der BaFin abhängig vom Einzelfall und insbesondere von der Art der Genossenschaft. So wird etwa eine Wohnungsgenossenschaft, deren Unternehmensgegenstand in der Versorgung ihrer Mitglieder mit Wohnraum besteht, in der Regel nicht die Tatbestandsvoraussetzungen eines Investmentvermögens erfüllen. Handelt es sich dagegen beispielsweise um eine Energiegenossenschaft, deren Unternehmensgegenstand auf die Errichtung und Unterhaltung von Anlagen zur Erzeugung von Energien sowie auf den Absatz der gewonnenen Energien gerichtet ist und erhalten die Mitglieder vom Unternehmensgewinn eine Dividende auf ihre Einlage, könnte die Genossenschaft als Investmentvermögen einzuordnen sein, sofern sie die Anlage nicht selbst betreibt und damit nicht operativ tätig ist.

10.3   Erlaubnisvoraussetzungen

Bei einem erlaubnispflichtigen Gewerbe muss neben der Anmeldung des Gewerbes (§ 14 GewO), eine Erlaubnis für die Tätigkeit beantragt werden. Die Gewerbeerlaubnis für Finanzanlagenvermittler kann auch für einzelne Produktkategorien getrennt erteilt werden (§ 34f Abs. 1 Satz 3 GewO). Auf folgende Produktkategorien kann die gewerberechtliche Erlaubnis beschränkt werden (**Teilerlaubnis**):

- Anteile oder Aktien an inländischen offenen Investmentvermögen, offenen EU-Investmentvermögen oder ausländischen offenen Investmentvermögen, die nach dem Kapitalanlagegesetzbuch vertrieben werden dürfen (§ 34f Abs. 1 Satz 1 Nr. 1 GewO),
- Anteile oder Aktien an inländischen geschlossenen Investmentvermögen, geschlossenen EU-Investmentvermögen oder ausländischen geschlossenen Investmentvermögen, die nach dem Kapitalanlagegesetzbuch vertrieben werden dürfen (§ 34f Abs. 1 Satz 1 Nr. 2 GewO),
- Vermögensanlagen im Sinne des § 1 Abs. 2 VermAnlG (§ 34f Abs. 1 Satz. 1 Nr. 3 GewO).

Kapitalanlagenvermittler müssen der zuständigen Behörde die jeweils mit der Leitung des Betriebes oder einer Zweigniederlassung beauftragten Personen unverzüglich anzeigen. Dies gilt bei juristischen Personen (wie z. B. einer GmbH) auch für die nach Gesetz, Satzung oder Gesellschaftsvertrag jeweils zur Vertretung berufenen Personen. In der Anzeige ist der Name, der Geburtsname, sofern dieser vom Namen abweicht, der Vorname, die Staatsangehörigkeit(en), der Geburtstag und -ort sowie die Anschrift jeder betreffenden Person anzugeben (§ 21 FinVermV). Wer diese Anzeige nicht, nicht richtig, nicht vollständig oder nicht rechtzeitig macht, handelt ordnungswidrig (§ 26 Abs. 1 Nr. 10 FinVermV i. V. m. § 144 Abs. 1 Nr. 6 GewO). Dies kann mit einer Geldbuße bis zu 5.000 EUR geahndet werden.

Bei der Beantragung sind bestimmte Voraussetzungen zu erfüllen. Die Vorschrift regelt abschließend die Gründe, aus denen die Erteilung der Erlaubnis versagt oder eine bereits erteilte Erlaubnis wieder entzogen werden kann (§ 34f Abs. 2 GewO). Ein Antrag auf Erteilung einer Gewerbeerlaubnis für die Kapitalanlagenvermittlung kann abgelehnt und eine bereits erteilte Gewerbeerlaubnis wieder entzogen werden, wenn der Finanzanlagenvermittler (oder eine mit der Leitung des Betriebes oder einer Zweigniederlassung beauftragten Person):

- (i. S. d. Gewerberechtes) **„unzuverlässig"** ist (§ 34f Abs. 2 Nr. 1 GewO),
- in **„ungeordneten Vermögensverhältnissen"** lebt (§ 34f Abs. 2 Nr. 2 GewO),
- keine **Berufshaftpflichtversicherung** nachweisen kann (§ 34f Abs. 2 Nr. 3 GewO),
- nicht nachweist, dass er die notwendige **Sachkunde** besitzt (§ 34f Abs. 2 Nr. 4 GewO).

10.3.1   Zuverlässigkeit

Maßgeblich für die Beurteilung, ob der Finanzanlagenvermittler i. S. d. Gewerberechtes zuverlässig ist oder nicht, ist allein sein Gesamtverhalten und insbesondere in Bezug auf die Vermittlung von Kapitalanlagen (§ 34f Abs. 2 Nr. 1 GewO). Ausreichend ist aber bereits, dass sich relevante Tatsachen auf die ordnungsgemäße Tätigkeit als Finanzanlagenvermittler auswirken können. Hierbei wird nicht nur auf den antragstellenden Unternehmer abgestellt, sondern auch auf die mit der Leitung des Betriebes oder einer Zweigniederlassung beauftragte Person (Betriebsleiter). Dies gilt unabhängig davon, ob diese Personen selbstständige Gewerbetreibende sind und ihrerseits eine Gewerbeerlaubnis haben müssen. Damit soll verhindert werden, dass das Gewerbe auf den Namen eines Strohmannes angemeldet und dadurch eine Gewerbeuntersagung vereitelt wird.

Es müssen bestimmte Tatsachen vorliegen, die die Annahme rechtfertigen, dass der Finanzanlagenvermittler oder sein Betriebsleiter die für den Gewerbebetrieb erforderliche Zuverlässigkeit nicht besitzt. Um die Beurteilung dieser unkonkreten Beschreibung zu erleichtern, stellt das Gesetz eine **widerlegbare Vermutung** auf. Danach wird in der Regel eine Unzuverlässigkeit angenommen, wenn der Antragsteller oder der Betriebsleiter rechtskräftig verurteilt wurde. Dies gilt jedoch nicht, wenn Umstände vorliegen, die ausnahmsweise zu einer anderen Beurteilung führen. Unzuverlässig ist danach, wer rechtskräftig verurteilt wurde wegen

- eines Verbrechens (Delikt mit einer Strafandrohung von mindestens einem Jahr oder mehr) oder
- Diebstahls, Unterschlagung, Erpressung, Betrugs, Geldwäsche, Urkundenfälschung, Hehlerei, Wuchers oder einer Insolvenzstraftat (Vermögensdelikte).

Einer **rechtskräftigen Verurteilung** steht ein **rechtskräftiger Strafbefehl** gleich. Die Verurteilungen dürfen gegen den Antragsteller grundsätzlich nicht mehr verwertet werden, wenn deren Rechtskraft mehr als fünf Jahre gerechnet vom Zeitpunkt der Antragstellung zurückliegt. Diese Fünf-Jahresfrist kann sich auch wegen des Verwertungsverbotes nach dem Bundeszentralregistergesetz verkürzen (§ 51 BZRG). Nach dieser Bestimmung dürfen die Tat und die Verurteilung dem Betroffenen im Rechtsverkehr nicht mehr vorgehalten und nicht zum Nachteil verwertet werden, wenn die Eintragung über eine Verurteilung im Register getilgt werden muss.

Diese beispielhafte Aufzählung des relevanten Verhaltens ist nicht abschließend. Die Unzuverlässigkeit kann sich daher auch aus anderen Tatsachen ergeben. Unzuverlässig ist jemand auch dann, wenn er nach dem Gesamtbild seines Verhaltens nicht Willens und in der Lage ist, die im öffentlichen Interesse einwandfreie Führung des Gewerbes zu gewährleisten. Dem Finanzanlagenvermittler müssen Verstöße von erheblichem Gewicht zur Last gelegt werden. Eine Vielzahl kleinerer Verstöße rechtfertigt die Annahme der Unzuverlässigkeit, wenn aus ihnen ein **Hang zur Missachtung der Berufspflichten** ersichtlich ist. Der Verdacht der Unzuverlässigkeit liegt deshalb u. a. vor bei:

* nachhaltige Verletzung steuerlicher Pflichten,
* bereits erfolgter Untersagung eines anderen Gewerbes,
* Verletzung sozialversicherungsrechtlicher Vorschriften,
* anhaltender Verstoß gegen verbraucherschützende Vorschriften,
* Begehung bestimmter Ordnungswidrigkeiten.

Nicht jede Straftat, die nicht ausdrücklich in der oben genannten Aufzählung aufgeführt wird, kann eine Unzuverlässigkeit begründen. Es muss ein spezifischer Bezug zur Kapitalanlagenvermittlung bestehen.

Finanzanlagenvermittler dürfen direkt bei der Beratung und Vermittlung mitwirkende Personen nur beschäftigen, wenn sie geprüft haben, ob sie zuverlässig sind (§ 34f Abs. 4 Satz 1 GewO). Die Beschäftigung einer direkt bei der Beratung und Vermittlung mitwirkenden Person kann untersagt werden, wenn die Person die für ihre Tätigkeit erforderliche Zuverlässigkeit nicht besitzt (§ 34f Abs. 4 Satz 2 GewO).

10.3.2 Geordnete Vermögensverhältnisse

Ein Antrag auf Erteilung der Gewerbeerlaubnis kann außerdem abgelehnt werden, wenn der Antragsteller, nicht aber sein Hilfspersonal, in „ungeordneten Vermögensverhältnissen lebt". Alleine die wirtschaftliche Situation des Finanzanlagenvermittlers muss bereits befürchten lassen, dass er seine Tätigkeit dazu ausnutzen könnte, diese zum Schaden der Kunden zu betreiben. Dies ist in der Regel der Fall bei (§ 34f Abs. 2 Nr. 2 GewO):

* Eröffnung eines Insolvenzverfahrens,
* Eintragung im Schuldnerverzeichnis.

Als **Regelvermutung** („in der Regel") lässt die Vorschrift auch hier die Möglichkeit offen, ungeordnete Vermögensverhältnisse entweder auf andere Tatsachen zu stützen oder geordnete Vermögensverhältnisse trotz Vorliegens der Regelvermutung anzunehmen (Widerlegung der Vermutung). Auch ohne dass über das Vermögen des Antragstellers ein Insolvenzverfahren eröffnet worden ist, kann also die Behörde das Vorliegen von ungeordneten Vermögensverhältnissen bejahen, wenn der Finanzanlagenvermittler **erhebliche finanzielle Schwierigkeiten** hat.

Ungeordnete Lebensverhältnisse bestehen also, wenn über das Vermögen des Finanzanlagenvermittlers ein Insolvenzverfahren eröffnet wurde. Dies gilt jedoch nur, wenn das Insolvenzverfahren mit einer Zerschlagung der Unternehmens, also einer Verwertung der Insolvenzmasse endet. Jedoch ist eine Gewerbeuntersagung während eines laufenden

Insolvenzverfahrens nicht zulässig, wenn der Insolvenzverwalter von der in der Insolvenzordnung vorgesehenen Möglichkeit Gebrauch und die Fortführung des Gewerbes gestattet.

Ungeordnete Lebensverhältnisse bestehen daneben, wenn der Finanzanlagenvermittler in das vom Insolvenzgericht oder vom Vollstreckungsgericht zu führende Verzeichnis eingetragen ist (§ 26 Abs. 2 Insolvenzordnung – InsO; § 915 Zivilprozessordnung - ZPO). Diese Verzeichnisse werden **Schuldnerverzeichnisse** genannt.

Hat das Insolvenzgericht den Antrag auf Eröffnung des Insolvenzverfahrens mangels Masse abgewiesen, so wird der Schuldner in das dort geführte Schuldnerverzeichnis eingetragen (§ 26 Abs. 2 InsO). Dieses Schuldnerverzeichnis wird vom Insolvenzgericht geführt. Die Eintragung im Schuldnerverzeichnis wird erst nach Ablauf von fünf Jahren seit dem Ende des Jahres gelöscht, in dem die Abweisung des Insolvenzantrages mangels Masse erfolgt ist. Diese Löschung erfolgt ohne Antrag des Schuldners, also von Amts wegen (§ 26 Abs. 2 InsO).

In das Schuldnerverzeichnis des Amtsgerichts werden Schuldner eingetragen, die eine sogenannte **eidesstattliche Versicherung** über ihre Vermögensverhältnisse abgegeben haben (§ 807 ZPO oder § 284 Abgabenordnung – AO). Diese eidesstattliche Versicherung wird auch „Offenbarungseid" genannt. Gleiches gilt, wenn gegen den Schuldner zur Erzwingung der Abgabe der eidesstattlichen Versicherung die Haft angeordnet worden ist. Die Eintragung in dieses Schuldnerverzeichnis gilt abweichend von der oben genannten Fünfjahresfrist als gelöscht und wird bei der Auskunft nicht mehr mitgeteilt, wenn seit der Abgabe der eidesstattlichen Versicherung oder der Anordnung der Haft drei Jahre verstrichen sind (§ 915b Abs. 2 ZPO). Die Eintragung wird vorzeitig gelöscht, wenn die Befriedigung des Gläubigers, der die eidesstattliche Versicherung erzwungen hat, nachgewiesen wird oder der Wegfall des Eintragungsgrundes, wie beispielsweise bei Aufhebung des Vollstreckungstitels, bekannt geworden ist (§ 915a Abs. 2 ZPO).

10.3.3   Berufshaftpflichtversicherung

Zudem muss der Nachweis einer Berufshaftpflichtversicherung, auch **Vermögenschadenhaftpflichtversicherung** (VSH) genannt, erbracht werden (§ 34f Abs. 2 Nr. 3 GewO). Umfang und inhaltliche Anforderungen an die Berufshaftpflichtversicherung werden in der Finanzanlagenvermittlerverordnung konkretisiert (§§ 9 - 10 FinVermV).

Eine fehlerhafte Anlageberatung und Vermittlung kann zu erheblichen finanziellen Schädigungen des Anlegers führen. Sofern der Vermittler nicht über eine freiwillige Berufshaftpflichtversicherung verfügt, kann der geschädigte Anleger im Falle eines Beratungs- oder Vermittlungsfehlers nur den Vermittler selbst in Regress nehmen. Der Nachweis einer Berufshaftpflichtversicherung soll sicherstellen, dass Vermögenschäden, die dem Anleger durch **fehlerhafte Beratung oder Vermittlung** entstehen, abgedeckt sind. Die Berufshaftpflichtversicherung erhöht somit einerseits den Anlegerschutz und bewahrt den Vermittler andererseits vor einer persönlichen Inanspruchnahme.

Für die Berufshaftpflichtversicherung, die für Finanzanlagenvermittler erforderlich ist, gelten die gleichen Mindestversicherungssummen und Anforderungen an die abzudeckenden Vermögenschäden bzw. den Deckungsumfang wie für Versicherungsvermittler. Denn die Finanzanlagenvermittlerverordnung (FinVermV) erklärt die Regelungen der Versicherungsvermittlungsverordnung (VersVermV) insoweit für anwendbar (§ 9 Abs. 2 FinVermV). Die Berufshaftpflichtversicherung muss bei einem im Inland zum Geschäftsbetrieb befugten Versicherungsunternehmen abgeschlossen werden (§ 9 Abs. 1 VersVermV, § 113 Versicherungsvertragsgesetzes – VVG).

Die **Mindestversicherungssumme** beträgt danach 1.230.000 EUR für jeden Versicherungsfall und 1.850.000 EUR für alle Versicherungsfälle eines Jahres. Die Mindestversicherungssummen erhöhen oder vermindern sich regelmäßig alle fünf Jahre prozentual entsprechend den vom Statistischen Amt der Europäischen Union (kurz EuroStat) veröffentlichten Änderungen des Europäischen Verbraucherpreisindexes (§ 9 Abs. 2 VersVermV). Der Abschluss von Gruppenversicherungsverträgen ist zulässig, sofern für jeden Teilnehmer der Gruppe der erforderliche Mindestdeckungsumfang sichergestellt ist.

Das Versicherungsunternehmen hat die Beendigung sowie jede Änderung des Versicherungsvertrages, die sich auf den Umfang des Versicherungsschutzes im Verhältnis zu Dritten auswirkt, unverzüglich der zuständigen Erlaubnisbehörde mitzuteilen (§ 10 Abs. 2 FinVermV).

> *Praxistipp:*
>
> *Der Vermittler muss den Versicherungsschutz während seiner Tätigkeit dauerhaft aufrechterhalten. Nicht pünktlich bezahlte Versicherungsprämien können schnell zu einer Kündigung seitens des Versicherers führen, was der Erlaubnisbehörde sofort mitgeteilt wird. Die Folge ist, dass umgehend ein Verfahren zum Widerruf der Erlaubnis eingeleitet wird. Die Zahlung der Versicherungsprämie hat daher hohe Priorität.*

10.3.4   Sachkunde

Voraussetzung für die Erteilung der Gewerbeerlaubnis ist zudem der **Sachkundenachweis** (§ 34f Abs. 2 Nr. 4 GewO). Der Sachkundenachweis soll die Qualität der Beratung gewährleisten. Die Inhalte und Verfahren für die Sachkundeprüfung werden ebenfalls in der Finanzanlagenvermittlungsverordnung konkretisiert.

Die Verordnung enthält einen abschließenden **Katalog von öffentlich-rechtlichen bzw. staatlich anerkannten Abschlüssen**, die der Sachkundeprüfung gleichgestellt sind. Inhaber der genannten Abschlusszeugnisse müssen daher keine Sachkundeprüfung bei der Industrie- und Handelskammer ablegen (§ 4 FinVermV). Verschiedene Berufsqualifikationen oder deren Nachfolgeberufe werden als Nachweis der erforderlichen Sachkunde anerkannt.

Ohne den zusätzlichen Nachweis einer Berufserfahrung im Bereich Finanzanlagenberatung und -vermittlung sind folgende Abschlusszeugnisse ausreichende Sachkundenachweise (§ 4 Nr. 1 FinVermV):

- Bankfachwirt oder -wirtin (IHK),
- Fachwirt oder -wirtin für Versicherungen und Finanzen (IHK),
- Investmentfachwirt oder -wirtin (IHK),
- Fachwirt oder -wirtin für Finanzberatung (IHK),
- Bank- oder Sparkassenkaufmann oder -frau (IHK),
- Kaufmann oder -frau für Versicherungen und Finanzen „Fachrichtung Finanzberatung" (IHK),
- Investmentfondskaufmann oder -frau (IHK).

Folgende Abschlusszeugnisse werden als ausreichende Sachkundenachweise anerkannt, wenn zusätzlich eine **mindestens einjährige Berufserfahrung** im Bereich Finanzanlagenberatung und -vermittlung nachgewiesen wird (§ 4 Nr. 2 FinVermV):

- betriebswirtschaftlicher Studiengang der Fachrichtung Bank, Versicherungen und Finanzdienstleistung (Hochschulabschluss oder gleichwertiger Abschluss),
- Fachberater oder -beraterin für Finanzdienstleistungen (IHK) (bei abgeschlossener allgemeiner kaufmännischer Ausbildung),
- Finanzfachwirt oder -wirtin (FH) mit einem abgeschlossenen weiterbildenden Zertifikatsstudium an einer Hochschule.

Ein Abschlusszeugnis als Fachberater oder -beraterin für Finanzdienstleistungen (IHK) wird als ausreichende Sachkunde anerkannt, wenn zusätzlich eine **mindestens zweijährige Berufserfahrung** im Bereich Finanzanlagenberatung und -vermittlung nachgewiesen wird (§ 4 Nr. 3 FinVermV).

Alternativ zum Sachkundenachweis gibt es, ähnlich wie bei der Einführung der Gewerbeerlaubnis bei der Versicherungsvermittlung, eine **Alte-Hasen-Regelung** (§ 157 Abs. 3 Satz 4 GewO). Vermittler mit mehrjähriger Berufspraxis können so um die Sachkundeprüfung herumkommen. Die Ausnahmeregelung sieht vor, dass hierfür eine ununterbrochene unselbstständige oder selbstständige Tätigkeit seit dem 01.01.2006 belegt werden muss. Der Nachweis einer selbstständigen Vermittlertätigkeit kann aber nur durch die lückenlose Vorlage der **nach § 16 der Makler- und Bauträgerverordnung (MaBV) erforderlichen Prüfberichte** erbracht werden. Daraus folgt zweierlei: Von der „Alte-Hasen-Regelung" kann nur Gebrauch machen, wem vor dem 01.01.2006 überhaupt eine Gewerbeerlaubnis nach § 34c GewO erteilt wurde und wer diese noch immer innehält. Außerdem muss für jedes Jahr seit 2006 der Prüfbericht bei der zuständigen Behörde eingereicht worden sein.

> **Hinweis:**
> *Wurde stattdessen der zuständigen Behörde nur eine Negativmeldung vorgelegt, wurde damit unwiderruflich eine Unterbrechung der Tätigkeit als Finanzanlagenvermittler belegt.*

Finanzanlagenvermittler dürfen direkt bei der Beratung und Vermittlung mitwirkende Personen nur beschäftigen, wenn sie sicherstellen, dass diese Personen über einen Sachkundenachweis verfügen (§ 34f Abs. 4 Satz 1 GewO). Beschäftigte, also Arbeitnehmern, die unmittelbar bei der Beratung und Vermittlung mitwirken, müssen daher eine Sachkundeprüfung ablegen. Die Beschäftigung einer direkt bei der Beratung und Vermittlung mitwirkenden Person kann von der Aufsichtsbehörde untersagt werden, wenn die Person die für ihre Tätigkeit erforderliche Sachkunde oder Zuverlässigkeit nicht besitzt (§ 34f Abs. 4 Satz 2 GewO).

10.4 Vermittlerregister

Den Finanzanlagenvermittler trifft die Pflicht, sich unverzüglich nach Aufnahme der Tätigkeit über die für die Erlaubniserteilung zuständige Behörde die Erlaubnis in das Register eintragen zu lassen (§ 34f Abs. 5 GewO). Die Registrierung erfolgt in dem von den Industrie- und Handelskammern geführten einheitlichen Vermittlerregister (§ 11a GewO). Das Vermittlerregister ist im Internet öffentlich zugänglich auf der Internet-Seite **www.vermittlerregister.info**.

Der Finanzanlagenvermittler hat dazu der zuständigen Erlaubnisbehörde nach Erteilung der Erlaubnis und zeitgleich mit der Aufnahme seiner Tätigkeit unverzüglich die für die Eintragung erforderlichen Angaben mitzuteilen.

> **Praxistipp:**
>
> Der Finanzanlagenvermittler muss sich für die Eintragung nicht selbst an die Registerbehörde wenden und seine Registrierung beantragen. Die für die Erlaubniserteilung zuständige Behörde übermittelt der Registerbehörde unverzüglich nach Eingang der Gewerbeanzeige (§ 14 GewO) die für die Eintragung erforderlichen Daten. Gleiches gilt im Fall der Erlaubnisaufhebung, der Gewerbeuntersagung (§ 35 GewO) und bei der Änderung von im Register gespeicherten Angaben (vgl. § 11a Abs. 3 GewO).

Wer sich nicht oder nicht rechtzeitig in das Vermittlerregister eintragen lässt, begeht eine Ordnungswidrigkeit (§ 144 Abs. 2 Nr. 7 GewO). Dies kann mit einer Geldbuße bis zu 5.000 EUR geahndet werden.

Im Vermittlerregister werden folgende Angaben zu dem Kaitalanlagenvermittler gespeichert (§ 6 FinVermV):

- Familienname und Vorname sowie die Firma,
- Personenhandelsgesellschaft, in denen der Vermittler als geschäftsführender Gesellschafter tätig ist,
- Familienname und Vorname, der innerhalb der Geschäftsführung für die Vermittlertätigkeiten zuständigen natürlichen Personen, wenn das Vertriebsunternehmen eine juristische Person ist (z. B. GmbH),
- Geburtsdatum,
- Angabe, dass der Eingetragene eine Gewerbeerlaubnis als Finanzanlagenvermittler besitzt,
- Umfang der Gewerbeerlaubnis (Produktkategorien),
- Bezeichnung und Anschrift der zuständigen Erlaubnisbehörde und der zuständigen Registerbehörde,
- betriebliche Anschrift,
- Registrierungsnummer,
- Familienname, Vorname, Geburtsdatum der unmittelbar bei der Beratung und Vermittlung mitwirkenden Personen.

Diese gewerbebezogenen Registerdaten sind mit Ausnahme des Geburtsdatums allgemein zugänglich und können z. B. von Verbrauchern im öffentlichen Vermittlerregister eingesehen werden (§ 11a GewO). Neben diesen Angaben werden auch Angaben über den Umfang der erteilten Erlaubnis registriert (§ 34f nach Abs. 1 Satz 1 Nr. 1 bis 3 GewO). Der Verbraucher kann damit erkennen, über welche Kategorie von Finanzanlagen beraten und vermittelt werden darf (offene und geschlossene Investmentvermögen sowie Vermögensanlagen).

Der Finanzanlagenvermittler ist verpflichtet, der zuständigen Erlaubnisbehörde Änderungen der im Register gespeicherten Daten unverzüglich mitzuteilen (§ 34f Abs. 5 GewO). Die Erlaubnisbehörde leitet die Änderungen dann ebenfalls an die Registerbehörde weiter (§ 7 Abs. 1 FinVermV). Wird diese Mitteilung nicht, nicht richtig, nicht vollständig oder nicht rechtzeitig gemacht, ist dies eine Ordnungswidrigkeit (§ 144 Abs. 2 Nr. 8 GewO), die mit einer Geldbuße bis zu 5.000 EUR geahndet werden kann.

11   Verhaltenspflichten für Finanzanlagenvermittler

Die Informations-, Beratungs- und Dokumentationspflichten (Wohlverhaltenspflichten) des WpHG richten sich nur an Wertpapierdienstleistungsunternehmen. Da Finanzanlagenvermittler wegen der Bereichsausnahmen des WpHG keine Wertpapierdienstleistungsunternehmen sind, gelten die Wohlverhaltenspflichten nicht direkt für Finanzanlagenvermittler.

Die Gewerbeordnung enthält keine Vorschriften über Information, Beratung und Dokumentation bei der Finanzanlagenvermittlung. Dennoch gelten nunmehr auch für die gewerblichen Finanzanlagenvermittler „Wohlverhaltenspflichten". Mit dem WpHG vergleichbare Wohlverhaltenspflichten für Finanzanlagenvermittler sind in der Finanzanlagenvermittlerverordnung geregelt (§§ 11 – 18 FinVermV).

Diese Verhaltenspflichten verpflichten den Finanzanlagenvermittler zur bestmöglichen Wahrung der Kundeninteressen. Setzt ein Finanzanlagenvermittler Beschäftigte, also Arbeitnehmer, bei der Beratung und Vermittlung ein, so ist sicherzustellen, dass diese auch die Wohlverhaltenspflichten einhalten (§ 19 FinVermV). Ebenso wie im WpHG wird somit auch beim Finanzanlagenvermittler zwischen „allgemeinen" und „besonderen" Verhaltensregeln unterschieden. Die allgemeine Verhaltenspflicht des Finanzanlagenvermittlers wird durch weitere besondere Verhaltensregeln weiter konkretisiert (§§ 12 – 18 FinVermV).

Die im Folgenden dargestellten Wohlverhaltenspflichten haben einerseits, soweit sie die vertraglichen Pflichten gegenüber dem Anleger konkretisieren, zivilrechtliche Bedeutung. Verstöße können also zu einem Schadenersatzanspruch des Anlegers führen. Andererseits stellen einige Verstöße Ordnungswidrigkeiten dar. Die Einhaltung eines Teils der Wohlverhaltenspflichten wird dadurch mit Bußgeldern abgesichert (§ 26 Abs. 1 FinVermV i. V. m. § 144 Abs. 2 Nr. 6 GewO). Eine Ordnungswidrigkeit kann nicht nur bei Vorsatz, sondern auch bei Fahrlässigkeit vorliegen. Diese Ordnungswidrigkeiten sind auch für die Beurteilung der Zuverlässigkeit eines Kapitalanlagenvermittlers relevant. Sie können im schlimmsten Fall zum Entzug der Gewerbeerlaubnis führen.

11.1   Statusbezogene Informationspflichten

Finanzanlagenvermittler haben statusbezogene Informationspflichten. Diese Informationen, auch **Erstinformation** genannt, müssen dem Anleger einmalig vor der ersten Anlageberatung oder -vermittlung zur Verfügung gestellt werden (§ 12 FinVermV). Der Anleger soll wissen, mit wem er es zu tun hat und welche Art von Erlaubnis der Vermittler besitzt. Bei weiteren Geschäftsabschlüssen müssen diese Angaben nicht erneut mitgeteilt werden.

Folgende Angaben sind mitzuteilen (§ 12 Abs. 1 FinVermV):
- Familien- und Vornamen,
- Firma der Personenhandelsgesellschaft, in denen der Vermittler als geschäftsführender Gesellschafter tätig ist,
- betriebliche Anschrift,
- Angaben, die es dem Anleger ermöglichen, schnell und unmittelbar mit dem Vermittler in Kontakt zu treten, insbesondere E-Mail-Adresse, Telefon- und Faxnummer,

- ob der Vermittler mit einer Gewerbeerlaubnis für die Vermittlung von offenen und geschlossenen Investmentvermögen sowie Vermögensanlagen in das Vermittlerregister eingetragen ist,
- wie sich die Eintragung im Vermittlerregister überprüfen lässt,
- Emittenten und Anbieter, zu deren Finanzanlagen Vermittlungs- und Beratungsleistungen angeboten werden,
- Anschrift der für die Erlaubniserteilung zuständigen Behörde,
- Registrierungsnummer, unter der der Finanzanlagenvermittler im Vermittlerregister eingetragen ist.

Dem Anleger sind diese **Angaben klar und verständlich in Textform** mitzuteilen. Die Erstinformation kann mündlich übermittelt werden, wenn der Anleger dies wünscht. Dies ist zum Beispiel regelmäßig bei einer telefonischen Kontaktaufnahme durch den Anleger der Fall. Die Informationen sind in diesem Fall aber unverzüglich nach Vertragsschluss in Textform mitzuteilen (§ 12 Abs. 3 FinVermV).

Sofern ein Finanzanlagenvermittler neben einer Gewerbeerlaubnis für die Finanzanlagenvermittlung auch eine für die Versicherungsvermittlung besitzt, muss die Informationen nicht doppelt mitgeteilt werden. Es ist dann ausreichend, wenn der Vermittler die Erstinformation für Versicherungsvermittler überreicht (§ 11 VersVermV). Zusätzlich anzugeben sind nur die davon abweichenden Angaben nach der FinVermV (§ 12 Abs. 2 FinVermV).

Wird die Erstinformation nicht, nicht richtig, nicht vollständig oder nicht rechtzeitig mitgeteilt, ist dies eine Ordnungswidrigkeit (§ 26 Abs. 1 Nr. 1 FinVermV i. V. m. § 144 Abs. 2 Nr. 6 GewO), die mit einer Geldbuße bis zu 5.000 EUR geahndet werden kann.

11.2   Allgemeine Verhaltenspflicht

Nach der allgemeinen Verhaltenspflicht hat der Finanzanlagenvermittler seine Tätigkeit mit der erforderlichen Sorgfalt und Gewissenhaftigkeit im Interesse des Anlegers auszuüben (§ 11 FinVermV). Die Verhaltensregel entspricht der für Wertpapierdienstleistungsunternehmen geltenden Regelung des Wertpapierhandelsgesetzes (§ 31 Abs. 1 Nr. 1 WpHG).

Diese allgemeine Verhaltenspflicht zielt auf die Erbringung der Dienstleistung im bestmöglichen Interesse des Kunden. Maßgeblich ist dabei aber nur eine **branchenübliche Sorgfalt**. Durch diese Regelung wird die jedem Kaufmann obliegende Sorgfaltspflicht (§ 347 HGB) zu einer Pflicht, deren Einhaltung die zuständige Behörde überwacht. Die allgemeine Verhaltenspflicht betrifft daher nur das „öffentlich-rechtliche" Verhältnis zwischen dem Finanzanlagenvermittler und der zuständigen Behörde. Das zivilrechtliche Verhältnis zwischen Vermittler und Kunde bleibt hiervon unberührt. Mit dem Kunden kann daher nicht vereinbart werden, dass dieser auf die Verpflichtung des Vermittlers zur Sorgfalt und Gewissenhaftigkeit verzichtet oder dass die Pflicht beschränkt wird.

Der **Interessenwahrungspflicht** steht nicht entgegen, die Kunden ihren Kenntnissen und Erfahrungen entsprechend in bestimmte Gruppen einzuteilen. Allerdings muss der Kunde mit der vorgesehenen Einordnung einverstanden sein. Die Einordnungskriterien sind ihm zuvor offenzulegen. Als Kunde gilt dabei jeder, der mit dem Finanzanlagenvermittler in unmittelbaren geschäftlichen Kontakt tritt, um eine Vermittlung oder Beratung in

Anspruch zu nehmen. Da ohne Einfluss ist, ob ein Geschäft abgeschlossen oder durchgeführt wird, ist damit jeder auch potenzielle Vertragspartner erfasst.

Durch die allgemeine Verhaltensregel wird der Vermittler zur Wahrung der Interessen des Kunden und zur Vermeidung von Interessenkonflikten verpflichtet. Die Beratung und Vermittlung ist an den ersichtlichen individuellen Interessen des Kunden auszurichten. Es sind jedoch nur die erkennbaren Interessen des einzelnen Kunden zu berücksichtigen. Der Finanzanlagenvermittler hat daher mit der Ausführung eines Auftrages verbundene Risiken zu vermeiden oder zu minimieren. Dazu gehört insbesondere, dass Geschäfte für Kunden nur aufgrund eines erteilten Auftrages oder anderweitiger Autorisierung erfolgen dürfen. Zu berücksichtigen sind nur solche Kundeninteressen, die im Zusammenhang mit der Finanzanlagenvermittlung und -beratung stehen. Eine allgemeine Pflicht zur Wahrung der Geschäftschancen des Kunden besteht aber nicht.

Der Finanzanlagenvermittler muss sich über seine Kunden informieren. Dies schließt ein standardisiertes Vorgehen und die Verwendung von Formularen zur Ermittlung des Kundeninteresses nicht aus.

Entsteht durch die Kundenangaben ein widersprüchliches Bild, muss der Vermittler das wahre Interesse des Kunden ermitteln und den Kunden konkret auf den Widerspruch hinweisen. Der Kundenauftrag sollte daher erst nach entsprechender Klärung entgegengenommen werden. Kann ein widersprüchliches Interesse des Kunden nicht aufgeklärt werden, ist auf das typische, objektive Interesse eines verständigen Durchschnittskunden abzustellen.

Der Finanzanlagenvermittler darf sich nicht über das Interesse des Kunden hinwegsetzen. Die Interessenwahrungspflicht kann nicht auf eine Bevormundung des Kunden hinauslaufen. Sie hat nicht die Funktion, den Anleger vor unvernünftigen Anlageentscheidungen zu schützen, wenn er ausreichend informiert ist.

11.3   Einholung von Informationen über den Kunden

Auch die für den Vertrieb durch Wertpapierdienstleistungsunternehmen geltenden Ermittlungspflichten des WpHG gelten nun in ähnlichem Umfang auch für Finanzanlagenvermittler (§ 31 Abs. 4 und 4a WpHG). Diese einzuholenden Informationen sollen dem Vermittler die Einschätzung ermöglichen, ob eine bestimmte Finanzanlage für den Anleger geeignet ist und empfohlen werden kann.

Der Finanzanlagenvermittler hat folgende Informationen vom Anleger einzuholen (§ 16 Abs. 1 Satz 1 FinVermV):
• Kenntnisse und Erfahrungen in Bezug auf Finanzanlagen,
• Anlageziele,
• finanzielle Verhältnisse.

Die Angaben sind rechtzeitig vor Abschluss des Vertrages über die Finanzanlage einzuholen. Die Angaben über den Anleger müssen in jedem Falle vor dem ersten Vertragsschluss über den Erwerb von Finanzanlagen ermittelt werden. Sie können sowohl vorsorglich als auch in Bezug auf eine konkrete Anlageentscheidung eingeholt werden. Vor einem Vertragsschluss ist dann durch Nachfrage sicherzustellen, dass sich an den Kenntnissen und Erfahrungen des Anlegers, seinen finanziellen Verhältnissen und Anlagezielen nichts geändert hat.

Dabei wird nicht im Einzelnen vorgeschrieben, in welcher Form der Vermittler die Informationen über den Anleger einzuholen hat. Dies kann z.B. auch durch vom Anleger auszufüllende Fragebögen erfolgen. Bei fehlenden, widersprüchlichen oder unklaren Auskünften muss der Gewerbetreibende gegebenenfalls die Angaben durch Nachfragen vervollständigen bzw. klarstellen. Der Vermittler ist aber nicht zur Prüfung verpflichtet, ob die gemachten Angaben auch wahr sind.

Soweit die einzuholenden Informationen auf Angaben des Anlegers beruhen, so trifft den Finanzanlagenvermittler bei **Fehlerhaftigkeit oder Unvollständigkeit** kein Verschulden, wenn die Unrichtigkeit oder Unvollständigkeit der Angaben des Anlegers nicht bekannt sind. Jedoch darf der Finanzanlagenvermittler den Anleger nicht dazu verleiten, Angaben zurückzuhalten (§ 16 Abs. 4 FinVermV).

Die Finanzanlagenvermittlerverordnung konkretisiert durch einen nicht abschließenden Katalog von zu ermittelnden Angaben zu den finanziellen Verhältnissen des Kunden, dessen Anlageziele und dessen Kenntnisse und Erfahrungen in Bezug auf Finanzanlagen (§ 16 Abs. 3 FinVermV).

Werden diese Informationen nicht, nicht richtig, nicht vollständig oder nicht rechtzeitig einholt, ist dies eine Ordnungswidrigkeit (§ 26 Abs. 1 Nr. 4 und 5 FinVermV i. V. m. § 144 Abs. 2 Nr. 6 GewO). Dies kann mit einer Geldbuße bis zu 5.000 EUR geahndet werden.

11.3.1 Finanzielle Verhältnisse

Zu den finanziellen Verhältnissen des Anlegers sind folgende Angaben zu ermitteln (§ 16 Abs. 3 Nr. 1 FinVermV):
- Grundlage und Höhe regelmäßiger Einkommen,
- regelmäßige finanzielle Verpflichtungen (bspw. Unterhaltsverpflichtungen, Kreditverträgen, Mietzahlungen oder Leasingverträge)
- vorhandene Vermögenswerte (insbesondere Barvermögen, Kapitalanlagen und Immobilienvermögen).

Der Vermittler soll dadurch in die Lage versetzt werden, beurteilen zu können, ob die gewählte Finanzanlage mit den finanziellen Verhältnissen des Kunden vereinbar ist. Es reicht daher nicht aus, nur das Einkommen oder das vorhandene Vermögen zu erfassen. Dem Einkommen sind auch Verpflichtungen gegenüberzustellen. Mit der Höhe des Einkommens ist daher ausschließlich das **Nettoeinkommen** gemeint. Die Frage nach den Verpflichtungen ist weit zu fassen. Es müssen auch nicht alltägliche Verpflichtungen wie beispielsweise Bürgschaften erfasst werden.

11.3.2 Anlageziele

Bei den Anlagezielen sind folgende Angaben einzuholen (§ 16 Abs. 3 Satz 1 Nr. 2 FinVermV):
- Anlagedauer,
- Risikobereitschaft,
- mit der Anlage verfolgter Zweck.

Anlagedauer meint hier den Zeitraum, also die Jahre, für den der Kunde sein Kapital durch die Investition binden will. Soll der Kunde die Anlagedauer mit Begriffen wie „kurz-, mittel- oder langfristig" beschreiben, muss ihm vorher mitgeteilt werden, welche Zeiträume mit diesen Begriffen genau verbunden werden.

Für die **Risikobereitschaft** fehlt eine allgemein verständliche Beschreibung. Daher ist es zulässig, Kunden auf der Grundlage ihrer Angaben in eine Risikoklasse einzuteilen. Dem Anleger ist vor Festlegung seiner Risikobereitschaft Inhalt und Bedeutung der jeweiligen Risikoklasse zu erläutern. Die Risikobereitschaft könnte beispielsweise in folgende Risikoklassen unterteilt werden:

*   oberste Priorität Kapitalerhalt,
*   gesteigerte Renditechancen mit größeren Risiken und
*   überdurchschnittliche Renditen mit Totalverlustrisiko.

Da das individuelle Interesse des Kunden sich ändern kann, kann eine bei Beginn der Kundenbeziehung vergebene Risikoklasse für eine spätere Vermittlung oder Beratung unrichtig sein. Den Kunden trifft aber auch eine Mitwirkungspflicht. Er muss eine Änderung seiner Verhältnisse daher mitteilen. Dies gilt vor allem, wenn die Änderung für den Vermittler nicht erkennbar ist oder kurz nach Beginn der Kundenbeziehung erfolgt.

Beim **Anlagezweck** ist zu ermitteln, welche Ziele der Anleger mit seiner Investition verfolgt. Anlageziele wie bspw. Altersvorsorge oder Vermögensaufbau haben nichts mit der Risikoneigung zu tun, mit der der Anleger sein Anlageziel verfolgt.

Grundsätzlich sind diese Angaben bei jedem neuen Vertragsabschluss zu ermitteln. Der Vermittler darf aber davon ausgehen, dass der Kunde an seinen Anlagezielen grundsätzlich festhält, bis er einen anderen Wunsch äußert. Stehen Anlagedauer, Risikobereitschaft und Anlageziele des Kunden im Widerspruch, ist der Kunde hierauf hinzuweisen, beispielsweise wenn überdurchschnittliche Renditen wegen eines damit verbundenen Totalverlustrisikos für die beabsichtigte Altersvorsorge nicht infrage kommen.

11.3.3   Kenntnisse und Erfahrungen

Daneben wird vorgegeben, welche Angaben hinsichtlich der Kenntnisse und Erfahrungen des Anlegers in Bezug auf Finanzanlagen einzuholen sind (§ 16 Abs. 3 Satz 2 FinVermV):
*   Arten von Finanzanlagen, mit denen der Kunde vertraut ist,
*   Art, Umfang, Häufigkeit und Zeitraum zurückliegender Geschäfte des Kunden mit Finanzanlagen,
*   Ausbildung sowie gegenwärtige und relevante frühere Berufstätigkeit des Anlegers.

Es sind insbesondere die Kenntnisse und Erfahrungen über die Finanzanlagen zu ermitteln, die ein zu der zu vermittelnden Finanzanlage vergleichbares Risiko aufweisen. Da nach der beruflichen Erfahrung des Kunden gefragt werden soll, gehört die Schulausbildung hier nicht zur Ausbildung. Jedoch ermöglichen die Angaben über die Ausbildung und die Berufstätigkeit in der Regel keinen Rückschluss auf die Kenntnisse und Erfahrungen des Kunden in Bezug auf bestimmte Kapitalanlageprodukte.

> **Praxistipp:**
> Es ist empfehlenswert, hier möglichst detaillierte Angaben zu den Kenntnissen einzuholen. Damit kann im Bedarfsfall dargelegt werden, dass dem Kunden die Konsequenzen seines Vertragsabschlusses deutlich waren. Einem mit bestimmten Arten von Kapitalanlagen erfahrenen Anleger müssen z. B. das Wesen dieser Kapitalanlage und die damit verbundenen

Risiken nicht erklärt werden. Aufzuklären ist dann nur über die Besonderheiten der konkret vorgesehenen Kapitalanlage.

Mit diesen Vorgaben ist eine **standardisierte Informationseinholung** vereinbar, bei der sich der Kunde entsprechend seinem bisherigen Verhalten selbst einordnen kann. Dabei können Finanzinstrumente entsprechend ihrer Risiken zu Arten zusammengefasst werden und hinsichtlich Umfang, Häufigkeit und Zeitraum der zurückliegenden Geschäfte angegeben werden.

11.3.4   Erforderliche Angaben

Die Angaben sind nur insoweit einzuholen, wie dies erforderlich ist, um die Interessen des Anlegers zu wahren und ihm eine geeignete Finanzanlage empfehlen zu können. Der Umfang der einzuholenden Angaben ist abhängig vom der jeweiligen Finanzanlage und den bereits vorhandenen Kenntnissen des Vermittlers über den Kunden. Es sind nur die Informationen einzuholen, die erforderlich sind, um dem Anleger eine für ihn geeignete Finanzanlage empfehlen zu können. Welche Angaben erforderlich sind, hängt daher vom Einzelfall ab. Will der Kunde Finanzanlagen erwerben, die nicht zu seiner aktuellen, sondern zu einer höheren Risikoklasse gehören, so sind die Angaben daher erneut einzuholen. Gleiches gilt, wenn sich die Verhältnisse des Kunden für den Finanzanlagenvermittler erkennbar wesentlich geändert haben.

Je größer die aus der Finanzanlage resultierenden finanziellen Risiken sind, umso genauere Angaben sind zu den finanziellen Verhältnissen erforderlich. Beispielsweise erfordern Investitionen auf der Basis von Darlehn detaillierte Angaben über die finanziellen Verhältnisse, damit der Vermittler beurteilen kann, ob der Anleger das mit der Finanzanlage verbundene Risiko tragen kann. Gleiches gilt für Finanzanlagen, bei denen der Anleger eine Nachschussverpflichtung treffen kann.

11.4   Geeignetheit und Angemessenheit

Je nachdem, ob eine Anlageberatung oder eine -vermittlung vorliegt, folgen aus den vom Anleger ermittelten Informationen unterschiedliche Pflichten. **Anlageberatung** ist die Abgabe von persönlichen Empfehlungen an (auch potenzielle) Kunden für Geschäfte mit Finanzanlagen, wenn die Empfehlung die persönlichen Umstände des Anlegers berücksichtigt oder wenn sich die Empfehlung als für ihn geeignet darstellt. Im Gegensatz dazu ist **Anlagevermittlung** nur die Vermittlung von Geschäften über die Anschaffung und die Veräußerung von Finanzanlagen oder deren Nachweis. Der Anlagenvermittler handelt als Bote und beschränkt sich auf die Entgegennahme und Übermittlung des Auftrages.

11.4.1   Anlageberatung

Der Vermittler darf dem Anleger nur solche Finanzanlagen empfehlen und vermitteln, die nach den eingeholten Informationen für ihn geeignet sind (§ 16 Abs. 1 Satz 3 FinVermV). Dieses Prinzip des Aufsichtsrechts stimmt mit dem von der Rechtsprechung für die zivilrechtliche Haftung entwickelten Begriff „anlegergerecht" weitestgehend überein. Sofern der Vermittler die erforderlichen Informationen nicht erlangt, darf er dem Anleger im Rahmen der Anlageberatung keine Finanzanlage empfehlen (**Empfehlungsverbot**, § 16 Abs. 1 Satz 4 FinVermV). Gleiches gilt, wenn der Anleger keine, nur unvollständige Angaben oder evident falsche Angaben macht. Dies führt aber nicht automatisch dazu, dass beim Fehlen einzelner Angaben eine Finanzanlage nicht empfohlen werden darf. Im Einzelfall können fehlende Angaben auch durch Informationen aus anderen Quellen ausgeglichen werden. Teilweise sind sie für die konkrete Beratung auch entbehrlich. Das Empfehlungsverbot führt nicht dazu, dass kein Beratungsvertrag zustande kommt, wenn hiergegen verstoßen wird. Das Empfehlungsverbot ist kein Verbotsgesetz (§ 134 BGB).

Grundsatz:

Die empfohlenen Finanzanlagen sind für den Kunden geeignet, wenn sie den Anlagezielen des Anlegers entsprechen, die hieraus erwachsenden Anlagerisiken für den Anleger entsprechend seinen Anlagezielen finanziell tragbar sind und er die Anlagerisiken mit seinen Kenntnissen und Erfahrungen verstehen kann (§ 16 Abs. 1 Satz 3 FinVermV).

Die dem Anleger empfohlene Finanzanlage muss dessen Anlagezielen nach Anlagedauer, Risikobereitschaft und Anlagezweck entsprechen. Nur wenn die Finanzanlage damit übereinstimmt, darf der Finanzanlagenvermittler dem Kunden diese empfehlen.

Für den Kunden sind die mit einer Finanzanlage einhergehenden Risiken tragbar, wenn er diese finanziell verkraften kann, sollten sich die Risiken tatsächlich realisieren. Es ist zu fragen, wie es sich auf die konkrete Situation des Anlegers auswirkt, wenn diese Risiken eintreten.

Beispiel:

Bei ausreichendem Eigenkapital ist eine Risikotragfähigkeit trotz Fremdfinanzierung gegeben, wenn der Anleger einen Hebeleffekt erzielen oder Steuervorteile nutzen will. Ist nicht ausreichend Eigenkapital vorhanden, ist die Risikotragfähigkeit anders zu beurteilen. Trifft den Anleger bei einer Finanzanlage eine Nachschusspflicht, kann er dieses Risiko nicht tragen, wenn er nicht über die erforderlichen Reserven verfügt.

Der Kunde muss die Risiken, die aus der konkreten Anlage erwachsen, auf Basis seiner Kenntnisse oder Erfahrungen verstehen können. Hat der Kunde Erfahrungen oder Kenntnisse mit vergleichbaren Produkten, darf der Vermittler davon ausgehen, dass der Kunde die Risiken kennt und muss ihn nicht weiter darüber aufklären. Fehlen dem Kunden Kenntnisse über die konkrete Finanzanlage, so kann der Vermittler die Eignung des Produktes für den Kunden dadurch erreichen, dass er dem Kunden die erforderlichen Informationen mitteilt.

Werden ungeeignete Finanzanlagen empfohlen oder werden die erforderlichen Informationen nicht gegeben, ist dies eine Ordnungswidrigkeit (§ 26 Abs. 1 Nr. 5 FinVermV i. V. m. § 144 Abs. 2 Nr. 6 GewO). Dies kann mit einer Geldbuße bis zu 5.000 EUR geahndet werden.

11.4.2 Anlagevermittlung

Im Fall der Anlagevermittlung hat der Finanzanlagenvermittler nur eine sogenannte **Angemessenheitsprüfung** durchzuführen (§ 16 Abs. 2 FinVermV). Er muss dazu von dem Anleger Informationen über seine Kenntnisse und Erfahrungen mit Finanzanlagen einholen, die zur Beurteilung der Angemessenheit erforderlich sind. Die Angemessenheit beurteilt sich danach, ob der Anleger über die erforderlichen Kenntnisse und Erfahrungen verfügt, um die Risiken im Zusammenhang mit der Art der Finanzanlage angemessen beurteilen zu können.

Sofern der Finanzanlagenvermittler zu dem Ergebnis kommt, dass eine bestimmte Finanzanlage für den Anleger nicht angemessen ist, muss er diesen auf die Unangemessenheit hinweisen und eine entsprechende Warnung aussprechen. Erhält der Finanzanlagenvermittler die für die Angemessenheitsprüfung erforderlichen Informationen nicht von dem Anleger, muss er diesen darauf hinweisen, dass eine Angemessenheitsprüfung nicht möglich ist. Der Hinweis kann in standardisierter Form erfolgen. Ein Empfehlungs- oder Vermittlungsverbot wie bei der Anlageberatung besteht jedoch nicht.

Werden die zuvor genannten Hinweise dem Anleger nicht gegeben, ist dies eine Ordnungswidrigkeit (§ 26 Abs. 1 Nr. 6 und 7 FinVermV i. V. m. § 144 Abs. 2 Nr. 6 GewO). Dies kann mit einer Geldbuße bis zu 5.000 EUR geahndet werden.

Ein Verzicht auf die Angemessenheitsprüfung ist möglich, wenn der Finanzanlagenvermittler auf Veranlassung des Kunden tätig wird und den Kunden darauf hinweist, dass eine Angemessenheitsprüfung nicht stattfindet (§ 16 Abs. 5 FinVermV). Der Hinweis kann auch in standardisierter Form erfolgen. Möglich ist dieses reine Ausführungsgeschäft aber nur, wenn Kunden aus eigener Initiative Kauf- oder Verkaufsaufträge an den Finanzanlagenvermittler herantragen (execution-only). Möglich ist dies ausschließlich bei der Anlagenvermittlung in Bezug auf Anteile oder Aktien an Investmentvermögen, die den Anforderungen der EU-Richtlinie zur Koordinierung der Rechts- und Verwaltungsvorschriften betreffend bestimmte Organismen für gemeinsame Anlagen in Wertpapieren (OGAW) entsprechen. Absolut ausgeschlossen ist dies bei den riskanteren und komplexeren Vermögensanlagen im Sinne des VermAnlG, vor allem bei geschlossenen Fonds.

11.5   Offenlegung von Zuwendungen

Dem Anleger sind **Existenz, Art und Umfang einer Zuwendung**, die dem Finanzanlagenvermittler für die Anlageberatung und -vermittlung gewährt wird, offenzulegen (§ 17 FinVermV). Die Zuwendung darf der ordnungsgemäßen Erbringung der Vermittlung und Beratung nicht entgegenstehen (§ 17 Abs. 1 Satz 1 Nr. 2 FinVermV). Unzulässig ist eine Zuwendung, wenn dadurch Anreize für eine nicht ordnungsgemäße Beratung des Kunden entstehen. Dies ist dann der Fall, wenn die Zuwendung den Vermittler dazu verleitet, die Kundeninteressen zu missachten. Ausreichend ist dabei, dass die Zuwendung den Vermittler grundsätzlich in einen Interessenkonflikt bringen kann.

> **Praxistipp:**
> Wird eine fehlerhafte Beratungsleistung erbracht, ist dies ein unwiderlegbarer Hinweis auf einen Interessenkonflikt.

Die Offenlegung muss in umfassender, zutreffender und in einer für den Anleger verständlichen Weise erfolgen. Die Offenlegung hat sich an dem „angesprochenen Kundenkreis" zu orientieren. Fachbegriffe müssen daher so erläutert werden, dass sie für einen Durchschnittsanleger verständlich sind. Andererseits muss der Anleger davor geschützt werden, mit Detailinformationen überflutet zu werden. Die Aufklärung muss nicht mündlich, sondern kann auch durch Übergabe eines gesonderten Informationsblattes, allgemeinen Geschäftsbedingungen oder eines Prospektes erfolgen. Sind mehrere Vermittler an der Beratung und Vermittlung beteiligt, so muss jeder von ihnen den Kunden über Zuwendungen aufklären.

Es sollte über die verschiedenen Erscheinungsformen der Zuwendungen aufgeklärt werden. Sofern dies möglich ist, sollten ungefähre Angaben zur Höhe gemacht werden. Beruhen die Angaben auf einer Schätzung, ist darzulegen, auf welchen Grundlagen diese beruht. Beim Umfang genügt die Angabe von Spannen für jede Produktkategorie.

Die Zuwendungen sind **vor dem Vertragsschluss** offenzulegen. Lässt sich der Umfang einer Zuwendung vor Vertragsschluss noch nicht bestimmen, ist die Art und Weise der Berechnung offenzulegen. Eine nachträgliche Präzisierung der Angaben ist nicht möglich. Soweit sich keine Veränderungen ergeben, müssen die Zuwendungen bei einer späteren Vermittlung und Beratung nicht erneut offengelegt werden.

Gebühren und Entgelte, die die Vermittlung von und die Beratung über Finanzanlagen erst ermöglichen oder dafür notwendig sind und die ihrer Art nach nicht geeignet sind, die Interessen des Anlegers zu gefährden, unterliegen nicht dem Zuwendungsverbot (§ 17 Abs. 3 FinVermV). Unter Gebühren und Entgelte fallen z. B. Depotgebühren, Abgaben und Steuern. Sie müssen nicht offengelegt werden.

Zu den Zuwendungen zählen sowohl **Provisionen, Gebühren, sonstige Geldleistungen sowie alle geldwerten Vorteile**, die der Finanzanlagenvermittler vom Emittenten oder vom Anbieter einer Finanzanlage für deren Vermittlung erhält (§ 17 Abs. 2 FinVermV). Eine Zuwendung liegt nicht vor, wenn der Finanzanlagenvermittler diese von einem Dritten annimmt, der dazu vom Anleger beauftragt wurde.

Der Hauptanwendungsfall der Vorschrift liegt in den Provisionen. Es sind alle Arten von Provisionen wie z. B. Abschlussprovisionen, Vertriebsfolgeprovisionen und Bestandsprovisionen offenzulegen. Erhält der Vermittler im Außenverhältnis zum Kunden keine Vergütung, soll der Kunde wissen, dass im Innenverhältnis eine Vergütung erfolgt. Daher sind auch reine Innenprovisionen erfasst. Offenzulegen ist dabei, ob eine einmalige oder eine (evtl. zusätzliche) laufende Provision vorgesehen ist. Grundsätzlich ist der Umfang der Provision genau aufzuschlüsseln. Dies kann sowohl in Eurobeträgen als auch in Prozentangaben erfolgen. Die Angabe einer Spanne genügt grundsätzlich nicht. Sofern es in einigermaßen zuverlässiger Form möglich ist, sollten ungefähre Angaben zur Höhe gemacht werden, wobei darzulegen ist, auf welchen Grundlagen diese Schätzung beruht.

Abschlussprovisionen knüpfen unmittelbar an eine konkrete Vermittlungsleistung an. Der Anbieter einer Finanzanlage gewährt diese Vergütung Personen, die beim Zustandekommen der Vertragsbeziehung zwischen Anbieter und Anleger beteiligt waren. Offenzulegen sind auch Zuwendungen, die für laufende oder periodische Leistungen im Anschluss an die Vermittlung erbracht werden, sogenannte Vertriebsfolgeprovisionen. Dazu gehören in erster Linie die sogenannten Bestands(pflege)provisionen, die dafür gezahlt werden, dass die vom Kunden erworbene Finanzanlage im Kundenportfolio verbleibt.

> **Hinweis:**
>
> *Problematisch sind die Fälle, in denen der Kunde die Leistung des Vermittlers direkt vergütet und dieser zusätzlich eine Provision erhält, beispielsweise vom Emittenten oder von der Depotbank. Ausdrücklich verboten ist dies weder im Kapitalmarktrecht noch im Gewerberecht. Ein solches „Doppelt-Kassieren" von Vergütungen für dieselbe Leistung könnte ohne besondere Rechtfertigung gegenüber dem Anleger als treuwidrig angesehen werden. In jedem Falle sind sie gegenüber dem Kunden offenzulegen.*

Unter Gebühren sind in der Regel **öffentlich-rechtliche Entgelte** zu verstehen, die von Behörden erhoben werden. Darunter können aber auch Kosten im Zusammenhang mit einer Depotverwaltung fallen. Außerdem zählen hierzu Entgelte, die vom Emittenten selbst erhoben werden oder durch eine von ihm getroffene Vertriebsvereinbarung entstehen. Schon ein Rabatt auf eine ansonsten notwendige Gebühr kann eine Zuwendung darstellen.

Der Begriff Zuwendung ist sehr weit zu verstehen. Unter den Begriff der geldwerten Vorteile sind somit auch Bürokostenzuschüsse, die Durchführungen von Schulungen, die Überlassung von IT-Hardware oder Software, der kostenlose Zugang zu Informationsdiensten oder zu Newstickern, Einladungen zu Sport-, Musik- oder Reiseveranstaltungen zu verstehen. Aber auch immaterielle Leistungen fallen unter den Begriff Zuwendungen.

> **Praxistipp:**
> Es ist in jedem Einzelfall zu prüfen, ob eine Unterstützung dem Vermittler tatsächlich eine nennenswerte Ersparnis bringt.

Ein geldwerter Vorteil kann außerdem vorliegen, wenn der Emittent Gebühren und Kosten reduziert, diese aber dem Kunden in vollem Umfang in Rechnung stellt. Geldwerte Vorteile, die dem Vermittler von einem Emittenten oder Anbieter einer Finanzanlage gewährt werden, sind in jedem Fall Zuwendungen.

> **Hinweis:**
> *Schulungen und Informationsveranstaltungen, die sich unmittelbar an die Endkunden wenden, sind keine Zuwendungen in diesem Sinne, da der Vermittler dann keine Zuwendungen erhält. Dasselbe gilt für Informationsmaterial, Werbebroschüren oder ähnliche Dokumente, die sich an den Kunden wenden.*

Werden Zuwendungen nicht offengelegt oder sind sie interessenwidrig, so ist dies eine Ordnungswidrigkeit (§ 26 Abs. 1 Nr. 8 FinVermV i. V. m. § 144 Abs. 2 Nr. 6 GewO), die mit einer Geldbuße bis zu 5.000 EUR geahndet werden kann.

11.6   Aufklärung des Kunden

Der Vermittler muss den Anleger über die Art der Finanzanlagen sowie die Risiken, Kosten und Nebenkosten der Finanzanlagen informieren und auf Interessenkonflikte hinweisen (§ 13 FinVermV).

Vor Abschluss eines Vertrages über eine Finanzanlage ist der Anleger über **Art und Risiken** der angebotenen oder nachgefragten Finanzanlagen zu informieren (§ 13 Abs. 1 FinVermV). Die Informationen hinsichtlich der Art und Risiken der Finanzanlagen beziehen sich nicht auf die konkret geplante Anlageentscheidung, d. h. nicht auf ein konkretes Kapitalanlageprodukt, sondern auf die einschlägige Gattung von Finanzanlagen. Dies erfordert nur eine **allgemeine Beschreibung**, also losgelöst vom Einzelfall und ohne Berücksichtigung der individuellen Umstände. Eine Mitteilung von Einschätzungen, Empfehlungen und Ratschlägen wird nicht verlangt.

Die Informationen sind selbstverständlich vor Vertragsschluss mitzuteilen. Zwischen der Informationserteilung und dem Vertragsabschluss über die Finanzanlage durch den Anleger muss eine bestimmte Zeitspanne liegen. Denn die Anleger müssen auf Grundlage der Informationen eine Anlageentscheidung treffen können. Den Kunden sind daher alle wesentlichen Informationen in einer angemessenen Zeit vor ihrer endgültigen Entscheidung mitzuteilen. Dem Kunden muss möglich sein, auf Grundlage der erhaltenen Informationen eine Entscheidung ohne Zeitdruck treffen zu können. Dieser Zeitpunkt kann abhängig von der Funktionsweise und den Risiken der jeweiligen Finanzanlage variieren. Dabei sind die Kenntnisse und Erfahrungen des Anlegers zu berücksichtigen.

> **Praxistipp:**
>
> Handelt es sich um ein einfaches standardisiertes Produkt bzw. eine einfache Dienstleistung, braucht ein Kunde weniger Zeit. Bei einem komplexen, risikoreichen oder dem Anleger unbekannten Produkt, ist dem Anleger hingegen mehr Zeit einzuräumen.

Die Informationen sind dem Anleger in Textform (§ 126b BGB) zur Verfügung zu stellen (§ 13 Abs. 6 FinVermV). Hierzu dürften insbesondere Disketten, CD-ROMs und DVDs sowie die Übersendung von E-Mails mit entsprechenden Anhängen zählen. Die Informationen können in standardisierter Form erteilt werden (§ 13 Abs. 1 Satz 3 FinVermV).

> **Beispiele:**
>
> Der Vermittler kann seine Informationspflicht durch **Übergabe von Broschüren** in gedruckter oder elektronischer Form erfüllen. Dies setzt jedoch voraus, dass der Vermittler den Anleger darüber informiert, dass mit der Aushändigung der standardisierten Informationen seine Informationspflicht erfüllt und die Lektüre im Interesse des Anlegers ist. Der Vermittler darf nicht der Eindruck erwecken, dass es sich um eine bloße Formalie handelt.
>
> Informationen, die sich nicht individualisiert an den Kunden richten, können auch auf einer **Internetseite** zur Verfügung gestellt werden. Dabei ist erforderlich, dass die Adresse der Internetseite dem Kunden auf einem dauerhaften Datenträger mitgeteilt worden ist und die Informationen auf der Internetseite laufend abgefragt werden können und solange eingestellt bleiben, wie dies nach billigem Ermessen für den Kunden zu erwarten ist. Der Kunde muss aber nachweislich einen Zugang zum Internet haben. Dies ist auf jeden Fall dann gegeben, wenn der Kunde im Zusammenhang mit Beratung und Vermittlung eine E-Mail-Adresse angegeben hat. Der Vermittler muss die Informationen nicht auf seiner eigenen Internetseite zur Verfügung stellen. Es genügt die Weitergabe eines Links, wenn die entsprechende Seite die genannten Anforderungen erfüllt.

Werden diese Informationen dem Kunden nicht, nicht richtig, nicht vollständig, nicht in der vorgeschriebenen Weise oder nicht rechtzeitig zur Verfügung gestellt, ist dies eine Ordnungswidrigkeit (§ 26 Abs. 1 Nr. 2 FinVermV i. V. m. § 144 Abs. 2 Nr. 6 GewO), die mit einer Geldbuße bis zu 5.000 EUR geahndet werden kann.

11.6.1   Art der Finanzanlage

Dem Kunden sind einerseits Informationen über die Art der angebotenen oder von ihm nachgefragten Finanzanlagen zur Verfügung zu stellen, damit er diese versteht und aufgrund dessen eine Anlageentscheidung treffen kann. Dem Kunden sollen **Wesensmerkmale** bzw. die **Funktionsweise der einzelnen Finanzanlagen** beschrieben werden. Dies bezieht sich auf die Produktkategorien, also auf offene Investmentvermögen, geschlossene Investmentvermögen und Vermögensanlagen.

Die Informationen müssen so ausführlich und detailliert sein, dass der Anleger die unterschiedlichen Finanzanlagen verstehen kann. Die verschiedenen Produktkategorien müssen separat dargestellt und dürfen nicht zusammengefasst werden. Gehören

Finanzanlagen zwar einer Produktkategorie an, unterscheiden sie sich aber wesentlich, ist eine Unterteilung in weitere (Unter-)Arten möglich. Eine solche Unterscheidung kann sich insbesondere aus dem **Chance-Risiko-Profil** ergeben. Sofern sich Finanzanlagen nur in ihrer Komplexität unterscheiden und die Funktionsweise aber vergleichbar ist, ist keine Unterscheidung nötig.

11.6.2   Risiken

Der Anleger ist über die Risiken der einzelnen Arten von Finanzanlagen zu informieren. Zu den Risiken der Finanzanlagen gehören alle Aspekte, deren Eintritt möglich oder wahrscheinlich sind und einen negativen Einfluss auf den Wert oder die Wertentwicklung der Finanzanlagen haben können. Aus der Darstellung der Risiken müssen die aus der Finanzanlage folgenden Gefahren deutlich werden. Die Beschreibung der Risiken richtet sich danach, ob diese nach Art der Finanzanlage und der Kenntnisse des Anlegers relevant sind. Die Finanzanlagenvermittlerverordnung enthält einen nicht abschließenden Katalog an Aspekten für eine Risikobeschreibung, die die **Mindestvoraussetzung für eine angemessene Anlegerinformation** darstellt. Diese muss folgende Angaben enthalten (§ 13 Abs. 2 Satz 2 FinVermV):

- Angaben über die Hebelwirkung und ihre Effekte,
- Risikos des Verlustes der gesamten Finanzanlage,
- Ausmaß der Schwankungen des Preises der betreffenden Finanzanlage (Volatilität),
- etwaige Beschränkungen des für solche Finanzanlagen verfügbaren Marktes,
- den Umstand, dass jeder Anleger durch die Finanzanlagen möglicherweise finanzielle und sonstige Verpflichtungen übernehmen muss,
- Einschusspflichten oder ähnliche Verpflichtungen.

11.6.3   Kosten und Nebenkosten

Das **Ausmaß der Wertschwankungen** einer Finanzanlage hängt von einer Vielzahl von Faktoren ab. Eine exakte Vorhersage der Schwankungen ist weitgehend unmöglich. Daher erfüllt der Finanzanlagenvermittler seine Informationspflicht, wenn er offenlegt, dass der Wert der Finanzanlage Schwankungen unterliegt. Dabei genügt es, dass aufgezählt wird, auf welchen Faktoren diese Schwankungen beruhen können.

Der Kunde ist über **Kosten und Nebenkosten** zu informieren. Die Informationen müssen folgende Angaben enthalten (§ 13 Abs. 3 FinVermV):

- Angaben zu dem Gesamtpreis, den der Anleger im Zusammenhang mit der Finanzanlage und den Dienstleistungen des Vermittlers zu zahlen hat,
- einen Hinweis auf die Möglichkeit, dass dem Anleger aus Geschäften im Zusammenhang mit der Finanzanlage weitere Kosten und Steuern entstehen können,
- Bestimmungen über die Zahlung oder sonstige Gegenleistungen.

Danach ist der Gesamtpreis einschließlich aller Gebühren, Provisionen, Entgelte und Auslagen mitzuteilen. Sofern der Gesamtpreise nicht angegeben werden kann, ist die Grundlage seiner Berechnung oder seine anzugeben, damit der Anleger diesen überprüfen kann. Die vom Vermittler in Rechnung gestellten **Provisionen** sind separat aufzuführen. Dabei kann die grundlegende Informationserteilung mittels eines Preis- und Leistungsverzeichnis erfolgen. Falls ein Teil des Gesamtpreises in einer Fremdwährung zu zahlen oder in einer anderen Währung als in Euro dargestellt ist, müssen die betreffende

Währung und der anzuwendende Wechselkurs sowie die damit verbundenen Kosten angegeben werden. Ist die genaue Angabe des Wechselkurses nicht möglich, so ist die Grundlage für seine Berechnung anzugeben.

Der Umfang der Pflicht zur Information über Arten von Finanzanlagen, Risiken, Kosten und Nebenkosten wird also durch den **Grundsatz der Verhältnismäßigkeit** begrenzt. Dem Kunden sind danach nur die Informationen über die Risiken der Finanzanlagen mitzuteilen, die ausreichend sind, damit der Anleger nach vernünftigem Ermessen die Art und die Risiken der Finanzanlagen verstehen und auf dieser Grundlage eine Anlageentscheidung treffen kann.

Die Beschreibung soll detailliert genug sein, damit der Kunde seine Anlageentscheidung auf fundierter Grundlage treffen kann, wobei zu berücksichtigen ist, dass die abstrakten Informationen durch konkrete Informationen zu dem jeweiligen Produkt zu ergänzen sind. Die erteilten Informationen müssen **für einen Durchschnittskunden verständlich** sein. Ob die Informationen für den einzelnen Kunden nach seinen individuellen Kenntnissen verständlich sind, ist unerheblich. Komplexe Zusammenhänge müssen so dargestellt werden, dass sie ein durchschnittlicher Privatanleger ohne Fachwissen verstehen kann. Fachbegriffe müssen erläutert werden. Die erteilten Informationen sollten gedanklich klar geordnet bzw. gegliedert sein. Dabei ist eine Informationsüberflutung des Anlegers zu vermeiden. Gibt es Anhaltspunkte dafür, dass der Kunde bestimmte Informationen nicht verstanden hat, müssen sie ihm ergänzend erläutert werden. Ist erkennbar, dass der Kunde weitere Informationen benötigt, so erweitert sich dadurch die Informationspflicht.

Beim Vertrieb von Anteilen oder Aktien an Investmentvermögen müssen Finanzanlagenvermittler die Verpflichtungen des Kapitalanlagegesetzbuchs zur Anlegerinformation beachten. Das Kapitalanlagegesetzbuch ist insoweit entsprechend anwendbar (§ 13 Abs. 4 FinVermV i. V. m. § 297 Abs. 1 bis 7 und Abs. 9 und § 303 KAGB). Dabei dürfen keine eigenen Angaben gemacht werden, die im Widerspruch zu diesem Prospekt stehen.

11.6.4 Interessenkonflikte

Der Finanzanlagenvermittler hat den Anleger rechtzeitig vor Abschluss eines Geschäftes auf **Interessenkonflikte** hinzuweisen (§ 13 Abs. 5 FinVermV). Dies bezieht sich auf Interessenkonflikte, die bei der Anlageberatung und -vermittlung zwischen dem Finanzanlagenvermittler oder seinen Mitarbeitern und den Anlegern oder zwischen den Anlegern bestehen können.

> **Beispiel:**
>
> Ein Interessenkonflikt kann vorliegen, wenn der Finanzanlagenvermittler ein Interesse daran hat, dass der Anleger eine bestimmte Finanzanlage erwirbt, die nicht mit dem Interesse des Anlegers übereinstimmt. Dies kann der Fall sein, wenn der Finanzanlagenvermittler selbst in eine Finanzanlage investiert hat und vor diesem Hintergrund an deren weiterer Verbreitung interessiert ist oder wenn er eine Kapitalbeteiligung an einem Produktgeber besitzt.

11.7 Produktinformationsblatt

Der Vermittler muss dem Anleger ein kurzes und leicht verständliches Dokument über das jeweilige Kapitalanlageprodukt zur Verfügung stellen (§ 15 FinVermV). Diese Verpflichtung gilt aber nur bei einer Anlagenberatung, wenn also eine Empfehlung in Bezug auf eine bestimmte Kapitalanlage abgegeben wird. Das Informationsblatt wird vom Anbieter der jeweiligen Finanzanlage erstellt.

Für die einzelnen Arten von Finanzanlagen sehen unterschiedliche Gesetze Produktinformationsblätter vor:

- wesentliche Anlegerinformationen (WAI) für Anteile oder einer Aktien an einem OGAW (AIW) (§ 297 Abs. 1 KAGB),
- Vermögensanlagen-Informationsblatt für Vermögensanlagen nach dem VermAnlG (VIB) (§ 13 VermAnlG).

Über Genossenschaftsanteile müssen keine Informationsblätter zur Verfügung gestellt werden, da das Genossenschaftsgesetz, anders als das Investmentgesetz und das Vermögensanlagengesetz, eine entsprechende Pflicht zur Erstellung von Informationsblättern nicht vorsieht.

Das Informationsblatt soll dem Anleger einen besseren Vergleich zwischen den verschiedenen Finanzprodukten ermöglichen. Der Anleger kann auf die Übergabe nur durch eine individuelle Vereinbarung und nicht durch standardisierte Erklärung verzichten.

Das Produktinformationsblatt ist dem Kunden rechtzeitig vor Vertragsschluss über die Kapitalanlage zur Verfügung zu stellen. Was rechtzeitig in diesem Zusammenhang bedeuten soll, wird im Gesetz offengelassen. Zwar ergibt sich daraus kein konkret einzuhaltender Zeitraum – losgelöst vom Einzelfall wäre dies auch praxisfremd –, rechtzeitig bedeutet aber in jedem Falle, dass der Anleger ausreichend Zeit gegeben werden muss, um sich mit dem Informationsblatt auseinanderzusetzen. Hierbei hilft, dass das Informationsblatt auch als elektronisches Dokument zur Verfügung gestellt werden kann, was Investmentgesetz und Vermögensanlagengesetz ermöglichen.

Wird das Informationsblatt nicht, nicht richtig, nicht vollständig oder nicht rechtzeitig zur Verfügung stellt, ist dies eine Ordnungswidrigkeit (§ 26 Abs. 1 Nr. 3 FinVermV i. V. m. § 144 Abs. 2 Nr. 6 GewO), die mit einer Geldbuße bis zu 5.000 EUR geahndet werden kann.

11.8   Beratungsprotokoll

Finanzanlagenvermittler sind bei jeder **Anlageberatung** zur Erstellung eines Beratungsprotokolls verpflichtet (§ 18 FinVermV). Danach ist bei jeder Anlageberatung, unabhängig davon, ob sie zu einem Geschäftsabschluss führt oder nicht, ein schriftliches Protokoll zu erstellen. Dadurch soll eine Kontrolle des Gesprächshergangs durch die zuständige Behörde ermöglicht werden. Da es sich hierbei um eine öffentliche-rechtliche Pflicht gegenüber der zuständigen Behörde handelt, kann der Kunde auf die Protokollierung nicht durch eine Erklärung gegenüber dem Vermittler verzichten. Bei **Anlagevermittlungen** sind keine Beratungsprotokolle zu erstellen.

Der Vermittler muss das Protokoll unterzeichnen und dem Anleger eine Ausfertigung unmittelbar nach Abschluss der Beratung und Vermittlung, spätestens jedoch vor einem Geschäftsabschluss aushändigen (§ 18 Abs. 1 FinVermV). Sofern ein Mitarbeiter die Beratung und Vermittlung durchführt, hat dieser das Beratungsprotokoll zu unterzeichnen (§ 19 Satz 2 FinVermV). Für den Anleger besteht keine Verpflichtung, das Beratungsprotokoll zu unterzeichnen.

Das zu erstellende Protokoll hat vollständige Angaben zu enthalten über

- Anlass der Anlageberatung,
- Dauer des Beratungsgespräches,
- die der Anlageberatung zugrunde liegenden Informationen über
  - die persönliche Situation des Kunden,
  - die finanziellen Verhältnisse,
  - die mit den Geschäften verfolgten Ziele,
  - die Kenntnisse und Erfahrungen in Bezug auf Finanzanlagen,
- Finanzanlagen, die Gegenstand der Anlageberatung waren,
- vom Anleger im Zusammenhang mit der Anlageberatung geäußerten wesentlichen Anliegen und deren Gewichtung,
- im Verlauf des Beratungsgespräches erteilte Empfehlungen sowie
- die für diese Empfehlungen genannten wesentlichen Gründe.

Sofern aufgrund des gewählten Kommunikationsmittels (in der Regel bei einer Beratung per Telefon) eine Übermittlung des Protokolls vor Geschäftsabschluss nicht möglich sein sollte, muss eine Ausfertigung des Protokolls dem Kunden unverzüglich nach Abschluss des Beratungsgespräches zugesandt werden. In diesem Fall kann der Vermittler auf ausdrücklichen Wunsch des Kunden den Geschäftsabschluss durchführen, bevor der Kunde das Protokoll erhält. Es muss dem Kunden dabei ein **einwöchiges Rücktrittsrecht** für das Geschäft einräumen. Der Vermittler muss den Anleger auf das Rücktrittsrecht und die Frist hinweisen und dies im Protokoll vermerken. Die Richtigkeit und Vollständigkeit des Beratungsprotokolls ist vom Vermittler zu beweisen, wenn er dem Kunden gegenüber bestreitet, dass diesem dieses Rücktrittsrecht zusteht (§ 18 Abs. 3 FinVermV).

Soweit **standardisierte Formulare** verwendet werden, soll darauf geachtet werden, dass die Beratungsprotokolle nicht nur aus Textbausteinen bestehen, sondern auch **Freitextfelder** vorsehen, um weitere Informationen des Anlegers zu seiner persönlichen Situation und seinen individuellen Anliegen sowie deren Gewichtung ergänzen zu können. Nur so sei gewährleistet, dass in einer Situation, in der der Anleger individuelle Wünsche äußert, diese ausreichend dokumentiert werden (§ 18 Abs. 1 Satz 4 FinVermV).

Der Kunde hat einen (zivilrechtlichen) **Anspruch auf Herausgabe des Beratungsprotokolls**. Ihm steht aber gegen den Vermittler kein Schadenersatzanspruch zu, wenn der Vermittler gegen die Protokollierungspflicht verstößt. Ein solcher Verstoß bewirkt auch keine Darlegungs- und Beweislast zulasten des Vermittlers in einem Zivilprozess. Wird das Beratungsprotokoll nicht, nicht richtig, nicht vollständig angefertigt oder nicht oder nicht richtig unterzeichnet, ist dies eine Ordnungswidrigkeit. Gleiches gilt, wenn ein Beratungsprotokoll nicht, nicht vollständig oder nicht rechtzeitig zur Verfügung gestellt bzw. zugesendet wird (§ 26 Abs. 1 Nr. 9 und 10 FinVermV i. V. m. § 144 Abs. 2 Nr. 6 GewO). Dies kann mit einer Geldbuße bis zu 5.000 EUR geahndet werden.

11.9 Anforderungen an Informationen und Werbung

Der Kunde soll seine Anlageentscheidung auf der Grundlage adäquater Informationen treffen können. Deshalb regelt die FinVermV bestimmte allgemeine Anforderungen, die der Vermittler bei der Information seiner Kunden beachten muss. So müssen alle Informationen und Werbemitteilungen **redlich** und **eindeutig** und für den Anleger **nicht irreführend** sein (§ 14 Abs. 1 FinVermV). Werbemitteilungen müssen als solche zu erkennen sein (§ 14 Abs. 2 FinVermV). Zur Konkretisierung gelten die Regelungen der Wertpapier-dienstleistungs-, Verhaltens- und Organisationsverordnung entsprechend (§ 14 Abs. 5 FinVermV i. V. m. § 4 Abs. 2 – 11 WpDVerOV).

Die Vorgaben beziehen sich auf alle Informationen über Art und Risiken der vom Ver-mittler angebotenen oder vom Kunden nachgefragten Finanzinstrumente sowie die damit verbundenen Kosten und Nebenkosten (§ 13 FinVermV). Gesondert erwähnt wird die Werbemitteilung als spezielle Art der Information. Zu den **Werbemitteilungen** zählen unabhängig vom Medium sämtliche Informationen, die den Anleger zum Erwerb einer Finanzanlage veranlassen sollen oder können. Neben klassischer Werbung gehören dazu auch Anschreiben an die Kunden. Bloße **Imagewerbung des Vermittlers** selbst gehört hierzu nicht, weil ein Bezug zu einer Finanzanlage fehlt.

Die besonderen Anforderungen betreffen alle Informationen, auf die der Vermittler dem Kunden den Zugriff ermöglicht (z. B. auch via Internet, Fax usw.), und die nicht nur der internen Verwendung dienen. Gleiches gilt, wenn an den Kunden Informationen über Kapitalanlagen weitergegeben werden, die dieser von einem Dritten hat, beispielsweise vom Emittenten.

Redlichkeit bedeutet, dass alle mitgeteilten Informationen wahr, vollständig und ver-ständlich sein und rechtzeitig mitgeteilt werden müssen. Die Informationen müssen also entweder objektiv zutreffend sein oder vom Vermittler mit der „Sorgfalt eines ordentlichen Kaufmanns" ermittelt worden sein. Dies ist der Fall, wenn die Informationen aus einer zuverlässigen Quelle stammen und nicht offensichtlich unrichtige Angaben enthalten.

> **Praxistipp:**
>
> Veröffentlichungen der Fach- und Wirtschaftspresse, von Brancheninformationsdiensten und Ratingagenturen usw. sind in jedem Fall redlich, wenn diese Publikationen etabliert sind. Auf Informationen, die vom Emittenten der Finanzanlage selbst stammen, sollte sich der Vermittler verlassen können, wenn er aus den vorgenannten Publikationen nichts Negatives entnehmen konnte. Die Rechtsprechung verpflichtet jedoch nur zur regelmäßigen Lektüre der Wirtschaftspresse.
>
> Wird eine Finanzanlage eines dem Vermittler unbekannten oder nicht etablierten Emittenten vertrieben, sollte bei der Weitergabe von Informationen zur Sicherheit darauf hingewiesen werden, dass diese nicht überprüft werden konnten. Andernfalls kann ein Verstoß gegen die Pflicht zur Plausibilitätsprüfung vorliegen.

Eindeutigkeit der Information bedeutet, dass die zur Verfügung gestellten Informatio-nen vom Kunden nicht unterschiedlich ausgelegt oder interpretiert werden dürfen. Die Informationen müssen daher von der Wortwahl, der Gliederung und der Darstellung ein-deutig sein. Im Kern muss die Verständlichkeit für einen durchschnittlich aufmerksamen, nicht professionellen Anleger gewährleistet sein, damit der Kunde die Tragweite und die Risiken seiner Anlageentscheidung selbst einschätzen kann. Erwartet werden kann, dass der Kunde auch längere Texte liest und versteht, auch wenn dies etwas Mühe und Aufwand erfordert. In jedem Falle sind Tabellen und Diagramme für Durchschnittskunden verständlich und damit eine eindeutige Information.

Aussagen zur früheren Wertentwicklung einer Kapitalanlage dürfen nicht in den Vorder-grund gestellt werden (§ 14 Abs. 5 FinVermV i. V. m. § 4 Abs. 4 WpDVerOV, der Einzel-heiten zulässiger Angaben regelt). Insbesondere bei neuen Produkten wird dem Kunden eine bessere Einschätzung der Kapitalanlage dadurch ermöglicht, dass auch mit einer simulierten historischen Wertentwicklung geworben werden darf (§ 14 Abs. 5 FinVermV i. V. m. § 4 Abs. 5 WpDVerOV). Eine simulierte Wertentwicklung auf der Basis rein fiktiver Annahmen ist jedoch unzulässig. Angaben zur zukünftigen Wertentwicklung dürfen nicht auf Angaben einer simulierten Wertentwicklung beruhen und müssen auf realistische Daten gestützt sein (§ 14 Abs. 5 FinVermV i. V. m. § 4 Abs. 6 WpDVerOV).

Die Aussagen und Angaben müssen so dargestellt werden, dass sie nicht irreführend sind. Der Empfänger muss einen zutreffenden Eindruck von der Kapitalanlage erhalten. Dabei kann aber nicht auf das Verständnis des jeweiligen Anlegers abgestellt werden. Entscheidend ist ausschließlich, wie ein Durchschnittskunde der angesprochenen Zielgruppe nach der allgemeinen Lebenserfahrung die Informationen in ihrer Gesamtbetrachtung verstehen konnte. Mögliche Vorteile einer Kapitalanlage dürfen nur hervorgehoben werden, wenn gleichzeitig eindeutig auf etwaige damit einhergehende Risiken verwiesen wird (§ 14 Abs. 5 FinVermV i. V. m. § 4 Abs. 2 Satz 1 WpDVerOV). Vor- und Nachteile bzw. Chancen und Risiken sind daher vorzugsweise gemeinsam darzustellen. Wichtige Aussagen oder Warnungen dürfen nicht unverständlich oder abgeschwächt dargestellt werden (§ 14 Abs. 1 Satz 3 FinVermV). Eine Irreführung ist dann anzunehmen, wenn Chancen doppelt dargestellt oder drucktechnisch hervorgehoben werden, beispielsweise wenn die Chancen im Fließtext und die Risiken nur in Fußnoten beschrieben werden.

Praxistipp:

Ein Vermittler informiert seine Kunden also dann irreführend, wenn er das Produkt einseitig positiv darstellt. Irreführend wäre es, wenn der Vermittler im Zusammenhang mit der Kapitalanlage von einer Garantie spricht, wenn tatsächlich nur ein Zahlungsversprechen abgegeben wird. Bei einem Hinweis auf einen „hundertprozentigen Kapitalschutz" muss daher erläutert werden, woraus sich dieser ergibt. Denn hundertprozentiger Kapitalschutz bedeutet, dass vom Emittenten eine vollständige Rückzahlung der gesamten Investition zum Ende der Laufzeit unabhängig von der Wertentwicklung versprochen wird. Dieses Versprechen ist von der Zahlungsfähigkeit des Emittenten abhängig und beinhaltet keine Garantie von dritter Seite.

Der Vermittler darf den Namen einer Behörde nicht in einer Weise gebrauchen, die dem Anleger suggeriert, die Behörde habe die Kapitalanlage gebilligt oder genehmigt (§ 14 Abs. 5 FinVermV i. V. m. § 4 Abs. 11 WpDVerOV).

Praxistipp:

Der Vermittler darf nicht mit Selbstverständlichkeiten werben. Ein typischer Fall wäre, dass der Prospekt eines geschlossenen Fonds von der BaFin auf inhaltliche Vollständigkeit geprüft wird. Formulierungen wie z. B. „BaFin-geprüft" sind unzulässig.

Informationen zu einer bestimmten steuerlichen Behandlung müssen einen deutlichen Hinweis enthalten, dass die steuerliche Behandlung von den persönlichen Verhältnissen des jeweiligen Kunden abhängt und künftigen Änderungen unterworfen sein kann (§ 14 Abs. 5 FinVermV i. V. m. § 4 Abs. 8 WpDVerOV).

Inhaltlich gelten für **Werbemitteilungen** dieselben Anforderungen wie für alle zuvor genannten anderen Informationen. Es ist darauf abzustellen, wie ein durchschnittlich informierter, aufmerksamer und verständiger Kunde die Werbung wahrscheinlich auffassen würde.

Praxistipp:

Werbematerialien und Informationen zum „internen Gebrauch" müssen unterscheidbar sein. Wichtig ist, dass Informationen zum „internen Gebrauch" nicht an Kunden gegeben werden, denn diese Unterlagen müssen dem gesetzlichen Standard für Werbung nicht genügen. Beispielsweise muss die Werbung eindeutig im Sinne von verständlich sein. Dies kann bei einer komprimierten und in Fachsprache verfassten internen Information anders sein. Sie mag zwar nicht falsch sein, sie wäre aber für einen Laien nicht „eindeutig".

12 Aufzeichnungen und Prüfberichte

Für die Finanzanlagenvermittler gibt es, ähnlich der bisherigen Makler- und Bauträgerverordnung (MaBV), Aufzeichnungs- und Prüfungspflichten. Diese FinVermV sieht eine nachträgliche behördliche Prüfung der Ordnungsgemäßheit des Geschäftsbetriebes (sog. Nachschau) vor. Zu diesem Zweck sind regelmäßig sowie aus besonderem Anlass Prüfungsberichte über die **Einhaltung der Verhaltenspflichten** vorzulegen. Die hierdurch ermittelten Daten dienen der Prüfung, ob der Gewerbetreibende noch zuverlässig ist. Sie bilden die Grundlage für eine etwaige Entscheidung über Rücknahme oder Widerruf der Gewerbeerlaubnis.

12.1 Aufzeichnungspflicht

Der Finanzanlagenvermittler hat nach bestimmten Vorgaben Aufzeichnungen zu machen sowie Unterlagen und Belege übersichtlich zu sammeln (§ 22 Abs. 1 FinVermV). Die Aufzeichnungspflicht beginnt ab dem Zeitpunkt, ab dem der Vermittler mit der Anlageberatung gegenüber dem Kunden beginnt oder diesem die Vermittlung einer Finanzanlage zusagt. Die Aufzeichnungen sind unverzüglich und in deutscher Sprache vorzunehmen. Die Aufzeichnungspflicht dient der Überprüfung der Einhaltung der Informations-, Beratungs- und Dokumentationspflichten (§§ 11 - 19 FinVermV). Darüber hinausgehende Aufzeichnungs- und Buchführungspflichten aus anderen Vorschriften bleiben von dieser Aufzeichnungspflicht unberührt (§ 22 Abs. 3 FinVermV).

Aus den Aufzeichnungen und Unterlagen müssen folgende Informationen ersichtlich sein (§ 22 Abs. 2 FinVermV):
- Name und Vorname oder die Firma des Anlegers,
- Anschrift des Anlegers,
- Nachweis, dass folgende Angaben rechtzeitig und vollständig mitgeteilt wurden:
  - statusbezogene Informationen über den Vermittler (§ 12 FinVermV),
  - Information des Anlegers über Risiken, Kosten und Nebenkosten (§ 13 FinVermV),
  - Informationsblätter über die jeweiligen Finanzanlagen (§ 15 FinVermV),
  - offenzulegende Zuwendungen (§ 17 FinVermV),
- Nachweis, dass Angaben über den Anleger rechtzeitig und vollständig eingeholt und über geeignete Finanzanlagen beraten wurde (§ 16 Abs. 1 FinVermV),
- Nachweis, dass bei einer Anlagevermittlung die erforderlichen Informationen rechtzeitig und vollständig eingeholt und die Hinweise rechtzeitig und vollständig mitgeteilt wurden (§ 16 Abs. 2 FinVermV),
- Nachweis über das Beratungsprotokoll und seine Aushändigung an den Anleger (§ 18 FinVermV).

Die anzufertigenden Aufzeichnungen und zu sammelnden Unterlagen und Belege sind die Grundlage für die jährlichen sowie anlassbezogenen Prüfungen (§ 24 FinVermV). Werden diese Aufzeichnung nicht, nicht richtig, nicht vollständig, nicht in der vorgeschriebenen Weise oder nicht rechtzeitig gemacht, so ist dies eine Ordnungswidrigkeit (§ 26 Abs. 1 Nr. 13 FinVermV i. V. m. § 144 Abs. 2 Nr. 6 GewO). Dies kann mit einer Geldbuße bis zu 5.000 EUR geahndet werden.

12.2   Prüfungsbericht

Durch eine jährliche sowie eine anlassbezogene Vorlage von Prüfungsberichten bei der zuständigen Behörde wird die laufende Aufsicht über die Einhaltung der Verhaltenspflichten durch die Finanzanlagenvermittler sichergestellt (§ 24 Abs. 1 FinVermV).

Finanzanlagenvermittler haben auf ihre Kosten die Einhaltung der sich aus der Finanzanlagenvermittlerverordnung ergebenden Verpflichtungen für jedes Kalenderjahr durch einen geeigneten Prüfer prüfen zu lassen. Der zuständigen Behörde ist bis spätestens 31.12. des darauf folgenden Jahres ein Prüfungsbericht zu übermitteln. Sofern der Finanzanlagenvermittler im Berichtszeitraum keine erlaubnispflichtige Vermittlungstätigkeit ausgeübt hat, hat er anstelle des Prüfungsberichtes eine entsprechende Erklärung spätestens bis zum 31.12. des darauf folgenden Jahres zu übermitteln. Der Prüfungsbericht hat einen Vermerk darüber zu enthalten, ob und welche Verstöße des Finanzanlagenvermittlers festgestellt worden sind.

Neben der jährlichen Pflichtprüfung kann die zuständige Behörde auch eine **Prüfung aus besonderem Anlass** anordnen, wenn aufgrund des Verhaltens des Finanzanlagenvermittlers und im Interesse der Anleger oder der Allgemeinheit eine derartige Maßnahme erforderlich ist. Die zuständige Behörde kann dann anordnen, dass im Rahmen einer außerordentliche Prüfung kontrolliert wird, ob der Finanzanlagenvermittler die sich aus der Finanzanlagenvermittlungsverordnung ergebenden Verhaltenspflichten einhält (§§ 12 - 23 FinVermV). Die zuständige Behörde kann hierzu auf Kosten des Finanzanlagenvermittlers selbst einen Prüfer beauftragen (§ 24 Abs. 2 MaBV).

Mit der Aufstellung eines Prüfberichtes können beauftragt werden (§ 24 Abs. 3 FinVermV):
- Wirtschaftsprüfer,
- vereidigte Buchprüfer,
- Wirtschaftsprüfungs- und Buchprüfungsgesellschaften,
- unter bestimmten Voraussetzungen Prüfungsverbände.

Daneben können auch andere Personen als Prüfer betraut werden. Voraussetzung ist, dass sie öffentlich bestellt oder zugelassen sind und die aufgrund ihrer Vorbildung und Erfahrung in der Lage sind, eine ordnungsgemäße Prüfung in dem jeweiligen Gewerbebetrieb durchzuführen (§ 24 Abs. 4 FinVermV).

> **Hinweis:**
> *Diese Regelung ermöglicht es, dass u. a. auch Steuerberater und sogar Rechtsanwälte mit der Prüfung beauftragt werden können.*

Der Finanzanlagenvermittler muss dem Prüfer die Einsicht in seine Bücher, Aufzeichnungen und Unterlagen gestatten. Dem Prüfer sind alle Aufklärungen und Nachweise zu geben, die dieser für eine sorgfältige Prüfung benötigt (§ 25 Abs. 1 FinVermV).

Wird der Prüfungsbericht oder die Negativerklärung nicht, nicht richtig, nicht vollständig oder nicht rechtzeitig oder eine dort genannte Erklärung nicht, nicht richtig, oder nicht rechtzeitig vorgelegt, so ist dies eine Ordnungswidrigkeit. Dasselbe gilt, wenn der Anordnung einer außerordentlichen Prüfung zuwider gehandelt wird, dem Prüfer eine Einsicht nicht gestattet oder Aufklärungen und Nachweise nicht, nicht richtig, nicht vollständig oder nicht rechtzeitig gegeben werden (§ 26 Abs. 1 Nr. 15 bis 17 FinVermV i. V. m. § 144 Abs. 2 Nr. 6 GewO). Dies kann mit einer Geldbuße bis zu 5.000 EUR geahndet werden.

12.3   Aufbewahrung

Die anzufertigenden Aufzeichnungen und zu sammelnden Unterlagen und Belege, insbesondere die Beratungsprotokolle, sind auf einem dauerhaften Datenträger wie z. B. in Papierform oder auf CD-ROM festzuhalten bzw. zu speichern (§ 23 FinVermV). Diese der Aufzeichnungs- und Prüfungspflicht unterliegenden Unterlagen und Belege sind für einen **Zeitraum von fünf Jahren** und in den Geschäftsräumen des Finanzanlagenvermittlers aufzubewahren. Die **Aufbewahrungsfrist** beginnt mit dem Schluss des Kalenderjahres, in dem der letzte aufzeichnungspflichtige Vorgang angefallen ist. Vorschriften, die eine längere Aufbewahrungsfrist vorsehen, bleiben unberührt (§ 23 FinVermV).

Es kann sich aus anderen Gründen eine längere Frist ergeben. Sofern die Unterlagen als Geschäftsbriefe eines Kaufmanns einzuordnen sind, wären sie **mindestens sechs Jahre** aufzubewahren (§ 257 Abs. 1 Nr. 3 HGB).

> **Praxistipp:**
>
> Im Hinblick auf mögliche Schadenersatzforderungen ist zu beachten, dass die Verjährungsfristen praktisch zehn Jahre betragen. Es ist daher empfehlenswert, das Beratungsprotokoll sogar zehn Jahre aufzubewahren, zumindest aber für die Dauer der Geschäftsbeziehung.

Werden Unterlagen nicht in der vorgeschriebenen Weise mindestens fünf Jahre aufbewahrt, so ist dies eine Ordnungswidrigkeit (§ 26 Abs. 1 Nr. 13 FinVermV i. V. m. § 144 Abs. 2 Nr. 6 GewO), die mit einer Geldbuße bis zu 5.000 EUR geahndet werden kann.

13   Geldwäschegesetz

13.1   Grundlagen des Geldwäscherechtes

Das Geldwäscherecht hat die Verhinderung und Bekämpfung von Geldwäsche und Terrorismusfinanzierung zum Ziel. Unter Geldwäsche wird eine Handlung verstanden, die darauf abzielt, die Spuren illegaler Vermögensgegenstände zu verschleiern oder zu verwischen, um diese zu einem späteren Zeitpunkt wieder als scheinbar legales Vermögen im regulären Geschäftsverkehr zu nutzen. Vermögensgegenstände sind dann illegal, wenn sie aus Straftaten (sog. Vortaten) stammen.

Wichtige Vortaten, aus denen illegales Vermögen stammen kann, sind:
* Terrorismus,
* Drogenhandel,
* Waffenhandel,
* Steuerhinterziehung.

Diese Aufzählung ist nicht abschließend, sondern lediglich beispielhaft. Auch die Geldwäsche selber stellt eine Straftat dar (§ 261 StGB).

Das Geldwäschegesetz (GwG) enthält Regelungen, deren Beachtung eine frühzeitige Entdeckung von Vorgängen der Geldwäsche und der Terrorismusfinanzierung ermöglichen soll.

13.2   Drei Phasen der Geldwäsche

Die Geldwäsche vollzieht sich in mehreren Phasen. Für die Beschreibung der Geldwäschevorgänge hat sich das sogenannte Drei-Phasen-Modell durchgesetzt. Danach werden drei Phasen der Geldwäsche unterschieden und zwar

- Placement (oder Platzierung),
- Layering (oder Verschleierung),
- Integration.

Das Placement stellt die erste Phase der Geldwäsche dar. Dabei werden Vermögenswerte aus kriminellen Vortaten (z. B. Drogenhandel, Betrug, illegalem Glücksspiel, Raub o. Ä.) in das Finanzsystem eingebracht, also platziert. Regelmäßig werden Einzahlungswege von Banken, Finanzdienstleistern oder durch sonstige Unternehmen dazu genutzt. Eine der einfachsten Techniken hierfür ist das sogenannte Smurfing. Smurfing bedeutet, dass Einzahlungen gestückelt erfolgen und das Geld auf eine Vielzahl von Konten gestreut wird. In dieser Phase besteht das größte Entdeckungsrisiko und damit auch die beste Zugriffsmöglichkeit für die Ermittlungsbehörden.

Das Layering als zweite Phase ist der Versuch eines „Verwirrspiels". Die illegale Herkunft der Vermögenswerte soll verwischt und unkenntlich gemacht werden („Verschleierung"). Dies erfolgt beispielsweise dadurch, dass Transaktions- und Handlungsketten hintereinandergeschaltet werden. Oft werden auch verschiedene (Offshore-) Finanzplätze genutzt. Die Täter nehmen auch hohe Transaktionskosten in Kauf, um die „Papierspur" zu verwischen.

In der dritten Phase – die Integration – erfolgt die Einbringung der Vermögenswerte unter einem legalen Deckmantel in den regulären Wirtschaftskreislauf. Auf diese Weise fließen die Gelder zurück an den Organisator der Geldwäsche. Jetzt investiert der Geldwäscher in legale Geschäfte und Vermögensbildung.

> **Beispiele:**
>
> Typische Beispiele für die Integration in den legalen Wirtschaftskreislauf sind der Erwerb von Geschäfts- oder Gesellschaftsbeteiligungen, Aktieninvestitionen oder der Kauf von hochwertigen Immobilien. All diese Handlungen dienen dazu, aus „schmutzigem" scheinbar „sauberes" Geld zu machen.

13.3   Verpflichtete

Damit Geldwäsche verhindert bzw. deren Durchführung entdeckt werden kann, hat das Geldwäschegesetz verschiedene Personenkreise verpflichtet, bestimmte Maßnahmen zu ergreifen. Das Gesetz nennt diese Personen „Verpflichtete". Diese Verpflichteten müssen die besonderen Pflichten nach dem Geldwäschegesetz einhalten.

Verpflichtete aus dem Finanzdienstleistungsbereich i. S. d. Geldwäschegesetzes (§ 2 Abs. 1 GwG) sind insbesondere (aber nicht nur):

- Kreditinstitute,
- Finanzdienstleistungsinstitute,

- Zahlungsinstitute,
- Finanzunternehmen,
- Versicherungsunternehmen (für bestimmte Geschäfte),
- Versicherungsvermittler (für bestimmte Geschäfte),
- Investmentaktiengesellschaften,
- Immobilienmakler.

Der Begriff „Finanzdienstleistungsinstitut" wird im Kreditwesengesetz und Geldwäschegesetz nicht identisch genutzt. Im Geldwäschegesetz ist der Begriff weiter. Der Finanzanlagenvermittler ist aber weder nach dem Kreditwesengesetz noch nach dem Geldwäschegesetz ein Finanzdienstleistungsinstitut (siehe § 2 Abs. 1 Ziffer 2 GwG und § 2 Abs. 6 Nr. 8 KWG). Er ist somit kein Verpflichteter i. S. d. Geldwäschegesetzes. Das bedeutet aber nicht, dass er die Verpflichtungen aus dem Geldwäschegesetz nicht beachten muss. Der Finanzanlagenvermittler mag vielleicht nicht als Verpflichteter genannt worden sein. Aber er kooperiert regelmäßig mit solchen Personen, die zu diesem Kreis gehören. Im Rahmen der Kooperation wird die Einhaltung der Sorgfaltspflichten (z. B. die Identifikation eines Kunden) oft auf den Finanzanlagenvermittler, der den Kunden ja berät und somit direkten Kontakt zu ihm hat, übertragen. Finanzanlagenvermittler sind daher regelmäßig **geldwäscherechtliche Erfüllungsgehilfen eines Verpflichteten** (z. B. einer Bank oder eines Vermögensverwalters). Ferner muss ein Finanzanlagenvermittler als sachkundiger Teilnehmer am Wirtschaftsverkehr aufmerksam sein, da schon eine nachlässige Inkaufnahme einer Geldwäsche als sogenannte leichtfertige Geldwäsche strafbar sein kann.

13.4 Sorgfaltspflichten

Nach dem Geldwäschegesetz gibt es Sorgfaltspflichten, die einzuhalten sind. Diese Sorgfaltspflichten dienen der Bekämpfung der organisierten Kriminalität und der Verhinderung der Einbringung von Gewinnen aus kriminellen Geschäften. Die Sorgfaltspflichten sind gestuft nach

- Allgemeine,
- vereinfachte und
- verstärkte Sorgfaltspflichten.

13.4.1 Allgemeine Sorgfaltspflichten

Die allgemeinen Sorgfaltspflichten (§ 3 GwG) sind sozusagen der Standardfall. Folgende Punkte sind dabei zu prüfen bzw. zu klären:

- Identifizierung des Vertragspartners,
- Zweck und Art der Geschäftsbeziehung,
- abweichend wirtschaftlich Berechtigter,
- fortlaufende Überwachung der Geschäftsbeziehung.

Die Identifizierung bezieht sich somit auf den Vertragspartner und ggf. abweichend wirtschaftlich Berechtigte. Die Identifizierung dient damit der Umsetzung des „Know Your Customer (KYC)"-Prinzips, das ein anerkannter Standard zur Verhinderung von Geldwäsche ist. Auf diese Weise wird eine Anonymität verhindert. Wenn die Identifizierung nicht möglich ist, so dürfen die Geschäftsbeziehung nicht begründet und Transaktionen dürfen nicht durchgeführt werden.

Zur Identifizierung natürlicher Personen sind aufzunehmen:

- Name,
- Anschrift,
- Geburtsort,
- Geburtsdatum,
- Staatsangehörigkeit,
- Art, Nummer und ausstellende Behörde des Legitimationsdokumentes.

Zur Identifizierung juristischer Personen und Personengesellschaften sind aufzunehmen:

- Personen und
- Firma (Name des Unternehmens),
- Rechtsform,
- Registernummer,
- Anschrift (Sitz o. Hauptniederlassung),
- Name des gesetzlichen Vertreters/Mitglied des Vertretungsorgans, sofern dies eine juristische Person ist.

> **Wichtig:**
> Der Vermittler muss sich anhand geeigneter Dokumente über die Richtigkeit der Angaben vergewissern z.B. durch Personalausweis, Reisepass, Registerauszügen usw. Zur Dokumentation genügt die Kopie der einschlägigen Dokumente.

Die Identifizierung hat in folgenden Situationen zu erfolgen:

- bei Begründung der Geschäftsbeziehung,
- Gelegenheitstransaktion außerhalb bestehender Geschäftsbeziehung: ab 15.000 EUR,
- im Verdachtsfall,
- bei Zweifel an der Richtigkeit der Angaben zur Identität des Vertragspartners oder des wirtschaftlich Berechtigten.

Der Vertragspartner muss nicht unbedingt der Nutznießer eines Anlagegeschäftes sein. Hinter dem Vertragspartner kann ein abweichender wirtschaftlicher Berechtigter stehen. Anders ausgedrückt: Das Geschäft interessiert eigentlich einen anderen als den Vertragspartner.

Abweichend wirtschaftliche Berechtigte sind natürliche Person,

- die den Vertragspartner direkt oder indirekt kontrolliert bzw. Eigentum hält (z.B. einen Gesellschaftsanteil über 25 % hält),
- oder auf deren Veranlassung eine Transaktion letztlich durchgeführt bzw. Geschäftsbeziehung begründet wird (z.B. Handeln für einen anderen),
- oder hauptsächlicher Begünstigter einer fremdnützigen Gestaltung ist (z.B. Stiftung, Treuhandgestaltungen).

Die Existenz eines abweichend wirtschaftlichen Berechtigten ist abzuklären und dann zu identifizieren.

Neben diesen **Identifizierungspflichten** nach dem Geldwäschegesetz bleiben die Pflichten aus § 154 AO bestehen. Danach gilt, dass niemand auf einen falschen oder erdichteten Namen für sich oder einen Dritten ein Konto errichten oder Buchungen vornehmen lassen, Wertsachen (Geld, Wertpapiere, Kostbarkeiten) in Verwahrung geben oder verpfänden oder sich ein Schließfach geben lassen darf. Wer ein Konto führt, Wertsachen verwahrt oder als Pfand nimmt oder ein Schließfach überlässt, hat sich zuvor Gewissheit über die Person und Anschrift des Verfügungsberechtigten zu verschaffen und die entsprechenden Angaben in geeigneter Form, bei Konten auf dem Konto, festzuhalten. Er hat sicherzustellen, dass er jederzeit Auskunft darüber geben kann, über welche Konten oder Schließfächer eine Person verfügungsberechtigt ist.

Ist gegen § 154 Abs. 1 AO verstoßen worden, so dürfen Guthaben, Wertsachen und der Inhalt eines Schließfachs nur mit Zustimmung des für die Einkommen- und Körperschaftsteuer des Verfügungsberechtigten zuständigen Finanzamts herausgegeben werden.

Ferner sind Informationen über den Zweck und die angestrebte Art der Geschäftsbeziehung einzuholen, soweit sich diese im Einzelfall nicht bereits zweifelsfrei aus der Geschäftsbeziehung ergeben. Die kontinuierliche Überwachung der Geschäftsbeziehung umfasst auch die durchgeführte Transaktion. Dabei soll sichergestellt werden, dass die Transaktion mit den vorhandenen Informationen über den Vertragspartner und gegebenenfalls über den wirtschaftlich Berechtigten, deren Geschäftstätigkeit und das Kundenprofil und soweit erforderlich mit den vorhandenen Informationen über die Herkunft ihrer Vermögenswerte übereinstimmen. Es ist auch sicherzustellen, dass die jeweiligen Dokumente, Daten oder Informationen in einem zeitlich angemessenen Abstand aktualisiert werden.

13.4.2   Verstärkte Sorgfaltspflichten

Verstärkte Sorgfaltspflichten (§ 6 GwG) gelten bei sogenannten „PEPs". Das sind politisch exponierte Personen. PEPs sind nicht im Inland ansässige natürliche Personen, die wichtige öffentlicher Ämter innehaben. Dazu zählen auch unmittelbare Familienmitglieder oder nahe stehende Personen des PEPs.

Rechtsfolge des PEP-Status ist, dass
* die Zustimmung der übergeordneten Führungsebene vor Begründung der Geschäftsbeziehung einzuholen ist,
* die Herkunft des eingesetzten Vermögens zu bestimmen ist,
* eine verstärkte kontinuierliche Überwachung der Geschäftsbeziehung zu erfolgen hat.

Damit wird die Geschäftsbeziehung zu einem PEP zwingend als erhöhtes Risiko eingestuft.

13.4.3   Vereinfachte Sorgfaltspflichten

Vereinfachte Sorgfaltspflichten (§ 5 GWG) bestehen z. B. bei Kredit- und Finanzinstituten, Behörden, börsennotierten Gesellschaften oder Anderkonten rechtsberatender Berufe. In diesen Fällen unterstellt das Gesetz ein geringes Risiko der Geldwäsche. Allerdings ist ein Mindestmaß an Sorgfaltspflichten einzuhalten. Auf eine Identifizierung und Überwachung der Geschäftsbeziehung kann nicht vollständig verzichtet werden. Auch bei der Erfüllung vereinfachter Sorgfaltspflichten sind die Verpflichteten gehalten, die Geschäftspartner und ggf. den wirtschaftlich Berechtigten zu identifizieren und durchaus die Geschäftsbeziehungen zu überwachen, um komplexe und ungewöhnlich große Transaktionen ohne klar ersichtlichen wirtschaftlichen oder rechtmäßigen Zweck aufzudecken.

13.5   Meldung von Verdachtsfällen

Liegen Tatsachen vor, die darauf hindeuten, dass es sich bei Vermögenswerten, die mit einer Transaktion oder Geschäftsbeziehung im Zusammenhang stehen, um den Gegenstand einer Geldwäschetat handelt oder die Vermögenswerte im Zusammenhang mit Terrorismusfinanzierung stehen, so muss diese Transaktion unabhängig von ihrer Höhe oder diese Geschäftsbeziehung unverzüglich mündlich, telefonisch, per Telefax oder durch elektronische Datenübermittlung dem Bundeskriminalamt – Zentralstelle für Verdachtsmeldungen – und der zuständigen Strafverfolgungsbehörde gemeldet werden (Verdachtsmeldung nach § 11 GwG). Die Pflicht zur Meldung besteht auch, wenn Tatsachen darauf schließen lassen, dass der Vertragspartner seiner Pflicht zur Offenlegung eines abweichend wirtschaftlichen Berechtigten nicht nachgekommen ist.

Eine mündlich oder telefonisch gestellte Meldung ist schriftlich (Brief, Fax oder Email) zu wiederholen.

Die Transaktion ist im Verdachtsfall zunächst zu unterlassen. Der Verdächtige darf nicht über den Verdacht informiert werden, damit die Ermittlung nicht vereitelt wird.

14   Berufsverbände

Berufsvereinigungen oder -verbände sind privatrechtliche juristische Personen, die sich die Vertretung und Förderung der Belange eines bestimmten Berufsstandes zum Ziel setzen. Berufsverbände arbeiten nach außen hin unter der Annahme, dass die Bündelung der Interessen möglichst vieler Angehöriger eines bestimmten Berufes die Möglichkeit verbessert, diese Interessen gegenüber den Vertragspartnern der Berufsausübenden (z. B. Arbeitgeber, Auftraggeber, öffentliche Hand, Gesetzgeber) und der Öffentlichkeit allgemein durchzusetzen. Nach innen verstehen sich Berufsverbände üblicherweise als ein Forum, auf dem berufsspezifische Fragen aufgeworfen, diskutiert und geklärt werden können.

Berufsverbände bieten ihren Mitgliedern als Gegenleistung für den zu entrichtenden Mitgliedsbeitrag meist den bevorzugten Zugang zu beruflich relevanten Informationen, Aus- und Weiterbildungsmöglichkeiten und sonstige Vergünstigungen.

Anders als bei klassischen Vereinen ist die Aufnahme in einem Berufsverband in der Regel an Bedingungen geknüpft wie etwa dem Nachweis einer dem Beruf entsprechenden fachlichen Ausbildung oder einer gleichwertigen beruflichen Erfahrung. Bei einigen Berufsverbänden sind neben den im Verbandsnamen angegebenen Berufen nach der Satzung auch andere Berufe zugelassen. Es kommt oft vor, dass eine Person bei mehr als einem Berufsverband Mitglied ist. Neben diesen formalen Bedingungen muss die natürliche Person auch die inhaltlichen Bedingungen erfüllen, d. h. auch die gemeinsamen Ziele unterstützen wollen.

Berufsvereinigungen für unabhängige Finanzdienstleister sind:
*   Bundesverband Finanzdienstleistung e. V. (AfW),
*   Bundesverband Finanzplaner (BFP),
*   Bundesverband der Versicherungsberater (BVVB),
*   Bundesverband mittelständischer Versicherungs- und Finanzmakler (BMVF),
*   Verband deutscher Versicherungsmakler (VDVM),
*   Bundesverband mittelständischer Versicherungs- und Finanzmakler (BMVF),
*   Interessengemeinschaft Deutscher Versicherungsmakler (IGVM),

- Bundesverband unabhängiger Finanzdienstleisterinnen (BuF),
- Bundesverband Freier Berater (BVFB),
- Deutsche Gesellschaft für Finanzplanung (DFP),
- Deutscher Unternehmensverband Vermögensberatung (DUV),
- Verbund Deutscher Honorarberater (VDH),
- Vereinigung zum Schutz für Anlage- und Versicherungsvermittler (VSAV),
- Verband unabhängiger Finanzdienstleistungs-Unternehmen in Europa e. V. (VOTUM),
- Bundesverband deutscher Versicherungskaufleute (BVK).

Branchenverbände im Bereich Kapitalanlagen sind:
- Bundesverband Investment und Asset Management (BVI),
- Verband geschlossene Fonds (VGF),
- Bundesverband Deutscher Vermögensberater (BDV),
- Verband unabhängiger Vermögensverwalter Deutschland (VuV),
- Verband für Finanzdienstleistungsinstitute (VFI).

Berufsverbände für angestellte Außendienstmitarbeiter sind, anders als im Versiche-rungsvertrieb, im Bereich der Anlagenvermittlung unüblich.

15   Arbeitnehmervertretungen

Während sich die Arbeitgeber in Arbeitgeberverbänden zusammenschließen, können sich die Arbeitnehmer in Gewerkschaften organisieren. Dabei werden die kollektive und die individuelle Koalitionsfreiheit unterschieden. Kollektive Koalitionsfreiheit bedeutet, dass Arbeitnehmer das Recht haben, Gewerkschaften zu gründen. Individuelle Koali-tionsfreiheit umfasst das Recht, sich als Arbeitnehmer einer Gewerkschaft anzuschließen.

Gewerkschaften bilden somit ein Gegengewicht zu den Arbeitgeberverbänden und haben im Allgemeinen die Aufgabe, die wirtschaftlichen Interessen ihrer Mitglieder wahr-zunehmen und zu fördern.

In Deutschland sind die wichtigsten Gewerkschaften im Deutschen Gewerkschaftsbund (DGB) zusammengeschlossen. Folgende Gewerkschaften gehören dem DGB an:
- IG Metall,
- ver.di – Vereinte Dienstleistungsgewerkschaft,
- IG Bergbau, Chemie, Energie,
- EVG – Eisenbahn- und Verkehrsgewerkschaft,
- Gewerkschaft Erziehung und Wissenschaft,
- Gewerkschaft Nahrung-Genuss-Gaststätten,
- Gewerkschaft der Polizei.

Andere Gewerkschaften haben sich im Deutschen Beamtenbund oder im Christlichen Gewerkschaftsbund zusammengeschlossen. Daneben existieren noch kleinere Sparten-gewerkschaften (z. B. Gewerkschaft Cockpit oder Gewerkschaft der Lokführer).

Im Bereich Finanzdienstleistungen ist die Vereinte Dienstleistungsgewerkschaft (ver.di) die zuständige Gewerkschaft. Arbeitnehmer aus Banken, Sparkassen, Versicherungen und der Bundesbank können Mitglieder werden. Gleiches gilt für Arbeitnehmer der freien Finanzanlagenvermittler.

Die wesentlichen Aufgaben einer Gewerkschaft und damit auch von ver.di sind:

- Tarifpolitik,
- Arbeitszeit,
- Qualifikation.

Die Tarifpolitik hat Tarifverhandlungen zum Gegenstand und den Tarifabschluss zum Ziel. Die Rahmenbedingungen sind dazu im Tarifvertragsgesetz geregelt. Kernanliegen der Tarifpolitik sind Entgeltregelungen und arbeitsrechtliche Rahmenbedingungen. Ein anderes Thema ist die Arbeitszeit. Dabei geht es um die Arbeitsdauer sowie die Lage der Arbeitszeiten.

Die Qualifikation der Arbeitnehmer bezieht sich zum einen auf die berufliche Aus- und Weiterbildung. Im Fokus steht daher der Erwerb wesentlicher Kenntnisse und Fähigkeiten zur Ausübung eines Berufes im Finanzdienstleistungsbereich. Da sich die beruflichen Anforderungen beständig wandeln, soll die Weiterqualifizierung gewährleistet werden. Zum anderen umfasst das Thema Qualifikation auch die Vermittlung von Kenntnissen zur Wahrnehmung von Arbeitnehmerrechten und zur Einhaltung von Arbeitnehmerpflichten.

16   Verbraucherzentralen und Schlichtungsstellen

16.1   Verbraucherzentralen

Die deutschen Verbraucherzentralen sind Vereine, die sich aufgrund eines staatlichen Auftrages und überwiegend ausgestattet mit Steuermitteln dem Verbraucherschutz widmen und Beratungsleistungen erbringen. Ihnen wurde der Status der Gemeinnützigkeit verliehen. Zuständig für **Informationen und Beratung** sind die Verbraucherzentralen des jeweiligen Bundeslandes. Politische Dachorganisation der Verbraucherzentralen ist der Verbraucherzentrale Bundesverband e. V. (abgekürzt vzbv). Ihr Ziel ist es, die Verbraucher in **Fragen des privaten Konsums** zu informieren, zu beraten, zu unterstützen und rechtlichen Beistand zu leisten. Die Verbraucherzentralen versuchen auch, Einfluss auf die Gesetzgebung zu nehmen.

Die Verbraucherzentralen erhielten durch Gesetz gegenüber anderen Vereinen besondere Privilegien. So haben sie als einzige Organisationen in Deutschland gemäß § 3 Nr. 8 Rechtsberatungsgesetz das Recht zur außergerichtlichen Rechtsbesorgung und können so im Rahmen ihres Aufgabenkreises neben Rechtsanwälten Verbraucher außergerichtlich beraten und vertreten. Die Verbraucherzentralen helfen gegen Entgelt bei individuellen Rechtsproblemen und vertreten Interessen jedes Verbrauchers – im Einzelnen wie auch in Verbands- oder Sammelklagen.

16.2   Schlichtungsstellen

Eine Schlichtungsstelle ist in der Regel eine Einrichtung eines Verbandes oder eines Vereins, vor der Streitfälle **außergerichtlich** behandelt werden. Es gibt spezifische Schlichtungsstellen für Banken, Versicherungen und Bausparkassen. Die Schlichtungsstellen dienen der außergerichtlichen Streitbeilegung von Rechtsstreitigkeiten in der Regel mit Verbrauchern. Ziel ist es, unter Mitwirkung einer unabhängigen Instanz eine leicht zugängliche, kostengünstige, effiziente und vergleichsweise schnelle Möglichkeit zur Streitbeilegung im Zusammenhang zu eröffnen.

Private Banken haben in Deutschland im Rahmen einer Kundenbeschwerdestelle im Bundesverband deutscher Banken einen Ombudsmann eingerichtet. In Streitfällen ist für die Banken bis zu einer Streitsumme von bis zu 5.000 EUR die Entscheidung des Ombudsmanns bindend. Die Volks- und Raiffeisenbanken unterhalten in Berlin zudem eine eigene Kundenbeschwerdestelle im Bundesverband der Deutschen Volksbanken und Raiffeisenbanken (BVR). Ebenso unterhalten die Regionalverbände der Sparkassen im Deutschen Sparkassen- und Giroverband einen Ombudsmann. Für Schlichtungs- begehren bei öffentlichen Banken ist die Kundenbeschwerdestelle im Bundesverband öffentlicher Banken Deutschlands in Berlin zuständig.

Die BaFin hat für Verbraucher eine unabhängige und an Weisungen nicht gebundene Schlichtungsstelle für außergerichtliche Streitbeilegung von Verbraucherrechtsstreitig- keiten mit Bezug zum Investmentgesetz eingerichtet. Um die Zusammenarbeit bei der Behandlung grenzüberschreitender Streitigkeiten zu stärken, sind Schlichtungsstellen verpflichtet, den vergleichbaren Stellen in einem anderen Mitgliedstaat der Europäi- schen Union oder in anderen Vertragsstaaten des Abkommens über den Europäischen Wirtschaftsraum Rechtsauskunft für deren Verfahren zu erteilen (§ 8 Investmentschlich- tungsstellenverordnung). Ziel ist es, Verbrauchern unter Mitwirkung einer unabhängigen Instanz eine leicht zugängliche, kostengünstige, effiziente und vergleichsweise schnelle Möglichkeit zur Streitbeilegung zu eröffnen, wenn sie der Ansicht sind, dass eine Fonds- gesellschaft gegen Vorschriften des Investmentgesetzes verstoßen hat. Der Vorschlag des Schlichters ist nicht bindend, sondern nur eine Empfehlung. Beide Streitparteien können nach dem Spruch des Ombudsmanns also immer noch vor Gericht ziehen.

Die BaFin-Schlichtungsstelle ist jedoch nur eine Auffangschlichtungsstelle. Die Schlich- tungsaufgaben sind auch auf den Bundesverband Investment und Asset Management e. V. (BVI) übertragen worden, der die Schlichtung für Unternehmen wahrnimmt, die sich seinem Schlichtungsverfahren angeschlossen haben. Nur für Streitigkeiten, die nicht in die Zuständigkeit der BVI-Schlichtungsstelle fallen, ist die BaFin zuständig. Ein versehentlich an die BaFin gerichtetes Schlichtungsgesuch wird unbürokratisch an die zuständige Schlichtungsstelle weitergeleitet.

17   Datenschutz

Das Datenschutzrecht wird grundsätzlich sowohl im Bundesdatenschutzgesetz (BDSG) als auch in den Datenschutzbestimmungen der einzelnen Bundesländer geregelt. Für den Datenschutz durch private Unternehmen ist jedoch nur das BDSG einschlägig.

Nach der zentralen Norm des Datenschutzrechtes ist die Erhebung, Verarbeitung und Nutzung von personenbezogenen Daten grundsätzlich verboten (Verbot mit Erlaubnis- vorbehalt, § 4 BDSG), sie darf nur erfolgen, wenn entweder

- der Betroffene einwilligt,
- eine andere Vorschrift dies erlaubt,
- das Bundesdatenschutzgesetz dies legitimiert.

17.1   Einwilligung

Neben der Möglichkeit, den Umgang mit personenbezogenen Daten auf gesetzliche Erlaubnistatbestände zu stützen, sieht das BDSG die Möglichkeit vor, die Erhebung,

Verarbeitung und Nutzung personenbezogener Daten durch Einholung der Einwilligung des Betroffenen zu legitimieren (§ 4a BDSG).

Die Einwilligung ist nur dann wirksam, wenn sie auf der **freien Entscheidung des Betroffenen** beruht. Dies spiegelt die Erkenntnis aus der Rechtswirklichkeit wider, dass sich oftmals ungleiche Partner gegenüberstehen. Die Einwilligung des schwächeren Partners droht ihre Legitimationswirkung für den Eingriff in sein informationelles Selbstbestimmungsrecht zu verlieren, wenn er aufgrund der faktischen Verhältnisse keine Wahl hat und einwilligen muss, um den Vertrag einzugehen. Diese Problematik hat im Bereich der Finanzdienstleistungen zu Einwilligungsklauseln geführt, die mit den Aufsichtsbehörden abgestimmt wurden (Beispiel: Schufa-Klausel).

Neben dem Verwendungszweck ist in der Einwilligung über die Identität des Empfängers zu unterrichten, potenzielle Datenempfänger zu benennen, die Verwendungsziele anzugeben, die betroffenen Daten zu umschreiben, die Speicherdauer anzugeben und auf Folgen der Verweigerung hinzuweisen. An die Einwilligung in die Verwendung von sensiblen Daten werden erhöhte Anforderungen gestellt. Die sensiblen Daten sind genau zu benennen und der konkrete Verwendungszusammenhang aufzuzeigen.

Als **Schutz- und Warnfunktion** sowie zur Beweiserleichterung bedarf die Einwilligung der Schriftform. Das Gesetz macht hiervon eine restriktiv zu handhabende Ausnahme bei besonderen Umständen. Werden sensible Daten verwendet, muss immer eine schriftliche Einwilligung eingeholt werden.

Wird die Einwilligung aus praktischen Gründen zusammen mit anderen Erklärungen abgegeben, muss diese besonders hervorgehoben werden, um zu verhindern, dass das Schriftformerfordernis seine Wirkung einbüßt. Der Einwilligungstext muss sich optisch, etwa drucktechnisch, von den übrigen Erklärungen abheben und angemessen platziert sein. Anderenfalls ist die Einwilligung unwirksam.

17.2   Sensible Daten

Besondere Arten von personenbezogenen Daten, deren Verwendung ein besonders hohes Risiko für den Betroffenen birgt, Nachteile zu erleiden und diskriminiert zu werden, dürfen nur unter einschränkenden Voraussetzungen erhoben werden (§ 13 BDSG). Zu diesen besonderen Arten personenbezogener Daten zählen Angaben über die rassische und ethnische Herkunft, politische Meinungen, religiöse oder philosophische Überzeugungen, Gewerkschaftszugehörigkeit, Gesundheit oder Sexualleben (§ 3 Abs. 9 BDSG).

Sollen sensible Daten für andere als die zugrunde gelegten Zwecke gespeichert, verändert oder genutzt werden, so ist dies auch nur unter einschränkenden Voraussetzungen zulässig (§ 14 Abs. 5 BDSG).

17.3   Datenerhebung und -speicherung für eigene Geschäftszwecke

Die Erhebung, Speicherung, Übermittlung oder Nutzung personenbezogener Daten ist zunächst dann zulässig, wenn sie dem Zweck eines Vertragsverhältnisses oder eines vertragsähnlichen Vertrauensverhältnisses dient (§ 28 Abs. 1 BDSG). Dies ist der Fall, wenn der entsprechende Datenumgang zur Abwicklung des Vertrages erforderlich ist, was einen unmittelbaren Sachzusammenhang zwischen beabsichtigter Datenverwendung und dem Vertrag voraussetzt.

17.4   Besondere Anforderungen bei Kapitalanlagen

Verpflichtet ein Vertrag zu „speziellem Schweigen" (Beispiel: Bankgeheimnis), so kann dieses Gebot nicht durch eine außerhalb der vertraglichen Beziehung angesiedelte allgemeine Interessenabwägung aufgehoben werden. Daher bedarf die nicht dem vertraglichen Zweck dienende Nutzung und Weitergabe von Kundendaten der Einwilligung (z. B. im Rahmen von Allfinanzkonzepten).

> **Beispiel:**
>
> Ein Kreditinstitut ist daher nicht befugt, die Daten seiner Bankkunden (z. B. Merkmal „Fahrzeughalter" oder die Höhe der Prämienzahlungen für die Versicherung des Fahrzeuges) außerhalb der Zweckbestimmung zu nutzen, um den Fahrzeughaltern in einem Werbeschreiben mitzuteilen, dass man mit dem Verbundpartner ein günstigeres Angebot als das des bisherigen Versicherers machen könne.

Damit sind auch der Auswertung von im Rahmen von Vertragsbeziehungen gespeicherte Kundendaten zwecks Ermittlung von Kundenprofilen enge Grenzen gesetzt. Werden im Rahmen der Beratungspflicht Daten über die persönliche, finanzielle Situation des Kunden erhoben und gespeichert, so besteht insoweit eine strikte Zweckbindung. Gleiches gilt für Daten, die im Rahmen der Geldwäscheprävention erhoben werden.

> *Hinweis:*
>
> *Nicht mehr im Rahmen optimaler vertraglicher Betreuung liegt es, wenn ein Vermittler, um eine gute Gesprächsatmosphäre mit dem Kunden herzustellen, Daten über Ess- und Trinkgewohnheiten und Hobbys usw. als „Akquise-Daten" speichert. Dies entspricht wohl kaum der erteilten Einwilligung.*

18   Wettbewerbsrecht

Den rechtlichen Rahmen für die wirtschaftliche Betätigung gibt das Wettbewerbsrecht vor. Das umfasst vor allem zwei Bereiche: das **Recht gegen unlauteren Wettbewerb und das Recht gegen Wettbewerbsbeschränkungen**. Das Gesetz gegen den unlauteren Wettbewerb (UWG) schützt sowohl die Mitbewerber als auch die Verbraucher vor unlauteren Wettbewerbshandlungen.

Das UWG schützt Verbraucher und Mitbewerber als Marktteilnehmer gleichermaßen. Das deutsche Wettbewerbsrecht erfasst ein Marktverhalten unabhängig davon, ob es in erster Linie die wirtschaftlichen Interessen von Verbrauchern oder Unternehmen berührt. Das Wettbewerbsrecht soll insbesondere die Möglichkeit des Verbrauchers gewährleisten, eine informierte Entscheidung zu treffen. Aber auch Vorschriften, die in erster Linie Mitbewerber schützen, haben einen verbraucherschützenden Aspekt, weil durch unlautere Wettbewerbshandlungen gegenüber Mitbewerbern zugleich der Wettbewerb zulasten von Verbrauchern verfälscht wird. Das UWG enthält zahlreiche Vorschriften, die ausschließlich oder vorrangig dem **Verbraucherschutz** dienen. Dem einzelnen Verbraucher stehen jedoch keine individuellen Klagerechte aus dem UWG zu. Wettbewerbsrechtliche Ansprüche können deshalb vor nur von Mitbewerbern, Wettbewerbs- und Verbraucherverbänden, von Industrie- und Handelskammern sowie von Handwerkskammern geltend gemacht werden.

18.1   Wettbewerbsfreiheit

In Deutschland gilt das Prinzip der Wettbewerbsfreiheit. Es ist damit grundsätzlich jedem erlaubt, sich am wirtschaftlichen Wettbewerb zu beteiligen. Die wirtschaftliche Betätigung der Marktteilnehmer ist allerdings nur insoweit frei, wie sie nicht durch gesetzliche Verbote eingeschränkt ist.

18.2   Unlautere Wettbewerbshandlungen

Kernfrage des Wettbewerbsrechtes ist, ob eine Wettbewerbshandlung unlauter ist. Nach der zentralen Regelung des UWG sind unlautere geschäftliche Handlungen unzulässig, wenn sie geeignet sind, die Interessen von Mitbewerbern, Verbrauchern oder sonstigen Marktteilnehmern spürbar zu beeinträchtigen (§ 3 Abs. 1 UWG). Diese „Generalklausel" wird durch detailliertere Regelungen beispielhaft, aber nicht abschließend weiter konkretisiert (§§ 4 – 7 UWG). Maßgeblich für die Beurteilung der Frage, ob eine Handlung lauter oder unlauter ist, ist die „Verkehrsauffassung". Hierbei geht es in erster Linie um die angesprochenen „Verkehrskreise".

Die Wettbewerbsrichtlinien der Versicherungswirtschaft legen unter Nr. 2 (Sicherung des Vertrauens in die Versicherungswirtschaft und Wahrung der guten kaufmännischen Sitten) Folgendes fest:

> *„Da die Versicherungswirtschaft auf Vertrauen angewiesen ist, muss im Wettbewerb alles vermieden werden, was geeignet sein könnte, dieses Vertrauen zu stören, insbesondere einen falschen Eindruck über Leistung und Gegenleistung hervorzurufen. Die Versicherungsunternehmen und die Vermittler haben untereinander sowie gegenüber Dritten, insbesondere gegenüber dem Verbraucher, darauf zu achten, dass die guten kaufmännischen Sitten und damit das Ansehen der gesamten Versicherungswirtschaft und des einzelnen Berufsangehörigen gewahrt bleiben."*

18.2.1   Vergleichende Werbung

Vergleichende Werbung liegt dann vor, wenn ein Wettbewerber die Ware oder Leistung eines anderen Mitbewerbers mit der eigenen vergleicht. Vergleichende Werbung ist grundsätzlich zulässig, aber nur, wenn bestimmte Voraussetzungen eingehalten werden (§ 6 UWG). Unter vergleichender Werbung in diesem Sinne versteht man nur diejenige Werbung, die unmittelbar oder mittelbar einen Mitbewerber oder dessen Ware bzw. Dienstleistung erkennbar macht. Macht der Werbende den Mitbewerber kenntlich, so ist der allgemein gehaltene Vergleich zulässig, wenn er sachlich und wahr ist und hierdurch beim Publikum kein unrichtiger oder irreführender Gesamteindruck entsteht. Wesentliches Kriterium ist die Nachprüfbarkeit des Vergleiches. Unzulässig ist eine pauschale Abwertung, die den Vergleich in unangemessener Weise abfällig, abwertend oder unsachlich erscheinen lässt.

18.2.2   Irreführende Werbung

Jede geschäftliche Handlung muss wahr und klar sein. Sie darf weder unwahre Angaben noch sonstige zur Täuschung geeignete Angaben enthalten. Irreführende Werbung ist daher grundsätzlich verboten (§ 5 UWG). Aber nicht jede unwahre Angabe hat auch die Unzulässigkeit zur Folge, sondern nur, wenn sie erheblich ist. Das bedeutet, es kommt darauf an, ob die geschützten Marktteilnehmer spürbar beeinträchtigt werden. Das hängt davon ab, ob die Täuschung geeignet ist, das wirtschaftliche Verhalten der Personen, an die sie sich richtet, zu beeinflussen und aus diesem Grund auch Mitbewerber zu schädigen. Auch Irreführung durch Unterlassen von bestimmten Informationen ist unzulässig (§ 5a UWG).

Irreführend ist eine Werbeaussage bereits dann, wenn sie auch nur von einem kleinen, nicht ganz unbeachtlichen Teil der Angesprochenen missverstanden werden kann. Maßgebend ist also nicht das Verständnis des werbenden Unternehmers, sondern der jeweilige Eindruck, den die Werbung beim Publikum erweckt. Es kommt auf den verständigen, aufmerksamen und durchschnittlich informierten Verbraucher an.

18.2.2.1 Firmenwahrheit und -klarheit

Die Bezeichnung eines Unternehmens, vor allem der Firmenname, ist im Wirtschaftsverkehr von großem Wert. Fehlvorstellungen über die Identität können irreführen und einen fehlerhaften oder missverständlichen Eindruck über das dahinter stehende Unternehmen vermitteln. Gegenüber dem Verkehr darf kein falsches Bild über das Unternehmen vermittelt werden.

Die **Firmenfortführung** durch einen Nachfolger ist daher grundsätzlich möglich, ohne über das Unternehmen irrezuführen. Die Firmenfortführung muss der Firmenwahrheit entsprechen. Eine Fehlvorstellung auslösende Bezeichnung kann durch den Namen selbst im Wege der Firmenfortführung hervorgerufen werden, aber auch durch Rechtsformzusätze oder eine Benennung, die vor allem wiederum auf die Bedeutung und Größe schließen lässt. Mit dem Namen eines nicht mehr bestehenden Unternehmens darf deshalb überhaupt nicht geworben werden. Dies schließt die Beifügung von Rechtsformzusätzen ein.

Die Führung einer falschen Unternehmensform oder vergleichbare Angaben können irreführend sein, wenn sich dadurch auf eine bestimmte Unternehmensform/Rechtsform schließen lässt (z. B. „AG"). Der Wirtschafsverkehr bevorzugt vielfach Gesellschaften gegenüber Einzelfirmen, weil es hinter einer Gesellschaft ein größeres Unternehmen vermutet. Gelegentlich wird auch die Haftung mehrerer Gesellschafter statt eines einzelnen Inhabers eine Rolle spielen. Die Bezeichnung eines Unternehmens, aus der gewisse Eigenschaften hervorgehen wie die Größe, Belegenheit und Art der geschäftlichen Tätigkeit, führt auch irre über die Identität.

Die Wettbewerbsrichtlinien der Versicherungswirtschaft legen bspw. unter Nr. 24 (Firmenwahrheit) Folgendes fest:

> *„Die Firmierung der Versicherungsunternehmen und der selbstständigen Vermittler soll den Geschäftsgegenstand klar, vollständig und richtig erkennen lassen. Die Firmierung von Einzelkaufleuten muss insbesondere einen Hinweis auf die Eintragung im Handelsregister als Kaufmann/-frau enthalten. Unzulässig ist eine Firmierung, die über die wirtschaftliche Funktion, insbesondere die Vermittlereigenschaft, täuschen kann.*
>
> *Soweit Versicherungsvermittler z. B. Bezeichnungen wie Versicherungsdienst, Versicherungsstelle bzw. Versicherungskanzlei führen, ist ein klarstellender Vermittlerzusatz erforderlich."*

Die Verhältnisse des einzelnen Unternehmens sind für den Kaufentschluss des Wirtschafsverkehrs oft von großer Bedeutung. Der Kunde kauft lieber bei einer **Firma**, von deren Seriosität er überzeugt ist, weil er von ihr größere Zuverlässigkeit in der Qualität und Preiswürdigkeit der angebotenen Leistung erwartet.

Der Gebrauch eines Firmennamens ist eine geschäftliche Handlung, die die geschäftlichen Verhältnisse des Unternehmens widerspiegelt und mehr Schein als Sein hervorrufen und somit angesprochene Kunden täuschen kann. Die Nutzung einer Unternehmensbezeichnung steht nicht nur für Eigenschaften eines Betriebes, sondern auch für dessen Identität. Angaben über den Tätigkeitsumfang spiegeln ebenso die Identität wider.

Nur Kreditinstitute, die nach §32 KWG eine Erlaubnis der BaFin besitzen, dürfen als Zusatz zur Firma, zur Bezeichnung des Geschäftszwecks oder zu Werbezwecken die Bezeichnungen „Bank", „Bankier" oder eine Bezeichnung führen, in der das Wort „Bank" oder „Bankier" enthalten ist (§39 Abs.1 KWG). Irreführend ist daher die Verwendung der Bezeichnung „Bank" in einem Firmennamen, wenn der Werbende keine staatliche Genehmigung zum Betrieb von Bankgeschäften besitzt. Hiervon zu unterscheiden ist jedoch die erlaubnisfreie Tätigkeit von Finanzunternehmen, zu denen solche gehören, die bspw. mit Finanzinstrumenten handeln oder andere bei der Anlage von Finanzinstrumenten beraten (Anlagenberatung). Ihnen kann nicht versagt werden, auf ihr Angebot auch im Firmennamen hinzuweisen, solange sie nicht den Eindruck erwecken, es handele sich um ein Kredit- oder Finanzdienstleistungsinstitut.

Bezeichnung „Sparkasse" oder eine Bezeichnung, in der das Wort „Sparkasse" enthalten ist, dürfen in der Firma, als Zusatz zur Firma, zur Bezeichnung des Geschäftszwecks oder zu Werbezwecken nur öffentlich-rechtliche Sparkassen führen, die eine Erlaubnis nach §32 KWG besitzen, oder andere Unternehmen. Die Bezeichnung „Spar- und Darlehnskasse" dürfen nur eingetragene Genossenschaften führen, die einem Prüfungsverband angehören (§40 KWG).

Die Bezeichnungen „Kapitalverwaltungsgesellschaft", „Investmentvermögen", „Investmentfonds" oder „Investmentgesellschaft" oder eine Bezeichnung, in der diese Begriffe allein oder in Zusammensetzungen mit anderen Wörtern vorkommen, dürfen von Gesellschaften, die keine Kapitalanlagegesellschaften sind, nicht geführt werden (§3 KAGB). Das KAGB enthält darüber hinaus ein besonderes Irreführungsverbot für die Bezeichnungen „Sondervermögen", „Investmentaktiengesellschaft" oder „Investmentkommanditgesellschaft" (§4 Abs.1 KABG).

18.2.2.2 Titel und Berufsbezeichnungen

Es ist unzulässig, Titel oder Berufsbezeichnungen zu verleihen oder zu führen, sofern hierdurch ein falscher Eindruck über die Aufgaben, Zuständigkeiten, Vollmachten oder fachlichen Qualifikationen hervorgerufen werden könnte. Irreführend ist, wer für sich Bezeichnungen verwendet, namentlich akademische Grade, Titel, Berufsbezeichnungen, Prüfungszeugnisse, die das Vertrauen der Verbraucher gewinnen und ihre Nachfrageentscheidung anregen sollen (Vermögensberater). Die Vermittler dürfen im Geschäftsverkehr nur die ihnen aufgrund des Vertretungsverhältnisses ausdrücklich verliehenen Titel führen.

Die Wettbewerbsrichtlinien der Versicherungswirtschaft legen bspw. unter Nr. 17 (Angaben über persönliche und berufliche Verhältnisse) Folgendes fest:

> *„Wer sich um eine hauptberufliche Tätigkeit als Versicherungsvermittler bewirbt (Bewerber), muss über seine persönlichen und beruflichen Verhältnisse, soweit diese für das Vermittlungsverhältnis von Interesse sind, vollständige und wahre Angaben machen.*
>
> *Juristische Personen oder Personengesellschaften sowie die nicht unter ihrem bürgerlichen Namen auftretenden Personen müssen bei der Bewerbung um eine Vermittlungstätigkeit sowohl die sämtlichen Firmeninhaber bzw. Gesellschafter als auch die sämtlichen mit der Geschäftsführung betrauten Personen namhaft machen und auch über deren persönliche und berufliche Verhältnisse, soweit diese für das Vermittlungsverhältnis von Interesse sind, vollständige und wahre Angaben machen."*

18.2.3 Kennzeichnungspflichten für Informationen und Werbemitteilungen

Marktteilnehmer wie Unternehmer und Verbraucher sollen Werbemaßnahme auch als solche erkennen können. Es ist daher wettbewerbswidrig, Werbung nicht als solche zu kennzeichnen, wenn sie nicht ohne Weiteres als Werbung erkennbar ist. Derartige Schleichwerbung fällt unter die irreführende Werbung (§ 5 UWG). Wettbewerbswidrig handelt folglich, wer sich auf wissenschaftliche Aussagen, Gutachter oder Ähnliches, etwa Meinungsumfragen, beruft, die im Auftrag des Unternehmens erstellt sind, und auf das Auftragsverhältnis nicht hinweist. Dies gilt auch für vom Unternehmer finanzierten Einsatz redaktioneller Inhalte zu Zwecken der Verkaufsförderung, ohne dass sich dieser Zusammenhang aus dem Inhalt oder aus der Art der optischen oder akustischen Darstellung eindeutig ergibt (redaktionelle Werbung). Zur redaktionellen Werbung zählen z. B. als Information in einem Bericht in einer Zeitung oder Zeitschrift getarnte Werbung. Die Abgrenzung kann im konkreten Einzelfall stets nur aufgrund der Umstände und Indizien des konkreten Einzelfalls erfolgen.

18.2.4 Unzulässige Rechts- und Steuerberatung

Die selbstständige Erbringung außergerichtlicher Rechtsdienstleistungen ist nur in dem Umfang zulässig, in dem sie durch das **Rechtsdienstleistungsgesetz** (RDG) oder ein anderes Gesetz erlaubt wird (Verbot mit Erlaubnisvorbehalt).

Zweck des RDG ist es, die Rechtsuchenden, den Rechtsverkehr und die Rechtsordnung vor unqualifizierten Rechtsdienstleistungen zu schützen. Jedoch sind Rechtsdienstleistungen im Zusammenhang mit einer anderen Tätigkeit erlaubt, wenn sie als Nebenleistung zum Berufs- oder Tätigkeitsbild gehören (5 RDG). Ob eine Nebenleistung vorliegt, ist nach ihrem Inhalt, Umfang und sachlichen Zusammenhang mit der Haupttätigkeit unter Berücksichtigung der Rechtskenntnisse zu beurteilen, die für die Haupttätigkeit erforderlich sind. Beispielsweise ist die Beratung zur Beendigung von Darlehnsverträgen eine zulässige Nebenleistung zur Umfinanzierungsberatung. Verstöße gegen das RDG stellen ein nach dem UWG unlauteres Verhalten dar (§ 4 Nr. 11 UWG).

Steuerberater und Steuerbevollmächtigte unterliegen wie Rechtsanwälte gewissen Tätigkeitsbeschränkungen. Dabei handelt es sich nicht nur um eine Marktzutritts-, sondern zugleich um eine Marktverhaltensregelung zum Schutz der Verbraucher und sonstiger Marktteilnehmer. Zur Hilfeleistung in Steuersachen sind nur bestimmte Personen befugt (§ 5 Abs. 1 StBerG). Ein zur Hilfeleistung in Steuersachen nicht befugtes Unternehmen darf Steuerberatung auch nicht durch von ihr beauftragte und bezahlte Steuerberater als ihre Erfüllungsgehilfen ausüben. Insbesondere ist es einem Steuerberater verwehrt, Hilfe in Steuersachen zu leisten, wenn die Steuerberatungsgebühren nicht der Beratene, sondern ein Dritter zahlt. Der Dritte muss sich aus dem Anlass einer von ihm für den Beratenen entfalteten kaufmännischen Beratungstätigkeit zur Zahlung der Gebühren verpflichtet haben (§ 57 Abs. 1 StBerG).

18.2.5   Einsatz von Telekommunikation bei Neukundenwerbung

Für Unternehmen, die **Direktwerbung** betreiben wollen, sind die Regelungen des UWG über die unzumutbare Belästigungen von besonderer Bedeutung (§ 7 UWG). Unlauter sind danach Belästigungen von Marktteilnehmern, die ein zumutbares Maß übersteigen. Die rechtlichen Voraussetzungen des Direktmarketings bestimmen sich wesentlich nach der Kommunikationsform. Eine **unzumutbare Belästigung** kann bei einer Werbung mit Telefonanrufen vorliegen (§ 7 Abs. 2 Nr. 2 UWG). Es gibt hier ein abgestuftes System von Einwilligungen, anderenfalls ist die Telefonwerbung unzulässig.

Gegenüber Gewerbetreibenden muss eine **mutmaßliche Einwilligung** vorliegen. Letztendlich entscheidet hier der Richter, ob der Anrufer eine Einwilligung des Gewerbetreibenden vermuten konnte, etwa weil es sich um ein besonders attraktives Angebot handelt, das zum Geschäftsbereich des Gewerbetreibenden passt.

Bei Werbung gegenüber Verbrauchern muss der Verbraucher **ausdrücklich vorher eingewilligt** haben. Die bisherige höhergerichtliche Rechtsprechung lehnt eine stillschweigende Einwilligung von Verbrauchern in aller Regel ab.

Eine unzulässige Telefonwerbung gegenüber einem Verbraucher ist zudem eine Ordnungswidrigkeit und kann durch eine von der Bundesnetzagentur verhängte Geldbuße in Höhe von bis zu 50.000 EUR geahndet werden (§ 20 UWG). Im Einzelfall kann diese Ordnungswidrigkeit sowohl von anrufenden Mitarbeitern eines Call-Centers, von Betreibern eines Call-Centers als auch von den Auftraggebern des Call-Centers, in deren Namen telefonisch geworben wurde, erfüllt werden.

18.2.6   Ausnutzung fremden Ansehens

Wer im Wettbewerb das Vertrauen missbraucht, das der Umworbene dem Werbenden oder einem Dritten entgegenbringt, handelt unsachlich und damit unlauter i. S. d. UWG (§ 4 Nr. 1, 3. Alt UWG). Werden im Rahmen von Vertrauensverhältnissen – sei es im privaten, (arbeits-)vertraglichen oder öffentlichen Bereich – interessenorientierte Empfehlungen zu Zwecken des Wettbewerbs ausgesprochen, die der Adressat für eine unabhängige neutrale und objektive Stellungnahme hält, enttäuscht der Empfehlende das ihm entgegengebrachte Vertrauen in wettbewerbswidriger Weise. Das Vertrauen des Verbrauchers knüpft vielfach an das Ansehen des Werbenden selbst oder auch an fremdes Ansehen an, wenn der Werbende oder Dritte für den Umworbenen – ob zu Recht oder zu Unrecht – über eine besondere berufliche, gesellschaftliche, politische, soziale, geschäftliche oder wirtschaftliche Kompetenz verfügen. Dies ist bei **Autoritätspersonen** wie z. B. bei Vorgesetzten, Lehrern, Ärzten, Geistlichen oder der öffentlichen Hand oder bei bestimmten als besonders vertrauenswürdig gehaltenen Berufsgruppen wie Polizei oder Feuerwehr häufig der Fall. Schalten Gewerbetreibende Autoritätspersonen in ihren

Wettbewerb ein, handeln sie unlauter, wenn dadurch der Absatz nicht mehr in erster Linie durch Qualität und Preiswürdigkeit des Angebotes gefördert wird, sondern durch das der Vertrauensperson entgegengebrachte Vertrauen.

> **Beispiele:**
>
> Nicht zulässig ist die Werbung mit der Sicherheit der Einlagen oder der Mitwirkung am Einlagensicherungsfonds in Presse, Rundfunk oder Fernsehen, durch Postwurfsendungen oder ähnliche Publikumswerbung (§ 5 Abs. 13 Statut des Einlagensicherungsfonds).
>
> Eine irreführende Angabe und damit unzulässige Werbung stellt die Behauptung eines Anbieters dar, der Verkaufsprospekt einer Vermögensanlage sei von der BaFin genehmigt worden. Eine solche Werbung kann von der BaFin verboten werden (§ 16 VermAnlG).

18.2.7 Versprechen von Geld und Sachwerten

Das Versprechen von Geld und Sachwerten kann als unzulässige Wertreklame wettbewerbswidrig sein (§ 4 Nr. 1 UWG). Dies ist bei einem sogenannten Übertriebenen Anlocken der Fall. Dies liegt vor, wenn die Aussicht auf die Zuwendung gegenüber Güte und Preis des Angebotes bestimmend für den Geschäftsabschluss wird. Diese Wirkung geht besonders von Geldgeschenken, auch in der Form von Gutscheinen, aus. Es kann aber auch bei Zuwendungen vorliegen, die gegen Betreten des Geschäftslokals gewährt werden, wobei sich die Anlockwirkung mit unzulässigem psychologischem Kaufzwang verbindet. Wird die Zuwendung an den Erwerb der Leistung gekoppelt, liegt unzulässiger rechtlicher Kaufzwang vor. Maßgeblich ist der erzeugte Eindruck, unerheblich ist, ob die Zuwendung tatsächlich vom Geschäftsabschluss abhängt.

Waren- und Leistungskopplungen sind grundsätzlich erlaubt. Die dadurch bewirkte Erschwerung von Preisvergleichen ist nur unter besonderen Umständen wettbewerbswidrig. Das Vorspannen einer meist betriebs- oder branchenfremden Ware (gekoppeltes Vorspannangebot) ist regelmäßig nur dann zu beanstanden, wenn von der Prüfung der Hauptware übermäßig abgelenkt wird.

18.2.8 Allgemeine Geschäftsbedingungen

Das Recht der Allgemeinen Geschäftsbedingungen (AGB) gibt weder dem Vertragspartner noch Dritten die Befugnis, vorbeugend gegen die Verwendung unwirksamer AGB vorzugehen (§§ 307 ff. BGB). Diese Möglichkeit wird Verbänden eingeräumt (§§ 1, 3 UKlaG). Die Verwendung von AGB stellt eine geschäftliche Handlung dar. Denn jedenfalls hängt die Verwendung von AGB objektiv mit dem Abschluss eines Vertrages über eine Ware oder Dienstleistung zusammen. Die Verwendung von unwirksamen AGB ist wettbewerbswidrig. Das AGB-Recht und sonstige Klauselverbote des Zivilrechts sind Marktverhaltensregeln im Interesse der Verbraucher und der sonstigen Marktteilnehmer. Ihr Zweck ist es auch, den Unternehmer im Interesse der Marktteilnehmer von der Verwendung unwirksamer Vertragsklauseln abzuhalten. Die Verwendung unwirksamer AGB oder sonstiger unwirksamer Vertragsklauseln begründet nur einen vorbeugenden Unterlassungsanspruch. Zu einem Abschluss von Verträgen mit den entsprechenden Klauseln muss es noch nicht gekommen sein.

18.3   Rechtsfolgen eines Verstoßes

Die zivilrechtlichen Rechtsfolgen eines Verstoßes gegen die Vorschriften des UWG sind folgende Ansprüche (§§ 8 - 11 UWG):

- Beseitigung,
- Unterlassung,
- Schadenersatz,
- Gewinnabschöpfung.

Der Anspruch richtet sich auf die Beseitigung des dem Gesetz widersprechenden Zustandes. Art und Umfang des Beseitigungsanspruchs richten sich nach der Art und dem Umfang der Beeinträchtigung. Der Anspruch auf Unterlassung unterscheidet zwei Formen:

Der nachträgliche Unterlassungsanspruch: Voraussetzung ist eine unlautere geschäftliche Handlung und eine Wiederholungsgefahr. Die Wiederholungsgefahr wird durch den einmal begangenen Verstoß vermutet. Der Anspruchsinhaber hat nach der Rechtsprechung einen Anspruch auf eine strafbewehrte Unterlassungserklärung. Üblicherweise wird der Unterlassungsanspruch zunächst mit einer wettbewerbsrechtlichen Abmahnung geltend gemacht.

Der vorbeugende Unterlassungsanspruch: Voraussetzung ist die Möglichkeit einer Verletzungshandlung. Diese wird jedoch nicht vermutet, sondern muss vom Anspruchsteller bewiesen werden.

Anspruchsberechtigt sind:

- von der geschäftlichen Handlung direkt betroffene Mitbewerber,
- Wirtschaftsverbände, denen eine erhebliche Zahl von Unternehmen angehören,
- Verbraucherverbände,
- Industrie- und Handelskammern.

Voraussetzung des Anspruchs auf **Schadenersatz** ist die vorsätzliche oder fahrlässige Vornahme einer unzulässigen geschäftlichen Handlung. Das Problem bei der Geltendmachung des Anspruchs ist die Bestimmung der Höhe des eingetretenen Schadens, oftmals wird durch den Richter eine Schadenschätzung vorgenommen.

Anspruchsberechtigt sind:

- von der geschäftlichen Handlung direkt betroffene Mitbewerber.
- Verbraucher.

Voraussetzung für den **Gewinnabschöpfungsanspruchs** ist ein vorsätzlicher Verstoß gegen die Vorschriften des unlauteren Wettbewerbs sowie die dadurch erfolgte Gewinnerzielung zulasten einer Vielzahl von Abnehmern. Der Gewinnabschöpfungsanspruch tritt hinter die anderen, aufgrund der Zuwiderhandlung erbrachten Leistungen wie z. B. dem Schadenersatzanspruch zurück.

18.4   Wettbewerbsrichtlinien

Der Verstoß gegen wettbewerbsbezogene Regelwerke stellt grundsätzlich keine unlautere Wettbewerbshandlung dar. Hierzu zählen Wettbewerbsregeln, also Regelwerke, die von Wirtschafts- und Berufsvereinigungen aufgestellt werden und den Zweck verfolgen, unlauterem (oder nicht leistungsgerechtem) Wettbewerbsverhalten entgegenzuwirken bzw. den lauteren (oder leistungsgerechten) Wettbewerb zu fördern. Sie sind in Bezug auf das UWG unverbindlich. Solche Wettbewerbsregeln können aber als Indiz dafür herhalten, was einer gefestigten Berufs- und Standesauffassung entspricht, also Verkehrsauffassung ist. Die „Wettbewerbsrichtlinien der Versicherungswirtschaft" regeln das Wettbewerbsverhalten bei der Vermittlung von Versicherungen. Im Bereich der Kapitalanlagen stellt beispielsweise der Ehrenkodex des Verbandes unabhängiger Vermögensverwalter Deutschland e.V. (VuV) in etwa vergleichbare Wettbewerbsregeln dar.

Teil C   Steuern

1   Steuerrecht – Ein Überblick

Der Trend hält an: Die Finanzanlage wird auch für den Normalanleger immer „steuerlicher". Waren noch vor einigen Jahren Kursgewinne nach Ablauf der Spekulationsfrist steuerfrei und sorgten auskömmliche Sparerfreibeträge für steuerfreie laufende Einnahmen, so können heute auch schon relativ kleine Vermögen zu steuerpflichtigen Erträgen führen und auch realisierte Kursgewinne unterliegen der Abgeltungsteuer. Die Rendite nach Steuern ist ein wesentlicher Wert für die Anlage. Nur wer die steuerlichen Wirkungen kennt, kann seine Kunden richtig beraten.

Lediglich bei einer Assetklasse rückten die Steuern gegenüber früher in den Hintergrund: bei den unternehmerischen Beteiligungen, den geschlossenen Fonds. Zwar ist die klassische „Verlustzuweisungsgesellschaft" schon seit Jahren tot – aber steuerfreie Einnahmeanteile und besondere Besteuerungsformen können die Rendite nach Steuern pushen.

Dieses Kapitel soll Sie in die Lage versetzen, die wesentlichen steuerlichen Regeln bei Investmentfonds, geschlossenen Fonds und sonstigen Vermögensanlagen anzuwenden und das Kundeninteresse auch hier im Blick zu behalten.

Darf man als Vermittler dem Kunden überhaupt steuerliche Hinweise geben? Steuerberatung ist in Deutschland nach dem Steuerberatungsgesetz reglementiert. In vollem Umfange dürfen nur bestimmte Berufsgruppen wie Wirtschaftsprüfer, Rechtsanwälte und natürlich Steuerberater Hilfe in Steuersachen leisten. Allerdings gibt es eine Ausnahme für andere Unternehmer: Soweit sie ihre Kunden in unmittelbarem Zusammenhang mit einem Geschäft, das zu ihrem Gewerbe gehört, steuerlich beraten, ist das erlaubt (§ 4 Nr. 5 Steuerberatungsgesetz).

> **Hinweis:**
>
> *Für einen Vermittler ist es daher erlaubt, über die steuerlichen Auswirkungen seiner Produkte zu beraten; die Steuererklärung dürfen Sie für Ihren Kunden natürlich nicht ausfüllen.*

Der Steuerteil in diesem Buch ist so aufgebaut, dass Sie zunächst einen Überblick über das Einkommensteuer- und Erbschaftsteuersystem erhalten und dann die Besonderheiten der verschiedenen Produktklassen kennenlernen.

Im Steuerrecht ist es aber nun wie in anderen Spezialgebieten auch: Fachbegriffe sind notwendig, damit man sich eine Menge Atem bzw. Papier spart. Einmal definiert, weiß jeder fachlich Vorgebildete, was darunter zu verstehen ist – oder manchmal noch wichtiger, was damit nicht gemeint ist. Machen Sie sich die Begriffe zu Eigen und das steuerliche Leben wird leichter.

2   Einkommensteuer – Die Basics

Die Einkommensteuer (ESt) ist im Einkommensteuergesetz (EStG) geregelt und wahrscheinlich die in Deutschland bekannteste Steuer. Das liegt einerseits daran, dass sie eine **direkte Steuer**, also von dem Steuerpflichtigen direkt „zu schultern" ist, und damit, anders als beispielsweise die Mineralölsteuer, für jeden unmittelbar zu sehen ist. Andererseits ist sie in allen ihren verschiedenen Spielarten (veranlagte Einkommensteuer, Lohnsteuer und Kapitalertragsteuer/Abgeltungsteuer) die Steuer mit den höchsten Einnahmen für den Staat. Sie bestreitet rund ein Drittel des Bundeshaushaltes und – da sie eine **Gemeinschaftsteuer** ist, also Bund und Ländern gemeinsam zusteht – einen bedeutenden Anteil der Länderhaushalte.

Da sie als sogenannte **Personensteuer** die persönliche Leistungsfähigkeit des einzelnen Menschen berücksichtigt, kann die Steuerlast relativ zielgerichtet und ausgeglichen verteilt werden. Leider wurde die Einkommensteuer ein Opfer der Ansprüche: Sie soll gleichzeitig gerecht sein und Sonderfälle berücksichtigen, Missbräuche verhindern, bestimmte Investitionen und die Wirtschaft insgesamt fördern sowie soziale Aspekte beachten und natürlich viel für den Staat einbringen. Das führte zu dem komplizierten und sich ständig ändernden Einkommensteuerrecht, das wir heute haben und das gerade durch seine Kompliziertheit und ständigen Änderungen ungerecht ist. Ein typischer Fall von „gut gemeint"…

2.1   Wer ist steuerpflichtig?

Der Einkommensteuer unterliegen alle Menschen von der Geburt an bis zum Tod. Das Gesetz spricht in diesem Zusammenhang von **natürlichen Personen**. Diese Einkommensteuerpflicht kann alle Menschen betreffen, unabhängig von ihrer Staatsangehörigkeit, ihrer Lebensgestaltung oder ihrem Alter. Ist jemand persönlich einkommensteuerpflichtig, so heißt dies natürlich nicht, dass auch automatisch Einkommensteuer anfällt. Es hängt dann davon ab, ob und in welchem Umfang überhaupt einkommensteuerpflichtige Einnahmen erzielt werden.

Umgekehrt bedeutet es, dass **juristische Personen**, z. B. eine GmbH, nicht der Einkommensteuer unterliegen. Für sie existiert eine andere Art der Personensteuer, nämlich die Körperschaftsteuer (KSt).

Die **Personengesellschaften** wie KG, OHG oder GbR unterliegen selbst weder der Einkommensteuer noch der Körperschaftsteuer. Die Gewinne bzw. Verluste, die im Rahmen solcher Gesellschaften erzielt werden, muss man auf die einzelnen Beteiligten aufteilen und jeder Beteiligte, sei es eine natürliche oder juristische Person, wird so versteuert, als hätte er die Gewinne bzw. Verluste direkt selbst erzielt.

Es existieren zwei Arten der Steuerpflicht: die **unbeschränkte Einkommensteuerpflicht** und die **beschränkte Einkommensteuerpflicht**.

Unbeschränkte Steuerpflicht bedeutet, dass man in Deutschland mit seinen gesamten Einkünften – egal wo sie auf der Welt erzielt wurden – steuerpflichtig ist. Man spricht in diesem Zusammenhang auch vom „Welteinkommen". Es ist also erst einmal gleichgültig, ob diese Einkünfte aus einem Lebensmitteleinzelhandel in Berlin, einer vermieteten Eigentumswohnung in Paris oder aus der Bananenplantage in Costa Rica stammt. Alle Einkommensteile unterliegen grundsätzlich in Deutschland der Einkommensteuer. Das ist auch der Grund, warum die meisten typischen Kapitalanlagen, die ein hiesiger Kunde hat, in Deutschland steuerpflichtig sind – selbst wenn der Kunde sein Geld in einem anderen Land anlegt.

Für wen gilt das? Es sind unbeschränkt einkommensteuerpflichtig (§ 1 Abs. 1 EStG):
- natürliche Personen,
- die im Inland
- einen Wohnsitz oder ihren gewöhnlichen Aufenthalt haben.

Wohnsitz bedeutet nach dem Gesetz, dass man über geeignete Wohnräume verfügen kann. Es muss nicht die eigene Wohnung sein, auch reicht es aus, wenn sich einer von mehreren Wohnsitzen im Inland befindet. Den **gewöhnlichen Aufenthalt** hat man grundsätzlich dort, wo der Lebensmittelpunkt ist. Da dies teilweise schwierig zu beurteilen ist, spricht man vom gewöhnlichen Aufenthalt im Inland, wenn jemand länger als sechs Monate hier verweilt. Auch unbeschränkt steuerpflichtig sind deutsche Staatsangehörige, die ihren Wohnsitz und gewöhnlichen Aufenthalt zwar im Ausland haben, aber ihren Arbeitslohn aus einer inländischen öffentlichen Kasse beziehen, z. B. vom Außenministerium als Diplomat. Daneben kann man, wenn man bestimmte Voraussetzungen erfüllt, freiwillig der unbeschränkten Steuerpflicht „beitreten". Das scheint auf den ersten Blick wenig Reiz zu haben, kann aber sinnvoll sein, wenn man im Ausland wohnt, aber seine Einkünfte vorwiegend in Deutschland erzielt. Am Status „unbeschränkte Steuerpflicht" hängen viele Steuervergünstigungen wie z. B. der Abzug von Sonderausgaben oder die Kinderfreibeträge.

Beschränkte Steuerpflicht bedeutet, dass nur die Einkünfte in Deutschland besteuert werden, die hier ihre Wurzeln haben. Die abschließende Aufzählung dieser Einkünfte finden Sie in § 49 EStG. Solche Personen sind also nur mit in Deutschland erzielten Einkünften steuerpflichtig. Einkünfte aus anderen Staaten bleiben für den deutschen Fiskus unberücksichtigt. Auf der anderen Seite genießen beschränkt Steuerpflichtige nicht die gleichen Vergünstigungen wie unbeschränkt Steuerpflichtige. Insbesondere die Anwendung des Ehegatten-Steuertarifes (Splitting-Tarif) bleibt ihnen versagt und die Berücksichtigung von Kindern ist meist nicht in gleichem Umfang möglich.

2.2   In zwei Staaten steuerpflichtig – Doppelbesteuerung & Co.

Dieses System der unbeschränkten und beschränkten Steuerpflicht findet man in den meisten Staaten, vor allem in den Industriestaaten. Daher kann die Gefahr der **Doppelbesteuerung** drohen.

> **Beispiel:**
>
> Herr Günther aus Braunschweig besitzt ein Ferienhaus in Saanen im Berner Oberland (Schweiz), das er regelmäßig an Urlauber vermietet. Aus deutscher Sicht ist Herr Günther, weil er einen Wohnsitz in Deutschland hat, hier unbeschränkt steuerpflichtig. Die Einkünfte aus der Vermietung des Ferienhauses sind als Teil seines Welteinkommens in Deutschland steuerpflichtig. Andererseits ist er mit seinem Grundstück in der Schweiz beschränkt steuerpflichtig, weil er Eigentümer desselben ist. Hier würde also eine doppelte Besteuerung der Vermietungseinkünfte, nämlich im Wohnsitzstaat (Deutschland) und im Land der Einkunftsquelle (Schweiz), stattfinden.
>
> Um das zu vermeiden, bestehen verschiedene Möglichkeiten: Die Effektivste sind zwischenstaatliche Abkommen, in denen vereinbart wird, wie in solchen Fällen vorzugehen ist; sie heißen „Abkommen zur Vermeidung der Doppelbesteuerung" oder kurz gesagt: Doppelbesteuerungsabkommen (DBA). Es sind steuerliche „Vorfahrtsregeln" zwischen Staaten. Im DBA zwischen der Schweiz und Deutschland ist geregelt, dass der Staat Vermietungseinkünfte aus Immobilien besteuern darf, in dem die Immobilie liegt. Das Gleiche gilt für Gewinne aus dem Verkauf von Immobilien. Gleichzeitig haben sich Deutschland und die Schweiz verpflichtet, dass diese Einkünfte im Heimatstaat des Immobilienbesitzers im Gegenzug jeweils steuerfrei sind.

Für Herrn Günther bedeutet das, dass er seine Vermietungseinkünfte in der Schweiz versteuern muss, diese aber in Deutschland steuerfrei bleiben.

Diese „Mechanik" ist, zumindest was die laufenden Mieteinnahmen angeht, der Grundsatz bei den deutschen DBAs: Der Staat, in dem die Immobilie liegt, hat das Besteuerungsrecht und Deutschland als Wohnsitzstaat verzichtet im Gegenzug auf sein Besteuerungsrecht. So kommen die steuerfreien Erträge bei offenen oder geschlossenen Immobilienfonds, die im Ausland investiert sind, zustande.

Wenn kein Doppelbesteuerungsabkommen besteht, so können die Folgen der Doppelbesteuerung dadurch gemildert werden, dass die ausländische Steuer auf die deutsche Steuer angerechnet oder – wie Aufwand – vom Ertrag abgezogen wird.

2.3　Wie viel Einkommensteuer muss man zahlen?

Wie errechnet sich nun, wie viel Einkommensteuer man zu zahlen hat? Hängt es von der Lohnsteuerklasse ab? Oder vielleicht davon, ob man einen Freistellungsauftrag bei seiner Bank abgegeben hat?

Vorweg: Die Einkommensteuer fließt auf verschiedenen Wegen an das Finanzamt:
- als direkte Voraus- oder Nachzahlung des Steuerpflichtigen auf das Konto des Finanzamtes,
- als Lohnsteuer, die der Arbeitgeber einbehält und dann an das Finanzamt überweist oder
- als Kapitalertrag- oder Abgeltungsteuer, die bei Zinsen und anderen Kapitalerträgen gleich von der auszahlenden Stelle einbehalten und an das Finanzamt weitergeleitet wird.

Die Lohnsteuer ist im Grunde auch nur eine Vorauszahlung auf die wirkliche Steuerschuld eines Jahres. In vielen Fällen ist man auch verpflichtet, eine Einkommensteuererklärung beim Finanzamt einzureichen, aus welcher dann die tatsächliche Steuerschuld berechnet wird. Die Vorauszahlungen (Lohnsteuer, andere Vorauszahlungen) werden auf die Steuerschuld angerechnet. Wenn man dagegen nicht verpflichtet ist, hat man das Recht, eine Einkommensteuererklärung abzugeben (sogenannte Antragsveranlagung, früher als „Lohnsteuerjahresausgleich" bezeichnet).

> **Hinweis:**
> *Damit ist die viel diskutierte Frage zur richtigen Lohnsteuerklasse immer nur ein unterjähriges Problem und für die Einkommensteuer des Jahres völlig belanglos. Man kann also nicht falsch „wählen". Voraussetzung: Man gibt eine Steuererklärung ab.*

Eine Besonderheit ist die **Abgeltungsteuer**. Die 25 %, welche von den Kapitalerträgen einbehalten werden, sind bereits die endgültige Steuerschuld. Daher muss man diese bereits besteuerten Kapitalerträge meist nicht mehr in der Steuererklärung angeben. Hat man aber zu viel Abgeltungsteuer gezahlt, weil man z. B. seinen Freistellungsauftrag nicht bei der Bank abgegeben hat, so bekommt man den zu viel gezahlten Betrag über die Einkommensteuererklärung zurück.

Die Lohnsteuerklasse oder der Freistellungsauftrag sind daher nur für die Frage wichtig, wie viel Steuer man bereits im Laufe des Jahres an das Finanzamt entrichtet. In dem

Moment, in dem man eine Einkommensteuererklärung macht, gleicht sich ein „zu viel" oder „zu wenig" an vorab gezahlter Steuer immer wieder aus.

2.3.1   Wie wird die Einkommensteuer berechnet?

Los geht es mit den sogenannten „Einkünften", die aus sieben verschiedenen Quellen (Einkunftsarten) stammen können und dann zusammengerechnet werden, sodass man die Summe der Einkünfte erhält. Danach können noch bestimmte Beträge abgezogen werden und man erhält das Einkommen, das für die Einkommensteuer als Berechnungsgrundlage herangezogen wird, das sogenannte „zu versteuernde Einkommen".

Wie viel Einkommensteuer das ist, hängt vom geltenden Steuertarif ab. Pro Person sind zunächst die ersten 8.130 EUR steuerfrei. Für den nächsten Euro, den man verdient, zahlt man 14 % Einkommensteuer. Für jeden weiteren Euro darüber zahlt man prozentual ein wenig mehr, bis der Steuersatz ab 250.731 EUR auf maximal 45 % des zu versteuernden Einkommens gestiegen ist.

Die Steuer heißt auch tarifliche Einkommensteuer, weil sie nach dem Einkommensteuertarif berechnet ist. Für Verheiratete, die ihr Einkommen gemeinsam besteuern (Zusammenveranlagung), verdoppeln sich die Beträge natürlich.

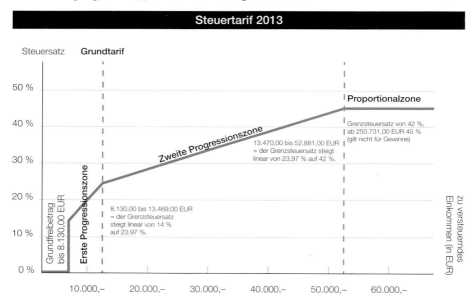

Von dieser tariflichen Einkommensteuer können nun wieder verschiedene Beträge abgesetzt werden und es wird gegengerechnet, was das Finanzamt bereits an Lohnsteuer oder anderen Vorauszahlungen erhalten hat. Wenn man bereits mehr geleistet hat als man müsste, erhält man eine Erstattung, im anderen Fall wird eine Nachzahlung fällig.

Im Einzelnen sieht das so aus:

+ Einkünfte aus Land- und Forstwirtschaft (§ 13 EStG)
+ Einkünfte aus Gewerbebetrieb (§ 15 EStG)
+ Einkünfte aus selbstständiger Arbeit (§ 18 EStG)

+ Einkünfte aus nicht selbstständiger Arbeit (§ 19 EStG)
+ Einkünfte aus Kapitalvermögen (§ 20 EStG) – nur soweit nicht Abgeltungsteuer zutrifft
+ Einkünfte aus Vermietung und Verpachtung (§ 21 EStG)
+ Sonstige Einkünfte (§ 22 EStG)
= **Summe der Einkünfte**
./. Altersentlastungsbetrag (§ 24a EStG)
./. Entlastungsbetrag für Alleinerziehende (§ 24b EStG)
./. Freibetrag für Land- und Forstwirte (§ 13 Abs. 3 EStG)
= **Gesamtbetrag der Einkünfte** (§ 2 Abs. 3 EStG)
+ Verlustabzug (§ 10d EStG)
./. Sonderausgaben (§§ 10 bis 10c EStG)
./. Außergewöhnliche Belastungen (§§ 33 bis 33b EStG)
= **Einkommen** (§ 2 Abs. 4 EStG)
./. Kinderfreibeträge – Günstigerprüfung mit Kindergeld – (§ 32 Abs. 6 EStG)
./. Härteausgleich (§ 46 Abs. 3 EStG)
= **zu versteuerndes Einkommen** (§ 2 Abs. 5 EStG)
= **Einkommensteuer (tariflich)**
+ zurückzuzahlendes Kindergeld (Günstigerprüfung mit Kinderfreibetrag)
./. Steuerermäßigungen (z. B. §§ 34d, 34g, 35, 35a, 35b EStG)
+ Hinzurechnung Altersvorsorgezulage (Günstigerprüfung Sonderausgabenabzug Riester)
./. Anzurechnende Steuerbeträge (Lohnsteuer, evtl. Kapitalertragsteuer)
./. Einkommensteuer-Vorauszahlungen

= **Erstattung/Nachzahlung zur Einkommensteuer**

Eine Sonderrolle haben die Einkünfte aus Kapitalvermögen, da diese meistens pauschal mit 25 %, der sogenannten Abgeltungsteuer, und nicht gemeinsam mit den anderen Einkünften besteuert werden.

2.3.2 Gewinneinkünfte und Überschusseinkünfte

Bevor wir die einzelnen Einkünfte berechnen können, müssen wir einen genaueren Blick darauf werfen, welche Tätigkeiten und Erträge durch sie erfasst werden:

	Einkunftsart	Was ist darin hauptsächlich enthalten?
1.	Einkünfte aus Land- und Forstwirtschaft	Landwirtschaft, Forstwirtschaft, Weinbau, Gartenbau
2.	Einkünfte aus Gewerbebetrieb	Jede andere selbstständig ausgeübte Tätigkeit, die nicht zu den „Einkünften aus Land- und Forstwirtschaft" oder zu den „Einkünften aus selbstständiger Arbeit" gehört, z. B. Handel, Handwerk, Dienstleistung
3.	Einkünfte aus selbstständiger Arbeit	Hier sind ganz bestimmte selbstständige Tätigkeiten gemeint, z. B. solche, die zu den „freien Berufen" zählen, wie Heilberufe, Rechtsanwälte, Dolmetscher

4.	Einkünfte aus nicht selbst- ständiger Arbeit	Alle Tätigkeiten als Arbeitnehmer und Bezüge aus einem ehemaligen Arbeitsverhältnis (z. B. Beamten- pension)
5.	Einkünfte aus Kapitalver- mögen	Vergütungen, die man erhält, weil man jeman- dem Kapital überlässt: Zinsen, Dividenden sowie Gewinne und Verluste aus der Anlage
6.	Einkünfte aus Vermietung und Verpachtung	Vergütung aus der Überlassung bestimmter Sachen, speziell Immobilien: Mieten, Pachten. <u>Nicht jedoch:</u> Gewinne, Verluste aus dem Verkauf dieser Sachen
7.	Sonstige Einkünfte	Ganz bestimmte Einkünfte, die bisher noch nicht erfasst sind, z. B. Renten aus einer gesetzlichen oder privaten Rentenversicherung oder Gewinne und Verluste aus dem Verkauf von Vermögen, das nicht Kapitalvermögen ist („Spekulationsgewinne")

Abbildung: Einkunftsarten

Diese sieben Einkunftsarten kann man nochmals in zwei Gruppen unterteilen, die Gewinneinkunftsarten und die Überschusseinkunftsarten.

Gewinneinkunftsarten sind die ersten drei:
- Einkünfte aus Land- und Forstwirtschaft,
- Einkünfte aus Gewerbebetrieb,
- Einkünfte aus selbstständiger Arbeit.

Überschusseinkunftsarten die folgenden vier:
- Einkünfte aus nicht selbstständiger Arbeit,
- Einkünfte aus Kapitalvermögen,
- Einkünfte aus Vermietung und Verpachtung,
- Sonstige Einkünfte.

Warum ist es wichtig, diese beiden Gruppen zu unterteilen? Die Antwort liegt im steuerlichen Umgang mit dem Vermögen, welches zu den Gewinn- oder Überschuss- einkunftsarten gehört. Es gilt: Wird Vermögen im Zusammenhang mit Gewinneinkunfts- arten genutzt, so spricht man vom steuerlichen **Betriebsvermögen**. Wenn etwas zum Betriebsvermögen gehört, dann ist es immer **steuerverstrickt**. Das bedeutet, dass jeder Gewinn oder Verlust aus dem Verkauf des Vermögens steuerlich relevant ist – unabhän- gig von dem Zeitraum, den es im Eigentum stand.

Beispiel:

Wenn man nach 30 Jahren eine Immobilie verkauft, in welcher man sein eigenes Hotel betrieben hat (Einkünfte aus Gewerbebetrieb = Gewinneinkunftsart), dann ist der Gewinn aus dem Verkauf steuerpflichtig.

Steht Vermögen dagegen im Zusammenhang mit Überschusseinkunftsarten oder hat es nichts mit Einkünfteerzielung zu tun, dann nennt man es steuerliches **Privatvermögen**. Hier gilt der Grundsatz: **Gewinne oder Verluste aus dem Verkauf des steuerlichen**

Privatvermögens fallen nicht unter die Einkommensteuer. Man sagt im Allgemeinen auch, es ist steuerfrei. Natürlich gibt es einige Ausnahmen, schließlich geht es hier um Steuerrecht. Zwei wichtige Ausnahmen sind Wertpapiere und anderes Kapitalvermögen, das ab 2009 gekauft wurde und anderes Vermögen, das innerhalb bestimmter Fristen gekauft und wieder verkauft wird („Spekulationsgewinne"). Dieses Vermögen ist mit seinen Verkaufsgewinnen oder -verlusten ebenfalls steuerverstrickt.

Gerade bei Immobilien und den möglichen Gewinnen oder Verlusten aus dem Verkauf kann man sich leicht vorstellen, dass es sehr relevant ist, ob sie zu versteuern sind oder nicht.

> **Beispiel:**
>
> Es soll eine Büro- und Gewerbeimmobilie in Düsseldorf als geschlossener Fonds vermarktet werden. Die Fondsgesellschaft soll die Rechtsform der GmbH & Co. KG haben. Wenn der Initiator nicht verschiedene Kriterien einhält, wird die Fondsgesellschaft als Gewerbebetrieb angesehen und es werden Einkünfte aus Gewerbebetrieb erzielt – ein späterer Veräußerungsgewinn wird für die Anleger einkommensteuerpflichtig. Werden dagegen die Spielregeln beachtet, so werden die Fondseinkünfte als solche aus Vermietung und Verpachtung angesehen und ein späterer Veräußerungsgewinn bleibt nach Ablauf der Veräußerungsfrist („Spekulationsfrist") von zehn Jahren steuerfrei.

Außerdem gibt es bei den Gewinn- und Überschusseinkunftsarten noch Unterschiede bei der Art, wie man den Gewinn oder Verlust berechnet.

2.3.3   Einnahmen, Ausgaben und noch mehr

Los geht es aber erst einmal mit dem „Grundfall": Einkünfte werden berechnet, indem man von seinen Einnahmen die Ausgaben abzieht, welche mit den Einnahmen zusammenhängen:

Einnahmen ./. Ausgaben (mit den Einnahmen zusammenhängend) = Einkünfte

Einnahmen sind die Bruttozuflüsse. Darunter werden alle Güter verstanden, die in Form von Geld oder Geldeswert zufließen (z. B. Waren beim Tausch).

> **Beispiel:**
>
> Ein Arbeitgeber mietet für den Arbeitnehmer eine Wohnung an und überlässt ihm diese mietfrei. Hier sind die Einnahmen für den Arbeitnehmer die ersparte Miete, die er üblicherweise für eine derartige Wohnung hätte zahlen müssen.

Bei den Gewinneinkunftsarten nennt man sie **Betriebseinnahmen**, bei den Überschusseinkunftsarten heißen sie einfach nur **Einnahmen**. Natürlich gibt es auch Einnahmen, die nicht durch das Einkommensteuergesetz erfasst sind, weil sie zu keiner Einkunftsart gehören. Man nennt diese in der Fachsprache „nicht steuerbar", d. h., sie unterliegen nicht dem Einkommensteuergesetz.

> **Beispiel:**
>
> Paradebeispiel ist hier der Lotteriegewinn oder die gewonnene Wette. Eine Erbschaft oder eine Schenkung ist ebenfalls nicht steuerbar bei der Einkommensteuer – dafür kann Erbschaft-/Schenkungsteuer anfallen.

Aber auch die Einnahmen, die zu einer Einkunftsart gehören, sind nicht immer steuer-pflichtig, denn es gibt auch steuerfreie Einnahmen. Sie sind größtenteils in §3 EStG aufgezählt. Dazu gehören z.B. die Leistungen aus einer Krankenversicherung, das Kindergeld oder erhaltenes Arbeitslosengeld. Zu beachten ist bei diesen steuerfreien Einnahmen allerdings, dass einige davon dem sogenannten **Progressionsvorbehalt** unterliegen, d.h., sie beeinflussen den persönlichen Steuersatz.

> **Beispiel:**
> Frau Giesebrecht aus Augsburg hat ein zu versteuerndes Einkommen von 50.000 EUR. Zusätzlich ist sie an einem geschlossenen Immobilienfonds beteiligt, der in den USA inves-tiert. Das Einkommen von 2.500 EUR hieraus ist in Deutschland steuerfrei. Es unterliegt aber dem Progressionsvorbehalt, sodass der maßgebliche prozentuale Steuersatz auf 50.000 EUR so ermittelt wird, als hätte sie 52.500 EUR zu versteuerndes Einkommen.

Für die **Ausgaben**, die man von seinen Einnahmen abziehen darf, gibt es zwei gesetz-liche Definitionen. Fallen sie bei den Gewinneinkunftsarten an, nennt man sie **Betriebs-ausgaben**. Sie gelten als Aufwendungen, die durch den Betrieb veranlasst sind. Das trennt sie von den Privatausgaben, welche klar privat veranlasst sind.

Fallen die Ausgaben bei den Überschusseinkünften an, nennt man sie **Werbungskos-ten**. Das Gesetz definiert sie als „Aufwendungen zur Erwerbung, Sicherung und Erhal-tung der Einnahmen". In der Rechtsprechung und Praxis wird aber kein Unterschied zu den Betriebsausgaben gesehen.

Konsequenterweise gilt übrigens die „Steuerfreiheit" auch für die Ausgaben: Wenn die Einnahmen also nicht steuerpflichtig sind, dürfen auch die dazugehörigen Ausgaben nicht abgezogen werden.

Eine Besonderheit haben wir bei den **Einkünften aus Kapitalvermögen**, die mit der pauschalen Abgeltungsteuer besteuert werden – weil dies schon ein niedrigerer Steuer-satz ist, dürfen von diesen Einnahmen neben einem Pauschalbetrag von 801 EUR keine Werbungskosten abgezogen werden.

2.3.4   Zwei Arten der Gewinnermittlung (bei Gewinneinkünften)

Es existieren gleich vier steuerlich anerkannte Wege, den Gewinn bei den vorgenannten Gewinneinkünften zu ermitteln. Nachfolgend werden nur die beiden üblichen Wege der **Bilanzierung** und der **Einnahmen-Überschuss-Rechnung** dargestellt. Daneben gibt es für kleinere Betriebe der Land- und Forstwirtschaft noch eine Gewinnermittlung nach Durchschnittssätzen, bei der der Gewinn anhand bestimmter Kriterien (wie dem Wert des Betriebes) pauschal ermittelt wird und die sogenannte Tonnagebesteuerung für die Handelsschifffahrt.

Es gibt folgende Arten von Gewinnermittlungen:
- Gewinnermittlung durch Betriebsvermögensvergleich (=Bilanzierung),
- Gewinnermittlung durch Einnahmen-Überschuss-Rechnung,
- Gewinnermittlung nach Durchschnittssätzen,
- Gewinnermittlung durch Tonnagebesteuerung.

2.3.4.1   Betriebsvermögensvergleich

Gemeint ist hier die Bilanzierung. Unter Betriebsvermögen versteht man das Reinvermögen oder Eigenkapital einer Gesellschaft:

Bilanz

Aktiva	Passiva
Anlagevermögen und **Umlaufvermögen**	**Eigenkapital** (auch Reinvermögen oder Betriebsvermögen genannt) und **Fremdkapital**

In der Bilanz werden alle Vermögensposten wie z. B. Forderungen oder Wertpapiere sowie alle Schulden berücksichtigt, die zu dem Stichtag vorhanden waren. Daher ist es egal, wann die Gelder tatsächlich fließen.

Die Stände des Eigenkapitals vom Anfang und Ende des Jahres werden um solche Änderungen bereinigt, welche den Gewinn nicht beeinflussen sollen, und anschließend miteinander verglichen. Im Einzelnen funktioniert das wie folgt:

> **Beispiel:**
>
> | | |
> |---|---:|
> | Betriebsvermögen am Schluss des Wirtschaftsjahres (z. B. 31.12.2012) | 190.000 EUR |
> | ./. Betriebsvermögen am Schluss des vorherigen Wirtschaftsjahres (z. B. 31.12.2011) | 180.000 EUR |
> | = Unterschiedsbetrag | 10.000 EUR |
> | + Entnahmen (z. B. für private Lebensführung) | 70.000 EUR |
> | ./. Einlagen (z. B. Geschenk der Erbtante) | 25.000 EUR |
> | = Gewinn (oder ggf. Verlust) | 55.000 EUR |

Man muss für steuerliche Zwecke bilanzieren, wenn

- das Handelsgesetzbuch (HGB) oder andere Gesetze es vorschreiben, z. B. für bestimmte eingetragene Kaufleute und Handelsgesellschaften wie KG oder GmbH oder

- wenn man Gewerbetreibender oder Land-/Forstwirt ist und Umsätze von mehr als 500.000 EUR oder einen Gewinn von mehr als 50.000 EUR hatte und das Finanzamt hierzu auffordert.

Außerdem kann jeder natürlich auch freiwillig bilanzieren, um bestimmte steuerliche Gestaltungsmöglichkeiten wie beispielsweise die Bildung von Rückstellungen auszunutzen oder weil man einfach einen besseren Überblick über sein Unternehmen haben möchte.

2.3.4.2   Einnahmen-Überschuss-Rechnung

Dies ist die Gewinnermittlungsart für diejenigen, die nicht bilanzieren. Hier werden einfach die Betriebseinnahmen den Betriebsausgaben (jeweils nach Geldflüssen) gegenübergestellt.

Betriebseinnahmen des Kalenderjahres	120.000 EUR
./. Betriebsausgaben des Kalenderjahres	80.000 EUR
= Gewinn	40.000 EUR

Sowohl für die Einnahmen als auch für die Ausgaben gilt das **Geldflussprinzip**, d. h., Einnahmen/Betriebsausgaben sind in dem Jahr zu berücksichtigen, in dem sie wirtschaftlich zu- oder abgeflossen sind.

Außerdem gilt, dass die Anschaffungskosten von Anlagevermögen nicht in dem Jahr Berücksichtigung finden, in dem sie gezahlt werden. Sie sind – wie bei Bilanzierern – auf die Nutzungsdauer zu verteilen und finden sich als AfA (Absetzungen für Abnutzung, Abschreibung) in den Betriebsausgaben wieder. Auch bei Vorauszahlungen oder anderen Zahlungen für einen Zeitraum von mehr als fünf Jahren muss man den Betrag eventuell auf die Jahre verteilen.

Für die Überschussermittlung bei den Überschusseinkunftsarten gilt im Übrigen das Gleiche wie für die Einnahmenüberschussrechnung:

Einnahmen des Kalenderjahres	50.000 EUR
./. Werbungskosten des Kalenderjahres	20.000 EUR
= Überschuss der Einnahmen	30.000 EUR

2.4   Für Kapitalanlage am wichtigsten: Einkünfte aus Kapitalvermögen

Ob man mit Investmentfonds oder anderen Vermögensanlagen zu tun hat – das meiste spielt sich in dieser Einkunftsart ab. Aber auch für die geschlossenen Fonds ist diese Rubrik wichtig: so z. B. bei Private-Equity-Fonds oder bestimmten ausländischen Immobilienfonds.

Diese Art von Einkünften ist steuerlich anders einzuordnen als die anderen – hier die „Spezialitäten" im Überblick:

Flat Tax und Quellensteuer:

„Flat Tax" bedeutet, dass es nur einen Steuersatz gibt, nämlich 25 % (Abgeltungsteuer), der für alle Personen gleichermaßen gilt; unabhängig vom Familienstand, der Einkommenssituation oder der Anzahl der Kinder. Hinzu kommt der Solidaritätszuschlag von 5,5 % der Abgeltungsteuer, sodass mindestens 25 % + 1,375 % (5,5 % von 25 %) = 26,375 % zu zahlen sind. Wenn man Mitglied der Kirche ist, kommt die Kirchensteuer hinzu. Hierdurch erhöht sich die Gesamtsteuer auf bis zu 28 %.

Die Steuer wird direkt von den inländischen Banken, anderen Finanzinstituten oder Auszahlenden einbehalten. Wenn man möchte, dass auch die Kirchensteuer direkt einbehalten wird, so muss man das bei der Bank beantragen. Ab 2014 soll die Kirchensteuer von den inländischen Instituten automatisch einbehalten werden, sofern man diesem Automatismus als Anleger nicht widerspricht.

Technisch gesehen wird immer die Kapitalertragsteuer einbehalten – ob sie abgeltende Wirkung hat und damit Abgeltungsteuer ist, entscheidet sich auf der Ebene des Anlegers.

Keine Steuererklärung für Kapitaleinkünfte

Da es nur einen Steuersatz gibt und dieser normalerweise direkt an der Quelle einbehalten wird, bleiben die Kapitaleinkünfte bei der Steuererklärung konsequenterweise
außer Ansatz. Von der Regel „keine Angabe in der Steuererklärung" gibt es jedoch einige wichtige Ausnahmen: So muss man z. B. die Kapitalerträge in der Steuererklärung
angeben, wenn sie abgeltungsteuerpflichtig sind, diese jedoch bisher nicht einbehalten
wurde, so z. B. bei Zinsen aus Privatdarlehn oder Anlagen im Ausland.

Abgeltungsteuer auf alle Kapitaleinkünfte inklusive der Kursgewinne

Anders als bei den anderen Überschusseinkunftsarten, z. B. „Vermietung und Verpachtung", gehören seit 2009 nicht nur laufende Erträge wie Zinsen, Dividenden und
ähnliche Erträge zu den Einkünften, sondern auch die Gewinne und Verluste aus dem
Verkauf der Kapitalanlagen, also dem Vermögen selbst. Das gilt – unabhängig von der
Haltedauer – für alle Anlagen, die ab 01.01.2009 erworben wurden.

Kein Werbungskostenabzug

Wenn die Steuer direkt von der Bank in der korrekten Höhe einbehalten werden soll,
sodass keine Steuererklärung mehr nötig ist, dann ist es schwierig, dass die Bank
z. B. auch die Aufwendungen für Fachliteratur oder Fahrtkosten im Zusammenhang
mit den Kapitalanlagen beim Einbehalt der Abgeltungsteuer berücksichtigt. Daher
ist der Abzug von Werbungskosten bei den Einkünften aus Kapitalvermögen ausgeschlossen. Es wird ein Pauschalbetrag von 801 EUR pro Person berücksichtigt
(Sparerpauschbetrag).

Wichtig ist, dass diese Regeln nur für die **privaten Einkünfte** aus Kapitalvermögen und
nicht etwa für jede Art von Kapitalerträgen gelten. Wenn nämlich Kapitalerträge inhaltlich
zu einer anderen Einkunftsart gehören, so hat diese Einkunftsart Vorrang, z. B. bei Zinserträgen auf einem Geschäftskonto.

> **Beispiel:**
>
> Der selbstständige Kfz-Meister Nahbaum, Nürnberg, legt betriebliche Gelder in Geldmarkt-
> fonds an. Die Erträge aus den Geldmarktfonds sind Teil seiner unternehmerischen Tätigkeit
> und damit Einkünfte aus Gewerbebetrieb. Dementsprechend wird auch kein Sparerpausch-
> betrag abgezogen und die Erträge sind mit seinem persönlichen Steuersatz zu versteuern.

Werden die Gelder im Zusammenhang **mit einem Unternehmen** oder in anderem
Zusammenhang angelegt, so werden auch 25 % Kapitalertragsteuer plus Solidaritätszuschlag einbehalten. Es ist aber nur Vorauszahlung auf die spätere tatsächliche Steuerschuld; die Kapitalertragsteuer hat **keine abgeltende Wirkung**.

Wenn man möchte, dass Kapitalerträge dem Privatvermögen zugerechnet werden, so
muss man das Geld zuvor dem Unternehmen entnehmen und die Kapitalanlage im
Privatvermögen durchführen. Wichtig ist, dass die Entnahme in der Buchführung dokumentiert wird. Die Entnahme kann allerdings auch andere steuerliche Folgen haben, die
der Unternehmer mit seinem steuerlichen Berater klären muss.

2.4.1 Sparerpauschbetrag

Für Einkünfte aus Kapitalvermögen existiert ein besonderer steuerfreier Betrag, der
Sparerpauschbetrag. Steuern fallen nur an, wenn die Einkünfte aus Kapitalvermögen
801 EUR – bei Ehepartnern, die die Steuererklärung gemeinsam machen 1.602 EUR –

übersteigen. Der Pauschbetrag für Ehepaare gilt unabhängig davon, bei wem die Einkünfte anfallen. Kinder haben ihren eigenen Sparerpauschbetrag von ebenfalls 801 EUR.

2.4.2   Freistellungsauftrag und NV-Bescheinigung

Da ein Betrag von 801 EUR pro Person und Jahr steuerfrei ist, kann man als Anleger die Bank beauftragen, Kapitalerträge bis zu diesem Betrag vom Steuerabzug freizustellen (für Ehepartner gilt der doppelte Betrag). Dies geschieht mit einem speziellen **Freistellungsauftrag**. Er gilt so lange, bis er gegenüber der Bank widerrufen wird. Man kann den Betrag auch zwischen verschiedenen Instituten aufteilen.

Die Banken melden die freigestellten Beträge an das **Bundeszentralamt für Steuern**, sodass überprüft werden kann, dass nicht insgesamt mehr als der Maximalbetrag freigestellt wurde. Diese Daten stehen übrigens auch den Sozialleistungsträgern wie der Agentur für Arbeit zum Abgleich zur Verfügung.

Die **Nichtveranlagungsbescheinigung (NV-Bescheinigung)** ist eine Alternative zur Freistellungsbescheinigung. Sie wird beim Finanzamt beantragt und stellt die Kapitalerträge ohne Betragsbegrenzung vom Steuerabzug frei. Um sie zu bekommen, muss das zu versteuernde Einkommen – inklusive der steuerpflichtigen Kapitalerträge – unterhalb des Grundfreibetrages liegen. Man darf also nicht verpflichtet sein, eine Steuererklärung einzureichen beziehungsweise Veranlagung (Steuerfestsetzung) durchführen zu lassen. Die Bescheinigung gilt für **maximal drei Jahre**. Die NV-Bescheinigung ist aber kein „Freibrief" für die Kapitalerträge, denn es ist ja nur eine Prognoseentscheidung. Stellt sich im Nachhinein heraus, dass das zu versteuernde Einkommen doch höher ist, so muss man eine Steuererklärung abgeben, damit die Steuer nacherhoben werden kann.

2.4.3   Veräußerungsgewinne und -verluste

Der Veräußerungserfolg wird wie folgt berechnet:

Veräußerungspreis
./. Aufwendungen, die direkt mit der Veräußerung zusammenhängen
./. Anschaffungskosten und Anschaffungsnebenkosten
= Veräußerungsgewinn oder -verlust

Zu den Anschaffungsnebenkosten gehören auch Aufgelder, Agios und Vermittlungsvergütungen. Falls bei der Berechnung der Abgeltungsteuer durch die Bank nicht alle Aufwendungen berücksichtigt wurden, kann man sie in der Steuererklärung nachträglich angeben.

Wie bereits erwähnt, gehören alle **Veräußerungsgewinne** zu den Einkünften aus Kapitalvermögen, wenn die Anlagen nach 2008 angeschafft wurden – unabhängig von der Haltedauer der Anlage. Andererseits kann man **Veräußerungsverluste** aus Kapitalanlagen, die man nach 2008 erworben hat, gegen die anderen Einnahmen aus Kapitalvermögen rechnen. Das gilt auch für die Anlage in Investmentfonds, Zertifikate, Optionsscheine und Optionen. Lediglich Verluste aus Aktien können nur mit Gewinnen aus Aktien ausgeglichen werden. Ein Rücktrag in das Vorjahr ist generell nicht möglich, aber in einem Jahr nicht ausgeglichene Verluste können unbegrenzt in die Folgejahre mitgenommen werden. Eine Verrechnung von diesen Verlusten mit anderen Einkünften, z. B. aus nicht selbständiger Arbeit, ist leider nicht möglich.

Inländische Kreditinstitute führen für jeden Anleger ein **Verlustverrechnungskonto**, sodass Verluste automatisch gegen positive Kapitalerträge gerechnet werden. Dabei werden die Verluste innerhalb eines Jahres von den Instituten auch „rückwärts" verrechnet, d. h., dass z. B. ein Verlust aus November gegen einen Ertrag aus Februar verrechnet und die bisher einbehaltene Abgeltungsteuer erstattet wird. Nicht ausgeglichene Verluste eines Jahres werden in das nächste Jahr übertragen. Allerdings kann ein Verlust nicht einfach auf eine andere Bank übertragen werden; das geht nur bei Kontenschließung oder Depotüberträgen. Stattdessen kann man sich von der Bank den nicht verbrauchten Verlust zum Jahresende auf einem Dokument bestätigen lassen und ihn dann in der Steuererklärung mit positiven Kapitalerträgen aus anderen Quellen oder Konten verrechnen. Den Antrag muss man **bis spätestens 15.12.** des laufenden Jahres an die Bank richten, um die Bescheinigung für das Jahresende zu bekommen.

Eine Besonderheit besteht für die alten „Spekulationsverluste" (Verluste aus privaten Veräußerungsgeschäften): Alle „Spekulationsverluste", die unter dem bis zum 31.12.2008 geltenden Recht erzielt wurden, können bis einschließlich 2013 mit abgeltungsteuerpflichtigen Veräußerungsgewinnen verrechnet werden. Man kann also mit seinen alten Verlusten aus Wertpapieren oder auch aus Immobilien Abgeltungsteuer sparen. Voraussetzung: Die Verluste müssen vom Finanzamt im Rahmen der Steuererklärung festgestellt worden sein.

Wenn man seine **Wertpapiere vor dem 01.01.2009** angeschafft hat, so gilt für sie die alte Regel weiter: Nach einem Jahr Haltedauer (private Veräußerungsfrist, „Spekulationsfrist") sind Veräußerungsgewinne steuerfrei und -verluste steuerlich nicht verrechenbar. Die inländische depotführende Stelle kennzeichnet die Wertpapiere als „alt" und „neu" und behandelt sie entsprechend. Wird ein „neues" Wertpapier verkauft, so unterliegt es der Abgeltungsteuer-Regel; ein „altes" Wertpapier bleibt steuerfrei.

Was geschieht, wenn sich im Depot sowohl „alte" als auch „neue" Wertpapiere der gleichen Art befinden und man nur einen Teil verkauft? In diesem Fall gilt die gesetzliche Regel, dass die ältesten Wertpapiere als zuerst verkauft gelten, dies wird auch als **First-In-First-Out**-Regel bezeichnet.

Die Kennzeichnung als „alte" oder „neue" behalten die Wertpapiere auch bei einem **Übertrag** von einem **eigenen Depot** in ein anderes eigenes Depot im Inland. Wird aus dem Ausland in das Inland übertragen, so kommt es auf das jeweilige Land an: Bei Übertragungen aus EU- oder EWR-Ländern sowie einigen anderen europäischen Staaten oder Gebieten kann man eine Bescheinigung erhalten, welche man der Bank in Deutschland vorlegen kann, damit sie die Anschaffungsdaten und -kosten einpflegt.

Die Eigenschaft „alt" oder „neu" bleibt sogar bei unentgeltlichen Übertragungen wie Schenkungen oder Erbschaften bestehen; der Empfänger tritt in die „steuerlichen Fußstapfen" des Gebenden. Wenn jemand Wertpapiere verschenkt, ist es also kein Verkauf. Wenn jemand Wertpapiere geschenkt bekommt, ist es also keine Anschaffung. Daher kann man bei **Depotübertragungen** zwischen zwei verschiedenen Personen auch der depotführenden Stelle angeben, dass es sich um unentgeltliche Übertragungen handelt. Dann werden die Anschaffungsdaten an die neue Stelle übermittelt. Gleichzeitig geht eine **Kontrollmitteilung** an das Finanzamt, damit überprüft werden kann, ob vielleicht Erbschaft- oder Schenkungsteuer anfällt.

Gibt man bei einem Depotübertrag andererseits nicht an, dass es unentgeltlich ist, so muss die depotführende Stelle von einem Verkauf zum aktuellen Börsenkurs oder Rücknahmepreis ausgehen und entsprechend Abgeltungsteuer einbehalten, wenn es sich um „neue" Wertpapiere handelt.

2.4.4   Ausländische Kapitalerträge

Wie werden ausländische Kapitalerträge behandelt? Muss man dort versteuern, wo derjenige sitzt, der die Kapitalerträge zahlt? Oder dort, wo das Depot geführt wird?

Bei Kapitalerträgen gilt der Grundsatz, dass man dort versteuern muss, wo man als Empfänger steuerlich ansässig ist. Dieser Grundsatz ist auch international anerkannt und wird in zwischenstaatlichen Abkommen beachtet. Für die meisten in diesem Land Lebenden ist daher die Steuer in Deutschland zu entrichten – es gilt für die private Kapitalanlage auch die Abgeltungsteuer. Es ist also egal, wo derjenige sitzt, der die Zinsen zahlt oder das Wertpapier emittiert hat, auch der Ort der Verwahrung ist nicht entscheidend: die Steuer fällt in der Heimat des Kapitalanlegers an. In einigen Fällen darf der Staat, in dem der Zahlende sitzt, eine Quellensteuer einbehalten, z. B. bei Dividenden. Diese **ausländischen Quellensteuern** werden dann auf die deutsche Steuer angerechnet.

> **Beispiel:**
> Herr Velbert aus Münster hat Aktien einer Schweizer Bank im Depot. Von der Dividendenausschüttung werden 15 % Schweizer Verrechnungsteuer (Quellensteuer) einbehalten. Die bereits gezahlte Schweizer Quellensteuer wird durch die depotführende Stelle auf die deutsche Abgeltungsteuer angerechnet, sodass nur noch der Differenzbetrag gezahlt werden muss.

Wenn Kapitalanlagen im Ausland verwahrt werden, z. B. bei einer ausländischen Bank, so wird von der Bank keine deutsche Kapitalertragsteuer einbehalten. Das bedeutet aber nicht, dass die Erträge steuerfrei sind. Vielmehr muss man die Kapitalerträge in der Steuererklärung angeben, damit das Finanzamt die Abgeltungsteuer festsetzen kann.

2.5   Das zu versteuernde Einkommen

Wenn man die Gewinne und Verluste aus den einzelnen Einkunftsquellen zusammengezählt, also die Summe der Einkünfte berechnet hat, dann werden noch bestimmte Beträge abgezogen und damit das steuerpflichtige zu versteuernde Einkommen gemindert.

Dazu gehören bestimmte Aufwendungen, welche die **private Lebensführung** betreffen. Man kann diese nicht bei den Einkünften abziehen, denn sie sind ja privat veranlasst, aber aus unterschiedlichen Gründen dürfen sie das zu versteuernde Einkommen und damit die Steuerlast mindern: Dazu gehören die **Sonderausgaben**. Das sind einerseits unvermeidliche Ausgaben, welche die wirtschaftliche Leistungsfähigkeit des Betroffenen mindern, und andererseits Ausgaben, die durch die Steuer begünstigt werden sollen.

Wichtige Sonderausgaben sind:
* Beiträge zu bestimmten privaten Versicherungen, z. B. Krankenversicherungen, Arbeitslosenversicherung, Unfallversicherungen,
* bestimmte Altersvorsorgebeiträge, z. B. Beiträge zur gesetzlichen Rentenversicherung oder Zahlungen an berufsständische Versorgungswerke oder die geförderte private Vorsorge wie „Riester"- und „Rürup"-Verträge,

- Unterhaltsleistungen an den geschiedenen oder getrennt lebenden Ehegatten,
- die gezahlte Kirchensteuer,
- Aufwendungen für die eigene Berufserstausbildung,
- Spenden an gemeinnützige Organisationen.

Auch dass man sogenannte **außergewöhnliche Belastungen** abziehen kann, liegt daran, dass die Besteuerung die wirtschaftliche Leistungsfähigkeit des Einzelnen berücksichtigen soll. Denn wer seinen Hausrat nach Brand oder Naturkatastrophen wiederbeschaffen muss oder ständig mehr Ausgaben hat, weil eine Behinderung vorliegt, hat am Ende weniger Einkommen zur Verfügung als sein gleich verdienender Nachbar und soll daher mit weniger Steuer belastet sein.

Da nur größere Aufwendungen Berücksichtigung finden sollen, wird eine sogenannte zumutbare Belastung von den entstandenen Aufwendungen abgezogen. Bestimmte Fälle werden auch pauschal berücksichtigt.

Für die verschiedenen Arten von Sonderausgaben und außergewöhnlichen Belastungen gelten unterschiedliche Regeln: Manchmal kann man einfach die gezahlten Beträge absetzen, mal existieren bestimmte Höchstbeträge, mal Pauschalen und manchmal kann man auch nur einen Teil des Aufwandes gelten machen.

Daneben existieren noch weitere steuerliche Abzugsbeträge wie der **Altersentlastungsbetrag** oder der **Entlastungsbetrag für Alleinerziehende**. Bei der Steuerberechnung werden **Kinderfreibeträge** berücksichtigt, wenn die Steuerentlastung höher ist als das bereits ausgezahlte Kindergeld.

Hat man all diese Beträge in seine Berechnung einbezogen, so gelangt man zu dem zu versteuernden Einkommen.

2.6   Wie wird die Steuer berechnet?

Vom zu versteuernden Einkommen wird die **tarifliche Steuer** berechnet, seit 2013 nach folgendem Steuertarif:

	Steuersatz	Zu versteuerndes Einkommen
Ein gewisser Betrag bleibt unbesteuert (Grundfreibetrag)	0 %	bis 8.130 EUR
darüber hinausgehende Beträge werden mit einem mit der Höhe des zu versteuernden Einkommens ansteigenden Steuersatz belegt	14 % bis 42 %	von 8.131 EUR bis 52.881 EUR
in dieser Bandbreite des Einkommens bleibt es bei einem Steuersatz	42 %	von 52.882 EUR bis 250.730 EUR
ab einem bestimmten Betrag gilt der Höchststeuersatz	45 %	ab 250.731 EUR

Die Werte gelten für einzelne Personen; es ist der sogenannte **Grundtarif**. Für Verheiratete, die gemeinsam versteuert werden, gelten die doppelten Werte, schließlich sind es auch zwei Personen (**Splittingtarif**).

Wer mathematische Formeln mag, kann die tatsächliche Steuer selbst nach Anleitung des § 32a EStG berechnen oder man kann sich zum Beispiel der Hilfe des Bundesfinanzministeriums bedienen: **www.bmf-steuer rechner.de**.

> **Beispiel:**
>
> Hassan Özcan hat in 2012 ein zu versteuerndes Einkommen von 33.500 EUR erzielt. Er ist nicht verheiratet. Damit fällt eine tarifliche Einkommensteuer von 6.757 EUR an.

Bei Steuervergleichen trifft man immer wieder auf die Begriffe Durchschnittssteuersatz und Grenzsteuersatz.

Der **Durchschnittssteuersatz** ist die prozentuale Steuerbelastung bezogen auf das gesamte zu versteuernde Einkommen.

> **Beispiel:**
>
> In unserem Beispiel beträgt der Durchschnittssteuersatz
>
> $$\frac{6.757 \text{ EUR}}{33.500 \text{ EUR}} \times 100 = 20,17\,\%$$

Der **Grenzsteuersatz** (Marginalsteuersatz) ist die prozentuale Steuerbelastung, bezogen auf eine bestimmte Veränderung des zu versteuernden Einkommens.

> **Beispiel:**
>
> Herr Özcan schließt einen „riestergeförderten" Investmentsparvertrag ab. Sein zu versteuerndes Einkommen verringert sich um 1.500 EUR. Wie hoch ist die Steuerersparnis?
>
> | | |
> |---|---:|
> | Bisherige Steuer (zu versteuerndes Einkommen 33.500 EUR) | 6.757 EUR |
> | Neue Steuer (zu versteuerndes Einkommen 32.000 EUR) | 6.419 EUR |
> | Gesparte Steuer (auf Minderung von 1.500 EUR) | 338 EUR |
>
> Die 1.500 EUR sind demnach mit einem Grenzsteuersatz von
>
> $$\frac{338 \text{ EUR}}{1.500 \text{ EUR}} \times 100 = 22,53\,\%$$
>
> belastet.
>
> Auf die 1.500 EUR spart Herr Özcan also 22,53 % Einkommensteuer.

2.7   Der Solidaritätszuschlag

Der Solidaritätszuschlag ist keine eigenständige Steuer, sondern, wie der Name schon vermuten lässt, ein Zuschlag zur Einkommensteuer. Er beträgt 5,5 % der Einkommensteuer in ihren verschiedenen Formen. Er fällt also an auf:

- die Lohnsteuer,
- die Kapitalertragsteuer,
- Einkommensteuer-Vorauszahlungen und
- Einkommensteuer aufgrund eines Einkommensteuerbescheides (veranlagte Einkommensteuer).

Auch juristische Personen zahlen den „Soli", nämlich als Zuschlag zur Körperschaftsteuer, der Einkommensteuer für juristische Personen.

Wenn man nur ein geringes zu versteuerndes Einkommen hat, bleibt man vom Solidaritätszuschlag verschont. Beträgt die Einkommensteuer nicht mehr als 972 EUR (1.944 EUR bei Verheirateten), fällt kein Solidaritätszuschlag an.

3   Erbschaft- und Schenkungsteuer – Die Basics

Anders als die Einkommensteuer ist die Erbschaft- und Schenkungsteuer nicht bei jeder Finanzberatung mit „am Tisch". Sie kann aber – mit Steuersätzen bis zu 50 % – je nach Kundengruppe oder Beratungssituation ein wichtiger Aspekt sein.

Die Erbschaft- und Schenkungsteuer steht allein den Bundesländern zu, sie ist eine sogenannte Landessteuer.

3.1   Wer und was wird besteuert?

Besteuert wird derjenige, der durch eine freigiebige Zuwendung bereichert wird. Das kann eine Schenkung oder eine Bereicherung „von Todes wegen", also zum Beispiel eine Erbschaft oder ein Vermächtnis sein.

Da Erbschaften und Schenkungen – wenn man von bestimmten Konstellationen und Freibeträgen absieht – gleich besteuert werden, spricht man in der Praxis auch bei Schenkungen von der Erbschaftsteuer. So machen wir es im Folgenden auch.

Es sind aber nicht alle Erbschaften oder Schenkungen auf der Welt in Deutschland steuerpflichtig; mindestens eine der beiden daran beteiligten Personen muss hier persönlich erbschaftsteuerpflichtig sein. Das funktioniert ganz ähnlich wie bei der Einkommensteuer: Man ist insbesondere **unbeschränkt steuerpflichtig**, also die komplette, weltweite Bereicherung ist in Deutschland steuerpflichtig, wenn man als Gebender oder als Empfänger seinen Wohnsitz oder gewöhnlichen Aufenthalt im Inland hat. Das Gleiche gilt für deutsche Staatsangehörige, die in den letzten fünf Jahren ins Ausland gezogen sind.

> **Beispiel:**
> Die in Düsseldorf beheimatete Erbtante stirbt und hinterlässt ihren beiden Neffen, die in Dublin und Dubrovnik wohnen, je ein Mietwohnhaus in Dortmund und Danzig. Die Erbtante war in Deutschland unbeschränkt erbschaftsteuerpflichtig, daher unterliegt der gesamte Nachlass, auch das Haus in Danzig, der deutschen Erbschaftsteuer. Es ist auch egal, dass die beiden Neffen nicht in Deutschland wohnen.

Wie bei der Einkommensteuer gibt es auch bei der Erbschaftsteuer eine **beschränkte Steuerpflicht**. Wenn also weder der Gebende, noch der Schenkende in Deutschland unbeschränkt steuerpflichtig ist, sich aber bestimmtes Vermögen in Deutschland findet, dann wird es in Deutschland versteuert.

> **Beispiel:**
> Herr Kirchhof wohnt in Montevideo und ist kein deutscher Staatsbürger. Zu seinem Vermögen gehört eine Eigentumswohnung in Mannheim und ein Tagesgeld bei einer Bank in München. Er verschenkt sein Vermögen an eine religiöse Organisation (Sitz: Mexiko Stadt). Weder Herr Kirchhof noch die Organisation sind in Deutschland unbeschränkt steuerpflich-

tig. Aber durch die Eigentumswohnung werden beide in Deutschland beschränkt steuerpflichtig. Das Tagesgeld führt dagegen nicht zu beschränkter Steuerpflicht und bleibt bei der Besteuerung in Deutschland außen vor.

Für deutsche Staatsbürger, die in den letzten zehn Jahren weggezogen sind, kann noch eine Zwischenform zwischen der unbeschränkten und der beschränkten Steuerpflicht gelten, die **erweiterte beschränkte Steuerpflicht**.

3.2   Mit welchem Wert fließt das Vermögen in die Steuerberechnung ein?

Bei der Erbschaftsteuer versucht man das Vermögen mit Verkehrswerten zu bewerten. Das ist natürlich dann einfach, wenn man diesen Wert bei marktgängigem Vermögen wie börsennotierten Wertpapieren als Börsen- oder Marktpreis feststellen kann. Bei Grundstücken oder ganzen Unternehmen muss man sich mit berechneten Werten begnügen.

In der folgenden Tabelle können Sie die maßgeblichen Werte für verschiedene Arten von Vermögen ablesen:

Art des Vermögens	Steuerlicher Wert
Bargeld, Kontoguthaben	Nominalwert
Kapitalforderungen	Nominalwert, sofern nicht ein anderer höherer oder niedrigerer Wert maßgeblich ist
Börsennotierte Wertpapiere	Börsenpreis
Investmentfondsanteile	Rücknahmepreis
Unbebaute Grundstücke	Marktpreis oder Bodenrichtwert
Ein-/Zweifamilienhäuser	Marktpreis oder Vergleichswertverfahren nach Wertermittlungsverordnung
Miethäuser	Marktpreis oder Ertragswertverfahren nach Wertermittlungsverordnung
Anteile an Unternehmen (nicht börsennotiert)	Marktpreis oder Unternehmensbewertung nach branchenüblichem Verfahren oder nach vereinfachtem Ertragswertverfahren

3.3   Wie hoch ist die Steuer?

Die deutsche Erbschaftsteuer will die Bereicherung des freundlich Bedachten, also des Beschenkten oder Erben, besteuern. Von daher berechnet man:

Wert des erhaltenen Vermögens
./. abzugsfähige Nachlassverbindlichkeiten
= Bereicherung des Erwerbers

Die Steuer entsteht, wenn die Bereicherung wirtschaftlich eingetreten ist. Beim Erwerb von Todes wegen ist das der Zeitpunkt des Todes des Erblassers. Im Fall der Schenkung ist das der Zeitpunkt der Ausführung der Zuwendung. Zu diesem Stichtag sind auch die Vermögensgegenstände zu bewerten.

Von der Bereicherung kann man die persönlichen Freibeträge abziehen. Wie hoch sie sind, richtet sich nach der Steuerklasse, welche nach dem Nähe- und Verwandtschaftsgrad zwischen Zuwendendem und Empfänger gestaffelt ist; sie hat nichts mit der Lohnsteuerklasse zu tun.

Steuerklasse I   Sie gilt für den Ehegatten, den eingetragenen Lebenspartner, die Kinder (eheliche und nicht eheliche Kinder, Adoptivkinder, Stiefkinder, nicht jedoch Pflegekinder), Enkel und Urenkel sowie für Eltern und Großeltern bei Erwerb von Todes wegen.

> *Hinweis:*
> *Schenkungen von Kindern an die Eltern fallen unter die Steuerklasse II.*

Steuerklasse II   Sie gilt für Eltern und Großeltern (bei Schenkung), Geschwister, Geschwisterkinder, Stiefeltern, Schwiegereltern, Schwiegerkinder und für den geschiedenen Ehegatten.

Steuerklasse III   Sie gilt für alle übrigen Erwerber.

Nach der Steuerklasse richten sich dann die **persönlichen Freibeträge**, die man bei unbeschränkter Steuerpflicht geltend machen kann. Bis zu diesen Beträgen bleibt eine Zuwendung steuerfrei.

Steuerklasse	Personenkreis	Freibetrag
I	Ehegatte	500.000 EUR
	Kinder, Stiefkinder, Kinder verstorbener Kinder und Stiefkinder	400.000 EUR
	Enkelkinder	200.000 EUR
	Eltern und Großeltern bei Erbschaften	100.000 EUR
	Gleichgeschlechtlicher Lebenspartner bei einer eingetragenen Lebenspartnerschaft	500.000 EUR
II	Eltern und Großeltern bei Schenkungen, Geschwister, Neffen und Nichten, Stiefeltern, Schwiegereltern, geschiedene Ehegatten	20.000 EUR
III	Alle übrigen Beschenkten und Erwerber (z. B. Tanten, Onkel); Zweckzuwendungen	20.000 EUR

Daneben gibt es noch besondere **Versorgungsfreibeträge** für den Ehepartner und die Kinder.

Steuerfrei bleibt für den Ehegatten und den eingetragenen Lebenspartner auch der zivilrechtliche **Zugewinnausgleich**, wenn mit dem Verstorbenen der gesetzliche Güterstand bestand (Zugewinngemeinschaft).

Auf den verbleibenden Wert fallen folgende Steuersätze an:

Wert des steuerpflichtigen Erwerbs bis einschließlich...	Steuerklasse		
	I	II	III
75.000 EUR	7 %	15 %	30 %
300.000 EUR	11 %	20 %	30 %
600.000 EUR	15 %	25 %	30 %
6.000.000 EUR	19 %	30 %	30 %
13.000.000 EUR	23 %	35 %	50 %
26.000.000 EUR	27 %	40 %	50 %
und darüber	30 %	43 %	50 %

Wichtig ist auch folgende Regelung: Erwerbe (Schenkungen und/oder Erwerbe von Todes wegen) zwischen zwei Beteiligten werden **innerhalb von zehn Jahren zusammengerechnet**. Positiv gesprochen bedeutet es, dass die Freibeträge alle zehn Jahre gewährt werden.

3.4   Anzeige- und Meldepflichten

Für Erbschaft- und Schenkungsfälle bestehen umfangreiche Anzeigepflichten. So sind entsprechende Meldungen an das Finanzamt zu fertigen

- bei **Schenkungen** durch
  - den Schenker,
  - den Erwerber,
  - Gerichte, Notare, Genehmigungsbehörden und sonstige Urkundspersonen,
- bei **Erwerben von Todes wegen**:
  - durch Vermögensverwahrer (Kreditinstitute, depotführende Stellen),
  - Vermögensverwalter,
  - Versicherungsunternehmen,
  - Standesämter, diplomatische Vertreter Deutschlands (bei Auslandsfällen), Gerichte, Behörden, Beamten und Notare.

Die Anzeigen an das Finanzamt muss man innerhalb von drei Monaten nach Kenntnis des Erwerbes machen. Eine solche Anmeldung durch die Beteiligten ist nicht notwendig, wenn der Erwerb auf einer von einem deutschen Notar eröffneten Verfügung von Todes wegen beruht (Testament, Erbvertrag) oder die Schenkung notariell beurkundet wurde.

Nach Aufforderung durch das Finanzamt muss man eine Steuererklärung innerhalb eines Monats abgeben. Die Steuer ist wiederum innerhalb eines Monats nach Bekanntgabe des

Bescheides fällig. Für die Steuer haftet grundsätzlich der Erwerber. Im Falle der Erbengemeinschaft haften die Erben gemeinsam.

4   Wie werden Investmentfonds besteuert?

Die Besteuerungsidee für die **laufenden Erträge** ist gut und auch gerecht gedacht: **Der Anleger soll so besteuert werden, als würde er die Vermögenswerte im Fonds selbst besitzen**. Also so, als hätte er die verschiedenen Wertpapiere selbst im Depot oder würde die Immobilien, an denen der Fonds beteiligt ist, selbst besitzen.

Der Investmentfonds selbst soll „steuerlich transparent" sein, so als könne man hindurchschauen. Deshalb nennt man es auch **Transparenzprinzip**. Die Besteuerung des Anlegers soll nicht verzerrt werden. Damit dieses System funktioniert, ist der Fonds als Vermögensmasse selbst von der Steuer befreit. Die Kapitalanlagegesellschaft muss aber steuerlich genau Buch führen und festhalten, wie sich der Ertrag im Fonds zusammensetzt sowie die Daten anschließend veröffentlichen, damit beim Anleger korrekt versteuert werden kann.

In der Praxis muss das Transparenzprinzip auch hier und da angepasst werden, damit es im Massenverfahren wie bei Investmentfonds überhaupt anwendbar ist:

* **Immer Einkünfte aus Kapitalvermögen**
  Unabhängig von den Werten, in die der Fonds investiert (Wertpapiere, Derivate, Immobilien, Beteiligungen), werden die Ausschüttungen und anderen laufenden Erträge beim privaten Anteilseigner immer als Einkünfte aus Kapitalvermögen erfasst.

* **Nur ein Versteuerungszeitpunkt pro Jahr**
  Unabhängig davon, wann die Erträge im Laufe des Jahres dem Fonds zufließen, gibt es immer nur einen Besteuerungszeitpunkt für den Anleger. Bei **ausschüttenden Fonds** ist es der Zeitpunkt der tatsächlichen Ausschüttung und bei **thesaurierenden Fonds** das Geschäftsjahresende des Fonds.

Wenn der **private Anleger** seinen **Investmentfondsanteil verkauft**, dann wird das wie jeder andere Wertpapierverkauf auch behandelt: Der Veräußerungsgewinn ist abgeltungsteuerpflichtig. Einen Verlust kann man mit anderen Kapitalerträgen verrechnen. Wenn der Anteil vor 2009 gekauft wurde, bleibt der Gewinn steuerfrei.

4.1   Der ausschüttende Fonds

Welche Art von Erträgen schüttet ein Investmentfonds aus? Alle oder nur bestimmte?

Tatsächlich hängt das Ausschüttungsverhalten des Fonds davon ab, was in seinen Statuten festgelegt ist. Bei nahezu allen Fonds, mit denen man in der Finanzberatung in Europa zu tun hat, funktioniert es wie folgt:

* **Nur die ordentlichen Erträge werden ausgeschüttet.**
  Auch wenn sich der Fonds „ausschüttend" nennt, so wird nur dieser Teil der Erträge ausgeschüttet. Die ordentlichen Erträge sind Zins-, Dividenden- oder Mieteinnahmen sowie Ausschüttungen aus anderen Fonds oder Gesellschaften, die der Fonds erhält.

- **Die außerordentlichen Erträge werden thesauriert.**
  Das sind die Erträge aus Wertpapier- oder Immobilienveräußerungen sowie Derivaterträge.

  Hinweis:
  Daher sind bei Aktienfonds die Ausschüttungen normalerweise nur gering; es fallen nur wenige ordentliche Erträge zum Ausschütten an.

Ausschüttungen sind beim Anleger grundsätzlich steuerpflichtig – die thesaurierten außerordentlichen Erträge jedoch nicht. Diese Veräußerungsgewinne im Fonds bleiben so lange unbesteuert, wie sie nicht ausgeschüttet werden.

Wann zeigen sich diese thesaurierten Gewinne beim Anleger steuerlich? Sie zeigen sich, wenn der Anleger die Gewinne realisiert, also die im Wert gestiegenen Anteile verkauft. Der Anleger profitiert von der „Besteuerungspause" so lange, wie er den Fonds besitzt. Das ist ein steuerlicher Vorteil gegenüber der Direktanlage: Beim eigenen Umschichten der Wertpapiere würde jedes Mal der Gewinn realisiert und damit versteuert werden; wenn das Fondsmanagement Umschichtungen im Portfolio vornimmt und Gewinne realisiert, bleiben diese unbesteuert und können voll wieder investiert werden.

Für Anleger mit Altanteilen, also Fondsanteilen, die sie vor 2009 gekauft haben, ist diese Besteuerung besonders vorteilhaft: Ausschüttungen sind immer abgeltungsteuerpflichtig – egal wie alt die Anteile sind. Dadurch, dass die Veräußerungsgewinne, die innerhalb des Fonds erzielt werden, erst dann besteuert werden, wenn der Anleger seinen Anteil verkauft, greift die Steuerbegünstigung: Der Veräußerungsgewinn, inklusive der nach 2008 thesaurierten Veräußerungsgewinne, bleibt steuerfrei.

Wie bereits gesehen ist es **unerheblich, ob der Fonds im In- oder Ausland aufgelegt wurde** oder auch **in welchem Land die Fondsanteile verwahrt** werden. Für den in Deutschland unbeschränkt steuerpflichtigen Anleger sind die Erträge **in Deutschland steuerpflichtig**.

Einen wichtigen Unterschied gibt es aber beim Besteuerungsverfahren:

Welcher Fonds?	Wo verwahrt?	Besteuerungsverfahren
Inländischer ausschüttender Fonds	Inländische Verwahrstelle	Fonds führt Kapitalertragsteuer für den Anleger ab
Ausländischer ausschüttender Fonds	Inländische Verwahrstelle	Verwahrstelle behält Kapitalertragsteuer für den Anleger ein
Ausländischer ausschüttender Fonds	Ausländische Verwahrstelle	Kein Kapitalertragsteuerabzug; Anleger muss Ausschüttung in seiner Steuererklärung angeben

4.2   Der thesaurierende Fonds

Wie gesehen, sind ausschüttende Fonds eigentlich auch thesaurierende Fonds, sie unterscheiden sich nur in dem, was mit den ordentlichen Erträgen geschieht. Thesaurierende Fonds schütten die ordentlichen Erträge ebenfalls nicht aus.

Bleiben die thesaurierten ordentlichen Erträge deswegen unbesteuert? Das wäre natürlich ganz schön und würde sicher dazu führen, dass nahezu alle für Privatanleger angebotenen Fonds thesaurierende wären. Aber hier greift das Transparenzprinzip: Das für die Besteuerung zuständige **Investmentsteuergesetz** definiert die thesaurierten ordentlichen Erträge als **ausschüttungsgleiche Erträge**. Sie werden, wie der Name schon sagt, so besteuert, als wären sie dem Anleger direkt zugeflossen, also wie Ausschüttungen.

Auch das gilt für inländische wie ausländische Fonds gleichermaßen. Unterschiede gibt es aber im Besteuerungsverfahren:

Welcher Fonds?	Wo verwahrt?	Besteuerungsverfahren
Inländischer thesaurieren-der Fonds	Inländische Verwahrstelle	Fonds führt Kapitalertrag-steuer für den Anleger ab
Ausländischer thesaurie-render Fonds	Inländische Verwahrstelle	Kein Kapitalertragsteuer-abzug; Anleger muss seinen Kapitalertrag in seiner Steuererklärung angeben
Ausländischer thesaurie-render Fonds	Ausländische Verwahr-stelle	

Aus Sicht der deutschen Finanzverwaltung sind die **ausländischen thesaurierenden Investmentfonds** ein gewisses Problem: Die thesaurierten ordentlichen Erträge werden nicht automatisch versteuert, sondern müssen vom Anleger selbst in der Steuererklärung angegeben werden. Es besteht die sehr reale Gefahr, dass dies nicht immer geschieht.

Daher gibt es eine besondere „Faustpfandbesteuerung", die im Fall des Verkaufs greift: Veräußert der Anleger einen ausländischen thesaurierenden Investmentfonds, so muss **die inländische Verwahrstelle** für die ausschüttungsgleichen Erträge, die während der Besitzzeit des Fonds beim Anleger angefallen sind, Kapitalertragsteuer (Abgeltungsteuer) einbehalten. Dies ist nicht die Besteuerung des Veräußerungsgewinns, sondern ein „Faustpfand" auf die Abgeltungsteuer der laufenden Erträge.

> **Beispiel:**
>
> Frau Meiser hat am 01.07.2008 insgesamt 100 Anteile am thesaurierenden International Bonds Fonds, einem in Luxemburg aufgelegten Rentenfonds, gekauft; sie hat pro Anteil 100 EUR gezahlt. Der Fonds hat Geschäftsjahresschluss zum 30.06. eines jeden Jahres. Sie lässt ihn bei der Stuttgarter Fondsbank in Deutschland verwahren. Der Fonds hat ausschüttungsgleiche Erträge pro Jahr von 4 EUR. Sie hat die Erträge jeweils in ihrer Steuererklärung angegeben.
>
> Am 01.07.2012 veräußert sie die Anteile für 120 EUR das Stück. Die Veräußerung selbst ist steuerfrei, da sie die Anteile noch vor 2009 erworben hat. Für die thesaurierten Erträge behält die Bank jedoch vom Verkaufspreis ein:
>
> 26,375 % (25 % + SolZ) von 1.600 EUR (4 Jahre x 4 EUR x 100 Anteile) = 422 EUR

Die Kapitalertragsteuer kann Frau Meiser nur über ihre Steuererklärung wiederbekommen. Im Zweifel muss sie gegenüber dem Finanzamt nachweisen, dass sie die ausschüttungsgleichen Erträge in den Vorjahren versteuert hat.

Wenn der Verkauf selbst auch abgeltungsteuerpflichtig ist, dann kommt es glücklicherweise nicht zur Doppelbesteuerung. Im Endeffekt wird der jeweils höhere Betrag besteuert: Thesaurierte Erträge oder Veräußerungsgewinn.

Erweiterung des Beispiels:

Frau Meiser hatte am 01.07.2009 nochmals 100 Anteile am thesaurierenden International Bonds Fonds gekauft; sie hat pro Anteil 105 EUR gezahlt.

Diese verkauft sie ebenfalls am 01.07.2012 für 120 EUR pro Anteil. Die Veräußerung ist abgeltungsteuerpflichtig, da sie die Anteile nach 2008 erworben hat. Die Bank behält folgende Steuer ein:

Für die thesaurierten Erträge	
26,375 % von 1.200 EUR (3 Jahre x 4 EUR x 100 Anteile) =	316,50 EUR
Für den Veräußerungsgewinn	
Verkaufspreis (120 EUR x 100 Anteile)	12.000 EUR
./. bereits als thesaurierter Ertrag versteuert	- 1.200 EUR
Zwischensumme	10.800 EUR
./. Kaufpreis (105 EUR x 100 Anteile)	- 10.500 EUR
Veräußerungsgewinn	300 EUR
26,375 % von 300 EUR =	79,13 EUR
Abgeltungsteuer gesamt	395,63 EUR

Die Kapitalertragsteuer von 316,50 EUR auf die thesaurierten Erträge kann Frau Meiser über ihre Steuererklärung zurückerhalten.

Unangenehm kann es für den Anleger werden, wenn die Verwahrstelle nicht weiß, wann die Anteile angeschafft wurden. Vielleicht gab es in der Vergangenheit Depotüberträge und die Anschaffungsdaten wurden nicht an die neue Verwahrstelle übermittelt. In diesem Falle muss die Verwahrstelle die Abgeltungsteuer auf alle ausschüttungsgleichen Erträge seit Auflegen des Fonds (maximal jedoch seit 01.01.1994) einbehalten. Da kann die als Faustpfand einbehaltene Steuer durchaus einen Großteil des Kapitals ausmachen.

4.3   Sonderfall: Zwischengewinn

Für die laufenden Erträge gibt es für den Anleger, wie gesagt, nur einen Besteuerungszeitpunkt: Den Ausschüttungszeitpunkt oder den Geschäftsjahresschluss bei thesaurierenden Fonds. Zwischen diesen Zeitpunkten erhöhen die laufenden Erträge lediglich den Rücknahmepreis des Fonds.

Wird ein Fondsanteil zwischen zwei Besteuerungszeitpunkten gekauft, dann findet zwischen Verkäufer und Käufer ein steuerlicher Ausgleich für die Zinserträge statt, die gerade bei Rentenfonds einen großen Anteil der laufenden Erträge ausmachen. Der Verkäufer muss die bis dahin angefallenen Zinserträge versteuern und der Käufer kann die Zinserträge als negative Einnahmen („Verluste") gegen seine anderen Kapitalerträge des Jahres rechnen. Diese zwischenzeitlich angefallenen Zinserträge nennt man **Zwischengewinne**.

Beispiel:

Herr Riechmann kauft am 25.09.2012 insgesamt 100 Anteile am thesaurierenden Euro-Bonds Fonds aus Luxemburg. Er zahlt pro Anteil 55 EUR. In dem Ausgabepreis sind 1,95 EUR an Zinserträgen erhalten, die der Fonds im laufenden Geschäftsjahr erzielt hat. Der Fonds hat Geschäftsjahresschluss zum 30.09. eines jeden Jahres.

Zum Geschäftsjahresschluss 30.09.2012 stellt der Fonds ausschüttungsgleiche Gewinne von 2 EUR pro Anteil fest, die Herr Riechmann im Rahmen seiner Steuererklärung versteuern muss. Wirtschaftlich gesehen hat Herr Riechmann nur 0,05 EUR pro Anteil erwirtschaftet (2 EUR zum 30.09.2012 abzüglich der mit dem Ausgabepreis bezahlten 1,95 EUR).

Damit er nicht zu viel besteuert, wird der Zwischengewinn wie folgt gerechnet:

Beim Kauf kann er negative steuerliche Einnahmen von 195 EUR (100 Anteile x 1,95 EUR gezahltem Zwischengewinn) geltend machen. Diese werden von der depotführenden Stelle im „Verlustkonto" vermerkt und mit seinen positiven abgeltungsteuerpflichtigen Kapitalerträgen verrechnet.

Mit seiner Steuererklärung muss er 200 EUR (100 Anteile x 2 EUR) versteuern.

Im Endeffekt werden somit nur seine 5 EUR (200 EUR ./. 195 EUR) der Steuer unterworfen.

Die Fondsgesellschaft muss den Zwischengewinn ihrer Fonds börsentäglich ermitteln und veröffentlichen.

4.4   Offene Immobilienfonds

Für Immobilien gelten andere Steuerregeln als für Wertpapiere und Kontenanlagen. Da Investmentfonds dem Transparenzprinzip folgen, werden diese Regeln auch in den Bereich der offenen Immobilienfonds übernommen.

Die **ordentlichen Erträge** (inländische Mieterträge, Zinsen) der offenen Immobilienfonds unterliegen der Abgeltungsteuer. Unabhängig davon, ob sie ausgeschüttet oder thesauriert werden.

Die **außerordentlichen Erträge**, die innerhalb des Investmentfonds erzielt werden – also die Immobilienveräußerungsgewinne – bleiben für die Zeit ihrer Thesaurierung steuerfrei. Ausgeschüttete Immobilienveräußerungsgewinne sind steuerfrei, wenn die Immobilien mehr als zehn Jahre gehalten wurden.

Daher haben Immobilieninvestmentfonds **in ihren Ausschüttungen** oft einen gewissen Anteil an **steuerfreien Erträgen**:

Veräußerungsgewinne: Ausgeschüttete Veräußerungsgewinne aus den Immobilien bleiben steuerfrei, wenn die Immobilie mehr als zehn Jahre im Bestand war.

Ausländische Immobilienerträge: Sofern sich die Immobilien in einem Land befinden, mit dem Deutschland ein Doppelbesteuerungsabkommen abgeschlossen hat, bleiben diese ausländischen Immobilienerträge in der Regel steuerfrei. Das gilt für die laufenden Einnahmen wie für Veräußerungsgewinne der Immobilien.

4.5   Investmentfonds & Altersvorsorgevermögen („Riester-Rente")

Investmentsparverträge können auch als kapitalgedecktes Altersvorsorgevermögen („Riester-Rente") gefördert werden. Die Förderung geschieht entweder durch eine Zulage oder indem man die Sparleistung als Sonderausgabe abzieht und damit weniger Einkommensteuer zahlt. Grundsatz ist immer die Zulagenförderung; das Finanzamt prüft jedoch bei der Bearbeitung der Steuererklärung, was für den Steuerpflichtigen günstiger ist und berücksichtigt dann ggf. den steuerlichen Vorteil. Das Modell funktioniert wie beim Kindergeld/Kinderfreibetrag.

Voraussetzungen für die Förderungen sind, dass man:
- in der gesetzlichen Rentenversicherung pflichtversichert ist oder gleichgestellte Bezüge, z. B. als Beamter oder Richter, erhält,
- in einen zertifizierten Investmentsparvertrag spart,
- eingewilligt hat, dass bestimmte Daten an die fördernde Stelle übermittelt werden und
- einen bestimmten Eigenbeitrag leistet.

Eine Förderung kann man auch erhalten, wenn man zwar nicht selbst versicherungspflichtig tätig ist, aber der Ehepartner die Voraussetzung erfüllt.

Die Sparleistung wird mit einer Grundzulage von jährlich 154 EUR für den Sparer und für jedes Kind, für das man Kindergeld erhält, mit weiteren 185 EUR pro Jahr gefördert. Sind die Kinder nach 2007 geboren, beträgt die Kinderzulage 300 EUR jährlich.

Alternativ kann man die gezahlten Beiträge und die ausgezahlten Zulagen, die auch als eigene Beiträge gelten, mit bis zu 2.100 EUR als Sonderausgabe abziehen. Wenn beide Ehepartner die persönlichen Voraussetzungen erfüllen, dann verdoppelt sich der maximale Abzugsbetrag.

Die Auszahlungen, die man im Alter erhält, sind als sonstige Einkünfte mit dem persönlichen Steuersatz voll steuerpflichtig.

4.6   Transparente und intransparente Fonds

Das ganze System der transparenten Besteuerung kann nur funktionieren, wenn die Fondsgesellschaft erfasst und mitteilt, wie die Besteuerungsgrundlagen für den Anleger in Deutschland sind. Daher besteht die Pflicht, die steuerlichen Grundlagen für die Ausschüttungen und die ausschüttungsgleichen Erträge innerhalb der ersten vier Monate nach Geschäftsjahresabschluss im Bundesanzeiger (**www.bundesanzeiger.de**) zu veröffentlichen. Das gilt gleichermaßen für inländische wie für ausländische Fonds.

Kommt der Fonds seinen Verpflichtungen in Deutschland nach, so spricht man von einem **transparenten Fonds**.

Macht der Fonds die wesentlichen Angaben, lässt jedoch nur für den Anleger steuerlich günstige Angaben weg, z. B. wie hoch anrechenbare Quellensteuern sind, so wird der Anleger dennoch normal besteuert – nur die begünstigenden Umstände können nicht berücksichtigt werden; man spricht von **halbtransparenten Fonds**. In der Praxis wird man als Anleger nicht merken, ob man mit einem solchen Fonds zu tun hat. Es ist, um beim Beispiel zu bleiben, von außen nicht ersichtlich, ob der Fonds keine anrechenbaren Quellensteuern hatte oder ob er sie einfach nicht veröffentlicht hat.

Wenn der Fonds in Deutschland die wesentlichen Parameter nicht bekannt macht oder es versäumt, dies rechtzeitig zu tun, spricht man von einem **intransparenten Fonds**. Da der Finanzverwaltung und auch der Verwahrstelle, die im Zweifel die Abgeltungsteuer einbehalten muss, keine steuerlichen Angaben vorliegen, macht das Gesetz Vorgaben, wie der steuerliche Ertrag zu schätzen ist. Damit es für die Fondsgesellschaften einen Anreiz gibt, die Angaben zu veröffentlichen, sind die Schätzungen eher hoch gegriffen. In der Praxis wird auch von einer „Strafbesteuerung" gesprochen, wobei es natürlich keine Strafe im rechtlichen Sinne ist.

Ausschüttungen	werden voll steuerpflichtig angesetzt
Ausschüttungsgleiche Erträge	werden zusätzlich geschätzt mit 70 % des Kursgewinns innerhalb des Jahres mindestens jedoch 6 % des Kurses/Rücknahmepreises zum Ende des Jahres

4.7   Wie werden Fondsanteile bei Erbschaft und Schenkung behandelt?

Investmentfondsanteile sind Wertpapiere und werden daher erbschaftsteuerlich mit ihrem Kurswert beziehungsweise Rücknahmepreis zum Besteuerungszeitpunkt angesetzt.

> **Beispiel:**
> Frau Geisen schenkt am 22.02.2013 ihrer Großnichte Tanja 200 Anteile am StarInvest Chance Aktienfonds. Sie hat die Anteile am 04.05.2006 für 80 EUR/Stück erworben. Zum Schenkungstag haben die Anteile einen Rücknahmepreis von 110 EUR pro Stück. Der erbschaftsteuerliche Wert der Schenkung beträgt daher 22.000 EUR (200 x 110 EUR).

Einkommensteuerlich ergibt sich wieder die Besonderheit, dass der Erbe, Beschenkte oder sonstige Rechtsnachfolger in die Rechtsstellung des Vorgängers eintritt. Erfreulicherweise bedeutet das, dass auch die steuerliche Eigenschaft der Wertpapiere „vor 2009 gekauft" mit übergeht, allerdings andererseits auch die damaligen Anschaffungskosten des Rechtsvorgängers.

> **Beispiel:**
> Da die Anteile von Frau Geisen vor 2009 gekauft wurden und Tanja in die steuerliche Rechtsstellung ihrer Großtante eintritt, kann sie die Investmentfonds steuerfrei verkaufen.

Auf der anderen Seite ist es für ab 2009 gekaufte Investmentanteile so, dass man auf den aktuellen Rücknahmepreis die Erbschaftsteuer entrichtet, beim Verkauf aber nur die ursprünglichen Anschaffungskosten des Rechtsvorgängers gegenrechnen kann. Man zahlt also bei steigenden Kursen die Abgeltungsteuer auf den höheren Differenzbetrag.

5   Wie werden Beteiligungen an geschlossenen Fonds besteuert?

Auch wenn das Thema „Steuern" bei geschlossenen Fonds nicht mehr im Vordergrund steht, so funktionieren sie steuerlich doch ganz anders als Anlagen in offenen Fonds. Die Besonderheiten und auch die steuerliche Vorteile muss man als Berater kennen.

Zuerst finden Sie die Dinge, die grundsätzlich bei allen geschlossenen Fonds gelten und im Anschluss daran die Besonderheiten verschiedener Fondsgattungen.

5.1   Allgemeine einkommensteuerliche Rahmenbedingungen

Geschlossene Fonds sind fast immer als Personengesellschaft organisiert. Meist sind es Kommanditgesellschaften. Natürlich gibt es einige steuerliche Besonderheiten, aber grundsätzlich gelten die allgemeinen steuerlichen Regelungen für Personengesellschaften.

5.1.1   Art der Einkünfte und wie sie ermittelt werden

Die Personengesellschaft selbst ist in der Einkommen- oder Körperschaftsteuer nicht steuerpflichtig. Vielmehr versteuern die Beteiligten an der Personengesellschaft ihren Anteil am steuerlichen Ergebnis der Gesellschaft selbst. **Personengesellschaften sind**, ganz ähnlich wie offene Investmentfonds, **steuerlich transparent**. Auf Ebene der Gesellschaft werden nur verschiedene Sachverhalte für alle Gesellschafter gemeinsam festgestellt und dem Finanzamt mitgeteilt. Dies sind im Wesentlichen:

- Unter welche Einkunftsart fallen die Gewinn- oder Verlustanteile aus der Gesellschaft?
- Wer ist in welchem Umfang an der Gesellschaft beteiligt?
- Wie hoch ist der steuerliche Gewinn- oder Verlustanteil des Einzelnen?

Technisch geschieht dies über das Verfahren der **gesonderten und einheitlichen Feststellung**. Auf der Ebene der Gesellschaft müssen zunächst alle wichtigen Informationen und Merkmale der Besteuerung gesammelt und in einem Bescheid des Finanzamtes festgestellt werden („gesonderte und einheitliche Feststellung"). Dann werden die Daten für den einzelnen Anleger an sein Finanzamt übermittelt und dort automatisch in der Steuerberechnung (Veranlagung) berücksichtigt. Ein besonderer Antrag des Anlegers bei seinem Finanzamt ist – neben der Einreichung der Steuererklärung – nicht notwendig.

Der Anleger muss also den Teil des Gewinns versteuern, der auf ihn entfällt. Es ist dabei **egal ob und wie viel er als Ausschüttung erhalten hat**. Die Ausschüttungen werden von den Fondsgesellschaften aus der verfügbaren Liquidität bereitgestellt. Die Liquidität ist unter anderem von der Höhe der Einzahlungen der Fondsgesellschafter und der Höhe der Fremdfinanzierung und etwaiger Tilgungsleistungen abhängig. Das steuerliche Ergebnis wird dagegen unter anderem von der Höhe der Abschreibungen und der Frage, ob man Aufwendungen sofort abziehen kann oder über eine gewisse Zeit verteilen muss, beeinflusst. Nur in den wenigsten Fällen werden die Werte synchron laufen.

Wichtig ist bei der steuerlichen Gewinnermittlung, dass auch die Aufwendungen, die man als Anleger direkt im Zusammenhang mit seiner Investition hatte (**Sonderbetriebsausgaben** oder **Sonderwerbungskosten**), nur in diesem besonderen Verfahren und nicht im Rahmen der eigenen Steuererklärung geltend gemacht werden können.

> **Beispiel:**
>
> Herr Riesen zeichnet einen Anteil am Europark Gelsenkirchen GmbH & Co.KG, einem geschlossenen Immobilienfonds (Einkünfte aus Vermietung und Verpachtung). Im Zusammenhang mit der Anlage fallen bei ihm direkt jährlich Reisekosten im Zusammenhang mit den Gesellschafterversammlungen sowie Steuerberatungskosten an. Diese Aufwendungen sind Sonderwerbungskosten bei der Anlage. Herr Riesen muss die Beträge und Nachweise an die Fondsgesellschaft melden, damit sie dort in der Erklärung zur gesonderten und einheitlichen Feststellung von seinem Ergebnisanteil abgezogen werden. Eine Angabe der Kosten in der Steuererklärung durch Herrn Riesen selbst ist dagegen nicht möglich.

Wenn das steuerliche Ergebnis des geschlossenen Fonds und der Beteiligten berechnet wird, stellt sich bei verschiedenen Aufwendungen die Frage, ob diese sofort als Betriebsausgaben oder Werbungskosten abzugsfähig sind oder Anschaffungs- oder Herstellungskosten des Investitionsgutes darstellen und sich damit – wenn das Investitionsgut abnutzbar ist – nur als Abschreibung über die Nutzungsdauer der Investition auswirken.

Wichtig ist für den Anleger, welcher Einkunftsart die Beteiligung zuzurechnen ist. Danach richtet sich auch, ob die Beteiligung dem steuerlichen Privat- oder Betriebsvermögen zuzurechnen ist.

Die Zuordnung zu der einen oder anderen Vermögensart entscheidet also darüber, ob z.B. der Gewinn aus der Wertentwicklung von 25 Jahren steuerfrei ist oder nicht: Handelt es sich um Privatvermögen, bleibt er meist unbesteuert, handelt es sich um Betriebsvermögen, wird er voll besteuert.

Ob das Vermögen zu dem steuerlichen Privat- oder Betriebsvermögen zählt, hängt davon ab, welche Art von Einkünften man aus ihm erzielt:

Einkünfte aus Land- und Forstwirtschaft	
Einkünfte aus Gewerbebetrieb	→ **steuerliches Betriebsvermögen**
Einkünfte aus selbstständiger Arbeit	
Einkünfte aus nicht selbstständiger Arbeit	
Einkünfte aus Kapitalvermögen	
Einkünfte aus Vermietung und Verpachtung	→ **steuerliches Privatvermögen**
Sonstige Einkünfte	
keine Einkünfte aus dem Vermögen	

5.1.2   Verluste

In der Lebensdauer eines Fonds können Verluste entstehen. Entweder plangemäß meist in der Investitionsphase oder auch weil die prognostizierten Ergebnisse eben gerade nicht eintreten. Die Frage ist, ob die anteiligen Verluste des Anlegers mit dessen anderen positiven Einkünften verrechnet werden können (Verlustausgleich) und somit zu einer reduzierten Steuerbelastung bei ihm führen. Damit ein Verlust aus einem geschlossenen Fonds tatsächlich steuerlich mit anderen Einkünften ausgeglichen werden kann, müssen verschiedene Hürden genommen werden.

5.1.2.1   Gewinnerzielungsabsicht und Liebhaberei

Steuerliche Verluste können nur anerkannt werden, wenn im Rahmen der Kapitalanlage eine Gewinnerzielungsabsicht erkennbar ist und voraussichtlich ein positives Gesamtergebnis erwirtschaftet werden kann (**Totalgewinn** oder **Totalüberschuss**). Gemeint ist die Summe aller voraussichtlichen steuerpflichtigen Jahresergebnisse der Lebensdauer des Fonds.

Der Totalgewinn wird anhand einer Planrechnung, die vor Beginn der Investition erstellt wird, berechnet. Diese Planrechnung muss zum Zeitpunkt der Aufstellung des Planes wirtschaftlich sinnvoll und logisch korrekt sein. Tritt der Plan in der Realität nicht ein (z. B. weil sich wirtschaftliche Bedingungen verändert haben), so bleibt es aber bei der Anerkennung der Verluste. Ist ein positives Ergebnis auf Fondsebene bereits in der Planung nicht nachweisbar, liegt keine steuerlich relevante Tätigkeit vor; der steuerliche Fachbegriff hierfür ist **Liebhaberei**.

Eine zweite Prognose ist auf Ebene des Anlegers durchzuführen. Wenn dieser nämlich auch eigene Aufwendungen aufgrund der Anlage hat (z. B. Zinsen aus der Fremdfinanzierung der Anlage), kann es sein, dass zwar auf Fondsebene die Gewinnerzielungsabsicht bejaht wird, auf Anlegerebene aber dennoch Liebhaberei vorliegt und die Verluste steuerlich nicht berücksichtigt werden.

Ähnliches gilt, wenn der Anleger die Anlage nicht für den gesamten ursprünglichen Prognosezeitraum hält, sondern veräußert, bevor ein Totalüberschuss erzielt wird. Hier geht die Finanzverwaltung in der Regel davon aus, dass der Anleger selbst keine Gewinnerzielungsabsicht hatte.

5.1.2.2   Verlustausgleichsverbot für Steuerstundungsmodelle (§ 15b EStG)

Investitionen in geschlossene Fonds fallen unter diese besondere Regelung. Verluste aus solchen Steuerstundungsmodellen dürfen nicht mit anderen positiven Einkünften zusammengerechnet werden, sondern bleiben in dem jeweiligen Modell „eingekapselt". Das bedeutet, dass die Verluste mit späteren Gewinnen aus dem gleichen Modell verrechnet werden.

5.1.2.3   Verlustausgleichsverbot bei beschränkter Haftung (§ 15a EStG)

Wenn die Hürde für Steuerstundungsmodelle erfolgreich überwunden wurde, muss diese Verlustausgleichsbeschränkung geprüft werden. Die steuerliche Idee hinter dem § 15a EStG ist, dass Verluste nur insoweit steuerlich geltend zu machen sein sollen, wie man auch wirtschaftlich von ihnen betroffen ist. Wenn das Risiko des Anlegers bei einem Totalverlust z. B. bei 25.000 EUR liegt, so sollen auch nur 25.000 EUR an Verlusten steuerlich geltend gemacht werden können. Diese Regelung greift daher, wenn man als Anleger ein begrenztes Risiko hat, also „beschränkt haftet".

> **Beispiel:**
>
> Wird bei einer KG im Handelsregister eine höhere Haftungssumme eingetragen als die Kapitaleinzahlung ausmacht, so sind insoweit steuerlich anzuerkennende Verlustquoten von mehr als 100 % der Einzahlung möglich. Allerdings nur dann, wenn dieses erweiterte Haftungsrisiko auch tatsächlich existiert. Diejenigen Verluste, die das Kapital des Anlegers oder alternativ sein erweitertes Haftungsrisiko übersteigen, sind ausschließlich mit zukünftigen Gewinnen aus dieser Beteiligung zu verrechnen.

5.1.3   Ausländische Einkünfte

Beteiligt sich der Anleger an einem geschlossenen Fonds, der im Ausland anlegt, gelten besondere Regelungen. Der Anleger hat meist entweder seinen Wohnsitz oder seinen gewöhnlichen Aufenthalt in Deutschland und ist somit **unbeschränkt steuerpflichtig**.

Das bedeutet, dass er mit seinen gesamten Einkünften – egal, wo er sie erzielt – in Deutschland steuerpflichtig ist. Auf der anderen Seite wird der Staat, in dem sich die Einkunftsquelle befindet, ebenfalls einen Steueranspruch erheben. Der Gewinn würde nun doppelt besteuert werden: Einerseits von dem Staat, in dem die Einkunftsquelle liegt, und andererseits von Deutschland, wo der Anleger steuerpflichtig ist. Um diese Folgen zu vermeiden oder zu lindern, gibt es zwei grundsätzliche Möglichkeiten:

1. Zwischen Deutschland und dem anderen Staat besteht ein zwischenstaatliches Abkommen zur Vermeidung der Doppelbesteuerung (**Doppelbesteuerungsab-kommen** oder **DBA**). In diesem Abkommen wird geregelt, welcher Staat die Erträge besteuern darf. Es hat als spezielle Regelung Vorrang vor dem allgemeinen nationalen Steuerrecht.

2. Die im Ausland auf die Einkünfte gezahlte Steuer wird in Deutschland auf die deutsche Einkommensteuer ähnlich einer Vorauszahlung angerechnet oder als Betriebsausgabe oder Werbungskosten abgezogen.

In den meisten Fällen wird ein Doppelbesteuerungsabkommen vorhanden sein, weil das Netz der Abkommen recht eng geknüpft ist. Bei Immobilienfonds ist es in der Regel so, dass das Besteuerungsrecht bei dem Staat liegt, in dem sich das Grundstück befindet. In Deutschland sind die Einkünfte dann steuerfrei. Diese Einkünfte können aber dennoch zu einer höheren Steuerbelastung führen, da sie den Steuersatz für die anderen steuerpflichtigen Einkünfte erhöhen (**Progressionsvorbehalt**, § 32b Abs. 1 Nr. 3 EStG). Sie sind also steuerfrei, aber steuersatzbestimmend.

> **Beispiel:**
>
> Herr und Frau Müller aus Konstanz haben ein gemeinsames zu versteuerndes Einkommen von 80.000 EUR. Aus der Beteiligung am geschlossenen Immobilienfonds StateTowers (Wichita, USA) erzielen sie steuerfreie Einkünfte in Höhe von 20.000 EUR. Die zusätzliche Einkommensteuerbelastung berechnet sich wie folgt:
>
> | | |
> |---|---:|
> | tatsächlich zu versteuerndes Einkommen | 80.000 EUR |
> | Einkommensteuer (ohne SolZ) | 18.014,00 EUR |
> | tatsächlich zu versteuerndes Einkommen | 80.000 EUR |
> | + steuerfreie Auslandseinkünfte | 20.000 EUR |
> | steuersatzbestimmendes Einkommen | 100.000 EUR |
> | darauf ESt lt. Splittingtarif | 25.694 EUR |
> | durchschnittlicher Steuersatz | 25,694 % |
> | Anwendung des höheren Steuersatzes auf die steuerpflichtigen Einkünfte: | |
> | 25,694 % von 80.000 EUR | 20.555 EUR |
> | Mehrsteuer durch Progressionsvorbehalt | 2.541 EUR |

Für **Immobilieninvestitionen** in anderen Staaten der **EU** und des **EWR** gilt der **Progressionsvorbehalt nicht mehr**.

5.2 Geschlossene Immobilienfonds

In den allermeisten Fällen sind geschlossene Immobilienfonds so konzipiert, dass sie Einkünfte aus Vermietung und Verpachtung erzielen. Somit unterliegen Gewinne aus dem Vermögensverkauf nicht der Einkommensteuer. Ausnahme: Der An- und Verkauf findet in einem Zeitraum von nicht mehr als zehn Jahren statt (privates Veräußerungsgeschäft, Spekulationsgeschäft).

Teilweise werden auch geschlossene Immobilienfonds angeboten, die **Einkünfte aus Kapitalvermögen** erzielen. Das gilt speziell für Investitionen in Emerging Markets wie z. B. Indien, in denen man nicht direkt in Immobilien investieren kann oder will. Die Fondsgesellschaften investieren vielmehr in Zielgesellschaften (GmbH, AG, Limited), die ihrerseits direkt oder indirekt die Immobilien halten. Aus der Beteiligung an den Zielgesellschaften ergeben sich Einkünfte aus Kapitalvermögen.

5.2.1   Einkünfte aus Vermietung und Verpachtung

In dieser Einkunftsart werden die Einkünfte erfasst, die durch die Vermietung/Verpachtung von bestimmten privaten Vermögen erzielt werden. Der Hauptanwendungsfall ist die Vermietung/Verpachtung von **unbeweglichem Vermögen**. Die Vermietung von einzelnen Wirtschaftsgütern des Privatvermögens fällt dagegen unter die „sonstigen Einkünfte".

Zu den **Einnahmen** gehören alle vereinnahmten Mieten, Kostenumlagen und Abstandszahlungen, auch wenn sie vorab oder nachträglich erfolgen.

Zu den **Werbungskosten** gehört die gesamte Bandbreite an Aufwendungen, die mit den Einnahmen zusammenhängen, insbesondere Zinsen, Instandhaltungsaufwendungen und sonstige Betriebskosten.

Eine wichtige Frage ist oft, ob Aufwendungen sofort als Werbungskosten abzugsfähig sind oder **Anschaffungs- beziehungsweise Herstellungskosten der Immobilie** darstellen und sich damit nur als Abschreibung über die Nutzungsdauer der Investition auswirken. Das können bis zu 50 Jahre sein. Wenn die Aufwendungen dem Grund und Boden zuzurechnen sind, sind sie während der Betriebsphase gar nicht abzugsfähig.

Sowohl Sanierungskosten von Immobilien als auch die typischen Fondskosten wie Finanzierungsvermittlung oder Platzierungsgarantien gehören oft zu den **Anschaffungs-/Herstellungskosten**.

Bei Vermietungen kann es, insbesondere durch Fremdfinanzierung, zu jahrelangen Verlusten kommen. Dies war für die Finanzverwaltung oftmals ein Grund, **Liebhaberei** anzunehmen. Der Bundesfinanzhof hat entschieden, dass man erst einmal davon ausgehen muss, dass ein Überschuss erzielt werden soll, sofern die Vermietung langfristig angelegt ist und eine Veräußerungsabsicht nicht erkennbar ist.

5.2.2   Private Veräußerungsgeschäfte

Bei der Verwertung von Immobilien durch die Fondsgesellschaft stellt sich stets die Frage, ob die Veräußerung steuerfrei ist oder ob sie als privates Veräußerungsgeschäft („Spekulationsgeschäft") für den Anleger steuerpflichtig ist. Private Veräußerungsgeschäfte sind solche, bei denen der Zeitraum zwischen der Anschaffung und der Veräußerung

- bei Grundstücken und ähnlichen Rechten (wie Erbbaurechten) nicht mehr als zehn und
- bei anderen Wirtschaftsgütern nicht mehr als ein Jahr beträgt.

Werden sie zumindest in einem Jahr als Einkunftsquelle genutzt, so erhöht sich der Zeitraum auf zehn Jahre.

Der **Gewinn aus der Wertsteigerung von Privatvermögen** bleibt also nach dieser Frist **unbesteuert**.

Die 10-Jahres-Grenze gilt nicht nur auf Fondsebene, sondern auch für den Anleger selbst. Verkauft er seinen KG-Anteil auf dem Zweitmarkt innerhalb von zehn Jahren nach Anschaffung, so ist das ein privates Veräußerungsgeschäft. Anders ist es aber bei Schenkungen und anderen unentgeltlichen Übertragungen. Ein solcher unentgeltlicher Transfer ist keine Veräußerung für den Abgebenden und kein Anschaffungsvorgang im Sinne des Einkommensteuerrechts für den Erwerbenden. Insofern beginnt die Frist **nicht** nochmals zu laufen.

5.3   Beteiligungen an gewerblichen Fonds

Mit diesen Fonds, hierzu zählen z. B. Beteiligungen an Windparks oder Solaranlagen, erzielt der Anleger Einkünfte aus **Gewerbebetrieb**. Der Gewinn des Fonds, und damit auch der auf den Anleger entfallende Anteil, werden mittels Bilanz ermittelt.

Sofern sich der Fonds im Inland betätigt, fällt auf Ebene der Fondsgesellschaft eine weitere Steuer an, die sich nach dem Gewinn berechnet: die **Gewerbesteuer**. Um diesen Nachteil abzufedern, gibt es eine pauschale Anrechnung der Gewerbesteuer auf die Einkommensteuer des Anlegers. Es wird maximal die tatsächlich auf den Anleger entfallende anteilige Gewerbesteuer auf dessen Einkommensteuer angerechnet. Die Einkommensteuer wird auf maximal Null reduziert; eine Erstattung findet leider nicht statt.

Da Einkünfte aus Gewerbebetrieb zu steuerlichem Betriebsvermögen führen, ist der Anteil des Anlegers immer „steuerverstrickt". Ein Veräußerungsgewinn unterliegt der Einkommensteuer. Ein Veräußerungsverlust kann mit anderen Einkünften verrechnet werden.

Ob bei Fondsbeendigung ein Gewinn zu versteuern ist oder sich ein Verlust auswirkt, wird folgendermaßen berechnet:

Kapitaleinlage (Kapitalkonto) des Anlegers zu Anfang der Fondslaufzeit
Anteiliger steuerlicher Erfolg aus Veräußerungs-/Beendigungsjahr./. Kapitaleinlage (Kapitalkonto) des Anlegers zu Anfang der Fondslaufzeit

+	anteilige steuerliche Verluste während der Fondslaufzeit
+	Entnahmen (Ausschüttungen) des Anlegers während der Fondslaufzeit
./.	<u>Einlagen des Anlegers, zum Beispiel zur Stützung des Fonds</u>
=	vorläufiger steuerlicher Gewinn oder Verlust
./.	während der Fondslaufzeit steuerlich nicht ausgleichsfähige Verluste aufgrund beschränkter Haftung oder wegen Steuerstundungsmodell (maximal bis <u>steuerlicher Gewinn ausgeglichen ist)</u>
=	steuerlicher Gewinn oder Verlust

5.4   Schiffsbeteiligungen

Steuerlich spielen diese Fonds eine Sonderrolle, da die Fondsgesellschaften die Möglichkeit haben, zur sogenannten Tonnagebesteuerung (§ 5a EStG, Gewinnermittlung bei Handelsschiffen im internationalen Verkehr) zu wechseln. Das ist keine Steuer, sondern eine pauschale Art den steuerpflichtigen Gewinn zu berechnen. Optiert der Fonds durch Gesellschafterbeschluss zu dieser Besteuerung, wird der steuerliche Gewinn nicht mehr durch eine Bilanz (Betriebsvermögensvergleich) ermittelt, sondern danach, welche

Tonnage durch das Schiff transportiert werden kann. Es ist also egal, ob der Fonds tatsächlich Gewinn oder Verlust macht, es wird immer der pauschale Gewinn zugrunde gelegt.

Dieser pauschale Gewinn liegt in den meisten Fällen erheblich unter den tatsächlich erzielbaren Gewinnen. So ergeben sich für die Anleger überwiegend steuerfreie Ausschüttungen aus der Beteiligung.

> **Beispiel:**
>
> Frau Roller beteiligt sich mit einer Kapitaleinlage von 50.000 EUR an dem geschlossenen Containerschiffsfonds MS Bona GmbH & Co. KG; dies entspricht einer Quote von 0,25 %. Das handelsrechtliche Ergebnis der Gesellschaft beträgt 2.000.000 EUR. Ihr Ergebnisanteil ist entsprechend 5.000 EUR. Sie erhält eine Ausschüttung von 4.000 EUR. Die Gesellschaft hat die „Tonnagebesteuerung" gewählt. Der Gewinn nach Tonnage beträgt nur 28.000 EUR.
>
> Sie muss entsprechend weder ihren handelsrechtlichen Ergebnisanteil (5.000 EUR) noch ihre Ausschüttung (4.000 EUR), sondern nur ihren Anteil an dem nach Tonnage berechneten Gewinn (0,25 % von 28.000 EUR), also 70 EUR versteuern.

Da es eine pauschale Besteuerung ist, wirken sich konsequenterweise auch Verluste oder der Gewinn oder Verlust aus der Veräußerung oder der Auflösung des Fonds beim Anleger nicht aus. Es bleibt bei der Besteuerung nach der Tonnage.

5.5   Private-Equity-Fonds

Steuerlich gibt es zwei Arten von Fonds in Form der Personengesellschaft (KG):
- **Vermögensverwaltende Fonds**, im Rahmen derer der Anleger Einkünfte aus Kapitalvermögen erzielt, und
- **gewerbliche Fonds**, mit denen Einkünfte aus Gewerbebetrieb erzielt werden.

Dreh- und Angelpunkt ist der Grad an unternehmerischer Aktivität, die der Fonds entfaltet. Die meisten angebotenen Fonds sind vermögensverwaltend, da sie nicht selbst tätig werden, sondern ihrerseits in Fonds investieren.

Im Rahmen dieser vermögensverwaltenden Fonds wird man als Anleger so behandelt, als sei man an jeder einzelnen Unternehmensbeteiligung des Fonds mit seinem prozentualen Anteil beteiligt. Das gilt auch, wenn sich der Fonds nicht direkt an anderen Unternehmen beteiligt, sondern weitere Fonds in Form der Personengesellschaft zwischengeschaltet sind (Private-Equity-Dachfonds). Werden dann auf Fondsebene Unternehmensbeteiligungen veräußert, so unterliegt der Gewinn daraus der Abgeltungsteuer. Wenn der Anleger seine Beteiligung veräußert, so gilt das ebenfalls als Verkauf der einzelnen „Teilbeteiligungen" im Fonds und unterliegt der Abgeltungsteuer.

Nur wenn der Fonds die Unternehmensbeteiligung vor 2009 erworben hat, so gelten die alten steuerlichen Regelungen weiter, d. h., dieser Gewinn ist steuerfrei, wenn die Beteiligung mindestens ein Jahr im Portfolio des Fonds gehalten wurde.

Bei gewerblichen Fonds erzielt der Anleger Einkünfte, die zu einem Teil steuerfrei sind und darüber hinaus dem persönlichen Steuersatz unterliegen. Der steuerfreie Teil beträgt 40 % (Teileinkünfteverfahren).

5.6 Wie werden geschlossene Fonds bei Erbschaft und Schenkung behandelt?

Personengesellschaften sind auch für die Erbschaft- und Schenkungsteuer transparent. Die Steuer richtet sich also danach, was im Fonds enthalten ist.

Bei geschlossenen Immobilienfonds werden die **Grundstücke** analog der anerkannten Verfahren zur Verkehrswertermittlung nach der Wertermittlungsverordnung (**Ertrags-, Vergleichs- und Substanzwertverfahren**) bewertet. Die anteiligen Schulden werden als Abzüge gesondert berücksichtigt.

Bei **gewerblichen Beteiligungen** wird in der Regel nicht die Substanz bewertet, sondern das Unternehmen als solches. Dabei geht es nach dem zukünftig erzielbaren Ertrag (**Ertragswert**). Je nachdem, in welcher „Lebensphase" sich der Fonds befindet, kann man hier auf die Vergangenheit oder auch auf die Prognosewerte abstellen. Die Schulden, welche auf Fondsebene bestehen, z. B. aus der fondsinternen Investitionsfinanzierung, werden direkt mit dem positiven Wert verrechnet und mindern den erbschaftsteuerlichen Wert.

Die Werte werden in aller Regel zum 31.12. eines Jahres auf Anfrage vom Fondsmanagement bereitgestellt.

6 Wie werden Vermögensanlagen besteuert?

Sonstige Vermögensanlagen werden – je nach Produkt – steuerlich ähnlich wie sonstige Kapitalanlagen oder wie geschlossene Fonds behandelt.

6.1 Namensschuldverschreibungen

Diese Schuldtitel werden genauso **wie andere zinstragende Produkte** behandelt:

Die Zinsen sind Einkünfte aus Kapitalvermögen, welche der **Abgeltungsteuer** mit einem Satz von 25 % zuzüglich Solidaritätszuschlages, insgesamt 26,375 % (ggf. zuzüglich Kirchensteuer), unterliegen.

Die Emittenten von Namensschuldverschreibungen werden in aller Regel die Kapitalertragsteuer nicht selbst einbehalten. Daher muss der Anleger seine Zinseinnahmen bei der Steuererklärung angeben, damit das Finanzamt die Abgeltungsteuer berechnen und vom Anleger anfordern kann.

Sofern die Schuldverschreibung zum Nominalbetrag zurückgeführt wird, wird sich oft kein steuerlicher Effekt für den Anleger ergeben. Sollte er aber, z. B. durch ein Agio, höhere Anschaffungskosten gehabt haben oder sollte die Schuld vom Emittenten nicht komplett zurückgeführt werden, stellt sich die Frage, ob er den Verlust steuerlich geltend machen kann.

Sofern die Namensschuldverschreibung **ab 2009** angeschafft wurde, gehört ein **Verlust** ebenfalls zu den **Einkünften aus Kapitalvermögen** und kann mit anderen positiven Kapitalerträgen verrechnet werden. Das geschieht auf Ebene der Steuererklärung. Bei vorher angeschafften Titeln ist die Vermögenssphäre, zu der auch der Verlust aus der verminderten Rückzahlung gehört, nicht steuerlich relevant.

Erbschaft-/schenkungsteuerlich werden diese Schuldverschreibungen als Kapitalforderungen grundsätzlich mit dem **Nennwert** angesetzt. Der Wert kann aber auch niedriger oder höher angesetzt werden, wenn das angemessen ist. Als Anleger muss man die Gründe für einen niedrigeren Wert nachweisen; das Finanzamt wäre am Zuge, wenn es einen höheren Wert berücksichtigen möchte.

6.2   Stille Beteiligungen

Stille Beteiligungen sind zivilrechtlich sehr flexibel; je nach Vertragsgestaltung können sie darlehnsähnlich sein oder eine unternehmerische Beteiligung darstellen.

Steuerlich versucht man, die stillen Beteiligungen entweder der einen oder der anderen Kategorie zuzurechnen. Man spricht dann von **typischen stillen Beteiligungen** (darlehnsähnlich) oder **atypischen stillen Beteiligungen** (mitunternehmerische Beteiligung)

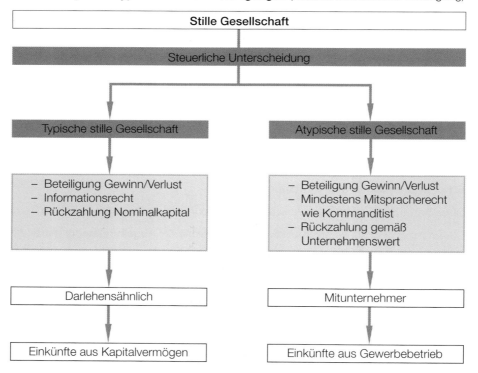

Die **atypischen stillen Beteiligungen** funktionieren **steuerlich wie die geschlossenen Beteiligungen in KG-Form**.

Auch hier werden auf Ebene der Beteiligungsgesellschaft Art und Umfang der Einkünfte ermittelt und die Werte mittels einer gesonderten und einheitlichen Gewinnfeststellung dem Anleger zugerechnet. Meist werden die Anleger im Rahmen ihrer atypischen stillen Beteiligungen **Einkünfte aus Gewerbebetrieb** erzielen.

Auch erbschaft-/schenkungsteuerlich gilt das Gleiche wie bei geschlossenen Fonds: Es ist der Ertragswert des Unternehmens abzüglich der Schulden zu ermitteln. Auf den stillen Beteiligten entfällt dann der entsprechende Anteil.

6.3   Genussrechte

Legt der Anleger Kapital in Genussrechten an, so hängt die steuerliche Behandlung davon ab, wie das Genussrecht ausgestaltet ist.

Ist man als Anleger am **Liquidationserlös** sowie am **Gewinn** beteiligt, so erhält man sein Geld erst im Liquiditätsfall zurück und haftet den Gläubigern im Insolvenzfall. Das Genussrecht ist also **aktienähnlich** ausgestaltet, sodass der Anleger steuerlich wie ein Aktionär behandelt wird. Die Ausschüttungen unterliegen der Abgeltungsteuer, die bei der Ausschüttung gleich einbehalten wird.

Ist das Genussrecht ab dem Jahre 2009 angeschafft, so unterliegt ein Veräußerungs- oder Einlösungsgewinn ebenfalls der Abgeltungsteuer; sie sind in der Steuererklärung anzugeben. Verluste hieraus dürfen aber nicht mit allen Kapitalerträgen verrechnet werden – nur **Gewinne aus Aktien** dürfen mit diesen Verlusten steuerlich ausgeglichen werden.

Ältere Genussrechte sind beim Verkauf steuerfrei und andererseits die Verluste steuerlich nicht relevant.

Erbschaft-/schenkungsteuerlich ist das aktienähnliche Genussrecht wie ein Unternehmensanteil zu sehen: Zuerst wird geschaut, ob man Wert aus Verkäufen des letzten Jahres ableiten kann. Gibt es solche nicht, so muss man den Anteil mit dem anteiligen Ertragswert des Unternehmens bewerten.

Liegen die oben genannten Voraussetzungen nicht vor, so sind die Genussrechte **obligationsähnlich** und werden genauso behandelt wie die oben beschriebenen Namensschuldverschreibungen.

6.4   Genossenschaftsanteile

Die Genossenschaft ist selbst auch ertragsteuerpflichtig; sie unterliegt der **Körperschaftsteuer**, der Einkommensteuer für die juristischen Personen.

Für die Genossenschaft muss also erst einmal selbst das zu versteuernde Einkommen berechnet werden. Die Körperschaftsteuer beträgt **15 % des zu versteuernden Einkommens**. Dazu kommt der Solidaritätszuschlag von 5,5 %, somit ergibt sich insgesamt eine **Belastung von 15,825 %**. Dabei ist es egal, ob der Gewinn ausgeschüttet wird oder in der Genossenschaft verbleibt (thesauriert) wird.

Meist wird bei Genossenschaften dann noch die **Gewerbesteuer** hinzukommen. Der Steuersatz kann von der Gemeinde festgesetzt werden, daher hängt er davon ab, wo die Genossenschaft tätig ist. Derzeit liegt er **zwischen 7 % und 17,15 %** des gewerbesteuerlichen Gewinns.

Jeder Gewinn, der an den beteiligten Kapitalanleger ausgeschüttet werden kann, ist daher – wie bei Aktiengesellschaften oder GmbHs auch – bereits durch Ertragsteuer belastet. Die Gewinnausschüttung unterliegt **beim Anleger der Abgeltungsteuer**; sie wird bereits durch die ausschüttende Genossenschaft als Kapitalertragsteuer einbehalten.

Ein Gewinn oder Verlust aus der Rückgabe oder dem Verkauf von Genossenschaftsanteilen unterliegt ebenfalls der Abgeltungsteuer beziehungsweise kann mit anderen Kapitalanlageerträgen verrechnet werden, wenn der Anteil seit 2009 angeschafft wurde. Bei vorher angeschafften Genossenschaftsanteilen bleibt der Verkauf steuerlich außen vor.

Erbschaft-/schenkungsteuerlich muss man zuerst schauen, ob man den Wert von Genossenschaftsanteilen aus Verkäufen ableiten kann, die weniger als ein Jahr zurückliegen. Ansonsten ist wie bei anderen Unternehmensbeteiligungen auch der Anteil mit dem anteiligen Ertragswert des Unternehmens zu bewerten.

STICHWORTVERZEICHNIS